近代語学会編

近代語研究 第十八集

――古田東朔教授追悼論文集――

武蔵野書院

はしがき

故古田東朔先生の御霊前に、「近代語研究 第十八集」を謹んで捧げます。先生は去る平成二十五年八月一日、国語学、国語教育、洋学資料研究などに大きな業績を残されて、逝去されました。御冥福を祈ります。

近代語学会は昭和三十三年に始まり、七年後の昭和四十年には「近代語研究 第一集」を刊行するに至りました。その時、編集を担当されたのは吉田澄夫先生で、以後第六集まで吉田先生が編集に当たられました。第七集からは松村明先生が編集を引き継ぎ、第十集までその任に当たられました。第十一集以降は、古田東朔先生によって編集が行われ、第十七集まで続いてきました。

近代語学会では、これまでこのように近代語学会に尽力された、吉田澄夫先生、松村明先生に追悼号を捧げて参りました。「吉田澄夫博士追悼論文集」（近代語研究 第八集）、「松村明教授追悼論文集」（近代語研究 第十一集）がそれらに当たります。今回、古田先生の御逝去に際し、古田先生のもと近代語学会の運営に携わっておりました岡部嘉幸、小松寿雄、鈴木英夫、常盤智子が相談し、第十八集を古田先生の追悼号とすることを計画いたしました。幸いにも多くの方々の御賛同を得て、三十二編の論文の御送付をいただき、無事刊行する運びとなりました。御執筆の各位に感謝するしだいです。

本集には、論文のほか「古田東朔教授年譜」を付しましたが、これは「国文鶴見」（第三十一号、平成八年）所載「古田東朔教授　略歴・業績目録」中の「略歴」の部分によるもので、これに御逝去の年月日を加えたものです。この転載を許可されたことについて「国文鶴見」には、深く感謝いたしております。なお、当初「業績目録」の掲載も計画いたしましたが、仄聞するところくろしお出版のほうから、新しい「業績目録」が古田東朔近現代日本語生成史コレクションの第六巻に載る（平成二十七年一月刊行予定）ということなので、かなりの頁数を要することでもあり、本集ではこれを見送ることといたしました。

御執筆の方々、刊行の労を引き受けてくださった武蔵野書院に心から御礼を申し上げます。

平成二十六年十二月二十日

岡部　嘉幸
小松　寿雄
鈴木　英夫
常盤　智子

目次

目　次

古田東朔教授略歴

ここに掲げる「古田東朔教授略歴」は「国文鶴見」（第三十一号、平成八年十二月三十一日印刷発行）に掲載された「古田東朔教授　略歴・業績目録」の「略歴」に基づくもので、今回新たに加えたのは、古田教授の没年月日のみである。この転載を許可された「国文鶴見」の編集部（鶴見大学日本文学科〈日本文学会〉）には深く感謝する。

大正　十四年　五月二十三日　愛媛県に生まれる
昭和　十八年　三月　愛媛県立西条中学校卒業
　　　　　　　四月　第一高等学校文科一類入学
　　二十　年　二月　現役入隊
　　　　　　　三月　第一高等学校文科一類卒業
　　　　　　　四月　東京帝国大学文学部国文学科入学、休学
　　　　　　　十月　復員、復学
　　二十五年　三月　東京大学文学部国文学科卒業

四月　刀江書院編集部員〔二十五年十月まで〕
十月　東京都立白鷗高等学校専任講師〔二十六年一月末まで〕
二十六年　一月　国立国語研究所臨時所員〔二十六年三月末まで〕
四月　学習院高等科教諭〔二十九年九月末まで〕
二十八年　十月　学習院大学講師を兼ねる〔二十九年九月末まで〕
二十九年　十月　福岡女子大学助教授〔三十四年三月末まで〕
三十四年十二月　日本育英会専門員〔三十八年三月末まで〕
三十八年　四月　星美学園短期大学教授〔三十九年三月末まで〕
三十九年　四月　東京大学助教授（教養学部）〔四十六年三月末まで〕
四十六年　四月　東京大学教授（教養学部）〔六十一年三月末まで〕
東京大学大学院人文科学研究科担当
四十九年　四月　西ドイツルール大学客員教授〔五十年三月末まで〕
五十　年　十月　人文科学科科長〔五十二年九月末まで〕
五十七年　十月　教養学科第一委員長〔五十八年九月末まで〕
五十九年　四月　放送大学客員教授〔六十一年三月末まで〕
六十一年　四月　放送大学教授〔平成三年三月末まで〕
五月　東京大学名誉教授
六十三年　四月　放送大学甲府地区学習センター長〔平成二年九月末まで〕
平成　元年　六月　放送教育開発センター客員教授〔平成二年三月末まで〕

平成　　三年　四月　鶴見大学教授（文学部）
　　　　　　　四月　放送大学客員教授
平成二十五年　八月　逝去

この間、学習院大学、学習院女子短期大学、國學院大学、上智大学、昭和女子大学、星美学園短期大学、清泉女子大学、中央大学、千葉大学、東京女子大学、東京大学文学部、東京都立大学、日本女子大学、放送大学、立正大学、和光大学へ非常勤講師として出講、北海道大学、岩手大学、山形大学、茨城大学、新潟大学、金沢大学、静岡大学、神戸大学、高知女子大学、別府大学へ非常勤講師として集中講義。また、日本育英会特別奨学生選考試験委員、国文学研究資料館文献目録委員、小学校国語科学習指導要領〔昭和五十二年・平成元年〕、同指導書、同指導資料（書写・言語事項・理解・複式）作成協力者、大学設置審議会専門委員（文学）、学術審議会（科学研究費分科会）専門委員、学術審議会（学術用語分科会）専門委員、国語審議会委員、国語学会評議員、国語学会理事、蘭学資料研究会理事、洋学史学会理事等を歴任。

抄物における助詞「ばし」の構文論的考察

山田　潔

一　強展叙の連用助詞と「ばし」

通常、副助詞とされる「ばし」が、構文上いかなる特徴を有するかを、『玉塵抄』を始めとする抄物の用例に基づき、分析・考察して行きたい[1]。

抄物に認められる副助詞には「だに・のみ・さえ（へ）・ばかり・など・まで」などが挙げられるが、強展叙の連用助詞「が・を・に」との承接関係に着目すると、二類に分かれる[2]。一方を「ばかり」（A類）、他方を「さえ」（B類）で代表させると、A類「ばかり[3]」は「〜ばかりが」のように、主格「が」に上接し得る。対格「を」に関しては「〜ばかりを」が一般で、「〜をばかり」の用例は稀である。位格「に」に関しては「〜にばかり」「〜ばかりに」の両様が現われる。一方、B類「さえ」は主格「が」と共起しない。対格「を」、位格「に」に関しては「〜をさえ」「〜にさえ」が一般である。以下、『玉塵抄』の用例に基づき、具体的に説明する。まず、「〜ばかりが」の用例としては、次のようなものが認められる。

石ハカリ堅イテモナク馬ハカリカ白テモナイソ（三六24ウ）

五門カド〳〵ニヨハワル声ヲキケハタ、猪ノ声ハカリガキコエタソ（一四53オ）

対格「を」に関しては、「ばかりを」36例に対し、「をばかり」の確例は、次の2例に過ぎない。

松柏ノ実ヲバカリ食テ長生スル（四六10ウ）

家ノ内財宝スキトヲト、ニヤツテ吾ハ書六千巻ヲハカリトツタソ（二一21オ）

位格「に」に関しては、『玉塵抄』の場合、「にばかり」8例、「ばかりに」10例のように拮抗している。

濃智高ハ排匂ニハミエヌソ排匂ノ狄青カ所ニハカリアリ（五二43オ）

溝恤志ハ史記漢書ハカリニアルソ（八31オ）

一方、B類「さえ」は、主格「が」と共起しない、対格「を」・位格「に」に関しては「〜をさえ」「〜にさえ」が一般である。1例ずつを掲げる。

異国ノエヒスサエ柳カ書ヲタカラニカエテホシカツタソ（一三21ウ）

龍ヲタニ制セラル、人チヤカ酔テ一蝦蟇ヲサエ制セラレヌコトヨ（五四22ウ）

虫ケラニサエ人トシテ君臣ノ礼ナウテハト云心テ云タ語カ（二三50ウ）

本稿で扱う「ばし」は、副助詞とした場合に、B類に属する。まず、主格助詞「が」と「ばし」とが共起した用例は認められない。『玉塵抄』には「ばし」が118例認められるが、そのうちの36例までが主格の位置に用いられている。「ばし…か（疑問）」32例「ばし…やらう（推量）」2例「ばし…やら（推量）」2例である。

[ばし…か（疑問）]

物ノフタヲシタヲ中ニナニガアルソソレヤウナ物バシ此ノ器ノナカニハアルカト云心ソ（一一52ウ）

[ばし…やらう（推量）]

人ノ相去牛ノ如ト世ノコトワサニ云此ノ理ハシアルヤラウト云タソ（四六9オ）

[ばし…やら（推量）]

似人ト云字ノ心不詳ソ似ノ字ヨミハシアルヤラ（二三59ウ）

『玉塵抄』の場合、「ばし」に呼応する文末表現は右の三種であるが、広く抄物を見渡すと、文末表現は次のように多岐に亘る[4]（以下、助詞類と「ばし」との承接関係については、坂詰力治氏の御論考（注（1））に詳しい分析が見られるので、参照せられたい）。

[ばし…ぞ（断定）]

此時分ニ張堪カ様ナ者ハシ有ソ（山谷詩集抄　二12ウ）

［〜事ばしあるな（禁止）］

当世カヨイト云テ其ヲ道ニ立ル事ハシアルナ（京大二十冊本毛詩抄　一七61ウ）

礼記ヲハシ習タカイヤナライ候ヌ…礼記ヲ知スハ人中ニ立事ハシアルナソ（叡山文庫本論語抄　四53オ）

客人アラバ貴トモ賤トモ門ニ立スル事バシアルナ（寛永15年板蒙求抄　二7ウ）

カマイテ亡去ト云コトハシアルナ（四河入海　六ノ二41ウ）

驚クコトハシアルナ（四河入海　一七ノ二21オ）

自ラ行跡ヲツ、シム事ハシアルナ（四河入海　一八ノ一16オ）

［ばし…べきなり（適当）］

汝ハシサキヘ可行也（両足院蔵日本書紀抄　雅久抄　64オ）

［ばし…うか（反語）］

五体ノ内ニ取分ヒイキスル処バシ有ウカ…ドコデマリヲロソカナ処ハ有マイソ（荘子抄　一29ウ）

［ばし…まい（否定推量）］

我等ハシ候マイト云タソ（京大二十冊本毛詩抄　三13ウ）

［ばし…ならば・たらば（反実仮想）］

冬ハシイマ一月アルナラハ吾カ意ノ思タケヲスキトセウスモノヲト云タソ（東洋文庫本史記抄　一六41オ）

子胥ハシ父兄ト同様ニ死タラハナンノナス事モアルマイソ（東洋文庫本史記抄　九38オ）

秦モ武ハカリヲ本ニシタレハコソ高祖ノ天下ニナツタレ秦ハシ修文タラハ高祖ノ天下ニハナルマイソ（内閣文庫本史記抄　一二28オ）

主格助詞「が」は、その強展叙性のゆえに、係助詞「は」と共起しないことを、渡辺実氏は指摘している。したがって、主格助詞「が」と共起しない「ばし」（B類の副助詞）は、その点で、係助詞「は」と文法上の性格が近いと言える。係助詞としては、ほかに「こそ」「ぞ」もあるが、「が」と共起した用例は認められない。

次に、「を」については、次の用例に見られるように、「をばし」の用例が多く認められる。

［をばし…非推量（断定）］

驕子ハアイニクスル子ヲハシアツカウ様ニセラルルソ（東洋文庫本史記抄　一五39オ）

一ノ羽ヲハシイタテ候ソ（両足院本毛詩抄　一七5ウ）

今日マテ是カヤマヌハ誰カサテ是ヲハシ始メタソ（京大二十冊本毛詩抄　一八17オ）

是等ヲバシ孝行ト心得タカ大ニワルイ（論語講義筆記　一15オ）

タスキヲバシカクルヤウニスルソ（漢書抄　三55ウ）

［をばし…うずか・べきか・んぞ・うずやらうぞ（推量）］

薬ヲハシツヒノ中ヘ入ル、事ヲモ云ワウス歟（東洋文庫本史記抄　一三39ウ）

不書コトヲハシ不赴告ト云ワウス歟ソ（史記抄　一127）

是ハヨイ子ヲハシ生ヘキカト思タレハ（四河入海　二三ノ四11ウ）

垣ニ耳ヲハシ付テキク物アランソ（両足院本毛詩抄　一三27オ）

マウモノヲハシ申シサウスヤラウソ（東洋文庫本史記抄　九70オ）

［をばし…か（疑問）］

従弟ノ母ヲバシ従母ト云歟（寛永15年板蒙求抄　一〇52オ）

ソチカ知ラヌト云処ヲハシ知歟（荘子抄　一49オ）

上ニ租税之賦ト云ホトニ年貢ノ員数ニ随テ賦ヲ出サスルヲ云歟（東洋文庫本史記抄　六18オ）
清水湊ノ面白処ヲハシミサシマウカ（京大二十冊本毛詩抄　四54ウ）
和名ヲ付タト付ヌトカアルチカウタヲハシ付ヌカソ（京大二十冊本毛詩抄　一六23ウ）
誰ソト云ニ人ヲハシ云テアル歟ソ（四河入海　二〇ノ四17オ）
アワレ寒水石ヲハシ頭ニ附ル歟（東洋文庫本史記抄　一三38ウ）
声ヲヘシテ高モナク云ヲハシ云歟ソ（両足院本百丈清規抄　四34ウ）
此ハカリハヨイソ此ヲハシ無傷ト云歟（内閣文庫本史記抄　一七48ウ）
礼記ヲハシ習ウタカイヤナライ候ヌ（京大図書館本論語抄　四44オ）
其朝其家ニ子ヲハシ産シタ歟ト御問アツタレハ（龍門文庫本百丈清規抄　18オ）
貴方ハ孔子ノコ、ヲトヲラレタヲハシミサシマウタカソ（京大本論語抄　九ノ一〇57ウ）
カワツタル秘事ヲハシ御聞アツタカ（論語講義筆記　四33オ）

［をばし…禁止］

カマイテ朕カタメニ福ヲハシ祈ルナソカタシケナイコトソ（内閣文庫本史記抄　七22ウ）
丞相カ衛尉ニ告テカマイテ産ヲハシ殿門へ入レナトツケタ事ソ（内閣文庫本史記抄　六81オ）
我居ノカキヲハシコヘテクレナ我ウヘテヲイタ栒杞ノ木ヲハシヲリテクレナ云ハ我親戚ハシソコナウテクレナ我
兄弟ヲハシソコナウナト云心ソ（両足院本毛詩抄　四17ウ）
趙ニヲツルホトニ将ニナイタト云事ハシ泄スナ（内閣文庫本史記抄　一一9ウ）
其木ヲハシナヌライソ（京大二十冊本毛詩抄　一三7ウ）

「ばかり」の場合は、「ばかりを」が一般であることを先に説明したが、「ばし」は、それと対照的で、右の用例に見られるように、「をばし」が一般であり、「ばしを」は、今までのところ、次の1例を見出したに過ぎない。

ヨイシタシイ兄弟ヲソツトノチガイメアルト云テ中《ナ》ハシヲタガイハセヌソ（玉塵抄　二四16オ）

また、連用助詞「を」の位置に「ばし」が用いられた用例も、次のように、多く認められる。

［（を）ばし…非疑問］

出立ハシスルヤウニネムシロテ食タソ（内閣文庫本史記抄　一二5オ）

小（彎）ノ美人バシモタシムタ白楽ドノニトエ返事セラレウソ（玉塵抄　四36オ）

ウレシサウナ体ハシメサレテ眉ヲヒソメテ居ラレイソ（京大二十冊本毛詩抄　一七59オ）

［（を）ばし…疑問・推量］

其次ニハ胡乱ニナイヲ云朋友ノタメニ百一ナ事ハシ云カトミルソ（論語講義筆記　一6ウ）

利根フリシテナラワヌ事ハシ言イ伝ルカトミルソ（論語講義筆記　一6ウ）

秦カ天下ハシ合従セウカト思テ（東洋文庫本史記抄　一〇20オ）

［（を）ばし…命令］

是バシヲヘデアラウカ（論語講義筆記　四33オ）

［（を）ばし…禁止］

ソレニナツキテ久ク滞留バシシタマフナソ（三躰詩素隠抄　一二5オ）

大事ヲタスケテスイシヤクハシセラレナ（京大二十冊本毛詩抄　一三20オ）

タトヒ悟タリトモ聊爾ニ説法バシスルナ（癸酉版江湖集抄　一16オ）

後世ノ賢者小人ヲ助ケテ推挙ハシセラレナ（両足院本毛詩抄　一三13オ）

无興ハシメサレナ（両足院本毛詩抄　四24ウ）

カマイテ魯国テ緩怠ナ振舞ハシスナ（叡山文庫本論語抄　五20オ）
カマイテ大国ヲモツタト云《フ》テ驕《ヲコ》リバシスナト戒ラレタソ（寛永15年板蒙求抄　七17オ）
ユクスヘノ事ヲ相シサセタリスル様ナ事ハシスルナソ（四河入海　一六ノ三8オ）
下トシテ上ヲシイル事ハシスルナソ（両足院本毛詩抄　一二3オ）
カマイテ骨折コトハシスナト云タソ（東洋文庫本史記抄　一三43ウ）
カマイテ其ヤウナコトハシスナ（両足院本毛詩抄　一九35ウ）
此ノ高イ楼ニヨツテ笛ハシ吹シムナソ…笛ヲ吹ハ桜カヲツルケナソ（玉塵抄　二一32オ）
我トラヘラレタト云《フ》テ二《タ》心バシモツナ（寛永15年板蒙求抄　四4オ）
カマイテ此ノ我カ詩ハシ石堂ニエリツケテヲクナソ（四河入海　八ノ四33オ）
カマイテ左右ニ小人ハシヲカレナソ（京大二十冊本毛詩抄　一二4ウ）
大王聊爾ニ謀反バシヲコシ玉フナト諌ソ（寛永15年板蒙求抄　二13ウ）
貴方カマイテ帰レ山ニ仙人ノ棊ウツハシ見テイラシムナ（三体詩幻雲抄　二27オ）
チト寝候ワウス我スガタバシミタマイソ、（両足院蔵日本書紀抄神代抄　上42オ）

位格「に」に関しては、すべて「にばし」であり、「ばしに」の用例は、今のところ、見出していない。

［にばし…な（禁止）］

我カ子孫ニハシ知ラセナソ我方ヲ学セタリナントナシソト云ワレタソ（内閣文庫本史記抄　一三58ウ）

［にばし…うか（推量）］

塩ヲ空中ニチライタニバシタトヘウカ（寛永15年板蒙求抄　四6オ）

［にばし…現在形＋か・やら（疑問）］

老子経ニハシアルヤラ老子経ヲアラ〱ミタニナイソ（玉塵抄　五一３オ）

消人トアルホトニ周礼ニハシアルカ（玉塵抄　一三57オ）

トノ国ニアル山ヤラ斉ニハシアルカ（玉塵抄　一九３ウ）

陟ト鷺トハ同シ字テアル紀陟カ時ニハ必陟ノ字ニバシカクカ（寛永15年板蒙求抄　九39オ）

［にばし…過去形＋か（疑問）］

雨ノフツテ夜涼《ル》ウナリタハ秋ニバシナツタカト思タソ（米沢本詩学大成抄　一28ウ）

矢ニハシアタツタカソコテ打死シタソ（寛永15年板蒙求抄　六34ウ）

ソコニハシ封セラレタカソ（東洋文庫本史記抄　一四10ウ）

夜半ニ異人カキテ広陵ノ曲ヲ引テ康ニサツケタソ人ニサツケナトネカイコトヲシテ云タソカウ云タ後ニバシ衰孝尼カ習ワウト云タカサテヲシエヌソ（玉塵抄　四〇65ウ）

さて、位格「に」の位置に「ばし」が用いられているのは、次の1例だけである。

玄宗ノ所贈之詩ヲ囂宮ノ石門限ノ下ハシ蔵テ置タケル歟（三体詩幻雲抄　五51オ）

強展叙「が・を・に」の特徴として、渡辺実氏は「無形化」を指摘された。それは「彼、この本、読んだらしいぞ」のように、連用助詞そのものが姿を消すことを意味するのであるが、3語の中で、「が・を」に比して、「に」は「無形化」しにくいようである。「を」に比して、位格「に」の位置に「ばし」が用いられている用例の少ないのは、右の「無形化」の傾向と関連があると思われる。すなわち、「に」は、「強展叙」に属するとは言いながら、「無形化」しにくい点で「弱展叙」にきわめて近い。

二　弱展叙の連用助詞と「ばし」

次に、弱展叙の連用助詞と「ばし」との承接関係を検討する。「へ・で・から・と」の4語があり、「へ・で・から」は、すべて「ばし」が下接している。また、強展叙の場合と異なり、「無形化」した用例も認められない。

［へばし（禁止・疑問・推量・非推量）］

カマイテ王宮ヘハシイカレナ寵愛ヲハシ求ラレナ（両足院本毛詩抄　一三27オ）禁止

閭ノ方ヘハシユク歟（襟帯集　49オ）

上ヘハシツ、ケテ読フカソ（東洋文庫本史記抄　一六44ウ）

ヒスカシイ者利名ノ方エハシカタムクソ（玉塵抄　二五64ウ）

［でばし（疑問・禁止）］

タンホ、ト小児カ云ハ鼓ニ似タト云心テハシ云歟イサ不知別ニアル歟（三体詩幻雲抄　四17ウ）

窓《ト》ヲフサグニハ褐デフサクソフルキツ、レキレテハシフサクカ（寛永15年板蒙求抄　八39オ）

布テハツタ鼓テハシ雷門エ行クコトカナレ（玉塵抄　三〇54オ）

［からばし…か（疑問）］

韓南山ノ詩ニカウ書タ毛詩カラハシ書タカソ（京大二十冊本毛詩抄　一三19オ）

其カラハシ名字ニナツタ歟ソ（東洋文庫本史記抄　六41ウ）

斉ノ東門ノ辺カラハシ見ルカ（寛永15年板蒙求抄　一5オ）

「と」は、並列と、いわゆる引用の「と」の場合との2類に分かれる。並列の「と」の用例は、次の1例のみであり、現代語の「だけ」の意味にきわめて近い。

[と…とばし]

色々ノ草花ヲウエタレドモ皆シボミカレテ園モアレハテタレドモ松ト菊トハシツレナウテ残テアルソ（玉塵抄　五29ウ）

引用の「と」の用例は、次のように多く認められる。

[とばし…か（疑問）]

我カ貴方ノルヲ肯乎不肯乎ヲホツカナイトハシ思テ帰ルカト云ソ（四河入海　一九ノ二17ウ）

幽王ノ心ニウテコキノ年サカリナタツシヤナトハシ思フテカウシテメサル、カ（京大二十冊本毛詩抄　一三17オ）

我ヲイタツラ物チヤトハシイワシマウカ（両足院本毛詩抄　一三30ウ）

但通鑑ハアマリ繁多ナホトニ節要シテセウトハシ思タケルカソ（史記抄　一213）

アノ酔タハ比興ナハタラキチヤソ其ヲナ人ニ語ソトハシミウカ（京大二十冊本毛詩抄　一四34ウ）

此舞澤ト云字カ不審ナソ　舞《マハシテ》レ澤《ヲ》トハシヨマウス歟其ナラハ舞ハ舞レ文《ヲ》ト云ヤウナ心テハシアラウスカ（東洋文庫本史記抄　一八12ウ）

以観事変ト云四字ハアワレ越末ト云次ニアツテ作平準書第トハシアラウス歟ソ（内閣文庫本史記抄　一九28オ）

進《ス、ンテ》　具《ス》二律師《ニ》一トハシ可読歟（両足院本百丈清規抄　四80ウ）

[とばし…な（禁止）]

一年ノ竟リニハ酒テノ手シルシヲハトテモタマウルマイモノユエニトテ打破テ棄テサフクレウトハシ思シメスナ（内閣文庫本史記抄　六14オ）

毛詩ヲ知スハ人中テ物云ウトハシ存スナソ（叡山文庫本論語抄　四53オ）

カマイテ人ノ我ヲ謗讒スルヲハシ怨テ報之セントハシ思ナソ（四河入海　一九ノ三13オ）
高シテ遠程ニ人間ノ悪ヲハエミラレヌトハシ云ナ（京大二十冊本毛詩抄　一九34ウ）
人ノ我ヲ知ル者モナイトハシ云ナソ（四河入海　二二ノ四22オ）

［とばし…非推量］

出ガ近トバシ云タ（米沢本詩学大成抄　二19ウ）

引用の「と」が「無形化」した用例は、次の2例が認められる。

［（と）ばし］

紐ハナニトヨムヤラトヲスハシヨムカドノ篇ニアルヤラ（玉塵抄　二五48オ）
カマイテ我カ欲フカウテ乞ハシ御思アルナ（四河入海　一一ノ三16オ）

弱展叙の連用助詞と「ばかり」との承接関係については、すでに別稿（注（3））で述べたので参照していただきたい。『玉塵抄』の場合、「で」は16例認められるが、すべて「ばかり＋で」であるのは、「ばし」と対照的である。

玄宗ノ楊貴妃ノタメニ沈香ハカリテ亭ヲツクリテ庭ニ牡丹ヲウエテ花ノサカリニ…玄宗ノ貴妃ト行幸アリテ遊レタソ（二三62オ）

以上、連用助詞と「ばし」との承接関係について見てきた。「を」「に」に下接する用例が、「ばかり」の場合よりも、圧倒的に多いことが挙げられる。すなわち、連用助詞に下接するのが副助詞の特徴であるから、「ばし」は、純粋の副助詞としての性格が著しいことを意味するものと認められる。

三　述定表現と「ばし」

「ばかり」（A類）は「〜ばかりの」のように連体助詞「の」に上接し、また、「〜ばかりぢや（ぞ・なり）」のように断定の助辞に上接する。『玉塵抄』から用例を掲げる。

粟飯ノヌカヲツイテハダカワノヌゲタハカリノ黒米ノイ、ヲスエタソ（二七62オ）

国々イサカイヤウテ小ナ国ヲハ大ナ国カラキリトリニシテ弓矢合戦ハカリソ（三六9オ）

すなわち、A類「ばかり」は体言相当句になり得る。それに対し、B類「さえ」は体言相当句になり得ない。ただし、「さえ」に関しては、次の用例のように、連体修飾語として叙述内容に組み込まれる用法が認められる。

命ヲサエスツル者ガ大サカツキヲナニゴトニジタイハセウソ（一一30オ）

龍ヲタニ制セラル、人チヤカ酔テ一蝦蟇ヲサエ制セラレヌコトヨ（五四22ウ）

一方、「ばし」について言えば、体言相当句になり得ず、さらに、「さえ」と異なり、叙述内容に組み込まれる用法も認められない。「冬ハシイマ一月アルナラハ」「周公ノ聖人テハシナウテ尋常ノ人ナラハ」のような仮定（反実仮想）表現の類をも含め、すべて述定に係っていく用法である。

さて、「ばし」の特徴として著しいのは、「〜でばしある」のように、述定「である」に挿入する用法が認められることである。『玉塵抄』で、この用法は、40例認められ、多数を占める。係助詞「は」「こそ」も「ではある」「でこそあれ」のように、述定に挿入される。その点で、この「ばし」の用法は、係助詞「は」「こそ」にきわめて近い。

[でばしあるや]

蚊デハシアルヤト存シサウラウ（玉塵抄　二七19オ）

［でばしあるか］

离字心エヌソ字ハシチカウタカ畫ノ字テハシアルカ（玉塵抄　三五74オ）

ムカイノ渓ニ竹ノ一叢青〳〵トシテアルハアレハ烟テハシアル歟ト疑ル、ソ（三体詩幻雲抄　五25ウ）

娗ノ字々書ヲアマタミルニナイソ嫂ノ字似タソソレデバシアルカ（玉塵抄　三三57ウ）

雞鶋トアリ鶋テハシアルカ鴉テハアルマイカ鴉ナトハトリヨセテヲカレマイソ（玉塵抄　三36オ）

憚トアリハ、カルト云コトハ心エヌソ弾ハハシキノクルヲ云ソ弾ノ字テハシアルカ（玉塵抄　四八26オ）

トコマテカ孔子ノ語テアルヤラウソ日ト月トマテ、ハシアルカ（東洋文庫本史記抄　一八30オ）

害ノ字ハ写本ナルホトニ字ハシ損シタカソ書ノ字テハシアル歟（東洋文庫本史記抄　八57ウ）

山胡ハ猿テハシアルカソ又ハ鳥テハシアルカソ（四河入海　一三ノ三30オ）

或抄云秩中ト云カ官デハシアルカ職テバシアルカ（寛永15年板蒙求抄　一38ウ）

此子嬰ハマタシカトトノ公子ノ子ト云事カナイハアワレ公子扶蘇カ子テハシアルカソ其ナラハ父ト云ハ扶蘇テアラウソ（内閣文庫本史記抄　四71オ）

我ヲザンセラレタカ誠デハシアルカ耻テハシヲリナイカ（京大二十冊本毛詩抄　一二46ウ）

アハ太華山テハシアルカナセニナレハ太華ニコソ此ノ二物カ多ト云程ニソ（四河入海　一一ノ四39ウ）

アワ是ハ古仙人テハシアルカト思イシソ（四河入海　二〇ノ二24オ）

アワレ此石邑宿シタル処ハ山ノ西南ノ方テハシアルカソ（三体詩幻雲抄　五34ウ）

アワレ公子扶蘇カ子テハシアルカソ（東洋文庫本史記抄　三59ウ）

受ノ字モフシンナソ心エカタイ字ソアワレ賽《サイ》ノ字テハシアルカソ（玉塵抄　八44オ）

ツネノ人ノ目ニハ二アルカ舜ト羽トニハ両箸端眸子カアルサテハ羽ハ舜ノ苗裔テハシアル歟（漢書抄　三43オ）

上ノ曰字カヨメヌソ由字テハシアル歟サナウテハチツトモヨメヌソ（内閣文庫本史記抄　一五5オ）

唐ノミヤコニ李揆トマウス第一人トイワレタ人ヲリアルト承リ及テサウラウソレテハシ御座アルカト云タソ（玉塵抄　二四1オ）

孔子ハ聖デバシ御座候カ（京大図書館本論語抄　三4ウ）

汝ハ公ノ位テハシイラシムカ（京大二十冊本毛詩抄　一一14ウ）

[ではしあつたか]

是ハ誠ニ奇特ナヨ生レタカ冬テハシアツタカソ（両足院本毛詩抄　一七5ウ）

乾卦テハシアツタ歟ソ（東洋文庫本史記抄　一七5ウ）

其時ノ当宰相デハシアリタカ（中興禅林風月集抄　44ウ）

先度アチヘ往《ク》時雨中テハシアツケルカ（杜詩続翠抄　一五34ウ）

[にてばしあるか]

吾夫ノ当《ニ》レ帰ルカ不レ飯ハ此当帰草モ亦不帰草ニテハシアル歟（三体詩幻雲抄　二68オ）

[ではしある程に]

簿書ナントノ中ニ公事アツカイテハシアルホトニ蒙々トシタカ（三体詩幻雲抄　四67ウ）

杜カ詩集ニ絶句アマタアルカ絶句ニ至テハイツタウ面白イハマレナソ此詩ハ面白ホトニ杜テナイカ治定テハシアラウス歟（三体詩幻雲抄　五35オ）

[ではしあらうずか]

或ハ山東ノ地ヲ三分シテ其一ホトアルト云心テハシアラウスカソ（東洋文庫本史記抄　一九20ウ）

舞《マハシテ》レ澤トハシヨマウス歟其ナラハ舞ハ舞レ文《ヲ》ト云ヤウナ心テハシアラウスカ（東洋文庫本史記抄　一八12ウ）

著端ト云モ何ノ端テカアラウスラウ虚空ナソ箸端テハシアラウスカ其ナラハ箸端ヲ火送之箸端トヨマウス歟
（内閣文庫本史記抄　一六45オ）

天下ヲ三分シテ其一ト云義ソアマリ関中ノ地カロスキタソ或ハ山東ノ地ヲ三分シテ其一ホトアルト云心テハシアラウスカソ（内閣文庫本史記抄　一八26オ）

足ト云ハ別ニハヤアルホトニ吟ハ前足テハシアラウス歟（内閣文庫本史記抄　一七38オ）

叔帯之乱ハ襄王ノ時ソ挂祸テハシアラウス歟ヤハヤ桂字テハアルソ（内閣文庫本史記抄　二147ウ）

［でばしあらうか］

荘子ニ子輿ト子桑トヲ云タカ其テハシアラウ歟（東洋文庫本史記抄　一三2オ）

其意テハシアラウカソ（東洋文庫本史記抄　一七38オ）

礼楽射御書数是ヲ六芸ト云トキハ楽ノ芸ヲ云マテソサテハシアラウカト思ヘハ下ニ書詩易春秋ト云ホトニ楽芸ノ事ハカリテハアルマイソ楽ノ書カアルヘキソ（内閣文庫本史記抄　一六39オ）

［でばしあらんか］

此時ハ餅団茶テハシアラン歟ト愚ハ思ソ（四河入海　二四ノ四33ウ）

［でばしなうて］

周公ノ聖人テハシナウテ尋常ノ人ナラハマコトニ天下ヲ取テ我カ其マヽ天子ニモナラレウソ
（内閣文庫本史記抄　二59ウ）

文末が「〜でばし」である用例も1例認められる。「〜でばしある」の省略形であるのかどうか、しばらく存疑としたい。

千余牛シソ五綵ノ牛ト云心テハシ（内閣文庫本史記抄　一一54ウ）

ちなみに、小林正行氏も『玉塵抄』から「詩文テハシソ」の用例を指摘されている（注（1）論文　46頁）が、「扳…呉音ハヘンナリ詩文テハ、シソ（三五31ウ）」と読むべきものと考えられる。

以上、断定辞「である」に「ばし」の挿入する用法を見てきた。これは、係助詞「は・こそ」の用法にきわめて近いものである。この用法に関連して、過去・存続を表わす「てある」に「ばし」の挿入する用法も認められる。

［てばしあるか（疑問・反語）］

伍字アワレ伯字ガソコネテバシアルカゾ（米沢本詩学大成抄　一〇8ウ）

アハレ書ニカ、ウス事落テハシアル歟（三体詩幻雲抄　四13ウ）

アワレ公孫臣カ偽テハシアル歟ソ（東洋文庫本史記抄　六19オ）

サテ我身ハ夢中ニ教ノ杜陵へ到テバシアルカト思タトソ（三躰詩素隠抄　九67ウ）

柱徹ナンタルヲ云ヤラウ縦サマニ柱ノ様ニトヲリテハシアル歟（内閣文庫本史記抄　一七46オ）

羊ヲトラエテハシアルカト云ソ…イヤニケテタツネエサウヌト云ソ（米沢本詩学大成抄　二15オ）

この用法も副助詞「ばかり」には認められないが、係助詞「こそ」「ぞ」には認められる。とりわけ、「てこそ（ぞ）あるらう」で過去推量を表わす用法が著しい[5]。『玉塵抄』から用例を掲げる。

一デモナウ龍ヲ二マテ一人シテコロイタソケナケナ者ナリ荊王ノ此ヲキテイ召シツカラレテコソアルラウ（四四13ウ）

斉テ此ケツコウナ美沢ナ車ニノツテソアルラウ（一三68オ）

以上、「ばし」が述定「である」「てある」に挿入される用法を見てきた。さらに、「ばし」には、次のように、終助詞的に、述定に[6]後接し、一種の強調を表わす用法も認められる。見出した用例は次の5例であるが、「うず」、および、前代の「べし」に接続している点が共通する。

［うずばし］

此已上カラ貧クナラウスハシヲ云ソ（東洋文庫本史記抄　一七24ウ）

万方《スレトモ》　故《ラニ》不レ笑《エマ》　国ヲ亡サフスハシニソ無尽ニスレトモエマヌソ（東洋文庫本史記抄　一七24ウ）

不思議ヲシタサウスハシソ（東洋文庫本史記抄　三39ウ）

国政ヲセウト云義デハナイト云ソ権軽クナラウズハシト云ソ（寛永15年板蒙求抄　一41ウ）

［べきばし］

景帝ノ立ツヘキハシニカウアツタケル歟ソ（東洋文庫本史記抄　六35オ）

四　接続表現と「ばし」

副助詞は、山田孝雄の用語で言えば、一般に、「句」の内部にあり、句と句とに跨ることはない。しかるに、「ばし」の大きな特徴として、以下に述べるように、接続助詞に下接し、句と句とを連接する用法が広く認められる。まず「とてばし」から説明を始める。

［とてばし］

上ニ知ラセマイラセウトテハシカウ云テ試ニサセマイシタ歟（東洋文庫本史記抄　一七25オ）

長カ身自賊殺無罪者ホトニ其ヲ人ニ知ラセシトテハシカウシタ歟（内閣文庫本史記抄　一四62オ）

右の「とて」は、引用の「と」の用法から派生したものであるが、「～う（まい）と思って・として」の意味で、後件の原因・理由を表わす用法であり、「ばし」はそれに下接し、強調の意を加えている。このように、原因・理由を表わす前件に下接する用法としては、ほかに、接続助詞「て・ほどに」の用例が認められる。

［て（原因・理由）ばし…か（疑問）］

覇マテハト思テハシ覇西戎ト云テ…覇トミセタ歟ソ（東洋文庫本史記抄　二27オ）
子孫カ繁昌シタレハ今ノ呉王ノ弟ヲモ祝シテハシ虞仲ト云タ歟ソ（東洋文庫本史記抄　八19ウ）
我ハカリ一人ツカハル、ハ賢才カアルト思ウテバシ使ハル、カソ（京大二十冊本毛詩抄　一三18オ）
兄弟ノ次第ハ不合トモ只ヲサナイ時カラ云ツケテハシ云歟（三体詩幻雲抄　三24オ）
直ニ視ルカアマリアテ〳〵シサニマカゲヲサイテバシ見タカ（漢書抄　38オ）
（「マカゲヲサイテ」見たのは「直ニ視ルカアマリアテ〳〵シ」いためであろうか、の意）。
寺ノ迹テアルホトニ畏テハシ観音像ヲ作テヲク歟又モトノ本尊テハシアル歟（三体詩幻雲抄　四20オ）
秦ノ先祖本紀ニシタヲハナニトテ不論ヲ云ウトシテハシアル歟ナニカサワアラウソコ、コソ学者ノ眼ヲ可著所ヨ
（内閣文庫本史記抄　三3オ）

［て（原因・理由）ばし…な（禁止）］

霜晨ニ此花カ開カヌト云テハシ恨ルナソ（四河入海　一四ノ三19ウ）
羞ヘキ事テアルト云テハシ咲フナ（四河入海　一九ノ二59ウ）

このように句と句とを連接する接続助詞「て」に副助詞の下接することはない。係助詞「は」は下接することがあるけれども、「ては」(7)と「て」とでは、条件句の意味合いが異なってくる。係助詞「こそ」も「てこそ」のように下接するが、特殊な意味合いを付加する。(8)それに対し、「てばし」は、右の用例に見られるように、条件句の意味合いを変えることはなく、単に、それを強調しているだけである。「ばし」について、『長崎版日葡辞書』に次のような説明が見られる。

Particula que no falar commum algũas vezes se ajunta alguns verbos, sem mudar nem variar o sentido que tẽ.

（普通に話す場合に、時として或る語に連接するが、それによってその語の意味を改めたり、変えたりすることのない助辞）

右の日本語訳は『邦訳日葡辞書』に拠るが、「alguns verbos」を「或る語」と訳している。また、『時代別国語大辞典　室町時代語編』は「或ることば」と和訳する。しかし、「alguns verbos」は「或る動詞」の意である。この説明は、「ばし」の上接語全般に適合するが、あえて「verbos（動詞）」と言っているのは、接続表現を意識してのものであると考えられる。

次に、この時代の代表的な接続助詞「ほどに」に下接した用例が多く認められる。この場合も、ほかの副助詞は下接しない。

1蜀ノ城南ニ杜氏ノ人アルハ杜子美カ城南ニイタ程ニハシアルカ（四河入海　二一ノ二40オ）

2ヲレカスイニ下野ノ人チヤホトニナスノ殺生石カアルホトニハシ青丘ト云ワル、歟ソ（東洋文庫本史記抄　一五4オ）

3共王モ三女ヲ一人テマリ不献ホトニハシニクシトテ滅シタカソ（史記抄　一149）

4朔カ事ニ怪異カ多ホトニハシ太史公ハ伝ヲ不立歟（東洋文庫本史記抄　一七38オ）

5参頭カシケウ来テ礼拝スルホトニハシ敷歟（龍門文庫本百丈清規抄　6オ）

6穆公ノヨイ徳カアルホトニハシ二兄ハ皆我カ子ヲハ不立シテ穆公ニ及シタハ徳公ノ心ニ如此ト思ワレタ歟ソ（内閣文庫本史記抄　三17ウ）

7宝夫人ト云ハ宝雞ノ神カ後ニ女人ナント、化シテ見ヘタ事ヤントカアルホトニハシ宝夫人ト云タ歟ソ（内閣文庫本史記抄　三17ウ）

この構文の特徴は、文末が疑問「か」で終わっていることである。その疑問「か」は何を対象としているかを見ると、前件の「～ほどに（ばし）」に対してであることが共通している。たとえば、用例7で説明すると、その夫人が

「宝夫人」と言われていることは事実であり、その根拠を「宝難ノ神カ後ニ女人ナント、化シテ見ヘタ事ヤントカアルホトニ（ハシ）」であるかと推測している。すなわち、この構文の「ばし」は文末の「か」と呼応して、その疑問の対象を特定明示している点が特徴である。「ばし」を伴わない「ほどに」は、そのような用法に限定されることはない。ちなみに、係助詞「こそ」には「已然形＋ば＋こそ…つらう」の用例が、『玉塵抄』に6例見られるが、すべて、次の用例に見られるように、推量「つらう」の対象が「已然形＋ば（＋こそ）」に対してであることが、「〜ほどに（ばし）」と共通していて、興味深い。

　キヨウナ者デアレハコソヲヤガトリアゲツラウソ（一二49オ）

また、『史記抄』に、1例ではあるが、「〜ほどにこそ…つらう」の用例が認められる。用法は「已然形＋ば＋こそ…つらう」と同じで、いわば、より口語的な表現形式であると考えられる。

　セイカ十五ホトニモナリタホトニコソ笄シツラウソ（一167）

　以上、通常、副助詞とされる「ばし」の用法を、構文論的に分析・考察してきた。連用助詞・副助詞は「叙述」に収まり、係助詞は「陳述」に係って行くものであるが、「ばし」は「叙述」の範囲内に収まらず、係助詞「は」「こそ」「ぞ」と、構文上、類似の性格を有するゆえに、むしろ、係助詞に入れるべきものと考えられる。

注（1）「ばし」に関しては多くの論文が発表されている。本稿では、次の御論考に多大の教示を得た。ともに抄物を資料としているので、引用例や説明に本稿と重複するものも認められるが、諒とせられたい。
　坂詰力治氏『国語史の中世論攷』（一九九九年　笠間書院）第二篇第二章「室町時代における助詞「バシ」」
　小林正行氏「助詞バシについての一考察―抄物を中心に―」（近代語学会編『近代語研究　第十四集』（二〇〇八年　武蔵野書院　所収）

（2）副助詞を二分類することに関しては、三上章氏が『構文の研究』（二〇〇二年　くろしお出版）で、係助詞（副助詞を含む）を「提題に近い役割をするものとそうでないものとに二分（74頁）」していることにヒントを得た。三上氏に拠れば、前者には「ハ・コソ・モ・サエ・デモ」などが属し、後者には「ダケ・バカリ・クライ・ホド」などが属する。両者が截然と二分できるものかどうかについては、筆者自身は未検討である。今後の課題としたい。なお、本稿での文法用語は主として渡辺実氏の用語に従うが、周知の用語であると考えられるので、いちいちの説明を省略する。

（3）「ばかり」の用法については、拙著『抄物語彙語法論考』（二〇一四年　清文堂出版）第二章第五節「『玉塵抄』における「ばかり」の用法」を参照せられたい。

（4）本稿で引用する抄物は、既刊の複製本に拠るもののほかに、大塚光信先生御所蔵の写真を借覧させていただいた。『史記抄』は「東洋文庫本」の写真（酒井憲二先生御恵与）からも引用したが、同書は「周本紀」を欠くので、その箇所は、亀井孝氏・水沢利忠氏編『史記桃源抄の研究　二』（一九六五年　日本学術振興会）を用いた。その場合は、巻数・頁数のみを記した。

（5）「こそ」の用法については、拙著『抄物語彙語法論考』（二〇一四年　清文堂出版）第二章第四節「『玉塵抄』における「こそ」の用法」を参照せられたい。

（6）拙著『玉塵抄の語法』（二〇〇一年　清文堂出版）第三章第一節「助動詞「うず」の表現性」参照。

（7）拙著『玉塵抄の語法』（二〇〇一年　清文堂出版）第四章第四節「天草本平家物語の誤植に関する一問題―「mŏxitaua :」について―」参照。

（8）注（5）に同じ。159～161頁参照。

感動詞・応答詞と評価的な程度副詞との連続性について

——大蔵虎明本における「ナカナカ」の分析から——

田和　真紀子

一　はじめに

田和（二〇一二、二〇一四）では、通時的な観点から中世後期〜近世初頭にかけて高程度を表す副詞の語彙体系が、極度を表す程度副詞中心から評価的な程度副詞中心へと移行することを指摘し、田和（印刷中）では中世後期から近世初頭の共時的な観点から評価的な程度副詞を中心とした高程度を表す副詞の諸相について記述してきた。

このように、高程度を表す副詞、特に評価的な程度副詞の成立と史的変遷の調査を進めていく中で、扱いに困ったのが、今回取り上げる「ナカナカ」であった。一般に評価的な程度副詞は、その評価的な性質から、連体修飾用法、述語用法（形容動詞用法）、感動詞・応答詞用法といった他の用法を派生させる傾向が見られるが、中世後期から近世初頭にかけての「ナカナカ」は主に応答詞的用法で用いられており、当該時期以後にならないと現代語の「なかなかよく描けた絵だ。」の「なかなか」のような評価的な程度副詞用法は見られない。このことから「ナカナカ」は、他の評価的な程度副詞と異なり、感動詞・応答詞用法から評価的な程度副詞用法が派生したと推測される。

本稿では、中世後期から近世初頭に応答詞として広く用いられた「ナカナカ」の意味・用法の分析を通じて、応答詞用法から評価的な程度副詞用法が派生した要因と、高程度を表す副詞体系の変遷史上における位置づけについて考察する。また、当該時期における「ナカナカ」の実態と意味の特徴については、談話的な文体で書かれた資料である狂言台本・大蔵虎明本（一六四二年書写）を主資料として明らかにする。そして、これらの分析から、応答詞と評価的な程度副詞の連続性についても考えてみたい。

(1) (2) (3)

二 「ナカナカ」の史的変遷概観――先行研究と問題点

「ナカナカ」の意味・用法の史的変遷については、塚原（一九五四、一九五五）、福井（一九九六）の研究がある。ここでは本稿で扱う中世後期から近世初頭の「ナカナカ」の意味・用法が「ナカナカ」の語史上どのような位置づけにあるかを確認するために、これらの先行研究と『日本国語大辞典第二版』（以下『日国二版』）の「なかなか」条を参照しながら、「ナカナカ」の史的変遷の過程を概観しておきたい。

「ナカナカ」の古い用例を遡ると、『萬葉集』において副詞「なかなかに」という形のみ十二例（すべて和歌の例）が見られる。

（1）なかなかに（中々尓）人とあらずは酒壷に成りにてしかも酒に染みなむ（万葉集・巻三　三四三番歌）

現在知りうる範囲における「ナカナカ」の最も古い形は、上代において和歌中で用いられた「なかなかに」の形で副詞として使用されていたものと見てよいだろう。また意味の面では、上代の「なかなかに」から使用者（話し手）の主観を表しており、『日国二版』の「なかなか‐に」の条では、第一義として「物事の状況が不徹底であるさまをとらえ、それに対する主観的な判断の気持ちをこめて用いる。」と記述されていることから、元来「ナカナカ」は主観的な判断を表す副詞であり、「中古以降、一方では形容動詞化し、一方では、「に」を伴わずに副詞に用いて意味もいろいろに変わった」（『日国二版』「なかなか‐に」補注）とあるように、話し手の主観（物事をどう捉え、どのように評価するか）の変化によって、意味・用法が多様化していったと考えられる。

そして中古では、先の『日国二版』「なかなか‐に」の補注にあるように、〈中途半端なさま〉という状態や〈中途半端で良くない〉〈かえって良くない〉というネガティブな評価を表す形容動詞用法と、〈かえって〉〈むしろ〉など、大方の予想や期待に反する事態であることを表す副詞用法とが見られる。

（2）今はものともおぼえずなりにたれば、なか〳〵いと心やすくて、（かげろふ日記　天禄三年一月）

（3）大方のことは、ありしに変らず、なか〳〵いたはしく、やむごとなくもてなし聞ゆるさまを、増し給ふ。

（源氏物語・若菜下）

（2）は、道綱母の兼家への愛憎をあまり意識しないようになったことで、むしろ大変心安らかであることを表している。また（3）の「ナカナカ」の用法は、過ちを犯した女三宮に対し、光源氏が以前よりもかえっていたわり深く、一層大切に扱われる、という文脈である。（3）の場合は、「なか〳〵」が形容詞の直前に位置し、語り手の主観内における評価を表しているが、程度限定は行っていない。つまり主観的ではあるが程度副詞化はしていない。

さらに中世前期から中世後期にかけては、〈かえって〉の意味で用いられた前時代の用法も残存しつつ、一方で前時代の用法より主観性の強い、話し手自身が予想・期待することが成立しないことを打消や否定の意味の表現を伴って表す副詞用法が見られるようになる。

（4）人手に懸奉《かけたてまつ》らせ給はんこと、中〳〵面目なき御事に候はずや。（保元物語・中　為義最後の事）

同時に、打消・否定の意味の表現と共起しないものは、話し手の判断や決断を強める副詞として用いられた。

（5）九百九十九人の后たち、悪霊、死霊ともなり給ひなん。なか〳〵子孫のわづらいなるべしとうち思ひて、

（御伽草子　熊野本地）

このように、中世における否定と肯定の表現を修飾する「ナカナカ」の意味・用法は、現代語の「まったく」の「まったく元気がない」「まったく今は普通にやっています。」といった強調用法に近いものだったと考えられる。

また、中世後期から近世初頭に多く見られた用法が、(4)本稿で取り上げる応答詞用法である。塚原（一九五五）によると、「ナカナカ」の肯定応答詞用法は、中世の軍記物からしばしば見られる慣用化した成句「申すもなかなか愚か

なり」（筆者訳・口に出して云うのはかえって[5]愚かなくらい当然のこと）から派生したとされる。

（6）御心ならずおし下されさせ給ひけんあはれさ、申すもなか〳〵おろか也。（覚一本平家物語・巻四　厳島御幸）

などの例や、語順が異なり「なかなか」が冒頭にくる「なかなか申すも（いふも）愚かなり」などもある。

（7）横槌にて庭はき、杓子で芋もり、御馳走申事、中〳〵いふもおろかなり。（噺本　一休はなし）

また、大蔵虎明本の中にも（6）（7）に準ずる副詞用法の例が見られる。

（8）（浄土僧）／（略）某未信濃の善光寺へ参らぬと存て、此度参て候が、有難き御事、中々申すもおろかなる御事じや（虎明本　しうろん）

「ナカナカ」の応答詞化とその意味について、塚原（一九五五）は、「申すもなかなか愚かなり」という成句の中での「なかなか」は〈かえって〉〈むしろ〉といった古代語からの古い意味で用いられているが、成句全体では〈当然〉や〈その通り〉といった意味を表していたことから、成句を省略した「ナカナカ」が成句全体での意味を表すようになり、それが固定化して感動詞（本稿で言う「応答詞」）となったと説明している。つまり「ナカナカ」の応答詞化によって、「ナカナカ」の意味は、語彙的な〈かえって〉〈むしろ〉といった意味から、成句全体で表す〈当然〉〈その通り〉の意味を経て、相手の発言・質問に対して〈同意〉〈肯定〉を表す意味へと変化したということである。その応答詞化した例を見ておきたい。（虎明本の「ナカナカ」の応答詞的な意味・用法については、次章で詳しく述べるため、ここでは謡曲の対話場面での例を示す。）

（9）小天狗甲（略）今日は沙那王殿の兵法を使はせらるるによつて、われらごときの者にもまかり出で打ち太刀を致せとのことぢやがなにとならうか　小天狗乙　なかなか（謡曲　鞍馬天狗）

また同時期に、応答詞用法と近い意味で「なかなかの事」という言い回しも使用された。

（10）シテ詞なにとこの強力が判官殿に似たるとや　ワキ詞なかなかのこと（謡曲　安宅）

なお、中世後期の「ナカナカ」に評価的な程度副詞用法が見られないことについては、塚原（一九五五）が「単に程度をあらわす副詞として用いられる例は、極めて少ない[6]ので、応答のそれでなければ、否定と呼応するものが、その大部分を占める。」（一九三頁）と記している。「ナカナカ」の評価的な程度副詞用法が見られるようになるのは近世に入ってからである。

(11) わたくしの在所ハ余国とかハり、山なども中々たかく、海もことの外ふかし（噺本　私可多咄・一巻廿七）

さらに、現代語の「ナカナカ」に見られる「否定表現と共起して〈成立困難〉を表す用法」が成立するのは、江戸後期から明治期にかけてとされる（福井一九九六）。

(12) 万事が自由にはなつたが、なか〳〵むかしの役者の真似はできねへ（浮世風呂・四編巻之下）

福井（一九九六）は、【A】中世後期にも見られた否定表現を修飾する用法（否定強調用法）、【B】現代語に見られる否定表現と共起して〈成立困難〉を表す用法、【C】評価的な程度副詞用法、【D】[7]評価的な意味を持つ名詞述語を修飾する評価性の強い用法、と分類し、江戸後期から明治半ばにかけては【A】～【D】の用法がすべて見られたが、明治半ばを過ぎると【A】の否定強調用法がほぼなくなることを指摘している。

以上のように、先行研究によって多様な「ナカナカ」の用法の発生時期と主に使用された時期は明らかにされてきたが、現代語での主な用法である評価的な程度副詞としての用法と〈成立困難〉を表す副詞の用法が、応答詞用法を経てどのように成立したかについては、まだあまりわかっていない。

そこで次章では、中世後期から近世初頭の「ナカナカ」の用法について大蔵虎明本を中心に見ていきたい。

三　大蔵虎明本の「ナカナカ」の諸用法と分析

古代語から近代語への過渡期に当たる大蔵虎明本の「ナカナカ」の用法は、応答詞用法、「なかなかの事」による応答詞に準ずる用法、否定もしくは肯定強調用法に限定されており、現代語の二用法（評価的な程度副詞用法と〈成立困難〉を表す用法）は見られなかった。

このように、大蔵虎明本の「ナカナカ」の用法は、典型的な中世後期の「ナカナカ」の用法がそろっていた。しかも、狂言台本という性質上、対話上に現れる応答詞用法がいろいろなパターンで見られた。

以下、大蔵虎明本で見られた中世的な各用法の用例を確認・分析しながら、応答詞用法および他の強調用法と、近世以降の評価的な程度副詞用法および〈成立困難〉を表す副詞用法との関連について、話し手の主観の有り様に対する分析が進んでいる現代語の感動詞・応答詞の意味・用法に関する研究成果(8)を援用しつつ考えてみたい。

三・一　応答詞用法

まずは、最も多く見られた応答詞用法（単独で形態的に応答詞であるものおよび応答詞的な用法）の例から見ていくとしよう。（13）～（15）は大蔵虎明本において肯定応答詞として用いられている例である。

（13）（越前）／是はおそうしやで御ざるか（奏者）／中々（虎明本　餅酒）

（14）（果報者）／（略）いづれももとめてきたか（冠者ども）／中々もとめてまひつた（虎明本　目近籠骨）

（15）（越前）／（略）そなたとわれほど似合ふたつれはおりない（加賀）／中々左様でおじやる（虎明本　餅酒）

応答詞用法では、（13）のように、主に質問・疑問といった会話の相手の発言内容に対して、肯定の返答をする時に単独で応答詞として用いられる。また、一見「ナカナカ」が続くことばを修飾しているようにも見える（14）のような例では、相手の質疑のことばを「ナカナカ」の後に繰り返しているだけなので、本稿では応答詞用法とした。（15）のタイプも「ナカナカ」によって相手の発言に対する肯定応答を表しつつ、直前の発言を指し示す語（この場合は「左様」が該当する）が含まれることから（14）に準ずるものと考えて良いだろう。

また「ナカナカ」の応答詞用法には、この時代の典型的な肯定応答詞である「あふ」との共起も見られる。

（16）（太郎冠者）／たのふだ人の申されたは、両に皮をひつはり、まはりにいぼが有と申されて御ざる　（売手）／あふ中々、是をみやれ、両にかはがあり、まはりにいぼも、おりやる　（虎明本　はりだこ）

（17）（祖父）／何といふぞ此所か（孫一）／あふ中々これでござある　（虎明本　やくすい）

なお、ロドリゲス『日本大文典』（土井忠生訳注、三省堂）の「応答」の項目には、

（18）◯ Vǒ（あう）。Vǒ nacanaca（あう中々）。Nacanaca（中々）〜 その通り。（日本文典　第一巻・副詞・応答）

とあり、「あう」は「中々」とともに肯定応答を表す語として記されている。

さらに虎明本では「なかなかの事」という言い回し(9)も応答詞用法に準ずるものとして用いられている。使われ方は、ほぼ「ナカナカ」単独での応答詞用法と共通しており、会話の相手の発言内容を肯定する用法が見られる。

（19）（瓢の神）／何と是へ出たるは、いかやうなるものぞとふしんをするか（鉢叩一）／中々の事、承度候　（虎明本　やくすい）

（20）（閻魔王）／（略）めのあたりをちらり〳〵とちらめくは何者ぞといふか（朝比奈）／中々の事、汝は何者ぞ　（虎明本　政頼）

「なかなかの事」についても、ロドリゲス『日本大文典』に次のような記述がある。

（21）　NACANACA（なかなか）

○往々賞賛の意味をとる。例へば，Nacanacano cotogia!（なかなかの事ぢゃ。）ある場合には肯定する意を示す。
（日本文典　第二巻・感動詞の構成）

ただし、虎明本の肯定の文脈で使用される「なかなかの事」には、「賞賛の意味」で用いられた用例は見られず、(19)(20)のような「肯定する意を示す」用法のみであった。（「いや」などの否定応答詞とともに用いられたり、否定的な文脈で用いられる「なかなかの事」については後述する。）

続けて三・二、三・三では、現代日本語の感動詞・応答詞研究のうち、主に田窪・金水（一九九七）の肯定応答詞・否定応答詞の用法に関する考察を参考にしながら、「ナカナカ」の虎明本における各用法と現代語の用法との連続性について考えていくこととする。

三・二　肯定応答詞用法と評価的な程度副詞用法の連続性

ここではまず、ロドリゲス『日本大文典』の記述にある応答詞に準じる「なかなかの事」が「賞賛の意味」をとれることを手掛かりに、肯定応答詞と評価的な程度副詞の心内処理過程の類似性について考えてみたい。

田窪・金水（一九九七）では、肯定応答詞「はい」について「相手の発話の内容に関わるもので、単なる承認の域をはみ出るもののように見える。」と断った上で、

しかし、内容の評価という機能は、この種の応答詞の本質ではなく、言語コミュニケーションにおいては、相手の質問や命令・依頼には肯定的に答えることが前提となっている故にもたらされる副次的な効果であると考えられる。（田窪・金水一九九七、二六五頁）

と述べているように、肯定応答詞における相手の発話内容を肯定する機能とは、一方で相手の発話内容を一度自分の中に取り入れ、自分の主観に照らし合わせた上でその内容が肯定できることを示す機能でもある。この肯定応答詞に

おける心内処理の過程は、評価的な程度副詞における評価の過程とも類似しており、肯定応答詞に評価機能の側面があることを示している。ただし、田窪・金水（一九九七）が指摘するように、肯定応答詞における相手の発話内容に対する評価機能は、肯定応答詞の本質ではなく、あくまでも「肯定」の機能から生じた副次的な機能である。

以上のように、虎明本やロドリゲス『日本大文典』に見られる中世後期の「なかなか」・「なかなかの事」は、肯定応答詞化によって、相手の発言内容に対する肯定機能とともに、副次的に生じた評価機能を帯びたことが、後の近世以降における評価的な程度副詞用法の成立につながったものと推測される。また、現代語の評価的な程度副詞用法の「ナカナカ」は、話し手自身のことではなく他者に対して評価し、しかもマイナス評価の形容詞を修飾せずプラス評価の形容詞のみを修飾するのも、その元となった肯定応答詞用法において相手の発言内容に対する評価が必ず〈肯定〉〈同意〉であるため、と説明することができよう。

三・三　否定表現との共起と〈成立困難〉を表す用法の連続性

次に、虎明本の総索引では「ナカナカ」の副詞用法として挙げられている例の中から、否定応答詞「いや」「いやいや」と共起する「ナカナカ」の例について見ていきたい。

(22)（大名）／尤それは汝かいふことくなれども、なさう人がなひほどに、なつてくれひ（太郎冠者）／いや中々ゑなりますまひ（虎明本　人馬）

(23)（見目吉）／（略）色々そなたのおしやつてから、いまさら其やうにおしやるはきこへぬ（女）／いや〱中々そふ事は、ならぬ（虎明本　みめよし）

この「いや」「いやいや」といった否定応答詞と共起する(22)(23)では、相手の質問や依頼に対する〈否定〉を表している。これらは、「ナカナカ」に文が後続するが、否定応答詞的な用法と考えられる。

また肯定応答詞「あふ」と共起する応答詞用法とは対照的に、否定応答詞「いや」と共起する用法には、必ずしも会話の相手からの申し出や質問に対する否定応答に限らず、事態に対する驚きや戸惑いを述べる独り言や心内語でも用いられている。特に、この用法は、(25)のような「なかなかの事」に多く見られる。

(24)（檀家二）／いや中々、さやうの事もぞんぜなんだ、（虎明本　ほねかわ）

(25)（主）／いや中々の事じや、思いあはする事が有、あいつにだしぬかれたがはらがたつ（虎明本　しみづ）

「いや」は共起しないが、「なかなか」が否定表現を修飾し、「やれ〳〵」など困惑を表す語と共起して事態に対する驚きや戸惑いを表すものもある。

(26)（主）／やれ〳〵中々の事でござる、太郎くわじやめが、さく病をいたす、（虎明本　しびり）

このような否定応答詞的な用法に関連して、田窪・金水（一九九七）は、「しっかりしたお子さんですね」「いやぁ、もう口ばっかりで……」の「いやぁ」のようなものを、「あいまいな否定」として、次のように述べている。

> この「あいまいな否定」の応答詞は、応答という文脈を離れて、さまざまな評価的な発話とともに用いられる。評価はプラス方向の場合もマイナス方向の場合もあるが、いずれにしても、対象となる状況に話し手が圧倒されているというニュアンスが認められる。「通常の予測を上回っている」ということを表すために、否定系の応答詞が転用されたのであろう。（田窪・金水一九九七、二六六頁　※波線は本稿筆者による。）

つまり、虎明本において、独り言や心内語で(24)(25)のように否定応答詞「いや」と共起したり、(26)のような場合は、目の前の事態に対し、話し手の主観内における基準を上回り圧倒されている心的状況が表されていると言えよう。

一方、否定応答詞と共起せず、否定表現と共起して否定的な内容を強調するものを「否定強調用法」と呼ぶ。

(27)（貸手）／おもひいだひた、さあらはりのぶんをゆるすほどに、心をはつたともて　（借手）／それでちつときが

つひたが、中々いきはいたすまひ（虎明本　むねつき）

(28)（主）／（略）汝がやうなものをうちにおいたらは、出入のしてもあるまひ、中々おく事はならぬ、（虎明本　ぬけがら）

(27)(28)のような否定表現と共起する例は、現代語の〈成立困難〉の意味ではなく、〈絶対に〉〈まったく〉といった否定を強調する意味となっている。なお、ロドリゲス『日本大文典』の「NACANACA（なかなか）」の説明の中にも、次のように否定強調用法と肯定強調用法の両方が使用されていたことを確認できる記述がある。

(29)〇又ある場合には副詞として、肯定の動詞に伴っては肯定し、否定の動詞に伴っては否定する。

Nacanaca cochixumo nengoroni xirimaraxita.（なかなかこち衆も懇ろに知りまらした。）

（日本文典　第二巻・感動詞の構成）

虎明本にも数は少ないが、否定表現と共起せず肯定強調用法で用いられている次のような例がある。

(30)（酒屋）／ちとそのはなしがきゝたひの　（太郎冠者）／中々かたつてきかせまらせう、まづあれへまいつたれは、中々くんじゅ（群衆）おびたゝしひことでござつた（虎明本　ちどり）

(30)は、前半「中々」が応答詞用法であるが、後半「中々」（傍線あり）は否定強調用法と対となる肯定強調用法として事態を主観的に評価する〈まったく〉の意味で用いられている。一般的に副詞として評価的な意味が強まると、否定・肯定両方を強調する用法になる傾向が見られるが、この(30)の「中々」もその一つと思われる。

以上、否定表現と共起する例を見てきたが、近世以降の否定表現と共起する〈成立困難〉を表す用法は、「あいまいな否定用法」と「否定強調用法」のどちらをルーツとしているのだろうか。

〈成立困難〉を表す用法において、心内処理の過程で「他者」や「環境」など話し手の外部のものが関わるのは最初の事態把握の時だけであり、後は対象となる状況に対しての話し手の評価のみ表す。これは、ある意味「自己完結的」「自己都合的」とも言える。先に挙げた「あいまいな否定用法」における「事態に対して話し手が圧倒され困惑する心的状況」と、自己都合的な困惑を表す〈成立困難〉を表す用法は、心内処理の過程が似ている。この心内処理の類似性に、福井（一九九六）の指摘（江戸後期に〈成立困難〉を表す用法が成立し、明治半ば過ぎに「否定強調用法」が見られなくなった）も併せて考えてみると、「あいまいな否定用法」が〈成立困難〉を表す用法の元になった可能性は高いと思われる。(10)

三・四　まとめ

以上、虎明本に見られた「ナカナカ」の用法について、応答詞用法と副詞用法との関係から整理すると次のようになる。（各用法説明末の括弧内は各用法に該当する虎明本内の各品詞・用例数を示す。）

一、「なかなか。」「あふなかなか。」で肯定応答詞として機能する。（肯定応答詞用法…応答詞92例）

二、「あふ、なかなか」のように、肯定応答詞「あふ」「あゝ」とともに用いられたり、「なかなか」の後に相手の発言（質問）に対し肯定する表現（回答や反復）が続く場合は肯定を表す。（肯定応答詞的用…副詞235例、「なかなかの事」10例）

三、「なかなか」の後に肯定的な内容が続き、主観的な強調を表す。（肯定強調用法…副詞6例）

四、「いや、なかなか」のように、否定応答詞「いや」「いやいや」とともに用いられる場合は、相手の発言内容に対する否定を表す。（否定応答詞的用法…副詞10例）

五、「なかなか」の後に否定表現が続き、否定を強調する。（否定強調用法…副詞38例）

六、否定表現が後に続く「なかなか」の一用法として、「いや」などが共起して、独言などで困惑の気持ちなど「あいまいな否定」を表すものがある。（あいまいな否定用法…副詞2例、「なかなかの事」20例）

なお、「ナカナカ」は、肯定文脈で使用された場合は肯定を表し、否定文脈で使用された場合は否定を表すように、「ナカナカ」自体に肯定・否定の意味が備わっているわけではなく、共起する応答詞・文脈によって肯定・否定に変化し、肯否の面では中立的な意味の語であったことが以上の分析から明らかになった。

そして用法の面において、現代語の「ナカナカ」の評価的な程度副詞用法は、一〜三の「ナカナカ」の肯定応答詞用法における「相手に対するプラス評価」という対象への評価の視点と主観性を引き継ぎ、〈成立困難〉を表す用法では、特に六の「あいまいな否定」用法における事態に対する話し手の困惑の気持ちなどを表す心的状況と事態に対する自己都合的な視点を引き継いだ可能性が高い。

四　おわりに

本稿では、虎明本を中心とした中世後期から近世初頭における「ナカナカ」の用法の分析を通じて、「ナカナカ」の応答詞化が意味変化および機能変化の転換点になったことを確認した。

特に、「ナカナカ」の意味・機能の史的変遷において、評価的な意味が応答詞用法の意味・機能から生じ、現代語の副詞「ナカナカ」の二用法の成立に影響を与えていたことは、これまでの研究においてほとんど指摘されていなかった。

虎明本の成立した中世後期から近世初頭は、多くの高程度を表す評価的な程度副詞が発生し使用された時代でもあった（田和二〇一四）。しかし、「ナカナカ」の場合は、応答詞化によって他者や事態の有り方を主観的に評価する意味が付加する過程を経て、評価的な程度副詞用法が他よりも遅い近世後期に成立しており、近世以降も新しい高程度を表す評価的な程度副詞が産出されていたことを示している。

これまで古代語から近代語への過渡期である中世後期から近世初頭の高程度を表す副詞体系の成立を中心に論じてきたが、現代語における高程度を表す副詞の体系が成立する過程を明らかにするためには、近世から現代に至る高程度を表す副詞の使用状況や体系の変化について、さらに調査を進める必要がある。今後の課題としたい。

注

（1）本稿では、副詞用法だけでなく、感動詞用法、形容動詞用法、名詞用法なども総称して「ナカナカ」と表記する。特定の用法や用例内の引用を表す場合は「なかなかに」「中々」などひらがな・漢字標記を適宜用いた。

（2）感動詞・応答詞という用語については、田窪・金水（一九九七）において同列に扱われており、富樫（二〇一一）でも、感動詞と同様に「応答詞も心内処理の標識として分析が可能」（二一〇頁）な語として同列に扱われていることから、本稿でも一般的な品詞としての呼称は「感動詞・応答詞」とする。

（3）狂言資料の応答詞に関する主要な先行研究として、小松（一九六五）がある。特に小松（一九六五）では、本稿で今回あまり取り上げられなかった「問いかけ」（特に「否定問いかけ」）との関係から、「なかなか」をはじめとした応答詞各種について論じられている。なお、本稿の大蔵虎明本の調査は次のものによった。北原保雄他編（一九八二～八九）『大蔵虎明本狂言集総索引1～8』（武蔵野書院）、池田廣司・北原保雄（一九七二～一九八三）『大蔵虎明本狂言集の研究　上・中・下』（表現社）。また、他の用例については特に断りがない限り、日本古典文学大系および噺本大系によった。用例の検索にあたっては、各作品索引および国文学研究資料館大系データベースを使用した。また、用例として掲出した本文は、読みやすさを配慮して私に表記を改めた部分がある。

（4）中世後期から近世にかけて、「なかなか」が通常使用される形式として、「なかなかに」は古語的形式・畏まった形式として用いられていたようである。「なかなかに」は、謡曲や狂言台本の謡部分に現れる。

（a）シテ これはまことか　ワキ 成経康頼 なかなかに、（謡曲　俊寛）

（b）（妻）へそれはまことか　（夫）へ中々に　（虎明本　ほうしがはゝ）

「‐に」が古語的形式・畏まった形式というように文体差として扱われる傾向は、田和（二〇一三）で扱った同時代の「あまり」と「あまりに」にも見られた。

（5）塚原（一九五五、一八七頁）において、「申すもなかなか愚かなり」の中で使用されている「なかなか」は「古代風」の用法であり、「所謂「かえって」に置換し得る」と説明されている。

（6）塚原（一九五五）で、程度副詞用法の例として挙げられているものは、1例を除きすべて近世前期成立の噺本の例である。中世後期の程度副詞の例として『天草版平家物語』の「なか〱かなひかたい。」を挙げているが、これは「かなひかたい」という否定的な意味の語を修飾しており、程度副詞用法と言うよりは否定表現を修飾する用法に準ずるものと思われる。

（7）【D】とされる用法は、ほぼ【C】の評価的な程度副詞用法に含まれると考えてよく、そうなると現代語の用法は【B】の〈成立困難〉を表す用法と【C】の評価的な程度副詞用法に絞られる。

（8）富樫（二〇一三、二七頁）では、感動詞・応答詞の本質について「何かを指し示していたり、何らかの概念を表しているものではなく、話し手の心内の情報処理と対応している」と捉え、「心内処理のモニター」であると述べている。

（9）「副詞＋の事」という用法は、狂言台本をはじめ、中世後期から近世初頭の抄物やキリシタン資料に多く見られ、副詞で修飾される内容を要約的に示す用法である。「なかなかの事」の場合は、「ナカナカ」の応答詞用法を元とした応答を表す語句となっており、肯定・否定両方に用いられる。

（10）現代語の〈成立困難〉を表す「ナカナカ」の応答詞用法でも、否定応答詞「いや」と共起して困惑を表すことから「あいまいな否定」との関連性が裏付けられるだろう。例、「煙草やめないの」「いやーなかなか（やめられなくて）。」

〔引用・参考文献〕

小林賢次（二〇〇〇）『狂言台本を主資料とする中世語彙語法の研究』勉誠出版
小松寿雄（一九六五）「狂言における否定問いかけに答える応答詞の用法」『近代語研究』一　武蔵野書院
田窪行則・金水敏（一九九七）「応答詞・感動詞の談話的機能」音声文法研究会編『文法と音声』くろしお出版
田和真紀子（二〇一二）「評価的な程度副詞の成立と展開」『近代語研究』十六　武蔵野書院
田和真紀子（二〇一三）「狂言台本の「アマリ」（二）―大蔵虎明本を中心に―」『近代語研究』十七　武蔵野書院
田和真紀子（二〇一四）「程度副詞体系の変遷―高程度を表す副詞を中心に―」小林賢次・小林千草編『日本語史の新視点と現代日本語』勉誠出版
田和真紀子（印刷中）「中世後期から近世初頭における高程度を表す副詞の諸相―高程度を表す評価的な程度副詞を中心

とした体系と主観化傾向―」『国語語彙史の研究』三十四　和泉書院
塚原鉄雄（一九五四）「「なかなかに」から「なかなか」へ」『大阪市立大学国語学研究調査冊子』一（浜田・井手・塚原他一九九一初版、二〇〇三増補『国語副詞の史的研究』新典社所収）
塚原鉄雄（一九五五）「「なかなか」の展開」『大阪市立大学国語学研究調査冊子』三（浜田・井手・塚原他一九九一初版、二〇〇三増補『国語副詞の史的研究』新典社所収）
富樫純一（二〇一二）「感動詞とコンテクスト」澤田治美編『ひつじ意味論講座6　意味とコンテクスト』ひつじ書房
富樫純一（二〇一三）「感動詞・応答詞」『日本語学』三二―五（臨時増刊号）
福井淳子（一九九六）「「なかなか」の語誌―江戸後期から明治期を中心に―」『国語語彙史の研究』十五　和泉書院

付記　本稿は平成二十六年度科学研究費補助金（若手研究（B）研究課題番号：二五七七〇一七二、研究課題名：「高程度を表す副詞の史的変遷に関する研究」）による研究成果の一部である。

『天草版平家物語』から『太平記抜書』へ
不干ハビアン、J・ロドリゲスそれぞれの葛藤と軌跡

小林千草

はじめに

本稿では、『天草版平家物語』の成立と不干ハビアンの関わりを追った旧稿群を踏まえて、なぜ『太平記抜書』のような文語体国字テキストがイエズス会の日本語教育上必要とされたのかを考察する。考察にあたっては、J・ロドリゲス（一五六一～一六三四）の著作『日本大文典』（一六〇四～〇八年長崎刊）と『日本小文典』（一六二〇年マカオ刊）との間に横たわる日本語教育に対する方針の相異に注目し、方針転換の時期前後の国内外状況、ハビアンの内的葛藤や、J・ロドリゲスなどイエズス会宣教師《パードレ》達との葛藤、そして、国外退去前後のJ・ロドリゲス自身の内的葛藤などにも触れたいと考えている。

一　『天草版平家物語』と不干ハビアン

先覚の輝かしい『天草版平家物語』（「ヘイケ」と略称することがある）研究を踏まえた近藤政美氏の大著『天草版『平家物語』の原拠本、および語彙・語法の研究』（二〇〇八年三月和泉書院刊）を書評する機会(1)に恵まれ、筆者自身も、それ以前より進めてきた研究(2)を立体的に結びつけて、『天草版平家物語』の成立の謎に迫りたいと考えるようになった。その結論を、

小林千草二〇一三・三「天草版『平家物語』成立考――巻構成・章段構成・分量という観点から」（「東海大学紀要文学部」第九十八輯）

として発表し、また、

小林千草二〇一四・九「『天草版平家物語』〈通盛・小宰相〉の段の表現論的考察」（「東海大学紀要文学部」第一〇一輯）において、その成立現場の具体的検証および補足をすることが出来た。右二論へ向かって大きな働きをしたのが、注（2）に示した『天草版平家物語』に関する筆者のとりくみのうち、小林千草二〇〇五・七、二〇〇六・一一、二〇〇六・一二、二〇〇七・三、二〇〇七・一二、二〇〇八・一〇で、日本語教科書として出来あがった『天草版平家物語』を、ハビアンはいかに教科書として生かしたか、つまり、このヘイケをいかに朗読したかに端を発した一連の考察であった。机上の考察だけではなく、〈祇王・仏御前〉〈俊寛〉〈忠度〉〈木曽・巴・兼平〉〈敦盛〉〈通盛・小宰相〉〈千手重衡〉〈滝口・横笛〉〈屋島〉〈昌尊〉〈大原御幸〉の段については、学会や研究会のほか、東海大学「知のコスモス」公開講座や図書館公開講座を通して、プロの能楽師に〝語り〟として語っていただき、ハビアンが朗読したであろう様相の復元を行ない仮説の点検を重ねてきた。以下、これらを踏まえた上で論じる。

一五九二年十二月十日、ヘイケの序文末尾に「Fucan Fabian tçuxyinde xoſu.」（不干ハビアン謹しんで書す）とハビアンは自署しているが、これは『天草版エソポ物語』『天草版金句集』と合本されて、一五九三年に刊行される。その総序には、

①この一巻には日本《にっぽん》の平家という Historia と、Morales Sentenças と、Europa の Esopo の Fabulas を押《お》すものなり。然《しか》ればこれらの作品は Gẽtio にて、その題目もさのみ重々しからざる儀なりと見ゆるといえども、かつうはことば稽古のため、かつうは世の徳のため、これらの類《たぐい》の書物を板《はん》に開くことは、Ecclesia にをいて珍しからざる儀なり。

とある。ここの「ことば稽古」は、『平家物語』『エソポ物語』が口語をとることで、日本語口語教科書であるし、『金句集』に関しては、「漢文訓読文」と「口語」を同時に学べる教科書であることを表わしている。

日本の歴史文学である『平家物語』、ヨーロッパの寓話集である『イソップ物語』、日本の格言・金言集で漢文訓読調をとりその中には『論語』『三略』など漢籍を出典にもつ『金句集』、この三種の国際的にも色合いの異なるものが、〝口語〟〝ローマ字化〟をコンセプトに合体された意義は高く評価されなければならないであろう。三つのうち一

つでも他の作品と入れかえが不可能なところまで、教材としての厳しい選考がなされたことをしのぶことが出来る。日本イエズス会が布教効果をあげるために、背水の陣で時《とき》をかけて選びぬいた日本語口語教科書であった。

二　ロドリゲス『日本大文典』成立前後――ハビアンの動きとともに――

ポルトガル出身のJ・ロドリゲスは、(3)ゴア・マカオを経て、天正五年（一五七七）に来日。十六歳の時である。同八年（一五八〇）イエズス会入会。府内（豊後国の国府。大分市）のコレジヨでラテン語・日本語を学び言語学・日本語に熟達する。慶長元年（一五九六）マカオに一旦赴いて司祭《パードレ》となって長崎に戻る。同三年（一五九八）から日本追放までの十二年間、イエズス会財務担当司祭の要職にあった。

ハビアンが天草コレジヨの日本語教師として『天草版平家物語』の編訳をまかされた文禄元年（一五九二）は、その二十七歳頃のことであり、十八歳で京都で受洗し、二十一歳でイエズス会に入会して六年がたち、修道士《イルマン》としての地位にあった。当時、ロドリゲスは四歳上で、イエズス会の通訳として、豊臣秀吉や徳川家康などの知遇を得ていたが、いまだ司祭《パードレ》ではない。通訳として、日本の要人とイエズス会の折衝に当たっていたので、『天草版平家物語』『天草版エソポ物語』『天草版金句集』合本の編纂刊行についてはそれほど深入りする時間はなかったと見られる。むしろ、イエズス会一の言語学者として、〈日本大文典〉著述の内命が下っており、その材料集め（方言および書簡文などの文章語に対する知見を深めることも含めて）に時間をさいていたと見られる。一五九三年に刊行されたヘイケ・エソポ・金句集や、印刷に付される前段階の産物である文語本エソポ物語などからも、用例採取を試みていた。(4)

そのとりくみが実を結び、長崎で印刷物として刊行されるのは一六〇四年（慶長九）～一六〇八年（慶長一三）であり、ヘイケ刊行よりは十一～十五年も後である。

へイケ刊行前後から慶長一三年頃までのイエズス会の日本語教育の大綱は、『ロドリゲス日本大文典』(5)からうかがうことが出来る。

『日本大文典』（単に「大文典」と略すことがある）第三巻「内典（NAIDEN）の文体に就いて」で、

②この文体は宗門のあらゆる解説書に用ゐられる。[A]民衆へ説教する時の文体も、救世に関係した事を書[B]いたものの文体もすべて甚だ荘重であって、取扱はれた内容の如何によって程度の差はあるが、わかりにくいところがある。坊主（Bonzos）はこの文体を[C]日常の話し言葉に適応させながら説教に使ふのである。[D]日本語に翻訳した我々の書物もこの文体を用ゐたものが普通に行はれて居り、[E]説教に於いても、この文体の単語や言ひ表し方が適するので、われわれはこの文体に頼ってゐるのである。（土井忠生博士訳本　662頁）

と述べている。

Aは、坊主（Bonzos）が説教に用いている文体で、イエズス会も説教の際用いている文体（E）である。Bは、その書きことばとしてのもので、イエズス会のキリシタン教義書（主として刊行物）もこの文体に半ばよっている（D）。A・Bはほとんど差異がなく、

文末に……有り、なり、者也（物也）、事也

文首に……夫《それ》、そもそも、然《しか》れば、然《しか》るに、されば、さる程に

会話引用に……申さく、答へて曰く、宣はく、宣ふ、曰く、問はく

過去の助辞……なり(6)、き、ぬ、し、たる、ける、つる、ある(6)

未来表現……べし、べきなり

などの語・表現が一般に用いられると、ロドリゲスは述べる。

〈表1〉は、イエズス会が刊行した文学・教義書に関する一覧である（大塚光信一九七一・三『キリシタン版エソポ物

〈表1〉

	書名	用字	用語	刊行年	刊行地	所在
1	サントスの御作業	ローマ字	日本語	一五九一	加津佐	オックスフォード大学ボドレアン図書館
2	ヒイデスの導師	ローマ字	日本語	一五九二	天草	ライデン大学
3	どちりいな・きりしたん	ひらがな・漢字	日本語	?	?	バチカン図書館
4	ドチリイナ・キリシタン	ローマ字	日本語	一五九二	天草	東洋文庫
5	病者を扶くる心得	ひらがな・漢字	日本語	?	?	天理図書館
6	ヘイケ物語	ローマ字	日本語	一五九二	天草	大英図書館
7	エソポ物語	ローマ字	日本語	一五九三	天草	大英図書館
8	金句集	ローマ字	日本語	一五九三	天草	大英図書館
9	コンテムツス・ムンヂ	ローマ字	日本語	一五九六	?	オックスフォード大学ボドレアン図書館
10	心霊修行	ローマ字	ラテン語	一五九六	天草	オッペルスドルフ家
11	精神生活綱要	ローマ字	ラテン語	一五九六	?	天理図書館他
12	サルワトル・ムンヂ	ひらがな・漢字	日本語	一五九八	?	カサナテ図書館
13	ぎや・ど・ぺかどる	ひらがな・漢字	日本語	一五九九	?	大英図書館他
14	ドチリナ・キリシタン	ローマ字	日本語	一六〇〇	?	彰考館
15	どちりな・きりしたん	ひらがな・漢字	日本語	一六〇〇	長崎	カサナテ図書館
16	おらしよの翻訳	ひらがな・漢字	ラテン語・日本語	一六〇〇	長崎	天理図書館
17	和漢朗詠集巻之上	ひらがな・漢字	日本語・漢文	一六〇〇	?	サンロレンソ文庫
18	サカラメンタ提要	ローマ字	ラテン語	一六〇五	長崎	北堂文庫他
19	スピリツアル修行	ローマ字	日本語	一六〇七	長崎	大浦天主堂他
20	こんてむつす・むん地	ひらがな・漢字	日本語	一六一〇	京都	天理図書館
21	太平記抜書	ひらがな・漢字	日本語	?	?	天理図書館

語』〈角川文庫〉、『キリシタン版エソポのハブラス私注』〈臨川書店〉を参照して『文章(7)・文体から入る日本語学――やさしく、深く、体験する試み――』〈二〇〇五年五月武蔵野書院刊〉154頁に掲載したものの転載）。このうち、ローマ字を用いた[1]『サントスの御作業』[2]『ヒイデスの導師』[4]『ドチリイナ・キリシタン』[9]『コンテムツス・ムンヂ』[14]『ドチリナ・キリシタン』[19]『スピリツアル修行』は、外国人宣教師《パードレ》（時に、修道士《イルマン》）が日本人への布教の際、説教にそのまま読みあげ、あるいは一部引用して用いられ得るもので、用語・表現も、まさにロドリゲスが指摘する通りのものとなっている。

『日本大文典』のつづく項は、「〝外典〟（GVEDEN）の文体に就いて」と題され、(8)まず外典の定義をして、「支那で作られた文書」（論語・大学・中庸・孟子・三略・兵的・六韜等のほか、詩・詩聯句《しれんぐ》）と「日本で作られた文書」（文書《ふんじょ》（諸々《もろもろ》の往来）・式目・武家の礼儀法度《はっと》・軍陣の儀式・弓馬の道の習ひ・躾方《しつけがた》の事・神道《しんたう》の沙汰・歌道の学問・色々の歌《か》書《しょ》・謡《うたい》・草子《さうし》・舞《まい》・物語《ものがたり》・作業《さぎやう》）とを分けて説明している。ロドリゲスは、「これらすべての俗書は、互に異なった色々な文体を持ってゐて、その一つ一つに使はれる成句や助詞が違ふ」（663頁）と述べている。このあと、

③〇〝文章〟（Bunxŏ）、即ち消息の文体は、その他のものとは甚だしく相違してゐて、日本で最も洗練された典雅なものである。

〇〝謡〟（Vtais）と〝草子〟（Sŏxis）の文体は極めて優美な一種の文体であって、一般に〝よみ〟の語が使はれ、ある音節の韻脚から成る一種の韻律を持って居る。他のものと混合した詩的文体である。

〇〝物語〟（Monogataris）は二つの文体に分れる。一つは荘重であって、[F]「平家物語」（Feique monogatari）、「平治物語」（Feigimonogatari）[G]「太平記」（Taifeiqui）などのやうな歴史の文体である。今一つは[H]「伊勢物語」（Ixe monogatari）などのやうな〝草子〟（Sŏxis）風のものである。〝道心者〟（Dŏxinjas）や隠遁者の伝記の文体は殆ど〝草子〟（Sŏxis）のと同じやうであるが、それよりも荘重であって、解しにくい。これら文体の終りは一般に**Moqueri**（もけり）、**Tari**（たり）、**Zoqueru**（ぞける）、**Zocaxi**（ぞかし）、**Famberu**（侍る）、**Saburŏ**（さぶらふ）、**Texi**（てし）、**Tengeru**（てん

げる）などで結ばれる。

○ 〝舞〟（Mais）の文体は、[I]日本で通用してゐる甚だ丁寧で上品な談話のと同じである。[J]話し言葉と書き言葉とを混合したものであって、[K]誰にでも理解される。この文体は、一種の音調や歌の調子で朗誦されるやうに非常な技巧が加へてあって、[L]その話が色々な感情を喚び起して、人に快感を与へることを目的とするのが普通である。文中の語とその調子は一種の韻律の形式によって組立てられて居る。（664頁）

と、各文体における特徴を指摘し、

④○立派な言葉で広く通用するものを学ぶべき我々は[M]〝舞〟（Mais）や〝草子〟（Sôxis）などの学習に没頭しなければならない。それらには〝こゑ〟（筆者注　現代語で言うと、漢字の「音」（おん）にあたるが、ここではさらに広く「漢語」をさす）や〝熟語〟（Jucugo）が殆んど使われてゐない。[N]その中のすべての語が談話に使はれるとは限らないから、選ぶ必要はあるけれども、[O]それの学習は大いに得る所があるだらうと思はれる。（664頁）

と、結んでいる。

「外典の文体に就いて」の章は、文体論的なアプローチであり、直接、イエズス会の日本語教育に触れたものではないが、まとめにあたる④は日本語教育の展望を述べたものである。特に「舞」（幸若舞）と「草子」の学習の必要性をM・Oで謳《うた》っている。「舞」については、③のIでも、「甚だ丁寧で上品な談話」と高い評価を与えている。ただし、③のJ、および④のNに記したような性格を有するので、書きことば的要素を除いた――つまり口語会話体に脚色した「舞」が教育上は必要となる。その活字化されたローマ字本「舞」は現存しないため、〈表1〉には載せられていないが、一六二〇年マカオで刊行された『ロドリゲス小文典』の第一部「日本語の学習と教授にふさわしいと思われている方法について」章に、「例えばわれわれの文字［ラテン文字］で印刷されている会話体のMay（舞）」（岩波文庫訳本　38頁）とあることや、「1591年筆のバレト自筆写本に、〝舞の何丁を見よ〟と注してあるのがローマ字版本を示すものとすれば、Feiqe 以前に刊行されていたことになる」（『邦訳日葡辞書』森田武氏による補説）のである。『日葡辞書』に曲名を注記したものが70例、注記なしに引用したものが40例以上（森田氏「補説」に拠る）あり、ロドリゲスも『日本大文典』に、

⑤伊吹の舞（24例）　笈探の舞（11例）　切紙[9]の舞（6例）　国落の舞（2例）　雲隠（2例）　鞍馬出の舞（11例）　佐藤下（8例）　信太の舞（8例）　新曲の舞（3例）　鷹揃の舞（1例）　高館の舞（11例）　富樫の舞（8例）　常盤の舞（1例）　土佐昌尊の舞（4例）　昌尊の舞（34例）　北国落（2例）　八島の舞（25例）　山中常盤（3例）　山中の舞（4例）　舞（6例　脚注により、静の舞、笈探の舞、昌尊の舞、鷹揃の舞、八島の舞、各1例が判明している）　脚注によって判明した舞（22例〈内訳　伊吹の舞2例　笈探の舞2例　国落の舞1例　信太の舞1例　新曲の舞2例　富樫の舞1例　昌尊の舞8例　八島の舞2例　未来記2例　山中常盤1例〉）

など19曲総計196例を引用しており、イエズス会の日本語教材として舞が重要視されていたことがわかる。

当時、幸若舞は織田信長の「敦盛」愛好に象徴されるように爆発的人気を誇る文芸であり芸能であった。その背景を受けて、ロドリゲスはKと記し、Lと記す。舞には、土佐昌尊（昌尊）の舞や八島の舞のように『平家物語』と重なるエピソードを題材に有するものもあるが、「日本のことばとイストリアを習ひ知らんを欲する人」（ヘイケ序）の役には立たない。そのために、『天草版平家物語』が編まれたのである。③で言うと、Fの教材実現である。『平治物語』は『平家物語』より少し前の歴史物語《イストリア》となるので、もしヘイケの続篇を作るなら、Gの『太平記』であろうことは、③の記述から推測出来る。

Hで例のあげられた『伊勢物語』は日本文芸史上著名な作品でかつ和歌の古典であっても、色好みのエピソードに彩られた物語をイエズス会として教科書に活用するわけにはいかない。〝道心者〟や隠遁者の伝記は、『方丈記』『撰集抄』『発心集』などの作があり、ロドリゲスが『日本大文典』にもよく引用しているので、イエズス会の読書資料

としては存在したが、なにぶん仏教信仰に関わるものなので、どう工夫してもテキストには向かない。しかし、その文体・用語は、一早く、養方軒パウロや洞院ビセンテなどの修道士《イルマン》が、『サントスの御作業』に反映させてくれたものが一五九一年加津佐版として活字化されているので、それで代用可能であった。また、ヘイケと合本された『エソポ物語』も、当初文語体で訳された〝文語広本⑩〟の段階では、まさに〝草子〟の文体をとるものであった。のち、仮名草子として、イエズス会を離れて活字印刷されてゆく萌芽はこの時に有されていた。

ロドリゲスは、緒言につづく「本文典の論述を理解し易からしめんが為の例言数則」の中で、

⑥日本人もまた話す時の通俗な文体を用ゐて物を書くといふ事は決してしない。話しことばや日常の会話に於ける文体と文書や書物や書状の文体とは全く別であって、言ひ廻しなり、動詞の語尾なり、その中に用ゐられる助辞なりがたがひに甚だしく相違してゐる。（5頁）

⑦随って又、[P]この国語は、その中に話しことばと書きことばとのほぼ二種類のものが含まれてゐる事になる。[Q]この書では主として話しことば及び普通の会話に参考となる事を取扱ったのであるが、語法なり品詞の構成なりに関することは、書きことばにも役立つのである。それは大体同一だからである。（5頁）

と謳《うた》っている。Pは、当時の〝言文不一致〟を鋭く突き、Qは、『大文典』はじめ、イエズス会の日本語教育が、口語――話しことばに重点を置いていることを示すものである。

三　ロドリゲス『日本小文典』の意図と時代背景――ハビアンの動きとともに――

〈表1〉のイエズス会刊行物は、イエズス会東インド巡察師ワリニャーニが伊東マンショ・千々石ミゲル等天正少年遣欧使節を伴ってローマ教皇に謁見し（長崎出発は、天正一〇年〈一五八二〉一月）、天正一八年（一五九〇）六月長

崎に帰着した時に将来した活字印刷機により印刷されものである。ただ、使節を派遣した大友宗麟《そうりん》や大村純忠《すみただ》も死去し、天正一五年（一五八七）六月一九日には豊臣秀吉がキリシタン禁教令を出し、外国人宣教師たちの国外追放を実行している状況下であった。しかし、南蛮貿易から来る利益は捨てがたく、不徹底のまま、天正一九年（一五九一）閏一月八日に、秀吉は聚楽第においてワリニャーニおよび四人の少年使節を謁見する。その際の通訳をはたしたのが、J・ロドリゲスである。翌文禄元年（一五九二）、朝鮮出兵の本陣名護屋でも秀吉に謁見する一方、徳川家康とも対面を果たす。先にも触れたが、慶長元年（一五九六）マカオに一旦戻り司祭《パードレ》に叙階されて長崎に再来日。同年十二月十九日のフランシスコ会士を中心とする二十六聖人の大殉教では、イエズス会やポルトガル人に余波が及ばないように根回しする。また、秀吉の死後、家康からはイエズス会士の在日許可を得、準管区長顧問としてほぼ毎年家康に謁見している。慶長十二年には、準管区長パシオについて、駿府に家康を、江戸に二代将軍秀忠を訪問している。しかし、慶長十五年（一六一〇）、長崎貿易等にからむ問題でマカオ追放となる。

以上、吉川弘文館『国史大辞典』の「ロドリゲス」項（井手勝美氏担当）を基に、ロドリゲスの年次的な動向を素描したが、禁教とともに外国人宣教師・修道士の来日がままならなくなり、全体数の減少が推測できる。自然、従来の、数多い外国人に初級日本語を教育していた頃と、慶長年間の日本語教育は変貌してきたであろうことも予想がつく。つまり、日本に残っていたイエズス会士たちは、日常の会話にはすでに上達していたのである。彼らに欠けていたものは、J・ロドリゲスが身につけたような高度な経済戦略・布教戦略を可能にする日本語力であり、日本側と遜色ない口上を述べ、文書を読み書きする能力であった。

実は、イエズス会は家康・秀忠を引き入れる布教戦略として、理論に基づく護教書『妙貞問答』(11)を不干ハビアンに著述させていた。慶長十二年、J・ロドリゲスと同様に、ハビアンは準管区長パシオについて、江戸からの帰りに駿府で家康の側近本多上野介正純《まさずみ》にその『妙貞問答』を献上している。しかし、前年、『妙貞問答』がらみで林道春

（羅山）と宗論し、林道春から激しい批判を受けたりしていたこともあり、この書をもって徳川家を教化することは出来なかった。その責は、不干ハビアン一人に大きくのしかかった上、日本語教師としての日本語指導も腕をふるう機会が減っていた。布教に力を注ぎたいと思っても、司祭《パードレ》には叙階される可能性もなく、彼は慶長十三年（一六〇八）に、イエズス会を脱会して、転《ころ》ぶ（棄教）。その間の信仰的葛藤については、千《せん》草子《そうこ》というペンネームで、『ハビアン――藍は藍より出でて――』（一九九一年一月清文堂出版刊）『ハビアン落日――羽給《た》べ若王子――』（一九九一年一〇月清文堂出版刊）『ハビアン平家物語夜話』（一九九四年六月平凡社刊）というドキュメンタリー歴史小説で描いた(12)ので、本稿では詳細を割愛する。本稿では、も早、『天草版平家物語』を用いて美しい日常語を教えなければならない外国人は新たになく、日本語教師としての職も失いかけていた時期と〝転び〟の時期とが重なることを確認しておきたい。

　マカオに追放されたJ・ロドリゲスは、『日本大文典』の精選版を兼ねて、新しく『小文典』を編む。それは、マカオで一六二〇年に刊行された。以下、この『日本小文典』(13)の記述を基に、『大文典』時代とは異なるロドリゲスの見解の変化、それはとりもなおさず時代の変容に応じたイエズス会の日本語教育の変容でもある――について考察を加えたい。『日本語小文典』の表紙には、「日本語の基礎を初めて学ぶ人のために日本語大文典より抜粋した日本語小文典」と記されている。『日本大文典』の抜粋・摘要であることは、「読者へ」という序文でも、

⑧しかし日本語を初めて学ぶ人には、前著に示した多岐にわたる規範・規則も混乱の種となるおそれがあるため、〔私としては〕本書のごとく大文典から要点を抽《ぬ》き出して簡潔にまとめ、初心者にとっていわば大文典への手引きとなるようなものをつくる必要があると考えた。（上23～24頁）

のように示され、この小文典を学んでから大文典に進むのが理想的道筋と説《と》かれている。

『日本語小文典』第一部「日本語について心得ておくべき一般的事項」では、大文典の⑥と同趣のことが説かれている。つまり、

⑨心得ておくべき第二点。日本人も中国の人びとも文書・書物・書簡を書く時に、話し言葉における普通の表現、平俗な会話体を用いることはないし、文章体で話すこともない。通常の会話体と文章体とはたがいに別なものであって、表現にしろ、時制・法を示す動詞の活用語尾にしろ、多種多様な小辞にしろ、たがいに大きく異なっており、なかには文章体でしか用いられないものもあれば、日常の言葉遣いに限られるものもある。（上27頁）

である。「中国の人びとも」とあるのは、一六一三〜一五年にかけて中国を旅行した経験に基づく言及である。

⑨のあと、譬え話としてではあるが、「日常の会話体で文章を認《したた》めたり書物や物語《Rイストリア》を書いたりすれば滑稽なことになろうし」と記すが、一五九三年に口語会話体で刊行された『天草版平家物語』は、Rにあたる。ロドリゲスが、教会外部の日本人にヘイケを見せて、「滑稽なこと」と批難されたことがあったのであろうか。

『小文典』の次項は、「日本語の学習と教授にふさわしいと思われる方法について」であり、原典頁で7頁余にわたる。『大文典』では、このような日本語教育論的視野からの言及にはいまだ至っていなかった。『大文典』が一六〇四年刊行（後半は一六〇八年刊）される以前からも、手沢本（草稿本）[14]を基にロドリゲスは文法指導をしていたと思われ、その時から日本を離れる一六一〇年まで日本語教育に携わってきた反省から、その章はしたためられている。

『小文典』において、「日本語を学びこれに熟達する方法」として主なものが二つあげられている。

Ⅰ　この地の人びとと日常的に交際してこのことばを用い、人びとがさまざまな事柄について話す時の種々の表現・言葉遣いにおこたりなく注意を払い、自然にこれを習得する方法

Ⅱ　良き教師の指導のもとで文法書を用い文法規則から始め、同時に誤りのない美しいことばのこめられている書物の講義を受け、作文をし、学習にふさわしい訓練を受ける方法

ロドリゲスは、方法Ⅰの方が「確実で日本語らしく話せるようになる」としつつも、「時間を多く必要とし」「常時この地の人びとのなかにいて絶えず交際していなければならないこと」をあげ、現在の日本における状況（禁教下）では、効果をあげられないとする。禁教下であっても「宣教活動のためヨーロッパから来る人びと」は、「（ラテン語、ギリシャ語あるいはヘブライ語など）[15]文法書を用い文法現則から入る方法に慣れている」ので、方法Ⅱが適していると述べる。とは言え、方法Ⅱで学んだ人から、この地の人と変わらぬ話し方の出来る人はほとんど生まれていないことも、つけ足している。しかし、それは、「この人たちが学習した時の方法と手段が、はなはだしく適切さを欠いたものであった」ことが原因だと、ロドリゲスは指摘する。

文法書――たとえば、この『小文典』を用い適切な方法と手段とによって学習をしさえすれば、
⑩必ずや短期間のうちに日本語をわがものとし、それに熟達することであろうし、
⑪そうなればキリスト教徒や異教徒に説教することも、
⑫なにごとによらず思いどおりに議論し論を進めることも、
⑬さらにはかなりの文体で文章を書くこともできるようになろう

と、ロドリゲスは説く。

⑩でも、ことさら「短期間」が出るのは、禁教下での時間制限の現実である。⑪は、信者獲得は日本語レベルの低い人にもまかせられるが、すでにキリスト教徒になった人を満足させ、かつ、神・儒・仏を信奉するエリート知識人に説教し改宗させることをさす。⑫は、信仰上の問題だけではなく、通商や外交などを幕府方と遜色なくことばで渡りあえることをさし、⑬は、あらゆる方面にわたる文書を正式に綴れることをさす。

『小文典』において、ここまで書いてきたロドリゲスは、『小文典』がどのような日本語学習者を対象としているか、確認を行なっている。

i　才能を持ちしかるべき年齢に達している人
ii　異教徒にむかって自由に説教すること
iii　討論や文書によって異教徒の誤謬と迷信を論破してわれわれに敵対する者から信仰を護ること
iv　一見もっともらしく見えるが誤謬のひそんでいる諸宗派の語り口や論拠の乏しい言葉を見抜いて敵対者［の罠］を避けることこと
v　書きたいことのすべてを日本語で自然にしかも立派な文体で書き、この
v'　王国に見られるあらゆる種類の事物についても、この地の人びとと同じように語り論じられるようになること

日本語に熟達しようとする意図が、
こうしたためであるとする人びと

iについては、補説の必要はないであろう。iiは、『小文典』を用いた日本語教育で到達しうると説いた部分の⑩⑪に、iiiは⑪⑫に、vは⑬に、v'は⑫に連動したものである。ivは、新たに述べたもので、iii（引いては⑪⑫）に附随するイエズス会としての自衛策を記したものである。この自衛策は、特に、キリシタン禁教令が秀吉によって発布され、徳川幕府下で徹底化される過程において、「敵対者［の罠］はあった」と認識するJ・ロドリゲスをはじめとするイエズス会の自己警告でもある。この『日本小文典』が刊行された年（元和六年＝一六二〇）、その刊行と流布を〝ペストのような〟と驚愕し衝撃を受けた不干ハビアン著『破提宇子』（デウスを論破する書）が長崎で刊行されるが、まさに日本側のそうした動きを察知していたかのような書きぶりである。

⑫⑬そして、ここのv、v'は、「通辞バテレン」として秀吉・家康とわたり合った自分のような立場をつとめる人

材の早急な育成を望んだロドリゲスの想いがうかがわれる。

日本語教育成功の鍵は、三つであるとロドリゲスは説く。

1　第一にして最大のものは教授にあたる教師

2　(これには第一のものに劣らぬ重要性がある)、学習者が書物の講読に参加するようになった初期の段階で学習に用いる書物

3　学習の方法とその順序

以下、12につき展開される論述を詳細に見ていこう。

1教授にあたる教師

1は、

⑭日本語について、美しく正しい表現・すぐれた文体について、そして正確で自然な発音について豊かな学識を備えている人

であり、

⑮したがって教師はこの地に生まれ育った日本人、しかも文字〔漢字〕とことばに関する豊かな知識を持ち、種々の文体のみられる諸々の書物や物語《イストリア》にも明るい人であることが必要で、

⑯たとえ日本語をどれほど知っていても、これまでのヨーロッパ人ではあってはならないのである。

不干ハビアンは出自こそ北陸であるが京都の大徳寺で学んでおり、〝都《みやこ》のハビアン〟と称されているので、ここで言う⑭〜⑯に全て適合している。いや、『小文典』の執筆時点では、「適合していた」と言い直さなければならない

であろうか。⑯の傍線部に注目すると、不干ハビアンは数少ない〝日本人教師〟であったことになる。

ロドリゲスは、日本語教師の資質を追加してゆく。

⑰（教師は）豊かな学識の持主でなければならないが、それだけでなく文法書の規範・規則にも通じている必要がある。

⑰の傍線部は、すでに⑭で述べられたことであるが、「文法書の規範・規則にも通じている」が特筆されている。イエズス会に入って、ラテン語やポルトガル語を文法書の規範・規則で学んだ日本人修道士《イルマン》は多いであろうが、そのような眼で日本語を分析あるいは把握できる日本人が何人いたであろうか。『大文典』編集時に、口語文例や書物・文書からの文例を教示出来ても、自らロドリゲスのような帰納を成すことは、ハビアンであっても難しいことではなかったか。

次に、

⑱あらゆる事柄に関する語彙を生徒に豊かに持たせるため、教師はこの王国で行なわれていることにかかわる表現を抽《ぬ》き出してまとめておき、そうしたことに関する語彙を教える必要もある。

と説く。傍線部は、『日葡辞書』のような辞書の編纂を言い立てているのではなく、あくまで教師個人の作成した語彙ノートの必要性である。

ここで、一六〇三年に正篇が、翌一六〇四年に補遺篇が刊行された『日葡辞書』に関して、少々のおさえをしておきたい。『日葡辞書』は、「本篇が25,967語、補遺が6,813語であるが、本篇と補遺とに重複しているものを除けば、総数は32,293語に達する」（岩波書店刊『邦訳日葡辞書』解題11頁）。「辞書」であるから、「あらゆる事柄に関する語彙」が収録されており、

(ア)　方言　Cami（上）、X.Ximo（下）、Alicubi（ある地方で）などと注記

(イ)　卑語　B.（Baixo 下品な）などと注記

(ウ)　婦人語　Palaura de molheres などと注記(16)
(エ)　幼児語　Palaura de meninos などと注記
(オ)　仏法語　Bup.（Buppô 仏法）などと注記
(カ)　文書語　S.（Scriptura 文書）などと注記
(キ)　詩歌語　P.（Poesia 詩歌）などと注記

など、一部の語については使用される場（ジャンル・位相）の注記がある。しかし、(ア)(イ)(ウ)(エ)は、告解を聞く贖罪師には理解語彙として必要であるが『小文典』が対象とする日本語学習者はハイレベルのイエズス会士であるので、それらは不必要で、僧や仏教徒を改宗させるために(オ)が、文書を書くために(カ)が、高い教養のある幕府用人と時に趣味を同じくし歓談するために(キ)などが必要とされる。ただ、その語を『日葡』で引いてはじめて、そのジャンルの語彙などとわかるのでは遅いのであり、ロドリゲスは、(オ)(カ)(キ)などジャンルごとのまとまった語彙ノートを、教師個々が作成し授業で活用せよと提言している。

ジャンル毎の辞書と言うと、私たちは、中世の「節用集」を思い浮かべる。そのような節用集から上記の目的に添った自らの語彙ノートを教師は作る必要があるのである(17)。それは、現在東京大学文学部国語研究室蔵『和漢通用集』のような『日葡』の語釈とも遜色のない的確な意味説明を持つもので、「天地」「時節」「人倫」「官名」「人名」「文体」「畜類」「草木」「食物」「財宝」「数量」「言語」などの部門分類を最低限もち、かつ、「言語」部門の中でさらに下位分類をもつものであるはずである。

実は、ロドリゲスのこのような語彙ノートを生かしたと思われるものが、すでに、『日本大文典』にある。それは、

(あ)　卑語／ある国々に特有な言ひ方や発音の訛に就いて／都（MIYACO）／中国（CHŭGOCV）／豊後（BVNGO）／肥前（FIIEN）、肥後（Figo）、筑後（CHICVGO）／筑前（CHICVIEN）、博多（FACATA）

／〝下〟（Ximo）の地方全般に関する附記／〝備前〟（BIIEN）／〝関東〟（QVANTŏ）、又は、〝坂東〟（BANDŏ）の方言語彙（訳本607〜613頁）

(い)「〝歌〟（VTA）に就いて」の各時節の題材、雑《ぞう》の題材（訳本652〜654頁／654〜655頁）

(う)あらゆる階級の書状の色々な名称に就いて（訳本680〜684頁）

(え)書状の礼法　〝充所〟（ATEDOCORO）、〝側附〟（Sobadzuque）、〝内状〟（Naijŏ）等の豊富な例示（訳本695〜711頁）

(お)宗教家への書状の礼法（訳本712〜719頁）

(か)日本人の異教徒名　特に官名（唐名《からな》を含む）（訳本740〜751頁）

(き)日本六十余州（訳本751〜754頁）

(く)数名詞／計算法／数詞／特殊な数へ方／時の数へ方／日本の年号／日本の帝王（訳本759〜852頁）

などの章・節である。このうち、(か)(き)については、「小文典」でも、頁をさいて生かされている。

⑱の「そうしたことに関する語彙」の具体的なものとして、ロドリゲスは、

⑲例えばCha（茶）つまりSuki（数寄）・武術・剣術・狩・馬術・礼儀作法・演劇とMay（舞）・祭礼・諸宗派の典礼と儀式にかかわる語彙、Xichighei（七芸）、Fatnô（八能）と言われる自由七学芸に関する語彙、Vta（歌）、Renga（連歌）と呼ばれる日本語の韻文とXi（詩）、Rengu（聯句）と言われる中国語の韻文にかかわる語彙、日本人のあいだで英雄とされている人びとの生涯とその事蹟に関する語彙、学識ある人となるために必要な事柄にかかわる語彙などを挙げている。幕府要人と社交を通じて親しくなりイエズス会との折衝を有利に運ぶためには、上記のような語彙を豊かにあやつれる人材が必要なのである。傍線部は、源義経や頼朝、足利尊氏、近くは、織田信長らを想定していると思われる。徳川幕府とのかねあいからは、豊臣秀吉は除外されてくるであろう。

[2]学習に用いる書物

生徒が学ぶべき書物につき、『小文典』は、

⑳文章体の書物、しかも文体が美しいため日本人のあいだでしかるべき評価を得ている過去の古典的著者の手になる書物でなければならない。

とする。

㉑たとえ文章体で訳してあっても、けっしてわれわれの書物を日本語に訳したものであってはならない。われわれのものの考え方から見れば適切であっても表現が〔日本語として〕ふさわしくないからである。

〈表1〉の1・2・9・19や12・13・20を教材として応用することが否定されている。その理由としての傍線部は深い洞察によって説得力を持ちはするが、禁教体制のために行き詰まったイエズス会の日本語教育のあせりに似たものが感じられる。日常口語に上達し、日本のひらがな・漢字にも馴れ親しんだ上級者にとって、母国語やラテン語で読んだことのあるこれら原典と対照的に読むことによって、日本語文章力が伸びる可能性に全く目を向けていない。

㉒また会話体による対話形式の書物、例えば会話体で書かれMonogatari（物語）の書名で刊行されている書物であってもならない。

傍線部を、『大文典』に引用された出典から例示すると『医者物語』（Ixa Monog., Ixa Mon.）『会下（僧）物語』（Yeguesô mon., Yegue monogatari,Yegue monog.）『縁辺物語』（Yempen monog., Yempen Mono., Yempen Mon., Yempẽ.）『加津佐物語』（Cadzusa Mon.）『客物語』（Quiacu monogatari, Quiacu Monog., Quiacu Mon., Quiacu.）『教化（の）物語』（Queôqueno mon., Queôque Monog., Queôqueno mon., Queôque）『黒船（の）物語』（Curofuneno Monog., Curofune monogatari, Curofune Monog., Curofune Mon., Curof. mon, Curofune., Curofun., Curof.）『左近物語』（Sacon Monog., Sacon Mon., Sacon）『豊後（の）物語』（Bungono monog., Bungono Mon., Bungo Monog., Bungo Mon., Bungo）『惚け物語』（Fôque Mong., Fôque Mon., Fôque Mo.）『モルテ（の）物語』（Morteno Monogatari., Morteno Monog., Morte Monog., Morte.）などがそれにあたり、数多くの文例に貢献し

ている。ワリニャーノの活字印刷機将来以前に写本で活用され、印刷機の到来を俟って印刷にふされたのであろうこれら口語会話物語は、底辺で苦しむ人々から一般庶民そして武家たちの間にキリシタン信仰が布教されていった時には、大いに役立ったはずであるが、禁教下、一般市民ではなく、幕府の要人を教化しなければイエズス会日本布教の明日はないとまで追いつめられた時には、確かに不要のものとなっていた。文書や本、書きことばで勝負せねばならない時に至っていた。

㉓ましてやわが会のヨーロッパ人が日本語で学ぶことができるようにと、わが会の日本人が日本語の古典作品を会話体にまとめたもの、例えばわれわれの文字（ラテン文字）で印刷されている会話体のMay（舞）や会話体のFeikemonogatari（平家物語）、あるいは会話体で書かれた対話書、文章体の日本語で書かれた書物を会話体に換えたものなどであってはならない。

傍線部☆については、第二節で触れた。傍線部☆☆は、不干ハビアンの『天草版平家物語』の否定であり、本稿を貫く骨子――『天草版平家物語』から『太平記抜書』へという流れと直結する。また、ロドリゲスの『日本大文典』中、最も多くの日本語文例（語例）を提供した素材への否定でもある。もちろん、ロドリゲスは会話体のMayやFeikemonogatariのようなものが作られた当時の状況として、

㉔文章体のことばを学ぶ際にいくつかの困難が生じたためと、生徒が文章体のことばから日常用いるのに適した表現を抽き出すことができなかったため

という理由を示す。そして、『小文典』執筆当時のイエズス会日本語教育の対象者と目的が、告解を聴くだけの人材ではなく、異教徒たる幕府要人たちを改宗させる論客の育成であり、書きことばやそれに近い公式の物言い（口上）の出来る人の速成であることを再説する。

『小文典』で展開されているロドリゲスの改革案は、慶長十五年（一六一〇）、マカオに追放されてから急に芽生え

たものではなく、一六〇四年に刊行された『日本大文典』の緒言に付随する「例言数則」の中で、

㉕然しながら、新に日本語を学び始める者に対しては、本書の論述の全部を簡単に抄出して、色々な規則や説明の為に混乱を来すことのないやうなものが作られるであろう。（訳本6頁）

のように『小文典』の誕生が予告されている。つまりは、何度も述べるように禁教下、かつ、徳川政権下の布教の行き詰まり打開策を日本語教育に集中して求めたなら、書きことば重視にならざるを得ず、話しことばを重視して執筆・編集してきた『大文典』とそれ以後の日本語教育の現場とが「混乱を来す」から、その修正として、『小文典』を編むことが急務とされていたのである。イエズス会の日本語教育におけるこの修正・改革は、数少ない日本人日本語教師である不干ハビアンの耳にも入っていたはずであり、国字本『太平記抜書』の編集・刊行は彼（ハビアン）の『天草版平家物語』の次のステップ（上級用教材の意味も含む）として長老たちへの意見具申などがなされている頃でもあった。

㉖また諸宗派の教理もあわせて学べば説教の時に役立つからとして、文章体による諸宗派の、Buppô（仏法）と言われる書物を学習者のための講読に用いるようなこともしてはならない。

㉖の主張の理由として、ロドリゲスは、

㉗この種の書物は文体が晦渋難解で日本語として通常用いられることはなく、しかも非常に思弁的な文体で、単語の記憶の邪魔にもなれば、学習の援けどころか障害にもなるからである。

と説明している。実は、ハビアンは、『Buppô（仏法）』を基に、『妙貞問答』の「仏教之事」を著述しているので、(18) 日本人修道女たちに対する布教実践教育テキストとしてはともかく、外国人修道士《イルマン》たちに『妙貞問答』を使って日本語指導をすることを否定されていることになる。二つの傍線部分は、慶長十二年（一六〇七）に本田正純を通して幕府に献上された際の、幕府側の批判（引いては、その前年の林道春の批判）を反映したもので、禅宗的逆説論法を骨子に神儒仏を論破し最後にキリシタン護教論を展開したハビアンにとって、手厳しく辛い評価である。慶長十一〜十二年

のイエズス会内部評価がこうである以上、幕府要人にも通用する日本語書きことば指導者としてもハビアンは失格ということになる。初心者用口語（日常会話）指導者への道も、外国人絶対数の激減（禁教下では零の可能性が高い）状態では閉ざされていく。自己の存在意義《アイデンティティー》を失ったハビアンが、イエズス会を脱退し、内なる存在意義《アイデンティティー》の確立・実行――〝転ぶ〟ことによって殉教者を減らし、キリシタンの良き思想は『破提宇子』を通して逆説的に伝える(19)――に向かうことは、自然の流れである。

㉘また Rongo（論語）、Daigacu（大学）、Chŭyô（中庸）、Mŏji（孟子）、Yeki（易）、Raiki（礼記）、Iŏxo（尚書）、Mŏxi（毛詩）、Xunjŭ（春秋）、つまり Xixo（四書）、Gokiŏ（五教）などのような中国語の道徳書も、学習者が熟達するまで講説に用いてはならない。文体が日本語としては非常に晦渋かつ特異なもので、日本語の学習にまったく役立たないからである。

㉘の論理をおし進めると、一五九三年ヘイケ・エソポと合刊された『天草版金句集』も初級日本語教科書として不適ということになる。書きことば重視に軸を移した『小文典』において㉘のような指針を出しているのは、清原宣賢・枝賢・国賢と継承されて来た京都の公卿儒学が翳《かげ》りを見せ、一方、林羅山を祖とする幕府御用学問所（聖堂、昌平黌《しょうへいこう》）による儒学が家康・秀忠・家光へと引き継がれていく過渡期に、ロドリゲスが居合わせ、生半可な教育では林羅山一派の批判にさらされることを危惧したためである。ここにおいても、不干ハビアンの才能は否定されている。

では、どのような書物が講読に適するのかというと、

㉙第一の最も初歩的な部類に入るものとしては May（舞）と Sŏxi（草子）がある。文体が平易で通常の会話体に最も近いからである。第二の部類には、Saighiôfôxi（西行法師）の著した隠者伝で Xenjixo（選集抄）と呼ばれるものと、Camono chŏmei（鴨長明）の書いた隠者伝で Foxxinjŭ（発心集）と呼ばれるものがある。第三は歴史物語《イストリア》の意の Monogatari（物語）の名のついたもので、例えば Feike monogatari（平家物語）、Fôghen Feigi monogatari（保元平治物語）。

これら二つはこの分野で最高かつ最も美しい文体をもつものである。第四はTaifeiki（太平記）と呼ばれる歴史書《イストリア》で、その文体はこの日本で最も荘重にして崇高な文体である。

のように説く。これは、『日本大文典』の③における〝文章〟〝謡〟を除く言及と同一である。大きな違いは、この言及が登場する場所である。『大文典』では、第一巻、第二巻で日本語の文法論・品詞論・統語論・発音法を済ませ、第三巻を「本巻では日本の文書を書くのに用ゐられる文体とこの国語の色々な数へ方とに就いて述べる」とした中の一章であった。ところが『小文典』では、『小文典』の性格——基本姿勢を述べる第一節の第二項で述べられ、書きことばに重点を置く『小文典』の教材・推薦図書提示に当たる。ここでは、『平家物語』も原典である古典文学作品としてのそれであり、『太平記』も同様である。

特に傍線部に注目したい。『太平記』が原典のままの形で講読される必要を述べている部分であり、「われら（イエズス会）が刊行した」と修飾語のついていないことである。

現存する天理図書館蔵『太平記抜書』（天理図書館善本叢書に拠る）は刊年不明であるが、土井洋一氏がキリシタン版『落葉集』解題でも指摘されているように、一五九八年刊行されたキリシタン版『落葉集』の擢《す》り反故を『太平記抜書』の表紙裏打ちに使っているので、一五九八年以後の刊行で、かつ、ロドリゲスの日本追放の頃はいまだ出版されていなかったと推測される。ハビアンが『ヘイケ』を補うものとして国字本『太平記抜書』草稿を用意していたのが、ちょうど慶長十三年前後で、そのうち棄教して、幕府側のお目こぼしも得られる立場のもとに、半分はイエズス会、半分は民間の出版事業のような形で『太平記抜書』は刊行されたと筆者は推測している。

日本語教師不干ハビアンの、日本の歴史《イストリア》兼日本語教科書として、口語訳の『平家物語抜書』の次は文章語（国字本）『太平記抜書』だという当初からの指導計画と、イエズス会におけるロドリゲスの修正路線が、たまたま合致した産物である。

おわりに

以上、『小文典』においてロドリゲスが説く日本語教育成功の鍵三つのうち、1 2につき、『大文典』の相違と、両本成立前後の不干ハビアンの動向を追い、『天草版平家物語』から『太平記抜書』への道筋を、点線ではなく実線へと描く試みをした。この試みの延長線上に、仮名草子『伊曾保物語』も存在するはずなので、さらに追求をつづけたい。

注（1）小林千草二〇〇九・一〇「書評　近藤政美著『天草版『平家物語』の原拠本、および語彙・語法の研究』」（「日本語の研究」第5巻4号）

（2）小林千草二〇〇五・七「ヨーロッパに伝わった〝能〟と不干ハビアン」（「文学・語学」第一八二号）

小林千草二〇〇六・三「「平家物語御よミ候」「いるまん参りお礼申し上ぐ」の解釈――『木下延俊慶長日記』における不干ハビアンの影――」（東海大学日本文学会「湘南文学」第四〇号）

小林千草二〇〇六・一一「ハビアン『平家物語』「屋島〈那須与一・弓流し〉」の段と能――中世における〝語り〟の共有性――」（『ことばから迫る能（謡曲）論――理論と鑑賞の新視点――』〈武蔵野書院刊〉Ⅰの第六章）

小林千草二〇〇六・一二「ハビアン『平家物語』と間（あい）の語り〈「と申す」「と聞こえた」の文体を再検討する〉」（『近代語研究　第十三集』〈武蔵野書院刊〉所収）

小林千草二〇〇七・三「ハビアン『平家物語』の「と聞こえた」考――能の間（あい）の影響と原拠本の影響――」（『国語語彙史の研究　二十六』〈和泉書院刊〉所収）

小林千草二〇〇七・一二「ヨーロッパに伝わった『天草版平家物語』とハビアンの創造性」（「國文學」平成十九年十二月号〈学燈社刊〉）

小林千草二〇〇八・一〇「『天草版平家物語』〈重衡東下り・千手〉の段と能「千手重衡」――不干ハビアンの〝語り〟の文体に占める本段の普遍性と特殊性――」（『近代語研究　第十四集』所収）

（3）その歴史的事蹟については、吉川弘文館刊『国史大辞典』の「ロドリゲス」項参照。

（4）『日本大文典』例言には、「そして私の出来る限り実證につとめ、日本の権威ある著者の作品から例を取り、或いは又、我々の日本人伊留満がその国語で書いて我々の文字で印刷された書物からも例を引いたのである」（三省堂刊訳本6頁）とある。

（5）三省堂刊の土井忠生博士訳本に拠る。

（6）この「なり」「ある」は、過去の事実を叙述する（語りゆく）中で用いられたものをさす。

（7）小林千草二〇〇五・五。

（8）以下、小林千草二〇〇五・五の132〜133頁を基に言及している。

（9）「通行の曲目は斬兼曽我」（訳本51頁）とある。

（10）大塚光信一九七一・三の319〜327頁参照。なお、のち遠藤潤一一九八三・一『邦訳二種伊曽保物語の原典的研究 正編』（風間書房）において大きな見直しが行なわれている。

（11）慶長十年（一六〇五）成立。海老沢有道・西田長男・井手勝美・チースリク師などの研究があるが、視点を変えたものとして小林千草一九七八・五「ハビアン著『妙貞問答』に関する一考察——依拠・関連資料をめぐって」（「国語国文」第47巻5号。口頭発表は、一九七七年五月国語学会春季大会）がある。

（12）筆者は、国語学的・文献学的考察によってハビアンの人間像（人物像）をとらえ、ペンネーム千 草子を用いてドキュメンタリー歴史小説三部作を執筆したが、さらに研究を深めた今日でも当初のハビアン像はゆるがない。筆者とは立場を異にするハビアン像として、山本七平一九七八・三『受容と排除の軌跡』（TOMO選書 主婦の友社）、坂元正義一九八一・一一『日本キリシタンの聖と俗——背教者ファビアンとその時代——』（名著刊行会）、釈徹宗二〇〇九・一『不干斎ハビアン 神も仏も棄てた宗教者』（新潮選書）、小島幸枝二〇一一・五『転びイルマン不干ハビアン——慶長のジャーナリスト——』（武蔵野書院）がある。

（13）池上岑夫訳『ロドリゲス日本語小文典（上）（下）』（岩波文庫一九九三年八月）の本文に拠るが、同時に日埜博司編訳『ジョアン・ロドリゲス著 日本小文典』（一九九三年一二月新人物往来社刊）の訳および翻字・原文影印を参照。

（14）「私がこの文典を編纂するに当っては、我々の伴天連の数人が言葉に関して作った数種の覚書で写本によって行はれてゐるものの援助を受けた。」「その外、色々な点について、日本の言語文字に深い知識を持った数名の本国人から長年にわたって注意され又教へられた事が助けとなった。」（『日本大文典』緒言、4頁）等を生かした文法指導。

(15) 同書三段落目から補なう。

(16) これについては、小林千草一九九五・三「『日葡辞書』の「婦人語」」（「成城大学短期大学部紀要」第26号。のち、二〇〇一・一〇『中世文献の表現論的研究』〈武蔵野書院刊〉所収）参照。

(17) 日本イエズス会は、慶長三年（一五九八）長崎で『落葉集』（京都大学文学部国語学国文学研究室編の影印に拠る）を刊行している。音引きの「本篇」、訓引きの「色葉字集」、字形引きの「小玉篇」の三部構成であるが、「色葉字集」と「小玉篇」の間の「百官并唐名之大概」「日本六十餘州」は、まとまった〝語彙ノート〟と言える。また、「小玉篇」も使い方によっては、〝語彙ノート〟集成と見なせる。つまり、目録の「天文門」「地理門」「人物門」「聲色門」「器財門」「草木門」「飲食門」「鳥獣門」「言語門」「衣服門」「*冠弁門」「*雑字門」における＊以外は、大きな意味カテゴリーを表わし、たとえば「天文門」の「日《ひへん》」「月《つきへん》」「火《れんぐハ》」「《くハへん》」「八《かざがまへ》」「雨《あまかむり》」は、漢字の字形を通して、さらに詳細な意味のまとまりに出会うことが出来る。「月《つきへん》」の場合、「ニクヅキ」という概念の指導が必要であるが、「雨《あまかむり》」の場合は、「雨《あめ》」「露《つゆ》」「霜《しも》」「雪《ゆき》」「雲《くも》」「覆《おほふ》」「雷《いかづち》」「電《いなびかり》」「霖《ながあめ》」「霧《きり》」「霞《かすみ》」「震《ふるふ》」「零《おつる》」「霄《よい》」などと、意味のまとまりを連想的に掴むことが出来る。「小玉篇」末尾の「十干之異名」「十二支之異名」も、一種の〝語彙ノート〟である。しかし、小部であることは否めず、『小文典』においてロドリゲスは〝語彙ノート〟の充実を唱えることになる。

(18) 小林千草一九七八・五参照。なお、同論は、のち、一九九四・一一『中世のことばと資料』（武蔵野書院刊）に所収。

(19) その間の事情は、小説形態ながら千　草子一九九一・一〇『Fabian Racujit　ハビアン落日—羽給《た》べ若王子—』（清文堂出版刊）参照。

参考文献：本文および注に明示。

易林本『節用集』版本研究覚書

——匡郭考——

佐藤貴裕

はじめに

易林本『節用集』平井版諸本の摺刷序列について、佐藤（二〇〇八）において一案を提示したことがある。印刷面に現れた二種一〇類の諸特徴を手がかりにしたものである。これは従来もまま試みられる匡郭の欠損の有無によって判別するものと基本的には同じ手法である。この種の方法ならば、虫損・破損などに注意しさえすれば、マイクロフィルム・影印本でも実行できるので、簡便で能率的である。ただ、別の方法により検証する必要もあろうかと考えていた。

別の方法とはいえ、思い浮かぶのは、版木の収縮状態を反映するといわれる上下匡郭の距離（匡郭高）をはかるものである。柏原司郎（二〇一〇）の調査がまさにそれであって、原刻本二本・平井版二〇本（下巻のみの二本を含む）・平井別版一七本・小山版三本について、それぞれ全丁での計測をもとに上・下巻の別に平均値を公けにした労作である。ただ、平井版・平井別版の判別に誤認があることなどのために、重要な事実を提示できていない部分もある。

そこで、本稿では、柏原調査の修正をおこないつつ、佐藤（二〇一〇）の調査とも突き合わせをおこなうなどし、版本としての易林本『節用集』に迫る一助としたく思う。かたわら、原刻・平井版の匡郭の特殊性について一案を提示することとした。

摺刷順序や匡郭にかかわる検討などは、あるいはささやかな営為であるかもしれない。しかし、辞書がどのように社会に送り出されるかの研究は、多角的におこなわれてよい。そうした個別研究を総合することで、最終的には辞書の位置づけも正確になされようし、そもそも多角的に検討することで死角をなくさなければ、十全な総合も成り立つまい。版本自体に絞り込んだ研究の必要性を認めるゆえんである。

佐藤（二〇一〇）で指摘したように、小山版易林本・草書本・寿閑本には平井版・平井別版に偽装されたものがあり、平井版・平井別版の現存諸本でも上下巻での取り合わせや上巻内部で両版の混在するものがある。よほど注意して諸本の同定をおこなう必要があるが、実際問題として平井版と平井別版の区別はかならずしも困難ではない。

平井版と平井別版の判別

端的には、内題・部（イロハ）・門（意義分類）の標示部分が陽刻か陰刻かで、易林本原刻と平井版・平井別版・小山版が弁別される。さらに、陰刻のありようから、平井版・平井別版と小山版が弁別される。また、上巻内題の陰刻の外側下部を細枠で囲むのが平井別版であり、細枠のないものが平井版である。下巻末では、「洛陽七條寺内平井勝左衛門休与開板」の陰刻刊記があれば平井版であり、これがなければ平井別版になる。小山版はまた別種の刊記が備わる。

このほか、本文内容上の微差からも知られるところで、すでに島居清（一九五八）・山田忠雄（一九六四）にも指摘があり、柏原（二〇一〇）も指摘するところである。このほか、版面のありようを子細に比較すれば丁ごとでも判別できるし、匡郭の細・太の異なりは、平井版・平井別版の異なりに対応する場合が多い(1)。

版本の、ことに摺刷の順序というデリケートな問題を扱う場合には、右に示したような弁別基準にもとづき、諸本の整理をしてからとりかかるのが周到である。柏原（二〇一〇）でも、易林本四種のそれぞれを調査・検討するので弁別はしているのだが、佐藤の気付いた範囲でも(2)、平井版と平井別版については誤認ないし未確認が五本はある。以下、佐藤（二〇一〇）において指摘した平井版諸本の注意点にもとづき、柏原（二〇一〇）での過誤とその対処法について触れておく。

柏原（二〇一〇）では平井版として二〇本を調査している。このうち内閣文庫本の上巻六丁めは、平井別版のものである。したがって、匡郭高の平均値を算出するにあっては、この丁を含めない方がよかろう。

愛知県立大学本は、上巻の一七～五九丁に平井別版が混入するものである。混入としては多量であるため、平井版の例としても、平井別版の例としても検討することはできないことになる。もちろん、柏原（二〇一〇）では、上巻・下巻それぞれに計測結果を示しているから、下巻については平井版として採り上げうる。

東海大学本および平井別版とされた武笠文庫本は、上巻を平井別版、下巻を平井版とする取り合わせ本である。したがって、上巻・下巻それぞれを平井別版・平井版として扱うべきであろう。

右にとりあげた諸本の数値を、柏原（二〇一〇）より摘記すれば次のようである。なお、見やすさを考慮してミリ単位に変更した。なお、参考までに柏原（二〇一〇）における匡郭高の順位も併記した（武笠文庫のは平井別版としての順位）。

内閣文庫本　上巻平均値二三六・二二二二（10位）。下巻平均値二三六・一一七一（9位）。
愛知県立大学本　上巻平均値二三二・一〇一三（17位）。下巻平均値二三五・六五二三（16位）。
東海大学本　上巻平均値二三〇・七六〇五（18位）。下巻平均値二三六・三二〇三（6位）。
武笠文庫本　上巻平均値二三一・四七一（3位）。下巻平均値二三五・九八四九（1位）。

この四本のなかで内閣文庫本上巻は、一丁だけ平井別版を混入するにとどまるため、平均値も二三六ミリ台と高めになっている。ところが、平井別版と判別された東海大学本・武笠文庫本の上巻は、二三一ミリ前後と五ミリほども低い値である。また、平井別版を大量に混入する愛知県立大学本上巻は、内閣文庫本の値には及ばないものの、東海大学本・武笠文庫本よりは高い値をとっており興味深い。つまりはこの、平井版と平井別版の差が、明確に匡郭高の差として現われるところが注意されるのである。一方、下巻においては右四本とも平井版と認められるわけだが、匡郭の高さの平均値も二六六ミリ内外で、振れ幅は一ミリにも満たない。

結局、上巻・下巻ごとに平井版・平井別版への弁別を改めたうえで、それぞれの最低値・最高値を示せばつぎのようになる。

平井版上巻　二三五・五三三四（書陵部本）〜二三六・八八二六（国会図書館本）

平井版下巻　二三五・三一五五（天理図書館本）〜二三六・八八六七（国会図書館本）

平井別版上巻　二二九・九八七二（大阪府立図書館本）〜二三二・七〇四四（静嘉堂文庫二冊本）

平井別版下巻　二三一・二三三八（大阪府立図書館本）〜二三三・七九七七（神宮文庫本）

平井版上巻の最低値であっても平井別版の最高値より三ミリほども高く、下巻でも一・五ミリは平井版の方が高くなる。平井版と平井別版とで、匡郭高の異なりよって明瞭に線引きされることが知られるのである(3)。

このように捉えられるとなれば、その有用性にも期待がもたれる。たとえば、平井版は上巻・下巻とも二三六ミリ内外の値をとるのであるから、これに届かない平井版が出現すれば、何らかの欠陥のあることが予測できるようになろう。

また、この最低値・最高値からすると、愛知県立大学本上巻の数値は興味深い。大量に平井別版が混入するとはいえ、匡郭高のある平井版も含んでの平均値が二三二・一〇一三ミリなのだが、平井別版ながら静嘉堂文庫二冊本や天理図書館本はこれを超えるので、平井版の混入などの事態を想定しておく必要があろうか。また、それぞれの下巻の匡郭高は一七本（武笠本をのぞけば一六本）中12位・14位と低位であることから、上下巻の取り合わせやそれに準じる事態を考える必要もあることになろう。

このように、匡郭高のデータを整備することで、本文批判ならぬ版本批判とでもいうべきものへの道が開かれそうである。データの精度の向上とともに、諸本についての状態をはじめとする各種情報の収集が必要となろう。

平井版上巻の摺刷序列の突き合わせ

前節での整理を踏まえて、柏原（二〇一〇）の数値を佐藤（二〇〇八・二〇一〇）での調査と突き合わせてみたい。

佐藤（二〇〇八）では、平井版諸本の上巻の摺刷順序の再構成をおこなうための指標を提案した。まず、版面上の、比較的広い空白部分における棒状の彫り残しの有無に注目した。次の四類である。

Ａ　ロ部支体門（６オ４）下部。約四字分

Ｂ　ホ部言語門（17ウ７）下部。約八字分

Ｃ　ヘ部官位門（18オ７）下部。約四字分

Ｄ　ヘ部言語門（20オ１）下部。約四字分

これらは、版木の広い面が深くさらわれている部分での彫り残しなので、料紙のたるみをおそれての工夫なのであろう。シマ（島）などと呼ばれるもの（金子貴昭二〇一三）かと思われるが、ならば本来は摺りだされてはならないものである。したがって、そうしたものを摺りの先後の指標にすることは危険ではある。が、事実としては、原刻では実に明瞭に摺りだされており、後のものほど明瞭を欠くか、まったく摺りだされなくなる。摺刷技法の練度を反映するものとも考えられるので、この種のものにも注目する。

平井版の部・門の標示は陰刻に改められたが、後刷のものには、さらに修飾するかのように追刻がなされることがある。追刻の目的は知られないのだが、比較的明瞭な次の六点を指標とした。

Ｅ　ニ部標示（13オ１）上辺中央に三角形を追刻

Ｆ　ニ部気形門標示（13ウ２）中央に縦棒を追刻

G　ニ部器財門標示（13ウ6）中央に縦棒を追刻
H　ト部標示（20オ2）上辺中央にス字様模様を追刻
I　チ部標示（24オ5）「知」字右下に点模様を追刻
J　カ部標示（34ウ5）上辺に横棒を追刻

以上のような二種一〇類の指標で摺刷の先後を捉えるのは粗くなってしまい、一本ごとの先後関係が把握できるとは限らない。そうした点では、匡郭高を計測するものの方が有利であろうから、柏原（二〇一〇）との対比に興味がもたれるのである。

さて、前節で整理したように、柏原（二〇一〇）の調査した平井版上巻は一六本になる。このうち、佐藤の調査がおよんでいないのは、大東急記念文庫本・龍門文庫本・薬師寺本・神習文庫本の四本である。都合、比較できるのは一二本となる。[4] 次に佐藤の調査結果と柏原の調査結果を示す。まず佐藤の指標による古態の残存順に示し、同一の残存数となるものは柏原のデータの高い順に配した。

	指標残存数	柏原序列	平均値
国会図書館本	10	1位	二三六・八八二六（下巻1位）
斯道文庫本	10	2位	二三六・八三九六（下巻2位）
刈谷市立図書館本	10	7位	二三六・三八五七（下巻11位）
静嘉堂文庫本	8	4位	二三六・六八五（下巻3位）
京都府立総合資料館本	8	8位	二三六・三八一八（下巻14位）
伊勢貞丈旧蔵本	7	14位	二三五・八二七四（下巻17位）
慶応義塾大学本	5	5位	二三六・五一六五（下巻4位）
内閣文庫本	5*	10位	二三六・二二二二（下巻9位）

京都大学大学院（Bu／3c）本	5	12位	二三六・一三〇七	（下巻12位）
天理図書館本	4	13位	二三六・一三〇七	（下巻20位）
岩崎文庫本（四冊本）	4	15位	二三五・八一一五	（下巻18位）
宮内庁書陵部本	0	16位	二三五・五三三四	（下巻19位）

＊落丁のため、指標Aの結果が分からないが、他の指標の残存傾向から推定した。

まず、柏原（二〇一〇）の数値のうち、最大（国会図書館本）と最小（書陵部本）との差が一・三ミリの異なりしかないことが注意される。指標の残存数が10から0まで推移するだけの時間経過があるわけだが、それでも小さな値で済んでいることの意味を、今後、追究することになろう。実際、一つの版木から摺りだされた同版書を、これほど集めて検討した例は少ないであろうから、その評価も将来にゆだねることになる。

このほか、残存指標数10と4以下のものが興味深い。それぞれに匡郭高の最高位と最低位が対応する傾向があることから、二種の手法による結果が一致するものと思われるからである。逆に、それ以外の中間値のものでは対応関係に揺れがあることになるが、どのような現象であれ、両極以外については統計的に分散傾向をとるのは珍しいことではなかろう。諸本の匡郭高は僅差であったから、わずかな保存状態などの差のために、数値にぶれを生じることもあろう。ただ、それでも、古態の残り方と匡郭高とが即応しないものについては気になるものもある。たとえば、伊勢貞丈本では古態の残り方としては中程度ながら匡郭高は低位にとどまり、刈谷市立図書館本・京都府立総合資料館本も古態を残すわりには匡郭高が中位程度にとどまることが注意される。

逆に、この三書以外のものに特殊な事情があることを考えてよい。具体的にいえば、刈谷市立図書館本の柏原序列が7位にとどまるのは、むしろ3～6位を占めた諸本の側に何らかの事情のために匡郭高が高くなったとも考えられよう。たとえば、5位の慶応義塾大学本は裏打ちが施されているが（慶応義塾図書館一九五八）、それが影響して本来の匡郭高よりも高い数値が出たのかもしれない。

では、裏打ちされたものの匡郭高がいつも高い数値になるかといえば、必ずしもそうではないようである。伊勢貞丈旧蔵本は柏原序列14位と匡郭高は低めだが、裏打ちが施されているという（東洋文庫よりの回答）。岩崎文庫本も四分冊されていることから裏打ちの施されたことが予測されるが、これも柏原序列15位と低位にとどまるのである。

実際、裏打ちによる伸縮の傾向はよく知られていない。裏打ちの全過程を見れば、水を含ませて（これだけでも料紙は伸びやすい）伸ばす動作があり、最後には乾燥させるわけだから縮む過程も含まれることになる。ちなみに、具体的な作業のありようを見ておこう。専門性の高い参考書では概略的に記されることがあるので、あえて初心者用の参考書から引用する。(5)

裏向けに置いた作品に湿りを入れる。今、スプレーを使って霧をかけているが、（中略）作品の中心から渦巻き式に外へ外へと霧をかけてゆく。軽くかけ終れば乾いた水刷毛を使って中から外へ放射状に掃いてゆく。一応しわがのびたら、再びスプレーで同様に霧をかけてゆく。かけながら水刷毛を使って中心から外に向って台上に張り付けてゆく。（藪田夏秋一九八二。文中の図版番号を省略。丸括弧は佐藤の注）

（裏打ち紙を）降ろし終れば掛竹をはずし、撫刷毛で上下、左右にまんべんなく撫でつける。（中略）しわがなければ、全体を相当強く上下左右にまんべんなく撫でる。（同）

回り、つまり作品より一寸位裏打紙を大きくしたその部分に、水糊より少し濃い目の糊を、糊刷毛をよくしごいて、少しづつつける。（中略）縮みがある為、あまり仮張で伸しすぎると、乾燥して縮んだ時、縮みに耐え切れず、破裂することがある。それで真中は少し空気の入った状態に（仮張り台に）張って置く。乾燥するとともにピンとなるので心配はいらない。（同）

裏打ち紙の繊維を絡みつかせるために刷毛で撫でつけるが、それは結果として、水で湿らせた本紙（裏を打たれる側）を伸ばす力になる。一方では、乾燥による裂けを回避するため、余裕をもたせて仮張台に貼り付けるが、これなどは、縮むにまかせるほかないためだが、縮むだけ縮ませるとも取れる。さらに、手作業であることから打ち手の練度や癖のありよう、また、糊の濃度によっても伸縮の具合は変わってきそうである。

裏打ちに紙数をさいたが、要するに、匡郭高の計測という物理的な作業については、作業対象がどのような状態であったかを知らなければならないということである。また、少なくとも、伸縮さだかならぬ裏打ちを施した諸本は、計測対象から外すことを考えるべきかもしれない。また、皺の有無一つとっても、計測値に影響することもあろう。古書肆などは見栄えをよくするために、鏝などで伸ばしてしまうこともある。そうした、本に加えられるさまざまな物理的刺激がどれほど計測値に影響を与えるかが、現段階では明らかでないことを知っておく必要があろう。何らかの刺激が本に加えられてから、一定以上の時間を経過したもののみ、計測対象とすることもありえようか。つまり、紙が本来の状態を取り戻したと判断できるだけの時間をおくということである。

原刻本と平井版の匡郭高の逆転

前節で伸縮のありように言及したけれども、原刻と平井版とでも同様の問題がある。まず、原刻二本の匡郭高を、柏原はつぎのように算出している(6)。

国会図書館本　　上巻平均値二三六・四一八五、下巻平均値二三六・〇一六五
龍門文庫本　　上巻平均値二三五・七四二六　（下巻欠）

平井版の数値はこれらより高いものが少なくなく、序列7・8位のものでも上まわっている。

国会図書館本　　上巻平均値二三六・八八二六（1位）、下巻平均値二三六・八八六七（1位）

刈谷市立図書館本　上巻平均値二三三六・三八五七（7位）、下巻平均値二三三六・〇一一七（11位）
京都府立総合資料館本　上巻平均値二三三六・三八一八（8位）、下巻平均値二三三五・九四五三（14位）

原刻の版木に修訂を加えたものが平井版であるから、水分の欠失による収縮傾向からすると、平井版の方が匡郭高は低くなるはずである。が、ここでは、まったく逆の結果になっている。しかも、原刻二本を超えるものが二本や三本ではないことをみれば、柏原の計測上の誤りとも考えにくい。もちろん、差の最大値は一ミリに及ばないので、その程度のぶれはあるものと考える立場もありえよう。が、念のため、原刻が平井版へと改修される折りに、何ごとか重大な事態が起こりうるかどうかを考えておきたい。決定的なことが言える段階ではないが、可能性のあることがらについて記してみる。

まずは、前節で問われたような、裏打ちなどの補修がなされたか否か、なされてからどれほどの年月がたつかなどが問題となるが、たとえば、刈谷市立図書館本・京都府立総合資料館本とも裏打ちはおこなわれていないという。

あるいは、版木の方に大量の水分を含ませるような事態がありうるかを考えてみよう。これには、版木のメンテナンスの一つとして「洗い」をおこなうことがあったらしく、稀な例ながら、刊記に「洗版・濯版」などと記されることもあるという（大沼晴暉二〇一二）。ただ、この場合でも、経時による版木の収縮があるわけだから、収縮の進まないうちに多くの平井版を摺刷したことになり、原刻よりも低い値をとる平井版では収縮が進んだ段階で摺刷されたことになろう。

このほか、原刻から平井版への大きな改変として陰刻修訂があるわけだが、これがどれほどかかわるかも知りたいところである。摺刷面から知られるのは、内題および部・門の標示を陰刻にしたことだが、この作業では、元の標示部分を掘りとり、新たに陰刻した内題・標示を入れ木することになる。膠などの接着剤を用いるとの説明に接したことはないので、版木と入れ木とのあいだに生じる摩擦力だけでもたせる、象嵌によるのであろう。その際、版木に彫られた穴部分に水分を与えるなどして膨張させせてから入れ木することもあったかどうか（乾燥すれば収縮・固着する）、技法の詳細を知りたく思う。

版木は通常、表裏両面を用いるから、入れ木した面だけがいつも上を向いているわけではない。下に向けられて、裏面の摺刷がおこなわれることは普通に想定される。摺刷では、版木上に墨を置いて伸ばし、紙を載せ、馬楝で墨をこすりとるといった動作がなされるわけだが、それに耐えて脱落しない程度には入れ木に周囲の板木から圧力が加わることになる。そのような入れ木とは、版木にとってはくさびのようなものであろう。水分の蒸発による収縮を阻止するばかりでなく、匡郭高を増すような結果になることもあったのかもしれない。

原刻本と平井版の匡郭の高さの逆転をもたらしそうな事態を示してみた。すべて検討は今後の課題とせざるをえず、場合によっては物理的な実験など、相応に手数のかかる作業を経ないと結論にまでたどりつけないかもしれない。が、最後に示した入れ木修訂の場合は、入れ木のなされた丁となされなかった丁とにわけ、それぞれについて、相当する原刻の丁の匡郭高を突き合わせることで、一応の検討をおこなうことができそうである。そのためにも、原刻・平井版それぞれの諸本の丁別匡郭高を知りたく思うところである。

原刻・平井版の匡郭の特殊性について

これまでの検討とは直接の関係は薄いように思うが、付随する問題として、原刻・平井版の匡郭の特殊事情に触れておきたい。前節までの検討にも参考になればと思うが、広く版本研究の一環ではあることになる。

上田・橋本（一九一六）は、平井引扳の持徴を記すのに、平井版と対比させて次のように述べている。

内容外形共に平井版易林本と同一である。唯之と異なる所は、易林の跋の前にある「洛陽七條寺内平井勝左衛門休与開板」の文字が全く無いのと、欄界が彼よりも太く、且、上下の間の距離が各丁一定せず、時に甚しい差異がある（七寸三分五厘から七寸九分までもある）のと、ハ部気形を誤つて気服としたのとだけである。

平井別版では匡郭高が丁ごとに異なるというのだが、近世の版本では常識に属することがらである。版木の材の取り方や質の異なりなどが、水分の蒸発による収縮の速度やありように反映したものかという（金子二〇一三）。

逆にいえば、どの丁でも匡郭高がほぼ変らない原刻・平井版の方が特殊であり、それだけに版木の作成法に興味がもたれる。個々の版木の材の取りようや乾燥のありようなど諸条件を等しくすればよさそうだが、そのような管理が果たして可能なのかどうか。また、管理できたとしても、匡郭高を全丁で統一することが、その労力に見合うほどに尊重されることなのかどうか、疑問も出てくる。

ならば、事を単純に考えよう。匡郭も本文も一時に彫りあげるから版木の収縮にさらされることになる。ならば、本文は、版木が水分を含んだ軟らかいうちに彫ってしまい、収縮がある程度落ち着いた段階で、(7)改めて匡郭を入れ木すれば良いことになろう。

この入れ木の可能性は、別の視点からも確認できる。原刻本・平井版の上巻三四丁表一～三行めや三六丁表二～七行めには、中央を横断する割れが認められる。(8)原刻本では軽微であるが、平井版の後摺りほど拡大していくものである。当然、ひび割れは右匡郭にも及ぶはずなのだが、平井版の後摺りで割れの拡大したものでも匡郭にまで及ぶことはない。下巻四一・四七丁にも表・裏にわたるひび割れがあるが、こちらも匡郭にはまったく影響がないのである。こうした現象は、版木本体と匡郭とが別部材であることを証するものであり、別部材となる理由としてもっとも端的なのは、匡郭だけ入れ木した場合であろう。

実際、匡郭を入れ木したとすれば、これまで解決を見なかった問題にも回答がえられるし、逆に、そうした問題が、匡郭を入れ木したことを証する側にも回りそうである。

たとえば、かつて平井版を、古活字版と見ることがあったという（上田・橋本一九一六）。あるいは、本文は整版ながら、匡郭は古活字版と推測されることもあった。

同じ易林本にて、跋文の前、「通玄寺也」と記したる下に、／　洛陽七條寺内平井勝左衛門休與開板／といふ文を白字にて二行に記したるものあり、この文なきものは、本文毎紙の欄ふとくして、この文ある本は細し、余が見たる巨欄、細欄の二種ともに活字版とは見えず、（中略）細欄の本は、本文は整版にて、欄のみは活字版の如く組みて添へたるものにもやと見ゆ、なほ委しき人にたづぬべきなり（赤堀又次郎一九〇二）

この説は、一人歩きして一定の確からしさを持つものと見られていくものである。

これら古活字版説の根拠となるのは、原刻本・平井版の縦横の匡郭の交点（四隅）に隙間の目立つ丁があり、これを、古活字版の特徴である匡郭交点の隙間と同一視してのことであろう。たしかに、原刻ではわずかに、平井版は諸本によっては拡大した隙間のあることが確認できる。[9] が、もし、これが活字版によるものであり、一方で本文を整版とするならば、一面を摺りあげるのに二度の手間をかけることになる。厳密な位置合わせも必要になる。ところが、右のように縦横の匡郭を入れ木したとすれば、交点の隙間も説明できるし、摺りも一度で済むことになる。よりありうる想定と思うのである。[10]

佐藤（二〇〇八）でも触れたように、易林本のはじめの部分では、門標示が行頭にくるのが通例である。ところが、ニ・ホ部では直前の門の所属語末に標示されることが多い。直前の門の所属が行の中ほどで終わる場合などは、門標示以降の行の残部は空白になるという、信じがたい不体裁をともなうものである。これなどは、上部匡郭を少しでも上に刻して、門標示のスペースを確保すればよさそうなのだが、そうはしていない。それはやはり、匡郭高を一定にするという、徹底した体裁保持の意図が優先されたからなのであろう。その意図を、より確実に実行するのが、匡郭高を一定にできる入れ木であったと考えられるのである。

ここで類例が示せればよいのだが、それらしきものとしては、良忠『選択伝弘決疑鈔』三（寛永ごろ版、零本。架

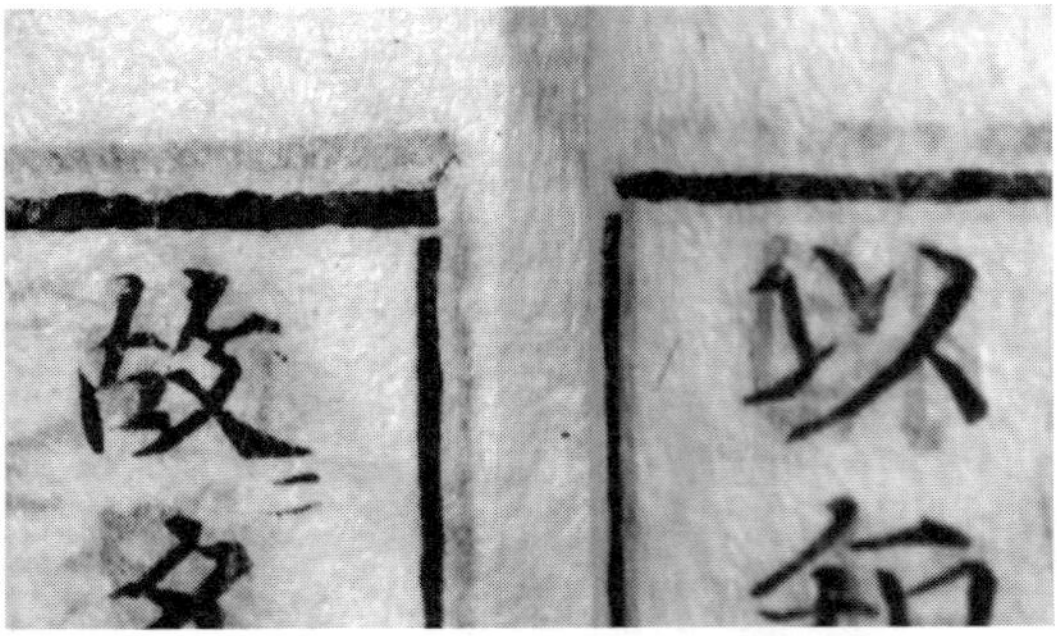

蔵）中には複数認められた（図版参照）。また、後藤憲二（二〇〇三）にも、『四座講式』（寛永一七年刊）『伊勢物語闕疑抄』（寛永一九年刊）など複数見られるが、図版の小さいこともあって参考にとどめる。

以上のように、原刻・平井版において匡郭を入れ木した可能性はかなり高まったものと思う。残るは、匡郭を入れ木するような手間をかけることのできた理由だが、これについては推測を述べるほかない。

まず、類例の少ないことからすると、やはり全丁にわたって匡郭を入れ木することは、そもそも少なかったものと考えられる。加工の手間と経費を思えば当然のことである。ただ、平井版は、その名の由来たる刊記「洛陽七條寺内平井勝左衛門休与開板」にあるように、住所は本願寺をさし、開版者・平井休与も校訂者・易林も寺内衆であったという（森末義彰一九三六）。おそらく、原刻本・平井版は本願寺の事業として、少なくともそれに近いものとして成されたのではなかろうか。ならば、経費よりも体裁を整えることに意を用いることができたであろう。つまり営利出版であればコストのかかるような作業はまず回避されるはずだが、寺院出版ならば相応にコストをかけることは許されたと思われるのである。(11)

おわりに

平井版の匡郭を中心に検討を重ねてきた。あるいは、柏原（二〇一〇）の計測が、対象資料の状態を念入りには吟味していない、欠点のあるものではないかとする向きもあろう。たしかに、柏原のデータのままでは、摺刷序列を再構成できるとはいいがたい。しかし、さまざまな状態の諸本の計測データを示してくれていることには変わりはない。利用・参照する者が、必要な追加調査なりを実施して適正かつ有効に使用し、さらなる研究の実りをあげればよいことである。本稿でも、平井版・平井別版の弁別を正した結果、匡郭高を計測することで平井版と平井別版との差を導き出せる見通しもついたところである。

それにしても、これほど多くの同版書の匡郭高を実測した研究もそうはなかろう。出版史研究にも影響をあたえるところがあろうかと思う。重大な見落しがあるとしても、それを圧倒するだけの価値が柏原のデータにはあるように思われる。ただ、その価値をより引き出すには、諸本ごとの平均値もさることながら、一丁ごとの計測データが示されればと思う。雑糅本のあることを指摘したが、佐藤もすべての諸本について丁単位に把握しているわけではない。一丁ごとの匡郭高データがあれば丁単位の板木の異同を把握するための目安にもなろう。

なお、さらに調査を広げるならば、もっとも遅い摺りと目される、いわき明星大学本（天牛書き入れ本）の実測データをまず加えたい。また、注（4）に掲げた諸本も加われば充実するのはいうまでもない。もちろん、現存諸本の保存状態や修復事情なども隈なく知りたいところである。

本稿の意図に近い、最近の研究動向にも注意したい。宮川真弥（二〇一四）では、デジタルノギス[12]の活用や匡郭高の自動測定システムも模索されるなど、新たな段階を迎えつつあることが知られる。また、版木書誌学とでもいうべき分野の成果も、金子（二〇一三）・永井一彰（二〇一四）と相次ぎ発表されたところである。そうした新しい成果を可能であれば援用し、検討を深められればと思う。

注（1）赤堀又次郎（一九〇二。後掲）が平井版・平井別版の特徴に匡郭の細さ・太さ（細欄・巨欄）を挙げたのを受けて、安田章（一九七四）は「平井版は文字欄線が磨滅して痩せ細ったもの」とするが、当たらない。匡郭が太い（丁

を含む）のは後発の平井別版なので、経時要素による磨滅を考慮するに及ばない。

（2）平井版・平井別版の判別については佐藤の調査にも限界がある。佐藤（二〇一〇）では、平井版の上巻の摺刷序列を検討したのだが、そこで調査対象とした諸本での知見を出るものではない。また、下巻については、丁を単位とした判別まではおこなっていない。

（3）水分の損失によって板木の収縮が起こるため、後摺りほど匡郭高が低く、また覆刻も同様とする見解がある。これに沿うような理想的な結果が出ていそうである。ただ、各丁の匡郭高を比較すると、平井版は異同が少なく、平井別版は異同がはなはだしいことが知られている（上田・橋本（一九一六））。つまり、平井別版の覆刻が、どれほど平井版に忠実であろうとしたかに疑問があることになる。したがって、平井別版の匡郭高が平井版よりも低いとの結果がでたのは偶然なのかもしれない。が、実際問題としては、平井別版に低めの値が出ていることは確かなようなので、以下でもそのように扱っていく。

（4）なお、柏原が採らず佐藤が採りあげたのは、茨城大学・いわき明星大学（佐藤喜代治旧蔵書二本）・岩瀬文庫（田中大秀旧蔵）・大谷大学・学習院大学・川越市立図書館・九州大学・京都大学大学院文学研究科（配架Bu／3a）・国文学研究資料館・東京大学大学院国語学研究室・明治大学・大和文華館・龍谷大学の各所蔵本である。このことなりは、所在調査において柏原が『国書総目録』（おそらく旧版）に依拠したこと、佐藤が国文学研究資料館のデータベースに依りつつ、これまで知られなかった蔵本から調査する傾向にあること、マイクロフィルムでも調査が可能であったことなどによる。柏原が「紛失」とする川越市立図書館本・九州大学本もマイクロフィルムにより調査している。なお、九州大学本は、国立歴史民俗博物館の所蔵本となっていたことに佐藤が気づき、関係者に連絡、現在は九州大学に帰している（ただし、上巻一丁めは他本のものに差し替えられている）。それにしても多くの平井版が現存することになる。趣味的な古書収集においては、近世初期までの版本辞書は十分にその対象となりえており、古書肆もよくその需要に応えたということもあろうか。

（5）書道作品に裏打ちをほどこして飾る場合の例であるから、さして伸縮に意を用いていないとも考えられるし、補修用の裏打ちには紙の伸縮をおさえる手法などがあるのかもしれない。が、水を含ませる以上、紙にとっては相当のダメージであることは変らない。裏打ちは、学術目的の補修手段としては可能なかぎり避けられるものである。

（6）なお、原刻本の摺りの先後について、柏原は、川瀬一馬・安田章が国会図書館本よりも龍門文庫本が先だとする見解をとっており、否定されるべきとしている。しかし、これは誤解である。両者とも、天理本に対して、国会図書館本・龍門文庫本の方が早いと言うのであって、国会図書館本と龍門文庫本との比較はしていない。

(7)「桜材が使われる理由は、生まれ木の削りたては柔らかくて卵色に白く、彫刻に適し、時間がたつと赤味をおびて硬くなり、摺刷に好都合となる」(廣庭・長友一九九八)とあることからすれば、収縮の見極めは、版木の色味からも判断できるようである。

(8) 早く遠藤和夫(一九八六)が、原刻本に割れのあることを示唆するのだが、その丁を示していない。川嶋秀之(二〇〇一)により、上巻の二か所が明示された。

(9) 宮川真弥氏も、平井版の、たとえば上巻九・一〇丁のように、縦の匡郭を共有する部分などでの、縦横匡郭の隙間などから、入れ木の可能性をメールでのやりとりで伝えてくれている。

(10) 縦横の匡郭の接点における隙間が入れ木によることは、ここで初めて示したと思っている。ただし、反町茂雄(一九八六)では、反町が『弘文荘待賈古書目』第一号(一九三三)において、平井版を古活字版として紹介したところ、狩野亨吉からの来翰に「あれは四周の界線だけ活字で、本文の文字は整版」とあったというが、狩野宅を訪れた際には「まわりの界線だけは、確かに活字版風の板木寄せだね」と言われたという。この表現からすると、古活字版というよりは入れ木を示唆しているのかもしれず、ならば、本稿での指摘よりも先んじることになる。なお、反町は次号目録では匡郭だけ古活字版であると訂正したという。

(11) だとすれば、平井別版の匡郭高が丁ごとに区々になるのは入れ木をしないためであるから、これはコストを意識してのことであろう。このこと自体、平井別版が本願寺の手を離れたことを意味するのかもしれない。もちろん、易林の跋は踏襲されるのであるが、少なくとも平井休与の刊記は削られているのだから、彼の手からは離れたことは明らかである。

(12) 美濃判縦本の匡郭高をはかるのに必要な三〇〇ミリタイプでも一万円を切るものが販売されている。一〇〇分の一ミリまで表示可能だが、わずかな歪みにも反応するだろうし、ノギス自体の誤差が±〇・〇一ミリから±〇・〇五ミリ程度まで見込まれているので、このレベルでの計測には注意が必要であろう。なお、従来のノギスでも副尺の利用により〇・〇五〜〇・一ミリ刻みでの計測が可能である。

参考文献

赤堀又次郎(一九〇二)『国語学書目解題』東京帝国大学
上田万年・橋本進吉(一九一六)『古本節用集の研究』(東京帝国大学文科大学。勉誠社復刻、一九六八)

遠藤和夫（一九八六）「『富士野往来』小考」。山田忠雄編『国語史学の為に　第一部』笠間書院
大沼晴暉（二〇一二）『図書大概』汲古書院
柏原司郎（二〇一〇）「東海大学蔵『易林本節用集』の版種」『湘南文学』四四
金子貴昭（二〇一三）『近世出版の板木研究』法藏館
川嶋秀之（二〇〇一）「『易林本平井板節用集』解説」茨城大学附属図書館ホームページ（『菅文庫』資料解説）
慶応義塾図書館（一九五八）『和漢書善本解題』
後藤憲二（二〇〇三）『寛永版書目并図版』青裳堂書店
佐藤貴裕（二〇〇八）「易林本節用集研究覚書六題」『国語語彙史の研究』二七、和泉書院
佐藤貴裕（二〇一〇）「易林本『節用集』平井版研究の基本課題」。月本雅幸・藤井俊博・肥爪周二編『古典語研究の焦点』武蔵野書院
島居　清（一九五八）「易林本節用集について」『ビブリア』一一
反町茂雄（一九八六）『一古書肆の思い出1』平凡社
永井一彰（二〇一四）『板木は語る』笠間書院
廣庭基介・長友千代治（一九九八）『日本書誌学を学ぶ人のために』世界思想社
宮川真弥（二〇一四）「板本における匡郭高の比較による版の同定について」（第八十八回「書物・出版と社会変容」研究会発表資料）
森末義彰（一九三六）「易林本節用集改訂者易林に就いて」『国語と国文学』一三―九
安田　章（一九七四）「〈節用集二種〉解題」『天理図書館善本叢書和書之部』二一　八木書店
安田　章（一九八三）『中世辞書論考』清文堂出版
藪田夏秋（一九八二）『誰れでもできる裏打のすすめ』日貿出版社
山田忠雄（一九六四）「草書本節用集の版種」『ビブリア』二九

付記　本稿は、日本学術振興会科学研究費補助金・基盤研究（C）二五三七〇五一五「近世辞書の文化史的・言語生活史的位置づけのための基礎調査」（佐藤貴裕）による成果の一部である。なお、同（A）二三二四二〇四〇「「書物・出版と社会変容」研究の深化と一般化のために」（一橋大学大学院・若尾政希）による調査を含む。

「売れぬ日はなし」

――商いと俳言――

岩下裕一

はじめに

筆者は別稿で『日葡辞書』に「Vre, uru, eta.」の語が立項されており、そこに「[他動詞]（売る）の受動動詞[自動詞]。売れる」との説明が見られることについて考察した(1)。

本稿では、「売る」という動詞の語義が、主に中世から近世にかけてどのような揺れ動きを見せるか、という面から考えてみたい。

一

「売る」も「買う」も、古典語として難解という訳ではなく、そのまま現代語を当てはめても差し支えない場合も多い。しかし、商業の発展に従ってその語義も微妙な影響を受けているであろうことは予測される。

まず、「商売」ということを考えてみる。『天治本・享和本　新撰字鏡國語索引』(2)に「估」の字に「阿《あ》（支《き》）奈《な》不《ふ》　商也　佐也助也交易也」との説明が見られるが、ここに古代語の「商売」の意味を考える手がかりが含まれているように思える。また、『万葉集』に「商」の字が見出せるが、「商変」「商自許里」の「あき」の読みの他意味についての微妙な情報は捉えがたい。さらに『時代別国語大辞典上代編』(3)の「うる」の項には、「興福寺本大慈恩寺法師伝古点」の「貿易フ《うりカ》」が用例として示されている。現在のような貨幣経済が整っているわけではないことと「売り買い」の語義との関係を考えさせるものとして、例えば『今昔物語集』の、

①（清水観音から賜った金三両のうち）一両を以て値《アタヒ》の米三石に売りて、其れを以て家を買《カヒ》て其の家にして子を

産みつ。今二両を売りて其を本として、便り付《つき》てなむ有ける。（巻一六・三二）

などの複雑な記述や

② 馬を買（底本「責」）ける渡し文に「先の仙、久米」とぞ書て渡しける。（巻一一・二四）

などの用語からも見て取れる。

「売る」にも「買う」にも「ある値段で品物をやり取りする」形式に時代差・場面差のあることは分かっていても、いちいち動詞の語義と結びつけて考えることが必要とされる機会はあまりない、ということであろう。そういうわけで『今昔物語集』をもう一度ざっと見渡しておくと、経典に基づく説話では

③ 「汝が身貧しくは、何ぞ其れを賣らざる」。婢、答て云はく「誰か貧を買ふものあらむ。貧を賣るべくは此を賣るべし。何《いか》にして賣るべきぞ」と。迦旃延の宣く「汝もし貧を賣らむと思はば、わが言に随いて施を行ずべし。其れを以て貧を賣る也。」と。（巻二・七）

の例のように、単純な「売り買い」では理解できない対象についての記述も見出せる。また、同じく経典による話でも

④ 栴檀の升の片角破れ残りて有りけり。此を見得て、須達、自ら市に行きて米五升に賣りて家に持て来て、一升をば捕りて菜を買はむがために、又市に出でぬ。（巻一・三二）

のように、「市」での取引の分かりやすい描写もある。これは「本朝」でも

⑤ 其の盗人、此の盗みたる絹を持て、其の北の邊に有る市に持て行て賣るに、人有て、此れを買う間、（巻一七・四八）

なども、同様の「売り買い」の情景が想像される。「市」でなくても、

⑥ 『此の絹は上の中の上品也。横川の供奉の御房の遣す所也。速に此れを米に交易して、御要に充てらるべし』

…怖ろしく思ふと云へども、従者の女を以て此れを交易せしむるに、ある富家に呼び入れて、此の絹を見て感じ喜びて、直の米三十石に買ひつ（巻一七・九）

などの状況も共通である。「売り買い」の対象については、「本朝」でもいろいろあり、

⑦ 今は昔、東の方より、榮爵尋ねて買はむと思ひて京に上りたる者有り。（巻二七・四）

などのように、物以外にもさまざまな対象がそれぞれの形式で「売り買い」されているさまが見られる。それらが、「交易」「渡し文」などの語と結びついていることと同時に、「銭」も早くから「売り買い」と密接な語として、現代の感覚と差のない使われ方も見えることは、「震旦」の部の

⑧ 此の持たる銭五千両を以て龜五を買取て、水に放て去ぬ。（巻九・三）

の例からも分かるが、同じ巻の

⑨ 紙百張を買て銭を造りて、此れを送る。（巻九・二四）

などでは、その前の地獄の吏卒の「我れ、君が銅の銭をば不用《ようせ》じ、白紙の銭を用《ようせ》むと思ふ。」ということばを見なければ分からないし、そこを読んでいても今なら「銭」にもう一度説明がほしいのでは、と感じられる例もある。

また、「商売」についても、⑤や

⑩ 賤しき人、東の市の門より市中に入て、経を捧げて云く、「誰か此の経を買ふ」と云て、女の前を過ぎ行く。

…女、経を買《かは》むと思て、（巻一四・三一）

などの話によって、盗品の換金まで市で行なわれていたことが分かる。

個人の生活と「売り買い」との関わりも、「天竺」部の経典に出典のある説話から既に「売る」ことと「業」についての

⑪ 極て貧窮にして、世を過さむが為に常に薪を取て賣るを以て業《なりはひ》（岩波・旧古典文学大系頭注に、「名義抄の訓に「売れぬ日はなし」

よる。」とあり）と為しに、（巻二・一〇）

という記述が見られるし、「本朝」編の「霊異記」に拠ると思われる（同じく岩波・旧古典文学大系頭注の指摘）話には、

⑫　因果を信ぜずして、常に諸の寺に行て、竊に銅の佛の像を伺ひ求めて、此れを盗みて焼き下して、帯に造て賣て世を渡る。然れば、此の人、現《あらは》には只、銅の工として有り。（巻十二・十三）

と、裏の商売まで含めて「世を渡る」と言っている例も見られる。当然ながら、

⑬　瓜を造て、此れを賣て世を過ごしけり。（巻二〇・二九）

という、現代の「商売にして暮らしていた」にそのまま移せる言い方もある。

「暮らしの助けにした」という意味では「仕ふ」もあるが、その中には命を助けた猿から恩返しにもらった鷲の羽について、

⑭　然て、其の鷲の尾・羽を賣つつぞ仕《つかひ》ける。（巻二九・三五）

と言っているものも含まれている。

『今昔物語集』の時代、物を売って生活することも大変なことが、芥川が「羅生門」で触れている「大刀帯の陣に常に来て魚賣る女」の話や、もっとひどい「販婦」もいることが記されていることから見て取れ、

⑮　然れば、市町に賣る物も販婦の賣る物も極て穢き也。（巻三一・三二）

という状況も有り得たのである。

⑩の例の場合、これもまた旧古典文学大系の頭注によるが、「『霊異記』巻中（一九）に基いて説話を構成したものと認められる」とある話であり、「聖武天皇の御世」の、「奈良の京の東の市」で、盗品を売ろうとする「賤しき人」が、市中に入ってきて「経を捧げて」呼ばわって歩いている様が記されている。また、危ないのは「買い手」ばかり

ではなく、『宇治拾遺物語』(4)には、「太刀、鞍、よろひ、かぶと、絹、布など、よろづのうる者」が、兵衛の尉でありながら盗人の長でもある保輔のために、屋敷に呼び入れられて次々に難に会う記事も載せられている。

二

売る品物を呼ばわって歩く売り方は、狂言「末広がり」で、太郎冠者がこれを誤解したところから話が展開する場面でよく知られているが、この風習から、都での売り買いの状況の一端が分かるので、次にそのことを考えてみたい。

中世から近世にかけての、売り買いのひとつの形式について、この「狂言」中の例で考えてみる。

⑯ さすが都で御ざるぞ、みればうりかふ（売買）物を呼ばはると見えた、…すゑひろがりかひす、すゑひろがりかひたい。

（「末広がり」(5)）

ここで太郎冠者は、都に出て物売りの声を誤解するのであるが、それが都のことを知らぬ田舎者と目をつけられる発端となって、詐欺にあうことになる。この型は「狂言」中でよく見られるのであるが、『醒睡笑』にもそれを思わせる話がある。「白鳥」を知らぬ山家のものが、「ただ白き鳥なり」と教えられたまま使いに出て、

⑰ 心得て市に出で、たづぬるに無し。ある棚に白き卵《かひこ》のやうなるものあり。これをしりめにかけ、「白鳥買《か》はう白鳥かはう」とよばはるまま、かしこき亭《てい》にて「白鳥を売らん」とよび入れ、饅頭《まんじゅう》二十を一貫《いっくわん》にうりけり。

（巻四・一〇）

⑱ 大阪にて鳥屋町を、逸興《いっきょう》なる男、「鴫という鳥かはう、鴫という鳥買はう」と言うて歩く。珍しき買手やと思ひよびよせ、雲雀を「これこそ鴫なり」とて売りぬ。（巻八・四〇）

「売れぬ日はなし」

などだまされる点は同じであるが、これが「山家の者」「逸興なる男」が太郎冠者と同じく売り声の勘違いをしているのかどうかよく分からない点もある。大根売りが「大こかう大こかう」と言って通ったり、「菜」を売る者が「なかうなかう」と言って通るが、こちらの発音は「買はう」と微妙に違う。また

⑲　京の町を「気力の毒買はう、毒買はう」というて歩《あり》く男の姿を見れば、如何にもやせ衰へ色せうせうとら労瘵気《ろうさいげ》なり。をかしきものに思ひ、ある所へ「薬を売らん」と呼入れ、（巻六・三）

ここでも男を「売らん」と呼込んでいるが、「をかしきもの」というのが「買はう」ということばまで含んでいるかどうかは分からない。

「売り声」としては同書には、

⑳　「塩は、塩は」と呼んで、いかにもいつくしき若き商人《あきうど》来れり。（巻一・五）

のような例があり「鯛は、と売ける」「『豆腐《とうふ》は、豆腐は』と売りに来れり。」なども見られる。他にも

㉑　利陽にて鶯菜をもち、一人の女房「うぐいす菜召せ召せ」と言うて売れば、買はんとする人、（巻八・一七）

も見える。「召す（巻八・七）」の形は「召さう」との関係も考えられる。売り声のバリエーションも広くなってきたのか、たまたま太郎冠者が聞いたのが「…買はう」だったのか、などいろいろ考えさせられる。

このように「売り声」ということばの成立からも、その内容からも、行商の発展の様子が想像できるのであるが、次節では、その流れの中で「売る」ということばがどのように揺れ動くか、ということについてさらに見ていきたい。

三

『今昔物語集』から『醒睡笑』の間を見るだけでも「売り買い」形態の発展はよく分かり、ことばについても『醒睡笑』中で、新参で経の読めぬ僧が、かつて薬屋に奉公したとき憶えた薬種の名を唱えてごまかそうとしたところ、聴聞した薬屋の亭主が「あらありがたや、われわれが売り買ふ薬種は、みな法華経の肝文にてあるよな」（巻一・六）と感動して拝んだという話の中にもそれを反映する言い方が見て取れた。

しかし、江戸期の大きな展開については、やはり西鶴の描写によって知られることが多大である。それまで個人的な取引として描かれていることが多かった「売り買い」が、経済の発展の中で文学作品のテーマとしてとりあげられるようになり、「売り買い」ということばも、「経済活動」としての意味に重点が移ってくる。

㉒　惣じて、北浜の米市は、日本第一の津なればこそ、一刻の間に五万貫目の立てり商ひも有る事なり。その米は…夜のうちの思ひ入れにて、売る人有り買ふ人有り。一分二分を争ひ人の山をなし。互ひに面を見知りたる人には、千石万石の米をも売買せしに、（『日本永代蔵』巻一「浪風静かに神通丸」）

を見ると「商ひ」や「売り買い」の語が、ある人の動作から経済のシステムを表すまでになっていることが分かる。「なりはひ」にも「その日をなりはいに送りけるに（同・巻三「紙子身代の破れ時」）」の用法が見られ、「新潮日本古典集成」版のこの語の頭注に「なりゆき次第に日を送る。『なりはひ』は生業でなくて『なりあひ』の訛《なまり》」とある。とすれば「なりはひ」は衰退する途中で形が崩れ他語と接触するまでになってしまい、「生業」を意味する語は「すぎはひ」が主になって「すぎはひは草の種」とことわざとしても定着する、ということであろうか。

このように「商売」に関しては、その形態の発展的変化とともに、それに関することばも激しく揺れ動くことになる。西鶴の作品に描かれている、両替商に奉公する小者が主人に商売方法のアドバイスをするという場面には、

㉓「さてもさても商ひ下手なり。…先づ夫婦衆は、今日より毎日、談義ある寺参りし給ひ、その下向に、納所坊主に近寄り、散銭有る程買ひ給へ。…供の丁稚は、道の間の外聞なれば、浮世山椒を受けて小袋に入れ行き、法

「売れぬ日はなし」

談始まらぬ先に、諸人の眠り覚ましにこれを売るべし。さて又、供連れぬ参り衆の笠・杖・草履を、談義果つるまで一銭づつにて預かれ」と言ひ遣はしけるに、毎日銭儲けして、主人の供も勤めける。（同・巻六「見立て養子が利発」）

と、「商ひ上手で銭儲けをする計画」が述べられている。個々の人間の具体的行為の記述であった「売り買い」が、一つの「行動様式」として認識されるようになってきたのである。

㉔　兎角に人は習はせ、公家の落し子、造り花して売るまじき物にもあらず。（同・巻一「浪風静かに神通丸」）

では、「〈公家の落し子が造花を売るという状況〉が考えられない、というわけではない。」という表現で、「気まぐれにふと花を造って売ることもあるかもしれない」とは取れない。

また次の二例「売れる」について考えてみる。

㉕　この所は北国の舟着、殊更、東海道の繁昌、馬次ぎ、替籠、車を轟かし、人足の働き、蛇の鮓・鬼の角細工、何をしたればとて、売れまじき事にあらず。（同・巻二「怪我の冬神鳴」）

では、「この所（大津）」について、「どんなものを造っても商売にならないと言うことはない」である。

次の神田明神町に隠棲する「俗姓歴々の浪人」で、年寄って仕官の希望も持たず、充分な貯えがあるので従者一人と気楽に日を送り、世間体を考えて形だけの瀬戸物屋として、客が来ても値引きもせずにいる者の話には、

㉖　そもそもより、摺鉢九つ・肴鉢十三・皿四十五枚・天目二十・徳利七つ・油さし二つ・三年あまりに一つも売れず。（同・巻六「見立て養子が利発」）

とあり、ここでも「売ることができない」ではなく、「売り買いがない」である。「売れる」は基本的に「取引される」こと、と言える。

「売る」の方は、もともとの「換金する」から「商品として供給する」にも広がりつつあるようにも見える。

㉗　安倍川紙子に縮緬を仕出し、又は、さまざまなの小紋を付け、この所の名物となり、諸国に売り弘め、（同・巻三「紙子身代の破れ時」）

㉘　後には思ひの外なる知恵を出して、舟着きの自由させる行水舟を拵へ、刻昆布して目に掛けて売り出し、（同・巻六「見立てて養子が利発」）

などの複合語がそれを感じさせる。それで、「売れる」の方は「売る」との関連は、先に見た「取引される・販売される」の意から考えると、「受身」に近づいているとも言えそうである。次節ではその「可能性」と「受身性」の関連について考えてみる。

四

実は、「売る—売れる」と似た関係で、いままであまり注目されていなかった語がある。「捨つ」と「廃《すた》る」の関係である。

「廃る」は『日葡辞書』(6)にも、【廃り・る・った】の項に「物が使いつぶされてだめになる、すなわち、もはや役に立たない。」の語釈と（この形儀が廃った）の例文が、【廃れ・るる・れた】には「衰退する、または、損じいたむ」の語釈が、さらに【廃れ果て・つる・てた】の項には「すっかり損じいたむ、または、荒廃しきる。」の語釈と（都の体近年万廃れ果てた。〈物語〉）の例文がそれぞれ示されていて、かなり抽象的に用いられていたことが分かり、「物を捨てる」という具体的動作との関連は感じられない。これが西鶴作品においては接近するのである。

㉙　この浜に西国米水揚げの折ふし、こぼれ廃れる筒落米を掃き集めて、その日を暮せる老女有りけるが、（同・巻一「浪風静かに神通丸」）

「売れぬ日はなし」

㉚　千味といへる大鯨、前代の見始め、七郷の賑ひ、竈の煙立ちつづき、油をしぼりて千樽の限りもなく、その身・その皮・鰭まで廃る所なく、（同前・巻二「天狗は家名風車」）

これらの語には『日葡辞書』の意味と「使い物にならない」という重なりはあるが、『日葡辞書』の場合ある全体像を対象として評することが中心で、他の中世文献にも当てはまるので、西鶴にも「弓矢の家ながくすたらず」（懐硯・一）のような例も見られはするが、「物の一部」を対象とする用法は新しく感じられる。特に「受身」を問題にしたのは、西鶴の『男色大鏡』中に「九相詩」の句が引かれる部分があり、その「身冷魂去荒原棄」の振り仮名に「棄《すたる》」が見られることで（巻六・「京へ見せいで残り多いもの」小学館日本古典文学全集等参照）これらを併せ考えると、「棄てらる」と「廃る」が西鶴作品では極めて近く用いられていたと思えるのである。

さらに、

㉛　昔の片言も失さりぬ。（同前・巻一「浪風静かに神通丸」）

等も合わせると、どうも西鶴の時代に「可能動詞」と同時に「受身動詞」も発生する力があったのではないかと思われる。これらの例を考えると「受身・可能」意識の拮抗に、構文・品詞の歴史的流動が重なり、「受身動詞」的力は「見ゆ・きこゆ」等で長く用いられてきており、それが「恋ひ人・恋はれ人」のように、単語から「―が―に」の構文力に分離定着していき、「可能」の方は「可能動詞」を生み出す方向に固まっていったのではないだろうか。

五

ここで「売れる」という語について考えてみる。有名な其角の

○　鐘ひとつ売れぬ日はなし江戸の春

については、今泉準一氏が『其角と芭蕉と』(7)の中で、潁原退蔵氏の、次の『世間胸算用』の記述を引いて、大坂に対する江戸の繁栄を述べたもの、とする解説を引用され、さらに「江戸の実景が浮かぶ」という点を指摘されている。

○　さる程に大坂の大節季、よろづ宝の市ぞかし。(中略) 一つ求むれば其の身一代子孫までも譲り伝える碾臼《ひきうす》さへ、日々年々に御影山も切りつくすべし。(同書引用より)

「芭蕉七部集」には、

○　こしらえ*し薬もうれず年の暮れ　珍碩（ひさご）　*仮名遣いはテキストのまま

も見える。二つとも「可能動詞」生成期の「売れる」の例となろうが、珍碩の用法は「個人の造った薬が換金できない」状態を表しているのに対し、其角の句では「江戸の春は、鐘一つ取引されない日はない」となり、現代的「主語補塡」観などから㉕の例と合わせて考えると、「発生期可能動詞」の姿を見せている、といえそうである。そしてその不安定さが、「俳言」的味つけになっていたのかも知れない、などと想像されもするのである。

注(1)「可能と受身」「解釈」平成二六年一一・一二月号　解釈学会編

(2) 臨川書店刊　昭和三三年一一月

(3) 三省堂刊　昭和四二年一二月

(4) 一二五話　巻一一ノ二

(5) 池田廣司・北原保雄『大蔵虎明本狂言集の研究』本文篇上　表現社刊　一九七二年　による。
その他用例は、岩波書店刊日本古典文学大系『今昔物語集』・角川文庫版『醒睡笑』・新潮日本古典集成『日本永代蔵』・岩波書店刊新日本古典文学大系『芭蕉七部集』に拠ったが、笠間索引叢刊『醒睡笑静嘉堂文庫蔵本文編』・同『索引編』も参照した。振り仮名の省略等、手を加えた部分もある。

(6) 土井忠生・森田武・長南実編・訳『邦訳日葡辞書』岩波書店刊　一九八〇年　による。

(7) 今泉準一『其角と芭蕉と』春秋社刊　一九九六年一二月

近松世話浄瑠璃を中心とした終助詞ワイノについて

——鷺流狂言保教本における終助詞ワイノ再考——

米田達郎

一　問題の所在

狂言詞章が江戸時代前期から中後期にかけて固定・伝承されることは周知の事実である。しかし江戸時代中後期の狂言詞章を調査すると、筆写当時の口頭語を確認することができる。終助詞ワイノは江戸時代前期の狂言詞章にはあまり使用されておらず、江戸時代中後期のそれに比較的多く見られる。そこで前稿(1)（二〇一二）では、鷺流狂言台本保教本（以下、保教本とする）を中心として江戸時代中後期狂言詞章に使用されている終助詞ワイノがどのような機能を持つかということ、また終助詞ワイノが鷺流狂言詞章に特徴的であるかという点を中心に論じた。ここで述べた主なことをまとめると次の2点になる。

1　終助詞ワイノの機能を、諸辞書では主に「詠嘆を込めた確認」と説明しているが、保教本を中心に考察したところ、その機能は「聞き手の持っている知識と話し手の持っている知識との間に差があるときに、話し手の発話内容を聞き手が理解すべきであると話し手が考えていることを示す」とすることができる。

2　保教本での終助詞ワイノは、口頭語での影響を受けたものであり、また終助詞ワイノは鷺流の狂言詞章に多く使用されている傾向を見て取ることができる。

前稿では対象資料を狂言詞章に絞っていたこともあり、保教本が筆写された前後に成立したとされる口頭語資料における終助詞ワイノの様相についてはあまり論じることはできなかった。また前稿では、機能を中心に論じており、終助詞ワイノが使用される状況や話し手の心情などについても深く言及しなかった。そこで本稿では、前稿の結果を踏まえつつ、近松世話浄瑠璃を中心資料として、江戸時代の文献で使用される終助詞ワイノの様相を考察していくことにする。その後、前稿で中心資料とした保教本における終助詞ワイノ（以下、単にワイノとしておく）について再検討することにしたい。

二　江戸時代前期上方におけるワイノについて

二・一　江戸時代前期上方のワイノ概観

江戸時代前期上方に成立したとされる資料で使用されているワイノの用例数を調査した。その結果を上方版洒落本・江戸時代後期江戸の用例数と併せると次の表1の結果を得た。(2)

表1　江戸時代の作品におけるワイノ

作品及び作品集	用例集
醒睡笑	0
きのふはけふの物語	0
井原西鶴集	0
浮世草子集	4
近松世話浄瑠璃集	62
上方版洒落本	16
江戸版洒落本	0
浮世風呂	8
浮世床	23
春色梅児誉美	2

表1は大ざっぱな分類の仕方ではあるが、ワイノの使用が江戸時代を通してどのように使用されているかということについては大体の傾向を見て取ることができると思う。(3)

日本国語大辞典第二版によると、ワイノの初出例は『波形本狂言』にある「夫がこなたの牛に成らうと云返事であらう事はいの」（内沙汰）となっている。(4)『波形本狂言』の成立は江戸時代中後期である。狂言詞章が固定・伝承していることを踏まえて、この例を初出例としているのだと思われる。しかし、江戸時代前期の狂言詞章の一つである天理本『狂言六義』に「それは、又、遊んだらば、慰みには、ならふずれ共、内が、成まらせぬわいの」（「引括」妻→夫　201頁）とワイノの例がある。天理本『狂言六義』は一六四六年に成立したとされる。前稿と今回の調査から、ワイノの初出例は天理本『狂言六義』としておくのがひとまずはよいだろう。そうするとワイノは文献上では江戸時代になってから使用された終助詞であり、表1で示した用例数の上からは江戸時代前期上方語においてよく使われていたといえる。さらにいえば、『浮世風呂』に8例、『浮世床』に23例のワイノが使用されている。後述するように、これらの用例の多くは上方の者が使用している。ワイノは上方の言葉と江戸で考えられていた可能性がある。

ワイノについては成立という問題もある。山崎（一九九〇）では、「ワイ＋ノ」とする案と「ワ＋イノ」とする案を提出し、待遇表現の観点から前者を否定している。しかし、「ワ＋イノ」を積極的に支持しているかというとそうではなく留保している。これらを踏まえて、ワイノを一語と扱う可能性にも言及しているが、なお検討を要することを述べている。[5] 残念ながら本稿においてはワイノの成立に関して提出できる案を持っていない。ワイノの成立を考えるには、終助詞イノ及びハ・イ・ノの機能や用法についても押さえなければならない。特に終助詞イが何に由来するのかということもあきらかにする必要があろう。ひとまず前稿と同様にワイノを一語としておく。

二・二　ワイノの機能

山崎（一九九〇）ではワイノの接続を「体言や活用語の終止形に接続」（89頁）とし、使用者については「女性の使用例が多いが、男性の例もある」（89頁）としている。山崎（一九九〇）は江戸時代の文献を詳細に調査しており、そこから導き出された終助詞の相互接続や使用者については首肯できる。一方、機能については「「いの」よりは強い詠嘆を含んで印象づける意を表す」（89頁）と述べているが、どのような詠嘆なのかがわかりにくいと思われる。このような説明を踏まえて、前稿では保教本を中心にワイノの機能を考察し、その中で保教本とほぼ同時期に成立した近松世話浄瑠璃でのワイノを取り上げ、その機能を、簡単に述べれば、「話し手の発話内容を聞き手が理解すべきであると話し手が考えている」とした。具体的に近松世話浄瑠璃から用例を挙げてこのことを確認しておく（以下の用例に付した下線は私に施し、例文によっては発話主を補っている)。

3　(忠兵衛)あれ〳〵、あれに見えるが親仁様。／(梅川)あの綟の肩衣が孫右衛門様か。ほんに目元が似たわいの。(忠兵衛)それほどよう似た親と子の。言葉をも交されぬ、これも親の御罰ぞや。お年も寄る、足元も弱つた。今生のお暇と手を合わせれば／(梅川)見始めの見納め。私は嫁でござんする。夫婦は今を知らぬ命。百年の御寿命過ぎて後、未来でお目にかゝりましよと

(「冥途の飛脚」梅川→忠兵衛　1―147頁)

4　父様の理故、第一は男のため。夫婦の義理を忠義にかへて。飽かぬ離別をしたわいの。男の子は幼うても、御勘気の末気遣ひな。与作が子とばし言やんなや。サア早う、御門へ出や。ア、いかなる因果な生れ性。

(「丹波与作待夜の小室節」滋野井→与之助　1―352頁)

5　(僧侶)ヤアいかう口が上がつたの。かうしてゐても面白いこと芥子ほども持ちませぬ。胡散なことがあるならば、拷問なされと言ひければ／(お亀)それその口が憎いわいの。こなた覚えがござらぬか。

(「卯月潤色」お亀(亡霊)→僧侶となった与兵衛　2―143頁)

前稿で述べたとおり、いずれの用例も聞き手が知らないこと・気づいていないことを話し手が伝えようとしているときにワイノは使用されている。例えば用例3は、梅川が忠兵衛と駆け落ちをしている道中に、忠兵衛の父に最後に一目会いたいと思って父の元に来たときの発話である。自分が誰と似ているかは第三者に指摘されて、初めて気づくことがあると思われる。忠兵衛は自分の目元が父親と似ているかどうかは意識していない。つまり、梅川は忠兵衛が意識していないことを知らせるときにワイノを使用している。用例4はある大名家の乳母が以前に別れた我が子と再会し、別離した理由を話している場面である。与之助はこのときになって初めて母親がいなくなった理由を知ることになる。滋野井は与之助の知らないことを話しており、そのときにワイノが使用されている。用例5でも、お亀の亡

霊は、僧侶になった与兵衛が既に浮気をしなくなったとの話を聞いて、疑っている場面である。この場面の後、お亀は与兵衛が茶屋に通っていた事実を知っていることを告げる。この時点まで、与兵衛は自分が茶屋に通っていたことがお亀が知っているとは思っていない。何事もないように話す与兵衛の態度に「憎い」とお亀は話している。これも聞き手が知らないこと・気づいていないことを話し手が伝えるときに、ワイノは使用されているとしてよいと思われる。近松世話浄瑠璃にはワイノが62例使用されている。用例3～5までに代表されるように、どの例も同様の機能を持つ。以上は前稿で述べたとおり、機能の観点から検討したものであるが、ワイノが使用されているときの話し手の心情に着目すると、使用される場面に偏りを見て取ることができる。次節で検討していくことにする。

二・三　ワイノが使用される際の話し手の心情について

前稿では話し手と聞き手とが知識を共有しているかしていないかという点に着目して考察を進めていた。しかし、ワイノを使用する人物の心情に着目して検討すると、話者が自己の後悔や無念さ、他者に対する罵りや恨みなどを発話したときに使用される傾向にあることが後掲する表2からわかる。具体的に用例を検討していくことにする。

6 「人の上に命ほど大切成る物があらうか。おかた今たもつた団子はまづくふまいわいの」と、九十六に成る姑の、せつかく嫁が心ざして仕手おます物をうたがひ、けつく是からよい中がわるうなりし類ひ何程かありしが、
（「野白内証鑑」二之巻　姑→嫁　259頁）

7 「まづ御寝間へ、御入りあれ」と、おくにともなへば、「なう、あれ〳〵。又さきほどの女が、屏風のあちらにゐるわいの」と、身をふるはしたまへば、いよ〳〵すさまじく、是たゞ事にあらずと、（「好色敗毒散」巻之二　49頁）

8 牛は嘶き、馬は吠え、理は非に落ちる左縄、ゆひ甲斐もない身なれども、在所にれつきとした親もある。敷金

して、あの下種めに使はれうはずはない。エ、口惜しいわいの、腹が立つわいの。舅の家を出るからは、下種めたつた一打ちに、しまうてのけうか。（「卯月紅葉」口寄せの与兵衛→お亀　2—92頁）

9　顔振りて戒名を、ろくに拝みもいたされず、涙に沈みゐますするわいの。それさへあるに、この盆から、お前からの言ひ付けか、惣兵衛めが私か。（「淀鯉出世滝徳」新七→勝二郎　1—73頁）

10　（半兵衛）ハア山城屋からはなんの用。どりやちよつと行て来うと、走り出るを、むずと捕らへ、／（母）息子殿、こりやどこへ／（半兵衛）イヤ山城屋から会ひたいと。／（母）オ、その山城屋、合点なりませぬ。アノぬつけりとした顔わいの。こちと夫婦は、なんにも知らぬと思うてか。（「心中宵庚申」母親→半兵衛　2—466頁）

用例6・7は『浮世草子集』からの引用である。用例6は毒薬の噂が世間にあることを踏まえて、姑が嫁の作った団子を食べるのを避けている場面である。噂話とはいえ嫁に嫌みを話すような場面でワイノが使用されている。用例7は幽霊の存在に気づき震えている場面、用例8は口寄せで呼ばれた与兵衛がお亀に対して、身内から受けた仕打ちに対しての心情を吐露している場面、用例9は、新七が悲しみに暮れている場面、用例10は母親が自分たちをだまそうとしている山城屋を嫌悪している理由を話している場面である。いずれも話し手が何らかの原因で負の感情を持っているときにワイノが使用されている。例えば用例8の「口惜しい」のように感情形容詞が使用されている、もしくは用例9の「涙にしずむ」のような話者の心情を表現する語がワイノとともに使用されている。(7)このときの心情を具体的に見ると「話し手の後悔・無念さ」や「他者に対する罵りや恨み」であることが多い。このことは先に挙げた用例3～5までも同様と考えられる。このようにワイノが話し手の感情とともに使用されていることを踏まえると、前稿から見てきたワイノの機能は妥当であると思われる。話し手の感情は発話されるまで聞き手にはわからないからである。

しかし、ワイノを使用する人物の心情がこれまで検討してきたものだけかというとそうではない。近松世話浄瑠璃のワイノが使用される際の話し手の心情を簡略化してまとめると次の表2となる。

表2ではワイノが使用される前後の文脈で使用される表現や内容などに基づいて分類している。用例7では「身をふるはし」とあること、この場面で話者が霊に怯えていることを考慮して、bに分類している。また

表2　ワイノを止揚するときの話者の心情

a	話者の後悔・無念さ・悲しみ	37
b	他者へ罵り・恨み・恐怖	18
c	自己の喜び	4
d	日常会話	3

用例8はワイノが「口惜しい・腹立つ」などと使用されているのでaに分類している。さて表2を見ればわかるように、ワイノの全用例のうちa・bに55例と偏って使用されているが、7例はc・dとして使用されている。このc・dの例は次のような例である。

11　なんのない事申しませう。わしが親は、お前の昔の連合。この御家中にて番頭、伊達の与作。その子は私、こな様の腹から出た、与之介はわしぢやわいの。
（「丹波与作待夜の小室節」与之介→滋野井　1—349頁）

12　所帯を持つても、色はなほ捨てぬぞ道理、紺屋の妻。月も冴えゆく夜嵐に、あゝ、提灯もよいわいの。宵寝まどひの小市郎、たけが背中にふら〳〵と。
（「心中重井筒」おたつ→たけ　2—162頁）

用例11は、与之介が探し求めていた母親（滋野井）に出会った場面である。これまでの用例とは異なり、用例11の話者である与之介は母親を罵倒しているわけでも、自分の無念さを伝えているのでもない。これまで探していた母親に会えたということを喜んでいる。用例12は、主人の妻であるおたつが、お供で来ていた竹に提灯を消すように指示している場面である。この例は特に話し手が自己の無念さや悲しみ、また他者に対する罵倒や恨みを伝えているものではない。むしろ日常会話の中でワイノが使用されている例である。以上のことから、江戸時代前期上方の資料から

伺えるワイノは、話し手が平常とは異なる感情（話し手の後悔・無念さや他者への罵倒・恨みなど）を持ったときに使用される傾向にあるといえる。

三　江戸時代後期上方のワイノについて

これまで主に近松世話浄瑠璃の用例から、ワイノは話し手の感情が明示されている、もしくは場面から話し手の感情が揺れ動いているときに使用される傾向にあることを述べた。(8) 江戸時代後期上方ではワイノがどのように使用されているかを上方版洒落本から簡単に見ておくことにする。

13 [ゆき]おきなされ。しつております[客]よんだらよいわいの[ゆき]おまへはよかろおもしろかろけれとわたしがわるいいやじや[客]ゐいしらぬ△よびもせぬものとつぶやきよそむきした出す[ゆき]あわせはいつてきるへ[客]ヱ、せわしないおつけてきるわいの今きうにいりもせぬもの　（「風流裸人形」客→ゆき　8―277頁）

14 [花]ゆふべおなが《腹の事也》いたむといひ遊ばしたがモウおよろしひかへ[客]それから直に帰つてツィ寝てけふはよひわいの《こと葉の下にのをつける》[仲]いやまだそれからはらがいたんだそふなよふきひてゐるぜ　（「睟のすじ書」客→花車　16―127頁）

15 （祖母）おまへのやうに気強い事ばかりいふて後生も願はず、沢山ある金も得遣はずに後の世へ金が持てゆかれますかいや／（息子）これお祖母そんな事いやんな。おれが金を大切にするは万吉が一生も二生も難儀せぬやうにじやわいの　（「身体山吹色」巻之四　18―53頁）

16 [やつ]歌夕さんうちにならこのふみあげましておくれなんせ[はる]どこからじやへ[やつ]ヲ、わしじやわいの御つかいがまつてじやほどにいまへんじしてくれなんせといふてくだんせや[はる]ちつとのまゝつていやんせ

（「婀閣秘言」3―24頁）

上方版洒落本におけるワイノの機能は近松世話浄瑠璃などの場合と変わらない。例えば用例13では、話し手である客は遊女である「ゆき」から着物を着るようにいわれ、着る意志があることを伝える。しかし客に言われるまで「ゆき」は客が着ないものだと考えている。客はワイノを使用することで聞き手との差を埋めようとしている。用例14では、花車という遊女に客が体調を話している場面である。客の体調は昨日とは異なっていることを花車に伝えている。やはり話し手は聞き手との知識・認識の差を埋めようとしている。用例15・16も同様であり、この点は江戸時代前期上方と同様である。しかしワイノが使用される文脈を見ると、江戸時代前期上方とは異なっている。江戸時代前期上方においてワイノは話し手の無念さや他者に対する罵倒などの感情を示す表現（状況などからわかる場合もある）とともに使用される傾向にあった。ところが江戸時代後期上方の状況を見ると、前期のような表現とともに使用される例を今回の調査では見出せなかった。例えば用例16のワイノは女郎「やつ」から手紙を出すことと、先方への言伝を依頼している状況で、単に日常会話での使用と捉えられ、江戸時代前期上方のように話し手の無念さや他者を罵倒するような、話し手が負の感情を持つときに使用される傾向にもない。このような文脈で使用されるワイノは今回調査した上方版洒落本では16例中16例が該当した。一方、江戸時代前期では62例中3例であった。そうすると、前期と後期におけるワイノの用法差はこの点にあると考えられる。つまりワイノの用法が広がっているということである。

しかし、ワイノが限られた文脈でしか使用されない傾向にあったという状況から、どのような状況でも使用されるということへと用法が広がっているのであれば、用例数も多く見られてもよいのではないだろうか。実際はワイノの用例数は前期よりも少ない。むしろ張（一九九九）の調査では、江戸時代後期上方では使用されなくなっていることが報告されている。また罵倒などで使用されるような語が時代が下って日常語として使用されるようなことも考えにくい。そうすると、これは用法が広がったと考えるよりも今回調査対象とした江戸時代前期の資料では、その作品の性格上ワイノの使用される状況が偏っていたとする可能性も否定することはできない。

四　保教本のワイノについて

前節では、江戸時代前期から後期にかけての上方を舞台にした資料におけるワイノの様相を見てきた。ここで、改めて前稿で見た保教本のワイノについて見ていくことにしたい。先にも述べたように、保教本のワイノは筆写当時の口頭語が狂言詞章に用いられていたものと考えられる。保教本の筆写時期は享保元（一七一六）年から享保八（一七二四）年である。このことから、近松の世話浄瑠璃の状況を踏まえていると考えられる。以下具体的に、保教本におけるワイノの使用される場面を再検討していくことにする。

17　コナタハドコニカ人ノ名ニバラ〱ノ障子骨ト云フ名ガ有ル物カ腹立ズノ正直坊デヲリヤルハイナフ
（「不腹立」僧侶→所の者　三―364頁）

18　扨モ〱ワコリヨハムサトシタ事ヲ云人シヤドコニカ御宿ヲワスル、ト云様ナ不調法ナ事カ有モノカコチヲリヤレ是シヤワイノウ頼フタ人御座リマスルカ両人ノ者カ帰マシテ御座ル
（「麻生」冠者同士　一―365頁）

19　ハテサテ聟殿何事ヲヲシヤル世間ニハ似者モ有ルアレハ是ノ人テヲシヤルハイノフ
（「渡婿」妻→聟　三―122頁）

20　アノ罰アタリガ勿体ナイ食モセイデアノ様ナ事ヲスルワイノウ
（「節分」女独り言　四―142頁）

右は前稿で取り上げたワイノと同じ用例である。前稿ではワイノの機能に焦点を絞っていた。どのような場面で使

用されているかを見ると、近松世話浄瑠璃でのワイノと類似した例もあるが、上方版洒落本と似た例もあることがわかる。

用例17は僧侶を怒らせようとしている所の者に対して、僧侶がいらつきを隠しながら応答しているという場面である。用例18は、主人の使いで出かけた冠者が屋敷の場所を忘れたためにもう一人の冠者が屋敷を教えている場面である。話し手は聞き手に場所を教えるだけである。つまり、近松世話浄瑠璃のように、話し手の後悔・無念さや聞き手を罵倒するような文脈での使用ではない。用例19・20も、近松世話浄瑠璃の場合とは異なる文脈での使用である。

21　（尼）カワイソウニト、ト是へ呼ハシマセ／（所）畏ツテ御座ルカナ法師アレヘデイ是テ御座リマス／（尼）是カノウ〳〵大キウ成ツタノウ餘所テ見タラハ見違フワイノ（「比丘貞」尼→所　四―10頁）

この例は、尼が久しぶりに会った在所の子供が成長したのを喜んでいる場面である。日常の会話で使用されているものである。前稿では、保教本のワイノは筆写当時の口頭語の影響があって使用されていることを述べた。しかし使用される場面を見ると、近松世話浄瑠璃での場面と保教本とのそれでは一致していない。近松世話浄瑠璃では、生死に直面している・他者を憎悪している場面や、実母に出会えて喜んでいる場面など、話し手が平常とは異なる感情が表出したときに使用される傾向にあった。保教本のワイノを見ると、近松世話浄瑠璃ほどの感情の揺れを認めることはできない。むしろ、上方版洒落本の用法に近いといえる。

先に述べたように、保教本の成立時期は享保元（一七一六）年〜享保八（一七二四）年とされている。近松世話浄瑠璃とはほぼ同時期である。保教本のワイノが同時期の口頭語から影響を受けて使用されているというのは、保教本成立以前の狂言詞章などにはほとんど見られないことから、まず間違いないと考えられる。そうすると保教本のワイノの使用される場面が近松世話浄瑠璃よりも広いという事実はどのように捉えればよいかという問題が出てくる。

これについては、おそらく元々ワイノが使用される場面には近松世話浄瑠璃のような偏りというのはなかったとするのが自然であると思われる。保教本が筆写当時の口頭語を取り入れているとする立場からすると、ワイノだけが取り入れられているとするのではなく、その使用される場面もそのまま類似していると考えるのが妥当であろう。しかし実際には、保教本筆写当時の口頭語ではあまり使用されない場面でのワイノの用例が保教本に見られる。(9)この用法はむしろ上方版洒落本でのワイノに近い。先に上方版洒落本の例を検討したときに、近松世話浄瑠璃に見られるワイノは用法が偏っているのではないかということを述べた。保教本でのワイノの用例からしても、近松世話浄瑠璃のワイノが使用される場面は偏っており、おそらくワイノが使用される場面に制約はなかったのではないかと考えられる。

五　江戸時代後期江戸のワイノについて

前節までにおいて、前稿を踏まえたワイノに関する検討は一応終わったということになる。しかし、ワイノは表1から上方で多く使用されていることがわかるが、その一方で江戸時代後期江戸でも用例を確認できる。これらの用例についても検討しておくことにしたい。

22　△かみがた「ヤ、そりや大変じや。テモマ、めっそうな事する人じやな。夫手拭じやない。私が下帯じやはいの。褌で顔あらふとは、マ、あほらしい。狐につままれたか。乱気したのじやないかい。

（『浮世風呂』前編巻之上　かみがた→さいこく　37頁）

23　△商「ハテ、安い物だア。此茄子はおめへ、駒込だア。ほんの事よ。山茄子だから種はなしか／△けち「コレ〳〵、能う云ておかんせ。本所茄子持来るとナ、種はあれど焚て食たら山より能といふはいの。おまへがたの口も自由なもんぢやナア
（『浮世風呂』四編巻之中　けち→商人　266頁）

24　（トいふ所へ、かみがたもの、商人体の男入来りて）（作）どうぢや、鬢さん／（びん）ヤ、お出でなさい。作兵衛さんきのふは何所へお出なすつた／（作）ハ、きのふは北国へ／（びん）お飛脚にか／（作）なんぞいふてかい。そりや寺岡平右衛門ぢやはいの。わしぢやて丶北国へ行いではいの
（『浮世床』初編中　作兵衛→鬢　280頁）

25　ぬすんでなりとくを助け、あとでは直に身をなげて、さいごはおばせの野中の井戸、わしやきしなにノ、死る所迄みてきたわいのと、すがり付キしやくり上ケたる有様に、小梅は身も世もあらればこそ。
（『春色梅児誉美』浄瑠璃の一部　129頁）

さて、機能の観点からこの時期のワイノを検討すると、江戸時代前期・後期上方の場合と大きくは変わらないといえる。用例22では自分の下帯と勘違いして取ろうとしている聞き手に話し手がワイノを使用している。これは話し手と聞き手との間に知識や認識の差があり、それを埋めるためにワイノを使用していると捉えられる。用例23・24も知識や認識の差を埋めるときにワイノが使用されているといえる。場面の観点からすると、江戸時代前期上方とは異なり、話し手の感情が揺れ動いているときに使用されているとはいえない。確かに用例25ではそのようにいえるが、これは浄瑠璃の一節であり、会話文での使用例ではない。『春色梅児誉美』にワイノは2例あるが、いずれも浄瑠璃の中での使用である[10]。この時期の用法は上方版洒落本の場合と同様である。そうすると、江戸でも上方と同様にワイノが使用されていたと考えることができる。しかし『浮世風呂』『浮世床』におけるワイノの使用者を確認すると、用例22・24には登場人物の説明に「かみがた」と記されており、用例23の「けち」という人物は「かみがた下りの男」

（254頁）と紹介される。また『浮世床』には「くちよせ」をしている人物がワイノを使用している例が見られるが、このときの状況を見ていた見物人が「巫女の言まで大坂になつたぜ」（325頁）と発話している。張（一九九九）の調査ではワイノは江戸版洒落本に使用されないとの指摘がある。つまり、江戸においてワイノは上方の言葉という認識があったのではないかと推測される。『物類称呼』や『浪花聞書』にはワイノに関する記述はない。式亭三馬などの戯作に上方の言葉が忠実に反映されていたかどうかは、これまでにも様々な議論がなされている。(11) しかし、上方版洒落本に用例が見られ江戸の洒落本になかなか用例を見いだせないこと、『浮世風呂』などでの使用者が上方に縁のある人物に偏っているということを踏まえれば、上方で使用される傾向のある言葉として捉えることもできよう。

六　まとめ

本稿では、近松世話浄瑠璃を中心にワイノがどのような場面・文脈で使用されているかということに焦点を絞って、前稿での結果を加味して保教本や、上方版洒落本や滑稽本などの用例についても検討した。本稿で述べてきたことを簡単にまとめると次の2点になる。

① 江戸時代前期上方で使用されるワイノは話し手の無念さ・後悔や他者への罵倒など、話し手があきらかに平常心にないときに使用される傾向にあったが、上方版洒落本や近松世話浄瑠璃と同時期に筆写された保教本に見られるワイノにはそのような傾向を認めることはできない。つまり近松世話浄瑠璃におけるワイノが使用される状況は偏っていると考えられる。

② 江戸時代後期江戸の作品に見られるワイノは上方に縁のある人物が使用している。このことからワイノは上方

で使用される傾向のある終助詞であったと推測される。

本稿ではワイノを取り上げたが、残された問題の一つにワイノの成立過程がある。先にも取り上げたように、山崎（一九九〇）では「ワイ＋ノ」、「ワ＋イノ」の2説を提出している。現段階ではどちらとも結論づけることはできない。またイノという終助詞がある。これは終助詞イ＋終助詞ノが複合したものとされている。終助詞イ・ノの用法などについても検討していく必要がある。如上の問題を積み重ねて初めてワイノの成立についても論じることができると考えられる。今後終助詞に関する調査を積み重ねていくことで、江戸時代前期上方だけでなく、江戸時代中後期狂言詞章の特徴も改めて浮かび上がってくることと予想される。

注

（1）米田（二〇一二）を前稿とする。

（2）表1では調査対象としたものを便宜的に作品と作品集に分けずに示している。井原西鶴集・浮世草子集・近松世話浄瑠璃集・江戸版洒落本・浮世床については新編日本古典文学全集を調査している。上方版洒落本は「浪華色八卦・月下余情（燕喜篇・秘戯篇）・弄花巵言・風流裸人形・短華蘂葉・睟のすじ書・虚辞先生穴賢・十界和尚話・阿蘭陀鏡・身体山吹色・南遊記・当世嘘之川・浪華江南・当世粋曙・竊潜妻・妣閣秘言・河東方言箱まくら・北川蜆殻・色深狭睡夢」を洒落本大成で調査し、引用している。

（3）張（一九九九）によれば、上方版洒落本でのワイノの用例は7例であるが、これは調査資料が異なるためである。

（4）『波形本狂言』は和泉流に属する狂言詞章である。

（5）山崎（一九九〇）91頁の記述を私なりにまとめている。後掲する用例14のワイノは本文の後に割注で「こと葉の下にのをつける」とある。これを踏まえると、「ワイ＋ノ」がよいように思える。

（6）前稿においては近松世話浄瑠璃で使用されているワイノを46例と記している。これは岩波日本古典文学大系を調査した上での数値である。本稿では新編日本古典文学全集を調査している。収録されている作品は後者の方が多い。数値の差は調査対象とした本の違いである。またここに挙げた用例数の中にはワイノが長音化したワイノウも用例数として含んでいる。
(7) このようなこともあり、辞典類では「詠嘆を込めた確認」と説明されていると考えられる。
(8) 調査した上方版洒落本は宝暦八（一七五八）年～文化四（一八〇七）年までに出版されているものを対象とした。
(9) 日本国語大辞典第二版によれば、曾根崎心中などで用いられると説明される。そうすると、保教本でのワイノが口頭語からの影響であると考えるのは、無理な話ではないと思われる。
(10) 前稿で和泉流に属する『三百番集本』などにワイノが多用されるのは口頭語からの影響だと述べたが、これは訂正したい。確かに上方版洒落本やそれよりも時代の下った『浮世風呂』などにも見られることを踏まえると、そのようにも考えられる。しかし、張（一九九九）の調査ではワイノの用例は口頭語でも使用されなくなりつつあることが指摘されている。使用されている背景の一つに古典劇らしさを醸し出すということがあろう。
(11) 中村（一九七一）参照。

〔参考文献〕

小林千草（一九八四）「終助詞ゾと敬意表現―虎明本を中心に―」（『国語学』第136号　47～64頁）
佐治圭三（一九六三）「終助詞の機能」（『国語国文』26巻―7号　23～31頁）
張　媛蕙（一九九九）「近世後期上方洒落本と江戸洒落本との比較から見た終助詞の用法―「わ」と「わ」を含む終助詞を中心として―」（『言語科学論集』3　1～12頁）
中野伸彦（二〇〇七）「近世の終助詞の口語性・文語性―山東京伝合巻会話文の終助詞を中心に―」（『文学』第8巻第6号　53～59頁）
中村幸彦（一九七一）「近世語彙の資料について」（『国語学』第87集　73～87頁）
野田春美（二〇〇二）「終助詞の機能」（新日本語文法選書4『モダリティ』261～268頁　くろしお出版）
益岡　隆（一九九一）『モダリティの文法』くろしお出版
山崎久之（一九九〇）『続国語待遇表現体系の研究』武蔵野書院
湯澤幸吉郎（一九八三）『徳川時代言語の研究』風間書房
拙　稿（二〇〇五）「江戸時代中後期狂言詞章の丁寧表現について―マシテ御座ルを中心に―」（『国語国文』74巻―5号　37～55頁）

（二〇一二）「江戸時代中後期狂言詞章に見られる終助詞ワイノについて—鷺流狂言詞章保教本を中心に—」（『近代語研究』第16集　101〜118頁　武蔵野書院）
（二〇一三）「江戸時代中後期狂言詞章の終助詞トモについて—鷺流狂言詞章保教本を中心に—」（『国語と国文学』第90巻10号　51〜66頁）

○引用・調査テキスト一覧（表中で使用する場合は表の作成上適宜略している。用例を引用した際に1—301頁となっているのは依拠したテキスト一巻の301頁にあることを示す。）

近松浄瑠璃は新編日本古典文学全集『近松浄瑠璃集①・②』を調査し引用している。上方版洒落本は洒落本大成②・③・⑥・⑦・⑧・⑨・⑯・⑰・㉓・㉔・㉖・㉗を調査・引用している。引用に際しては句読点を私に付しているものもある。江戸版洒落本は新編日本古典文学全集を調査している。『浮世床』は新編日本古典文学全集を調査し引用。『浮世風呂』は岩波新日本古典文学大系を調査・引用、『春色梅児誉美』『春色辰巳園』は岩波日本古典文学大系を調査している。『天理図書館善本叢書鷺流狂言傳書保教本一〜四』（八木書店　昭和59年）。『天理図書館善本叢書狂言六義上・下』（八木書店　昭和51年）。

【付記】　本研究は大阪工業大学工学部二〇一四年度重点奨励研究による成果の一部である。

江戸時代における白話小説の翻訳と可能表現

——「雅」「俗」二つの漢字文化——

齋藤文俊

一　江戸時代における「雅」「俗」の漢字文化と可能表現形式

江戸時代における漢字文化は、まず古来受け継がれてきた漢文訓読を中心とした世界が一方にあり、その世界の中で、漢文訓読語法が展開し、近代語にも大きな影響を与えている。その漢字文化を「雅」の世界とすると、その一方で、同じ江戸時代の漢字文化でも、唐話や白話小説という「俗」の世界の中で、漢文訓読とはまた異なる語彙や語法が形成されている。

本稿では、その「雅」「俗」二つの世界における語法の違いを対照させるため、可能（不可能）を表す語法に注目して考察していきたい。まず漢文訓読においては、可能（不可能）を表す表現として、「(不) 能」「得」という二つの助字を用いる用法があるが、この二つの助字は、どちらも

〈・・・連体形＋（コト）＋能ハズ〉

〈・・・連体形＋（コト）＋ヲ得〉

のように、用言連体形から形式名詞「コト」を介して接続している。ただし、「コト」は、佐藤一斎（一七七二〜一八五九）の訓読法（一斎点）およびその一斎点の影響を受けた訓読法において省略されるようになり、近代においても漢文訓読体の文章では、「コト」を省略した形式も多く用いられている。

このような連体形から続く形式の他に、「得」には、

〈・・・連用形＋得〉

のように、連用形から続く用法もある。[1]この連用形から「得」が続く形は、古くから和文を中心に用いられているが、荻生徂徠（一六六六～一七二八）の『訓訳示蒙』[2]に

○「得」ノ字ハ、大形合点《オホカタガテン》ユキヤスシ。「説得《トキエタリ》」「説不レ得《トキスエ》」「行キ得」「行キ不レ得」「眠不レ得」、雅語ノ「能」ノ字ナリ。雅語ニ「不レ能ハレ説」トイフヲ、俗語ニテ、「説不得」ト用フ。雅俗語脈ノ不同《フドウ》ニテ、上下ノヲキヤウガチガフナリ。（巻五・二十九裏）

と記されているように、漢文訓読で用いられる「能ハズ」が「雅語」であるのに対して、この連用形に続く「得」は「俗語」として意識されている。そして実際、白話小説の翻訳では連体形に続く形とともに連用形に続く用法が使用されているのである。[3]

二　唐話辞書『唐音雅俗語類』における可能表現形式

荻生徂徠（一六六六～一七二八）は、『訳文筌蹄』[4]初編巻首の「題言十則」の中で、「和訓廻環ノ読」である漢文訓読を批判しているが、それと同時に「俗語」の勉強方法について次のように記している。

故ニ予嘗テ蒙生ノ為ニ学問ノ法ヲ定ム。先（ヅ）崎陽之学ヲ為シ、教（フル）ニ俗語ヲ以（テシ）、誦スルニ華音

ヲ以（テシ）、訳スルニ此ノ方ノ俚語ヲ以（テシテ）、絶シテ和訓廻環ノ読ヲ作（サシメズ）。（七表）

つまり、直接俗語を中国語音で読み、日本語に訳す時には「俚語」を用いるということである。そして実際、この荻生徂徠の中国語の師であった岡島冠山（一七六四〜一七二八）によって作られた「唐話辞書」では、白話文の文例の右に中国語音を記し、その文の下に俗語訳を記している。ただしその白話文には訓点が付され、漢文訓読方式で理解することができるようにもなっているため、漢文訓読の語法と白話の語法とを対照させていくことができる。

その唐話辞書類の中で、本稿で可能表現形式の調査対象として取り上げるのは『唐音雅俗語類』（享保一一年刊）である。『唐音雅俗語類』はその書名のとおり、唐話を「雅語類」と「俗語類」とにわけて文例をあげている点で特徴的である。五巻のうち、巻一および巻二が「雅語類」であり、巻三以降が「俗語類」となっている。例文の出典・内容については、奥村佳代子（二〇〇七）によると、「雅語類」の例文は『淮南子』から引用され、一方、「俗語類」の例文については、巻三は「水滸伝」からとられた語句、巻四と巻五は明律をめぐる対話・問答ということである。以下本節では、『唐音雅俗語類』の例文（白話文）中に用いられた「（不）能」「（不）得」の字がどのように訳されたのかを考察していく。

まず、『唐音雅俗語類』(5)「雅語類」（巻一・巻二）における例文中の「不能（弗能）（未能）」にどのような訳語がついているかをみてみたい。「雅語類」においては「不能（弗能）（未能）」は19例用いられているが、そのうち12例では、次の例のように訳語においても「アタハズ（ヌ）」になっている。

水不レ能レ溺　　水モオボラスルヿアタハヌ　（巻一・十五裏7）

禍福弗レ能二撓滑ヿ一　非誉弗レ能二塵垢ヿ一　禍福乱スヿ能ハズ　非誉汚スヿ能ハズ（巻二・八裏6）
思慕ノ之念未タレ能レ絶スルヿ也　レンボノ心、未タタユルヿ能ハズ（巻二・十二表7）

残り7例のうち5例は「ナラズ（ヌ）」と訳されるものである。

不レ能二道説一　モノ云ヿガナラヌ（巻一・十四表7）
鬼神不レ能レ脅ヿ也 怪物不レ能レ惑ヿ也　鬼神モオトスヿガナラヌ 妖怪モマドハスヿガナラヌ（巻二・九裏7）

なお、荻生徂徠の『訓訳示蒙』では、「能」について「我才能ニナルヿ、カナフヿ、吾才覚《サイカク》ニアタフタヿト云フ義ナリ。」（巻五・七裏）と説明されており、「能」を「アタフ」以外に、「カナフ」そして「ナル」と解している。

一方、同じく「雅語類」において「不得」は2例用いられており、「能ハズ」と訳しているもの1例、可能表現として訳していないものが1例である。「能ハズ」と訳されている例を次に示す。

世乱レハ則智者不レ得二独リ治ヿヲ一　乱レテハ智者独リ治ルコト能ハス（巻二・九表1）

次に、『唐音雅俗語類』「俗語類」（巻三から巻五）の白話文中においても、「不能（未能）」が12例用いられているが、その訳語については、まず次の例のようにそのまま「アタハズ（ヌ）」としているものが4例ある。

終ニハ不レ能二句発跡出頭スルヿ一　ツイニ立身スルヿアタハヌ（巻三・二十裏3）

未タレ能消スルヿ二我カ冤仇ノ之恨ヲ一　イマタ我アタノウラミヲハラスヿ能ハヌ（巻三・八裏3）

また、「ナラズ（ヌ）」と訳しているものが次の例も含め2例。

雲程阻隔シテ不レ能二相見スルヿ一　ヱンロヘダ、リテアフヿガナラヌ（巻三・二十裏1）

そして残りの6例の訳語は、「立ヱヌ」・「クダシカタシ」・「ウゴクヿモアラヌ」などであるが、その中から「連用形＋得」の形が使われている「立ヱヌ」の例を次にあげる。

戦戦競競トシテ不レ能レ側ツルヿレ声ヲ　フルヒヲノ、イテ声ヲ立ヱヌ（巻三・三裏4）

一方、『唐音雅俗語類』「俗語類」にみられる「不得」4例については、「俗語類」ということで「動詞＋不得」の形になっているが、「ナラズ（ヌ）」が2例、「カタシ」「行カレヌ」が各1例となっている。

這件ノ公事転スルヿヲレ限ヲ不レ得　此公用ハ日限ヲシカヱルヿガナラヌ（巻三・九表7）

右はそのうち、「ナラヌ」の例である。

以上、本節では唐話辞書『唐音雅俗語類』にみられた「不能」「(不）得」に対する訳語を「雅語類」「俗語類」にわけてみてきた。次節では、実際の白話小説翻訳本における可能表現形式をみていきたい。対象として取り上げるのは、江戸時代に多く読まれた「水滸伝」である。

三　「水滸伝」の翻訳と可能表現形式

江戸時代における『水滸伝』の受容としては、まず、『唐音雅俗語類』を著した岡島冠山付訓による和刻本『忠義水滸伝』（享保一三年刊）という漢文訓読形式のものがあり、そして、その岡島冠山が訳したとされる『通俗忠義水滸伝』（宝暦七年から刊）、さらには、曲亭馬琴が訳した（ただし初編のみ）『新編水滸画伝』（文化二年から刊、葛飾北斎画）などが出されている。『通俗忠義水滸伝』および『新編水滸画伝』の文体差については、齋藤文俊（二〇〇三）でも論じたことがあるが、江戸時代には「通俗」と冠された白話小説の翻訳本が多く出されているものの、その多くは漢字片仮名交じり文で記されており、表記面はもちろん、文体的にも明治以降の『通俗花柳春話』『通俗八十日間世界一周』などの「通俗」が冠された翻訳本（仮に「通俗物」と呼んでおく）とはかなり性格が違っている。(6) むしろ、明治期の「通俗物」の役割を果たしたのは、挿絵が多く付された『新編水滸画伝』や、当時「通俗」と冠された翻訳本と対のように出された『絵本漢楚軍談』などの「絵本」と冠されたものである。(7)『新編水滸画伝』も「訳水滸弁」に、

○水滸の一書は、曩に冠山岡島老人、翻訳の功なりしより以降、我俗始て世にこの奇編ある事をしる。しかれども婦女童蒙、なほ解しがたしとするものは、その書、漢文の口調に倣ひ、片仮名をもて記せばなるべし。（中略）よりて今予が訳ところは、いよく雅に遠しといへども、別に華本を編訳して、絶て冠山老人の筆に根ことなく、只顧婦女童蒙の為に解しやすきを宗とす。

（引用にあたり、割注と振り仮名は省略した。）

とあるように、読者対象を「婦女童蒙」としており、そのため表記も漢字平仮名交じり文、総ルビで書かれている。以下、『通俗忠義水滸伝』および『新編水滸画伝』に使用された可能（不可能）表現、特に「（不）能」「得」を用いた、

〈・・・連体形＋コト＋能ハズ〉

〈・・・連体形＋コト＋ヲ得〉

〈・・・連用形＋得〉

という三形式を中心にみていくことにする。調査範囲は、第一回および第二回の範囲内で、『通俗忠義水滸伝』では、巻之一にあたり、『新編水滸画伝』では、初編巻之一～巻之三までにあたる部分である。(8)

まず、『通俗忠義水滸伝』では、〈・・・連体形＋コト＋能ハズ〉という形が6例みられる。

人皆読《ヨム》読コトアタハズ　（巻之一・八裏5）

高俅此《コレ》ヨリ東京ニ脚《アシ》ヲ住《トヽム》ルヿ能《アタ》ハス　（巻之一・十一表8）

一方、〈・・・連体形＋コト＋ヲ得〉は5例であるが、そのうちの2例は「ヤムコトヲ得ズ」という慣用的な表現の中で用いられたものである。以下、肯定・否定を一例ずつあげる（「ヤムコトヲ得ズ」の例は、後にあげる）。

必ス用ヒラレテ、身《ミ》ヲ安《ヤス》ンシ命《メイ》ヲ立ルヿヲ得《エ》候ハン　（巻之一・二十二裏4）

陳達スラ勝ヿヲ得ズ、況《イハンヤ》汝何ソ能《ミク》彼ニ敵センヤ　（巻之一・二十七裏1）

連用形から「得」に続く、〈・・・連用形＋得〉は3例みられる。これもやはり肯定と否定で一例ずつを示す。

只上ニ書タル朱武陳達楊晴ト云フ三人ノ名バカリヲ読得《ヨミエ》タリ　（巻之一・三十裏5）

一ツノ村ヲ通《トヲ》リ得スシテ如何《イカン》ゾ官兵《クハンヘイ》ニ敵センヤ　（巻之一・二十五表13）

この他に『通俗忠義水滸伝』にみられる特徴的な可能表現としては、「カタシ」を用いた〈・・・連体形＋コト＋難シ〉（1例）、〈・・・連用形＋難シ〉（10例）がある。

如《モシ》信心ヲ忘《ワスレ》玉ハ、、天師ニ見《マミ》ヘ玉ン叓、最《モツ》トモ難《カタ》カラントテ　（巻之一・三裏4）

人ヲ馳呼下《ハセヨビクダ》シ参《マイ》ラセン叓《コト》ハ成《ナリ》ガタキ叓ニヤ　（巻之一・二裏7）

去ル程ニ三人ノ頭領ハ脱《ノカ》レカタキ命ヲ脱《ノカレ》　（巻之一・二十九表1）

このように、『通俗忠義水滸伝』では、〈・・・連用形＋得〉という形式も使われているものの、漢文訓読で用いられる、〈・・・連体形＋コト＋能ハズ〉・〈・・・連体形＋コト＋ヲ得〉という形式の方が多く用いられているのである。

次に『新編水滸画伝』の用例をみていきたい。この『新編水滸画伝』は、前述のように、読者対象および表記面において『通俗忠義水滸伝』とは異なっている。そのため、可能表現形式についてもその特徴が出ている。

まず〈・・・連体形＋こと＋能はず〉は次の1例のみである。

われ又彼が属官《したつかさ》なれば、とても争《あらそ》ひ凌《しのぐ》ことあたはじ（巻之二・十裏6）

そして〈・・・連体形＋こと＋を得〉は3例みられるが、そのうち2例が「やむことを得ず」という慣用的な表現である。

もし恩恵《めぐみ》を被《かうむ》りて輙《たやす》くこの処を経由《とほる》ことを得《え》たらましかば、並《ならび》に一根《ひとかぶ》の草をも動さず（巻之三・八裏9）

それがし等《ら》三人、官司《おほやけびと》の逼迫《せめ》を被《かうむ》り、已《やむ》ことを得《え》ず山に登りて落草《やまだちとなり》しそのはじめ（巻之三・十三表1）

特に右の例では、『通俗忠義水滸伝』さらには和刻本『忠義水滸伝』でも同じ文脈で「ヤムコトヲ得ズ」となっている。

小人等《ソレカシラ》三人累《シキリ》ニ官府ノ為ニ逼迫《セハメ》ラレ、身ヲ容《イル》ヘキ処モナク已《ヤム》ヿヲ得《エ》ズシテ山ニ上《ノホ》リ落草《ラクサウ》（左ルビ：ヌスヒト）致シ候フ（『通俗忠義水滸伝』巻之一・二十八表2）

小人等三箇累ニ被リ二宮司ノ逼迫ヲ一不レ得レ已ヿヲ上リレ山ニ落草ス（和刻本『忠義水滸伝』第二回・二十二裏2）

このように、『新編水滸画伝』では、漢文訓読で用いられる、〈・・・連体形＋コト＋能ハズ〉・〈・・・連体形＋コト＋ヲ得〉という形式がほとんど用いられていない。逆に、〈・・・連用形＋得〉は用例が多くなっており、調査範囲内に6例使用されている。

よく悉《ことごと》做《なら》ひ得《え》て就中《なかんづく》気毬《けまり》を好み給ひしとぞ　（巻之二・五表1）

それがし覚《おぼえ》得《え》たる程の武芸《ぶげい》は、力を竭《つく》して点撥《しなん》いたすべし　（巻之二・十八裏10）

この他に『新編水滸画伝』の中から用例の多い可能表現をあげると、『通俗忠義水滸伝』同様、「かたし」を用いた〈・・・連用形＋難し〉の例が12例ある。（〈・・・連体形＋コト＋難シ〉の例は調査範囲中にはみられない。）

衆官《おのおの》の言葉《ことば》黙止《もだし》がたければ、今日《こんにち》はまづ恕《ゆる》し明日《みやうにち》かならず理会《きんみ》せん　（巻之二・九表10）

わが性命《いのち》このたびは保《たもち》がたからん　（巻之二・十裏2）

右の例は、『通俗忠義水滸伝』さらには和刻本『忠義水滸伝』でも同じ文脈で「カタシ」が用いられているものである。

俺《ワカ》性命《セイメイ》今《コノ》番保チカタシ　（巻之一・十六裏12）

俺的ノ性命今番難シレ保了　（第二回・八裏2）

さらに、『新編水滸画伝』には、〈・・・かなふ＋否定〉の形が5例みられることが注目される。

容易《たやすく》見《まみ》え給ふ叓《こと》かなふべうもおぼへず　（巻之一・三裏10）

わが父にいたく打翻《うちすゑ》られ、四五箇月《つき》起《たつ》こともかなはざりし　（巻之二・十裏4）

金水敏・乾善彦・渋谷勝己（二〇〇八）所収の「曲亭馬琴のスタイル切換え行動」（第6章、渋谷勝己執筆）によると、この「かなふ」を用いた表現は、『新編水滸画伝』の訳者でもある曲亭馬琴の読本において、スルコトウ、副詞エ・ヨー、とともに用いられている特徴的な形式だとされる。また、その指摘にもみられる〈え（こそ）・・・否定〉の例も『新編水滸画伝』に使用されている。

汝みづからこゝへ来《き》ぬるを、えこそ放《はなち》て遣《やる》まじけれ　（巻之三・九表2）

ここまでは、『通俗忠義水滸伝』、『新編水滸画伝』それぞれ個別に用例をみてきたが、この両者は、文体は異なっても同じ内容を翻訳したものであるだけに、ほぼ同じ箇所に可能表現を用いている箇所も存在している。そこで、それぞれ収集した用例の中から、比較的対応箇所が明確であるものを選び、さらに和刻本『忠義水滸伝』の該当箇所も参照できるようにして、それぞれ文体の差によってどのような可能表現が使用されているのかを対照して考察してみたい。まずは、『通俗忠義水滸伝』で「能ハズ」を使用している箇所で、『新編水滸画伝』では〈・・・連用形＋得ず〉を使用している例である。

其内ニ多ク文《フン》ヲ兼武《カネブ》ヲ帯《ヲビ》タル詞《コトバ》アル故、読《ヨム》ヿ能ハズ　（『通俗忠義水滸伝』巻之一・三十裏4）

その余《よ》の事は文《ぶん》を兼武《かねぶ》を備《そなへ》たる言語《もんごん》なれば読解得《よみときえ》ずといへども　（『新編水滸画伝』巻之三・十六表5）

中間多有㆓兼㆑文ヲ帯ル㆑武ヲ的ノ言語㆒却テ不㆑識-得　（和刻本『忠義水滸伝』第二回・二十五オ8）

もう一例、『通俗忠義水滸伝』で「能ハズ」を使用している箇所で、『新編水滸画伝』では「かなはず」を使用している(9)

例を示す。

サレドモ華陰県《クハインケン》ヨリ彼等《カレラ》ヲ禁《キン》ジ玉フ〻能《アタ》ハズ　（『通俗忠義水滸伝』巻之一・十四表1）

華陰《くわいん》の県尉《あがたもり》も制し給ふことかなはず　（『新編水滸画伝』巻之三・二表8）

華陰県裏禁シ㆑他ヲ不㆑得　（和刻本『忠義水滸伝』第二回・十七裏1）

この二例における和刻本『忠義水滸伝』の該当箇所がいずれも〈・・・連用形＋得ズ〉と訓読していることにも注意したい。すなわち、和刻本『忠義水滸伝』では、荻生徂徠がいうところの「俗」の可能表現である〈・・・連用形＋得ズ〉であったものが、『通俗忠義水滸伝』では、「雅」の〈・・・連体形＋コト＋能ハズ〉という形が用いられ、一方、『新編水滸画伝』ではその「能ハズ」ではなく、「俗」の〈・・・連用形＋得ず〉および馬琴の特徴とされる「かなはず」が用いられているのである。

このような江戸時代の漢字文化の「雅」と「俗」の対応が、他のどのような語法にみられるのか、そしてまたその対応が明治以降にどのように引き継がれていくのかについては今後の課題として考えていきたい。

注（1）「(不) 能」にも連用形から続く用法がある。これは、江戸時代の蘭学史料さらに明治期における欧文直訳体の中で、「kunnen (kan, kunt)」、また「can」の訳語として、

〈・・・連用形＋能フ／能ハヌ〉

と、連用形から接続し、さらに肯定形をとる形式もみられるようになるもので、このような語法は近代文学の中でも使用されていくようになる（齋藤文俊（二〇一一）第五章参照）。

（2）『訓訳示蒙』の引用にあたっては、『漢語文典叢書』第一巻（汲古書院、一九七九）所収の明治一四年刊本によっ

た。表記を一部改め、句読点括弧を付してある。なお、傍線は引用者が付した。

（3）齋藤文俊（二〇一一）第五章では、明代末の『売油郎独占花魁』（原文は『醒世恒言』および『今古奇観』所収）を翻訳した、『通俗赤縄奇縁』（宝暦一一年刊、西田維則訳か）・『通俗繍像新裁綺史』（寛政一一年写、江東睡雲庵主訳）・『売油郎独占花魁』（『通俗古今奇観』所収、文化一一年刊、淡斎主人訳）、の三種の資料を調査したが、それぞれの資料によって多少の違いはあるものの、「コト能ハズ」「コトヲ得」、そして「連用形＋得」の三形式がそろって用いられている。

（4）「題言十則」は『漢語文典叢書』第三巻（汲古書院、一九七九）所収の正徳五年刊本により、読み下しで引用した。

（5）『唐話辞書類集』第六集（汲古書院、一九七二）所収の影印を使用。引用にあたっては、例文に付されている中国語音と四声の記号とを省略し、漢字・カタカナの字体も一部現行のものに改めた。なお、傍線は引用者が付した。

（6）中村幸彦（一九八四）によると、江戸時代の「通俗」は、享保までは、「中国小説を読みやすく翻訳した」意と「中国の歴史の一般的な読み物である」という意が二重になって存在しており、それが『通俗忠義水滸伝』以後、「通俗」が「翻訳」という意味で定着していったということである。

（7）このような「通俗」と「絵本」との関係は、徳田武（一九九〇）において『通俗漢楚軍談』と『絵本漢楚軍談』について詳述されており、さらに、『日本古典文学大辞典』（一九八四年、岩波書店）の『通俗呉越軍談』・『通俗西遊記』（ともに徳田武執筆）の【影響】において、それぞれ『通俗呉越軍談』・『通俗西遊記』の他に、『絵本呉越軍談』・『絵本西遊全伝』が「童蒙」向けに絵付きで出版されたことが紹介されている。

（8）本稿で使用した資料は下記のとおりである。

『通俗忠義水滸伝』……『近世白話小説翻訳集』第六巻（汲古書院、一九八七）所収の影印使用

『新編水滸画伝』……『水滸伝』（国民文庫刊行会、一九一三）を使用し、早稲田大学図書館蔵本により表記等を確認した。

和刻本『忠義水滸伝』…東京大学附属図書館蔵本使用

なお、用例の引用にあたっては、論旨に影響を及ぼさない範囲内で、振り仮名を適宜省略し、漢字・カタカナの字体を一部現行のものに改めた。なお、傍線は引用者が付した。

（9）「能ハズ」を他のテキストで「かなはず」と訳した例は、明治期の聖書の翻訳にみられる。漢訳聖書（ブリッジマン・カルバートソン訳、一八五九年）で「不能」が使用される場合には、翻訳委員社中訳の『新約全書』（明治

一三〈一八八〇〉年）では「能はず」と訳されることが多いが、その同じ箇所で、J・C・ヘボン（一八一五〜一九一一）が訳した『新約聖書約翰伝』（明治五〈一八七二〉年）では、「かなはず」と訳されていることがある。（齋藤文俊（二〇一四）参照。）

【参考文献】

石崎　又蔵（一九六七）『近世日本における支那俗語文学史』（清水弘文堂書房）
岡田袈裟男（二〇〇六）『江戸異言語接触　―蘭語・唐話と近代日本語』笠間書院
奥村佳代子（二〇〇七）『江戸時代の唐話に関する基礎研究』関西大学出版部
川島　優子（二〇一〇）「白話小説はどう読まれたか　―江戸時代の音読、和訳、訓読をめぐって―」（『続「訓読」論―東アジア漢文世界の形成―』勉誠出版）
金水敏・乾善彦・渋谷勝己（二〇〇八）『日本語史のインターフェース（シリーズ日本語史4）』（岩波書店）
齋藤　文俊（二〇〇三）「江戸時代における中国白話小説の翻訳と過去・完了の助動詞　―「通俗物」の系譜―」（『日本語論究7　語彙と文法と』和泉書院）
齋藤　文俊（二〇〇四）「江戸・明治期における可能を表す「得」の用法」（『近代語研究』12　武蔵野書院）
齋藤　文俊（二〇一一）『漢文訓読と近代日本語の形成』（勉誠出版）
齋藤　文俊（二〇一三）「明治初期における翻訳小説の文体の相違と可能表現」（『国語と国文学』90-11）
齋藤　文俊（二〇一四）「明治初期における学術日本語を記す文体」（『日本語学会二〇一四年度春季大会要旨集』）
渋谷　勝己（一九九八）「漱石のスタイルシフト」（『待兼山論叢　日本学篇』32）
高島　俊男（一九九一）『水滸伝と日本人　江戸から昭和まで』大修館書店
徳田　　武（一九九〇）「二つの『絵本漢楚軍談』と『西漢演義』」（『江戸漢学の世界』ぺりかん社）
中村　幸彦（一九八四）「通俗物雑談　―近世翻訳小説について―」（『中村幸彦著述集』第7巻、中央公論社）

山県大弐の悉曇学と国語音声観察

肥爪周二

一

江戸中期の儒学者である山県大弐（一七二五～一七六七）は、高等学校の日本史の教科書に、尊王論を説いて幕政を批判したため処刑された思想家（明和事件）として掲載されているためもあって、一般にも知名度の高い人物である。しかしながら、尊王思想家としての面のみが強調され、具体的にどのような学問業績があるのかは、ほとんど知られていないと言って良いであろう。大弐は、きわめて多才な人物であり、漢籍の注釈をはじめとして、医学書・和算書・天文暦書・兵学書・歴史書・琴楽書など、多くの分野に著作を残している。

本稿で取り上げるのは、これまでほとんど注目されてこなかった、大弐の悉曇学である。大弐の悉曇学・音韻研究については、飯塚（一九四三）の伝記的研究において、比較的詳しく言及されてはいるものの、必ずしも、悉曇学史・日本語研究史の立場からの紹介ではないため、その独創性や意義について、十分な評価が為されているとは言い難い。一方、『仏書解説大辞典』（大東出版社）によれば、大日本仏教全書続刊予定書目に、『悉曇大弐鈔』（二巻）なる書名が挙げられているということであり、かつて、大弐の悉曇学に注目する仏教学者もあったらしい。しかし、結局、この叢書に収録されることはなく、『悉曇大弐鈔』の写本自体も、現在では伝存不明であって、残念ながら、その内容を知ることができない。また、本稿で取り上げる、大弐の『華曇文字攷』にしても、『国書総目録』『古典籍総合目録』（岩波書店）に記載がなく、ほとんど知られていない著作である。

本稿では、大弐の悉曇学が、肥爪（一九九七b・一九九八b・一九九九）で取り上げた、近世悉曇学の特異な潮流の中に位置付けられることを指摘した上で、大弐の悉曇学が成し遂げた独自の成果や、それに連動する精緻な日本語音声観察について、考察する。

二

そもそも、なぜ儒学者である大弐が、悉曇学書を執筆しているのか、その背景について考察する。以下、主に飯塚（一九四三）により、本稿に関連するものを中心に、大弐の略歴を整理する。

享保一〇年（一七二五）甲斐国巨摩郡北山筋篠原村に生まれる。
享保一九年（一七三四）（推定）加賀美光章の環松亭入塾。（十歳）
寛保　元年（一七四一）（推定）五味釜川《ふせん》の門下に移る。（十七歳）
寛保　二年（一七四二）京都に遊学。期間未詳。（十八歳）
延享　二年（一七四五）御城与力を世襲。村瀬軍治と称す。（二十一歳）
寛延　三年（一七五〇）弟武門が殺人の罪を犯す。（二十六歳）
宝暦　元年（一七五一）山県姓に戻り、江戸に出る。（二十七歳）
宝暦　五年（一七五五）『華曇文字攷』成。（三十一歳）
宝暦　九年（一七五九）『柳子新論』脱稿。（三十五歳）
明和　四年（一七六七）八月二十二日処刑。（四十三歳）

大弐が最初に師事した国学者の加賀美光章は、大弐の尊王思想に大きな影響を与えた人物とされる。大弐が処刑された明和事件の際には、加賀美光章も捕縛されることになった。

大弐が悉曇学書を執筆することになったのは、加賀美光章の次に師事した、五味釜川の影響である。五味釜川は、荻生徂徠亡き後の古文辞学派（蘐園学派）の総帥・太宰春台のもとで助教を務めた人で、家業（医業）を継ぐために、元文二年（一七三七）に、江戸から甲斐国巨摩郡藤田村に戻った。古文辞学派は、当時の江戸において大きな勢力を持っており、帰郷した釜川のもとには、多くの門下生が集まり、加賀美光章の門下から移った者も少なくなかったという。大弐もまたその一人であった。

荻生徂徠は、漢詩文の訓読を排して、中国語文を中国語として読む、具体的には唐音（華音・近世唐音）により直読することを推奨したことで知られている。この姿勢は、古文辞学派に受け継がれることになる（湯沢二〇一四）。そして、呉音・漢音などの、日本に伝承されてきた漢字音は、訛った音・誤った音として否定的な扱いをすることになるのだが、その否定的な態度が、真言宗・天台宗などに伝来する梵語の発音に対しても向けられ、正しい梵語の発音をするためには、梵語の音訳漢字を唐音によって読まなければならない、という主張が展開されたのである。荻生徂徠は『蘐園十筆』において、「斯方僧以五十字門求之。殊不知五十字門倭法耳。豈合梵音乎。且華僧以華字伝梵音。而今舎華音以求之。可謂謬矣」と、「華音」を捨てて梵音を求めるのは誤りであるとした上で、梵語の音訳漢字（『天竺字源』によるか）を、『韻鏡』の声母・韻目と対照させる形で整理したし、太宰春台も『倭読要領』（享保一三年（一七二八）刊）において、梵語の音訳漢字を華音で読むべきことを力説している（肥爪一九九八b）。大弐の悉曇学も、この延長線上にある。

荻生徂徠から山県大弐に至る系譜を、後述する文雄も含めて示すと以下のようになる。

荻生徂徠――太宰春台――五味釜川――山県大弐
　　　　　　‖交遊
　　　　　　文雄

実は、梵語の音訳漢字を唐音（近代中国音）で読むこと自体は、古文辞学派に始まったことではない。中国においては、その時代その時代の漢字音で、梵語の音訳漢字を読むのは当然のことであるので、日本でも、平安時代以来、梵語の音訳漢字を唐音で読んだ事例は散見される。

明覚『悉曇要訣』（康和三年（一一〇一）以後成立）には、「大唐ノ商人 ra 羅字ヲリヤト云フ。（巻一）」「此大唐ノ商人、摩訶ヲ一ニモコトイヒ、一ハ云ヒ二モオト一、莎訶ヲソモコトイヒテ、コオ相通。（巻二）」のように、「大唐商人」の音訳語の発音が記録されており、唐音自体のごく早い例としても貴重である。

禅宗（臨済宗・曹洞宗・黄檗宗）において、唐音による経典の諷誦が行われることは良く知られているが、そこに含まれる音訳語はもちろん唐音で読まれる。さらに、禅宗においても、「首楞厳呪」という陀羅尼は常読されたので、この陀羅尼に関しては、唐音の仮名が付された資料が豊富に残っている。ちなみに、臨済宗・曹洞宗の場合は中世唐音、黄檗宗の場合は近世唐音によって、陀羅尼が読まれている。

以上のように、唐音によって梵語の音訳漢字を読むこと自体は、日本においても脈々と存在していたのではあるが、それらが「悉曇学」と呼べるような体系的な学問に発展するのは、古文辞学派の登場を待たなければならなかった。

三

唐音を利用した悉曇学には、長所とともに、短所が存在する。

長所① **pa** 類の発音の修正

伝統的に梵語の **p** は、主に幫母の音訳漢字で写される。例えば **pa** は「波」などで写されるが、これは日本漢字音に依拠して「ハ」と読まれる。つまり、日本語のハ行子音の変遷に伴い、江戸時代以降は、梵語の**pa**は[ha]と読まれるようになっていたのであり、これを唇音と呼ぶ悉曇学の伝統とも齟齬が生じていたのである。しかし、唐音を利用することにより、梵語の**pa**の読みを、[pa]に修正することが可能になる。

長所②**ha**の発音の修正

梵語の**h**は、暁母または匣母（原音が有声の**h** [ɦ]である場合があるため）の音訳漢字で写される。例えば、**ha**は「訶」「賀」などで写される。古代日本語では、ハ行子音は唇音であったため、これらの梵字は、伝統的悉曇学においては、カ行またはガ行で読まれることになる。しかし、日本語のハ行子音が喉音化した江戸時代においては、唐音を利用することにより、梵語の**h**の読みをハ行に修正することが可能になる。

長所③**ca**類の発音の修正

梵語の**c**は破擦音であったと考えられるが、調音位置については、インドの側に方言差があった。**ca**の音訳漢字も、後部歯茎音の「者」、歯茎音の「左」など、両様が現れる。その一方で、タ行のチ・ツの破擦音化が起こっていない時期においては、梵語音・漢字音の破擦音は、サ行音で受け取られた（だからこそ、五十音図において、カ行とタ行の間にサ行が置かれている）。しかし、これも唐音を利用することにより、チャ・ツァといった破擦音の読みに修正することが可能になる。

長所④**ga**と**ṅa**の発音の区別

梵語の字母表においては、音節頭子音として**g**と**ŋ**の区別がある。実際の梵語では、**ŋ**が母音を従えた形で音節頭に立つことはないのであるが、字母としては存在するため、音訳漢字では、例えば群母・疑母の漢字を用いることにより写し分けられる。疑母の音価については、近代中国語において方言差があるため、必ずしも唐音の利用が有効なわけではないが、『韻鏡』の音分類の枠組みと、日本語のガ行口音・ガ行鼻音の区別を援用することにより、解決の糸口がつかめるはずである。

長所⑤無気音・有気音の区別

伝統的な日本悉曇学においては、梵語の無気音・有気音の区別は観念的なものになり、実際の読誦では、無視されていたとして良いであろう。しかし、生の言語音としての、中国語の無気音・有気音を耳にすることにより、平安期悉曇学の観念的な継承を越えた、具体的な音声の説明が可能になったはずである。

短所①母音（a・ā・u・ū・o）の発音の混乱

-a・-ā の音訳漢字として常用される音訳漢字の中でも、歌韻・戈韻の字は、唐音（中世唐音および近世唐音）においてはオ段で現れる。『悉曇字記』のa・āの音訳漢字「阿」も「ヲ」と読まれるため、唐音を利用するよりも、伝統的な悉曇学の発音のままの方が、梵語の発音に近いことになる。また、u・ū・oに関しても、中国語には、もともと母音の長短の対立はないし、u・oの区別も明確にはできないので、漢字音を介するとu・ū・oの区別があやふやになる。例えば、安然『悉曇蔵』巻五に掲載される「安然所学四音」も以下のようなものであり、かなり混乱している。ちなみに、烏・汙・塢は、いずれも呉音ウ・漢音ヲである。

	u	ū	o
宝月三蔵	烏上	汙引	鷗上
難陀三蔵	于上	于上	于平
宗叡和上	宇上	宇引	烏上
空海和上	塢上	汙去	汙去

また、寛智『悉曇要集記』（承保二年（一〇七五）成）追記部分の音図（～一一五七）は、「アカサタナハマヤ

ラワ」の行順に配列される早い例として知られるが、段順の方は「アイウオエ」という類例のない順に配列されている。これは決して誤写ではなく、一種の悉曇順と考えるべきである（肥爪一九九三）。むしろアイウエオの段順の五十音図が普及した後に、梵字の麼多の読み方が安定したということであろう。

短所② ca 類と ta 類の発音の混乱

舌上音は、『中原音韻』などに反映する中国近代音においては、破裂音から破擦音へと変化している。その結果として、中世唐音においては、呉音・漢音において夕行・ダ行音で写されていた舌上音が、「茶 サ」「竹篦 シッペイ」のように、サ行音で現れることになった。ただし、日本語の夕行のチ・ツは一六世紀後半になって破擦音化するため、近世唐音においては、「竹 チヨ」「茶 ヅア、」（文雄『磨光韻鏡』による）のように、舌上音の漢字は、ふたたび夕行・ダ行音で現れるようになる。いずれにしても、近世唐音を利用すると、ta 類の発音が破擦音で復元されてしまうのであり、同様に唐音を利用することにより破擦音による復元が可能になった ca 類（長所③）と、読みが衝突することになる。

四

以下、山県大弐の『華曇文字攷』（宝暦五年（一七五五）成）が、唐音を利用した悉曇学の長所を、どの程度生かすことができたか、また、短所をどのように回避できたかということを検討してゆく。

その際、大弐と同様に、日本に伝承される梵語音に疑問を呈し、本来の梵語音を復元しようとした、江戸時代の他の悉曇学書との比較も行う。比較の対象となるのは、太宰春台と交遊関係にあった、文雄の『悉曇字記訓蒙』（都立中央図書館蔵）、唐音も歴史的に変化した発音であるのだから、古代中国語の発音を『韻鏡』に即して復元した上で、梵語の音訳漢字を読むべきことを主張した、行智の『悉曇字記真釈』（都立中央図書館蔵行智自筆本、重訂八巻本、天保七年（一八三六）成）である。文雄は大弐より二十五歳年長であるが、『悉曇字記訓蒙』が、文雄没後に弟子によってまとめられたものであるならば、『華曇文字攷』より後の成立ということになる。いずれにしても、文雄・大弐・行智は、お互いの著作を参照していないと思われる。

文雄・行智の著については、肥爪（一九九七b・一九九九）において詳述したので、ここでは本稿で中心的に取り上げる『華曇文字攷』についてのみ解説しておく。

大弐の『華曇文字攷』二巻は、『国書総目録』『古典籍総合目録』にも、馬渕和夫『日本韻学史の研究Ⅲ』（一九六五）にも掲載されていない著作である。筆者が最初にこの本に注目したのは、愛知学院大学図書館・竹田悉曇文庫に所蔵される紙焼きによってであった。竹田悉曇文庫は、愛知学院大学の学長を務めた、仏教学者・竹田鉄仙氏の旧蔵書から成っているが、この紙焼きの原本の所在は、いまだ明らかにできていない。奥書には、「日本宝暦五年乙亥十月　山県昌貞公勝撰并書」とあり、当初、この山県昌貞が、大弐のことであることに迂闊にも気付かなかった（このユニークな悉曇学書と、尊王家の山県大弐を結びつけられなかったのは、やむを得ないであろう）。これが大弐のことであることに気付いた後、飯塚（一九四三）により、この著作の写本が甲州文庫に収められていることを知った。甲州文庫は、功刀亀内《くぬぎきない》（一八八九〜一九五七）という郷土史家の個人文庫であったが、一九五一年に山梨県立図書館に寄贈され、二〇〇五年に、山梨県立博物館の開館に合わせて、博物館に移管された。ただし、功刀亀内の個人文庫の段階で、『悉曇文字考』という書名で登録されていたため、山梨県立博物館での登録書名も『悉曇文字考』となっている（この著作には内題がなく、外題は上・下巻とも『華曇文字攷』である）。愛知学院大学の紙焼きと甲州文庫の写本は酷似しており、おそらく、竹田悉曇文庫の紙焼きの原本が大弐の自筆本であり、その原本を影写したものが甲州文庫の写本なのではないだろうか。大日本仏教全書の続刊予定書目に挙げられていた、『悉曇大弐鈔』二巻というのも、巻数は一致しているので、この書を収載するにあたって命名されたものであるかもしれない。

五

大弐の悉曇学の基本姿勢である、「唐音で読む」ことについては、以下のように述べられる。

夫文字ハ華人ノ作ル所ニシテ其音アリテ其字ヲ製ス。音ハ本ナリ。字ハ是ヲ記シテ其音ヲ写セルモノナリ（上一オ）

此音即華人ノ音ニシテ、今ノ華音是ナリ。是音ヲ知ラスシテ只其文字ヲ見ル、義ニ於テ害ナキニ似タリトイヘトモ、又本ヲ知ラサルノ甚キト云ヘシ（上一オ）

然レトモ日本ノ古ヘ直チニ華音ヲ用ヒス、別ニ漢呉ノ二音ヲ製ス。本華音ノ訛転也トイヘトモ、其久キニ至テハ別ニ和人ノ通法トナル。（上一ウ）

然ルニ今ノ陀羅尼真言ヲ唱フルモノ一向和音ヲ以ノ《ママ》華音ヲ用イス。夫梵語ハ西域ノ人ノ語ナリ。其語ヲ書スルニハ必梵字ヲ用。梵書中華ニ渡リテ人コレヲ読コトアタハス。故ニ摩騰竺法蘭等ノ人対訳ノ功ヲ加ヘテ、始テコレヲ読コトヲ得タリ。訳ト云ハ即今ノ通辞也。対訳ノ文字ハ即此方ノ仮名ヲ付ルト同シ。此仮名ヲ付ル人華人ノ音ニヨリテ付タルナレハ、華音ヲ以コレヲ読ハ即真ノ梵音ニ近シ。然モ尚其訳人ノ居ル処ニヨリテ其方音ヲ用ル時ハ、其人ノ所居其土ノ方音ニ通セサレハ全クコレヲ梵音ニ通スト云《ママ》カラス。況ヤ今ノ和音ヲ用テ梵語ヲ読誤イカハカリソヤ（上二オ）

尚又訳師ノ郷里ニヨリテ方音ノ異アレハ、是ヲ以必トスルニハアラス。況ヤ彼訳師モ亦上世ノ人ナリ。音ニ古今ノ異アリテ楚夏ナキコトアタハス。コヽニ記スル処ハ大意ナリトシルヘシ（上三ウ）

基本的に、荻生徂徠や太宰春台が述べたことと変わらないが、漢字の音に地方差・時代差があることを明記している点に注意したい。表音文字である仮名の場合は、その発音に地方差・時代差があることに、なかなか思い至りにくいのであるが、表語文字である漢字の場合は、比較的古くから、その発音に地方差・時代差があることが共通理解になっていた。唐音によって梵語の音訳漢字を読む場合、伝統的な悉曇学の発音と大きく食い違い、時にかえって不自然な事態が生じる。文雄や行智の場合も同様なのであるが、「不都合」を回避するために、かなり恣意的に、漢字音の「地方差」「時代差」が持ち出されるのである。

なお、大弐が『華曇文字攷』を執筆するに至った経緯も、以下のように述べられており、興味深い。

貞カ如キ仏学シテ仏教ノ道理ヲ知ルモノニアラス、只幼キヨリ書ヲ読コトヲ好テ、旁仏書ヲ読中ニモ音韻ノ学ヲ好ニヨリテ、悉曇ノ書大方ハ見尽セリ。尚其伝授ト云モノ心ニクキニヨリテ密宗ノ高僧ニ従斎戒シテ其伝ヲ受タリ。受テ見タル所全ク受サル前ニ同シ。予カ疑フ処師モ又疑サルコト不能。因テ華音ノ学ヲ以是ヲ正ンコトヲ思テ是ヲ彼ノ師ノ僧ニ談ス。彼レ又頗ル此義ヲ知。仍テ諾シテ許ス（上三ウ）

ここからは、前節で整理した長所①〜⑤、短所①②に沿って見ていく。論文末尾に文雄・大弐・行智の三者、それぞれの推定音価を一覧にしたので、適宜参照していただきたい。

【長所①】pa類の発音の修正

pa〈パ〉婆字〈鉢〈パ〉下反、音近波〈ポヲ〉我反〉

和人唇音ニパピプペポノ音アルコトヲ知ラス。和語ヲヨム時ノ連声ニノミアリト心得テ只ハヒフヘホト呼。大ニ喉音ニ類シテ唇音ニアラス。華音ニテ唇音ノ清音パピプペポ〈是幫邦《ママ》ノ字母ニ属ス〉フワ｜フイ｜フエ《ママ》｜フウ｜フヲ｜〈是非敷ノ字母ニ属ス〉ノ二ツアリ。（上一四ウ）

亦梵音ヲヨムニ和語ノ例ヲ用テ連声ニヨリテハトヨフヘキヲパト呼、清ヘキヲ濁リテヨム類、大ナルアヤマリ也。和法ニハパピプペポノ音ヲ半濁ト名ツク、大ニ異ナル処ナリ。梵漢トモニ全清ナリ。（上一四ウ）

大弐は **pa** 類をいわゆる半濁音のパ行音で読むべきことを、三者で唯一、的確に推定している。文雄は、漢字音の「地方差」を持ち出して、伝統的な読み方にすり寄り、ハ行音で読むものと推定している。行智の場合は、伝統的な読み方を克服できていたものの、**pa** 類をファ行、**pha** 類をパ行で読むものと推定している。これは一つには、行智が日本語のハ行音が、ハ行[h]とファ行[ɸ]の混合体であることを認識していたにも関わらず、梵語が子音[ɸ]や[f]を欠いており、音のやりくりの上で無駄が生じてしまうことがあった。もう一つには、有気音を、促音に後続する子音のように、息に力が入る音と捉えていたため、日本語のハ行音が、促音の後でパ行音化することを連想したためであろう。

【長所②】**ha** の発音の修正

ha 訶〈右〉ハ、〈左〉ヲ、〈許〈ヒユイ〉下反、音近許可反、一本音賀〈ヲ、〉〉

和人只此字ヲカノ音トヲホヘ五句ノ **ka** 字ト同音ニヨフユヘ別チカタクシテ誤多シ。華音ニテ呼時ハ五尺ノ童子モ分タサルコトナシ。（一八オ）

これは **pa** 類の発音として、ハ行音を放棄するかどうかと連動してくる。したがって、大弐と行智とは **ha** 類をハ行音で読むべきものと推定できたが、文雄は「〈コに近い〉カ」と述べるにとどまった。「コに近い」と表現するのは、

ka類を通常のカ行音で読むのと差を付ける必要があったためである。「梵字が異なれば、発音も異なる」という作業原則は、三者に共通するものであった。伝統的な日本悉曇学においては、同じ発音になる梵字がたくさん生じていたし、逆に一つの梵字に複数の発音が共存することも、珍しいことではなかった。一方、梵語のha類には[ɦ]（有声のh）の発音もあるので、大弐はこれを「ヲ、」、行智は「ア」と表現している。

【長所③】ca類の発音の修正

ca〈ツア・チヤ〉者字〈止〈ツウ〉下反、音近作〈ツヲ〉可反〉
前例ヲ以沙汰スル時ツアノ音也。和人コレヲ知ラスシテ者ノ字ニサノ和訳ヲ加ヘテ已下五字皆サザナノ三音トス。甚誤レリ。（上一〇オ）
和音ニハサシスセソノ外歯音ナシ。華音ニハ四ノ別ハ所謂ツア ツイ ツウ ツエ ツヲ。歯頭。チヤ チユイ チユ チエ チヨ。正歯。スア スイ スヱ スウ スヲ。細歯頭。サシスセソ〈シヤシシユシエシヨ〉細正歯。如此ニ分ツコトナリ。（上一一ウ）

大弐はca類を、ツァ行・チャ行の破擦音で読むべきことを、三者で唯一、的確に推定している。文雄と行智は、ともに伝統的な発音にすり寄って、サ行音に読むべきものとしていた。ただし、これは【短所②】によって、ṭa類の音訳漢字の唐音が、破擦音になってしまっているため、それとの音のやりくりという面もある。実際、行智はṭa類をツァ行音で読むべきものと推定している。

【長所④】gaとṅaの発音の区別

疑ノ字半濁ノ字ニテ華音〈イ、・ギイ・ニイ〉〈常ノ濁ノ如ク呼ヘカラス、ニイ・イ、ノ間ヲ以ヨブ。和語ヲ以例セハサギ・ウナギ・ヤナギナトノギノコトシ〉故ニ本字モ亦是ニ従テ〈ヲ、・ゴヲ〉〈是又上ノ疑ノ字ノ如シ、ヲ、トヨフニ似タリ。和語ノカゴ・オナゴナドノゴニ近シ。牙音ノ半濁皆此例ナリ〉ト呼ヘシ。（上九ウ）
哦ノ字モ又同ク濁音ト心得テ半濁ナルコトヲ知ラス。連呼スル時ハ和音ノ如クニ濁音ノ字皆半濁ニヨブ。甚誤レリ。華音ニ連声ニヨリテ音ノカハルコトナキコト也。梵音モ必シカルヘシ。（上一〇オ）

nia の発音は、伝統的な悉曇学においては「ガ（〜ギャウ）」で、ga・gha との区別が消滅しているが、この nia の発音に関しては、三者とも鼻音を推定している。特に、大弐と行智は、ともに日本語のガ行鼻音と関連づけて説明しており、日本語研究史上、大いに注目に値する。伝統的な東京方言においては、語頭のガ行音と語頭以外のガ行音が、口音と鼻音で概ね対立しているが、江戸時代以前に、このことを的確に指摘している例は、意外なほど見当たらない。平安初期の円仁『在唐記』においては、「ga 本郷我字音、下字亦然」「nia 本郷鼻音之我字音呼レ之」とあり、ガ行口音とガ行鼻音を区別しているようにも解されるが（亀井一九五六）、出現位置についての説明はないし、そもそもこれが国語のガ行音の異音に基づいた記述であるのかどうか、異論があるところである。ロドリゲスの『日本大文典』（一六〇四〜一六〇八）は、語中のガ行音が鼻音性を持つことを指摘するのみで、語頭のガ行音については、特段の説明がない。三浦庚妥『音曲玉淵集』（一七二七）のような謡曲の発音指南書も、結局は鼻音性を持った語中のガ行音についてしか説明していない。

管見に入る限りでは、ガ行口音とガ行鼻音に、語頭・語中による差があることを踏まえて説明しているのは、大弐の『華曇文字攷』（一七五五）がもっとも早いものである。二種のガ行音は「常ノ濁」「半濁」と表現されているが、この場合の「半濁」は『韻鏡』の清濁音（次濁音）のことであるので、ナ行音やマ行音も「半濁」ということになる。上一〇オの記述は、ガ行口音に相当する梵字のgaを、語中に来た時に、和語の発音習慣に引かれて鼻音で発音してしまうことを誡めたものである。

行智のガ行音の観察は、大弐のものよりも時代は下るが、豊富に語例を挙げた、相当に詳細なものである。地方では語中のガ行音も鼻に掛けずに語頭と同じように発音するということも指摘しており、興味深い（肥爪一九九七a）。なお、田舎言葉のガ行音の発音に注目する、式亭三馬の『浮世風呂』（一八〇九初編）、『潮来婦誌』（一八三〇）も、大弐『華曇文字攷』より時代が下るものである。

【長所⑤】無気音・有気音の区別

大弐は、梵語の無声無気音が『韻鏡』の全清音に、無声有気音が次清音に対応することを指摘するのみで、具体的な発音法については説明していない。この対応関係の指摘自体は、すでに『悉曇字記創学鈔』の賢宝（一三三三～一三九八）補筆部分に見られるものであった。

なお文雄は、無気音を「吸・開唇」、有気音を「呼・合唇」と説明している、「呼・吸」は息の使い方に着目した説明ではあるが、現代の音声学の基準からすると、「吸」は明らかに不適切であった。行智は、無声・有声有気音に対して「気息・声息ニ力ヲ入テ」と説明しており、やはり息の使い方に着目した説明をした上で、無声有気音に「ガ」、有声無気音に「ガ」、有声有気音に「ガ」というように、右肩の点の数によって、これらを表記の上で区別しようとした点が独創的である。

【短所①】母音（a・ā・u・ū・o）の発音の混乱

a〈（右）ア、（左）ヲ〉短阿字　上声短呼音近シレ悪〈ア〉（略）然レトモ華音ニテハアトヲト甚遠カラス、方音ニテア、ノ音アリ、是歌麻ノ韻ノ似タル処ナリ。音近悪（略）此字短呼ナルユヘ只アトバカリ呼。阿〈ヲ、〉ノ字ヲ呼コ、ロニテ悪ノ字ノ音ニ近シト云義也。悪ハ華音アナリ。アクト云ハ和音ナリ。（上五ウ）

u〈(右)ヲ、(左)エ・ウ〉短甌字　上声音近屋（略）甌ハ侯ノ韻烏〈ウ、〉侯〈ヘ・ウ〉反、喉音ノ清、華音ウヱウナリ、屋ハ即屋ノ韻ニテ烏谷反ウヲナリ。今ノ日本ノ音ニテアイウヱヲノウニアテントシテウト呼ハ **o** 字ト取チカヘタルヤウナリ。近ク云時ハ此字即ヲノ音ナリ。（上六オ）

o〈(右)ウ、、(左)ア・ウ〉短奥字　去声近汙（略）奥ハ元来号韻〈去声〉烏〈ウ、〉到〈タ・ウ〉ノ反、華音ア・ウ也。（略）今音汙ニ近キ時ハ汙ハ去声暮ノ韻、烏路反、音ウ、ナリ。是アイウエヲノ次第トハ違ヘリ。和法ニアイウヱヲト次第スルハ、元悉曇ヨリ出タレトモ是又和音ニテヨミタルヨリ伝ヘタルニヤ、ハタ華音ニ方土ノ異アルニヤ。（上六ウ）

大弐は、**a**・**ā** の発音に関しては、「アトヲト甚遠カラス」と述べて、唐音による読みと、伝統的な梵字の発音の齟齬を、苦労して埋めようとしている。**ka**・**ca**・**ṭa** 等、体文の読みをア段音に揃える必要があったのであろう。その一方で、**u**・**ū** と **o** の発音については、五十音図に沿った伝統的な読み方を完全に入れ替え、**u**（ヲ・エウ）・**ū**（ヲウ）・**o**（ウ、・アウ）と推定した。前述したとおり、中国の音訳漢字による限りは、混乱もやむを得ないのであった。文雄・行智は、ともに伝統的な五十音図的な読み方にすり寄ったが、行智の場合、日本語の「エ」の発音は [je] であるからという理由で、単純な母音の [e] を表現するために「アェ」という表記を工夫して用いている点が注意される（肥爪一九九八a）。

【短所②】ca 類と ṭa 類の発音の混乱

ṭa〈ツア〉吒字〈卓〈チユア〉下反、音近卓我反〉吒ハ麻ノ韻、去声、陟駕反、舌音一清斉歯呼ニテツア、ノ音也。舌音

ニハ舌頭舌腹ノ呼法別アリテ、此字ハ舌腹ノ音ニ属ス。タチツテト一ガイニ舌音ノ心得ハ和語ニヨリテ誤ル也。（上一二オ）

大弐は、破擦音化した唐音に従い、ta類に破擦音を推定する。その結果として、今度は摩擦音から破擦音に修正することに成功したca類との違いの説明に苦労することになった（実質的には説明放棄されている）。なお、日本語のタ行音が、舌頭のタテト、舌腹チツに分かれるという認識なのかどうかは、明記されていないため不明である。

文雄の場合は、伝統的な発音にすり寄って、ta類に破裂音を推定したし、行智の場合は、破擦音を推定したものの、ca類を伝統的な発音に合わせて摩擦音（サ行音）を推定したので、発音の衝突は生じなかった。

六

以上のように、山県大弐は、伝統的な悉曇学の梵字の発音の修正に果敢に挑み、いくつかの画期的成果を上げた。特にca類に破擦音を推定した点、pa類にパ行音を推定した点は、同様に梵字の発音の修正を試みた、文雄や行智を越える成果であった。

文雄・大弐・行智が、中国人の発音を実際に聞く機会が、どの程度あったのかは分からないが、仮に間接的であったにせよ、日本語には存在しない、さまざまな音声を意識することが、自分自身の日本語の発音を、慎重に顧みるきっかけになったことは確かである。それと同時に、すべての梵字に異なる発音を推定するという作業原則があったことも、文雄・大弐・行智の三者が、細かな音の区別に拘らざるを得なかった原因であることを指摘しておきたい。つまり、細かく発音を区別することが、当初からの目的であったからこそ、日本語の音声観察も精妙になったのである。

〔参考文献〕

飯塚重威《しげたけ》（一九四三）『山県大弐正伝―柳子新論十三篇新釈―』（三井出版商会）
亀井　孝（一九五六）「ガ行のかな」（『国語と国文学』三三‐九）、『日本語のすがたとこころ（一）亀井孝論文集3』（一九八四、吉川弘文館）による。
肥爪周二（一九九三）「悉曇要集記奥文の音図をめぐって」（松村明先生喜寿記念会編『国語研究』明治書院）
肥爪周二（一九九七a）「悉曇学者行智の江戸語音声観察―ガ行音の場合―」（『明海日本語』三号）
肥爪周二（一九九七b）「行智の悉曇学とその発達段階」（『茨城大学人文学部紀要（人文学科論集）』第三〇号）
肥爪周二（一九九八a）「近世末期音韻学者の江戸語母音観察―悉曇学・蘭語学・国学・韻鏡学の交渉―」（『東京大学国語研究室創設百周年記念　国語研究論集』汲古書院）
肥爪周二（一九九八b）「唐音による悉曇学―文雄『悉曇字記訓蒙』を中心に―（上）」（『茨城大学人文学部紀要（人文学科論集）』第三一号）
肥爪周二（一九九九）「唐音による悉曇学―文雄『悉曇字記訓蒙』を中心に―（下）」（『茨城大学人文学部紀要（人文学科論集）』第三二号）
湯沢質幸（二〇一四）『近世儒学韻学と唐音』（勉誠出版）

◎江戸期革新派の悉曇学・推定音価対照表（『悉曇字記』は見出し音訳漢字のみを掲載）

麼多の推定音価

梵字	字記	文雄『悉曇字記訓蒙』	山県大弐『華曇文字攷』	行智『悉曇字記真釈』
a	短阿	ア	ア〜ヲ（上声）	ア
ā	長阿	ア、	ア、	ア、
i	短伊	イ	イ	イ
ī	長伊	イ、	イ、	イ、
u	短甌	ウ	ヲ（エウ）	ウ
ū	長甌	ウ、	ヲウ	ウ、
e	短藹	エ	イエ（イエイ）	アェ
ai	長藹	エ、	アイ	アェイ
o	短奥	ヲ	ウ、（アウ）	オ（オ、）
au	長奥	ヲ、	ウ、（アウ）	オ、
aṃ	短暗	アン	アム	アン
aḥ	長痾	アッ	ア（去声）	アク

体文（五類声）の推定音価

梵字	字記	文雄『悉曇字記訓蒙』	山県大弐『華曇文字攷』	行智『悉曇字記真釈』
ka	迦	カ（吸・開唇）	カ（第一ノ清）	カ
kha	佉	カ（呼・合唇）	カ（次清）	カ（気息・声息ニ力ヲ入テ）
ga	伽	ガ（吸・開唇）	ガ、余国音・ガア（ア、・ヤ、）	ガ
gha	伽	ガ（呼・合唇）	ガ	ガ（気息・声息ニ力ヲ入テ）
ṅa	哦	アとガの中間の鼻に掛かる音	ガ（ア）（半濁）	ンガ
ca	者	サ（吸・開唇）	チヤ・ツア	サ
cha	車	サ（呼・合唇）	チヤ・ツア	ザ
ja	社	ザ（吸・開唇）	ヅア（シヤ）	ザ
jha	社	ザ（呼・合唇）	ヅア（ジヤ）	ザ

ña	若	ニャ	ズア	ンニァ
ṭa	吒	（チャに近い）タ〔吸・開唇〕	ツア	ツァ
ṭha	侘	（チャに近い）タ〔呼・合唇〕	ツア	ヅア
ḍa	荼	（ヂャに近い）ダ〔吸・開唇〕	ヅア	ヅァ
ḍha	荼	（ヂャに近い）ダ〔呼・合唇〕	ヅア	ヅ゛ァ
ṇa	拏	（ニャに近い）ナ	ナア	ンヌァ
ta	多	（トに近い）タ〔吸・開唇〕	タ	タ
tha	他	（トに近い）タ〔呼・合唇〕	タ	タ`
da	陀	（ドに近い）ダ〔吸・開唇〕	ダ	ダ
dha	陀	（ドに近い）ダ〔呼・合唇〕	ダ	ダ
na	那	（ノに近い）ナ	ヌア	ナ
pa	波	ハ〔吸・開唇〕	パ	ファ
pha	頗	ハ〔呼・合唇〕	パ	パ
ba	婆	バ〔吸・開唇〕	バ	バ
bha	婆	バ〔呼・合唇〕	バ	ブ゛ァ
ma	麼	マ	マ	マ

体文（遍口声）の推定音価

梵字	字記	文雄『悉曇字記訓蒙』	山県大弐『華曇文字攷』	行智『悉曇字記真釈』
ya	也	ヤ	イヤ	ヤ
ra	囉	アリヤ	アラ	ァラ
la	羅	ラ	ラ	ラ
va	嚩	ワ	ワ	ワ
śa	奢	セ	シヤア	シァ
ṣa	沙	（サに近い）スァ	シヤア	スイヤ
sa	娑	ソ	スア	ソァ
ha	訶	（コに近い）カ	ハ（ヲ丶）	ハ・ア

近世における「〜まじりに〜」

中野伸彦

一

先に、「ため息まじりにつぶやいた」のような「〜まじりに〜」の、現代における用いられ方について述べた。(1) 本稿は、それに続き、近世における「〜まじりに〜」の用いられ方について述べていく。

二

最初に、前稿で述べたところを、その後の補足を加えながら、まとめておく。

前稿では、現代における「〜まじりに〜」の用いられ方として、次の①〜⑤の場合を挙げた。(Aは「まじり」の前に来る名詞、Bは「〜まじりに」を受ける述語を表す。)

①Bが、人の行為を表し、Aが、その行為の仕手から、その行為と合わせて、外へ向けて発せられているものを表す場合。

あたし、結婚をいそぎすぎたんじゃないかって、時々、思っちゃうのよね、と、桜子は電話をかけてきた女友達に、ため息まじりに言ったりした。(金井美恵子 道化師の恋 河出文庫 175・6)(2)

それを聞いた雛子は、動じるどころか、鼻唄まじりにローストビーフのサンドイッチを作り、ポテトスープを作り(小池真理子 恋 ハヤカワ文庫 201・6)

②Bが、人の行為を表し、Aが、その行為の背後に含み持たれている思い・意味合いを表す場合。

あんないい娘が、隣の小説家の先生みたいな、今時の言葉で言えばダサイ男と、なんでまた仲良くならなけれ

ばならないのか、どういうつもりなんだろう、彼女も少し男にだらしないようだ、と嫉妬まじりに言ってから

タレントなら、人間なら泣き言を言ったり、「なんでオレだけ降ろすんだよお」と冗談混じりにあっけらかんと訴えたりすべきなのか。（松野大介　芸人失格　幻冬舎文庫　199・12）

③Bが、人の行為を表し、Aが、その行為の一部として含まれている要素を表す場合。

ここで言う「その行為の一部として含まれている要素」には、具体的には次のようなものがある。

ア　Bが「言う」行為を表し、Aが、その言われていることばに含まれる語の種類を表す場合。(3)

三田村良夫が、きつい方言混じりに語ったところによると、御崎昭吾が発見されたのは三日前の早朝のことだった。（北森鴻　凶笑面　新潮文庫　277・5）

イ　Bが「言う」行為を表し、Aが、その言われている内容の一部に当たるものを表す場合。

杉田は翔子を売女よばわりして怒鳴り散らし、ついで翔子の身体的特徴を想像交じりにねちっこく述べ立てた。（若竹七海　火天風神　新潮文庫　256・3）

ウ　Bで述べられている行為を行っている中に、Aのような仕方でなされた部分が含まれていることを言う場合。

死体の周囲は血だらけだったと、死体の第一発見者と公言して憚らない『ますどや』の旦那さんは熱弁混じりに語っていたけど、でもあの人の言葉は八割は嘘で固められているので誰も信じてはいなかった。（佐藤友哉　水没ピアノ　講談社ノベルス　102上10）

実を言えば、八〇年代消費社会において女性の「転職」もまた彼女たちの自己実現の手だてとして錯覚させられていたことは、思い起こしておくべきだろう。女性向け求人情報誌のCMが、「職業選択の自由、アハハン」と鼻唄まじりに歌っていたことの意味を思い出せばそれは明らかだろう。（大塚英志　「彼女たち」の連合赤軍　角

川文庫　101・1）

なお、前稿で、③のイに当たる場合は、「内容の中に想像・推測の部分が含まれていることを、「想像まじりに」、あるいは、「推測まじりに」のように言う場合に限るように思われる。」と述べたが、その後採取した用例を見ると、必ずしもそれには限定されないようである。次のような例がある。（「冗談混じりに」は、「冗談としても言っているという意味合いを含んで」という、②に該当する場合もあるが、次に挙げる例は、「健康管理の話」をする中に途中「冗談」をまじえて話しているというものであり、③のイに該当する例である。）

物語の行く先を個人的な願望交じりに予測するなら、おそらく結末で私たちの前に現れるのは、「背が伸びた」（成長した）兄弟の姿だろう。（宇野常寛　ゼロ年代の想像力　早川書房　233・7）

一ヵ月ほど前から始まった公民館での健康セミナーで、毎回、六十歳を過ぎてからの健康管理の話をしてくれるのが、この中年医学博士、堤下だった。

最初は婦人会会長に誘われて、嫌々顔を出した房枝だったのだが、こうやって自分の短所をネタにして、冗談混じりに説明をする堤下の話が面白く、今夜などは昼過ぎから楽しみにしていたほどだった。（吉田修一　悪人　朝日文庫　上152・14）

④Bが、（人の行為ではなく、）あるものについて起きている自然現象等の現象を表し、そのあるものについて起きている現象が、同時に同じ現象を起こしているAの中に含まれる形で（あるいは、Aを含む形で）起きていることを述べる場合。

雨混じりに、雪が降っている、あるいは、雪に混じって雨が。（加納朋子　魔法飛行　創元推理文庫　265・11）

すると笹原は傍らに置いていた古い鞄を膝の上に置き、ファスナーを開いた。中から出てきたのは小さなテープレコーダーだった。彼は意味ありげな笑いを浮かべ、それをテーブルの上に置いて再生ボタンを押した。

ピーという発信音が雑音混じりにまず聞こえた。その後に声が続いた。（東野圭吾　白夜行　集英社　400上6）

⑤Bが、自然に起きた現象を表し、Aが、その現象を現出させている要素の一部として含まれているものを表す場合。(4)

仕事というのは、グラビアの一部を割いて、〝推理作家の殺人〟と銘打たれた、作家の架空殺人に犯人役で出るというものだった。（略）

舞台はラブホテルの派手な装置の整った部屋で、シャワーを浴びて出て来たばかりの女を絞め殺すというものだった。（略）カメラマンの注文がいろいろとうるさく、終わった時には岩室は冷や汗まじりにびっしょりになっていた。（筑波孔一郎　密室のレクイエム　角川ホラー文庫『幻影城』168・19）

なお、その後、次のような、二つの場合の例を見出した。

⑥Bが、人の行為を表し、その行為の対象として、あるものとAとが同時になっていることを述べる場合。

通話が一方的に切れた。小久保は寒気を胸に吸い込んで、ため息まじりに吐き出した。（打海文三　ハルビン・カフェ　角川文庫　294・13）

寒気を吐き出すとともに、同時にため息としての息も吐き出されていることを表している。「寒気にため息がまじっている」のか「ため息に寒気がまじっている」のかは、両方の可能性があるかと思われる。次も同様の例である。

〝溜め息〟という言葉はあまりに大まかすぎて、そのときパティが立てた、大きく息を吸い込んでから、なかば声まじりに吐き出す〝ヒーム！〟というあの音を、正確に言い表わしているとはいいがたかった。（ニコルソン・ベイカー（岸本佐知子訳）室温　白水社　36・7）

⑦Bが、人の行為を表し、その行為が、行為の仕手の外部にあるAに含まれる形で（あるいは、Aを含む形で）行われていることを述べる場合。

アホな少年二人が不慣れな土地に右往左往しているうちに、電車の音が聞こえてくる。高野はやむなく券売機の赤いボタンを押す。恥ずかしいが背に腹は替えられない。
「どうしました?」と駅員が雑音混じりに訊く。（白河三兎　私を知らないで　集英社文庫　70・10）
駅員の「どうしました?」という質問が、電車の音という雑音とともに発せられていることを表している（「雑音に駅員の質問がまじっている」のか「駅員の質問に雑音がまじっている」のかは、これも、両方の可能性があると思われる）。
以上、①〜⑦の七種類に分けて見てきたが、⑤以下はまれな例であり、①〜④が主なものではある。

三

以下、近世における「〜まじりに〜」について述べていく。近世の資料の内、江戸の資料を中心として調査したところをまとめたものであるが、適宜、上方の資料からも用例を補っている。なお、近世の「〜まじりに〜」は、会話文にも用いられているが、地の文に現われることが多いものであり、話しことばには限らず、用例を挙げている。(5)

まず、現代語の①〜⑦に当たる例があるか、あるとしてどのような例があるかから見ていく。
①Bが、人の行為を表し、Aが、その行為の仕手から、その行為と合わせて、外へ向けて発せられているものを表す場合。
　ぐるりと廻りてすみ町は、遊びの時を江戸町と、口合まじりに見渡せば（風流志道軒伝　日本古典文学大系〈岩波書店〉『風来山人集』185・2）
　イヤ〳〵きかん〳〵。もとのとをりにまどうてかへしや〳〵トいきせいはつて、なみだまじりにわめきちらせば（東海道中膝栗毛　日本古典文学大系　435・9）
　ある時、おはりと言争《ものいひ》していひつのり、彼《かの》おはりも、身上崩してのてんばものなれば腹をたち、なんぼそのやうに利口なことをいひなハつても、縫物のことハ、糠ぶくろがやつと出来ながら、さし図がましひことばかり。こつちからごめんなさいだと、はり込交《まぢ》りに出て行《ゆけ》バ（富久喜多留　噺本大系〈東京堂出版〉第十五巻　42下1）
やがて年《ねん》あきかへつたら。そなたのすいた男をもたせ。うい孫のもりしやうとわらいまじりにいとまごい（婦身嘘　洒落本大成〈中央公論社〉第二十六巻　233下10）
小見世ながらも大見世にまけぬ二階の繁昌は行来の人の立ちどまり、「なんと賑やかなこつてはござらぬか、歌ふやら舞ふやらしての楽しみ、それに引かへわしらは朝から晩まで草鞋《わらんじ》はいての世渡り、それに此ごろの五月雨降りつゞいての道の悪さ、田の中を歩くやうでたまつたものではござらぬ」と無駄口交《まじ》りに行き過ぐる（会席料理世界も吉原　新日本古典文学大系〈岩波書店〉『草双紙集』534・1）
鼻歌まじりに地口口あひ語路もじり、口に任せて椀久を嘲ける暇に宵すぎて（牽牛織女願糸竹　叢書江戸文庫〈国書刊行会〉『馬琴草双紙集』409・2）
丁「ナントそこらでひるめしと。しやうじやアねへかへ　喜「よからう御用人　麻「チトはらが北ざわのアハ嶋ダト口合まじりにたどりゆく（滑稽富士詣　古典文庫　上12・66）
なお、前稿で、①の場合、Aには「行為の仕手のその時の思いを表す、非言語的表出行為（「あくび」のように、意図的な表出でないものも含む）を指す名詞が来るのが普通である。」と述べた（ただし、現代でも「鼻水混じりに怒って」のような、「行為の仕手のその時の思いを表す」とは言えない名詞が来る場合もあることも述べた）。近世の用例も「行為の仕手のその時の思いを表す」と見られる例が多いが、次のように「行為の仕手のその時の思いを表す」ものでない例は近世まで遡っても見出せるものではある。（Aが「言語的表出行為」である例が、近世には少なからず見られることについては後に述べる。）
目うちしばたゝき、しハぶきまじりにおもひ出つゝ（秋の夜の友　噺本大系第四巻　4上15）

酒の酔やらつかれやら寐ごとまじりにガウ〳〵〳〵（廓遊唐人寐言　洒落本大成第十巻　263下13）

②Bが、人の行為を表し、Aが、その行為の背後に含み持たれている思い・意味合いを表す場合。

戯まじりに書きちらせしなり。（天狗髑髏鑒定縁起　日本古典文学大系『風来山人集』285・11）

跡先見ずは心やすだてに人の座敷へゆきふざけまじりになんにもないなど、いふ事あり（金枕遊女相談　洒落本大成第七巻　279下16）

塞《ふざけ》はくいつきつめることちわのたねなれどもごうぎなことはなさけまじりにいためるにたり大のわるふざけなり（金枕遊女相談　洒落本大成第七巻　282下5）

下女〳〵とこをもつてくると、りん〳〵じやうだんまじりに、こあたりにあたつてミる。下女〳〵おかしなめつきで、いやらしくとこをしいて行（駅路馬士唄二篇　噺本大系第十五巻　27上19）

しなあのさつきも。糸づるさんと二人して。みなれない手の。文をよんでいさしつたから。平七どんに。いつゝけますよと申いしたら。あんなものに。しれたといつて。なにかまうものかと。いひなんした。わたくしはそばできいても。腹が立ます（略）平しなてるさん。それはどんな紙にかいてござりましたしな赤い半切《はんきれ》にさこと此間もそんな文を。よんでおいでなんした。そして平七どんの事を。いやだと思ひだしたら。顔をみるのもいやになつたといひなんしたのさ　トゑんりよもなく。しやくりまじりにいふ（斯農鄙古間　洒落本大成第二十七巻　34下14）

お邑に逢ひ。恨みまじりに詈立《のりたて》られ。（両個女児郭花笠　早稲田大学古典籍総合データベース　四上1オ7）

③Bが、人の行為を表し、Aが、その行為の一部として含まれている要素を表す場合。

ア　Bが「言う」行為を表し、Aが、その言われていることばに含まれる語の種類を表す場合。

がんぜなければ三吉が片言まじりに　三「お重《ツか》ちゃん味《うま》おくれよと出来れば（春色恋廼染分解『春色恋廼染分解

翻刻と総索引』〈おうふう〉初編　24ウ・8）⑹

イ　Bが「言う」行為を表し、Aが、その言われている内容の一部に当たるものを表す場合。

酒手をねだれども一せんもやるまいとてかごのものと大あらそいのちにはあくたいまじりにたがいにいゝ合（契国策　洒落本大成第七巻　69上15）

子供の退屈せぬやうにと、おどけ交《まじ》りに語りける（実語教幼稚講釈　山東京傳全集〈ぺりかん社〉第三巻　12・18）

「通人様のお閻魔〳〵」などゝ、地口まじりに、皆々、閻魔様のお髭の塵を取る（根無草笔彷　山東京傳全集第三巻　507・10）

魯の国の小言トまじりにしかられる（やない筥　岩波文庫『初代川柳選句集』下　9・2）

客人へ地口まじりに異見する坐敷はしんとだまりの天神（古今百馬鹿　叢書江戸文庫『式亭三馬集』318・5）

二三間はなれて聞て居て。しきりにどくをいつたりなにかして。けんくわをしかけるよふす。あくたいまじりに誉テ。今にけんくわになるだろうト。ひや〳〵させるうちが山だ（八笑人　早稲田大学古典籍総合データベース三下6ウ3）

年の暮と申ますものハ、とかく人の気がせか〳〵〳〵いたしまして、色〻なことをいたすもので御座ります。何とぞ夢となし下さらバありがた山吹と、しやうこりもなく地口まじりにしやれければ（落噺屠蘇喜言　噺本大系第十五巻　227上9）

はじめて男に逢ときハ恥かしいヤらうれしいヤらなんだかおつな気にも成ものなれどそりやアモウわたしもおぼへのある事又男に会《あふ》てからといふものハまんざらわるくハないものじやトおどけまじりに母のゐけん（恐可志　人情本選集〈太平書屋〉84・2）

他日を窃みて会ほどに、竟に膠漆の中となりしに、阿漕が浦の網ならなくに、度累《かさな》れば伊勢人の、非談交《ひがごとまじ》り

に壁訴訟して、主《あるじ》に悟《さと》すも有ければ（開巻驚奇侠客伝　新日本古典文学大系　701下11）

ウ　Bで述べられている行為を行っている中に、Aのような仕方でなされた部分が含まれていることを言う場合。

かなまじりに識《しるす》（落咄梅の笑　噺本大系第十九巻　311下6）

④Bが、（人の行為ではなく、）あるものについて起きている自然現象等の現象を表し、そのあるものについて起きている現象が、同時に同じ現象を起こしているAの中に含まれる形で（あるいは、Aを含む形で）起きていることを述べる場合。

次第に夜陰の空寒く、雪吹交《ふゞきまじ》りに吹（く）風は、身内を切（る）がごとくなれども（根無草後編　日本古典文学大系『風来山人集』115・13）

きさらぎも杉菜まじりに菜花のさきてはくはぬ口なしの色（徳和歌後万載集　日本古典文学大系『川柳　狂歌集』315・8）(7)

なお、

お仏器がぶちかへつてゐるそばにはした銭が四文銭まじりに五六十有（客物語　洒落本大成第十七巻　264下3）

のような例もある。「はした銭」が「四文銭」を含む形で「有」ことを述べているが、「杉菜まじりに菜花のさきて」の「杉菜」と「菜花」のように別物ではなく、「はした銭」の一部として「四文銭」が含まれるという関係にあるものである。次も、同様な例である。

一タヒとばかり片仮名交《まぢ》りに三字あつて。外に何にもなかりけり（当世気とり草　洒落本大成第五巻　369上12）

⑤Bが、自然に起きた現象を表し、Aが、その現象を現出させている要素の一部として含まれているものを表す場合。

⑤に当たる近世の用例は見出せていない。

⑥Bが、人の行為を表し、その行為の対象として、あるものとAとが同時になっていることを述べる場合。
江戸の資料には見出せなかったが、上方の資料には次のような例がある。

小屏風はしきし交《まじ》りに張ちらし（椎の葉　新日本古典文学大系『元禄俳諧集』330・9）

⑦Bが、人の行為を表し、その行為が、行為の仕手の外部にあるAに含まれる形で（あるいは、Aを含む形で）行われていることを述べる場合。
⑦に当たる近世の用例は見出せていない。
以上、①〜⑦については、⑤・⑦に当たる例が見出せていない以外は、現代語とおおよそ同様である。ただし、①で挙げたうち、「口合まじりに」「はり込交《まぢ》りに」「無駄口交《まじ》りに」「寐ごとまじりに」のように、Aに当たるものが「言語的表出行為」を表す名詞である例は、現代では使いにくいもののように思われる。ただし、前稿では用例を挙げられなかったが、現代でも次のように該当する例がないわけではない。

内ポケットから出した手紙を一通ずつあらため、ぶつぶつ独り言まじりに眉をひそめて元通りにしまいこみ、今度は尻ポケットに手をやった。（ディクスン・カー　和爾桃子訳　蝋人形館の殺人　創元推理文庫　135・3）

また、④のところで述べた「はした銭が四文銭まじりに五六十有」のような形のものも、現代語では使われにくくなっているかと思われる。（たとえば、「小銭が五円玉まじりに落ちている」のような言い方が全く成り立たないわけではないようにも思われるが、該当する用例は見出していない。）
一方、現代では用いない用法も見られる。
⑧Bが、人の行為を表し、その人の行っている行為が、同時に同じ行為をしている別の人Aに含まれる形で（あるいは、Aを含む形で）行われていることを述べる場合。

かの人時分よしと二分の銭を買よせ二百文づゝわかちあたへ。宝引を初たり。此由をきゝ若イ者は申に及ばず。

女郎交《まじ》りにあつまる程に座敷はさながら日中の市の如く。笑言啞〻として。喜悦の声たへず（魂胆総勘定　洒落本大成第二巻　88上11）

主ジ兵庫が留守の内。呵人《しかりて》のない妼《こしもと》共。乳人交《めのとまじ》りにどつたくた。（神霊矢口渡　日本古典文学大系『風来山人集』354・11）

きん〳〵の通り者。芸者一両人幇頭交《たいこまじ》りに腰うち掛ル。（管巻　噺本大系第十一巻　42下9）(8)

長閑さや陰核《ヘノコ》交ッに向コふ嶌（誹風末摘花　原本影印誹風末摘花〈太平書屋〉三編35オ6）

仲居げいしやもろともたいこまじりにどや〳〵とみな〳〵坐しきへ幸次もともに入しほよく（廓節要　洒落本大成第十七巻　232上4）

せかいは小見世二人リ一座もつともなじみ床おさまりて屛風のわきに茶めしのだいをとりまき女郎まじりにくつてゐる（大門雛形　洒落本大成第十九巻　387上1）

ある有徳人、参宮せんとのもよほし。御供の若い者二三人、出入医師まじりに、あすハ出立。（新玉箒　噺本大系第十三巻　213上4）

ひぢりめんのふりそでしんぞう。かふろまじりに仁三郎も。しやべりくたびれ。ひぢをまげて。まくらとなしたるたのしみに。はやとろ〳〵目のたはいなし（起承転合　洒落本大成第二十一巻　85上13）

此高声を聞よりわかいもの二三人女まじりに出きたり伝吉をとらえてざしきへつれて行ふとする（船頭深話　洒落本大成第二十四巻　115下3）

げいしやまじりにお定りのしゆえんはじまりしばらくありて（くるわの茶番　洒落本大成第二十五巻　262上13）(9)

記したように、Aの中に含まれる形でとなる場合と、Aを含む形でとなる場合の両方がある。

道くさくふ四五人連。いづれもぱつち尻はしよりにて。女房めきたる年増交《まじ》りに。はなしつれて行跡より（雑

司谷記行　古典文庫　167・7）

右の例で言えば、「道くさくふ四五人連」が、「女房めきたる年増」とともに「はなしつれて行」ことを述べているが、この場合は、「道くさくふ四五人連」に「女房めきたる年増」が含まれる形でということになるかと思われる。

日待の夜、大勢あつまつて、あるとあらゆる芸づくし。その中に、おふしも魚《とゝ》まじりに遊いるをとらへて（出類題　噺本大系第九巻　279上15）

のように、「魚」が「おふし」を含む形で「遊いる」ことを表している（「雑魚の魚まじり」という言い方を踏まえてのものと考えられる）場合もある。後者と見られる確かな例は多くはないが、次の例も、後者の例かと思われる。

かゝる所へ新堀花水橋のたもとなる。談義場の油虫。ゐさひろひの子共大ぜい。むきみ殻あさりの調市まじりに。桶を一荷の坊主持にして。からかいのぞめき詞に。ナアエ〳〵の詞くせあるも。鄙ぶりて一しほおかしからずや（船頭深話　洒落本大成第二十四巻　90下2）

また、⑧の中には、④について述べた、「はした銭が四文銭まじりに五六十有」と同様な例も見られる。

此内向ふより上方どうしや大ぜい、そろひのなり、女まじりにこへはり上ゲ（東海道中膝栗毛　日本古典文学大系　289・8）

「上方どうしや大ぜい」にまじって「女」が「こへはり上ゲ」ていることを述べているが、「上方どうしや大ぜい」と「女」は別物ではなく、「女」は「上方どうしや大ぜい」の一部という関係にある。次も同様な例である。

なじみまじりに四五人どや〳〵あがりし客どもいづれもやぼならぬなりふり（胡蝶夢　洒落本大成第八巻　53上14）

⑨Bが、人の行為を表し、その行為が、何かにAが含まれる状態を伴なって行われていることを述べる場合。

これも又にほふがよいとて丁子甘松ばかりいれたかけかうに狐臭《わきが》まじりにくるがあるが（蕩子筅枉解　洒落本大成第五巻　43上14）

⑩Bが形容詞で、その状態であるに際して、Aを伴っていることを述べる場合。

大屋ぶらねへで、腰が低くて随分圧《おし》が利くから妙さ。此中《こんぢう》も店賃を持往《もつて》つたら叮寧に挨拶しなすつて、大きに御苦労でございます（略）最《もう》ちつと孔門《いしき》を広くして上げたいが、これは譬《たとへ》の通り、狭いが大屋根性だと思つて、不肖して呉んなさい、なんのかのと、洒落まじりに堅いお人だから妙よ。（式亭三馬　四十八癖　新潮日本古典集成〈新潮社〉314・14）

上方の資料にも、次のような例を見ることができる。

女の詞は片言まじりに柔らかなるこそよけれ（女重宝記　現代教養文庫〈社会思想社〉25・2）

四

以上、近世における「AまじりにB」について述べてきたが、現代語と比べて特に目立つものは、⑧に当たる例が多く見られることである。上方の資料にも、こうした例は少なくない。

この好《すき》人役者まじりに懺悔咄しせし時（好色一代男　日本古典文学大系『西鶴集』上　140・10）

巻物屋の半四郎とて、有徳人の息子、店商《たなあきなひ》は手代にまかせて毎日の野遊山。今日も桜の盛に愛《めで》、樽の前によい機嫌して帰らん事をわすれ末社まじりにうたひかけて（世間娘気質　新日本古典文学大系　412・8）

公用に付《（つき）》付山城が夫婦連れにて城へ上るとは。輝虎程の大将が女交《まじ》りに国の仕置。軍評諚するでも有まじ（信州川中島合戦　新日本古典文学大系『近松浄瑠璃集』下　275・7）

⑧の用法は、④の用法と、Bが人の行為であるか、物に起きる現象であるかで異なるものの、二つの別のものなり人なりが、述語Bを共有するという意味では近い関係にあると見ることができる。現代語で、④が使われ、⑧が使わ

れないのは、人の行為と物に起きる現象の間にことば上での差異が置かれるようになったのだと考えることができる。⑧の用法は、明治以降も使われており、次の石川淳『天馬賦』の例のように比較的新しい使用例（昭和四十四年）もあるが、現代では使われなくなっている言い方かと思われる。

路地の中も又人集り。女まじりに長屋の衆が立会つて喧々《がや〳〵》する（泉鏡花　貸家一覧　鏡花全集〈岩波書店〉巻十二　169・3）

線路沿いに徒歩連絡する旅客の群がバスケットを下げた子供まじりに通って行った。（宮本百合子　播州平野　宮本百合子全集〈新日本出版社〉第六巻　97・18）

巡査がふたり、それをとりかこんで、女まじりに七人ほどの若いやつらが立つてゐた。（石川淳　天馬賦　増補石川淳全集〈筑摩書房〉第十四巻　133・3）

ここに見られるような、人の行為と物に起きる現象の間にことば上での差異が置かれるようになる変化は他にも起きている。たとえば、現代語では、「他との関わりを持たず」というような意味を表す際、人の行為には「ひとりで作る」のように「ひとりで」を用いるのに対して、物に起きる現象には「ひとりでにドアが開いた」のように「ひとりでに」を用いるという使い分けがあると思われるが、かつては物に起きる現象にも「ひとりで」が使われている。

はゞかりの戸が、ギイとひとりで開《あ》く（泉鏡花　貸家一覧　鏡花全集　巻十二　172・11）

次のように、戦後の用例（昭和二十三年）もあるが、これも人の行為と物に起きる現象の間にことばの違いが置かれる方向での変化である。

することがないので丹念に壁の寸莎をむしっていたら、いきなりドッと壁が落ちて大きな穴があいた。（略）「やあ、だいぶおいそがしそうだね。ちょっと断っておくが、壁がひとりで落っこったんだから、どうかあしからず」（久生十蘭　田舎だより　河出文庫『パラノマニア十蘭』194・10）

注

（1）拙稿「「〜まじりに〜」」（『近代語研究』第十三集、平成十八年）。以下、「前稿」と呼ぶ。

（2）以下、用例の引用に当たっては、記載の資料によっているが、ふりがなを省いたり、濁点を付したりしたところがある。また、二行割注となっているところも、一行にして引用している。なお、現代語の用例は多く前稿と重なっている。

（3）前稿で、③のアに当たる例として、次の例を挙げた。

フェル博士はいくぶん斜視気味の目で海泡石の大きなパイプを眺めながら、ひっきりなしに刻み煙草をふかし、「さあ、みんな、大いに飲もうじゃないか《ヌンク・ビベンドム・エスト》」とラテン語まじりに、黒ビールの大コップを立てつづけにあける。（ディクスン・カー　宇野利泰訳　幽霊射手　創元推理文庫　22・16）

これは、「言う」行為を表す述語は、表には出ていないが、「ラテン語まじりに言って、黒ビールの大コップを立てつづけにあける」のように、「言って」という述語を補って考えることができるものとして、挙げたものである。前稿では説明を落としていたが、ここで補足させていただく。

（4）前稿では、⑤に当たる例として、一例を挙げたのみであったが、次の例も⑤に当たる例である。

「どういうことなのよう」自分の声が悲鳴混じりに掠れたのが合図になったかのように、波子は目隠しの下で涙をこぼした。（西澤保彦　生贄を抱く夜　講談社文庫　187・6）

（5）用例の検索に当たっては、国文学研究資料館の「大系本文（日本古典文学・噺本）データベース」も利用した。

（6）この例の場合のBは、表面上表れている「出来れば」でなく、表面上は表れていないが、「おくれよと（言って）出来れば」の「（言って）」と見てここに分類した。

（7）次のように、「杉菜」についても「咲く」という表現がなされていたようである。

春の野は杉菜・菫の咲きし頃（男色大鑑　新編日本古典文学全集〈小学館〉『井原西鶴集』②　345・77）

（8）この例の場合、Aに当たるところに、「芸者一両人」と「牽頭」と二つの語句が並んでいる。このような形の例も見られる。同様な例が⑧の中にはいくつかある。

（9）Bは、直接的には「しゆえんはじまり」とあって人の行為ではないが、実質的には「（客が芸者とともに）酒宴を始めた」という行為を表すものとみて、ここに分類した。

明和の洒落本における係助詞ハの変容

——付・浮世風呂・浮世床との比較——

小　松　寿　雄

はじめに

江戸東京語において係助詞ハは、前接語と結合する際、音の脱落・介在、長音化、拗音化、転化などさまざまな変化を起こす。このような語連接上に生じる変化を、ここでは「変容」と呼ぶことにする。この変容については、すでにいくつかの研究が発表されている。(1) 本稿において、とくに明和をとりあげるのは、明和が江戸語を体系的に記述することのできる最初の時期だからである。また、明和との比較に『浮世風呂』(文化六～一〇年刊)、『浮世床』(文化一〇、一一年刊)を選んだのは、この資料における係助詞ハの変容について、すでに松村明氏の調査が発表されているからである(本稿注(1)参照)。

調査した明和の洒落本は、次の通り。括弧内は刊年と調査のテキストである。

○郭中奇譚(明和六年刊。大東急記念文庫蔵本)
○遊子方言(明和七年刊。勉誠社文庫複製)
○辰巳之園(明和七年刊。東大国語研究室蔵本)
○南江駅話(明和七年刊。大東急記念文庫善本叢刊所収複製)
○俠者方言(明和八年刊。東大国語研究室蔵本)
○両国栞(明和八年刊。板本未見。洒落本大成第五巻による。)

一　前接語最終音節による整理

明和の洒落本において係助詞ハが直前の音節と連接上起こす変容を、その直前の音節によって整理してみよう。
明和の洒落本において、係助詞ハの変容を起こしている音節は次のような音節である。

変容を起こしている音節　イ、キ、ギ、ク、コ、ゲ、シ、ザ、ズ、ゾ、タ、チ、ツ、テ、デ、ト、ド、ニ、ノ、ベ、マ、ミ、ム、メ、ヤ、ラ、リ、ル、レ、ロ（三〇音節）

以下、変容を起こす音節を、五十音図に従って見ていくが、その中でたとえばザワとあるのは、「いざ」のようにザで終わる前接語に係助詞ハが付いた場合を表す。用例引用に際しては、その所在を「洒落本大成」の頁数と調査版本の丁数で示した。ただし、『遊子方言』の場合、丁数ではなく、複製本の頁数で示した。

1. ア列音＋ハ

〈表記〉ア列音＋ハの変容は、明和の洒落本では、「ざ」「た」「ま」「や」「ら」に小字アを添えて表記されている。以下、本稿では当時の仮名表記を示すときには括弧「　」に入れた。また、長音を表す「ア」の場合、普通の大きさの「ア」で小字の「ァ」を表すこともある。ただし、小字の「ァ」は、いつも小字を示す。

ザワ→「ざァ」dzawa→dza:

○ウウいんにや。いざァいわねへ（俠者方言。二〇三。二オ）

タワ→「たァ」tawa→ta:

○そしてあの文めが連て逃たァ娘か嬶ァか（俠者方言。二〇三。三オ）

マワ→「まァ」 mawa → ma:
○ちやがまァはだしだァ（俠者方言。二〇六。九オ）
ヤワ→「やァ」 jawa → ja:
○しかしあヱつがとけヱいくとこんやァいてヱす（両国栞。二二一）
ラワ→「らァ」 rawa → ra:
○おらァ今ッから親分がとけへ祝に呼れていかァ（俠者方言。二〇二。一オ）

ア列音＋ハの変容は、以上のようにw脱落後、前接音節末のaと係助詞ハのaが融合して長音化している。このうちw脱落は係助詞ハの変容すべてに共通する現象なので、融合長音化がア列音＋ハの変容の特色となる。

2．イ列音＋ハ

イワ→「やア」（非拗音） iwa → ja:
○わやァごうぎにおりやうきよくるな。（俠者方言。二〇八。一四ウ）
○おらァなんともおもやァしねへが。そうてへまたけふにかぎらず。いつでもわいらがけんくわの仕やうはそでねへてさ（俠者方言。二一〇。二〇オ）

「わやァ」は「わいは」、「おもやァ」は「おもいは」からの変化。waiwa → waja:、omoiwa → omoja:。いずれもw脱落後生じた母音連続がヤーになっている（i→j）。

次の例は、係助詞ハの例か、ヤスの付いたものかまぎらわしい。
?○キツイ事さ髪の毛筋ほども違《ちが》ひやせぬ（南江駅話、七七。二〇オ）
違ひはせぬ→違《ちが》ひやせぬ　tʃiŋaiwa → tʃiŋaija

話し手は酔無（遊客）、聞き手は中（女郎）、即ち客と遊女の間柄で、基本的には敬体を使用しない。現にこの関係ではヤスは使用されていない。親愛の情を籠めたスが一例あるだけである。このように待遇的観点からすれば、原則的にはヤスを使う場面ではない。もしヤスではないとすれば、この変容はw脱落後の母音連続ｉａの間にｊが生じたものである。このようなｊの介在は、前出二例とは違う変化の仕方であるが、係助詞ハの変容全体を見れば、他にも例がある（次の「キワ」の項参照）。

キワ→「きやア」／「きア」 kiwa→kja: / kija: / kia

キワの変容の表記には、明和の洒落本では「きやア」「きア」の二とおりあるが、この表記は次の三とおりに読むことができる。即ち、キャー（拗音）、キヤー（非拗音）、キアである。

〈「きやア」〉（拗音）

○よつてわしがおめへつきやァ親分。モシ。こうでごんす（侠者方言。二〇七。一二オ）

ome:tsukiwa→ome:tsukja:（オメーツキャー）のように拗音化する。イ列の仮名に「や」を添えて拗音を表すのは、当時でも一般的な拗音表記法であった。

〈「きやア」〉（非拗音）

しかし、次のような場合は、拗音を表さない可能性が大きい。

○おれがるすにだれぞ来《き》やァしねへか（侠者方言。二〇四。五ウ）

このような動詞連用形一音節の場合、拗音化してキャとなると、その語幹が保てなくなる。キヤーと非拗音で発音されることが多かっただろう、と思われる。この変化は、kiwa→kija: と変化したもので、w脱落後に出来た母音連続ｉａの間にｊが生じている。

〈きア〉

○其時《そのとき》ァばんくらわしとやつつけらァ（俠者方言。二〇三。二ウ）

「其時《そのとき》ァ」には、ソノトキャーとソノトキアという二とおりの読み方が考えられる。ソノトキャーと拗音に読むとすれば、イ列の仮名＋アという表記を拗音表記の一種と認めることになる。明和の洒落本でこれを拗音表記として認めるかどうかは保留するが、認めるだけの条件が十分そろっているとは、今のところ言いにくい。(2)これに対して、ソノトキアという読み方は、文字通りに読んでいるだけなので、自然といえば自然な読み方である。この変容はw脱落だけにとどまり、母音連続が放置されている。しかし、w脱落のみという変化の仕方は、エ列などにも生じており、実際にそのように発音されることもあった、と考えられる。

ギワ→「ぎやア」ŋja:

○いまのさわぎやァかんにんしておくんなんし（俠者方言。二一〇。二〇オ）

sawaŋiwa → sawaŋja: のように、w脱落後拗音化したもの。

シワ→「しや（ア）」／「しア」ʃiwa → ʃa: / ʃia

シワの変容は、明和の洒落本では「しや（ア）」「しア」と書かれる。

〈「しや（ア）」〉（拗音）

○わたしやか、サンに見せなけりやならぬ（郭中奇譚。二九九。三オ）

〈「しア」〉（非拗音）

○おのしァゆんべかのとけヱいつたナ（両国栞。二二〇）

「しァ」の読み方は、「きァ」同様、拗音と非拗音の二とおりが考えられる。非拗音の場合は、onoʃiwa → onoʃia と変化したことになり、変化がw脱落のみにとどまっている。

次の例はヤスの付いたものと考えた方がよいと思われる。

○武サだから泊りは。しやせん（辰巳之園。三七七。二四オ）

この例はサ変連用形シにヤスの未然形ヤセが付いた可能性が大きい。話し手は女郎、聞き手は客で、文末は多くヤスによって丁寧化されている。

チワ→「ちや（ア）」tʃiwa→tʃa(:)

○わッちやこゝでたへんす（郭中奇譚。三〇二。一一オ）

wattiwa→wattʃa のように、w脱落後、チャという拗音になっている。次の例では拗長音化している。

○親ぶんこんちやァめでとうごんす（侠者方言。二〇四。四ウ）

ニワ→「にや（ア）」「にア」niwa→nja(:)／nia

明和の洒落本におけるニワの変容は、「にや（ア）」「にア」と表記されている。

〈「にや（ァ）」〉（拗音）

○行からにや。はやいの。おそいのと。いふこつちやない。（遊子方言。三五一。一七）

○お前の。顔にやァ。何かきつく出来。やしたねヱ（辰巳之園。三七七。二五オ）

これらは拗音を表す。

〈「にァ」〉

○とりかじ〳〵ゑべすにァおどりがあるぜい（両国栞。二二二）

この「にァ」も「きァ」「しァ」などと同様拗音を表すか、非拗音を表すか決定できない。仮名に添えられた小文字、右寄せのアは主として長音の記号として、明和の洒落本では使用されており、明確に拗音を表す例が少ない。

ミワ→「みや（ア）」／「みア」miwa→mja(:)／mia

〈「みや（ア）」〉（拗音）

○コレ柴木やわがみや嶋之助さんのところへいて……といッてきや（郭中奇譚。三〇三。一一ウ）
○ヲヽまァすみやァすんだがきヽやれ。（俠者方言。二〇三。二ウ）
わがみや **wagamiwa → wagamja**、すみやァ **sumiwa → sumja:** のように、ここでは w脱落後拗音化が起きている。

〈「みア」〉（非拗音?）
○おとみァどふしたかこんやもいねヱぜ（両国栞。二二三）
「おとみ」は人名。このイ列音＋ァという表記も、前に記したところと同じく、拗音に読むか、オ・ト・ミ・アと読むか二とおりの読みが考えられる。

次の例は係助詞ハの付いたものか、ヤスの付いたものかまぎらわしい。
○わたしも。芳町の。俵屋にも。居やす。新道の。二文字屋にも。三、四年居やしたが。あのやうな。若衆買は見やせん（辰巳之園。三七八。二七ウ）
この例が「見は」の変容だとすれば、**miwa → mija** となり、ｉａの間をｊで繋いだ変化となる。しかし、話し手はおまつ（女郎屋の女?）、聞き手は客たちなので、引用文中にもヤスがあるように、文末にヤスがあるのは当然と考えられる。
リワ→「りや（ア）」（拗音）**riwa → rja(:)**
○いつものよりや背が高いよふだ（郭中奇譚。三〇八。二三オ）

3．ウ列音＋ハ

ウ列音＋ハの変容は、ク、ズ、ツ、ム、ルなどのウ列音との連接上に生じている。
○ほれたかほれなんし（郭中奇譚。三〇三。一三オ）

ほれたくは↓ほれたか　horetakuwa → horetaka

○あの子が。気に入らざァ。外の子でも。お呼びなんし。（辰巳之園。三七八。二六ウ）

入らずは↓入らざァ　iradzuwa → iradza:

この変化では、w脱落後生じた母音連続uaにおいて前の母音、則ち前接語末尾の母音uが脱落する。明和の洒落本では、ネナンシタカ（郭）、サムカ（郭）、ノマア（侠）、アイツア（侠）、トンヂヤカ（侠）、コイツア（侠）、スラア（侠）、ヤツア（侠）などのような例がある。この変化の特徴は、前接語末尾母音が脱落することである。

4．エ列音＋ハ

ゲワ↓「げや」　ŋewa → ŋeja

○ヲリヤいたくても大事ないがそッちのおはぐろがはげやしないか（郭中奇譚。三〇五。一八オ）

この例はhaŋewa → haŋejaと変化したもので、w脱落後に生じた母音連続eaの間にjが生じている。

テワ↓「ちや」「チヤ」（拗音）／「てア」　tewa → tʃa / tea

テワの変容は、「ちや」「チヤ」と書かれるほか、「てア」とも書かれる。

〈ちや・チヤ〉

○行からにや。はやいの。おそいのと。いふこつちやない（遊子方言。三五一。一七）

「こつちやない」は「ことではない↓こってはない」から変化したもの。

○こわいろや芸者でもたせたとイワレチヤ遊びのごろがわるく聞へて面白ない（南江駅話。七六。一五ウ）

「イワレチヤ」の「チヤ」は、「ては」の変化で、w脱落後拗音化したもの。

〈てア〉

○ナニサはらたてァしんしん（郭中奇譚。三〇四。一四ウ）
この変化はｗ脱落後生じた母音連続ｅａをそのまま保持している。このような変化の仕方は、イ列にも見られた。

デワ→「じや（ア）」（拗音）dewa→dja(:)
○モシ旦那夜前すみ町にたつていたはちよ竹じやござりませぬか（郭中奇譚。二九九。二オ）
この変化はｗ脱落後、拗音化したもの。

ベワ→「べやア」（非拗音）bewa→beja:
○インヱまだとこでもたべやァしやせん。（侠者方言。二〇四。五オ）
「たべやァ」はtabewa→tabeja:と変化したもので、ｊの介在がこの変容の特徴である。

なお、ベワの変容と思われるものが、「たべヱ」と書かれた例がある。

?○頭つうでたべヱしないわな（南江駅話。七五。一四オ）

「たべしない」という言い方は不自然だから、「たべヱしない」を「たべしない」の長音化と見ることはできない。やはり、「たべはしない」からの変化ととるべきだろう。この変化、tabewaʃinai→tabe:ʃinaiは、ｗ脱落後、母音連続ｅａが融合して長音になったものと思われる。しかし、このような変化は明和の洒落本では他に例がない（江戸語全体でもこの変化の類例を現在挙げることはできない）。

メワ→「みやア」（拗音）mewa→mja:
○文みやァおつうぢくねたな。それからどふした（侠者方言。二〇三。三オ）
「文」は人名。「文めは」の変容。bummewa→bummja:のように、ｗ脱落後さらに拗音化を起こしたもの。

レワ→「りや（ア）」（拗音）rewa→rja(:)
○アリヤおりよサンだ（郭中奇譚。二九九。二オ）

「アリヤ」は指示代名詞「あれ」に係助詞ハが付き、arewa→arja と変化したもの。指示代名詞＋ハの変容は、コレハ、ソレハも含めて、非常に多い。

5．オ列音＋ハ

明和の洒落本には、コワ、ゾワ、トワ、ドワ、ノワ、ロワなどの変容が見られる。

○おら。つゐど。あッた事《こた》ない。（遊子方言。三五〇。一五）

○此しんなんざ。宵にちよッきり。頬を。つん出したまゝ。やう〳〵今に成ッて来た。（遊子方言。三六二。六六）

○どふも此子ァおとなしすぎるぞ（両国栞。二三）

第一例は、〈事は→事《こた》 kotowa→kota〉、第二例は〈なんぞは→なんざ nandzowa→nandza〉、第三例はwの脱落のみのように変化した。

オ列音＋ハの変容では、挙出した例のように、w脱落後前接語の末尾のoが落ちることが多い。この点は、ウ列音の変容と軌を同じくする。明和の洒落本には、このほか次のような例がある。タア（格助詞ト＋ハ）、オフクラア、コノゴラア、ナア（準体助詞ノ＋ハ）。

各列で起きた変容の要点を摘記する。wの脱落は共通する変化なので、記さないこともある。

ア列音＋ハ

前接語末尾母音と係助詞ハの母音との融合長音化が生じる。

イ列音＋ハ

w脱落後生じた母音連続を維持したり、拗音化したり、その間にjを生じたり、i→jの変化を起こしたりする。

ウ列音＋ハ

前接語末尾母音が脱落する。

エ列音＋ハ

w脱落後生じた母音連続を維持したり、拗音化したり、その間にjを生じたりする。

オ列音＋ハ

前接語末尾母音が脱落する。w脱落後生じた母音連続を維持することもある。

二　浮世風呂・浮世床との比較

以上記して来た明和の洒落本の変容状況を、浮世風呂・浮世床と比較してみよう。比較に当たっては、注（1）に記した松村明氏の論文（以下、本稿ではこれを「松村論文」と称する）を利用する。

1. ア列音＋ハ

松村論文によれば、「ア列音に付く場合には、そのア列音の長音となる」という。明和の洒落本もア列音の場合は、これと同様である。

2. イ列音＋ハ

松村論文によれば、「イ列音に付く場合には、そのイ列音の拗長音となる」という。しかし、明和の洒落本のイ列音の変容には既述したように、拗音化しない場合も長音化しない場合もある。長短に関しては、浮世風呂・浮世床では松村論文が指摘するように短音が少数であるのに対して、明和の洒落本では短音が多い。この長音、短音の問題は次章に譲って、ここでは拗音にならない場合について記す。

松村論文では「イ列音の拗長音となる」とあるが、実は『浮世風呂』にも、少数ながら拗音化しない例が見付かる。
○おらア酔《よ》やアしねへ（文政十三年再補刻本。巻之下。午後の光景。挿絵の中。）
○おらァ酔《よ》やしねへ。コレ酔《よ》やァしねへぞ。（同再補刻本。巻之下。生酔が喧嘩する時の台詞。日本古典文学大系一〇三頁）
これらの箇所は、新典社の複製本を見ても同じ表記で書かれている（いずれも長音表記のアは小字ではない）。これらの「酔《よ》や（ア）」は「酔ひは」からの変化であるが、拗音化せず、ヨヤ（ア）となる。joiwa→joja(:)、即ちイワ→ヤ（ー）（i→j）と変化している。

明和の洒落本の非拗音化の型には、このほか「来《き》やア」（j介在）、「おとみア」（「お富は」からの変化で、w脱落のみの変化。ただし拗音の可能性もある）のようなものもあるが、浮世風呂・浮世床では見付かっていない。しかし、これらの型も当時の別の文献を調査すれば、出て来る可能性があると思われる。

3．ウ列音＋ハ

松村論文は「ウ列音に付く場合には、その同じ行のア列音の長音となる（ただし、「ツ」の場合は、「ター」ではなく、「ツアー」となる）という。長短を別にすれば、明和の洒落本と浮世風呂・浮世床は同じように変容する、と言える。

4．エ列音＋ハ

松村論文には、「エ列音に付く場合には二とおりの形をとり、動詞に付く場合にはそのエ列音に続いて「ヤー」の音となり、名詞に付く場合にはそのイ列の拗長音となる」とある。これに対して明和の洒落本には、動詞に付いて「ヤー」とはならない例がある。即ち、「はらたてァ」（前出）と書かれた例で、これはハラタテアと読むものと思われる。haratatewa → haratatea のような w 脱落のみにとどまる変化がある点、明和の洒落本と浮世風呂・浮世床は相違している。

5．オ列音＋ハ

松村論文には、「オ列音に付く場合には、その同じ行のア列音の長音となる」とあるが、明和の洒落本もほぼ同じ状況にある。ただし、長音にならないこともある。長音にならない短音の例は前章「二」に「事《こた》」「なんざ」という例を挙げておいた。

以上、明和の洒落本における係助詞ハの変容は、浮世風呂・浮世床に見られる変容の型をすべて備えていると言える。一方明和の洒落本にあって、浮世風呂・浮世床にない変容については、浮世風呂・浮世床以外の化政期の資料も、さらに調べる必要がある。

三　変化形の長短及びデハ・ジャ

係助詞ハの変容について、明和の洒落本と安永以降を比べると、いろいろな相違があるが、ここでは変容して出来た形の長短に関する問題とデハ・ジャについて触れてみた。

1．係助詞ハの変容における長短

◎江戸東京語における長短の通観

係助詞ハの変容の長短が江戸東京語を通してどう変わったか、拙論③において次のように記したことがある。

これ（「係助詞ハの変容の長短」）を江戸語の変遷としてとらえると、俠者方言を除き、明和の頃には短音が多く、上方語と同じ様であった。それが南閨雑話あたりから長音化が目立ち、長音の方が一般的となり、上方語との相違点となっていた。融合形の長音化は江戸語の上方語に対する一つの特色として形成されて来た、とみることができる。ところが明治以降短音化が復活し、長短両方が行われるようになる。その傾向は、このように幕末からすでに始まっていた、といえる。

また、明治三八、三九年の『吾輩は猫である』について「『吾輩は猫である』の融合転化形は長音は少なく、短呼が圧倒的に多い」（拙論④）とも書いたことがある。

以上のような概括的な記述を本項では、多少補足してみたい。

◎浮世風呂・浮世床における短呼例

浮世風呂・浮世床における短呼例について、松村論文は、「以上のように、すべてが長音（直音でも拗音でも）となるのであるが、まれにはこれを短呼することもある。もちろん、これは一般的なものではなかったのである。」という。『浮世風呂』の短呼例を網羅的に調べてはいないが、国立国語研究所編『浮世風呂語形索引』によって、ジャとジャアを調べてみると、非江戸者の使用を含めて、ジャ二六に対し、ジヤア一八六である。ジャアに比べれば、ジャは確かに少数であるが、ジャだけを見れば、かなりの使用量とも言える。短音の例はこのように助詞と連接する時だけでなく、指示代名詞と連接するときにも（「ありや」〈再補刻本二ノ上。日本古典文学大系一三六頁〉）、「そりや」〈同三ノ上。日本古典文学大系一八二頁〉、また動詞連用形に連接するときにも（「行やしねへ」〈同三ノ下三四オ。日本古典文学大系二二三頁〉）のように現れる。

このような長短が、『浮世風呂』では、江戸者と上方者とで書き分けられている。『浮世風呂』四編巻之中に出て来る上方者、けち兵衛（四編下之巻ではけち助）の言葉では、係助詞ハの変容はすべて短音である。

○別の事《こっ》ちやないがナ（再補刻本中ノ七ウ。日本古典文学大系二七〇頁）
○恥いはにや（同中ノ八ウ。日本古典文学大系二七〇頁）
○おもやせなんだが（同中ノ十オ。日本古典文学大系二七二頁）
○とうがんぢやあるまい（同中ノ十ウ。日本古典文学大系二七二頁）

また、『浮世風呂』二編巻之上には「かみがたすぢの女」が登場するが、けち兵衛同様短音化している。このように『浮世風呂』では、係助詞ハの変容に関して東西の対立がはっきりしている。これは『浮世風呂』だけでなく、当時の他の資料にも見られることである。

◎明和の洒落本の長短

明和の洒落本では浮世風呂・浮世床とほぼ反対の傾向を示す。『俠者方言』『両国栞』を除くと、圧倒的に短音が多い。以下、その概数を示す。

〈明和六〜八年の状況〉

	変容数	長音化数	備考
郭中奇譚（明和六）	四七	一	補1
遊子方言（明和七）	三六	〇	
辰巳之園（明和七）	二七	二	
南江駅話（明和七）	二四	三	補2
俠者方言（明和八）	一二〇	一九	補3
両国栞（明和八）	三二	二一	

@ヤスの付いたものである可能性のあるものは、除外した。

補1　『郭中奇譚』の長音化例は「ソリャァかとうどが出来た」（三〇五。一六ウ）というもので、感動詞的に用いられている。そのことが長音化の一因となったものかと思われる。
補2　『南江駅話』の長音化数の中には、「たべヱしない」（一四オ）一例を含む。
補3　『俠者方言』の「コレャ十おのしやァけふのみ口へ呼れていきながらモフどこでか引ッ懸ケてきたナ」（二〇三頁。一ウ）は短呼であるが、呼び掛けの感動詞として係助詞ハの変容とはみなさなかった。短呼例は「時《とき》ア」（二〇三。二ウ）で、これをトキアと読んで短呼例とした。

明和六、七年の洒落本では、表出したように長音化が少ない。浮世風呂・浮世床の長音化の多さに比べて、はっきり相違している。明和八年の洒落本になると、長音の方が多くなり、特にそれは『俠者方言』で目立つ。浮世風呂・浮世床よりも長音化が甚だしい程である。明和六、七年の洒落本と八年の『俠者方言』との大きな差は、一年という時の経過によって説明できるものではない。その相違は話し手の相違に基づくもの、と考えられる。『俠者方言』の話し手は、神田辺に住むきゃん一家、即ち親分とその妻、及びその子分たちである。係助詞ハの変容は上方語でも起きるが、上方では普通短音であった。長音の方は非上方的であり、非上方的な要素はきゃんのような下層に比較的多かった。

『両国栞』も『俠者方言』ほど甚だしくはないものの、長音の方が多い。長音化している係助詞ハの変容の使用者は、しゃれ男（七例）、舟頭（船頭のこと）（二例?・）、きおひ（二例）、田舎者（二例）、上るりを聞く人（一例）、声色（一例）、不明（五例）などである。『両国栞』は登場人物の素性が分かりにくいが、『両国栞』を見るかぎり長音化が普通の人々の間にも浸透していった様子がうかがえる。

以上、明和の洒落本における係助詞ハの変容の長短は、俠者を除けば、短音が多かった。俠者という特殊集団を除いた、普通の人々では短呼が多く、浮世風呂・浮世床からうかがえる化政期の長短の状態とは異なっていた。

先にも触れたように、係助詞ハの変容の長音化は時代と共に進み、『南閨雑話』（安永二〈一七七三〉年）では、短音は一例しかなく、長音は六五例もある。短音の例を挙げる。

○そふも。いふななんぼ。出来ない金でもナうぬが買いたい人をば。買ふじゃないか（南閨雑話。五九。二八ウ）

忠治（請負方の惣元〆）→里（忠次がなじみの女郎）

『南閨雑話』には『侠者方言』のような登場人物の偏りはない。大名屋敷の作事を引き受けた忠治、大工の棟梁、材木屋のむすこらが作事役人とその上役を品川の大見世で接待する話である。この勢いで長音化が進めば、短呼例はなくなってしまいそうであるが、すでに浮世風呂・浮世床で見たように少数ではあるが、短呼も保たれている。また、『傾城買四十八手』（寛政二〈一七九〇〉年）には短音がおよそ一九、これに対して長音が四九例ある。短音の使用者はよき所のむすこ、家中者（大見世の部屋座敷の客）、中三、大見世、小見世の女郎たちである。

2．デハとヂャ

最後にデハとヂャについて触れる。ハの変容全般を見ると、江戸東京語を通じて原形の方が変化形より多い。たとえば明治三十年代の日本語を観察したエドワーズは、次のように述べる。

一般に[ɑ]の前には[w]が残ってゐて、[sore wɑ]（それは）といふ形はこれと同じ意味の[sore ɑ]、[sorjɑ]、[sorejɑ:]等の形よりもひろく行はれている。（日本語の音声学的研究一四頁）

実際、この観察はこれまでの調査とも一致する。

このように原形の方が変容した形より多いという状況の中で、デハとヂャではほぼ江戸東京語を通じて、ヂャの方がデハより多い。ヂャはこのような使用量の増加につれて、訛りの感じを脱して普通の語となっていった。

明和六、七年の洒落本について見ると、すでにヂャの方がデハより多くなっている。以下、明和六、七年の洒落本におけるデハ、ヂャの概数を示す。

郭中奇譚　デハ二　　ジャ　三　　遊子方言　デハ一四　　ジャ一三
辰巳之園　デハ三　　ジャ一一　　南江駅話　デハ　二　　ジャ　四

原形デハが多いのは『遊子方言』だけで、それも僅差である。変化形ジャの多い『郭中奇譚』『南江駅話』もその差は僅かで、この三作品についていえば、両形の使用量はほぼ拮抗している。これらに対し、『辰巳之園』だけはジャがはっきり優勢で、このため四作品全体を通しても、デハ二一、ジャ三一とジャが優勢を示す。言い換えれば、ジャの優勢はどの作品にも見られるような現象ではまだなく、作品ごとにばらつきを持っている状態であった。

安永以降の両形の量的関係について詳しく調べていないが、『浮世風呂』では、デハ八二（非江戸者も含む）に対し、ジャ（ア）二一三（非江戸者も含む）、『春色恋廼染分解』（万延元年〈一八六〇〉～慶応元年〈一八六五〉）ではデハ二二に対し、ジャ（ア）一五二である。[3] アーネスト・サトウの『会話篇』については既に触れたように、二四対四四でヂャ（ja）の方が倍近く多い（拙論③）。このような量的関係の推移に応じて、両形の正訛の関係も変わってくる。古田東朔氏がつとに指摘されたように、『会話篇』においては普通の場面ではヂャが多く、公的な場面では、デハの方が多い。デハの方にむしろ特別なニュアンスが求められるようになっていたのである。

注（1）　松村明　江戸語における語連接上の音韻現象——『浮世風呂』『浮世床』を資料として——　『江戸語東京語の研究』所収

次に係助詞ハの変容に関する拙論を挙げておく。これらに言及するときは、頭に付した番号による。
①江戸東京語における女性の係助詞ハと連母音アイの融合　国語と国文学　平成十四年八月
②明和～天保期江戸語における男性の係助詞ハの融合　近代語研究 第十一集
③会話篇に見る幕末の江戸語——音節融合を中心に——　近代語研究 第十三集

（2）④『吾輩は猫である』における係助詞「は」の融合転化　近代語研究 第十七集
「イ列の仮名＋ア」を拗音表記の一種と認めるか、どうか。拙論④の注（2）において、私は「イ列の仮名＋あ」を拗音表記の一種であると認めた。『吾輩は猫である』では、これを拗音表記の一種と認めないといろいろな不都合が生じる。それ故、これを拗音表記の一種と認めたのである。江戸語の場合、江戸語の仮名遣いは複雑であって、同じ作家であっても、作品によって仮名遣いが変わるなど一筋縄ではいかない。他の文献から導かれた知見を参考にするのはいいが、そのままそれを適用することは危険である。明和に即して言えば、「イ列の仮名＋あ」を拗音表記と認めなくても、不都合は出て来ないように思われる。たとえば、ニワの変容を「にァ」と表記した例が僅かにあるが、テワの変容を「ちあ」、デワの変容を「ぢあ」のように書いた例がないなど、「イ列の仮名＋ア」を拗音表記の一種とする十分な証拠がそろっていないと考えられる。このように考えれば、「時《とき》ァ」はトキアと文字通りに読むことになる。この場合の変容は、w脱落だけにとどまるもので、江戸語にはその類例がある。また、明治の日本語を観察した、エドワーズの『日本語の音声学的研究』にも類例が記されている。これについては、拙論④に引用したので繰り返さない。また、さらに後の時代のものになるが、国立国語研究所編『形態結合における音融合』（一九八四年）に「べとなむごあ（わ）、母音が長いんですオね。」という用例がある。秋永一枝氏の『東京弁は生きていた』（ひつじ書房。一九九五年）からも類例が見付かる。

（3）『浮世風呂』のデハ、ジャ調査は国立国語研究所編『浮世風呂語形索引』によった。また、『春色恋廼染分解』の場合には、浅川哲也編著『春色恋廼染分解　翻刻と総索引』を利用した。

和漢混交文としての『雨月物語』の文章

――二形対立の用語を中心とした一考察――

坂詰力治

一

和漢混交文という文体的特色を、峰岸明氏はそこに用いられる語彙、すなわち、和文調の形成に与る用語と、漢文訓読調の形成に与る用語および当時の俗語に注目し、中世の主要説話文学作品を基に調査し、具体的に検討考察されている。(1)しかし、具体的に指摘された語例は個々の文学作品の叙述内容によって、その使用が大きく左右されるものであって、決して一様ではなく、文体を測る尺度として必ずしも積極的な要素を有するものとは思われない。そこで、和文調と漢文訓読調を形成することにより積極的に与する二形対立の用語、すなわち、同一の表現対象に対して、和文調の語（＝仮名文学語）を用いているか、漢文訓読調の語（＝漢文訓読語）を用いているかに注目し、同一表現対象に対する二形対立語の使用状況から、和漢混交文といわれる『雨月物語』の文章の和漢の混淆度を検討し、『雨月物語』の文章の特徴を明らかにしたい。

二

『雨月物語』は、和（日本）漢（中国）の古典を典拠とした九話からなる怪異、翻案小説集である。構成に秀で、主題は怪異を示しながら、人間の「生」の哀れさ・悲しみ・怒り・憤りを浮き彫りにした我が国怪異小説史上最高傑作として、また初期読本の知的な高水準を代表する名作と評されているものである。(2)その文章は和文脈と漢文脈を交えるが、奈良時代や平安時代の古語を好んで用い、総じて和文調が濃厚である。(3)

本稿は、和漢混交文としての『雨月物語』について、和漢混交文の文体的特徴を顕著に示すと思われる語彙、取り分け二形対立語を中心に検討考察する。本稿で取り扱う、同一の表現対象に対する和文調を形成する用語と漢文訓読調を形成する用語の、いわゆる二形対立の用語は、

①　接続助詞「て」と「シテ」（平仮名は仮名文学語法、片仮名は漢文訓読語法を示す。以下同じ）
②　格助詞及びそれに準ずる「にて」「によって（によりて）」と「ヲ以テ（ヲモテ）」「ニ於テ」
③　接続助詞「とも」と「トイフトモ」、「ども」と「トイヘドモ」
④　比況の助動詞「やうなり」と「ゴトシ」「ゴトクナリ」
⑤　打消しの助動詞「ず」の連体形「ぬ」と「ザル」、已然形「ね」と「ザレ」

の五つである。この五つについて、語法の観点から和漢混交文としての『雨月物語』の文章について検討考察する。

①接続助詞「て」と「シテ」

接続助詞「て」と「シテ」に上接する語を、形容詞、形容動詞、打消しの助動詞「ず」に分類して『雨月物語』九編での使用状況を整理すると、表Ⅰ（1～3）のようになる。表Ⅰから接続助詞「て」と「シテ」に上接する語は、形容詞についてはは「て」に接続するものが一七例、「シテ」に接続するものは三例で、「て」に接続するものが優勢である。一方、形容動詞と打消しの助動詞「ず」の接続については、それぞれ「て」と「シテ」に接続する例は、形容動詞が「て」三例と「シテ」一〇例、打消しの助動詞「ず」が「て」二例と「シテ」九例で、いずれも「シテ」への接続が優勢である。このことから、接続助詞「て」と「シテ」への接続関係から見た『雨月物語』は漢文訓読調の濃い和漢混交文であると言えそうである。

以下、「て」と「シテ」に上接する形容詞、形容動詞、打消しの助動詞「ず」の具体的使用例を掲げる。

（1）形容詞連用形＋「て」

表Ⅰ－1

語＼話	白峯	菊花	浅茅	夢応	仏法	吉備	蛇性	青頭	貧福	計
形　て	2	0	0	1	1	6	5	0	2	17
形　シテ	0	2	0	0	0	0	0	0	1	3

表Ⅰ－2

形動　て	0	0	0	0	0	1	2	0	0	3
形動　シテ	2	1	0	0	1	1	0	2	3	10

表Ⅰ－3

ず　て	0	0	1	0	0	0	1	0	0	2
ず　シテ	0	2	1	1	0	1	2	2	0	9
未然形　で	4	7	7	3	4	0	7	3	2	37

表Ⅱ

にて	0	3	0	1	1	1	11	2	2	21
により（っ）て	0	1	1	0	0	1	1	1	2	7
ヲ以（モ）テ	6	7	0	3	0	0	6	3	3	28

表Ⅲ－1

とも	5	9	1	2	2	6	10	1	1	40
〜トイフトモ	0	0	0	0	0	0	0	0	4	0

表Ⅲ－2

ども	1	7	7	1	0	7	2	4	6	35
〜トイヘドモ	1	4	0	0	0	1	0	1	1	8

表Ⅳ

やうなり	1	2	2	2	1	2	2	2	1	15
ゴトシ	8	4	2	0	2	5	4	3	5	33
ゴトクナリ	0	0	1	1	1	0	1	2	0	6

表Ⅴ

ぬ	11	5	11	3	7	6	25	8	3	79
ザル	4	4	5	0	4	0	3	1	5	26
ね	4	0	5	0	1	3	5	3	1	22
ザレ	0	1	1	0	0	0	1	2	0	5

◦西行もとより道心の法師なれば、恐ろしともなくて、こゝに来たるは誰《たそ》と答ふ。（4）（白峯）

◦…とて、みづから寶算《よはひ》を断《たゝ》せ給ふものから、罷事《やんごと》なくて、兄の皇子御位に即《つか》せ給ふ。（白峯）

◦ぬば玉の夜中の潟《かた》にやどる月は…八十《やそ》の湊の八十隈もなくておもしろ。（夢応の鯉魚）

◦名を夢然《むぜん》とあらため従来《もとより》身に病さへなくて、彼此《をちこち》の旅寝を老のたのしみとする。（仏法僧）

◦此物がたりに心のうつるとはなくて、（吉備津の釜）

◦夜も明てちかき野山を探しもとむれども、つひに其跡さへなくてやみぬ。（吉備津の釜）

◦許多《あまた》の人逃る間《ひま》もなくてそこに倒る。（蛇性の婬）

◦物の騒がしき音もなくて、此二人ぞむかひゐたる。（蛇性の婬）

◦たゞ閑人《むだびと》の生産《なりはひ》もなくてあらば、泰山もやがて喫《くひ》つくすべし。（貧福論）

◦信玄がごとく智謀《はかりこと》は百《もゝ》が百的《あた》らずといふ事なくて、一生の威を三国に震ふのみ。（貧福論）

◦親もなき身の浅ましくてあるを、いとかなしく思ひて憐《あはれ》をもかけつるなり。（吉備津の釜）

◦人の　讒《さかしら》にあひて領《しる》所をも失ひ、今は此野ゝ隈《くま》に侘しくて住せ玉ふ。（吉備津の釜）

◦さてしもその君のはかなくて住せ給ふはこゝちかきにや。（吉備津の釜）

◦正太郎かなたに向ひて、はかなくて病にさへそませ給ふよし、（吉備津の釜）

◦かう〳〵の人の女のはかなくてあるが、後身してよとて賜へるなり。（蛇性の婬）

◦あやし、いづちより求《もとめ》ぬらんとおぼつかなくて、戸をあらゝかに明る音に目さめぬ。（蛇性の婬）

◦此家三とせばかり前《さき》までは、村主《すぐり》の何某といふ人の、賑はしくて住侍るが、筑紫に商物《あき》積てくだりし。（蛇性の婬）

（1'）形容詞連用形＋「シテ」

◦軽薄の人は交りやすくシテ亦速《すみやか》なり。（菊花の約）

。よく士卒《いくさ》を習練《たならす》といへども、智を用うるに狐疑の心おほくシテ、腹心爪牙《そうが》の家の子なし。（菊花の約）

。山長ければ獣よくそだつは天《あめ》の随《まにまに》なることわりなり。只貧しうシテたのしむてふことばありて、（貧福論）

形容詞が「て」に接続した一七例は、「なし（無）」一〇例、「はかなし」三例、「あさまし」一例、「侘し」一例、「おぼつかなし」一例、「賑はし」一例で、「シテ」に接続した例は「交はりやすし」「おほし（多）」「貧し」の各一例で、同一語が「て」と「シテ」の両方に接続した例はない。『雨月物語』九編のうち、形容詞連用形の接続助詞「て」への接続がそれぞれ六例と五例と多い「吉備津の釜」「蛇性の婬」の二編は、その内容が中国の白話怪異小説を典拠としながらも、その文章表現においては、「白峯のごとく理論の多いもの、男々しいさま、緊迫したさま、男子の物言いには漢文脈を、情緒的な場面、女々しいさま、あわれなさま、悠々としたさま、蛇性の婬の真女児の如く嬌媚の言動には和文脈を使いわける」(5)ということから、その和文脈的用法が現われているものと思われる。

（2）形容動詞（及び、形容動詞型助動詞）連用形＋「て」

。吉備津の神主香央造酒《かんざねかさだみき》が女子《むすめ》は、うまれだち秀麗《みやびやか》にて、父母にもよく仕へ、かつ歌をよみ、箏に工みなり。（吉備津の釜）

。太郎は質朴《すなほ》にてよく生産《なりはひ》を治む。（蛇性の婬）

。いと喜《うれ》しげにてあるを、此袈裟とり出てはやく打帔《かづ》け、力をきはめて押ふせぬれば、（蛇性の婬）

（2’）形容動詞連用形＋「シテ」

。朕《われ》も其秋世をさりしかど、猶嗔火《しんくわ》熾《さかん》にシテ尽ざるまゝに、終《つひ》に大魔王となりて、（白峯）

。只清盛が人果大にシテ、親族氏族《うからやから》ことく〱く高き官位につらなり、（白峯）

。経久を亡ぼし玉へとすゝむれども、氏綱は外《ほか》勇にシテ内怯《をびへ》たる愚将なれば果さず。（菊花の約）

。大師は神通自在にシテ隠神を役《えき》して道なきをひらき、（仏法僧）

○夜明て朝日のさし出ぬれば、酒の醒たるごとくにシテ、禅師がもとの所に在《いま》すを見て、（青頭巾）
○左内が金をあつむるは長啄《ちやうたく》にシテ飽ざる類《たぐひ》にはあらず。（貧福論）
○信玄死《し》ては天が下に対《つい》なし。不幸にシテ遽死《はやくみまか》りぬ。（貧福論）
○明たるといひし夜はいまだくらく、月は中天《なかぞら》ながら影朧〱とシテ、風冷やかに、（吉備津の釜）
○影玲瓏とシテいたらぬ隈《くま》もなし。（青頭巾）
○まじはりを絶《た》れて、其怨をうつたふる方さへなく、汲〱とシテ一生を終《おふ》るもあり。（貧福論）

形容動詞が「て」と「シテ」に接続した例は、「て」がわずか三例であるのに、「シテ」は一〇例である。「て」に接続した語は「みやびやか（秀麗）なり」「すなほ（質朴）なり」「うれしげなり」の各一例で、「シテ」はナリ活用の「さかん（熾）なり」「果大なり」「勇なり」「自在なり」「ごとくなり」「長啄なり」「不幸なり」の各一例と、タリ活用の「朧々たり」「玲瓏たり」「汲々たり」の各一例で、同一語が「て」「シテ」に接続した例はない。形容動詞の連用形が「シテ」に接続するのは漢文訓読調に見られる語法で、それ故、タリ活用の漢語形容動詞が多く用いられていることがわかる。なお、比況の助動詞「ごとくなり」が「シテ」に接続していることも訓読調を示している。

（3）打消しの助動詞「ず」の連用形＋「て」

○家貧しければ身には麻衣に青衿《あおえり》つけて、髪だも梳《けづ》らず、履《くつ》だも穿《はか》ずてあれど、面《かほ》は望夜《もち》の月のごと、（夢応の鯉魚）
○富子は現《うつゝ》なく伏たる上に、白き蛇《おろち》の三尺《たけ》あまりなる蟠《わだかま》りて動《うごき》だもせずてぞある。（蛇性の婬）

（4）打消しの助動詞「ず」の連用形＋「シテ」

○ねがふは捨ずシテ伯氏《あに》たる教を施し給へ。（菊花の約）
○経久怨める色ありて、丹治に令し、吾を大城《おほぎ》の外にはなたずシテ、遂にけふにいたらしむ。（菊花の約）

○是は雀部《さゝべ》が妻の産所《さと》なりければ、苦《ねんごろ》にたのみけるに、此人見捨ずシテいたはりつも、医をむかへて薬の事専《もはら》なりし。（浅茅が宿）

○急《にはか》にも飢て食《もの》ほしげなるに、彼此《をちこち》に餐《あさ》り得ずシテ狂ひゆくほどに、忽文四が釣を垂《たる》るにあふ。（夢応の鯉魚）

○彦六もはじめて陰陽師が詞を奇なりとして、おのれも其夜は寝ずシテ三更の比を待くれける。（吉備津の釜）

○翁これを納めて、祝部《はふり》らにわかちあたへ、自は一疋《むら》一屯《つみ》をもとゞめずシテ、豊雄にむかひ、（蛇性の婬）

○豊雄夢のさめたるこゝちに　礼言《いやこと》尽ずシテ帰り来る。（蛇性の婬）

○あるじの僧眠蔵《めんざう》を出て、あはたゝしく物を討《たづ》ぬ。たづね得ずシテ大に叫び、（青頭巾）

○…（漢詩）〈略〉…汝こゝを去ずシテ徐《しづか》に此句の意《こゝろ》をもとむべし（青頭巾）

打消しの助動詞「ず」の連用形に接続助詞「て」がついた「ず―て」は、特に奈良時代に用いられ、平安時代以降は主に和歌に用いられた語法で、平安時代の散文などに用いられた和文脈語としては「ず―て」から変化した接続助詞「で」が中心である。そのため、『雨月物語』にあっても接続助詞「で」が九編全体で三七例用いられている。九編における「で」の使用状況は、表Ⅰ-3に示した「白峯」四例、「菊花の約」七例、「浅茅が宿」七例、「夢応の鯉魚」三例、「仏法僧」四例、「吉備津の釜」〇例、「蛇性の婬」七例、「青頭巾」三例、「貧福論」二例である。したがって、漢文訓読語法「シテ」九例に対する和文脈語「て」「で」の使用例は三九例で、和文脈的表現が優勢である。「ず―て」も「で」も用いられていない「吉備津の釜」に訓読調の「シテ」が一例見られるのは、表現における和漢の混淆性が現われたものと思われる。

以下、接続助詞「で」の用例を各編から一例ずつ示す。

○草枕はるけき旅路の労《いたはり》にもあらで、観念修行の便《たより》せし庵なりけり。（白峯）

のほか、「色紋《あや》も見えで」「和《くは》を施し給はで」「本意をも遂たまはで」の三例。

。戸を推《おし》て入つも其人を見るに、主がかたりしに違はで、倫《なみ》の人にはあらじを、（菊花の約）
のほか、「とはでもしるき」「盟《ちかひ》たがはで」「物をもいはである」「物をもいはでぞある」「答へもせで」「告るにあらで」の六例。

。朝に夕べにわすれ玉はで、速く帰り給へ。（浅茅が宿）
のほか、「消息をだにしらで」「故《もと》にかはらで」「かはらで…住つること」「物をもいはで」「故《もと》住し家にたがはで」「年月もしるさで」の六例。

。柩《ひつぎ》にも蔵《をさ》めでかく守り侍りしに、今や蘇生《よみがへり》玉ふにつきて、（夢応の鯉魚）
のほか、「いふ所たがはでぞあるらめ」「あやしとも思はで」の二例。

。しらぬ火の筑紫路もしらではと械《かぢ》まくらする人の、（仏法僧）
のほか、「毒ある流にはあらで」「人にもおはせで」「夢現ともわかで」の三例。

。やどらせ玉ふともしらでわりなくも立よりて侍る。（蛇性の婬）
のほか、「面《おも》なきことのいはで」「海にも没《いら》で」「かゝる事をもしらで」「答へもせで」「親兄の孝《つかへ》をもなさで」「声さへなさで」の六例。

。火に焼、土に葬る事をもせで、臉《かほ》に臉をもたせ、（青頭巾）
のほか、「一言を問はで」「ものさへいはで」の二例。

。その人愚にもあらで才をもちうるに的《あた》るはまれなり。（貧福論）
のほか、「惜《をし》とおもはで」の一例。

②格助詞及びそれに準ずる「にて」「によって（によりて）」と「ヲ以テ（ヲモテ）」「ニ於テ」

（1）場所を示す、（2）手段・方法・材料などを表す、（3）原因・理由を表す、和文脈語「にて」「によって」と漢文訓読語「ヲ以テ（ヲモテ）」「ニ於テ」の『雨月物語』九編における使用状況は表Ⅱのようである。この表から「にて」と「によって」を合わせた二八例と「ヲ以テ（ヲモテ）」二八例とから、和文脈的要素と漢文訓読的要素はほぼ伯仲していると言える。

以下、具体的用例を示す。

（1）場所を示す「にて」

○大師いまそかりけるむかし、遠く唐土にわたり給ひ、あの国にて感《めで》させ玉ふ事おはして、（仏法僧）

○憑みつる君は、此国にては由縁《ゆゑ》ある御方なりしが、（吉備津の釜）

○師が許《もと》にて傘《おほがさ》かりて帰るに、（蛇性の婬）

○新宮の辺《ほとり》にて県《あがた》の真女児《まなご》が家はと尋玉はれ。（蛇性の婬）

○こゝにつれ来よ太郎と呼に、いづちにて求ぬらん。（蛇性の婬）

○さるに此神宝《かんたから》ども、御宝蔵《みたからぐら》の中にて頓《とみ》に失しとて、（蛇性の婬）

○かの御わたりにては、何の中将宰相の君などいふに添《そひ》ぶし玉ふらん。（蛇性の婬）

○冨田といふ里にて日入はてぬれば、（青頭巾）

（1'）場所を示す「ニ於テ」

用例ナシ

（2）手段・方法・材料などを示す「にて」

○実《まこと》ある詞を便りにて日比経るまゝに、物みな平生《つね》に邇《ちか》くぞなりける。（菊花の約）

○いひもをはらず抜打に斬つくれば、一刀にてそこに倒る。（菊花の約）

◦鱠手《かしは人》なるものまづ我両眼を左手《ひだり》の指《および》にてつよくとらへ、（夢応の鯉魚）

◦我為にはいかにも〱捨玉はじとて、馬にていそぎ出たちぬ。（蛇性の婬）

(2) 手段・方法・材料などを示す「ヲ以テ（ヲモテ）」

◦人のわたくしヲモテ奪ふとも得べからぬことわりなるを、（白峯）

◦道ならぬみわざヲモテ代《よ》を乱し玉ふ則《とき》は、（白峯）

◦指を破り血ヲモテ願文をうつし、（白峯）

◦重盛忠義ヲモテ輔《たす》くる故いまだ期《とき》いたらず。（白峯）

◦御廟《みべう》は玉モテ雕《ゑ》り、丹青を彩《ゑど》りなして、（菊花の約）

◦吾半世の命ヲモテ必報ひたてまつらん。（菊花の約）

◦重陽《こゝぬか》の佳節ヲモテ帰来る日とすべし。（菊花の約）

◦赤穴袖ヲモテ面《おもて》を掩《おほ》ひ、（菊花の約）

◦欺くに詞なければ、実ヲモテ告るなり。（菊花の約）

◦酒殽《かう》ヲモテ迎ふるに、再三《あまたゝび》辞《いなみ》玉ふて云、（菊花の約）

◦赤穴丹治が宅《いへ》にいきて姓名ヲモテいひ入るに、（菊花の約）

◦只信義ヲモテ重しとす。（菊花の約）

◦他《かれ》かつて聞ず顔にもてなして縄ヲモテ我腮《あぎと》を貫ぬき、（夢応の鯉魚）

◦今より後の齢ヲモテ御宮仕へし奉らばやと願ふを、（蛇性の婬）

◦此豊雄を聟がねにとて、媒氏《なかだち》ヲモテ大宅《おほや》が許へいひ納《いる》る。（蛇性の婬）

◦君が血ヲモテ峯より谷に濯ぎくださん。（蛇性の婬）

○此後も仇《あた》ヲモテ酬ひ玉はゞ、君が御身のみにあらじ。（蛇性の婬）
○畜《かれ》をやすくすかしよせて、これヲモテ頭に打帔《かづ》け、力を出して押ふせ玉へ。（蛇性の婬）
○かの袈裟ヲモテよく封じ玉ひ、そがまゝに輿に乗せ玉へば、（蛇性の婬）
○裹《つゝみ》たる物を背におひたるが、杖ヲモテさしまねき、（青頭巾）
○枕におきたる禅杖ヲモテつよく撃ければ、大きに叫んでそこにたをる。（青頭巾）
○鬼畜のくらき眼《まなこ》ヲモテ、活仏の来迎を見んとするとも、（青頭巾）
○かく果るを仏果には前業ヲモテ説しめし、儒門には天命と教ふ。（貧福論）
○只富貴ヲモテ論ぜば、信玄がごとく智謀《はかりこと》は百《もゝ》が百的《あた》らずといふ事なくて、（貧福論）
○それ驕《おごり》ヲモテ治たる世は、往古《いにしへ》より久しきを見ず。（貧福論）

（3）原因・理由を示す「にて」「によって（によりて）」

○これより西の国の人と見ゆるが、伴《とも》なひに後れしよしにて一宿《ひとよ》を求らるゝに、（菊花の約）
○日来《ひごろ》は一毛をもぬかざるが、何の報《むくひ》にてかう良からぬ心や出きぬらん。（蛇性の婬）
○かう〳〵の事にて県《あがた》の何某の女《め》か、前の夫《つま》の帯たるなりとて、（蛇性の婬）
○豊雄のもの語りにては世に恐しき事よと思ひしに、（蛇性の婬）
○よきほどの酔ごゝちにて、年来《としごろ》の大内住《うちずみ》に、辺鄙《いなか》の人はたうるさくまさん。（蛇性の婬）
○凡疫病妖災《ゑやみものゝけ》蝗《いなむし》などをもよく祈るよしにて、此郷《さと》の人は貴みあへり。（蛇性の婬）
○壇越なに事にてかばかり備へ玉ふや。（青頭巾）
○任ずるものを辱《はづか》しめて命を殞《おと》すにて見れば、（貧福論）
○羽柴と云氏《うぢ》を設しにてしるべし。（貧福論）

。わづかに兵書の旨を察《あきらめ》しによりて、冨田の城主塩冶掃部介《かもんのすけ》、吾を師として物学び玉ひしに、（菊花の約）
。馬の蹄尺地《せきち》も間《ひま》なしとかたるによりて、今は灰塵とやなり玉ひけん。（浅茅が宿）
。女君は国のとなりまでも聞え玉ふ美人《かほよびと》なるが、此君によりてぞ家所領をも亡《なく》し玉ひぬれとかたる。（吉備津の釜）
。大宅の父子《おやこ》多くの物を賄《まひ》して罪を贖《かふ》によりて、百日がほどに赦さるゝ事を得たり。（蛇性の婬）
。御僧の大徳によりて鬼ふたゝび山をくだらねば、人皆浄土にうまれ出たるごとし。（青頭巾）
。他人《ことひと》にもなさけふかく接《まじ》はりし人の、その善報によりて、今此生《しやう》に富貴の家にうまれきたり。（貧福論）
。その主のおこなひによりてたちまちにかしこに走る。（貧福論）

（3'）原因・理由を示す「ヲ以テ（ヲモテ）」

。未来解脱の利欲を願ふ心より、人道ヲモテ因果に引入れ、（白峯）
。絵に巧《たくみ》なるヲモテ名を世にゆるされけり。（夢応の鯉魚）
。興義これより病愈《いえ》て杳《はるか》の後天年《よはひ》ヲモテ死《まかり》ける。（夢応の鯉魚）

格助詞及びそれに準ずる和文脈語「にて」「によって（によりて）」と漢文訓読語「ヲ以テ（ヲモテ）」「ニ於テ」との間には、使用数の上で差が見られないが、意味の上で使用される語に違いがあることがわかる。すなわち、（1）場所を示す和文脈語「にて」と漢文訓読語「ニ於テ」については、和文脈語「にて」八例に対して、漢文訓読語「ニ於テ」はその使用例がない、（2）手段・方法・材料などを示す和文脈語「にて」と漢文訓読語「ヲ以テ（ヲモテ）」については、和文脈語「にて」が僅か四例なのに対して、漢文訓読語「ヲ以テ（ヲモテ）」は二五例で、「ヲ以テ（ヲモテ）」が遥かに優勢である。（3）原因・理由を示す和文脈語「にて」「によって（によりて）」と漢文訓読語「ヲ以テ（ヲモテ）」については、和文脈語「にて」九例、「によって（によりて）」七例であるのに対して、漢文訓読語「ヲ以テ（ヲモテ）」三例である。

このように、格助詞及びそれに準ずる和文脈語「にて」「によって（によりて）」と漢文訓読語「ヲ以テ（ヲモテ）」「ニ於テ」の対立語の使用については、その語をいかなる意味に用いるかによって、和文脈語が優勢であったり、漢文訓読語が優勢であったりするという結果が『雨月物語』の和漢混交文には顕現しているものと思われる。

③接続助詞「とも」と「トイフトモ」、「ども」と「トイヘドモ」

『雨月物語』において、逆接の仮定条件を表す接続助詞のうち、和文脈語「とも」と漢文訓読語「トイフトモ」、逆接の確定条件を表す接続助詞のうち、和文脈語「ども」と漢文訓読語「トイヘドモ」の使用状況は表Ⅲ（1～2）のようである。この表から、逆接の仮定条件を表すには専ら和文脈語「とも」四〇例が用いられ、逆接の確定条件は和文脈語「ども」が三五例、漢文訓読語「トイヘドモ」が八例用いられており、逆接の接続条件の表現にあっては、和文脈語が優勢である。

逆接の仮定表現を表す「とも」の用例を、各編から一例ずつ示す。

。兄弟牆《うち》に鬩《せめ》ぐとも外《よそ》の侮りを禦《ふせ》げよと。（白峯）

のほか、「奪ふとも」「望む所なりとも」「白くなりとも」「さゝふる者ありとも」の四例。

。楊柳茂りやすくとも、秋の初風の吹に耐《たへ》めや。（菊花の約）

のほか、「死すとも」「おそくとも」「物すとも」「あらずとも」「うつりゆくとも」「かしこに去るとも」「定めがたくとも」「とゞめ玉ふとも」の八例。

。たとへ泉下の人となりて、ありつる世にはあらずとも、（浅茅が宿）

。しばし食《もの》を求め得ずとも、なぞもあさましく魚の餌《ゑ》を飲べきとてそこを去。（夢応の鯉魚）

のほか、「餌を飲むとも」の一例。

。弱《わか》き身は草に臥《ふす》とも厭ひなし、只病給はん事の悲しさよ。（仏法僧）

のほか、「山をくだるとも」の一例。

。霹靂《はたゝがみ》を震ふて怨を報ふ類は、其肉を醢《しゝびし〈ママ〉》にするとも飽《あく》べからず。（吉備津の釜）

のほか、「異なる域《くに》なりとも」「否むとも」「悔るとも」「奴《つぶね》なりとも」「一時を過《あやま》るとも」の五例。

。家財《たから》をわかちたりとも即《やがて》人の物となさん。（蛇性の婬）

のほか、「貧しくとも」「愚なりとも」「見咎め玉はずとも」「愚也とも」「肯《うけがは》ずとも」「川常に見るとも」「道に倒るゝとも」「わすれ玉ふとも」「高くとも」の九例。

。活仏の来迎を見んとするとも、見ゆべからぬ理りなるかな。（青頭巾）

。さる人はかしこくとも、さる事《わざ》は賢からじ（貧福論）

のほか、「その身に来らずとも」「前根なりとも」「久しからずとも」の三例。

なお、和文脈語「とも」に対応する漢文訓読語「トイフトモ」の使用例はない。

次に、逆接の確定条件を表す和文脈語「ども」三五例と、漢文訓読語「トイヘドモ」八例の具体例を、「ども」については各編一例ずつ、「トイヘドモ」については全用例を示す。

。浜千鳥跡はみやこにかよへども身は松山に音をのみぞ鳴《なく》（白峯）

。楊柳いくたび春に染れども、軽薄の人は絶て訪《とむら》ふ日なし。（菊花の約）

のほか、「亡ぼし玉へとすゝむれども」「款《もてな》すに足ざれども」「思ひ沈めども」「いかにとゝへども」「静むべしとあれども」「汝をすゝむれども」の六例。

。言《ことば》をつくして諫むれども、常の心のはやりたるにせんかたなく、（浅茅が宿）

のほか、「かくよめれども」「すかしいざなへども」「あらたまりぬれども」「いざなへども」「秋を告れども」「秋ならねども」の六例。

○　こはいかにするぞと叫びぬれども、他《かれ》かつて聞ず顔にもてなして（夢応の鯉魚）

○　或ひは徒なる心をうらみかこてども、大虚《おほぞら》にのみ聞なして、（吉備津の釜）

のほか、「験《しるし》をもとむれども」「抱き扶《たす》くれども」「黄泉《よみぢ》をしたへども」「走り入て見れども」「もとむれども」「探しもとむれども」の六例。

○　今の詞は徒ならねども、只酔ごゝちの狂言《まがごと》におぼしとりて、（蛇性の婬）

のほか、「心なけれども」の一例。

○　国府の典薬のおもたゞしきをまで迎へ給へども、其しるしもなく終にむなしくなりぬ。（青頭巾）

のほか、「あまたたび叫《よべ》ども」「走り過れども」「人の肉を好めども」の三例。

○　年ゆたかなれども朝《あした》に晡《くれ》に一椀の粥にはらをみたしめ、（貧福論）

のほか、「金に栄《れぬ》あれども」「似たれども」「すぐれたれども」「龍と化したれども」「倹約なれども」の五例がある。

漢文訓読語「トイヘドモ」については、その上接語に（1）活用語の終止形（2）活用語の命令形が考えられるが、『雨月物語』には命令形に接続した例はなく、次のように連体形終止の一例を除き、他はすべて終止形接続である。

○　おのがまゝなる国政《まつりごと》を執行《とりおこな》ふトイヘドモ、重盛忠義をもて輔《たす》くる故いまだ期《とき》いたらず。（白峯）

○　屡《しばく》事に托《よせ》て物を餉《おく》るトイヘドモ、口腹の為に人を累《わづらは》さんやとて、（菊花の約）

○　よく士卒《いくさ》を習練《たならす》トイヘドモ、智を用うるに狐疑《こぎ》の心おほくして、（菊花の約）

○　吾幼なきより身を翰墨《かんぼく》に托《よす》るトイヘドモ、国に忠義の聞えなく、（菊花の約）

○　商鞅年少しトイヘドモ奇才あり。（菊花の約）

○　此事我家にとりて千とせの計《はかりこと》なりトイヘドモ、香央《かさだ》は此国の貴族にて、（吉備津の釜）

。我今仮に化《かたち》をあらはして話《かた》るトイヘドモ、神にあらず。（貧福論）

次の一例は、連体形終止に接続した例である。

。此のちは里人おもき災をのがれしトイヘドモ、猶僧が生死をしらざれば、（青頭巾）

④比況の助動詞「やうなり」と「ゴトシ」「ゴトクナリ」

比況の意を表す二形対立の助動詞として和文脈語「やうなり」と漢文訓読語「ゴトシ」「ゴトクナリ」がある。『雨月物語』での比況の意を表す二形対立語の使用状況は表Ⅳのようである。この表から和文脈語「やうなり」の使用数は一五例、漢文訓読語「ゴトシ」「ゴトクナリ」の使用数は三九例で、「やうなり」のほぼ二・五倍である。したがって、比況の助動詞から見た『雨月物語』は漢文訓読語脈が優勢であると言える。

以下、「やうなり」と「ゴトシ」の語法を形式的に整理し、その用例をそれぞれ示す。

（1）体言＋「の」＋「やうなり」

。しか〳〵のやうにて約《ちかひ》に背くがゆゑに、（菊花の約）

。何となく脳《なや（ママ）》み出て、鬼化《もの、け》のやうに狂はしげなれば、（吉備津の釜）

。影のやうなる人の、僧俗ともわからぬまでに髭髪《ひげかみ》もみだれしに、（青頭巾）

（1'）体言＋「の」＋「ゴトシ」「ゴトクナリ」

。面《かほ》は望《もち》の夜の月のゴト、笑《ゑめ》ば花の艶《にほ》ふが如《ごと》、（夢応の鯉魚）

。眼《まなこ》は鏡の如く、角は枯木の如《ゴト》、三尺《たけ》余りの口を開き、（蛇性の婬）

。山も谷も昼のゴトクあきらかなり。（白峯）

。手足の爪は獣のゴトク生《おひ》のびて、さながら魔王の形あさましくもおそろし。（白峯）

○あと答へて、鳶のゴトクの化鳥翔《かけ》来り、（白峯）
○病を看ること同胞《はらから》のゴトク、まことに捨がたきありさまなり。（菊花の約）
○生《しやう》は浮たる漚《あわ》のゴトク、旦《あさ》にゆふべに定めかたくとも、（菊花の約）
○足下《そこ》のゴトク虚弱人《たよはき》のかく患《うれひ》に沈しは、神仏に祈りて心を収めつべし。（吉備津の釜）
○眼は鏡の如ク、角は枯木の如《ごと》、三尺余りの口を開き、（蛇性の婬）
○礼ある人の席《むしろ》を譲れば、其人を奴《やつこ》のゴトク見おとし、（貧福論）
○又卑吝貪酷《ひりんどんこう》の人は、金銀を見ては父母のゴトクしたしみ、食ふべきをも喫《くら》はず、（貧福論）
○章太郎が背より手足におよぶまで、篆籀《でんりう（ママ）》のゴトキ文字を書。（吉備津の釜）
○七とせがほどは夢のゴトクニ過しぬ。（浅茅が宿）
○鼠の糞ひりちらしたる中に、古き帳を立て、花の如クナル女ひとりぞ座《を》る。（蛇性の婬）

（1″）体言＋「が」＋「ゴトシ」

○信玄がゴトク智謀《はかりこと》は百《も、》が百的《あた》らずといふ事なくて、（貧福論）
○富るものはおほく愚なりといふは、晋の石崇《せきそう》唐の王元宝《わうげんほう》がゴトキ豺狼蛇蝎《さいらうじやかつ》の徒《ともがら》のみをいへるなりけり。（貧福論）

（2）連体形＋「やうなり」

○此ことばを聞しめして感《めで》させ玉ふやうなりしが、御面《みおもて》も和らぎ、（白峯）
○呆自《あきれ》て足の踏所さへ失《わす》れたるやうなりしが、熟《つら〳〵》おもふに、（浅茅が宿）
○手足すこし動き出るやうなりしが、忽長嘘《ためいき》を吐て、（夢応の鯉魚）
○召せとの給ふに、呼つぐやうなりしが、我跪《うずゞ（ママ）》まりし背《うしろ》の方より、（仏法僧）
○こよひの長談《ながものがたり》まことに君が眠りをさまたぐと、起《たち》てゆくやうなりしが、（貧福論）

◦いといたう黒く垢づきて、眼《まみ》はおち入たるやうに、結《あげ》たる髪も背にかゝりて、（浅茅が宿）
◦杖に扶《たすけ》られて門を出れば、病もやゝ忘れたるやうにて、籠《こ》の鳥の雲井にかへるこゝちす。（夢応の鯉魚）
◦ほどなき住ゐなればつひ並ぶやうに居るを、見るに近まさりして、（蛇性の婬）
◦和《なご》めつ驚《おど》しつかはる〳〵物うちいへど、只死入たるやうにて夜明ぬ。（蛇性の婬）
◦蚊の鳴ばかりのほそき音《こゑ》して、物ども聞えぬやうにまれ〳〵唱ふるを聞けば、（青頭巾）
◦浦浪の音ぞこゝもとにたちくるやうなり。（菊花の約）
◦熱き心少しさめたらんには、夢わすれたるやうなるべしと、やすげにいふぞたのみなる。（吉備津の釜）

（2′）連体形＋「ゴトシ」「ゴトクナリ」

◦つひに龍体《みかたち》もかきけちたるゴトク見えずなれば、（白峯）
◦一座の人々忽面《おもて》に血を濯《そゝ》ぎし如ク、いざ石田増田が徒《ともがら》に今夜《こよひ》も泡吹せんと勇みて立躁《さわ》ぐ。（仏法僧）
◦長き夢のさめたる如ク、やがて彦六をよぶに、（吉備津の釜）
◦雲摺《する》墨をうちこぼしたる如ク、雨篠《しの》を乱してふり来る。（蛇性の婬）
◦御僧の大徳によりて鬼ふたゝび山をくだらねば、人皆浄土にうまれ出たるゴトシ。（青頭巾）
◦夜明て朝日のさし出ぬれば、酒の醒たるゴトクニして禅師がもとの所に在《いま》すを見て、（青頭巾）
◦…とことわらせ給へば、足下《そこ》のおぼえ玉ふ如クナリ。（仏法僧）
◦髪は績麻《うみそ》をわがねたる如クナレど、手足いと健やかなる翁なり。（蛇性の婬）

（2″）連体形＋「が」＋「ゴトシ」「ゴトクナリ」

◦面《かほ》は望《もち》の夜の月のごと、笑《ゑめ》ば花の艶《にほ》ふが如《ゴト》、綾錦に裹《つゝ》める京《みやこ》女﨟にも勝りたれとて、（夢応の鯉魚）
◦すべて面も肌も黒く赤く染なしたるが如《ごと》に、熱き事焚火に手さすらんにひとし。（蛇性の婬）

○風叢林《はやし》を僵《たを》すがゴトク、沙石《まさご》を空に巻上る。（白峯）

○松ふく風物を僵《たを》すがゴトク、雨さへふりて常《たゞ》ならぬ夜のさまに、（吉備津の釜）

○忽氷の朝日にあふがゴトクきえうせて、（貧福論）

○青雲《あをぐも》の軽靡《たなびく》日すら小雨そぼふるがゴトシ。（白峯）

○世のはかなきに思ひつゞけて涙わき出るがゴトシ。（白峯）

○木《こ》のくれやみのあやなきに、夢路にやすらふが如シ。（白峯）

○外《と》の方のみまもられて心酔《ゑへ》るが如シ。（菊花の約）

○この心をあはれみ玉へといひをはりて泪わき出るが如シ。（菊花の約）

○人々の形も、遠く雲井に行がゴトシ。（仏法僧）

○吉祥《よきさが》には釜の鳴音《なるこゑ》牛の吼《ほゆ》るが如シ。（吉備津の釜）

○此国の人は浄土にうまれ出たるがゴトシと、涙を流してよろこびけり。（青頭巾）

○水のひくき方にかたぶくがゴトシ。（貧福論）

○忽長嘘《ためいき》を吐て、眼をひらき、醒たるがゴトクニ起あがりて、（夢応の鯉魚）

以上、比況の意を表す助動詞の二形対立語「やうなり」と「ゴトシ」「ゴトクナリ」について、上接語との関係から形式的に整理してきた。和文脈語としての「やうなり」と漢文訓読語としての「ゴトシ」「ゴトクナリ」との間には大きな違いがあることが明らかとなった。すなわち、和文脈語「やうなり」は体言に格助詞「の」のついた、「体言＋の＋やうなり」の形をとるものは僅かに三例で、他の一二例はすべて「（活用語の）連体形＋やうなり」であって、漢文訓読語の「ゴトシ」「ゴトクナリ」に見られるような体言に格助詞「が」のついた、「体言＋が＋やうなり」や「（活用語の）連体形＋が＋やうなり」のような一種の和漢混淆形は見られない。

⑤打消しの助動詞「ず」の連体形「ぬ」と「ザル」、已然形「ね」と「ザレ」

打消しの助動詞「ず」の連体形と已然形とに見られる和文脈語と漢文訓読語との二形対立語は「ぬ―ザル」「ね―ザレ」である。『雨月物語』に見られる「ず」の二形対立語の使用数は表Vのようである。表Vから「ぬ」七九例、「ザル」二六例、「ね」二二例、「ザレ」五例で、「ぬ」は「ザル」の三倍、「ね」は「ザレ」の約四倍の使用で、打消しの助動詞「ず」においても、和文脈語の使用がはるかに勝っていることがわかる。

そこで、和漢両文脈語「ぬ」と「ザル」、「ね」と「ザレ」の四語の下接語について整理してみる。

「ぬ」に下接する語

・体言42　・を〈格助〉6　・は5　・ぞ4　・に〈接助〉3　・なり〈助動〉3　・に〈格助〉2
・も2　・まで2　・ものを1　・か1　・が〈接助〉1　・や1　・ばかり1　・が〈格助〉1
・やうなり1　・準体法1　・連体終止1

「ザル」に下接する語

・体言9　・は6　・や3　・連体終止3　・に〈格助〉1　・ぞ1　・が〈格助〉1
・を〈格助〉1　・なり〈助動〉1

「ね」に下接する語

・ば12　・ど4　・ども2　・係結による終止2　・中止法1

「ザレ」に下接する語

・ば4　・ども1

使用数の多さを考慮しなければならないが、和文脈語「ぬ」「ね」の下接語の方が多様性に富んでおり、『雨月物語』の文章は和漢混交文といえども、より和文脈系の要素を強く持ったものと言える。

三

和漢混交文としての『雨月物語』の文章について、その混淆の程度を、同一表現対象について、和文脈と漢文訓読脈との二形対立の語形を有する、いわゆる二形対立語に限定して検討考察した。その結果、表Ⅰ～Ⅴに示した『雨月物語』九編における和文脈語と漢文訓読語との二形対立語の現れ方はそれぞれ一様ではないが、九編の短編を構成するそれぞれの素材内容との表現上のかかわり方によって、和文脈調の要素が色濃く反映されたり、漢文訓読調の要素が色濃く反映されたりしているということなのであろうということが判明した。

秋成の文章に見られる和漢混交文は、『雨月物語』に限って見る限り、特異なものとは言い得ず、混交の程度の差は認められるものの、中世における軍記物語や説話集などに用いられた和語と漢文訓読語との混交の形を正当に引き継いでいるものとなっていると言えるであろう。

注（1）山田俊雄・馬淵和夫編『日本の説話7（言語と表現）』（東京美術、一九七四）の「和漢混淆文の語彙」（一九五～二四九頁）

（2）井上宗雄・中村幸弘編『福武古語辞典』（福武書店、一九九〇）の附録「古典解釈のための文学用語辞典」の「雨月物語」の解説。『日本古典文学大辞典（第一巻）』（岩波書店、一九八三）「雨月物語」（高田衛執筆）の解説に拠る。

（3）佐藤喜代治編『国語学研究事典』（明治書院、一九七七）資料編四近世・8小説中の「雨月物語」の解説（鈴木丹士郎執筆）に拠る。

（4）引用本文は鈴木丹士郎編『雨月物語本文及び総索引』（武蔵野書院、一九九〇）によった。ただし、原文に付された傍訓や清濁、句読点については、論者の判断で処理したところがある。

（5）中村幸彦校注『上田秋成集』（日本古典文学大系56、岩波書店、一九五九）解説一一頁。

［報告］『身代開帳略縁起』の表記実態

――福岡女子大学蔵本による――

矢野準

一　はじめに

本稿は、蔦唐丸こと蔦屋重三郎作黄表紙『身代開帳略縁起』（寛政九1797年刊）[1]の表記実態を報告するものである。これは、以下のような理由による。かつて矢野（一九九二）で、十返舎一九の黄表紙について、蔦屋重三郎から刊行された初期作品とその後の他の地本問屋から刊行された作品とを比較し、「一　一九自画作黄表紙といいながら、板元別にいくらか仮名遣い面で差がありそうである　二　特に、蔦屋板の諸作品と榎本板のそれとの違いが著しい」という結果を示した。その上で、検討課題として「版元の指導力の問題」を挙げたのである。他に、矢野（一九九一・一九九四）などで漢字の使用状況と仮名遣いを調査したが、それらでも蔦屋版とそれ以外の違いを示したに留まる。そこで、今回は、蔦屋重三郎自作に於ける表記の様相を見ることにより、蔦屋板の一九作品の表記の有り様に対する蔦屋の関与の可能性を探る一助にしたいと考えたからである。仮名遣いに関するかつての調査では、/wa/と/i/に対応するものに限定して調査したのであるが、今回は、仮名遣いをより広く調査した。それは、可能であれば、蔦屋重三郎（蔦唐丸）の表記傾向をまず明らかにすべきと考えたからである。従って、今回は該書の実態報告を専らとし、種々の先行研究との対比などは、今後の問題として残した。

調査に使用するのは、式亭三馬の蔵書印を有する福岡女子大学付属図書館所蔵（913.57／Ts92）の中本仕立のそれである。これには、いくぶん、摺りに不鮮明な部分があり、半紙本仕立の早稲田大学図書館蔵本（へ13／4339）を、適宜、参照することにした。[2]

二　漢字表記

漢字表記は、振り仮名の施されたものを含め百八十種七一七例である。これは、総文字数(3)五八一三字の一二・三％に当たる。この漢字表記の比率は、矢野（一九九四）などによっても、黄表紙におけるそれとしては高いものと思われる。一九の場合、比較的漢字表記を少なくする傾向にあったが、蔦屋板では相対的に漢字表記の率が高かったことにつながる可能性を示すものであろう。また、漢字表記のうちで、振り仮名を施された漢字は九種十例しか認められず、全体の〇・二％とかなり低率である。一九作品の場合、比較的振り仮名を施す傾向にあったが、蔦屋板では振り仮名の施された漢字が少ない傾向であった。この点も蔦屋の志向を反映している可能性がうかがえる。

次に示すのが、その漢字種と表記例数である。なお、（　）中に振り仮名を施された漢字例数を内数で示した。

御50・此35・給26・一21・人21・申20・大19・事16・女13・三12・上12・也12・郎12・口10・中10・仏10・金9・太9・時8・酒8・心8・刀8・五7・山7・是7・帳7・佛7(1)・高6・作6・子6・寺6・出6・所6・利6・下5・思5・持5・成5・内5・二5・日5・銭5(1)・家4・介4・四4・世4・孫4・百4・本4・又4・六4・當4・賣4・孝4(2)・王3・火3・京3・見3・戸3・神3・主3・手3・小3・身3・生3・代3・竹3・長3・入3・買3・付3・文3・奉3・用3・卅3・行2(1)・者2(1)・尊2(1)・引2・右2・云2・何2・花2・間2・義2・弓2・玉2・兄2・月2・皇2・合2・左2・十2・松2・図2・切2・川2・第2・弟2・天2・道2・銅2・年2・米2・名2・明2・木2・門2・傳2・哥2・扨2・曰2・安・壱・宇・永・衛・翁・晦・丸・記・吉・求・句・鼓・鯉・市・字・自・七・守・首・書・尚・信・仁・性・星・青・千・舛・相・荘・足・断・智・忠・丁・通・土・頭・同・得・楠・之・馬・八・判・半・品・物・兵・

平・房・毎・味・目・矢・油・夕・様・両・礼・恋・和・經／〆／店（1）・氷（1）・魔（1）

高使用頻度の漢字についても、これまで指摘したものと大きな差異は認められないようである。

三　仮名遣い

三の1　語中尾の/wa/の表記

ここで問題にする語中尾の表記についての具体語例は、次に示す通りである。(4)

「は」表記142例＝助詞**は**110・ハ行四段動詞未然形類11［い**は**れ（謂）2・あう（遭）・かう（買）・かまう（構）・くう（食）・しょう（背負）・たまう（給）・うばう（奪）・いう（言）・い**は**ゆる］・すな**わ**ち5・か**わ**る（変）3・つた**わ**る（伝）2・あら**わ**れる（現）・うつ**わ**（器）・う**わ**き（浮気）・う**わ**さ（噂）・さ**わ**る（触）・し**わ**ぶき（咳）・た**わ**ごと（戯言）・**わ**ざ**わ**い（災）／光ク**ワ**ウ2［りん**クハウ**（輪光）・**クハウ**いん（光陰）］・火ク**ワ**［**クハ**えん（火炎）］

「わ」表記18例＝ハ行四段動詞未然形類3［くう（食）2・い**わ**く（曰）］・あ**わ**び（鰒）・いつ**わ**り（偽）／光ク**ワ**ウ4［ご**クワウ**（後光）2・**クワウ**いん（光陰）・**クワウ**みょう（光明）］・勧ク**ワ**ン3［**クワン**ぜん（勧善）］・観ク**ワ**ン2［**クワン**のん（観音）］・願グ**ワ**ン2［せい**グワン**（誓願）・まん**グワン**じ（満願寺）］・火ク**ワ**［**クワ**たく（火宅）］・歓ク**ワ**ン［**クワン**ぎ（歓喜）］

比率からすると「は」表記142例、「わ」表記18例と前者が後者を圧倒しているが、これは、「助詞は」の表記が安定していることに拠るところが大である。他の比較的例数の多いものについては、「すな**わ**ち」のように「は」表記で安定しているものもあるが、ハ行四段活用動詞未然形類のように、「は」表記が優勢ではあるものの、その表記で安定しているとはいい難いものも認められる。また、劣勢の「わ」表記の六分の五は、字音語の合拗音の表記を採るが、これも、安定しているわけではない。
なお、矢野（一九九一・一九九二）によれば、このようなハ行四段活用動詞未然形類の「は」表記優勢の傾向や、字音語の合拗音の「わ」表記優勢の傾向は、蔦屋板の一九作品の傾向と一致している。

三の2 /i/の表記

語頭の場合は、「い」表記が大勢を占めるが、「ゐ」表記も幾分認められる。具体語例は以下の通りである。

「い」表記64例＝いう（言）21・いわれ（謂）2・いわく（曰）・いわゆる（所謂）・いましめる（誡）類8・いえ（家）5・いい（佳）2・いたって2・いと（糸）2・いる（居）2・しばい（芝居）2・いたご（板子）・むないた（胸板）・たばこいれみせ・やどばいり・いく（行）・いたす（致）・いち（市）・いっそ・いつわり（偽）・いま（今）・いや・いる（煎）・いろいろ／意イ2［とくイ（得意）］・異イ［イけん（異見）］

「ゐ」表記4例＝いる（居）・いながら（居）・いぬく（射）／異イ［ヰけん（異見）］

「ゐ」表記された語は、例(1)・(2)や例(3)の傍線部のように、「い」表記と両用表記されている。

(1)／さんけいのしよ人／み丶をそばだて丶／き丶ゐたる　（上2オ）[5]
(2)／おごりといふ心のおにをふまへていたまふ也　（中6ウ）
(3)／これは是おやのゐけんと申／名作のけんで／ござるみだのりけん／よりもたつとき／けんでござるほどに此いけんをよく／のみこむ時は何事にもまちがひは／ござらぬぞや　（下14オ）

「ゐ」表記の見られる語のほとんどは、それが本来的な表記と考えられるものであり、そこには意識的な表記志向を伺うことができるのではなかろうか。また、矢野（一九九一・一九九二）によれば、「ゐ」表記を採るのは、これも蔦屋板の一九作品に限られるようである。

語中尾の場合の具体語例は、各々、次の通りである。また、語中尾に「ゐ」表記は認められない。これを、当該表記は語頭に用いるという意識があったためと考えることもできよう。

「い」表記109例＝形容詞語尾類10［よい(佳)3・ありがたい2・助動詞たい2・うつくしい(美)・はやい(速)・助動詞まい］・ハ行四段動詞連用形類9［あきない(商)5・きづかい(気遣)・ばいかい(売買)おしょう・うしなう(失)・かなう(叶)］・ついに(終)2・おいて・おいらんしょうにん・かい(貝)・くらい・さっしゃる・なさる・ひいき(贔屓)・ハ行四段動詞イ音便類［きいたふう(利)］／開カイ15［カイさん(開山)7・カイちょう(開帳)4・カイちょうぶつ(開帳)4］・来ライ10［にょライ(如来)9・ライこう(来迎)］・霊レイ9［レイほう(霊宝)］・帯タイ8［しょタイ(所帯)・せタイ(世帯)3・せタイさん(世帯)2・せタイぶつぽう(世帯)・タイす(帯)］・拝ハイ7［ハイす(拝)5・ハイ(拝)2］・代ダイ5［しんダイ(身代)］・誓セイ4［セイがん(誓願)］・詣ケイ3［さんケイ(参詣)］・随ズイ2［ズイぶん(随分)］・内ナイ2［かナイ(家内)］・泥デイ2［こんデイ(金泥)・デイ(泥)］・介カイ［カイす(介)］・済サイ［サイど(済度)］・災サイ［サイなん(災難)］・賽サイ［サイせん(賽銭)］・財ザイ［うザイがき(有財餓鬼)］・体テイ［テイそう(体相)］・体タイ［タイ(体)］・醍ダイ［ごダイご(後醍醐)］・追ツイ［ツイとう(追討)］・底テイ［ふっテイ(払底)］・売バイ［バイかい(売買)おしょう］・平ヘイ［ヘイけ(平家)］・淮ワイ［ワイが(淮河)］

「ひ」表記46例＝ハ行四段動詞連用形類27［たまう(給)8・つかう(使)2・いう(言)・うしなう(失)・おこなう(行)・おもう(思)・すくう(救)・まとう(纏う)・うたがひ(疑)3・おはらひばこ2・ならひ(習)2・まちがひ(間違)2・こづかひちょう・てあひ(手合)］・ワ(ハ・ヤ)行一段動詞語尾［もちひる(用)］・形容詞語尾類13［ありがたひ2・助動詞まひ2・うつくしひ(美)・うまひ(旨)・たかひ(高)・にくひ(憎)・ひだるひ(饑)・めずらしひ・やすひ(安)・わかひ(若)・わるひ(悪)］・わざわい(災)／枚マイ3［マヒ(枚)2・せんマヒぎしょう］・対ツイ［ツ

ヒ（対）」

全体として、「ひ」表記は劣勢であるが、ハ行四段動詞連用形類については、原則的なハ行表記傾向が強く、「い」表記を採るのは例(4)・(5)のように、ハ行四段動詞連用形から体言化したものが、比較的に多そうである。

(4)／かいさんせんぞ／ぼさつのみゑい／あきないはん／じやうの御まもりは／これよりでます　（上3ウ）

(5)此二ツの／御佛をたふとみかぎやうによらいせんぞほさつを／大せつになすときは子孫とみさかへたちまち／金持成仏うたがひなし　（下15オ）

さらに、形容詞の語尾も、原則に反した「ひ」表記が原則的な/い/表記よりも上回っている。また、字音語の「枚」は、例(6)のように専ら「ひ」表記を採り、原則的な表記に反している。

(6)／どうやら／此はん／まひの／おれい／ほうは／大かぐらの／土用／ほしの／やうだ　（下13オ）

これらの傾向は、矢野（一九九一・一九九二）によると、何れも蔦屋版の一九作品の傾向と一致している。

三の3　語中尾/u/の表記

具体語例は、次の通り。

「う」表記145例＝助動詞**う**4・ど**う**2・ど**う**ぞ・こ**う**（斯）・ちょ**う**ず（手水）・も**う**ける（儲）／宝ホウ12［れい**ホウ**（霊宝）9・**ホウ**もつ（宝物）2・**ホウ**とう（宝塔）］・像ゾウ10［そん**ザウ**（尊像）・そん**ゾウ**（尊像）5・**ザウ**（像）・**ゾウ**（像）2・もく**ザウ**（木像）］・様ヨウ10［**ヤウ**（様）］・業ギョウ8［か**ギヤウ**（家業）5・か**ゲウ**（家業）3］・光コウ6［ご**クワウ**（後光）2・**クハウ**いん（光陰）・**クワウ**いん（光陰）・**クワウ**みょう（光明）・りん**クハウ**（輪光）］・行ギョウ6［**ギヤウ**（行）2・く**ギヤウ**（苦行）2・なん**ギヤウ**（難行）2］・帳チョウ5［かい**チヤウ**（開帳）3・かい**テウ**ぶつ（開帳）・だいふく**チヤウ**（大福帳）］・道ドウ5［ひ**ダウ**（非道）・ひ**ドウ**（非道）・ひ**ドウ**そん（非道）・ひ**ドウ**みょうおう（非道）・

ドウぐ(道具)・ドウり(道理)〕・尚ショウ4〔おシヤウ(和尚)2・おセウ(和尚)2〕・乏ボウ4〔びんボウ(貧乏)2・びんボウがみ(貧乏)2〕・経キョウ3〔キヤウもん(経文)2・ほけキヤウ(法華経)〕・孝コウ3(2)〔カウこう(孝行)2(1)・カウ(孝)(1)〕・生ジョウ3〔しゅジヤウ(衆生)〕・盛ジョウ3〔はんジヤウ(繁盛)〕・法ホウ3〔せっポウ(説法)2・せたいぶつポウ(仏法)〕・房ボウ3〔にょうボウ(女房)〕・黄オウ2〔ワウごん(黄金)〕・請ショウ2〔きセウ(起請)〕・蔵ゾウ2〔どゾウづくり(土蔵)〕・燈トウ2〔トウみょうせん・みせあんドウ(行燈)〕・塔トウ2〔トウ(塔)・ほうトウ(宝塔)〕・方ホウ2〔ホウべん(方便)〕・明ミョウ2〔とうメウ(燈明)・こうメウ(光明)〕・重ジュウ2〔ジウもつ(重物)〕・中チュウ2〔チウ(中)・てきチウ(的中)〕・応オウ〔そうヲウ(相応)〕・皇オウ〔てんワウ(天皇)〕・狂キョウ〔キヤウげん(狂言)〕・敬キョウ〔そんキヤウ(尊敬)〕・口コウ〔コウろん(口論)〕・向コウ〔いっカウ〕・甲コウ〔べっカウ(鼈甲)〕・行コウ〔ぼうコウ(暴行)〕・迎ゴウ〔らいガウ(来迎)〕・号ゴウ〔みょうガウ(名号)〕・少ショウ〔シヤウしょう(少々)〕・上ショウ〔しんシヤウ(身上)〕・荘ショウ〔セウごん(荘厳)〕・浄ジョウ〔ジヤウど(浄土)〕・譲ジョウ〔よジヤウ(予譲)〈人名〉〕・掃ソウ〔ソウじ(掃除)〕・相ソウ〔ていソウ(体相)〕・草ソウ〔サウし(草紙)〕・造ゾウ〔しんゾウ(新造)〕・懲チョウ〔チヤウあく(懲悪)〕・聴チョウ〔テウもん(聴聞)〕・唐トウ〔タウじん(唐人)〕・当トウ〔トウぶん(当分)〕・討トウ〔ついタウ(追討)〕・頭トウ〔ばんトウ(番頭)〕・胴ドウ〔ドウよくじ(胴欲寺)〕・風フウ〔きいたフウ〕・砲ホウ〔てっポウだま(鉄砲)〕・坊ボウ〔みえボウ(見栄坊)〕・暴ボウ〔ボウこう(暴行)〕・棒ボウ〔てんびんボウ(天秤棒)〕・冥ミョウ〔ミヤウがせん(冥加)〕・名ミョウ〔メウごう(名号)〕・料リョウ〔そんリヤウ(損料)〕・鐐リョウ〔なんリヤウ(南鐐)〕・休キュウ〔いキウ(意休)〈人名〉〕・窮キュウ〔こんキウ(困窮)〕・宗シュウ〔シウ(宗)〕・立リュウ〔こんリウ(建立)〕

「ふ」表記59例＝ハ行四段動詞終止連体形類48〔たまう(給)20・いう(言)16・かう(買)4・おもう(思)3・うしなう(失)2・くう(食)2・しまう(仕舞)〕・形容詞ウ音便3〔ちかい(近)〕・助動詞う3・きょう(今日)2・おうぎ

（扇）・きのう（昨日）・とうとむ

「ふ」表記に比して、「う」表記が多数を占めるのは、ひとえに、字音語表記の多さによる。挙例(7)・(8)の「業」や「乏」の仮名書き及びその他「甲・塔・法」の仮名書きとして本来ならば入声表記の「ふ」表記であるべきものも含め、字音語については「う」表記で安定しているといってよい。なお、これらに関連した開合の表記については、後述する。

(7)酒をのむ／ときはしん〳〵／とろけてかきやう／によらいおろ／そかになり／たちまち／びんほうとなる　（中8ウ）

(8)／かげう／によらいは／ありがたい／御りやくにせんぞ／ぼさつをおろそかに／してばちのあたらぬ／やうにするがよい　（上2ウ）

また、和語に関しては、原則的な表記や契沖仮名遣と同形での表記傾向が強いようである。

三の4　/e/の表記

語頭の場合、該当する語は字音語の五語8例で、そのすべては「ゑ」表記を採り「え」表記は認められない。つまり、表記上のユレがない状況ともいえるのである。具体的には、次の通りである。

「ゑ」表記＝縁エン3［ヱン（縁）・ヱンぎ（縁起）・ゆヱン（由縁）］・影エイ2［ヱイ（影）］・絵エ［おおつヱ（大津絵）］・炎エン［かヱン（火炎）］・遠エン［ヱンごく（遠国）］

次に、語中尾の場合であるが、ここでも、「え」表記は認められない。また、「ゑ」表記が二語7例であるのに対し、「へ」表記が十四語群37例であり、後者が優勢である。具体的語例は次の通り。

「へ」表記＝ハ行下一段動詞語尾類12［たとへ（譬）44・かまへる（構）・こらへる（堪）・そへる（添）・つたへる（伝）・

となへる（唱）・ふまへる（踏）・おしへ（教）・りょうがへや（両替）」・ハ行四段動詞已然命令形類5［いう（言）3・くらへ（喰）2］・ヤ行下一段動詞語尾類4［みへる（見）2・みへぼう（見栄）・さかへる（栄）］・ゆえ（故）類4・おまえ（前）類2・さんにんまえ（三人前）・ひだりまえ（左前）・すえ（末）2・うえ（上）・かえって（却）・かえる（帰）・けぶてえ・助詞さえ・助動詞ねえ

「ゑ」表記＝いえ（家）5・こえ（声）2

この場合も、複数の例が認められるものには、ユレがなく安定しているといってよい。ただ、安定しているとはいえ、そこに認められる原理を定かにはなしえない。

⑼恋の／ならひと／しりながら／など、／うつくしひ／こゑで／かたるを／きけば　（㊦12オ）

⑽／女ぼうばかり大事にして中むつましくくらす／時には金持成佛うたがひなし此ゆへに／かふはそん女ほう／大事と中奉るなり　（㊥6ウ）

⑾／おもてはうつくしくみへても心の内は／おになり　（㊦12ウ）

⑼のように伝統的な表記によると思われるもの(6)や、⑽のように定家仮名遣と同形で安定しているものがある一方で、⑾のヤ行活用動詞が原則と外れた表記形で安定していたりもするのである。(7)従って、概して、語中尾では「へ」表記志向が強いと述べるにとどめる。

三の5 /o/の表記

語頭の場合、「お」表記三十四語類67例に対し「を」表記が四語5例で、表記傾向としては、前者が優勢であった。具体的な語例は次の通りである。

「お」表記＝お（御）8・おさん〈人名〉・おおし（多）5・おごる（驕）類5・おろそか（疎）4・おや（親）3・おやじさ

ん（親父）・おく（置）3・おら2・おれ（俺）・おいらんしょうにん・おの（己）類3・おちる（落）2・およぶ（及）2・おまえ（前）類2・おきる（起）・あさおき（朝起）・おり（折）類2・おいて・おがむ（拝）・おこなう（行）・おしえ（教）・おそし（遅）・おそれる（畏）・おはらいばこ・おびただし（夥）・おぼしめす（思）・おもて（表）・おもむき（趣）・おる（織）／音オン2［オンぎょく（音曲）・かんオン（観音）］・鬼オニ3［オニ］・和オ2［オショウ（和尚）］・恩オン

「を」表記＝お（緒）2・おや（親）・おる（居）／応オウ［そうヲウ（相応）］

「おり（折）類」のように定家仮名遣と同形でユレのない表記を採るものや、「おく（置）」のように契沖仮名遣いと同形でユレのない表記を採るものがある一方で、挙例⑿・⒀の「おや（親）」のように表記にユレのあるものも認められる。

⑿／へ主のばち／おやのばちとて／二本のばちあり　（㊦13オ）

⒀／すこしにても／主をやを／お／ろ／そかに思ふ／ときはこの／ばちが／そのみに／あたるなり　（㊦13オ）

語中尾には、「お」表記は認められず、概ね、「を」表記を採るが、四語117例と語種は多くない。用例数の多くは「助詞を」で117例のうち113例を占めている。残る三語は、「みたおす」2例、「たおす（倒）」1例と「あおな（青菜）」1例で例数も多くない。また、「ほ」表記がいくらか認められ、「おおし（多）5・こおり（氷）3・かお（顔）」の三語9例で、何れも契沖仮名遣形と同じ表記のものであった。なお、「こおり（氷）」の場合、次例のように、3例のうち1例は振り仮名における例である。

⒁此高利の／ぢごくにては銭《ぜに》魔《ま》大王／氷《こほり》のかゞみへうつし　（㊥7ウ）

三の6　開合表記の表記

字音語の長音の開合表記は、開拗長音のそれも含め、それぞれ以下の通りである。

「aウ」表記十三字種27例＝様10・像3・孝3（2）・迎・向・皇・号・草・唐・討・道／甲／黄2
「oウ」表記二十四字種56例＝宝12・燈2・応・口・頭・胴・暴／像7・道4・房3・蔵2・方2・行・掃・相・
造・当・砲・坊・棒／塔2／法3／乏4
「jaウ」表記十七字種36例＝行6・帳4・経3・生3・盛3・尚2・狂・敬・上・浄・譲・冥／業5・少・料・鐐
／懲
「eウ」表記八字種13例＝業3／請2・尚2・明2・荘・帳・聴・名

開合表記に関しては、右のように、「joウ」表記以外のものがすべて認められる。ただ、それらは字音仮名遣いの原理にすべて合致しているわけでもなく、また、表記上のユレもあり、統一の取れた安定した表記とはいい難い。例えば、「像」の場合、挙例⒂のようなあるべき表記形は全10例中に3例しか認められず、むしろ⒃のような表記形を採ることが多い。また、「業」8例についても、前掲例⑺・⑻に見られるように、表記上のユレに加えて、入声を反映した本来の「eフ」表記はまったく採られていない。

⒂／〽これにあんちし給ふは／かたじけなくも／當家かいさん／せんぞぼさつの／そん／ざうで／ござる（㊤3ウ）

⒃すなはち／此そんぞうは／わうごんなん／りやうなみせん／ずくせんの御はだ／しんべんじざいの／佛にて（㊤2ウ）

また、合拗音の表記については、**三の1**の通りで、「ワ」表記が比較的多いがまったくユレがないということではない。但し、本来これに該当しないものについては、次例のように、直音表記されているようである。

⒄／ぬかぬ太刀はそのかみもろこし／わいかの市にてかんしんと／いふたう人さかなうりの／またをくゞりし時こしに／たいしたる太刀にて（㊤4ウ）

四　おわりに

以上、蔦唐丸（蔦屋重三郎）の黄表紙の表記実態を観察したが、ある程度の志向性を見て取ることが出来そうである。その志向が、本人のものか否か速断は出来ないものの、その志向性を示す傾向の一部は、本来、対蹠的志向の十偏（返）舎一九の作品の中で、蔦屋版作品の表記傾向と重なる部分もあった。従って、今は、蔦屋重三郎本人の表記志向を蔦屋版の黄表紙に反映させようとした可能性は十分にありそうに思われるという見通しのみを示しておきたい。

注（1）刊行年に関して棚橋（一九八九）の寛政八年の当該書の書誌記載の備考に、「『増補年表』・『外題鑑』・『新修年表』は本年の条に登載するが、確認される絵題簽は翌寛政九年のもので……一年遅れで刊行されたものと推せられる」とあり、これに従う。

（2）福岡女子大学蔵本は、寛政九年初版意匠の巻中の題簽を付した表紙をもつ三巻一冊本となっている。しかし、三馬の蔵書印が、一丁表・六丁表・十一丁表の三箇所に認められ、本来の三冊本の面影を残している。また、表紙に、後人の手による「寛政八年」の書き込みと朱字で九とする修正が認められる。早稲田大学蔵本は、判型からも判るように、当然のことながら、紙質も摺りの状態も良い。しかし、今回は古田東朔氏との縁を考慮して、福岡女子大学本を調査資料とした。

なお、半紙本仕立については、棚橋（一九八九）の寛政九年の当該書の書誌記載の備考などに「『和荘兵衛後日話』等と合綴半紙本にて刊行された如し」とある。

（3）総文字数と称するが、計量に当たっては、文字の他、「ゝ」・「ヽ」のような繰り返し符号、「ゟ」のような合字及び「〆」を文字に準ずるものとして処理した。ただし、捨てがなや、「〱」のような二文字以上の繰り返し符号は除外した。従って、内訳は、「漢字708・ルビ漢字10・漢字符号（「ゝ」「〆」）5・かな5026・かなの合字（「ヿ」「ゟ」など）

10・かな符号（「ゝ」など）46・カナ7・カナ符号（「ヽ」など）1」であった。なお、漢字総数は漢字の繰り返し符号を除いて考えた。また、一部判読不能字があつたが、今回はこれも総字数から除いた。

（4）見出し語形を現代仮名遣いで表示するとともに当該表記部分を太字で示した。次いで、見出し語の表記例数を記し、必要に応じて［　］中に内訳を示した。また、見出し語には、語義理解を助けるため対応すると思われる漢字を（　）中に付記した。なお、該当する語が1例の場合は、表記例数を省略して示した。従って、「は」表記142例として挙げた「ハ行四段動詞未然形類11［い**は**れ（謂）2・あう（遭）……］」は、ハ行四段動詞未然形類がすべてで11例認められ、その中に「い**は**れ」の太字部分の「は」表記が2例、動詞「あう」の未然形の「は」表記が1例認められることを意味する。また、表記にユレのある語の見出し語に傍線を施すことにより、それを明示した。

（5）挙例に際しては、出来る限り原文を忠実に翻字することに努めた。ただし、改行位置を「／」によって明示することにした。また、例文の末尾に（　）で巻丁数表裏の所在表示を行った。なお、巻の上中下は㊤㊥㊦で、丁数は算用数字で、丁の表裏はオウで示した。従って「（㊤2オ）」は、当該例が上巻二丁表に認められることを意味する。

（6）当該語は、定家の仮名遣でも契沖仮名遣でも、「ゑ」表記を採るものであり、何れにせよ伝統的といってもよかろう。

（7）当該語は、定家も契沖も「え」表記を採っている。あるいは、ここで示したハ行一段形の動詞類が中世にヤ行活用に変化していることから、もともとハ行活用と考えての過剰訂正表記の可能性もあり得るか。

参考文献

棚橋正博（一九八九）『日本書誌学大系48（2）黄表紙総覧 中篇』（青裳堂書店）
矢野　準（一九九一）「黄表紙に於ける表記法　一九自画作に於ける仮名遣い（2）」（『熊本大学教育学部紀要、人文科学40』）
――――（一九九二）「黄表紙に於ける表記法―一九自画作に於ける仮名遣い―」（『国語文字史の研究1』和泉書院）
――――（一九九四）「一九黄表紙に於ける漢字（一）」（『香椎潟39』）

式亭三馬「風流稽古三弦」について

土屋信一

◆はじめに

本稿は文政五年（1822）没した式亭三馬の遺稿として同九年（1826）刊行された「稽古三弦」翻刻、紹介して、江戸語研究資料として役立てようとするものである。

架蔵四冊本は不揃いで、元々は上中下巻の三冊本だったものを上巻二冊、中巻一冊、下巻二冊に分けた五冊本のうち、第四冊、下巻の前半が欠落したものである。欠けた部分は、国文学資料館のマイクロ・デジタル資料（330-35-2）を用いて長野県立短大蔵本から補い、また早稲田大学図書館蔵本（3133-3）を参照した。早大図書館蔵本は三冊で初刊時の姿を保っているが、いずれも本文部分の版木に異同は見られないので、架蔵本を中心にして作業を進めることとする。なお、本稿は平成二十一年十二月の近代語学会研究発表会で「式亭三馬遺稿「稽古三弦」について」と題して発表したものに手を加えたものである。当日諸氏より様々のご教示を受けたことに記して謝意を表する。当日は上巻の一部と下巻全体の翻刻を配布した。今回は紙数の制約から上巻の全てにとどめる。近日中に全体の翻刻を、できれば影印を添えて公にするつもりである。

◆書誌

(1) 書名

題簽　風流／稽古三弦　　一～五　　＊「風流」は頭書

序　　稽古三味線（けいこさみせん）　　＊序は古今亭三鳥の筆

内題　風流（ふうりう）／稽古三弦（けいこさみせん）　巻之上、巻之中、巻之下
尾題　風流（ふうりう）／稽古三弦（けいこさみせん）　巻之上
　　　風流（ふうりう）／稽古三弦（けいこさみせん）　巻之中
　　　風流／稽古三弦　巻之下
柱題　三弦　上、中、下

書名は『国書総目録』と同じく頭書を含めずに、「稽古三弦」とするのが適切かも知れない。ただ、その読みは「けいこしゃみせん」ではなく、振り仮名通りに「けいこさみせん」とするのが適切だろう。『日本古典文学大辞典』は「けいこさみせん」を採っている。「けいこしゃみせん」と読む根拠は見当たらない。『日本国語大辞典』二版は見出し語として「けいこじゃみせん」の語形を設け、近代の用例であるが森鷗外『雁』の振り仮名付き用例を掲げているので、「けいこじゃみせん」という語形の存在したことは明らかであるが、「けいこしゃみせん」という語形の存在は確かめられていない。

書名の由来は、『日本国語大辞典』二版「けいこじゃみせん」の項に「稽古用の三味線。また、稽古のために三味線を弾くこと」とあるように、舞台用ではない練習用の楽器そのものを指すが、稽古の三味線の音、あるいは稽古風景を暗示したものであろう。

(2) 著者　式亭三馬

内題に続いて「江戸　式亭三馬原稿」とあることによる。
作者について、神保五弥氏は『日本古典文学大辞典』(1984)の「稽古三弦」の項で次のように述べる。

古今亭三鳥の序文には、式亭三馬が病気になったので、この作品の草稿をそのままにしておいたところ、楚満人（為永春水）がしきりに求めたので、口授して完成させたものとあるが、内容から信じてよいと思われる。奥付には「式亭三馬原稿、楚満人校正」とあるが、楚満人の手はほとんど加わっていないと推定される。（略）病中のせいか、新味はまったくない。

没後4年の出版ではあるが、三馬の遺作として扱うことに、異論は出ていないようである。ただ、『国書総目録』には、「日本小説年表によれば古今亭三鳥作、歌川国直画とあり」との注記がある。

(3) 刊行　文政九年（1826）

巻末に「文政九丙戌春発行」とあることによる。

また、他の刊記のある版本を見ない。活字翻刻された形跡もない。

なお、管見の範囲内（早大図書館蔵本、長野県立短大図書館蔵本（国文学資料館蔵マイクロフィルムによる）、架蔵零本）では、匡郭の傷の状態から見て、諸本はみな同一の版木で刷られていると思われる。さらに言えば、刷りの状態はいずれも良好なので、多数刷られて世に受け入れられたとは言い難い。

(4) 刊行者

巻末に次のようにある。

江戸　馬喰町二丁目　西村與八
日本橋南詰　　大阪屋茂吉

(5) 諸本の所在

『国書総目録』(1965)「けいこしゃみせん」の項には次の版本の所在が示されている。

・京大（京都大学）・早大（早稲田大学）・岩瀬（西尾市立図書館岩瀬文庫）

また、『古典籍総合目録』(1990)には、玉川大学の名がある。国文学研究資料館には長野県立短大図書館蔵五冊本のマイクロフィルムがある。

(6) 体裁・構成

半紙本

匡郭の大きさから見て、本来は中本仕立てだったと思われる。早大図書館本の姿が原形であろう。

構成は、上・中・下の三巻。架蔵本は上下を各二冊に分け、一から五までの新しい題簽を張ったもので、そのうちの四が散逸してしまったものであろう。

(7) 匡郭・丁付

・匡郭（縦×横）

序　14.8 × 10.1

本文　14.6 × 10.0

挿絵　14.8 × 10.1

・丁付け　位置は柱下部

一

序　（三弦上）　ロノ一　～　ロノ五　　　　計五丁　内三丁裏～五丁裏は挿絵
本文（三弦上）　一　～　七　　　　　　　計七丁　内三丁裏～四丁表は挿絵

二

本文（三弦上）　八、九ノ十、十一　～　廿　　計十二丁　内十三丁裏～十四丁表は挿絵

　＊十丁は存在せず、「九ノ十」と丁付けしている。

三

本文（三弦中）　一　～　九、十一　～　十九　　計十八丁
　内四丁裏～五丁表・十六丁裏～十七丁表は挿絵

　＊十丁は存在しない。文脈は続いているので落丁ではない。

四（早大蔵本にて補う）

本文（三弦下）　一　～　九、十一　　　計十丁　内四丁裏～五丁表は挿絵

　＊十丁は存在しない。文脈は続いているので落丁ではない。

五

本文（三弦下）　十二　～　廿二　　　計十一丁
　内十五丁裏～十六丁表は挿絵・廿二裏は奥付

丁付けの乱れについて述べる。上中下三冊共に、第十丁が存在しないが、これは第十一丁以下の版を第一丁と同時に番号を振って整版作業を始めたためと思われる。上巻は九丁で終わってしまったため「九ノ十」を設けて辻褄を合わせたが、中巻と下巻はそのままにしたため、一見落丁かの印象を与える。中・下巻の前半にもう一丁挿絵を入れるつもりだったものか。

◆翻刻に当たっての諸問題

(1) 翻刻することの意義

本書はこれまでに翻刻された形跡がない。式亭三馬の没後に刊行されたものであるが、上巻冒頭と下巻末に「式亭三馬原稿」とあり、下巻末には「楚満人校正」とあるものの、三馬の原稿が残っていて、それによったものと見ることに、現在のところ異論は出ていない。それにもかかわらず翻刻されてこなかったのは、ひとえに凡作だからであろう。しかし戯作としては失敗作であっても、十分に当時の江戸語の資料にはなり得るものなので、ここに影印と共に翻刻を掲げて、諸氏のご検討を得たいと考える(1)。

江戸期の戯作文学は、これまで軽んじられてきた。近年草双紙や読本類に関心が寄せられ、わずかずつではあるがしっかりした翻刻が出版され始めた。それでもなお滑稽本には関心は薄く、影印本の刊行はわずかであり、確かな翻刻は少ない(2)。

研究を困難にしているのは、残存しているものがまちまちで、全体像が把握しにくいためである。全滑稽本の書目すら出来ていない。また、揃えて保管している文庫もなさそうである。滑稽本は知識人の教養書ではない。揃えておくことも、それを子孫に残すことも、疎まれたと想像される。『浮世風呂』前編の初版本(現天理図書館蔵)が平戸藩蔵書として残っていたことなどは、極めて希有な例である(3)。

滑稽本は主として貸本屋によって担がれて庶民の利用に供したものである。そのため残存する多くは、冊数を増すために綴じ直され、人気作は覆刻され、甚だしきは大幅に改作されている。また損傷も著しい。古書市場に出た場合でも、全巻揃っているのは後刷りあるいは後の版である。出版時に初版を揃えて所蔵している人は、恐らくいないだろう。従って各編ごとに初版初刷りを探し、磨り減った端本を読み比べて翻刻を進めるしか方法はない。そして最良の版本の影印を添えて提示して、多くの人の目に触れるようにするのが最善だと考える。

資料が共有されて初めて研究の開始となる。誰もが同じに読め、そこに共通の研究基盤が得られて、議論がかみ合い深まり、研究が前進する。

(2) 何を活字に移すか

版本を活字に正確に翻刻することは、それほど容易なことではない。字の判読が困難だというのではない。何を移すのかが未だに十分に議論されず、現状はばらばらなままなのである。一例を挙げれば片仮名「ハ」に似た仮名がある。これはしばしば係助詞「は」の部分に登場する。現在の翻刻本では、「は」とするものと「ハ」とするものとに分かれる。これは平仮名「は」の一字体である。片仮名「ハ」にしてしまってはいけない。同時に片仮名の「ハ」も存在し、片仮名「ハ」としての機能を有しているためである。この場当たり的な対応は、当時の仮名の用法が明らかにされていないためである。

当時の戯作の表記は、漢字・平仮名・片仮名を併用した方式で、書き手は三者を使い分けていた。前代までも、またその後も通常、漢字に仮名を交える方式は、漢字と平仮名または、漢字と片仮名であり、現在も「漢字仮名交じり文」が標準的な表記方式だと言われる場合は、漢字と平仮名が中心で、そこに外来語や物音・声が片仮名で添えられる程度である。しかし、三馬・一九の頃から滑稽本は片仮名を盛んに用い始めた。三馬の『戯場訓蒙図彙』などから推測すると、この表記法は当時の芝居台本から得たものであろう。それが近代文学・戯曲等に受け継がれ、さらに普及して、現在の日常的な表記方式では漢字・平仮名・片仮名三者を併用している。公的な文体では認められていない方式のため、いまだに使い分けの規則は明確でなく、研究も少ないが、今日的な研究課題である。樺島忠夫『日本語はどう変わるか—語彙と文字—』Ⅵ章「日本語の将来」にもあるように、極めて重要な課題である。そのためにも、正確に活字に移すことと、念のために影印も添えることが求められる。(4)
一方、活字に移すことが困難な表記も存在する。

(a) 文字の大小

版本では文字の大小は書き手の任意である。様々の大きさが使われる。これを完璧に活字に置き換えることは、不可能であろう。しかし意味あると思われる大小については極力拾い上げて、注意を喚起し、あとは影印を見て検討するという姿勢が必要だと思う。明治期の活字印刷は活字に置き換えることに急で、様々の表記要素を見捨ててしまったのではないかと、私は危惧している。

(b) 振り仮名の位置

読み手を意識して振り仮名を振ることが盛んになるのは、江戸の戯作本以降であろう。振り仮名は「漢字」に振るのか、「語」に振るのか、実はあいまいである。例えば「春雨」に「はるさめ」と振る場合、「春」にハル、「雨」にサメを振るのにはそれほどためらわないが、「時雨」に「しぐれ」と振る場合はグの位置に戸惑う。「五月雨」も同様である。これも(a)と同じく注意を喚起して影印に任せるしかないと考える。

(c) 個人的な筆跡

個人的な筆跡は活字には置き換えられない。筆跡が問題になるのは作者自筆の個所が含まれる場合や、筆耕者を問題にする場合であろう。これは問題にするならば影印で取り上げるしかない。

以上のように、活字に置き換え難い表記や、置き換えられない表記が存在するが、これらは活字翻刻と影印とを併用していくことが望ましいと考える。

最後に活字化の問題からははずれるが、挿絵と広告も全て掲げて、そこにある文字も全て翻刻することの必要性を指摘する。近年、ビジュアル文化の関心が高まり、挿絵も注目されるようになってはきたものの、挿絵と本文との関係や、挿絵中の言語表現についての関心はまだまだである。これも極力文字化して、影印と併用し理解を深めることが必要である。

(3) 文字・表記上の問題

以下は、翻刻に当たって問題となる文字・表記上の事柄を列挙する。

(a) 片仮名と平仮名

片仮名と平仮名は並立していて、それぞれの体系の中で使い分けられていると考える。現行の仮名の字体に似ているからと、安易に体系を越えて置き換えない。ただ、片仮名の使い方が正確には掌握できていないので、暫定的な活字化である。

(b) 仮名の字体

平仮名・片仮名の字体は限られた字母のものに収斂する傾向はあるものの、まだまだ多様な様相を呈していた(5)。現行の字体に近づいたのは1900年の小学校令施行規則以降であり、その後も一部の字母の仮名が所謂変体仮名として人名・屋号に、書状等に用いられた。この資料の翻刻に当たっては現行の仮名の字体に統一して示す。字体の使い分けについて調査・研究する場合は影印によってもらいたい。

(c) 漢字の字種・字体

上と同様に、漢字の字種・字体も現在の標準的な字体として用意されている、JIS漢字の範囲内で、極力翻刻することにする。当然、漢字表記を補ったり、現行の漢字表記に代えたりしない。当該資料がどのような漢字で表されているか、作者は読者にどのような漢字能力を期待して漢字を用いているかは、言語資料の着眼点として重要である。

（d）補助符号

濁点・半濁点・句読点・かっこ・踊り字・繰り返し記号等の補助符号は、cと同様に、極力そのままの形を示すように努める。文学の翻刻の場合、しばしば清濁点・句読点を補い、踊り字は本来の文字に置き換えて示されるが、補助符号の研究資料とならないばかりか、記号の置き換えを誤ることもあり得るので、原形のまま示すことに努める。

（e）その他の符号・不思議な「ア」について

翻刻の過程で、不思議な「ア」字に出会った。古今亭三鳥による稽古三味線序の中である。口上裏二行目「夕に岡崎女郎衆」とある部分で、「夕《ゆふべ》」と「に」の間に、振り仮名でない「ア」字に類する文字が入っている。これは研究発表時に坂詰力治氏からこざと偏「阝」で前の字をべ音に読むのを示す記号で、中世の文献に見られるとのご教示を得た。記して謝意を表す。(6)

（4）文字表記上の諸問題まとめ

以上見てきたように、当代の戯作の表記は、変化に富んでいる。これらが工夫を重ねて、明治期にいたり、文学・新聞・雑誌等の表記法に連なっていったと考えられる。あるものは一層重用され、あるものは消え去り、またあるものは変化し続けていると言える。資料を十分に収集し、正確に記録し、研究する必要を感じる。

注（1）滑稽本が江戸語研究の資料として重要であることについては、拙稿「江戸語資料としての式亭三馬滑稽本—助動詞「べい」の使用を中心に—」（『江戸・東京語研究—共通語への道』2009所収）参照。

（2）滑稽本の代表作「浮世床」すら、確かな版本による翻刻は行われていない。拙稿「版本の探索とことば—「浮世床」の場合—」（『武蔵野文学』36、1989・1）（『江戸・東京語研究—共通語への道』2009）を参照されたい。なお、画像の多い三馬滑稽本の影印刊行は、『戯場訓蒙図彙』が国立劇場芸能調査室から「歌舞伎の文献3」として1969年に出ており、『小野篁嘘字尽』が「太平文庫23」として1993年に太平書屋から出ている。

（3）この「浮世風呂」前編は、『初版本　諢話浮世風呂』として1978年新典社から複製刊行され、さらに新日本古典文学大系86『浮世風呂・戯場粋言幕の外・大千世界楽屋探』（1989）の底本として使われている。惜しむらくは新典社複製は解説の書誌的記述が不正確である。即ち複製本の上巻は35丁、下巻は34丁あるのに、丁付けはノド部で、上巻は「上の三十一止」まで、下巻は本文「下の卅」に丁付けのない跋文2丁が続き、「上・下とも飛び丁はない。」としているが、数が合わない。そのために、正確な丁付けができない。原本の再調査が期待される。架蔵再刻本（端本、不完全）の綴じ糸を切った調査では、上巻に1個所、下巻に2個所の丁付けの重複を見出した。初版本も丁付けに問題がある可能性がある。

（4）拙稿「現代新聞の片仮名表記」（国立国語研究所報告59『電子計算機による国語研究Ⅷ』、1977）・「「浮世風呂」の片仮名表記語」（『近代語研究』6、1980）参照。なお、漢字・平仮名・片仮名の併用については、樺島忠夫『日本語はどう変わるか―語彙と文字―』（岩波新書、1981）170ページ「三種の文字」以下に述べられている。

（5）浜田啓介「板行の仮名字体―その収斂的傾向について―」（『国語学』118集、1979）参照。

（6）2009.12.5　近代語学会研究発表会「式亭三馬遺稿「風流稽古三弦」について」の席上。なお、その後、帝国文庫『三馬傑作集』（明治26）の洒落本「辰巳婦言」発語中に同じく「夕ァ《ゆふべ》」のあることを見出した。この個所は日本名著全集『洒落本集』（昭和4）ではこざと偏で「夕阝《ゆふべ》」となっており、『洒落本大成』17（昭和57）では、「夕部《ゆふべ》」となっている。版本による確認はまだ行っていないが、恐らくは同一の版であろうが、読み手は混乱させられる。翻刻がまちまちになるのは、漢字の読みを示す、付け仮名とも言うべき表記手段が既に忘れられているためである。正確に記述しておく必要がある。なお、棚橋正博『式亭三馬』（1994）290ページには『稽古三弦』の序文のみが翻刻されているが、ここでも「夕ァ《ゆふべ》」となっている。

以下に「風流稽古三弦」巻上の翻刻文の試案を掲げる。恥ずかしながら未解決の問題箇所が多く残っている。

（口ノ一表）
稽古三味線《けいこさみせん》三序
花《はな》のもとに謳《うた》ふ。つれ奏《ぶし》には男女《をとこをんな》の／中《なか》をも。やはらげ。月《つき》にうそふく。舟《ふね》の／うちの三味線《さみせん》には。猛《たけき》きも

の、ふの／こゝろをも感《かん》ぜしむ。糸竹《いとたけ》の道《みち》ながく／つたわり。五風十雨《ごふうじうう》の調子笛《てうしふへ》時《とき》を
ふ
(ロノ一裏)
たがえず。実《げ》に太平《たいへい》の世《よ》のもてあそび／ものとはなりぬ。されど夕《ゆうべ》アに岡崎《おかさき》／女郎衆《ぢよろしゆ》とうごめきしも。功《こう》なり名《な》
／ひろめのあしたより。茅《かや》ケ軒端《のきば》の／門口《かとくち》に。何某《なにがし》とあらたに札《ふた》をいだせば。／河内《かはち》かよひの。君《きみ》がもとに寄《より》つど
(ロノ二表)
うかれ人《ひと》。いづれをみてもひかる／大将《たいしやう》。その稽古所《けいこじよ》の穴《あな》を穿《うかち》し／小冊《せうさつ》は。吾式亭《わがしきてい》の作意《さくい》なり。しかはあれと／
催馬楽《さいばら》うたふ春《はる》くれて。駒曳秋《こまひくあき》の／なかばより。病《やまひ》の床《とこ》にふし給へば。草稿《さうかう》／なかばにして。そが儘《まゝ》に文箱《ふはこ》のう
ちに
(ロノ二裏)
ひめおかれしに。南杣笑《なんせんせう》のせちに求《もとむ》る事《こと》／頻《しき》りなり。されども固辞《こぢ》してゆるし／給はず。漸《やうやく》再度《さいど》に及《およ》んで労《いたつき》
の合《あい》の手《て》に／口授《くじゆ》せられけるを。しきたへの枕《まくら》の元《もと》に／書《かき》したゝめ。稽古三味線《けいこさみせん》と表題《へうだい》し。／やつがれにそのこと
はりの。端書《はしかき》せよと。
(ロノ三表)
有《あ》るに。楚満人《そまびと》はもと三鷺《さんろ》と雅名《かめい》／せし。いそのかみふるき友《とも》とちなれば。／稲舟《いなふね》のいなみがたく。かんばつた／
声《こえ》はりあけ。ヱへまゝよ猫《ねこ》の皮《かは》ト。／　古今亭／三鳥　誌
(ロノ三裏)・(ロノ四表)・(ロノ四裏)・(ロノ五表)・〈図〉
(ロノ五裏)〈図〉※図中に「密々疎花　瀑墨中　鶴皐題」
(一表)
風《ふう》／流《りう》　稽古三弦《けいこさみせん》巻之上
江戸　式亭三馬原稿
第一計　弓矢《ゆみや》にあらぬねらいの的《まと》は／それてきた引番《ひきばん》のけいこ
一間《いつけん》の出格子《でかうし》三尺《じやく》の開《ひら》きは。母親《はゝおや》の丹誠《たんせい》に光《ひか》り。／連枝窓《れんじまど》の紋尽《もんづく》しは。てうちんやのお弟子《でし》から／付届《つけとゞ》け。うら
口《ぐち》の障子《せうじ》は切張《きりば》りに。角木瓜《かくもつこう》の／角《かど》を張潰《はりつぶ》し。腰張《こしは》りの石摺《いしすり》は。お浚《さらい》の時《とき》すり／
(一裏)

はがし。入口《いりくち》の掛札《かけふだ》。中銅壺《なかどうこ》より光《ひか》り。墨《すみ》くろ／〲と。姓名《せいめい》を顕《あら》はしたるは。檜物町《ひものてう》へ五節句《ごせつく》に／南一《なんいち》づゝの名取《なとり》なるべし　としのころ二十二三でつふりとして／いろ白《しろ》く。小《こ》もんつむぎの小《こ》そでに／しまとあさぎの男《おとこ》おびをぐる〱とまきよふじをつかいながら五匁／のたばこを。朱《しゆ》らうの長《おさ》ぎせるでのみながら。はなうたをうたつてゐる。／こなたに母親《はゝおや》としのころ六十一二。まつざかじまのわた入《いれ》に。ちりめんの／つぎ〱のどふぎをうへゝひつかけ。今くつたちやづけぢやわんをあらい／ながら。ながしのあわびかいのなかにあるかわらのかけを／見《み》てなにか小《こ》ごとをならべかけるもつとも昼《ひる》すぎとみへたり　母親おひよこ「コウ／おやきや。ちつと気《き》をつけねへよ。きんによふ（昨日）てめへが／薬罐《やくわん》をあれ（洗）へなつた時《とき》。おふかたこの瓦《かはら》でみげ（磨）へ

（二表）

たんだろう。ホンニおめへにやアこまるよ　おやき「なんだへかゝさん。わつちがなに（何）よふをしたとへ　母親「何《なん》じやア／ねへわな。てへげへ（大既）しれたもんだア。この瓦《かはら》で薬罐《やかん》を／こすりちらかしたろう。とふりでうまれかわつた／やうに薬罐《やかん》がひかるとおもつたら。ばか〱しい／たま〱事《ごと》をすりやア。ろくなこた（事）アしねへヨ。いつ／までも子供《こども》じやアあん（有）めへし。ほんとうに気《き》を付《つけ》／ねへよ。　おやき「それだつてもおちねへからじれつてへ

（二裏）

ものをいひじやアねへかナ　母親「コウそふいふとてめへ／そんな事《こと》をいふが。いひことをナニいふものかナ　おやき小《こ》ごへ／にて／「やかましいヨ　母親「なんだと　おやき「なにもいやアしね／へわなトきせるを火《ひ》ばちの／ふちでとん〱と叩《たた》く　母親「コウおやきなんぞといふと／よウくつん〱するが。それで人中《ひとなか》へ出《で》られるもん／かナ。こねへだ（此間）ものん夫太《だゆふ》さんのおされへ（捘）にいきねへ〱／といふのに。酢《す》だのこんにやくだのといつて。／とう〱いかねへじやアねへか。そのときおれが何《なん》と

（上三表）

いつた。それじやア祝義《しうぎ》の工面《くめん》でもできねへやうで／みつともねへから。一寸《ちよつと》でも顔《かほ》を出《だ》しせへすりやアお／たげへ（互）にせうべゐづくだからと。こんねへにいふのも。／みんな親《しん》はなきより（泣寄）と。てめへを人《ひと》にわらわせめへと／せいはら（背腹）アもんだアな。親《おや》の心子《こころ》しらずと。いひ気《き》／になつてぞへら〱としやらつくせへ。何《なん》ぞといふ／と直《じき》にぷくりんとふくれて。せうせへ（汐際）ふぐ（河豚）からつりを／とりそふなつら（顔）アして。親《おや》でなくつてこんねへ（此様）に

（上三裏）〈図〉※図中に「常磐津文字家喜」の看板　（上四表）〈図〉
（上四裏）
いふものか　おやき「それだからアノ時《とき》アひよろ万《まん》さん／をたのんで祝義《しうぎ》をもたしてやつたからいひじやア／ねへ
かナ　母親「ヘン又《また》くちごうせうナト　いひながらかた手《て》を／よこのはめへつかまり／かたてゞせうじを／あけな
がら大声《おおごえ》にて　水《みづ》やさん入《いれ》てくんねへよ。きんによふ（昨日）も／おめへいれてくれねへぜ。おやきそこのぜねへ
（銭）出《だ》して／くんな　火ばちの引出《ひきだ》しを／あけて見て　おやき「か丶さん爰《ここ》にやアねへヨ　母親「ナニ／ねへ（無
イ）ことがある（有）もん（物）か　おやき「それだつても爰《ここ》にやア／ねへもしねへものウ　無理《むり》なことばアかり
　母親「そんなら
（上五表）
によれへ（如来）さまにあつたつけ。立《たつ》て見《み》ねへナ　おやき「よく／こゞとをいふのうチヨツ　ト　したうちをし
ながら押入ととなり合の／仏だんより小せんを四文もつてきたり／　サアこけ（爰）へおくヨ　ト　おりふしうらな
がやのかん太郎こんのも丶引どてら／三尺おびにてひよこ〳〵とあるきながらせうじを／あけてじろ〳〵／見まわし
　かん太郎「おばおばおばさん。しちやう（師匠）さんはうち／か。おらけへ（買）ものにいくがよよよふはねねね
へか　おやき「かん／さんおめへどけ（何所）へいくんだ　かん「きよきよ京橋《きようばし》へくす（薬）／りよウけけけへに
　母親「おめへのよい〳〵の直《なを》る薬《くすり》か／かん「ヘンおおおかたおかたじけだ。おらよい〳〵じやアね丶
（上五裏）
ねへも切ねへものを。ノウちてふ（師匠）さん　おやき「そふサ人《ひと》が／つまらねへことをいふのう　かん「ちちち
げへねへのまま／まん中《なか》だ。ハ、、、、／ハ、、、、　おやき「かんさんおめへ京《きよう》ばしへいく／なら。いな
りじんみち（新道）よアしつてる（知居）だろう　かん「ちち／ちら（知）ねへでサ。ゑゑゑゑどツこだものア　お
やき「違《ちげ》へねへ／そんならのついでに坂本《さかもと》といふんでの仙女香《せんぢよかう》と／いふおしれへ（白粉）をかつて来《き》ておくれ　か
ん「おお　おしれ（白粉）／へか。ががつてんだ。ぜぜぜねへ（銭）だだだしねへ。べやぼう
（上六表）
にこねへだア仙女香《せんぢよかう》ははははやりだア　おやき「か丶さん／ぜに（銭）よウ出《だ》しておくれな　母親「ヱ、うるせへ
子《こ》だア。そこ／にあらアナ　おやき「どこにヨ　母親「そつちらの引出《ひきだ》しに／あるはナト　これにて小だんすのひ
きだしをあけ銭《ぜに》を／出しこの内をぬいてかん太郎にわたし　おやき「かんさん／まちけへ（間違）なんなよ　かん

「は丶はばかい（憚）ながや（乍）。そ丶そんな／かんたよう（勘太郎）じやアね丶ねへ。だへ（誰）だとおもふ。
ア丶つやも／ねへト　にら／む　おやき「イヨなりたやア引　かん「ヘンあいがてへ／ヱへ、、、、、、、、　母親
「コレサかんさんまたぜねへ（銭）おとしなん
（上六裏）
なよ　かん「おへがいつぜゞぜねへおつことい（落）た。ばゞばかア／いわねへもんだ。そ丶そんねへなまにゆけ
（間抜）じやアね丶／ねへぜヱへ、、、、、、、　母親「そんならい丶けどもあぶねへ／もんだ　かん「お丶おばさ
んがあんねへにいふなや。おら／よつべへ　おやき「何《なに》サありやア嘘《うそ》だよ。後生《ごせう》だから／いつて来《き》ておくれ　かん
「お丶おめへがそんなにいふなや／いつてきてやゆべへ　おやき「はやくいつて来《き》てくんな／いひ子《こ》だのう　かん
「お丶おちゆふうゑし（嬉）がやせゆも丶
（上七表）
もんだの。ヱへ、、、、、／へ、、、、、、。どへい丶いつてこよふかト　ひよろ〳〵／しながら／そとへ／出て行
　おやき「こまりもんだのふ　母親「あんなもなアつけへ（使／なんな。せわがやけてなりやアしねへ　ホンニそり
やア／そふしきつきの仕事《しごと》をもつていつてやらざアなる／めへ。チヨツとりにくればいひにト　いひながらしたの
おし入れを明《あけ》／ほぐのしきがみよりふとりじま／のわたいれをだしてちりを／つまんですてながら　それでもわる
（悪）かアねへ縞《しま》だの　ト／かた手にもち／あげて見せる　おやき「わつちやアそんな縞《しま》ア　母親「そふサ／ちつと
ぶいきもんだけれど。さのみうつちや（打捨）つた
（上七裏）
もんでもねへ。コウおらア一寸《ちよつと》いつて来るからの。花《はな》／やさんがきたならによれへ（如来）さめ（様）へ。お花《はな》ア
かつて上《あげ》／ねへよけふは妹《いもふと》のせうつきめへにち（名日）だ。ア、やつとこサ／ト　たちあがりすみとりを火ばち
のそばへなをしかまのうへのふきんを／よくひろげか丶とのへつたぞふりげたをくちでごみをはきあしへ／つ丶かけ
なからぞうきんをうわながしのふちへ／かけなからそこらをじろ〳〵見まわして　おはな（花）アわすれめ／へよト
おもてへ出《で》ればとなりのかみさま／はりものをしているを立どまり　ヲヤ〳〵こまけへ（小細）ものを／よくこんね
へ（此様）におはん（張）なせへましたの。てへ〳〵（大体）ナこつ（事）／ちやアねへネヱ。おふきい（大）もん
でせへ。なんだのかだのと
（上八表）

うるせへもんだに。ホンニよくおはんなすつたのう。吉。さん／はおあすびかへ。こねへだ（此間）じやアでへぶ（大分）おとな（成長）しくおな／りだネヱ。もふそれでもたつち〳〵おしだから。おめへ／さんのお世話《せわ》もちつたア（少）いひといふもんだ。ヲホ、、、、、、。／何《なに》サちよつとそこまでサ。おたのん（頼）申ますト　ひとりしやべり／ちらしゆく所へ／むかふより四十ぐらいの女いきせきと／くるをよく〳〵見てよびかけ　髪結《かみい》さん〳〵おめへなぜ／きてくれねへのだ。あいつがモウやかましくつてなら／ねへヨ。いつてやつてくんなゝ。おたのんもふしますト　いひ／たい

（上八裏）

ことをいつて／はしりゆく○おやきはそこらとりかたづけ。火ばちへすみをつぎ。ぬるく／なつた茶を一ト口のみかほをしかめ。しろほのはなかみで／火をあをきやう〳〵火になつた上へどびんをのせ／かたひざをばたてたなり三味せんのてうしをあわせ　はなうた「させばきを／やるさゝねばやらぬ。とかく筏《いかだ》は竿《さほ》次第《しだい》ト　どゞいつを／うたつている／ところへとしの頃四十五六。いろ黒くもへぎの紋付《もんつき》のわたいれにこくらの／おびをしめ。うけうづかの大小をさし。かわのたばこ入のかなものゝとれたる／をこよりにてむすびかゝとの白くなり／たる足によごれたせつたをはき　与五左衛門「イヤ先生《せんせい》おうち／かな。与五左右衛門《よごだゑもん》でぐざるト　せうじをあける／おやきは見て　おやき「ヲヤお出《いで》な／さいまし。サアお上《あが》り　与五「しからば御免《ごめん》くだされト。／うへゝ／あがり　さて今日《こんにち》はよい天気《てんき》いよ〳〵御障《おんささは》りなく珍《ちん》

（上九ノ十表）

重《ちやう》にぞんじ奉《たてまつ》りますト／ていねいにしきをする／おやきはわらいながら　おやき「ホ、、、、／おまはん（前様）ごてへねへ（叮嚀）だねへ。そんな（其様）におしだと。おき／のどくだよ　与五「これは〳〵御挨拶《ごあいさつ》。いにしへより聖《せい》／人《じん》の詞《ことば》にも。師《し》のかげは七尺《しちしやく》さつてこれをふまず／ともふせば。うやまふ事《こと》はうやまわねば相《あい》ならぬ／じやて。ハ、、、、、、／ハ、、、、、、　おやき「おまはんはぜうだんもんだよ。／そりやアそふと。きのふは遅《おそ》かつたらうネ　与五「イヤ昨《さく》／日《じつ》はゑらいめにあつた。是《これ》を出《で》るがいなや。はしつた

（上九ノ十裏）

ほどに〳〵。よふ〳〵の事《こと》で御門《もん》のしまるちう所《ところ》へ／かけつけた。それにはやわしどもはちよつと出《で》るに／も御目《ごご》付部屋《つけべや》へまいつて御《ご》門札《ふだ》をかりねば出《で》／られぬちう（ト云）ものだから。こまりはてるじやテ　おやき「ヲ／ヤ〳〵むづかしいもんだネヱ　与五「さればサ。今日杯《こんにちなど》も／相役《あいやく》の戸倉傳五右衛門《とくらでんごゑもん》が。お寺参拝《てらさんぱい》にまいつたゆへ／昼《ひる》

前《まへ》はすけ番《ばん》をいたしおつたゆへ。先生《せんせい》の方《かた》へ／まいるに。遅刻《ちこく》いたしおつたてナ　ハ、、、、、、／ハ、、、、
おやき「ホンニ

(上十一表)

まアお屋敷《やしき》といふもなア。義理《ぎり》のかてへ（堅）もんだネヱ／わたしらがよふなぞんぜへもん（者）にやア。くらしちやアゐ／られねへネヱ。奥《おく》さまだのなんのといふと。めつたに／芝居《しはや》なんざア見《み》られめへネヱ　与五「どふいたして一寸《ちよつと》／お中屋敷《なかやしき》へいらつしやるにも。なか〱われ〱は。／おがむ事《こと》も出来《でき》ないテ　おやき「ヲヤ〱きうくつなもん／たネヱ。そふしておまへなんざア。何《なに》をせうべへ（商売）をする／んだヱ　与五「役向《やくむき》かナ。役向《やくむき》はお台所《だいどころ》のお賄方《まかないがた》と

(上十一裏)

いふて。さま〲小買物《こがいもの》の調《しら》へから。小役人方《こやくにんがた》のお賄《まかない》／などを割《わり》わたす役《やく》で。とんと暇《ひま》のない役《やく》じやてナ。／其外《そのほか》にお坊主衆《ぼうずしゆう》の不寝扶持《ねずぶち》や何《なに》やかや。皆《みな》わし／らが掛《かけ》りサ。それも奥向《おくむき》は又奥向《またおくむき》で別《べつ》にあるが。／マア身《み》どもなぞは。お表《おもて》のお賄《まかない》ばかりさト　ひとりのみ込て／はなせどもこの／はなしおやきにはいつかうにわからねば／たゞフン〱とばかりあいさつしている　おやき「なんだかむづかしい／わからねへもんだネヱ　与五「ナニわからんちう（卜云）事《こと》のある／もんか　おやき「ナニサわかつちやアいるがネ。むづかしいと

(上十二表)

いふ事《こと》サ。ヲホ、、、、、／ホ、、、、、　トおかしくもないことを／ついせうわらいする　与五「イヤそれは／そふと。チト御指南《ごしなん》にあづかろうかナ　おやき「ホンニさあ／やりませうト　いひながら三味せんの／てうしをあわせる此うち　与五「イヤかやう申せば／おかしな事《こと》ながら。一昨年《いつさくねん》江戸《えど》表《おもて》へ勤番《きんばん》に参《まい》つて／から。どうぞ江戸《えど》表《おもて》の豊後《ぶんご》ちう（卜云）ものを。少《せう》々うなつ／て国元《くにもと》へのみやげにいたそうと。こころかけおつたに。／やう〱の事ではや此《この》やうに。御厄介《ごやつかい》になります。シタガ／来年《らいねん》は国元《くにもと》へ登《のぼり》り申が。それまでに何《なん》と少《せう》々は

(上十二裏)

上達《せうたつ》いたそうかな　おやき「できなくつちやアサ。それに／おまいなんざア。声《こい》の壺《つぼ》がいひもんだから。ちつと／ばかり習《なら》うと。直《じき》さま上《あが》るわな　与五「出来《でけ》ればよい／がナ　おやき「できなくつておまへ。子供《こども》でせへおつう／上《ぜう》ろりをかたるのがありまさアナト　三の糸／きれる　チヨツこの／いたア（糸）よくきれるヨト　大森《おおもり》みやげの香箱《かうばこ》の引出《ひきだ》しよのり糸《いと》を／出《た》してずふつとなめて。三味せんへかけ直し／ばちり〱いわせて　そりやアそうとふ

きや町《てう》の上《ぜう》ろりを御覧《ごらん》か／

与五「葺矢町《ふきやてう》とは何《なに》かな。おでゞこの事《こと》かなおやき「アハ、、、、、／ハ、、、、

(上十三表)

おでゞこたア両国《りやうごく》のだはナ。二丁町《にてうまち》サ　与五「その事《こと》サ／わしども国元《くにもと》ではおでゞこといふがナ　おやき「ヲヤ〳〵／そふかい。可笑《おかしい》ネヱ夫《それ》でも何《なに》かへ成田屋《なりたや》だの大和屋《やまとや》／だのといふやうナ。いひ役者《やくしや》があるかネ　与五「なくてわい／の。まづ悪方《あくがた》に嵐友十《あらしともじう》ナ。実方《じつかた》は山村兵太郎《やまむらひやうたろう》ナ。おやま／のゐらいのが三條國右衛門《さんぜうくにゑもん》ナ。こいらが指折《ゆびおり》の役者《やくしや》／どもじや　おやき「ヲヤ〳〵國右衛門《くにえむ》といふのが女形《おんながた》かへ。／ハ、、、、、、／ハ、、、、、、　おかしかろうネヱ　与五「ナニおかしいちう事《こと》が

(上十三裏)〈図〉・(上十四表)〈図〉※図中に「浄瑠璃のほんへじやれつく飼猫は土佐やさつまのふしをたつねん蓬莱山人」

(上十四裏)

あるもんか。此前《このまへ》ア、何《なに》やらの狂言《きやうげん》のしおつた／時《とき》にト　すこし／かんがへて　ヲ、それ〳〵ひらがな盛衰記《せいすいき》をしおつ／たとき。山村兵《やまむらひようた》が緋原源太《げじばらげんだ》で。三條国右衛門《さんじようぐにうゑえもん》が／蜑《あま》の千鳥《ちどり》で。髪《かみ》をふり乱《みだ》して出《で》おつて。友十《ともじう》が梶《かじ》／原平次郎《はらへいじろう》の役《やく》で大井川《おゝいがは》の先陣《せんぢん》あらそいをいた／した時《とき》は。ゐらい盛《さかり》やうであつた。國右衛門《くにゑもん》めがかやう／なる身《み》ぶりでト　すこしふりを／しながら　しらぬながらも千鳥《ちどり》が／推量《すいりやう》。敵《てき》は川をわたさんと。舟底《ふなぞこ》に穴《あな》をくりあけ

(上十五表)

のみをさし。待《まつ》ぞといざやしら栗毛《くりげ》の駒《こま》の足《あし》を／なやませしに頓智《とんち》の源太景清《げんだかげきよ》さま。太刀《たち》をするり／と抜《ぬき》たまい。大《おお》ぶな小《こ》ぶなきり直《なを》し〳〵トいふ所《ところ》を／見《み》せたいもんじや。なか〳〵三《さん》ゲの津《つ》に。まづ仕人《して》は／ないじやてナ。ハ、、、、、、／ハ、、、、、、　おやき「ヲヤ〳〵それじやアなんだネ。／ひらがなの中《なか》へ。矢口《やぐち》の上《ぜう》ろりを入《いれ》たんだネ　与五「何《なに》サ／そふではないのサ　おやき「それでもソノしらくりげのト／いふ文句《もんく》は。矢口《やぐち》の上《ぜう》ろりだものを　与五「そふかナ　おやき「そふ

(上十五裏)

して榊原源太《さかきばらげんだ》じやアないヨ。やつぱり梶原《かぢはら》だよ／与五「ハアそふかいナ。イヤモ久《ひさ》しい跡《あと》の事《こと》じやから。失《しつ》／念《ねん》した事《こと》もあるじやテ。　ハ、、、、、／ハ、、、、、、　おやき「どんなだが／そんなのを見《み》てへもんだねへ。おもしろからうネヱ／

与五「イヤ面白《おもしろ》ひのなんのとはな（始）ったりちう（ト云）と五日《いつか》／は丈夫《ぜうぶ》にしておるじやて　おやき「ヲヤ〳〵たつた五日《いつか》かへ／みぢつけへ（短）ネヱ。それじやア。きやうげんが出揃《でそろ》うと。／直《じき》におしまいになるだろうネヱ

与五「何《なに》サそれから

（上十六表）

又外《またほか》の芝居《しばゐ》を踊《おど》るのじやテ　おやき「ヘヱそんならなんだネ。／五日《いつか》しちやアとつけへ（取替）〳〵するんだネ

与五「もちろん／おやき「コヤとんだもんだネエ　トいひながらてうしを合せ／いろ〳〵ひいて見て　サアけいこ／しよふかネ　与五「やつてくださるかな。ヱヘン〳〵ト　せきば／らいを／しながらもめんさなだのひものついたこくらのはながみいれより／本をだして三味せん箱のうへにおきおのがでにちやわんへ茶をつぎ　ヱヘン〳〵ト／まじめにはり／ひちにてすはり　昨日《きのふ》の所《ところ》はゑらいむづかしい所《ところ》で。詞《ことば》がある／ゆゑにでけぬくい（憎）だてナ。ハ、、、、、、　ヱヘン　ヘン　ヘン　トむせうにせき／ばらいをして／ウタイ「さるほどに時《とき》うつつて天《あま》の羽衣《はごろも》うら風《かぜ》に棚《たな》びき

（上十六裏）

たなびく三保《みほ》の松原《まつばら》うき嶌《しま》が雲《くも》の足高山《あしたかやま》や富《ふ》／士《じ》の高根《たかね》ト　羽衣《はごろも》のうたいを大ごゑあけてうたふゆゑおやきはあきれて／三味せんをかゝへたまゝ与五左右衛門が顔を見ている此とき心づき／イヤこれは粗相《そそう》今日《こんにち》榎山《えのやま》六郎右衛門《ろくろうゑもん》どのへ謡《うたい》のけいこ／に参《まい》つて。そのまゝ本《ほん》を懐中《くわいちう》いたいたもんだんで。上《ぜう》／るりの本《ほん》と取違《とりちが》へてまいつた。ハ、、、、、、／ハ、、、、、、　おやき「アハ、、、／ハ、、、、、／おまへもマアそそつかしいネヱ。ハ、、、、、、／ハ、、、、、、。ア、おかしい／与五「しからばその本《ほん》の拝借《はいしやく》いたしたいト　いふゆへおやきは／あつくとぢたよせ／本を／だし　おやき「こん（此）なかア御覧《ごらん》。たしかそん（其）なかに有《あつ》たつけ

（上十七表）

与五「ネイ〳〵ト　いひながら／さがす　おやき「ナニねへことかある（有）もん（者）かナト／与五左右衛門いろ〳〵／ひねくりまはし　与五「イヤござつた〳〵爰《ここ》の所《ところ》じや〳〵サア／ヘン〳〵ヱン　上るり歌「この中《ちう》も仲《なか》の町《てう》で屁《へ》をたのしみト　いふと／おやき／三味せんをそこへほふり／出しむせうにわらう　おやき「アハ、、、、、、／ハ、、、、、、。ウフ、、、、、、、、／ヲホ、、、　ハ、、、、、、／ヱヘ、、、、、／ハ、、、、、、／ホ、、、、、、、、、　与五「コリヤ何じや。ハアわるひかな／おやき「アハ、、、、、／ハ、、、、、、。モウ〳〵おなかゞいたくつて。アハ、、、、／ヲホ、、、、、／ア、せつねへ。アハ、、、、、、／ヲホ、、、、、、。そ

ふじやアないヨ。アハ、、、、、／ハ、、、、、、／トあんまりわらつたゆゑに火ばちのひき出しより／しろほのはながみをだしはなをかみ目をふいて　ア、おかしい。そりやネ

（上十七裏）・（上十八表）〈図〉

（上十八裏）

かふいふのだヨ　上るりことば「このぢうも仲《なか》の町《なか》でへ、おたのしみト／いふのだヨ。屁《へ》をたのしむんじやアないヨ。へおたのしみを／ヱ、おたのしみといふやうにいふんだヨ　与五「ハ、アそふ／かな。わしは又《また》屁《へ》をたのしむと申から。扨《さて》は吉原《よしはら》なぞ／ではおけんせん（傾城）どもが屁《へ》をひつてたのしみにいた／すことでもあるかとぞんじおつた。コリヤおかしいのが／御尤《ごもつとも》じや。アハ、、、、、、／ハ、、、、、、、　トほどすぎて／わらうゆゑ　おやき「ウフ、、、、、／アハ、、、、／へ、、、、、、／ヱへ、、、、、、、／アハ、、、、、、、／ハ、、、、、、、、、。ア、せつねへト　これよりしば／らくの間けいこ

（上十九表）

ありしといへどもこの与五左右衛門うたいとねんぶつとのあいだをゆくこゝゑにて／いくらやつてもいつかふにできぬゆゑまづよいかげんにしてしまい／おやき「けふはマアここまでにして置《おこ》ふネヱ　与五「ゑらいむづ／かしい所《ところ》じや。イヤ又明日《またみやうにち》の事《こと》に仕《つかまつ》りませふ。ヤレ〳〵／むづかしいものじや　おやき「ナニおまへちつとなんすると／じきに出来《でき》まさアな　与五「でけやうかな。イヤさやう／なら明日御意得《めうにちぎよいえ》ませうト　わきざしをさし上り口をおりて／ぞふりをはきながら刀《かたな》をさして／へヱさやうならばト　ていねいにじぎをしておもてへたちいでしが／こわい目《め》をしてながやぢうをねめまわし／ウタイ「されども此人夜《このひとよる》はくれどもひる見えずある夜《よ》の

（上十九裏）

睦言《むつごと》にト　三輪《みわ》のくせをうたいなから／ちよこ〳〵ばしりに出て行　おやき　はな／うた「花《はな》は桜木人《さくらぎひと》は／武士《ぶし》とはみないひながら。なぜに女郎《ぢよふろ》にふられやす。／ステレツチヤン〳〵ト　小《こ》ごへにどゞいつを／うたつているとなりより　おひら「おやきさアん／おやき「大きな／声にて　なんだヱ　おなじく大／きな声にて　おひら「今《いま》なアなんだヱ　おやき「稽《けい》／古《こ》をしたのか　おひら「そふヨ　おやき「りやんサ　おひら「そふか／やけだの　おやき「からつきりサ　おひら「おかげではらア（腹）いた／くしたヨ　おやき「気《き》ざだのふ　おひら「アタサ　おやき「あれより／ひどいのがあるぜ　おひら「そふかいやだのふ。そりやアいひが

（上廿表）

おめへ湯《ゆ》にいつたかト　なにかわから／ぬゆゑに　おやき「なんだと　おひら「ヱ、／つんぼうだノウ。湯《ゆ》いいつたかいふことヨ　おやき「ウン／ニヤ／まだいかねへヨ　おひら「一所《いつしよ》にいかふじやアねへかア　おやき「お／いらアしとり（独）だヨウ　おひら「そふかすんなら後《のち》にせうか／おやき「どふでも　おひら「しかし後《のち》にやアいけめへのウ　おやき「あん（塩）／べへ（梅）しでへ（次第）でいけるヨ　おひら「すんならまつてゐよふ／のう　おやき「そふしておくれト　これも／きこへず　おひら「ヱ、　おやき「そふ／してくんなよウト　大きな／こへしておめへこそ。つんぼうだヨ　おひら「のぼ

（上廿裏）

せてゐるからきこへねへヨ　おやき「得手《えて》にのぼせたのか／おひら「そこいらサ　おやき「ヱ、のろけるもんだの両人「アハ、、、、、／ハ、、、、、／折節《おりふし》七ツの鐘《かね》ボヲン　とうふや「豆腐《しう引ふう引》イ〳〵　おやき「ヲヤとう／ふやさんが来《き》たヨ。日《ひ》がみじつけへ（短）のう

米屋《こめや》の鶏《にはとり》「トツケケツカウ

風／流　稽古三弦巻之上　終

追記　古田東朔氏からは、近代語学会創設当初より半世紀の長きにわたって御指導を賜った。一高・東大の同期生である故水谷静夫氏（同氏も平成二十六年七月御逝去）によれば、氏は「タフサク」と呼ばれて、まことにタフな方であったと言う。ご冥福を祈る。

春色梅児誉美の「腹を立つ」について

坂梨隆三

今日、「腹が立つ」「腹を立てる」という言い方がある。「(腹)が」に対しては自動詞の「立つ」が対応し、「(腹)を」に対しては他動詞の「立てる」が対応する。ところが近世の、とくに後期には「腹を立つ」という言い方がよく見られる。その例が、湯澤幸吉郎『江戸言葉の研究』に数多く挙げられている(近世前期の例については『徳川時代言語の研究』に)。『春色梅児誉美』[1]にも、今日「腹を立てる」というところがほとんど「腹を立つ」という言い方であらわれる。

以下の如くである(ルビは括弧内に示した)。

1 おまはんは**腹**(はら)**をたゝ**しつたのかへ(米八のことば、日本古典文学大系56頁。以後、頁数のみを記す)

2 **腹をたつてもたゝ**ねへでも打捨(うつちやつ)ておくがいゝ(丹次郎、56)

3 おゐらんが**腹**(はら)**をおたちなさる**ことだからよく〳〵なことでございませう(此糸、64)

4 モウ是(これ)ぎりで**腹**(はら)**を立**(たつ)て、呼(よん)ではくれなさるめへと(米八、125)

5 なぜそんな事をいつて**腹をたつ**のだ(丹次郎、144)

6 よね八が知(し)つて**はらをたち**ゐるだろうといふしうちなるべし(地の文、248)

7 かならず**腹**(はら)**をおたち**でないヨ(米八、319)

8 其様(そんねへ)に顔(かほ)に筋(すぢ)を出(だ)して、**腹を立つ**ことはねへじやアねへか(丹次郎、344)

9 **腹**(はら)**を立**(たつ)たり喧嘩(けんくわ)**をしたり**(延津賀、352)

10 丹次郎(たんじらう)が実正(ほんとう)に**腹**(はら)**を立**(たち)はしまひか(米八(心中語)、360)

11 それでも手（て）めへが**腹（はら）を立（たつ）**たは無理（むり）でねへと（丹次郎、365）
12 ふつとした言（いひ）がゝりで、おまへにも**腹（はら）をたゝ**して実正（ほんとう）にわるかつたヨ（米八、372）
13 そんなに**腹（はら）を立（たつ）**ことはないはねへ（仇吉、381）
14 そんなに額（ひたひ）へ筋（すぢ）を出して**腹（はら）を立（たつ）**て（仇吉、381）
15 丹次郎（たんじらう）が**腹（はら）を立（たつ）**ての言（いひ）ぶんは（地の文、382）
16 何（なに）もそんなに**腹を立（たゝ）**なくつてもいゝじやアないか（仇吉、391）
17 その《ママ》なことをそんなに**腹（はら）を立（たつ）**て気障（きざ）がつても（仇吉、392）
18 おらア何（なん）にも**腹（はら）を立（たち）**にやア来ねへから（丹次郎、392）
19 丹次郎（たんじらう）が実正（ほんとう）に**腹（はら）をたち**しとこゝろえ（地の文、392）
20 ナニそんなに**腹（はら）を立（たつ）**ものか（丹次郎、394）
21 そんなにおいらが**腹（はら）をたつ**のが気になるか（丹次郎、394）
22 **腹（はら）をお立（たち）**かト（米八、422）
23 **腹（はら）をたゝずに機嫌（きげん）よく**（仇吉、429）

「腹が立つ」において、「立つ」と「立てる」の対比で言えば、一般には「立つ」は自動詞で、「立てる」は他動詞である。右に見た「腹を立てる」とほとんど同じ意味であるとすれば、「腹を立つ」の「立つ」を他動詞と見ることで一応の説明はつく。そうすると、「立つ」は同一活用で、自動詞・他動詞両方の用法を有することになる。今日でも、「…（が・を）―する」において、「［口］（が・を）開（ひら）く」「［門］（が・を）閉じる」「［話］（が・を）終わる」などのように、同一活用で自動詞としても他動詞としても用いられる動詞がある。

「立つ」について、『日本国語大辞典』第二版（以下、『日国』とする）は㈠《自夕五（四）》のほかに㈡《他夕四》としても立てる。《他夕四》であるからこれは文語と見なされていることになる。その①は、「人に知られるようにする。評判を広める」という意で、例として、「古今集」秋上の「をみなへし多かる野辺にやどりせばあやなくあだの名をやたちなん」と「源氏物語」夕霧の「松島のあまのぬれぎぬなれぬとてぬぎかへつてふ名をたためやは」をあげる。[2]次に、②の意「気持ちを興奮させる」の例として、「大鏡」の「馬の上にて、ない腹をたちて」、洒落本「美地の蛎殻」の「そんなら**腹を立た**ずとも、壱つ上って御出なせへし」、滑稽本「八笑人」の「わっちが何か腹を立（タッ）て、野暮を言った様で」の例をあげる。その補注欄には次のようにある。

> 四段活用の他動詞と見られる用法は、近世に多く見られるが、「洒落本・古契三娼」の「これでぬしのかほほたっておくんなんし」、「滑稽本・浮世風呂」の「いくぢなし男に情を立（タッ）て」、「人情本・清談若緑」の「飛脚を立って呼び返さうサ」などのように、「たって」の例が圧倒的に多いところから、あるいは「たてて」の変化した形かともいわれる。

この記述については、引かれている洒落本・滑稽本・人情本の例も含め、湯澤氏の『江戸言葉の研究』に依拠されているようである。湯澤氏の記述では、「立って」について、「あるいは『立てて』の音転と見るべきものとも考えられる」とある。これと似たようなことが、日本古典文学大系『春色梅児誉美』三五一頁の頭注にも記されている。

> 私（わちき）はおまへの**言葉（ことば）をたつ**て（米八のことば）

における「たつて」について、「『たてゝ』とあるべき所」と記されている。また、「古契三娼」の「たって」については、日本古典文学全集『洒落本・滑稽本・人情本』（一二〇頁）にも頭注があるけれども、そこには「顔を立てて」と記し、「たって」は「立てて」の意とするだけで両者の関係についてとくにふれることはない。

『梅暦』にも、右と同じような、他動詞としての「立つて」が見られる。

（1）丹次郎（たんじらう）といふ人（ひと）に操（みさほ）を立（たつ）て（219頁、尼。この例も湯澤氏の『江戸言葉の研究』にある）

（2）畳（た､み）の上（うへ）に片（かた）ひざ立（たつ）て居（ゐ）る（地の文 151）

（1）の「操を立つ」に関しては、「日国」では四段の「立つ」ではなく、次のように「操を立てる」の形であげる。

「実操（ミサホ）を立て」（風俗八色談）、「みさほを立（タ）てる女房」（明烏後正夢）

（2）の「片膝（を）立つ」に関しても同様に「日国」は四段の「立つ」ではなく「片膝を立てる（立つる）」の形であげる。

「片膝を立て」（今昔物語）、「法眼かたひざをたて」（義経記）

「梅暦」において、「操（みさほ）を立（たつ）て」「片（かた）ひざ立（たつ）て」の例は各一例ずつであるが、「腹を立って」の例は23例ある。その「腹を立って」の例については、大系本も頭注でとくに、「『たて､』とあるべき所」などと記すことはない。「腹を立つ」に関しては、未然形「立た」や連用形「立ち」などの形が見られるので、これは「腹を立てて」の変化したものではなく、正統の形であると見なされているからであろう。先に見た「日国」の補注でも、「腹を立って」のような例については何も言及することはない。

先に示した、「片（かた）ひざ立（たつ）て居（ゐ）る」は地の文の例である。「立てて」→「立って」のような変化は、一般に口頭語において起こることが多い。とすれば「(片ひざ) 立って」は「(片ひざ) 立てて」の変化したかたちというよりも、頻出する「(腹) を立って」のような形に引かれて出来ていったと見てよいのかもしれない。「浮世風呂」にも「えのしまみやげの貝屏風を立（たつ）て」（日本古典文学大系136頁）という地の文中の例がある。

二　「腹を立つ」

これについては、『日国』では次のような見出しのもとに、「腹を立てる」とあわせ、まとめて記述されている。

はらを＝立（た）てる【＝立（た）つ】　怒る。立腹する。「いとどことをつけて、はらをたちて、しかけたる衣どもも著ずて」（落窪）、「腹を立て死だぞ」（史記抄）、「一つはりたれば、かの相手大いに腹を立ち」（醒睡笑）、「梅吉　腹を立てて『馬鹿や』と云へば又『馬鹿や』と云ふ」（日本読本）

（落窪物語には、「はらだつ」（四段）三二例、「はらたつ」（下二段）二例があり、「はらをたつ」は右の一例のみである。(3)　醒睡笑では、「腹を立つ」四例、「腹を立つる」九例である。）

右の「腹を立てる」「腹を立つ」の用例では、古い例として「腹を立つ」があげられており、「腹を立てる」には明治の例があげられている。右の「史記抄」の「立て」は「たてて」であろうが、可能性としては「たちて・たって」と読むこともできる。しかし、同じ『日国』「たてる」の項⑨には、「（「腹を立てる」などの形で）怒りを外に表わす。立腹する」として、次のように中世、近世の「立（つ・て）る」の例があげられている。

「入道あまりに腹をたてて、教盛にはつひに対面もし給はず」（平家）、「長老これを見て事のほか腹をたて」（昨日は今日の物語）、「女房悋気し腹立（タ）てる」（歌舞伎・閏正月吉書始）

（平家物語における「腹を立つる」はこの一例のみ。昨日は今日の物語では五例すべて「立つ」は下二段で表れる。）

「時代別国語大辞典　室町時代編」（以後、『時代別』とする）には、「腹を立つ」につき次のような例がある。そこに「立つ」を四段とする確例はない。

怒りをあらわにする。「ユルサレタ処デ李ガ腹ヲ立テコロス也」（蒙求知抄、上）、「人見腹《ハラ》ヲ立テ…イデ其義ナラ

バ手柄ノ程ヲ見セントテ」（太平記六、赤坂合戦事）

「天草版平家物語」には「清盛大きに腹を立てて」など、「腹を立てて」という形で六例表れる。「天草版伊曾保物語」にも「腹を立てて」三例、「腹を立て」一例が見られる。日葡辞書は四段の「腹立つ（ハラダツ）」を立項する。「腹立つ」についての「邦訳日葡辞書」の語釈は「立腹する」である。「立腹する」は「腹を立つる（立てる）」という意味でもあるので、「腹立つ」と「腹を立てる」とが同じような意味になると、「立つ」が「立てる」の意をもつように見えてくることもあるだろう。

虎明本狂言「福の神」にある「めうとの中にてはらたつべからず」の「はらたつ」は四段の「はらだつ（はらたつ）」とも、「はら・たつ（下二段）」とも見られる。しかし、同じく、虎明本「鱸包丁」の「ねこのはらだつことく、なかだかにたてなひて」では明らかに四段で、猫が腹を立てたようにと解釈できる。その箇所につき『狂言集の研究』下（池田廣司・北原保雄）一二〇頁の頭注には「猫が背中を高くしたように中高に」とあるが、要するに、猫が腹を立てているさまを言っているのである。そうすると、この「はらだつ」の「…たつ」は、「（腹）立つ＝（腹を）立てる」ということになり、他動詞のように見えることもあるだろうということである。虎明本狂言では「はら（を）たつる（たてる）」が断然多く、七〇余例見える。その中に「腹をおたちやる」というような言い方が三例ある。虎明本狂言「薬水」に出てくる「おたちやる」につき、右の『狂言集の研究』上、の頭注（一〇九頁）には「ご立腹なさる。『腹が立つ』と『腹を立つる』の混淆か」とある。すなわち、「腹を立つ」という言い方は混淆で出来たものかとしている。『大蔵虎明　能狂言集　翻刻註解』上（大塚光信・一〇八頁）ではこれにつき「『お立てある』の転」とする。すなわち、「オタチヤル」ではなく「オタチャル」とする訳で、この箇所についてはこの方が妥当であろう。しかし、「腹を立つ」の成立についてはそのような混淆の可能性もその一つとして考えてよいと思われる。

名詞形「はらだち」の場合、自分のことについて言う「なふ、はらだちや」のような例は虎明本に多く出てくる。

この「はらだち」は「腹が立つ」である。一方、相手について言う「おはらだち尤じゃ」（腹不立）の「はらだち」は「腹をお立てになる」というように「腹を立てる」の意になる。今日でも「ああ、腹が立つなあ」とは言っても「ああ、腹をたてるなあ」とは言わないし、相手に「そんなに腹を立てるなよ」とは言っても「そんなに腹が立つなよ」とは言わないだろう。

日葡辞書では、また、「腹」の項で、その例文に、「腹が居る」と「腹を据ゆる」を同義としてあげている。そこでは「が」には「居る」という自動詞、「を」には「据ゆる」という他動詞が対応している。

先に記したように、「醒睡笑」には「腹を立つ」「腹を立つる」両方の形があった。

「曽根崎心中」には「身をふるはしてはらを立るを」とある。「（腹・はら）を立、…」という形で「五十年忌歌念仏」「大経師昔暦」に見られる「立」は「たて」であろうが確例とはしがたい。「腹をいる」が「女殺油地獄」、「腹（いよ・いよか）」が「心中天の網島」に見える。「腹を立つる」では動詞は他動詞、「腹をいる」では動詞は自動詞である。

「鹿の子餅」には「側《そば》の客腹《きやくはら》をたち」が一例、「御存商売物」（天明二年）には「腹を立つ」が一例、「傾城買二筋道」（寛政十年）には「なんでもねへ事にはらをたつものよ」など「腹を立つ」が三例ある。

「浮世床」では「腹を立つ」が二例あるほか、「腹ァたちなんな」「腹（はら）ァ立（た）つ案じもねへス」がある。この「腹ァ」は「腹を」の転じたものと見てよいだろう。(4)

「春色恋廼染分解」には、「腹を立（たつ）て帰ツてしまった」など「腹を立つ」が十一例あり、「腹を立てる」では次の一例がある。

「ヲイおいらん、さう腹を立《たて》るにはおよばねへ」

三　「名を立つ」

「立つ」の他動詞としての用法は前に引いた『日国』二1にあるように、「名を立つ」における用法の方が「腹を立つ」における場合よりも古い。先に引いた例以外に『日国』には次のような例があげられている。

「語り継ぐべく名を立つ（名乎多都）べしも」（万・一九4164）、「のどけき春の名をもたつめり」（伊勢物語）、「いと、あるまじき名をたちて、身のあはあはしくなりぬる嘆きを」（源氏・若菜下）、「年の内にあはぬためしの名をたてて」（後拾遺）

ほかに、「昔、大唐の一行阿闍梨は玄宗皇帝の御持僧にておはしけるが、玄宗の后楊貴妃に名を立ち給へり」（平家、二）、「いたりてをろかなる人は、たま〳〵賢なる人を見て…偽りかざりて名をたてんとすとそしる」（徒然草八十五段）などもある。

右で、源氏物語・平家物語の例は四段（「たち（て）」）、後拾遺集・徒然草の例は下二段（「たて（て）」）である。万葉集、伊勢物語の例は四段・下二段の両様に解釈できるはずだが、辞書・注釈書など多くが下二段とする。右の万葉集の歌に続く4165番の歌にも同じように、「ますらをは名をし立つべし（名乎之立倍之）」とある。

万葉集・六978の「士（をのこ）やも空しかるべき萬代に語り継ぐべき名は立てずして」の「名は立てずして」は「名者不立之而」の訓みである。これについては「ナハタタズシテ」と訓む説もあるが、今日では「ナヲタテズシテ」と訓むものが多い（澤瀉久孝『萬葉集注釋』巻第六・137〜8頁参照）。

「角川古語大辞典」には「名を立つ」につき次のようにある（用例は既出例と重なる）。

「名」は名声の意にも悪い噂の意にもいう。「立つ」は他動詞下二段が用いられる。後者についても意味上他動詞的に解されるが、なぜその形がそのように用いられるのか、よくわかっていない。①名声を上げる。よい評判をとる。「語り継ぐべく名を立つ（名乎多都）べしも」（万・4164）、「ますらをは名をし立つべし」（万・4165）②悪い評判を立てる。「あやなくあだの名をやたちなん」（古今、秋上）、「いと、あるまじき名をたちて」（源氏・若菜下）

右の語釈中に「意味上他動詞的に解されるが、なぜその形がそのように用いられるのか、よくわかっていない」とあるのは、古今集の「たち（なん）」、源氏物語の「たち（て）」が、なぜ下二段の「たて」ではなくて、四段の「たち」になっているのかが不明ということであろう。

「時代別」には「『名を立つ』」の例として次のような例があげられている。

「ワカキ時ハ学問シテ功名ヲ立テテ、イカヤウノ官ニモナルベキト思タレバ」（中華若木抄一）、「君子ト云モノハ、人ト中ヲタガウタレドモ人ノ悪名ヲバ立テヌゾ」（史記抄十一）

四　「目を開（あ）く」「口を開（あ）く」など

他動詞としての「立つ」を認めるものも少なくない訳だが、自動詞としての使用が多い「立つ」が「名を立つ」「腹を立つ」などでは、他動詞のようにふるまう。これと似た「眼を開（あ）く」の様な例が『梅暦』にもある。

サアソレよく眼（め）をあいてごらんナ（梅暦181、米八）

『日国』では、[二]〔他カ五（四）〕として、「目を開くもふさぐもこちのままである」（ロドリゲス 日本大文典）の例のほかに日本永代蔵からも挙例されている。

「眼を開（あ）く」に類する言い方に「口を開（あ）く」がある。『日国』はその例を、史記抄、虎明本狂言・右流左止、一休咄、日本永代蔵、傾城色三味線などからあげる。

『明鏡国語辞典』（二版）は「あく（開く）」につき、[二]〔他五〕として、「〔俗〕口や目を開ける」とし、「大きく口を―・いてください」などの例文をあげた後に[語法]として、「『開く』を他動詞に用いるのは誤用ともいう」としている。しかし、この言い方の歴史は古いのである。三省堂国語辞典（『三国』とする）（七版）、大辞林（三版）には「あく（開く）」につき次のようにある。

「三国」：〔自然に〕あける。「口を―・く」「目を―・く」

「大辞林」：（自分の目や口を）あける。ひらく。「口を―・く」

『三国』は「自然に（あける）」、『大辞林』は「自分の目や口を（あける）」のように、いかに「あける」かについて注記するが、明鏡国語辞典の示す例は歯科医院などで聞くことがあるのではなかろうか。広辞苑は、「〔他四〕あける」とするので、「開く」は文語の扱いとなっている（用例の出典は『日国』と同じ）。

「火を吹く」、「目を眠る」、「名を付く」、「膳をすわる」なども似た言い方と言ってよいだろう。「膳をすわる」は、日葡辞書に、「ゼン（膳）ヲ スワル（suuaru）」とあり、『邦訳日葡辞書』はこれを「自分の前に食卓（膳）が据えられる」と訳している。「そばがきをすはり、ふたを明」（昨日は今日の物語）という例もある。

「目をねむ（眠）る」「胸を病む」というのもこれに似たところがある。「腹を病みて」という例が「源氏物語・空蝉」にもあり、『今昔物語』には「頭ヲ病ム」「背ヲ病ム」「腹ヲ病ム」などの例がある。『日国』はこのような「病む」は他動詞として扱う。「痛む」もまたこれに似ていると思われるが、「助詞『を』によって痛む箇所を示す用法もある」としてあげられる「腹を痛む」（今昔物語）、「歯を痛む」などの「痛む」は自動詞とされている。

今昔物語には「頭ヲ痛ム」という例もあり（巻二）、日本古典文学大系『今昔物語』一ではその語句の補注二九〇（四六一頁）で次のように言う。

今日においては痛メルという他動詞による表現も行われているので、特に自動詞であることと、ヲは痛む場所を示すものであることと、結局は頭を痛く思う意であることをここで注意しておきたい。

『日国』が「痛む」を「立つ」「病む」と同列に扱わなかったのには「日本古典文学大系」の右の補注も考慮されているのかもしれない。

五

「腹を立つ」という形は、格助詞「を」に自動詞が続くところにちょっとした違和感が感じられるのであろう。

今日、自動詞でも移動動詞などには格助詞「を」を用いることがある。「大辞林」はその③の意として「移動性の動作の経過する場所を表す」とし、「いつもの道を通る」「大空を飛ぶ」という例をあげ、④の意では「動作・作用の行われる時間・期間を表す」として「この一年を無事に生きてきた」「今を盛りに咲く」というような例をあげる。⑤の意では「動作の出発点・分離点を表す」とし、「朝九時に家を出る」「バスを降りる」「故郷を離れる」という例をあげる。そうして、これは移動性の動詞ではないけれども、⑥として「希望・好悪などの心理の向けられる対象を表す。現代語では『が』も用いられる」として「水を飲みたい」という例をあげる。「日国」は、「を」の項㈡⑨において、「主体の変化がどんな側面で変化するかを表わす。↓補注（2）（ハ）」として、

「ネズミワ　アマノイノチヲ　タスカッテ」（天草版伊曾保物語）、「怨（うら）みをはれて成仏あれ」（五十年忌歌念仏）、「此燈籠を六道の中有のあかりに迷ひを晴れ、せめて未来が助かりたいと」（鑓の権三重帷子）の例をあげる。ここには、「命を助かる」「（怨み・迷い）を晴れる」という例があげられている。その、補注（2）（ハ）には次のようにある。

二9は自動詞に「を」が用いられたものであるが、述語の表わす変化が主語のどういう属性についてのものであるかを明らかにするものなので、格助詞と考えた。ただし、主語を表すものと見ることもできる。

右にあげられている「命を助かる」は『梅暦』にもある。

命をたすかりましたはト（仇吉のことば、428）

「日国」の「たすかる」の項には次のような例があげられている。

只兎も角も、身の咎を助（タスカ）る様に、御計候へ（太平記）。ナンギヲタスカル（日葡）。ゴシャウヲタスカル（ロドリゲス 日本大文典）。やれやれひさしひ事じゃな、命をたすかったをうれしひと思ふ物じゃ（虎明本・靫猿。「命を助かる」は日葡辞書にもある）。

「時代別」は、太平記から、「一旦ノ身命ヲ助《タスカ》ラン為ニ、多年ノ忠烈ヲ失テ、隣人ニ出ル事有ベカラズ」（太平記十六、正成下向兵庫事）などを示す。

近松の「大経師昔暦・下」には「げんぜ（現世）をたすかる衣の徳、もし又つみにしづんでもぐそうがでしになすからはみらいをたすかる衣の徳」、黄表紙「孔子縞于時藍染」には「からき命をたすかり」（弟子）とある。

六 「腹を居る」

本稿では、今日ふつうに用いられる「腹が（の）立つ」についてはとくに言及していないが、この形はもちろん『梅暦』にも見られる。
腹（はら）が立（たつ）よ（仇吉、302）
はらの立（たつ）ものさ（幸331）

「腹が立つ」の反対の言い方として「腹が居る」がある。もともと「立つ」の対義語は「居る」であるから、「腹が立つ」に対して「腹が居る」がうまれるのは納得されるところである。同じように、「腹を立つ」の対義語として「腹を居る」がある。「腹を居る」という言い方がうまれたのは「腹を立つ」という言い方がすでにあったからだろう。「腹を居る」についても『徳川時代言語の研究』『江戸言葉の研究』に多くの例があげられている。

「無念の腹を居んとて蹴た」（醒睡笑）、「たゝきころしてはらをゐる」（長町女腹切）、「おやぢこれにてはらをいる」（東海道中膝栗毛）

『時代別』には、「腹を居る」について、「はらをいさしませ」（狂言六義＝酒講式）」等のほかに次の例が引かれる。

なんぢに是〈重代ノ所領〉をえさする也。是にてはらを入べしと、あんどの御はん下されける」（短編＝まんじゅのまへ下）

ここでは「居る」が「入（いる）」で表れている。

『梅暦』には、「腹を居る」の「居る」を「癒る」とした例がある。その表す意味が、「癒やす」という意味に似ているからだろう。

おめへの腹（はら）を癒（い）るがいゝ、（母→仇吉、406。原本では「癒」は「愈」となっている）

「浮世風呂」に、「夫（それ）ゆゑ焼豆腐一ツ買（かふ）て、腹を癒（いや）してゐるぢや」（四編・中）とある。ここでは、「を」に対して、自動詞「いる」ではなくて他動詞「いやす」が用いられている。「を」には他動詞という意識が芽生えてきていると見てよいのだろう。

これまで引いた例の中には「はらた（だ）つ」も表れていた。例えば、「腹立つ」とあった場合、それは「腹・立つ」という主述の関係なのか、「腹立つ」という複合動詞化したものか判定に微妙なところがある。さらに、「腹立て」とあるような場合、それには「ハラタ（ダ）チて」「ハラタ（ダ）て」「ハラタ（ダ）テて」など様々の読みが考えられる。「腹立」はまた、フクリュウと読むこともある。(5)『日国』は「腹立つ」の例として、竹取「中納言あしくさぐればなき也とはらたちて」、落窪「はらたちうらみ給ふとはらたたせもあへず、たはむれしたり」、評判記・野郎虫「平田市大夫『いつもはらたちたる顔つき也』」などをあげる。

七

「腹を立つ」は近世後期に多く見られるけれども古くから散見される。「名を立つ」という形も、「を」を間投助詞とする見方に立てば、「立つ」を他動詞とせずとも解釈はできる。古くはとくに格助詞を明示しないから、「名立つ」とあれば「名が立つ」「名を立つ」両様に解釈できる。それが徐々に、格助詞「を」と他動詞との結びつきが強くなってくる。

先に引いた虎明本の「腹不立」では、どんなになぶられても腹は立てぬという出家が、散々になぶられ、ついには腹を立てるので、そら見ろ、怒ったではないかと言われる。そこで、いやいや、腹は立てぬ、と出家が言う。そのようなことを繰り返したあとに、終わりの方では、いや、腹は立たぬ、と言う。「腹は立てぬ」と「腹は立たぬ」でニュアンスの違いはもちろんあるけれども、それは両者の意味に共通するところがあるからと言ってよいだろう。

また、「腹立つ」という複合語は「腹を立てる」と同じ他動の意味でも用いられるようになっていった。「二」で、「腹を立つ」が「『腹が立つ』と『腹を立つる』の混淆か」という一説を紹介したが、「腹を立つ」については「腹を立つる」と「腹立つ」の混淆もまた一因としてあげてよいのではなかろうか。「はらをたつる」は六拍であるが、「はらをたつ」はそれより一拍少ないので、その分、言いやすい。

「操を立って」などの「立って」を「立てて」の転とする見方については、前に述べたが、そこから「操を立つ」という言い方がうまれることはなかった。それに対して「腹を立つ」は江戸後期にも用いられていた。すなわち、これについては次のようなことが考えられようか。

（1）古くから「腹を立つ」という形は存在していたこと。

（2）他動の意味も有する「（腹）立つ」は、自動詞としての用法が多い「（腹を）立つ」の他動詞としての用法を受け入れやすくしたこと。

（3）「腹を立つ」は「腹を立つる」より一拍少ない分、言いやすいこと。

近世後期、江戸庶民の間で「腹を立つ」は、かなり通用していた。しかし、「が」には自動詞が対応し、「を」には他動詞が対応するという大きな枠組みは厳然としてあった。「腹を立つ」は、近代日本語が成立していく過程で、「を」に他動詞が続くというわかりやすい形の「腹を立てる」には抗しきれず、その中にやがて吸収され、消滅していくことになったのであろう。

注（1）日本古典文学大系『春色梅児誉美』に拠った。大系本には『春色梅児誉美』と『春色辰巳園』の二作品が収められている。大系本は原本の濁点の有無についても一つ一つ頭注に記すなど厳密な校訂がほどこされているが、本稿では併せて、日本古典文学館による複製の『春色梅児誉美』と成蹊大学図書館蔵の『春色辰巳園』とをあわせて参考とした。ここでは、『春色梅児誉美』と『春色辰巳園』とをあわせて『梅暦』と略称する。

（2）用例は多くを『日国』、『時代別国語大辞典　上代編』、『同　室町時代編』、『角川　古語大辞典』等に拠った。そこにあげられた例では各辞典に共通するものも多い。それらの用例については、刊行の新しい『日国』からあげることが多いが、すべてに準拠した辞典を示すことはしなかった。なお、用例は一部を省略して示すことがある。

（3）この「はらをたつ」につき、松尾聡氏は、「『はらをたてて』とあるべき語法であるが、『を』は感動助詞とみれば、このままでも解けるか」と述べる（日本古典文学大系『落窪物語　堤中納言物語』二八〇頁、補注四五八）。

（4）『梅暦』に次のような例がある。

直（ぢつき）に腹（はら）アたつから（丹次郎、56）

右の「腹（はら）ア」の「ア」は何が転じて「ア」になったのか。今日では、「ほんとに腹が立って、しようがなかった」というところが、実際には「ほんとに腹アたってしょうがなかった」のように発音されることもあるだろう。しかし、右の「腹（はら）アたつから」は「腹を立つから」の「を」が転じたものと見るべきものである。本稿の冒頭にあげたように、右の例と同じ箇所（56頁）に、「腹（はら）をた、しつたのかへ」「腹をたつてもた、ねへでも」のように「腹を…」とした例が見られる。

くだけた物言いにおいては、格助詞「が・を・に・へ」や副助詞「は」などは、次のようにそれの付く直前の母音を一拍分長音化することで代用されることがあるのではないか。

花が咲いたよ→花ア咲いたよ（「が」は言わず「花咲いたよ」とも）

海（に・へ）行った→海イ行った（「に・へ」は言わず「海行った」とも）

酒を飲んで→酒エ飲んで（「を」は言わず「酒飲んで」とも）

「浮世床」の「腹（はら）アたちなんな」（日本古典文学全集284頁）にある「腹（はら）ア」も「腹を」の転だろうし、「道中粋語録」の「何処でもよさそうな内（うち）イ付（つけ）てくんねへ」（日本古典文学大系322頁）にある「内（うち）イ」は「内へ」の転であろう。

（5）この語については、石井正彦氏に次の考察がある。「『腹立つ』『腹立（ふくりゅう）する』『立腹する』について」（『講座日本語の語彙』⑨）。

ここでは次のような索引類を使用させて頂いた。

澤瀉久孝『萬葉集大成』（平凡社）、池田亀鑑『源氏物語大成』（中央公論社）、上田英代ほか『源氏物語語彙用例総索引』（勉誠社）、峰岸明・有賀寿美子『古今著聞集』（笠間書院）、泉基博『十訓抄　本文と索引』（古典文庫）、馬淵和夫ほか『今昔物語分節索引』（笠間書院）、安田孝子ほか『撰集抄自立語索引』（笠間書院）、松尾聡・江口正弘『落窪物語総索引』（明治書院）、岩淵匡ほか『醒睡笑　索引編』（笠間書院）、金田一春彦・清水功・近藤政美『平家物語総索引』（学習研究社）、近藤政美ほか『天草版平家物語語彙用例索引』（勉誠出版）、井上章『天草版伊曾保物語』（風間書房）、北原保雄ほか『大蔵虎明本狂言集総索引』（武蔵野書院）、北原保雄『きのふはけふの物語　研究及び総索引』（笠間書院）、北原保雄・大倉浩『狂言記の研究』（勉誠社）、北原保雄・小林賢次『続狂言記の研究』（勉誠社）、北原保雄・吉見孝夫『狂言記拾遺の研究』（勉誠社）、『近世文学総索引　西鶴』（教育社）、『近世文学総索引　近松』（教育社）、鈴木雅子ほか『江戸小咄　鹿の子餅　本文と総索引』（新典社）、稲垣正幸・山口豊『浮世床総索引』（武蔵野書院）、浅川哲也『春色恋廼染分解　翻刻と索引』（おうふう）。

上一段「射る」の五段化状況

鈴木丹士郎

一

以前、求められた小文で、[1]ちょっと気になる言葉の使い方を指摘し、「射る」の活用についても触れたことがある。小著でも[2]若干触れたが、特に現代（明治期以降から今日まで）における「射る」本来の活用とは異なる活用の語形については述べなかった。小文の掲載誌はその性質上一般の人の目に触れにくいということもあり、いずれ補訂する機会を得たいと思っていた。特に新聞記事に見られた「弓を射りに」「まきわら（練習用の的）に射ったあと」などの「射り」「射っ（た）」の語形（活用形）が最近ではどのような状況になっているかが気になっていた。

今回は、「射る」の、既に報告されている上一段の枠で律しきれない例、すなわち五（四）段のように用いられている例をふまえ、さらに新たに見出した同様の例を加えて整理することから始めることにする。

二

まず、江戸時代末までの、四段のように用いられている「射る」の例を活用形別に示すと次のようである。草双紙の用例は全体を原表記にもどすことをせず、該当する部分を原表記にし、〔　〕内に漢字を入れた。以下同様。

未然形　イラ　助動詞「す」・「ず」に連なる場合。

または善悪《ぜんあく》の的《まと》を掛《か》け、光陰《くわうゐん》の矢《や》をゐ〔射〕らせて責《せ》める所也。（照子浄頗梨《かがみのじょうはり》・中、寛政二年〈一七九〇〉刊）

かの娘《むすめ》の尻《しり》へ的《まと》を仕掛《しか》け、楊弓《やうきう》をやたらにい〔射〕らせ給《た》まひければ、自然《しぜん》と尻《おいど》が小《ちい》さくなり（枯樹花大悲《かれきのはなだいひの》利益《りやく》・中、享和二年〈一八〇二〉刊）

二例とも山東京伝の作品に見られる例であるが、一段活用には助動詞「す」は接続しえず、そのかわりに「さす」が連なる。『枯樹花大悲利益』には本来の「さす」の接続した例も認められる。

矢大神《じん》、親子《おや》ばかりでは手が回《まわ》らぬとて、御本堂《ほんどう》の絵馬《ゑま》の頼政《より》を手間《てま》に入《い》れて、矢をい〔射〕させ給ふ。（中）頼政《より》さへ嬉《うれ》しがつた菖蒲様《あやめさま》、鵺《ぬえ》もい〔射〕らずに、あなたから安売《やすうり》の百膳《ぜん》とは、ありがた山〳〵。（五人切《ごにんぎり》西瓜斬売《すいかのたちうり》・上、文化元年〈一八〇二〉刊）

この例も京伝の作品であるが、「いら-ズ」は本来なら「い-ズ」とあるべきところである。

連用形

aイッ（音便形）　助動詞「た」に連なる場合。

かの万国《ばんこく》の図にある腹《はら》に穴《あな》のある人を呼《よ》び寄《よ》せ、具足《ぐそく》を着《き》せてつるし、働《はたら》く所を具足《ぐそく》の上《うへ》から射抜《いぬ》かせる。てうとい〔射〕つたが臍《へそ》ではないかの（恋川春町、鸚鵡返《おうむがえし》文武二道、寛政元年〈一七八九〉刊）

生田川《いくたがは》とやらの水の中に居る鳥を、箭《や》で射《いっ》た者の情人《いろ》にならふといつたら（為永春水、英対暖語・五編二十九回、天保九年〈一八三八〉刊）

bイリ　助動詞「つ」に連なったり、複合語の前要素になったりする場合。

些《すこし》馴染《なじみ》も出来《でけ》るや出来《でけ》ずに、射《いり》つ砍《きり》つの大合戦《おほかつせん》、やうやく世間長閑《よのなかのどけ》くなりても（曲亭馬琴、占夢南柯後記・六、文化九年〈一八一二〉刊）

「射《いり》つ」は下接する「砍《きり》つ」に牽引されて生じた語形の可能性も考えられる。

射りやうを娘に習ふいやなやつ　雨譚（やない筥・一、天明三年〈一七八三〉刊）

もし〳〵先生、そこで大あんどんはおもての方へ何をかいておくんなせへやし、（…略…）ゆみ矢をもつてそがの五郎十郎が小町をいりころさうという所を。（林屋正蔵、おとしばなし年中行事・上 三月初午の行燈、天保七年

〈一八三六〉刊）

「射《い》る」は近世においても本来の上一段に活用する一方、江戸時代後期、天明（一七八一～八八）・寛政（一七八九～一八〇〇）頃から四段のように活用する例が見られるようになる。前田勇編『江戸語大辞典』（講談社、昭和四十九年刊）によれば、「射る」の項目で、

ヤ上一からラ五への過渡期にあり、連用形に両様が見え、かつ可能動詞「射れる」を派生している。

とあり、上一段と五段の例を示している。さらに「射る」の可能動詞「射れる」も立項されている。

（遊）一筥《ひとはこ》射《い》給へ（栄）わたくしはあまり射《い》た事《こと》がございませんト云ながら弓（ゆみ）ヲトル（遊）何《なに》さいれるものよ。まづちと強《つよ》イので小鼻《こばな》附《づ》ケ。丁《てう》かね迄《まで》引《ひ》ッこんでサウ〳〵きついもんたァ。（早田五猿、金錦三調伝《きんきんさんちょうでん》、天明三年刊）（稿者注：「遊」「栄」は登場人物で、可遊、栄三郎のこと）

三

次に、明治期以降、五（四）段のように用いられている「射る」の例を活用形別に見ることにしよう。

未然形

ａイラ　助動詞「ず」や接続助詞「で」（助動詞「ず」に接続助詞「て」の付いたものの一語化）に連なる場合。

源氏征討の宣旨を蒙りて、遥々富士川迄押し寄せたる七万余騎の大軍が、水鳥の羽音に一矢も射らで逃げ帰るとは、平家物語を読むもの、馬鹿々々しと思ふ処ならん（夏目漱石、人生、第五高等学校『龍南会雑誌』四十九号、明治二十九年）

然るに憎むべき我が露国の権力は、拙者を射《ゐ》らずして却て君を撃つた（木下尚江、良人の自白・続篇二十七の八、

明治三十九年刊）

　bイロ　助動詞「う」に連なる場合。

突如《とつじよ》、きりきりと引《ひき》しぼつたは、西條流鏑矢《さいでうりうかぶらや》の半弓《はんきう》！――弓勢《ゆんぜい》またなかなかにあなどりがたく、寄《よ》らば射《い》らうとばかりに狙《ねら》ひをつけようとした刹那《せつな》、（佐々木味津三、右門捕物帖・七化け役者・五、昭和六年刊）

連用形

　aイッ（音便形）助動詞「た」や助詞「て」に連なる場合。

十二時過《じすぎ》に至《いた》り始《はじ》めて枕《まくら》に就《つ》き一睡《すゐ》して眼《め》を開《ひら》けば旭日窓櫺《きよくじつさうれい》を射《ゐつ》て（末広鉄腸、雪中梅・下編第一回、明治十九年刊）

が、逸早くお関の眼を射《いつ》たのは、お高の膝前《まへ》に投げてある指輪の光と、石膏女神の裸体像とであつた（良人の自白・上篇二十四の三、明治三十七年刊）

頭の物や、時計の鎖や、指環、ブローチなぞの宝石が那辺這辺《あちこち》目を射《い》つて、ハンケチだの扇だのが頻《しつきり（ママ）》なしに動く。（小栗風葉、青春・夏・七、明治三十八年〜三十九年刊）

低く雲間を洩るゝ黄金色の夕日が斜に雑木林《ざふきばやし》を射つて（同、青春・秋・十五）

眼の前は左右の柳がふさ〳〵と雨を含んで甲武線に通ふ橋下の道からは桜の葉が眼を射つた。（漱石、日記、明治四十四年六月二日）

枇杷《びは》が花をつけ、遠くの日溜りからは橙《だいだい》の実が目を射つた。そして初冬の時雨《しぐれ》はもう霰《あられ》となつて軒をはしつた。（梶井基次郎、冬の日、『文芸都市』昭和三年三月）

ここから眺めると、一そうはつきり、目を射つて来るものは娘と赤旗のほかになにもない。（石川　淳、かよひ小町・五、『中央公論』昭和二十二年一月）

なお、幸田露伴の『水滸伝』の翻訳『国訳忠義水滸全書』（大正十二年～十三年刊）には、音便形「射っ（て）」の例が認められるが、次に述べる「射り」の中止法にも露伴の例が見られるのでそこで合わせて説明を加えることにする。

bイリ

b1中止法の場合

双瞳烱々として光彩人を射り　勇胆豪邁列国を睥睨するの風采を以て坐を占め（矢野龍溪、経国美談・後十四、明治十六年～十七年刊）

年頃《としごろ》は二十四五の壮夫《ますらを》にて、色白《いろしろ》く髯《ほうひげ》黒《くろ》く眼光《ぐわんくわう》爛々《らん/\》として人を射《い》り、一癖《くせ》あるべき面相《かほつき》なり。（末広鉄腸、花間鶯・上編五回、明治二十年～二十一年刊）

俄《には》かに降《ふ》り出《だ》したる白雪は更《さら》に止《や》み間無《まな》く、（…略…）早や地上《ちじやう》にも二三寸積《つも》り皚々《がい/\》として人《ひと》の眼《まなこ》を射《い》り、（同・中編一回）

若《もし》何事に歟《か》激する事のある時には眼光烱々《けい/\》として人を射り其容貌は儼然《げんぜん》として侵す可らざるが如く（嵯峨の屋おむろ、無味気、明治二十一年刊）

今しも例の通り笹籬跳《をど》り超えむとする時、待ち設けたる銀次雨戸《あまど》がらりと引き明くれば燈《ひ》の光り闇を破りて遙《はるか》に身を射《い》り、盗賊《どろばう》めと叫ばるゝ一声《ひとこゑ》に思はず逃げ走りぬ。（露伴、いさなとり・五十六、明治二十四年刊）

身軀《しんく》凛々《りん/\》、相貌《さうばう》堂々《だう/\》、一双《さう》の眼光《がんくわう》は寒星《かんせい》を射《い》り、両彎《りやうわん》の眉《まゆ》は渾《す》べて漆《うるし》を刷《さつ》するが如《ごと》し。（露伴、国訳忠義水滸全書・二十三回）

「一双の眼光は寒星を射り」の部分を他の訳と比べてみると、駒田信二訳（中国古典文学全集『水滸伝』平凡社、昭和三十四年刊）では、

一双の眼光は寒星を射《い》、

とあり、吉川幸次郎・清水茂訳（『完訳水滸伝』三、岩波書店、一九九五年刊）では、

一双の眼は光りて寒星の射《さ》すごとく、

とあり、露伴の用いている「射《い》り」は認められない。

また、『国訳忠義水滸全書』の「射って」について見てみよう。

光《ひかり》は平湖《へいこ》を射《い》つて、双栖《さうせい》の鴻雁《こうがん》を照《て》らす。（二回）

着《ちやく》と。正《まさ》に射《い》つて門神《もんしん》の骨朶頭《こつだとう》に中《あ》つ。（三十三回）

さきと同じように他の訳と比べると次のようである。第二回の「光は平湖を射つて」は、駒田信二訳では、

光は平湖に射して、

とあり、吉川幸次郎・清水茂訳（『完訳水滸伝』一）では、

光は平湖を射て、

とある。また、第三十三回の例については、駒田信二訳では、

「やっ」というかけ声とともに、ひょうと矢を射はなてば、見事に門神の金剛杖の先端に命中した。

とあり、吉川幸次郎・清水茂訳（『完訳水滸伝』四、一九九六年刊）では、

「あたれ。」の一声に、門神の棍棒の頭をぴたりと射あてました。

とある。

露伴訳に見られた音便形（射って）も両者の訳には認められない。

b2 文語助動詞「ぬ」・「たり」に連なる場合。

今《いま》しも黄昏《すゞめいろ》の時刻《じこく》となりて、外面《そとも》はやうやうに黒《くら》うなりしに、ぱッと家《いへ》のうちは明《あか》るうなりて、菱野《ひしの》の並《なみ》は

づれし大きな眼《め》を射《い》りぬ。（坪内逍遥、内地雑居未来之夢・十一回、明治十九年刊）

「日露外交の断絶」テフ一項の記事と相並《あひならびママ》で、篠田の眼を射りたるものは、『九州炭山坑夫同盟の破壊』と題せる二号活字の長文電報なり（木下尚江、火の柱・三十、明治三十七年刊）

命令形（已然形と同じ）イレ　文語助動詞「り」に連なる場合。

彼女《かれ》の眼光は電光の如く大洞の顔を射れり（尚江、火の柱・二十一の五）

汝を恋ふるばかりに、柔しき処女の血にさへ汚れしを知らずやテフ声、忽ち如何処よりか矢の如く心を射れり、（同、火の柱・二十六）

日本語の完了・継続の助動詞（文語）には「たり」「り」「つ」「ぬ」などがあるが、四段動詞の命令形（已然形と同じ）とサ変動詞の未然形にのみ付くという制限のある「り」に比べて、「たり」はラ変動詞を除くその他に、「つ」「ぬ」は動詞の活用型に拘束されることなくその連用形に付くのである。したがって、「り」に連なっている「射れ」は上一段動詞ではなく、これまで見てきた、

いら-ズ　いら-デ
いろ-ウ
いっ-テ　いり

のような系列をなしている五段動詞の一つの活用形である。

「り」は口語では用いられないが、いわゆる普通文などに代表される現代文語文には用いられており、しかも下二段動詞や下二段型助動詞「しむ」に連なるという現象も認められるのである。現代文語文の性格を明らかにするためには「り」の使用状況も調査する必要がある。(3)

明治期以降になると連用形にあたる「射り」「射っ（て）」が次第に用いられる傾向にあることが見て取れる。

四

使用の増加はどのような理由によるのであろうか。「射る」の連用形「い」を「射《い》」のように文字（漢字）で記した場合、その意味を理解することは容易であろう。しかし、口に出して言う時、話し手がかなり意識して相手に伝わるように発音したとしても一音節では聞き手にはっきりとは伝わりにくいということがあろう。連用形「い」は中止法としてはおこなわれにくく、同様のことは「居る、似る、煮る、干る、見る」などの語についても言える。「射る」の連用形に助詞「て」が付いて「射《い》て」の語形になれば伝わりにくさは緩和されるかと思われる。しかし、これだけでは十分ではなく安定性の確保のために「いり」「いっ（て）」「いっ（た）」などの語形が生じることになったものかと考えられる。

また、本来の活用形「射（て）」のほかに、新たに生じた連用形相当の「射り」「射っ（て）」の両方を同一の人が用いている場合がある。例えば露伴について見ると、『いさなとり』の「射り」（例は第三章にあげた）は文語文脈の中で用いられており、『国訳忠義水滸全書』第二十三回の「射り」は、詞すなわち中国白話小説で情景描写によく用いられる箇所に見られるのでこれらの「射り」は共通して、格調を高めるというような意図をこめた語形ではなかろうかと考えても見た。しかし、同じ詞の箇所に見られる第二回の用例は「射っ（て）」と促音便である。これと「射り」（二十三回）との用法上の差異は見出しがたい。

第一章で述べた新聞記事の「射り」「射った」の例をここに改めて見ることにしたい。

一つは『朝日新聞』一九八九年・六月四日の「いい汗かいてます―私の健康法〈歌手　遠山一さん〉」の記事である。

午後八時。東京・三鷹台の自宅から愛車を走らせ、雑念を払おうと弓を射りに。「小さいころやっていた弓道を復活させましてね」。コーラスグループ、ダークダックスのバス担当。愛称ゾウさんの低い声が、静まりかえった道場に響きわたった。（…略…）２本、まきわら（練習用の的）に射ったあと、いよいよ本番。

「弓を射りに」の「射り」の働きは上（弓）に対しては動詞としての資格を有するが、下に対しては体言と同様の性格をもつものである。記事の文は「弓を射りに。」と、動作の目的を示す「に」で終わっていて、移動を表す動詞が明示されていないが、それは自明である。

また、促音の入った「射った」（まきわら…に射ったあと）も見られるが、「射った」は『朝日新聞』一九八八年十二月十八日の「試写室」で、ＮＨＫの大河ドラマ「武田信玄」の最終回についての記事にも見られる。

板戸にひとつの節穴がある。夜明けとともに、一条の光が穴からさし込む。光は太陽とともに壁から畳へ下り、信玄の閉じたまぶたに至る。開いた目を射った瞬間、信玄は「甲斐に光を」とつぶやいて息を引き取る。

前者は、つがえた矢を放つ意、後者は強い光が目的物に鋭く当たる意、と異なるものの、語形は同じ「射った」である。

また、第二章であげた黄表紙『鸚鵡返文武二道』の用例について補足をすると、この作品は『江戸の戯作《パロディー》絵本』三（現代教養文庫）や『黄表紙　川柳　狂歌』（日本古典文学全集79）に収められている。示した用例（てうといつたが）には注がほどこされている。

ずばりと射ったが（現代教養文庫）

ちょうと。素早く射ったが（日本古典文学全集）

上一段「射る」の五段化状況

いずれにも「射った」が見られるが、校注者は同じ人ではない。「射った」は「（てうと）いった」の翻字の段階にとどまらず、今日「射った」（「射た」でなく）と言うことの少なくない証左と言える資料としてここに加えた。

さらにごく最近見出した「射って」の例をあげると、『朝日新聞』二〇一三年六月一日の「弓道一直線！」（2、生活13版）の記事に、

早く弓を引いて、矢を射ってみたい――。

とあり、稿者の地元の地域情報誌『タウンニュース』多摩区版・二〇一四年一月十七日号にも、

的に矢を射って五穀豊穣と地域の安全を祈願する伝統行事が9日に子之神社（菅北浦5丁目）で開かれ、12日には長尾神社（長尾3丁目）で開かれた（No503）。

のように「射って」があり、記事に添えられた写真の説明にも「的を射って…」とある。

新聞記事などの「射り」「射った」「射って」の用例採集は最初から計画的に始めたわけでなく、気付いた時にメモして置いたものである。上一段の五段化の最近の傾向を見るには用例は十分でないが、それでも印象としては今日、少なくない人々が用いている語形ではないかと考えている。なお、新聞記事の検索用データベースのあることを途中で知ったが、本論文で活用できなかった。

五

今日、おこなわれている国語辞典において「射る」はどのように扱われているのであろうか。一口に国語辞典と言っても、容量（収録語）に特に制限のない大辞典と、現代語に重点を置きながらも百科語、古語等をも収める中辞典（約二十数万語採録）と、六・七万から八万語程度を収める、容量に制約のある小辞典では項目の記述の仕方や内容

に違いがあるのは当然のことである。これらの点はまた辞典の編集方針とも密接にかかわっている。

そこで具体的に国語辞典が「射る」の五（四）段化現象についてどのような情報を提供しているかを発行年時を考慮して見ることにする。辞典の引用にあたっては漢字は現在通行の字体に改めたり、文字の体裁や約物をかえたりした場合がある。

A『大辞典』（全二十六巻）、平凡社、昭和九年～十一年刊

見出しは上一段のみ。しかし、上一段の標示のあとに「口語では四段となること多し」とある。語釈㈣（強く照す。強い眼つきで見る。）の用例は『夏の日光が室内を射る』とあり、語釈㈤（ねらってとる。目的として得んとする。）の用例は『利を射る』とあり、いずれも二重括弧（『』）に入れて示している。二重括弧は凡例によると「現代語の用例の如く出典なき場合の例であるとする（なお、語釈㈠～㈢には古語の用例と出典を示し、用例は鉤括弧（「」）に入れ、区別してある）。

B『明解国語辞典』三省堂、昭和十八年刊（一九九七年の復刻版を使用）

四段で立項するが、参照見出しの扱いであり、上一段に重点が置かれている。

い・る［射る］㊀（他四）→㊁（他上一）㊀矢をはなつ。㊁強くてらす。

C『明解国語辞典　改訂版』三省堂、昭和二十七年刊

初版で同一見出しの中で㊀（四段）、㊁（上一段）と大別していたものを四段と上一段を別見出しで立項。語釈は初版の上一段にあったものが四段の方に移り、上一段には「〔文〕射る（他四）の古い活用」の説明が加わる。文はあとがきによると、「文章語の意味であり、新聞その他の文献には普通につかわれるが、口頭語としてはめったにつかわれない種類のことばをさすものである」とある。

D『広辞苑』岩波書店、昭和三十年刊

見出しは初版から六版に至るまで上一段のみ。しかし、六版（二〇〇八年刊）でかなりの改訂がなされる。上一段の標示のあとに「近世後期からラ行五段にも活用」の説明が加わり、用例に明治期の作品のものが加えられる。すなわち語釈②に木下尚江『良人の自白』の「射らずして」（五段の例、第三章参照）、語釈③には鷗外『舞姫』の「我目を射む」（上一段の例）と江見水蔭『船頭大将』の「眼鋭くして人を射りぬ」（五段の例）が加えられる。

E『三省堂国語辞典』三省堂、昭和三十五年刊

見出しは上一段のみ。初版から六版（二〇〇八年刊）までは上一段の標示のあとに〔五段活用にも〕という簡単な注記があったが、七版（二〇一四年刊）になって、補注として「「矢を射って」などのように五段にも活用する」に変わる。

F『改訂　新潮国語辞典―現代語・古語』新潮社、昭和四十九年刊（初版は昭和四十年刊であるが、実見できなかったので改訂版を使用）

見出しは上一段と五段の両方を立項。五段の記述は次のとおり。

い・る【射る】（動）ラ五［俗］「射る（上一段）」の新しい活用。「矢を―った」

なお、俗は、俗語・隠語をさす。語釈・用例は上一段参照扱い。

G『新潮国語辞典―現代語・古語　第二版』新潮社、平成七年刊

見出しは上一段と五段の両方を立項。Fとの違いは、五段の項目の俗が削除され、新たに「近世後期ごろから使用」の説明が加わる。

H『新明解国語辞典』三省堂、昭和四十七年刊

見出しは初版から七版（二〇一二年刊）に至るまで上一段のみ。初版から一貫して語釈のあとに「五段活用のように使う向きも有る」とある。

I『日本国語大辞典』（全二十巻）、小学館、昭和四十七年～五十一年刊
見出しは上一段と五段の両方を立項。五段の説明に「ヤ行上一段から転じて近世後期頃から使われた」とあり、語釈は上一段に同じとあるが、用例は五段の確例を出典とともにあげる（『英対暖語』、『経国美談』、『内地雑居未来之夢』、『雪中梅』）。第二版（全十三巻、二〇〇〇年～二〇〇二年刊）も初版と同じ。

J『学研国語大辞典』学習研究社、昭和五十五年刊
見出しは上一段のみ。参考として「近世後期から「矢を射った」のように五（四）段に活用させた例が見られる」とある。第二版（一九八八年刊）も初版と同じ。

K『現代国語例解辞典』小学館、昭和六十年刊
見出しは上一段のみ。補助注記として「「矢を射った」などのように五段活用にも用いる」とある。

L『国語大辞典 言泉』小学館、昭和六十一年刊
見出しは上一段と五段の両方を立項。ただし、五段は参照見出しとしての立項。

M『大辞林』三省堂、一九八八年刊
「いる（射る）」の見出しのもと、㊀上一段、㊁五段と大別し、五段の方に「㊀の五（四）段化。近世後期以降のもの」という説明が加わり、五段の例として『経国美談』のものをあげる。語釈は上一段に同じとする。第二版（一九九五年刊）では見出しは上一段と五段の両方を立項。あとはほぼ初版と同じ。第三版（二〇〇六年刊）は第二版と同じ。

N『大辞泉』小学館、一九九五年刊
見出しは上一段と五段の両方を立項。五段に「近世江戸語以降の用法」の説明があり、五段の用例として露伴の『いさなとり』のものをあげる。語釈等は上一段に同じとする。第二版（二〇一二年刊）は初版と同じ。

O『小学館 日本語新辞典』小学館、二〇〇五年刊
見出しは上一段のみ。補注として「「矢を射った」のように、五段活用が使われることもある」とある。

本章は初めに述べたように、上一段「射る」の五（四）段化現象を国語辞典ではどのように説明しているのかを見ようとしたものである。「射る」の五（四）段化について言及していないものは取り上げなかったので結果としては十五種の辞典を対象とするにとどまった。以下、気付いた点をあげることにする。

『大辞典』（A）（一九三四〜三六刊）には既に「口語では四段となること多し」の説明があり、「現代語の用例の如く出典なき場合の例」は二重括弧に入れて示し、用例のあげかたにも工夫が見られる。

『明解国語辞典 改訂版』（C）（一九五二刊）では、四段と上一段とを別見出しとして立項。しかも注意すべきは、上一段「射る」を四段「射る」の古い活用であるとし、さらにその上一段の方を、文章語であり、口頭語としてはめったに使わないと説明していることである。ちなみに『明解古語辞典』（三省堂、一九五三刊）には「射る」は立項されていない。

Cと重点の置き方を逆にした扱いをしているのが『改訂 新潮国語辞典―現代語・古語』（F）（一九七四刊）である（新装改訂版一九八二刊も同じ）。すなわち五段「射る」を上一段「射る」の新しい活用とし、さらに五段を「俗（＝俗語・隠語）」と性格づけている。この場合の俗語はCの文章語の説明にある口頭語にあたるものであろう。

初版（一九五五刊）から六版（二〇〇八刊）に至るまで立項は上一段である『広辞苑』（D）は、六版では五段を立項しないものの「近世後期からラ行五段にも活用」と注記をほどこし、五段の場合も上一段同様、用例を出典とともにあげるが、上一段と区別せず混在している。

上一段「射る」の五（四）段化は「射る」の語義の派生や変化にともなう現象ではないので、上一段・五段の両者

を立項しても同程度の分量の説明は必要でない。ましてや紙幅の制約をまぬがれない小辞典ではなおさらである。実際に取り上げた中で、『三省堂国語辞典』（E）（一九六〇刊）、『新明解国語辞典』（H）（一九七二刊）、『現代国語例解辞典』（K）（一九八五刊）、『小学館 日本語新辞典』（O）（二〇〇五刊）などの小辞典は、上一段のみを立項し、その中で五段にも活用することを指摘している。

国語辞典に注記・参考のかたちであっても「「矢を射った（射って）」のように五段活用にも用いられる」というような説明が見られることは、五段活用が無視できないほど広く使われていることを意味しており、この傾向はいっそう進むと考えられる。

六

夏目漱石の好みの言い方であったのか、その作品に「射り付ける」が時々見られる。

将軍は生れ落ちてから色の黒い男かも知れぬ。然し遼東《りようとう》(4)の風に吹かれ、奉天《ほうてん》の雨に打たれ、沙河《しやか》の日に射《い》り付けられゝば大抵なものは黒くなる。（趣味の遺伝(5)・一、明治三十九年刊）

梅雨《つゆ》は漸く晴れて、昼は雲《くも》の峰《みね》の世界となつた。強い日《ひ》は大きな空《そら》を透《す》き通《とほ》す程焼いて、空《そら》一杯の熱を地上に射り付ける天気となつた。（それから・十六の二、明治四十三年刊）

波《なみ》で身体《からだ》の調子《てうし》が浮《う》いたり沈《しづ》んだりする上《うへ》に、強《つよ》い日《ひ》が頭《あたま》から射《い》り付《つ》けるので、少《すこ》し胸《むね》が悪《わる》くなつた。（満韓ところどころ・二十八、明治四十三年刊『四編』に所収）

眉深《まぶか》に鳥打帽を被《かぶ》つても、三日月形《みかづきがた》の廂《ひさし》では頰《ほゝ》から下《した》を何《ど》うする事《こと》も出来《でき》ないので、直下《ぢか》に射《い》りつけられる所《ところ》は痛《いた》い位《くらゐ》ほてる。（同・四十九）

動詞の活用が変化する場合、元の活用と新しい活用とが共存ののち、次第に新しい活用に取って代わられるというのが普通である。しかし、例えば「蹴る」が下一段から五（四）段化しても「けたおす、けとばす」など、また、上二段「捩《ね》づ」の一段化した「ね・じる」がさらに「ねじ・る」と五（四）段化しても「ねじきる、ねじこむ」など、それぞれ複合語の中にあっては元の（古い）活用が残存する傾向がある。

「射り付ける」の場合はどう考えればよいのであろうか。第二章の「連用形b」に引いたように、

射りやう（射る方法）（やない筥）

いりころさう（射殺）（おとしばなし年中行事）

の例が江戸時代後期に見られはするものの、五（四）段の連用形相当の「射り」の使用は見出しがたいようであるし、明治期に入っては特に中止法の用法のものが散見するが、新しい語形としての定着にはまだ遠い。

漱石の用いている「射り付ける」は、いずれも太陽がきびしく照る、日の光がじりじりと照り付ける意である。このような意味によく似た語としては、

煎りつける砂路あつし原の馬　史邦（続猿蓑・下、旅）

熬《い》りつける様《やう》な油蟬《あぶらぜみ》の声《こゑ》が彼等《かれら》の心《こゝろ》を撼《ゆる》がしては鼻《はな》のつまつたやうなみん〳〵蟬《ぜみ》の声《こゑ》が其《そ》の心《こゝろ》を溶《とろ》かさうとする。（長塚節、土・十一、明治四十三年発表）

などに見られる「い（煎、熬）りつける」がある。

また、矢を射て当てる、射通して身動きができないようにする意の語として「射《い》付く」（下二段）がある。これが下一段に変じた「射付ける」が、日が強く照りつける意に用いられていることが次の用例からもわかる。

村を出切つて野道に出ると華《はなや》かな夕日がツとその白地の浴衣《ゆかた》に射付けた。（真山青果、南小泉村・七・お灸屋の兄弟、明治四十三年刊）

そのうち、強い日に射付《〔いつ〕》けられた頭《あたま》が、海《うみ》の様に動《うご》き始めた。立ち留《ど》まつてゐると、倒れさうになつた。（漱石、それから・十七の一）

「射付ける」が意味のよく似た「煎り付ける」、直接にはその前の要素「煎る」に引かれて、「射付ける」の前の要素「射《い》」を五段連用形のような語形「射り」にしたのが「射り付ける」であろう。

注

（1）「ワードウォッチング」（専修大学育友会会報『育友』74号、平成三年六月）

（2）『近世文語の研究』第一章・三（東京堂出版、平成十五年）

（3）見坊豪紀「明治前期の用語『応為』『応有』について（前）」（『国語学』四十四集、昭和三十六年三月）には福沢諭吉『西洋事情』の用例があげてある。

（4）〔 〕のルビは漱石全集第二巻（岩波書店、一九九四年刊）によると、底本には付けられていず、編集部で付けたものである。以下、同様。

（5）山田俊雄「一字の迷ひ『り』」（『詞苑間歩』上に所収、三省堂、一九九九年。初出は『ことばの履歴』岩波新書、一九八八年）には、この用例があげてあり、その説明に「意味の似通ひから四段活用の「煎《い》る」との混淆も起りやすいと見える」とある。

「『文明論之概略』草稿の考察」に関する研究ノート

進藤咲子

かつて私は「『文明論之概略』草稿の考察」（以後「考察」と記す）と題して福沢諭吉協会から富田正文記念基金に依って刊行していただいた（二〇〇〇年三月刊）。『文明論之概略』の福澤自筆の草稿は十八種現存していて、そのすべてを慶應義塾福澤研究センターが保管しておられる。草稿は挿入削除の激しいものだが「考察」はそのまま転写して第一章から第十章までを順に報告したものだった。原本は漢字片かな交じりで記されているので、今回研究ノート作成に当り、「考察」を引用する場合、読み手が多少煩わしく思われるのではないかと考え、漢字平がな交じりにそのまま直して記載した。これは邪道であることは私もよく承知しているが、今回はいろいろな角度からいくつかの話題を取り上げエッセイ風に仕立ててあるので、お許しいただきたい。「考察」で取り上げなかった本文引用文は、福沢諭吉著 松沢弘陽校注『文明論之概略』（岩波文庫 一九九五年三月刊一刷。以下「文庫」）を用いた。また「文庫」の克明緻密な注を参照し多くの教示に与かった。また、中井信彦・戸沢行夫両氏による御労作「『文明論之概略』の自筆草稿について」（『福澤諭吉年鑑2』一九七五年）並びに中井信彦（補注 戸沢行夫）「『文明論之概略』をめぐって」（『福澤諭吉年鑑19』一九九二年）を常に参照させていただいた。なお、直接原本草稿にお当りになりたい方は拙著「考察」を御覧いただければ幸いである。

○文明論之概略の書名変更

明確に変更したことがわかるのは、「文明論之概略」の原本草稿巻之二（四章五章合綴）の白表紙に書かれた題名である。すでに中井・戸沢氏の指摘がある。(1) この草稿は比較的版本に近いNO.13に置かれた白紙の表紙である。

> ○九月廿三日
> 文明論之概略（薄墨で之概略を補う） 巻之二

これが私が見た最初の訂正である。第六章のNO.14草稿の表紙の題目は之概略を挿入してある（「考察」口絵の影印参照）。これによって「文明論」であったことが理解できる。

文明論{之概略}　巻之三

福澤諭吉　著

なお一九九〇年ごろ、福澤自筆の「文明論プラン」が見付かった。これは明治七年二月ごろ作成されたものでこれも文明論であった。このプランには「明治七年二月八日初立案　二月廿五日再案」とある。腹案は明治七年二月にはほぼ定まっていて、草稿執筆は、この「プラン」の前後に始められたのではないか（参照・佐志伝「執筆メモ見つかる—『文明論之概略』『学問のすゝめ』」『三田評論』一九九一年八・九月合併号／『福澤諭吉書簡集第一巻』）。

『文明論之概略』には最終に書かれた「緒言」がある。私には「緒言」に題名変更を解く鍵があるように思う。

この人心騒乱[2]の事跡に見《あら》われたるものは、前年の王制一新なり、次で廃藩置県なり。以て今日に及びしことなれども、これらの諸件を以て止《や》むべきにあらず。（略）人心の騒乱は今なお依然として日に益甚しというべし。けだしこの騒乱は、全国の人民、文明に進まんとするの奮発なり。我文明に満足せずして、西洋の文明を取らんとするの熱心なり。故にその期する所は到底、我文明をして西洋の文明の如くならしめてこれと並立するか、あるいはその右に出るに至らざれば止《や》むことなかるべし。而《しこう》して彼の西洋の文明も今正に運動の中にありて、日に月に改進するものなれば、我国の人心もこれと共に運動を与にして、遂に消息の期あるべからず。実に嘉永《かえい》年中、米人渡来の一挙は、あたかも我民心に火を点じたるが如く、一度び燃えてまたこれを止《とど》むべからざるものなり。（「文庫」10〜11P　「文庫」の振りがなを任意に施した）

王制一新によって世の中が新しくなり日本は近代化（文明化）への道を急速に進む。全国の人民は西洋文明を取り入れるために熱心だ。しかし西洋の文明も運動の中で日々改進していくからこれでは進歩の運動はやむことはない。

嘉永年中の米人の渡来は全国の民心に火を点じ、一度燃えた火は止めることができないのだ。

福澤は続けて述べる。

このような世の事物の紛擾雑駁《ふんじょうざっぱく》(3)は想像することができないほどだ。学者がこの混迷な時代に文明の議論を立てて正確な筋道をつけるということは至大至難の課業と言うべきだ（福澤は「緒言」の冒頭にも「この紛擾雑駁の際に就《つい》て、条理の紊《みだ》れざるものを求めんとすることなれば、文明の議論、また難しというべし」と同じことばが使われている）。

西洋諸国の文明史を扱う学者は千有余年の沿革によって先人の遺物を伝えて日新の説を唱え人の耳目を驚かすことが多いが、同一の元素から発生するものだから我国のように無から有に移るのとは違って日新の説は唱えやすいのだ。

しかし日本の洋学者たちには偶然な僥倖が一つある。それは実験できることだ。しかもその実験は今の一世を過ぎてしまえばもう二度と得ることの出来ない好機会なのだ。今の日本の洋学者たちはすべて漢書生であり、神仏信仰者たちだ。そして封建の士族か民であった。つまり一身で二生を経《ふ》るようで、一人で両身があるようだ。この二生を比較して、前生前身に得たものを今生今身の西洋の文明に照らして、互にその形影の反射し合うのを見れば、その議論は必ず確実になる筈だ。私もその一人であるから自分の洋学の学問の未熟さを顧みず、西洋学者の原書を訳さず大意を酌みとって日本の事実に参考にしたのも後人の得ることのできない好機会を利用して後の学者たちの参考にしてもらいたいためだ。ここに記す議論の粗鹵で誤謬の多いのは懺悔白状する所だから、後輩の洋学者たちは大に西洋の諸書を読み、日本の事情を詳にして所見を博くし、議論を密にして、文明の全大論と称すべきものを著述して日本全国の文明を一新することを強く希望する。私もまだ老人になったわけではないから（当時四十二歳）今から更に勉強して後輩たちにわずかばかりの助けをしようと思う。

福澤は仮題「文明の全大論」に対して「文明論之概略」（概略はあらましの意味）と名付けた事情はこの辺にあるの

ではないか。福澤は題名変更に一言の弁明もしていないし、その後、「文明の全大論」といった書物も出していないけれども。そして最後に、謝辞を認めた。

この書を著わすに当り、往々社友に謀て、あるいはその所見を問い、あるいはそのかつて読たる書中の議論を聞て益を得ること少なからず。就中《なかんずく》、小幡篤次郎君へは、特にその閲見を煩わして正刪《せいさん》を乞い、頗る理論の品価を増たるもの多し。（「文庫」13P）

この社友の人々は必死に洋学の勉強をしている人々であり一身にして二生を経ている人々である。福澤はまずこの社友たちに「文明の全大論」の執筆を期待したのではないか。

○「緒言」で行った最後の挿入語発達

「緒言」は「文明論之概略」全六巻が仕上がったのちに書かれた。「明治八年三月二十五日、福澤諭吉記《しるす》」という署名がある。すでに中井・戸沢論文に指摘されている。

文明論トハ人ノ精神{発達}ノ議論ナリ{其趣意ハ}~~而シテ~~一人ノ精神{発達}ヲ論スルニ非ズ天下衆人ノ精神{発達}ヲ一体ニ集メテ其一体ノ{発達}~~働~~ヲ論スルモノナリ故ニ文明論或ハ之ヲ衆心{発達}論ト云フモ可ナリ（「草稿」NO.12）

私はこの挿入を第四章第五章と深い関わりがあるのではないかと見ている。さらに考えたい。

○第一章議論の本位を定る事

この一章は対語の集積で構成されている。

軽重、長短、善悪、是非等の字は、相対したる考より生じたるものなり。軽あらざれば重あるべからず、善あらざれば悪あるべからず。故に軽とは重よりも軽し、善とは悪よりも善しということにて、此と彼と相対せざれば軽重善悪を論ずべからず。かくの如く相対して重と定り善と定りたるものを議論の本位と名《なづ》く。諺にいわく、腹は脊に替え難し。またいわく、小の虫を殺して大の虫を助くと。故に人身の議論をするに、腹の部は脊の部よりも大切なるものゆえ、むしろ脊に疵を被《こうむ》るも腹をば無難に守らざるべからず。また動物を取扱うに、鶴は鰌《どじょう》よりも大にして貴《たつと》きものゆえ、鶴の餌には鰌を用るも妨なしということなり。譬《たと》えば、日本にて封建の時代に、大名、藩士、無為《むい》にして衣食せしものを、その制度を改めて今の如く為したるは、徒《いたずら》に有産の輩を覆《くつがえ》して無産の難渋に陥れたるに似たれども、日本国と諸藩とを対すれば、日本国は重し、諸藩は軽し、藩を廃するはなお腹の脊に替えられざるが如く、大名藩士の禄を奪うは、鰌を殺して鶴を養うが如し。（「文庫」15～16P）

既述の「文明論プラン」の冒頭にも「大小長短善悪是非は相対したる語なり。利害得失便不便は先つ事の善悪是非を定めて後に非されは論す可らず」とある。従って議論の本位を定める腹案は明治七年二月にほぼ定まっていたと思われる。

議論の本位を定めざれば、その利害得失を談ずべからず。城郭は、守る者のために利なれども、攻る者のためには害なり。敵の得は見方の失なり。往者の便利は来者の不便なり。故にこれらの利害得失を談ずるには、先ずそのためにする所を定め、守る者のためか、攻る者のためか、敵のためか、味方のためか、何れにてもその主とする所の本を定めざるべからず。（「文庫」16P）

右の一節は「文明論プラン」の冒頭部を具体化したものだ。

さきに示した冒頭部に諺を二つ引いている。「腹は背に替え難し」「小の虫を殺して大の虫を助く」。腹部は背の部より大切。それゆえ背を疵つけられても腹を無難に守らなければならない。また鶴は鰌より貴いものだから鶴の餌に鰌を用いても妨ないとする。

続いて、日本の封建時代に、大名・藩士は何もせず衣食していたが、今の郡県制度に改めて今日のようにしたのは、日本国は重く、諸藩は軽いためだ。藩を廃したのは腹が背に替られぬように、大名藩士から禄を奪うのは、鰌を殺して鶴を養うようなものだ。腹・背、大の虫・小の虫、鶴・鰌、このように生活語を無雑作に用いて日本国と諸藩を対語として対峙させる。福澤が今の時代にもっとも論じたい日本の問題に、さっさと切り込んでゆく。何と手際のよい議論の展開か感嘆してしまう。私はこの第一章の文体のリズムを好むが、明治時代のベストセラーになった「学問のすゝめ」は「文明論之概略」の三年前から刊行され続刊中だ。福澤は後年一八九七（明治三〇）年刊行の『福澤全集』緒言に「概略」について多少触れているがあっさりしたものである。一方「学問のすゝめ」は多くのページを割いて刊行時の苦心を述べている。

丸山眞男氏は次のように言われる。

『学問のすゝめ』の劈頭をなす「天は人の上に人を造らず人の下に人を造らず」という文字が広く天下に喧伝され、殆ど福沢イズムの合言葉となっているのに比べると、この『概略』の方の書出しはあまり知られていないし、（略）この言葉が福澤の全思想構造のなかでどのような意味を持っているかという事、更に、何故福沢は『概略』において時代に対する彼の積極的主張を展開するに先立って、この章の標題が示す様に「議論の本位を定る事」の必要を説いたかというような問題が従来あまり反省せられていない様に思われる。しかし実は『概略』のなかで展開せられているさまざまの論点の伏線は悉くこの第一章に張られているのであり（略）『概略』を貫く、いな、ある意味では福沢の全著作に共通する思考方法を最も簡潔に要約しているのである。

まずこのテーゼの意味するところを最も広く解するならば価値判断の相対性の主張ということに帰するであろ

う。（『福沢諭吉の哲学』丸山眞男著 松沢弘陽編『福沢諭吉の哲学 他六篇』岩波文庫 二〇〇一年六月第一刷 70～71P）

『概略』第一章の議論の本位を定る対語を掲げてみよう。

軽・重、長・短、善・悪、是・非、腹・脊、小（の虫）・大（の虫）、鶴（大にして貴）・鰌（鶴の餌）、大名・藩士、往者の便利・来者の不便、敵の得・味方の失、有産・無産、日本国（重）・諸藩（軽）、守る者のため・攻る者のため、敵のため・味方のため、神道（現在の吉凶）・仏法（未来の禍福）、漢儒者（湯武の放伐）・和学者（一系万代）、神官・僧侶、攘夷家・開国家、新説家（人民同権を主張）・古風家（合衆政治に反対、我国体を憂う）、酒客・下戸、学者士君子・無学文盲、田舎の百姓（は正直で頑愚）・都会の市民（は怜悧で軽薄）、頑陋物（市民が百姓を呼ぶ）・軽薄児（百姓が市民を呼ぶ）、所長・所短、古風家（実直にして退守頑陋）・改革家（頴敏、進取）、江戸の藩邸に住居する者・国邑にある者、高遠・近浅、至愚・至智（至愚・至智の中間に世論を生ずる世間通常の人物）、前代・後世、前に進まんか・後に退かんか、進て文明を遂わんか・退て野蛮に返らんか。

これらの語を手がかりに、軽重、長短、または利害得失を定めてゆく。この方法で第一章は成り立っている。またニウトンの定則、アダム・スミスの経済論、ガリレヲの地動論は、異端妄説のうちに起きたが今は文明進歩によってこれらの説をあやしむものはないのだ。福澤の対語の設定は大まかで多少雑な感が否めないが、第一章の最後に「世人もし進まんと欲するの意あらば、余輩の議論もまた見るべきものあらん。そのこれを実際に施すの方法を説くはこの書の趣旨にあらざれば、これを人々《にんにん》の工夫に任するなり。」と記している。この部分は貼り紙によって補われている。この貼り紙部分は福澤の立場の表明である。

○第四章「一国人民の智徳を論す」

第四章の題目は「見るの法」とあったのを「論す」に書き替えて議論文の形をとった。第四章はスタチスチクという明治初年前後に導入された此彼相比較する方法を用いて一国の山沢を測る法から始まった。バックルの「英国文明史」、ギゾーの「ヨーロッパ文明史」などを下敷にしている。これらを手がかりに全国人民の気風、一国人民の智徳を探る方法を見付け出そうとする。この趣旨で書き進めるならば「見るの法」でよかったと思う。しかしこの章は思いもかけず激しい議論を展開する。そのため題目の一部を変更したと考える。

第四章の草稿は初期草稿のNO.6、NO.7、比較的版本に近いNO.13と最終稿かと思われるNO.16がある。NO.6には福澤家旧蔵「『民間経済録』原稿中に紛れ挿入されてあったもの。昭和二十六年三月十六日発見　富田」と富田正文氏によって記されており約四十数年後の新らしい発見である。スタチスチクはバックルを下敷きにして、たとえば晴雨の日数を平均して計る、これを広く一洲一国に及ぼす、これを何十年も続けるなら正確に晴と雨の日数を計算できるとか、犯罪者や自殺者の数、物価賃銀の高低、婚姻数と米の相場の関係など、事物の詮索などその働の原因を求めるには大きな便利があるなどスタチスチクの紹介に努めている。

続いて働には原因がある。原因を近因と遠因に区別すると、近因は見易く遠因は解明は難かしい。近因の数は多い。遠因は解明できれば確実で動かない。水の沸騰の働を起すのは薪の火、人の呼吸の働の生ずるのは空気。薪の燃る所以は薪の質中にある炭素と空気中の酸素を抱合して熱を発するからだ。人の呼吸は空気中から酸素を引き血中過剰の炭素と親和してこれを吐き出す。薪と空気は近因で遠因は酸素だ。ここで沸騰の働と呼吸の働を同一の原因として確実な議論を定めるべきだ。また一例を挙げると、落馬した酒客が腰を打って半身不随になった。病の近因は落馬なので腰に膏薬を貼り打撲治療の手当とするのはどこにでもいる庸医なのだ。この病の近因は落馬だが、飲酒の不養生が遠因で脊髄が衰弱し落馬が不随を発したのだ。まず遠因となっている症状の手当をなすべきだ。文明を論ずる学者も庸医ばかりだ。(4)惑溺がひどくて遠因を求める法を知らないのだ。

○英雄豪傑時に遇わず及び時勢論

第四章中にある右の題目について取り上げる。前述の富田氏の発見されたNO.6という草稿は、時勢論、英雄豪傑時に遇わずを論じた箇所であり且つ短い文章なので全文を掲げる。福澤がもっとも苦心した議論だと考える。物ごとには遠因と近因があるとして庸医などの例を挙げた続きになっている。第四章第五章はスタチスチクの方法を用いている。

前段に論ずる如く世の文明は周ねく其国民一般に分賦せる智徳の現像なれば其国の治乱興敗も亦一般の智徳に関係するものにて二三の人の能する所に非す全国の勢は進めんとするも進む可らす留めんとするも留む可らす左に其実証を挙て、之を示さん古より英雄豪傑時に遇わずとて自らこれを歎息し後世の学者もこれかために涙を垂るゝもの多し孔子も時に遇わすと言い孟子も亦然り楠氏は湊川に死し管《ママ》公は筑紫に謫せられ是等の例は枚挙に遑あらず然り而して彼の所謂時なるものは何物を指して云うか周の時代に諸侯孔孟を用いて国政を任したらば必ず天下を太平に治む可き筈なるに之を用いざるは当時の諸侯の罪なりと云う乎管公の遠謫は藤原氏の罪なりと云う乎楠公の討死は藤原氏と後提《ママ》瑚天皇との罪なりと云う乎然は則ち時に遇わすとは二三の人の心に遇わすと云うことにて其時なるものは唯二三の人の心を以て作る可きものならん周の諸侯の心をして遇《ママ》然に孔孟を悦はしめ藤原氏に嫉妬の心をなからしめ後提《ママ》瑚天皇をして楠氏の策に従わしめなば果して其事を成し後世の学者の想像するが如き千歳一遇の大功を奏したる事ならん所謂時とは二三の人心と云うに異ならず時に遇わすとは英雄豪傑の心と当時二三の人の心と齟齬すると云う義ならん余輩の所見は全く之に異なり孔孟の用いられざるは周の諸侯の罪に非す諸侯をして之を用いしめざるものあり管公の遠謫楠公の討死は藤原氏（草稿NO.6　了）

NO.6草稿は右のごとく削除加筆が多くまた誤字もある。NO.7草稿は一行50字前後詰めの細字で認められてきた。

NO.7の最初を少し記す

近く唯耳目の聞見する所に惑溺して事物の遠因を索るを知らす此に欺かれ彼に被われ妄に小言を発して恣に大事を行わとし寸前暗夜《暗黒》に棒を振うが如し其本人を思えば憐む可し世のためを思えば恐る可し慎まざる可らざるなり

〽《改る》前段に論する如く世の文明は周ねく其国民一般に分賦せる智徳の現像なりされは其国の治乱興廃も国民一般の智徳に関係するものにて二三の能する所に非す

右文中の〽《改る》の記号で新段落を起こしたことを意味する。またこの記号のところからNO.6は始まっている。なぜ新段落を起こしたか。それは英雄豪傑時に遇わず、時勢論の原因を取り上げたかったからではなかろうか。

NO.7草稿の見開きの罫紙に次のメモのようなものがある。

~~兵権《柄》《武家の根本は》は武家に在り北条~~
~~を滅して天皇を位に~~
~~復せしめたる者は~~
~~権柄は~~
権柄は武家に在り《の手に在りて》武家の
根本は関東に在り故に
北条を滅して天皇を位に

復せしめたる者は関（注・ここまで右ページ）
東の武家なり足利は
関東の人望を得たる
門閥なればにて（注・ここまで左ページ）

次の箇所はこのメモをもとに何回も書き直してやっと定着した。NO.7の挿入紙である。

蓋し時勢を知らざる者の論なり此時に当り天下の権柄は武家の手に在て武家の根本は関東に在り北条を滅したる者も関東の武士なり天皇をして位に復せしめたる者も関東の武士なり足利氏は関東の名家声望素より高し当時関西の諸族勤王の義を唱ると雖も足利氏［上刻直前に氏削除］が向背を改るに非すんば何ぞよく復位の業を成すを得んや事成るの日にこれを首功と為したるも天皇の意を以て尊氏が汗馬の労を賞したるに非す時勢に従て足利家の名望に報したるものなり此一事を見ても当時の形勢を推察す可し尊氏は初より勤王の心あるに非す其権成は勤王のために得たるものに非す足利の家に属したる固有の権威なり其王《ママ》に勤めたるは一時北条を倒さんがため私に便利なるを以て勤めたれも既に之を倒せば勤王の術を用ひざるも自家の権威に損する所なし是れ其反覆窮りなく又鎌倉に拠て自立したしたる由縁なり楠氏［NO.13正成］の如きは則ち然らす河内の一小寒族より起り勤王の名を以て僅に数百人の士卒を募り千辛万苦奇功を奏したりと雖も唯如何せん名望に乏しくして関東の名家と肩を併ふるに足らす足利輩の目を以て之を見れば隷属に等しきのみ天皇固より楠氏［NO.13正成］の功を知らさるに非すと雖も人心に戻て之を首功の列に置くを得ず故に足利は王室を御する者にして楠氏は王室に御せらるゝ者なり是亦一世の形勢にて如何ともす可からず且権を得たる者なれば天下に勤王の気風盛なれば楠氏［NO.13正成］も亦盛なり然らされはもと勤王の二字に由て亦窮するの理なり然るに足利の輩［NO.13この勤王の首唱たる正成か］に隷属視せられて之を甘んじ天皇も亦これを如何ともすること能わざるは当時天下に勤王の気風乏しき事推て知る可し而して其気風の乏しき所以は何そや独り後醍醐天皇の不明に由る

> に非す保元平治以来歴代の天皇を見るに其不明不徳は枚挙に遑あらず（下略）
> 後醍醐天皇明君に非すと云うも前代の諸帝に比すれば其言行頗る見る可きものあり何ぞ独り王室衰廃の罪を蒙るの理あらんや政権の王室を去るは他より之を奪うたるに非す積年の勢に由て王室自から其権柄を捨て他をして之を拾わしめたるなり仮令い天皇をして聖明ならしむるも十名の楠公を得て大将軍に任するも楠公の此積弱の余を承て何事を成す可きや人力の及ふ所に非す是に由て之を観れば足利の成業も遇然《ママ》に非す楠公［NO.13氏］の討死も亦遇然に非す皆然る所以の原因ありて然るものなり故に云く楠公の死は後醍醐天皇の不明に因るに非す時の勢に因るものなり楠公は尊氏と戦て死したるに非す時勢に敵して敗したるものなり
> 右所論の如く英雄豪傑の時に遇わずと云うは唯其時代に行わるゝ一般の気風に遇わずして心事の齟齬したる事を云うなり故に其千歳一遇の時を得て事を成したりと云うものも亦唯時勢に適して人民の気力を遑うせしめたるを言うのみ（下略）

一九三一（昭和六）年、石河幹明の解題を付して『文明論之概略』が岩波文庫に入れられた。一九三六（昭和一一）年七月に政府当局の意向により、皇室関係に関する記述につき次版で改訂処分、すなわち削除を余儀なくされた。その部分が最後に記述した部分に集中する。一九四五（昭和二〇）年一〇月の第七刷で復元されていることが確認できる。詳しくは松沢弘陽氏の「文庫」解説を参照されたい。なお、№6、№7、スタチスチクと勤王の気風など、私ごとながら体調の回復後さらに考えたい。お詫び申し上げます。

松沢弘陽氏は「文庫」解説の冒頭に

> 福澤諭吉の生涯最高の傑作であり近代日本の古典となった、『文明論之概略』（下略）

と述べておられる。私も松沢氏の含蓄のある記述に賛同し、拙いながら調査研究を続けたく思う。

注

（1） 中井・戸沢論文に「本書の内容全体にかかわる、文明論と文明史論の問題として検討されるべきものである。」と記されている（前出『福澤諭吉年鑑19』）。

（2） 紛擾雑駁…ヘンリー・トマス・バックルの「英国文明史」、フランソワ・ギゾー「ヨーロッパ文明史」を下敷にした表現。

（3） 福澤は明治初年の時点で、原書を多く手に入れ熟読している。どんな文献を熟読していたかは、松沢弘陽氏の「文庫」に、著者、書名、刊行年、出版社名とともに紹介されているので参照していただきたい。なお、バックル、ギゾーのほかにも、J・Sミル「代議政治論」「自由論」「経済学原理」などもしばしば引用されている。
なお、今回は取り上げなかったが、第三章は最初は短い文章だったが、バックルやギゾーを下敷にして長文の一章となった。

（4） 惑溺…江戸時代に用法が見られるが、明治三年に西周が『百学連環』に物に就て prejudice「臆断」、superstition に「惑溺」を当てている。「「臆断」とは自分流儀に事を決するを言ひ、「惑溺」とは徒らに事を信ずるにあり。其二ツの生ずる所以は真理を得ざるにあり。」とある。これは福澤の用法に近い。『文明論之概略』には「智力発生の道に於て第一者の急須は、古習の惑溺を一掃して西洋に行わるる文明の精神を取るにあり。陰陽五行の惑溺を払わざれば、窮理の道に入るべからず」（「文庫」48P）と用いる。「惑溺」を窮理（真理原則）と対比させており、『文明論之概略』に集中的に使われ、以後、あまり使われなくなった。「惑溺」はまた「知識の進歩」の反対概念として使われている（参照・丸山眞男著 松沢弘陽編「福沢における惑溺」『福沢諭吉の哲学』所収　岩波文庫　二〇〇三年六月一刷　232P）。

明治前半期の接頭辞「不」と「無」

松井利彦

一　はじめに

漢語は、近世と近代で、さまざまな点で大きな違いがある。しかし、近世でも、幕末の漢語は、近代の漢語とつながり、共通するところが多い。したがって、幕末を近代に入れることがある。[1]接辞的漢語の多くは幕末に現れるから、幕末は近代の内である。

筆者は、幕末の接辞的漢語について、「漢語の近世と近代」[2]と題して述べたことがある。そこでは、幕末に、既に接辞的漢語が多く使用されることを紹介し、近代語的な兆候が現れていることを、用例を挙げて示した。しかし、どのような接辞的漢語が見られるかという、形式面の論述であったので、内容について触れることがほとんどなかった。出典も多くを示さなかった。

否定を表す「不」と「無」についても触れたが、接頭辞の一種として取り上げたに過ぎず、充分な説明をしなかった。そこで、本稿では、改めて「不」と「無」を主題にして、その出現・使用の様相について述べる。時期は、便宜上、幕末以前・明治前期・明治後期以後に分けた。ただし、幕末と明治前期との関係には留意した。

明治前期は明治元年から明治二五年までとする。二五年で区切ったのは、明治期のほぼ前半に当たることの外に、前掲の「漢語の近世と近代」で用いた辞書、『法律字彙』が明治二三年の刊行であるためである。これに二年の延長をしたのは、いわゆる政治小説の刊行が、帝国議会の招集を経て、明治二五年にほぼ落ち着きを見せるためである。[3]

語彙の消長を見るのに辞書の掲出語を使用することがある。これは有効な方法である。個人の用例採集の能力に限界があるからである。外国語との対訳辞書を使えば、外国語と日本語の意味を対照することができる利点もある。しかし、欠点がある。掲出基準が不明である。そのため、本稿では、両者の特性を考慮して、辞書の掲出語と、筆者の採集語の両方を用い、明治前期の接頭辞、「不」と「無」の使用状況を考察する。

二　辞書の「不」と「無」の分布

接頭辞「不」と「無」をもつ三字漢語をもっとも多く掲出する辞書は『日本国語大辞典二版』である。そこで、この辞書から、次の手続きで「不《ふ》」と「無《む》」を語頭にもつ三字漢語を採集した。

一、「不」「無」で始まる見出し語を採集。ただし、二字漢語は採集しない。

二、ブと読む「不」「無」で始まる漢語を削除する。

三、和語と結合した混種語を削除する。

四、残りの語群から三字以上の漢語と結合した多字漢語を削除する。

この作業を経て考察の対象とする三字漢語を選定した。第二項については、「不」と「無」の両方で始まる（表記される）掲出語のいずれをも排除した。第三項では、不仕合せ・不揃い・不出来・不手際・不馴れ・不向き・無疵・無届けなどのほか、不自由勝《ふじゆうがち》・不動産屋・無分別者《むふんべつもの》・無担保裏書《むたんぽうらがき》などの混種語も除いた。第四項に関して削除した多字漢語には「不規則バウンド」のような外来語との結合形が含まれている。

筆者と『日本国語大辞典二版』とで、語構成の認定が違うものが若干ある。たとえば、「不開港」はこの辞書では「ふかい-こう」とある。しかし、筆者は「ふ-かいこう」として、「不」を接頭辞とした。「開港」か「不開港」かを問題にする幕末・明治前期において、「開港」は語基であると考えた。したがって、「開港及不開港場」（『太政官日誌』明治七年一〇一号）の場合も、「開港-場」と「不開港-場」であり、後者は「不-開港」に、接尾辞的漢語「場」が二次結合したものと処理する。ただし、これは当面の問題ではない。

時期はA期・B期・C期と略称することが多い。

A期　慶応四年（一八六八年九月）以前。

B期　明治元年（一八六八年九月）から明治二五年（一八九二年）の明治前半期。

C期　明治二六年以後。

『日本国語大辞典 二版』の該当三字漢語に複数の語義が記されている場合は、古い（早い）時期の語義を採ることにした。そうすると、「不《ふ》」「無《む》」で始まる三字漢語の、この辞書における分布は次のようになる。参考のために多字漢語（ここでは四字以上の漢語を言う）と混種語の数も示すが、これらは慶応四年・明治元年の前と後に分けた。

A期の「不」で始まる三字漢語　一〇二語

　慶応四年以前の「不」で始まる多字漢語　一四語

　慶応四年以前の「不」で始まる混種語　六六語

B期の「不」で始まる三字漢語　七八語

C期の「不」で始まる三字漢語　九五語

　明治元年以後の「不」で始まる多字漢語　一一三語

　明治元年以後の「不」で始まる混種語　三一語

A期の「無」で始まる三字漢語　四二語

　慶応四年以前の「無」で始まる多字漢語　三語

　慶応四年以前の「無」で始まる混種語　一三語

B期の「無」で始まる三字漢語　三六語

C期の「無」で始まる三字漢語　一四一語
明治元年以後の「無」で始まる多字漢語　六八語
明治元年以後の「無」で始まる混種語　一五語

「不」で始まる三字漢語は慶応四年以前のA期に一〇二語があり、もっとも多い。しかし、明治二六年以後のC期でも九五語あり、A期の三字漢語の数に迫っている。明治元年から明治二五年までのB期に現れるのは七八語でもっとも少ない。しかし、この期間がわずか二五年であることを考えれば、この時期におけるこの種の三字漢語の造出率がもっとも高いと言える。なお、「不」で始まる多字漢語は多くが明治に入ってからの造出である。混種語の造出は慶応四年以前が盛んであるが、明治以後にもかなりの数がある。

「無」で始まる三字漢語はC期に造出されたものが格段に多い。これが「無」の特徴である。A期とB期とでは語数に大差がない。しかし、B期は短期間であるからこの時期のこの種の三字漢語の造出率は高い。したがって、「無」で始まる三字漢語は明治に入ってから造出が盛んになったと言える。「無」で始まる多字漢語の造出も、もっぱら明治以後である。「無」で始まる混種語は、慶応四年・明治元年の前と後では大差がなく、造出率は低い。

三　「不」で始まる三字漢語の分布の修正

『日本国語大辞典二版』に掲出された「不」と「無」で始まる三字漢語と、その出典を検討すると、「不＋二字漢語」と「無＋二字漢語」の出現の推移は右のように概観できる。ところが、『日本国語大辞典二版』に掲出された、「不」「無」で始まる三字漢語の出典より古い文献が見つかることがある。『日本国語大辞典二版』の出典・用例は、凡例によると、「その語、または語釈を分けた場合は、その意味・用法について、もっとも古いと思われるもの」である。ただし、「語釈のたすけとなるわかりやすいもの」であるから、最古の用例が掲出されているとは限らない。より古い用例がある可能性がある。そうであれば、右の結論は保留せざるを得ない。

まず、「不」について見ると、『日本国語大辞典 二版』より古い（早い時期の）出典が指摘できる三字漢語に次のものがある。ナンバー・掲出語例・例文・出典の他に、『日本国語大辞典 二版』を『日国』と略称し、この辞書に掲載された、もっとも早い出典のジャンル、ないしは文献名か著者名と、その文献の成立時期を『日国』に従って西暦で記す。複数年にわたる制作は初年度のみを示す。多義語は語義の違いを記さず、①②などと記し、それぞれの、もっとも早い出典の西暦を記す。出典の移動を「↑」で示す。

01不塩梅　貴公御不塩梅など、云事はなき哉、気遣に存じ候故、態と以書状御尋申候（『頼山陽書翰集[4] 続編』四二一ページ。天保二年書簡）↑『日国』①歌舞伎1881・②和英語林集成三版1886。③出典ナシ。B期からA期へ移動。

02不協和　水戸は奸臣の輩父子の間を離間し、内輪甚だ不協和にて、近日正論者二人武田彦九郎 安島弥次郎を譴罰し、奸臣二人太田 鈴木 丹波守 石見守を挙用し（『吉田松陰全集[5] 五巻』二五〇ページ。「戊午幽室文稿」安政五年）↑『日国』物理学術語和英仏独対訳字書1888。B期からA期へ移動。

03不決断　此ノ如キ原因ニ因テ良騎兵ト雖モ屡事ニ臨テ遅疑猶予シ不決断ノ罪ヲ生スル所以ナリ（『三兵答古知幾 一四巻』17ウ。安政三年刊）↑『日国』改訂増補哲学字彙1884。B期からA期へ移動。

04不順序　散兵ニ於テハ高声ノ談話叫呼不順序ノ運動総テ障ルヘキコトハ厳禁ス（『歩操新式 小隊教練下』34オ。元治元年刊）↑『日国』経国美談1883。B期からA期へ移動。

05不体裁　兄等幕府の容子を洞察し、坪老に一策を贈られ候はば誠に妙ならん。此の議僕より発する頗る不体裁に候へども、象山の近況を承り驚愕の余り、又復た茲に及ぶのみ（『吉田松陰全集 八巻』五〇八ページ。安政三年書簡）↑『日国』新聞雑誌一〇号1871。B期からA期へ移動。

06不適当　是故に貧人最モ多脂の食餌を最モ美味とするも、決して不適当なる美味嗜好と思ふことなかるべし（『健全学』135ウ・136オ。文久三年凡例）。『日国』舎密局開講之説 1869。B期からA期へ移動。

07不同意　拙策御不同意多し。独り評定策御同意、是非未だ曾て雷同せず（『吉田松陰全集 九巻』二三四ページ。安政六年書簡）↑『日国』東洋学芸雑誌八号 1882。B期からA期へ移動。

08不透明　宝石類にては其最透明なる物半透明の物及不透明なる物亦皆同しく其勢力を具備する物なり（『厚生新編三七』文政一〇年成）。『日国』①医語類聚 1872・②永井荷風 1902。B期からA期へ移動。

09不道理　竹原春風老人、十二日に卒死之由、驚入候。（中略）是を承候而は、是迄参居候事故、直に奔喪不申候而は、不道理に候（『頼山陽書翰集 上巻』七八七ページ。文政八年書簡）↑『日国』経国美談 1883。B期からA期へ移動。

10不便宜　岸獄中何か不便宜にて御伺ひも申上げず、遺憾の至りに存じ奉り候。少々御訊問仕り度き事も御座候へども、急に御出達と承りせん方なく（『吉田松陰全集 九巻』二三〇ページ。安政六年書簡。「岸獄」は牢獄のこと）↑『日国』内地雑居未来之夢 1886。B期からA期へ移動。

11不明白　内々箇様の義申上候義、家父・叔父ども承候は丶、どの様に不機嫌可仕も難計候。（中略）不明白の様の義にて、心悪く候へども、其段御推察被遊可被下候（『頼山陽書翰集 上巻』七三ページ。文化四年から文化七年間の書簡）↑『日国』西洋道中膝栗毛 1870。B期からA期へ移動。

12不融通　何分此節柄京地公武之御混雑等にて、万端不融通にて、金談には殊更艱難の時節御心配之程致遠察候（『橋本景岳全集(6) 上巻』七四二ページ。安政五年書簡）↑『日国』落語 1891。B期からA期へ移動。

13不利益　従来演習ニテ此測定ヲナセシ其時宜ヲ得タルニ由リ（中略）千六百歩ノ距離ニハ殊ニ不利益ナルコトヲ考ヘタルニ由テハ（『砲科日新』13オ、慶応四年）↑『日国』雪中梅 1886。B期からA期へ移動。

14不信義　是を彼是と周旋致候吾儕において機事を洩し、密議を顕候様の事致出来候て、啻に彼公へ対し不信義なるのみならず、吾儕に於ても天下一箇之忠良侯を失ふ、其罪無所遁（『橋本景岳集 上』七七七ページ・七七八ページ）←『日国』谷崎潤一郎 1917。C期からA期へ移動。

15不随意　其内図らずも瘧疾再発仕不得止帰国仕候。以来起居動作といへども不随意の事に成至り、再上の義、暫時相調不申（『内外新報前記 二号』慶応四年閏四月。『幕末明治新聞全集 4』二二三ページ）←『日国』①森鴎外 1909・②出典ナシ。C期からA期へ移動。

16不摂生　時々酩酊する習癖ある人は其酩酊毎に自《ミ》ら毒を服するに同じく、又墓門に近ッくに齊し、或は時として其人自ら不摂生を行へども、自然の良能之を善路に導きて其危難を免かるゝ事も往々之あり（『健全学』170オ。文久三年凡例）←『日国』田舎教師 1909。C期からA期へ移動。

17不人気　香港ノ人気承候処、当時ハ英米ニテ沢山商人相越居差テ不人気ニハ無之由（『亜行日記』万延元年。『万延元年遣米使節史料集成 一巻』八〇ページ）←『日国』人生劇場 1933。C期からA期へ移動。

18不本意　此記録には、御国御先祖之御義は、極力記置候。他之御大名へ差出候て、未奉納御国書庫候は、不本意に候か（『頼山陽書翰集 下巻』一三二ページ。文政一〇年書簡。「此記録」は『日本外史』のこと）←『日国』ありのすさび 1895。C期からA期へ移動。

19不安全　洋服を着けたる者は市街を見物するも不安全なるべしとの忠告を受け（「龍動通信」明治一七年。『明治文学全集 15』二八四ページ）←『日国』良人の自白 1904。C期からB期へ移動。

20不穏当　**Precarious**　不穏当《フヲンタウ》ナル（『英和双解字典』明治一九年再版）←『日国』牛肉と馬鈴薯 1901。C期からB期へ移動。

21不気分　風邪中不気分にて何も御構不申上失敬御海容可被下候（『福沢諭吉全集 一八巻』明治二二年書簡。三四七ペー

ジ）→『日国』徳富蘆花1902。C期からB期へ移動。

22不謹慎　単身《みひとつ》にして斯《か》く遠《とほ》く来《き》玉《たま》ひしは実《じつ》に不謹慎《ふきんしん》の至《いたり》なり若《も》し剪径《をひはぎ》に遭《あ》ひ玉《たま》はば如何《いかゞ》為《な》し玉《たま》ふ積《つも》りなりや（『亜非利加内地三十五日間空中旅行 五巻』三〇ページ。明治一六年刊）→『日国』良人の自白1904。C期からB期へ移動。

23不権衡　区を設くるの要は施政《しせい》の周到《しうたう》なるを得市内各部に於ける利害の軋轢《あつれき》（左ルビ「キシム」）を調和《ちようわ》（左ルビ「ヤハラカ」）し市費賦課の不権衡《ふけんかう》（左ルビ「ツリアハヌ」）を矯《た》め（別所富貴『市町村制註釈 六〇条』一九三ページ。明治二一年）→『日国』英和外交商業字彙1900。C期からB期へ移動。

24不採用　発明あらば社の本員に呈して採用・不採用の議に付《ふ》するなどの特権を仮《か》すべし（『明六雑誌 一号』明治七年刊。岩波文庫 上巻四七ページ）。C期からB期へ移動。

25不従順　条約ヲ結ヒ其臣民ハ公然己レノ意見ヲ吐露シ自ラ従順不従順ヲ選択スルノ権ヲ行フヘシ（『波氏万国公法 後編三巻』17ウ。明治一一年）→『日国』福翁自伝1899。C期からB期へ移動。

26不受理　不受理《ふしゆり》　トリアゲヌ（『漢語続貂』明治六年刊）→『日国』宮武外骨1917。C期からB期へ移動。

27不承諾　我国内変動之際兵庫表ニヲイテ局外中立之儀ニ付及二御頼談一其後徳川慶喜恭順イタシ候故右之儀取止ニ致度旨申入候一応之御挨拶ハ有レ之候得共其節国内未定之訳故ヲ以御不承諾之事ト被レ察候然ル処（中略）全国始而平定政令之出ル処一途ニ帰候就而者右局外中立ト申儀者全ク取止メ可レ申事我政府ニ於テ当然ト存候ニ付（『東京城日誌』明治元年一二号）→『日国』内田魯庵1899。C期からB期へ移動。

28不所行　婦女ヲ勾引シ或ハ威力ヲ以淫リケ間敷振廻致シ候者モ有レ之哉ニ相聞以之外ノ事ニ候向後右不所業之儀無レ之様其主人々々ヨリ厳重可二申付一候（『太政官日誌』明治二年三五号）→『日国』嘉村磯多1932。「不所業」と同じと見なした。C期からB期へ移動。

29不成功　這大胆《このだいたん》なる旅行《りよかう》に付《つ》き其成功《そのせいこう》の如何《いかん》を論《ろん》じ甲唱《かうとな》へ乙和《おつわ》し皆《み》な其不成功《そのふせいこう》を主張《しゆちやう》すれば（『亜非利加内地三十五日間

空中旅行 一巻』25オ。明治一六年刊）↑『日国』社会百面相 1902。C期からB期へ移動。

30 不成文　晩近国内及衆国相互ノ際ニ於テ通商交誼ノ路大ニ開ケ以前ノ律例及法典ヲシテ共ニ目下ノ用ニ供スルニ足ラサラシメタリ、合衆王国、仏蘭西、及亜米利加合衆国、ノ如キ邦国ノ成文、不成文、明言、或ハ慣習、ノ法律ハ意外ニ開進シ（『万国商法』序五ページ。明治一〇年刊）↑『日国』出典ナシ。C期からB期へ移動。

31 不節制　右城中守防中渡候間白河口　官軍中合不節制之儀無レ之様可レ致候事（『太政官日誌』明治元年一一二号）↑『日国』出典ナシ。C期からB期へ移動。

32 不節操　食言《しょくげん》の、賄賂《わいろ》の、やれ何《なん》だ、やれ角《か》だと口幅広《くちはゞひろ》く人《ひと》をも責《せ》めやうと言《い》ふ自身《じぶん》が噺《はな》しにもならぬ不節操《ふせつさう》（『白玉蘭』一八八ページ。明治二四年刊）↑『日国』田山花袋 1905。C期からB期へ移動。

33 不適任　元来内閣を組織するには、能く適任の人物を選んで以て其局に当らしめさるべからず、然るに如何に年功なれはとて、不適任の人物を以て其局に当らしめんか、如何に其任務を全ふし以て国家の為めに尽さんと欲するも、遂に得べからさるは理の当然にして（『渾沌世界』九ページ。明治二四年刊）↑『日国』民法1896。C期からB期へ移動。

34 不同等　此為体《このていたらく》男女不同等《なんによふどうとう》などいふ事聞《ことき、》なれし耳《み、》には不思議《ふしぎ》なりしが、聞《き》けば仏蘭西《ふらんす》などには斯《か》かる間柄《あひだから》間々《ま、》ありとなり（『壹円紙幣の履歴ばなし』明治二三年稿。『逍遙全集 八巻』三一ページ）↑『日国』妾の半生涯1904。C期からB期へ移動。

35 不特定　若シ夫婦ニ於テ特定ノ金額ニ充ツル迄自己ノ不動産ヲ共通財産中ニ持参ス可キ旨ヲ単一ニ申述シタル時ハ之ヲ不特定ノモノトス（『増訂仏蘭西法律書　民法一五〇六条』）。加太坂も同じ。↑『日国』売春防止法 1956。C期からB期へ移動。

36 不分明　不《ふ》分明《ふんめい》　アキラカニワカラザルコト（『いろは分布告新聞字引』明治一一年刊）

ところが其説得《そのせつとく》が出来《でき》ぬ次第《しだい》があるのだ彼《か》れは五六日前《まへ》より形《かたち》を匿《かく》して踪跡不分明《そうせきふふんめい》と云《い》ふ一件《いつけん》ヨ（『後世浮世態　二』七ページ。明治二〇年刊）↑『日国』出典ナシ。C期からB期へ移動。

37不面目　果《はた》して失敗《まけ》を取《と》らんには我々社会《われ〳〵しやくわい》の不面目《ふめんもく》なりと落胆《らくたん》するものあるも亦謂《またい》はれなきにあらざるべし（『文明花園春告鳥　後編』五五ページ。明治二一年刊）↑『日国』妾の半生涯1904。C期からB期へ移動。

38不面目　君《きみ》は兎《と》も角《かく》も。草葉《くさば》の蔭《かげ》の親爺様《おやじさん》に。対して。些《ち》と不面目《ふめんぼく》の一件《いつけん》ダロー（『剛胆之少年』二一ページ。明治二〇年刊）↑『日国』小栗風葉1905。C期からB期へ移動。

右を整理すると、A期・B期・C期の所属三字漢語は次のように移動することになる。

　B期からA期に移動させる「不＋二字漢語」は語例の01から13の一三語である。

　C期からA期に移動させる「不＋二字漢語」は語例の14から18の五語である。

　C期からB期に移動させる「不＋二字漢語」は語例の19から38の二〇語である。

その結果、A期が一二〇語、B期が八五語、C期が七〇語になる。A期は長期間であるから「不」で始まる多数の三字漢語が造出されたと考えられる。B期とC期では一五〇年ほどであるが、この間に一五五語が造出されているのは、A期に比べて造出率が高い。特にB期は二五年間であり、C期は約一二〇年間であるから、B期はC期よりはるかに「不＋二字語基」の造出率が高かったことになる。流行的、爆発的に使用された一時期であったと思われる。なお、C期からA期へ移動、B期からA期へ移動させる語が多数あり、それらの多くが幕末の文献であることから推せば、幕末から「不＋二字漢語」は増えたことになる。そうであれば、幕末はB期につながっていることになる。

　量から質に目を転ずると、右の「不＋二字漢語」の二字漢語は用言が中心であり、「二字漢語＋セ＋ズ」の否定表現をする。しかし、体言性の二字漢語もあり、「二字漢語＋ニ＋アラズ」の否定表現もする。1から18までに、「塩梅・信義・人気・順序・体裁・道理・本意・利益」などの体言性の漢語があり、また、B期の二字漢語に、「気分・

権衡・所行・成文・節操・面目《めんもく》・面目《めんぼく》」の体言性の二字漢語がある。その結果、「不」が「〇〇デナイ」や、その外に、「〇〇ガナイ」や、「〇〇ノ属性ガ悪イ・充分デナイ」などの意を表すものが混じる。したがって、意味の上で「不」と二字漢語との関係に幅ができ、また、品詞性から見れば不統一である。しかし、二字漢語の部分が、通例である、あるいは基準となる意味を表し、強調して言えば、多くの場合、望ましい意味合いの行為・状態・事柄を表す。「不」で始まる三字漢語はそれを否定するために、マイナスの評価が与えられる属性を表す。(7)

四 「無」で始まる三字漢語の分布の修正

「無」で始まる三字漢語で、『日本国語大辞典 二版』に掲出された出典より古い（早い）文献が見つかるのは次のものである。

01無頓着　此は御覧の通り幼年之者に候間、必無頓着に借り参り候に相違無之候（『橋本景岳全集 下巻』一一一七ページ・一一一八ページ。安政五年成）↑『日国』あひゞき 1888。B期からA期に移動。

02無見識　成瀬・浅川下着仕候。枚園抔《ママ》見識の義承り、扨て気之毒千万、国家之事を破るは無見識の忠臣にて御座候。尊公様御苦情奉恐察候。浅川抔も全く見識無之、小石の如く堅く、物毎に相手生じ、気之毒に奉存候（『橋本景岳全集 上巻』六一九ページ。安政四年書簡）↑『日国』雪中梅 1886。B期からA期に移動。

03無面識　弥次郎と云ふ者あり、（中略）余、未だ一面を知らざれども、毎々玄関迄来り書を借り去り、又珍籍奇書を貸し示す。余、無面識の一心交を得たるを喜ぶ（『吉田松陰全集 一一巻』一二七ページ・一二八ページ。安政四年成）↑『日国』宮武外骨 1917。C期からA期に移動。

04無一銭　会社に入りたる貴様が無一銭の貧生ならざるを明にして信用を厚くするが為なり（『福沢諭吉全集 一八巻』

二八五ページ。明治二二年書簡）↑『日国』最暗黒之東京 1893。C期からB期へ移動。

05無関係　Apports francs et quittes　アポル、フラン、エ、キート　無関係醵集物　〔釈解〕（前略）負債モナク他ニ関係スル義務モナキ持寄物ヲ「アポル、フラン、エ、キート」トイフ（『法律語彙初稿』明治一三年例言）。若《も》しや其内に外《よそ》へ縁附くと大失望だ残念だヱ、亦こんなことをモー忘れてしまッた以上は縦令《たとひ》人の妻になららうがなるまいが平気だ無関係だ（『捨小舟』明治二一年刊。『明治文学全集 23』一八九ページ）↑『日国』樋口一葉 1894。C期からB期に移動。

06無鑑札　来ル十九日ヨリ東京鉄炮洲開市相成候ニ付而ハ武家之向無鑑札ニテ外国人居留地へ立入候儀不二相成一候自然要用有レ之罷越候節ハ東京府へ申立印鑑請取（『太政官日誌』明治元年一五一号）↑『日国』①②出典ナシ。C期からB期に移動。

07無給金　大抵三ケ月ニ一試アリ、五六試ニテ他ノ船ニ業ヲ操ルヲ許サル、若猶無頼ニシテ業ヲ勤メサルモノハ、三年ニ及フトモ出ルヲ得ス、在船中無給金ニテ業ヲ操ラシム（『米欧回覧実記 二七巻』岩波文庫本(二)一四三ページ。明治一一年刊）↑『日国』日本の下層社会 1899。C期からB期に移動。

08無経験　彼《か》の人《ひと》か常《つね》に布《し》くところの政事《せいじ》を見《みる》に事《こと》無勘弁《むかんべん》無経験《むけいけん》の事多《ことおほ》くして発表《はつひやう》の当時《たうじ》は大《おほ》ひに民意《みんい》にも適《てき》し時機《じき》にも機合《つりあふ》たる如《こと》き事《こと》なきた（ママ）あらざるも忽地《たちまち》にして無経験《むけいけん》の化《ばけ》の皮《かわ》を顕《あらは》し（『通俗経国美談』七一ページ・七二ページ。明治二一年再版）↑『日国』思出の記 1900。C期からB期に移動。

09無差別　今後《こんご》またどう云《い》ふ事《こと》が有《あ》るかも知《し》れず、其時《そのとき》は一切《いつさい》無差別《むさべつ》、正義《せいぎ》の腕《うで》をふるはうと思《おも》ふ矢先《やさき》（『白玉蘭』一四六ページ。明治二四年刊）↑『日国』樋口一葉 1894。C期からB期に移動。

10無資格　Disability　無資格（『法律字彙』明治二三年刊）↑『日国』英和外交商業字彙 1900。C期からB期に移動。

11無資本　此度塾も少々改革、別紙の通り月謝金を減少いたし、これなれば稍や田舎の貧生にも適し可申哉、御承知の通り無資本の学塾、当惑の事に候得共（『福沢諭吉全集 一七巻』二七一ページ。明治一一年の書簡）→『日国』出典ナシ。C期からB期に移動。

12 無趣味 都会の風俗も明治《めいじ》初年から無趣味の田舎漢《ゐなかもの》が急劇に群《むらが》り入来つた故《せゐ》で大乱《おほみだれ》に乱れたち（「当世外道の面」明治二四年稿。『露伴全集 二巻』一一一ページ・一一二ページ。明治二四年刊）→『日国』正岡子規 1897。C期からB期に移動。

13 無条件 Absolute sale. 無条件売買（『法律字彙』一七八ページ。「Conditional sale. 条件付売買」に対して言う）→『日国』民法 1896。C期からB期に移動。

14 無条理 私も面倒ながら近事評論信ずるに足らずとでも申す表題を掲て其無根無証拠無条理なる次第を諸新聞紙へ公布可致哉、或は貴社の御手にて、右第二号は全く探索の粗漏、大きな大間違なりしとの次第を、次号に御出版可相成哉（『福沢諭吉全集 一八巻』九二七ページ。明治九年書簡）→『日国』植村正久 1902。C期からB期に移動。

15 無職業 ぱあどるふは無財産《むざいさん》無職業にて、生活の模様は困窮《こんきう》とも見えざりし事（「あやしやな」明治二二年稿。『露伴全集 一巻』一〇一ページ。明治二二年）→『日国』最暗黒之東京 1893。C期からB期に移動。

16 無信仰 或人評シテ曰ク我明治ノ世界ハ裸躰ノ社会ナリ無信仰ノ世界ナリト（『政哲論談破窓之風琴』二五ページ。明治二〇年叙）→『日国』内田魯庵 1898。C期からB期に移動。

17 無制限 自由ト云フモ自ラ制限区域アリテ元ヨリ自由トハ放任随意ノ義ニ非ザルナリ（中略）人民ノ最モ多ク自由ヲ享有スル英、米、仏、白等ノ諸国ニ於テモ決シテ随意放任無制限ニハアラズ（『建白問答夢物語』三七ページ。明治二一年刊）→『日国』英和商業新辞彙 1904。C期からB期に移動。

18 無責任 是《こゝ》に於《おい》てか一新は話頭《わとう》を転《てん》じ更《さら》に紅雨女史《コーウじよし》に向《むかつ》て語《かた》るに日本婦人《につぽんふじん》の無責任《むせきにん》なる無職業《むしよくげふ》なる今日の状《じやう》

態《たい》を以てし且《か》つ試《こゝろ》みに左《さ》の一問《いちもん》を発せり（『政治小説 枯骨の扼腕』一二五ページ。明治二一年刊）↑『日国』①福翁自伝 1899・②破戒 1906。C期からB期に移動。

19無節操　愛国党《あいこくたう》を脱《だつ》するのみなれば兎《と》も角《かく》も更《さら》に保守党《ほしゆたう》に加盟《かめい》するといふに至《いた》りては近頃《ちかごろ》奇怪《きくわい》なる挙動《ふるまひ》なり竹《たけ》中久米之丞《なかくめのじよう》に限《かぎ》りヨモ斯《か》ゝる無節操《むせつさう》の所為《しよゐ》あるべからず是《これ》には深《ふか》き仔細《しさい》があらむと（『政治小説 深山桜』二ページ・三ページ。明治二〇年刊）↑『日国』田山花袋 1901。C期からB期に移動。

20無知識　此破壊党《このはくわいたう》に信用《しんよう》を置《お》く能《あた》はず又今日此破壊党《またこんにちこのはくわいたう》の無知識《むちしき》なる事甚《ことはなはだ》しく概《がい》して之《これ》を云《い》はゞ三百年来《さんひやくねんらい》教育《けういく》なしと云《い》ふて可《か》なり（『春鶯囀 三編』一九六ページ。明治一七年刊）↑『日国』こゝろ 1914。C期からB期に移動。

21無抵当　期限矩ク候テハ素志ヲ達スルニ足ラズ。故ニ譬ヘバ今無抵当ニテ一箇年ノ間若干ノ資本拝借仕候得バ、便利ハ則チ便利ナレドモ、急ニ之ヲ運転センガ為ニ或ハ意外ノ失敗ヲ取ルモ難計（『福沢諭吉全集 一七巻』二七〇ページ。明治一一年書簡。「矩」の右に「短」の編者注）↑『日国』金色夜叉 1897。C期からB期に移動。

22無能力　**Incapacité**　エンカパシテ　無能力　〔本義〕「エン」ト「カパシテ」ト合成セシモノニシテ「エン」ハ「無」ナリ「カパシテ」ハ「能力」ナリ「エンカパシテ」は即チ「無能力」ノ意（『法律語彙初稿』明治一三年例言）↑『日国』①吾輩は猫である 1905・②『仏和法律字彙』1886。C期からB期に移動。

23無目的　余《よ》は無目的《むもくてき》なる旅行《りよかう》を試《こゝろ》みたるにあらず。早晩目的《いつしかもくてき》の地《ち》に達《たつ》しなば。必《かなら》ず安楽《あんらく》を得《う》べきを信《しん》じたり（『文明花園 春告鳥』二〇八ページ。明治二一年刊）↑『日国』明暗 1916。C期からB期へ移動。

右を整理すると、A期・B期・C期に属する三字漢語は次のごとく移動することになる。

B期からA期に移動させる「無＋二字漢語」は語例の01と02の二語である。

C期からA期に移動させる「無＋二字漢語」は語例の03の一語である。

C期からB期に移動させる「無＋二字漢語」は語例の04から23の二〇語である。移動の数は「不」に比べると約半分であり、その結果は、A期が四五語、B期が五四語、C期が一一〇語になる。A期は長期であるにもかかわらずB期より少ない。この時期は「無」で始まる三字漢語の造出率は低い。しかし、幕末の三語の増加は見逃せない[8]。また、06はA期と言ってよいくらいである。B期はC期に比べると、修正以前は、三六語対一四一語であり、C期の約二六パーセントに過ぎなかったが、修正後は約四五パーセントになる。B期が二五年間であり、C期が約一二〇年であることを考えれば、B期での「無＋二字漢語」の造出率はC期に劣らない。

この種の三字漢語の特徴として、「無」が体言性の二字漢語に上接することの多い点が指摘できる。特に、「一銭」や「鑑札」など、具体的な物の名に「無」が付くことは現代ではないか、僅少である点[9]において明治前期に特有である。これは注8で示した『海上砲術全書』の例を入れると幕末から連続していることになる。『日本国語大辞典二版』の枠外では、「印鑑・妻子・年輪・兵器」などに「無」が冠する例がある。これが次第に消えて行くのが現代語への過程である。「無一銭」にしても、既に、「一銭」は一銭硬貨そのものを指してはいない。

体言性の二字漢語に上接するのが「無」の特徴であるが、時には「関係・経験・差別・信仰・制限」などの用言性の二字漢語にも付く。例文05の「無関係」は「負債モナク他ニ関係スル義務モナキ」さまであると説明される。そうであれば、「他に義務が関係しない」ことを表すから「不関係」であってもよさそうであるが、「不関係」の用例は見当たらない。品詞性の問題ではなく、「関係すること」の有無を問題にしているからである。関係が不適切であるかどうかを取り上げているのでもないからである。同様に、例文17の「無制限」に対する「不制限」の使用例もなさそうである。ここでは、「制限」の有無が話題であるからである。これらは現代まで「無関係」「無制限」である。

B期において、「無」と「不」の両方を受ける三字漢語が使われることがある。例文16の「無信仰」に対して「不信仰」がB期に使われる。

教法ノ熱信ハ人民自由ノ主義行ハレ知識長ズルニ随ツテ衰替スト、コノ理論ハ決シテ実証ト相ヒ合ハザルナリ、抑モ欧羅巴ニ一種ノ人民アリテ愚蠢蒙昧卑汚陋劣ニシテ教法ニ於テモ亦均シク不信仰ナリ」（「米国教法ノ勢力アル事」（『東京学士会院雑誌 八編五冊』明治一九年。『明治文学全集3』三一七ページ）。

「無信仰」は信仰心がゼロであるさまを言い、「不信仰」は「愚蠢蒙昧卑汚陋劣」と同列の状態であって、通常でない、あるいは評価が基準以下であると言っている。同様の関係が例文19の「無節操」にもある。第三節の例文32に「不節操」が見える。「無節操」は「節操」の有無を問題にしており、「不節操」は「守るべき世間一般の基準以下の状態」であることを指摘する。「噺《はな》しにもならぬ」と評価されるさまなのである。B期に増加した三字漢語の「不」と「無」の使い分けは必ずしも、現代の文法論や意味論では解釈できないところがあり、結果的には使い分けが厳密でないように見える。「不人情」にしても、この三字漢語は体言性の二字漢語に「不」が冠した場合であり、近世の後半以後、この語形が使われるが、幸田露伴はB期で「無人情」を使う。

今まで一年々々覚えて来たことは人は虚言《うそ》つきぢや悪者ぢや偽者《にせもの》ぢやといふ事ばかり。それ等が我を無慈悲無人情の悪者にしてお新等三人を打《ぶ》ち殺した（『いさなとり』明治二四年刊。『露伴全集 七巻』五三六ページ）。

この「無人情」は「人情」がゼロであるさまを言い、そのことによって残虐行為に及んだ原因を説明する。「不人情」は「人情にあらず」であり、「世間一般の人情の基準に及んでいないさま」を言う。その悪いさま・薄いさまを指摘する。その結果、非難の表現になる。「不」と「無」の機能は違う。

「無責任」にしても、例文18が文字どおり「責任がないさま」「責任を負う立場にないさま」を表すことは、福沢諭吉の次の書簡に現れている。

陳ば過日御話の一條、朝吹へ談じ候処、頗る賛成、至極面白き趣向なれども、最初は無責任にて試るやう致ては如何、即ち其法は日本橋区の共有に日本橋倶楽部とやら申建物のあるこそ幸なれ、同区の有志有力者に語り、暫くの間は之を借用して人気の如何を試み、果して聴聞者も多くして後来に見込ありと其実証を得たる上にて、ほんとうに金を掛けて新築も可然（明治二六年書簡。『福沢諭吉全集 一八巻』五七二ページ）

福沢諭吉は慎重に事を運ぶ。この「無責任」が「無責任な暴言」のように悪い評価を入れて使われるのは後のことである。「無」で始まる三字漢語の二字漢語に当たる事柄が「無」であることが負であると評価されやすかったのである。

五　漢語接辞の使用環境

拙稿「漢語の近世と近代」において「無」で始まる三字漢語の使用を、「明治中期になると、「無」の接辞的用法は、「不」ほどではないが多くなりかけている」と記し、『法律語彙初稿』（明治一三年例言）や『法律字彙』（明治二三年刊）の例を挙げて、「専門語辞典であるために接頭辞的『無』が多用されたものであろう」と述べた。しかし、これは註釈を必要とする。前節で『日本国語大辞典 再版』を補訂したごとく、B期において、「無＋二字漢語」は必ずしも専門用語としてのみ使われているのではない。当時の資料のうち、政治小説は「議論小説ト云フモ可ナランカ」（『女権美談文明之花』一一ページ）であり、論説文と言ってよいものが入っているから、「無」で始まる三字漢語が一般語として使用されやすい環境にあった。そのために「無＋二字漢語」は、書生語風ではあるが、一般語としても使われている。

第四節までは『日本国語大辞典 二版』の補訂の形式で「不」で始まる三字漢語が幕末から明治前半期にかけて多く造語されたことを指摘した。「無」で始まる語も、「不」に比べると、数は少ないが、特に幕末の例が少ないが、連続する傾向が見られることを述べた。『日本国語大辞典 二版』の枠を出れば、さらに多くの、B期におけるこの種の三字漢語を示すことができる。市民との関係が深かった『太政官日誌』における使用も多い。「無給料・無検印・無鉱質・無証印・無正条・無代償・無賃銭・無定期・無等級・無免許」が明治九年までに見える。「無切手」のような和語との結合形もある。B期における「無＋二字漢語」の造出は多い。しかし、本稿では『日本国語大辞典二版』の枠内の「不」と「無」で始まる三字漢語の考察に止めた。

最後に、明治前期に否定表現が集中的に使用される例を示し、明治前期の否定漢語接辞の使用状況を見る。明治二〇年に刊行された『内地雑居経済未来記』に「不高尚」という珍しい三字漢語が使われている。

道路は未た改良に就かす運河未た充分に開通せられす農業の方法甚不完全にして農産の術未た進ます人民は甚た富まさる者の如く生活の度至て不高尚なり（三九ページ）。

この「不高尚」は、「未た改良に就かす」で始まる、多くの否定表現の最後に位置する。「未た充分に開通せられす」、そして、「不完全」、さらに「未た進ます」、「甚だ富まさる」という否定表現が続き、最後に、程度が高くないさまを表すのに造語された三字漢語である。[10]「未改良」「未開通」といった凝縮形は、まだ、「未」で始まる三字漢語が多く使われない時期であり、ここには現れない。「未＋二字漢語」はないけれども、否定表現を羅列するのが当時の一つの思考であり、また、議論の一方法であった。この小説には「不」で始まる三字漢語が次のごとく使用される。

不平均5p・不平均13p・不道理14p・不如意15p・不愉快18p・不利益18p・不充分20p・不平均30p・不平均30p・不道徳34p・不均斉35p・不完全39p・不高尚39p・不満足41p・不完全63p・不公平72p・不利益75p・不利益75p・不利益76p・不利益76p・不利益77p・不公平83p・不利益89p・不完全89p・不完全90p・不適当91p・不充分93p・不充分96p（この本は二一四ページから成る）。

凡例で、「本書に用ひたる科学用語」について、「解し悪しと思はる丶ものには間ま解を施して読者の便となす」と断るほどの、また、時には英語の原語をアルファベットではめ込む文章のなかでの「不＋二字漢語」の多用である（「政府的」「不能的」「裏面的」「不可能的」「不可望的」の「的」の使用もある）。

このような論述の文章では、肯定と否定の二項対立で論が進められることが多い。特に当時の文章に多い表現法の一つである。「不」の添加しない二字漢語と、「不」の添加した三字漢語が対になって使われる。第三節で掲げた例文を見ると、例文07に同意・不同意、例文08に透明・不透明、例文17に人気・不人気、例文24に採用・不採用、例文25に従順・不従順、例文29に成功・不成功、例文30に成文・不成文、例文33に適任・不適任、例文35に特定・不特定がある。また、第四節には、「無」に関して、例文02に見識・無見識、例文17に制限・無制限、例文23に目的・無目的が見える。これらでは、否定形は否定のみを表すのではない。対タイプとしての否定形の使用である。

これらとは別に、この種の三字漢語は第四節の例文08にある「無勘弁・無経験」、例文14の「無証拠・無条理」、例文15の「無財産・無職業」のごとく並列タイプとして使われることがある。その時に新造語が使われることがある。

鳴呼砲声駁々トシテ天ニ漲リ敵艦波ヲ躍シテ放吼スルノ日ニ遇テ而テ覚夢スル者ナルカ知ラズ我ガ同胞ハ又斯ノ如キ掬涙的不刺撃無感機ノ者ナル乎（『志士淑女之想海』一四ページ。明治二一年刊）。

この「不刺撃」と「無勘機」は並列タイプとしての新造語である。否定の助動詞や、形容詞の「ない」「悪い」、あるいは「合わない」などの使用では簡潔さや力強さ、リズム感に欠ける。接尾辞「的」を用いた「掬涙的」が狙った効果も同様である。

当時の表現スタイルとして、「不」や「無」で始まる三字漢語の造出と使用が増加した。「不＋二字漢語」や「無＋二字漢語」のみが文中に、単独タイプとして現れることも、右で見たように、もちろん多い。そのなかに混じって次のごとき「非」で始まる三字漢語が『内地雑居経済未来記』で使われることがある。

かの斯辺瑣《すぺんさあ》氏の議論を仮《か》り来つて夫子に示さん氏は社会の組織《そしき》を評《ひよふ》し之れを比するに有機物躰《ゆふきぶつたい》を以てせり而して其一々類似《るいじ》の点を列挙して曰はく（中略）右の如く斯辺瑣氏は社会を評して有機躰に類す（ママ）とい丶而して又更らに有機躰に似さる処の諸点を論しられたり非類似《ひるいじ》の点《てん》の如きは今之れを究《きわ》むるを須《もち》ひず茲に掲出《けいしゆつ》せる処ろ

の有機躰類似の論議に至りては児が最とも賛成《さんせい》する処なり（一八ページから二〇ページ）。

この小説に「不＋二字漢語」が多く使用されていることは既に見た。では、なぜ、ここだけが「非」の使用であるのか。それは、「不平均・不道理・不如意・不愉快・不利益・不充分・不道徳・不適当」を構成する二字漢語と、「類似」との意味上の相違が原因であろう。「不＋二字漢語」の「不」のマイナス性については野村雅昭氏が注7で挙げた論文で指摘しておられる。傾向として、「不＋二字漢語」は「一般の基準を外れている」との評価を表す。『内地雑居経済未来記』でも、そのように使われている。そうであれば、「有機躰に似さる処の諸点」の「似ざる」を「不＋類似の」で表現することは難しかったであろう。そのために「非類似の」になったと考えられる。この推定は、次の文から補強できる。

聴衆《ちやうしゆう》の中《うち》より声《こゑ》を立《た》て「余は汝《なんぢ》も亦此《またこの》ギルロチンを得《え》ん事《こと》を望《のぞ》むなりと叫《さけ》びたりリグビーは此詞《このことば》を聞《き》き咎《とが》め之《これ》を不英風の辞《ことば》英吉利風に非る卑しき風を云ふなりと駁《はく》しけるを聴衆《ちやうしゆう》は大《おほい》に喝采《かつさい》したればリグビーは弥々《いよ〳〵》調子《てうし》に乗《の》り何《なに》事《ごと》も已《おの》れが意《い》に協《かな》はざる事《こと》は此《これ》も彼《かれ》も皆《みな》不英風と罵《のゝし》り（『政党余談春鶯囀 三編』三六ページ・三七ページ。明治一七年刊。ここでは、「不英風」の左右のルビを省略したが、左側に「アンチ イングリシユ」とある。右側のルビは後に取り上げる。人名に付された傍線も省略した）。

右では「英吉利風に非る」を、「不」を使用して「不英風」とし、註釈に用いる「非」を使わない。イギリス風でないことをラグビーが「卑しき風」と考えているからである。ラグビーの「意に協はざる事」を「不英風」と訳者は表現する。低く評価しているとして、antiを「不」で訳す。ただし、この「不英風」には、実は、右側に「ぶえいふう」とルビが振ってある。この「不《ぶ》」は「不《ふ》」の強調形であり、「不《ふ》」は「不《ぶ》」に連続して存在していたと考えられる。この小説には「不充分・不信向・不深切・不人情・不注意・不適当・不同意・不満足・不明瞭・不愉快」の「不＋二字漢語」が用いられるが、これらの、基準以下の評価を表す「不」のルビはすべて「ふ」である。「不」がこのマイナスの表現性をもつと当時、一般に受け止められていたのであれば、『内地雑居経済未来記』において、単に「類似しない」、中性の「似ない」の意を表すのに、「不」を「類似」に被せる造語法を用いるのは、まさしく不適切であったに違いない。そうであれば、別の表現形式が求められねばならなかった。対になる別の属性であることを表す漢語接頭辞が必要であった。そこで、「似ざる」、すなわち「類似せざる」を、「類似にあらざる」、あるいは「類似する（こと）にあらざる」と読み替え、「非」で始まる「非類似の」と表現した。「不」ではまかなえない意味合いの領域を分担する接頭辞として「非」を用いたのである。否定表現を分析的に行った。ただし、明治前期のこの種の用例は多くない。前掲「漢語の近世と近代」では「非血属」を挙げるのみであり、今、付け加えることができるのは、「非金属・非議員・非商人・非政談」のみである。幕末の「非＋二字漢語」の例を探すことは筆者にはできてない。しかし、明治前期に既に「非」で始まる、さまざまな語構成の多字漢語が使われていることは注目される。

非改良論　改良論ノ一旦世ニ現出セシヨリ以来、（中略）又之ニ対敵シテ非改良論ヲ主張センノ多キモ、其幾何ナルヲ知ラス（『日本前途之意見書』一一〇ページ。明治二〇年刊）

非合併説　是《こゝ》に至《いた》ッて初《はじ》めて高松《たかまつ》操《みさを》等《ら》が主張《しゆちやう》したる非合併説《ひがつぺいせつ》の有難味《ありがたみ》が分《はか》（ママ）つて来《き》たれば誰《た》れ言《い》ふとなく「町村分離《ちやうそんぶんり》は岡田全村《をかだぜんそん》の輿論《よろん》なり」との流行語《りうかうご》が益々《ます〱》盛《さか》んになれり（『新杜鵑』一四九ページ。明治二二年刊）

非宗教家　宗教家《しゆうけうか》めかす非宗教家《ひしゆうけうか》ほど節操《せつさう》の堅《かた》く無《な》いものは無し（『白玉蘭』四三ページ。明治二四年刊）

非政社派　日刊『政論』は大同派の機関なりと。（中略）あるいはいふ、これ大同派中政社派の機関なりと。あるいはいふ、これ非政社派の機関なりと（『政論』明治二二年。岩波文庫『中江兆民評論集』二二九ページ）

非改正論者　其実況を推覈するに夫の断行を賛成する者にして或は其賛成の理由を詳明せざる者あり非改正論者と称して漠然現行条約の事実すら明知せざる者あり（『条約改正論』緒言五ページ。明治二二年刊）

非改良論者　夫レ便ヲシテ手ヲ洗ハス、便器ヲ寝台ノ下ニ置ク等ノ如キ、数限リ無キ洋人ノ醜行ハ、世ノ非改良論者

カ既ニ二三ノ新聞ニ掲挙シ以テ其汚醜ヲ誹批シタレハ（『明治政談険語破鬼胆』七四ページ。明治二〇年刊）

非開化的　其一件ハ土州政治家ガ論理的純金的過激的非開化的非紳商的ナリト云フ一件ナリ（『薩長土肥』七四ページ。明治二二年刊）

非紳商的　其一件ハ土州政治家ガ論理的純金的過激的非開化的非紳商的ナリト云フ一件ナリ（右同『薩長土肥』）

非独占的事業　元来独占的事業と然らさるとを問はず、固定資本を備へたる事業は凡て之を運転せしむるか為めには、必すや幾分か流通資本を要するなり。（中略）故に一朝金融必迫し流通資本に欠乏を来し純利益を得ること能はさる場合に至らんか、純利益少なき非独占的事業の機械は、自然運転するを得さる憐むべき境遇に陥るべし（『渾沌世界』三〇ページ。明治二四年刊）

これらは二項対立、あるいは対タイプ、または並列タイプとしての多字漢語であり、単独タイプではないが、これらの使用から、「非」で始まる三字漢語の自由に使える鋳型がB期に用意されていたと推定される。

「未」で始まる三字漢語は、前掲「漢語の近世と近代」では「未定年」と「未発行」を挙げるに過ぎなかった。この種の三字漢語は、B期の明治前半期での使用は多くないようである。『太政官日誌』では、明治九年までに限れば、筆者に挙げることができるのは、前掲「漢語の近世と近代」で掲げた「未発行」の外はごく僅かである。

今般深キ思食ヲ以テ去歳五月箱館残賊平定ヲ期トシ其以前犯罪之者ハ已発覚未発覚已結正未結正ヲ不問一切赦宥可致旨被仰出候事（明治三年二〇号）

若シ半ハ決算済半ハ未決済ノ節ハ前同様返納シテ仮払ノ廉一旦取消（明治六年一六四号）

前条ノ地ハ旧藩県ヨリ開墾願済ノ分タリトモ未タ地代金ヲモ納メスシテ未着手ノモノハ直ニ返地セシメ（中略）已ニ着手スルモノハ直ニ其者ノ所有ト定ムヘシ（明治九年四六号）

これらの「未＋二字漢語」も一種の対タイプとしての造語である。他の資料に、単独タイプを含めて探しても明治前期では多くが集められない。「未化成・未開化・未精算・未発見・未夢想」に過ぎない。A期の用例は見つけられなかった。ただし、多字漢語かと思われる次の一例がある。時期はA期である。しかし、B期とも言える。

近来於二諸藩一猥ニ外国船相雇東京へ相廻シ兵隊等為二乗組一或ハ未開港場へ罷越候哉ニ相聞（『鎮将府日誌　一三』慶応四年九月、御沙汰書）。

古くから使用されていた、「不」と「無」で始まる三字漢語は、幕末の外国語の翻訳において、学問の場で改めて新語法として活用された。それは翻訳文、翻訳風の文章を読むことで、習得された。この「不」と「無」は多少の差があるけれども、ともに明治前半期に、幕末の更新を経て専門用語として使われ、書生語風の一般語にもなった。そして、意味変化もし、「非」や「未」、さらには、「反」「抗」「対」「脱」で始まる三字漢語・多字漢語と係わりながら、その使用が展開する。ここでは、主として「不」と「無」について、「非」は否定辞の分化の問題、「未」は凝縮度の問題として、明治前半期の使用状況を、幕末との係わりを考慮しつつ述べた。

注

（1）筆者は幕末の漢語を含めて「近代漢語」と言うことがある。近世末の漢語を「幕末漢語」と言い、また、明治維新後の漢語を「近代漢語」と言うこともあるが、日本漢語にとって、「幕末・明治初期」は連続体であると捉えて論述することがある。「近代漢語の伝播の一面」（『広島女子大学文学部紀要　一四号』昭和五四年三月）・「漢訳『万国公法』の熟字と近代日本漢語」（『国語と国文学　六二巻五号』（昭和六〇年五月「近代語の研究」特集号）など。

（2）『日本語学　六巻二号』（昭和六二年二月、明治書院）。

（3）柳田泉『政治小説研究』（上巻＝昭和四二年八月、中巻＝昭和四三年九月、下巻＝昭和四三年一二月、春秋社刊）。

（4）徳富猪一郎・木崎愛吉・光吉元次郎編。昭和二年初版・昭和五五年四月覆刻初版。名著普及会刊。編者が付した返り点は省略した。ただし、三字漢語の「不」に返り点はない。注6の『橋本景岳全集』においても同じである。

（5）山口県教育会編。昭和一三年から昭和一五年にかけて、岩波書店刊。訓読された普及版による。この訓読が松陰と同じである保証はないが、先学の訓読に従った。

（6）景岳会編。昭和一八年一月、畝傍書房刊。翻刻時に付された返り点は省略した。

（7）野村雅昭「近代日本語と字音接辞の造語力」（『文学 四九巻一〇号』三一ページ、昭和五六年一〇月）。

（8）この外に、拙稿「漢語の近世と近代」で紹介した、「無」で始まる翻訳語としての「無鋑錬」と「無装填」がある。前者の用例文と出典は次のごとくである。

無鋑錬　薬角《コロイド・ホールン》ニ二種アリ。即第十八図ノ者ヲ無鋑錬（左ルビ「カナモノナシ」）ト名ヅケ。第十九図ノ者ヲ具鋑錬（左ルビ「カナモノツキ」）ト名ヅク（『海上砲術全書 一一巻』11ウ）。

原文を見ると、十八図として一角獣の角の形をした蓋のない火薬入れ（**kruidhoren**）、十九図として蓋のある角型の火薬入れが描かれている。また、後者は次のように使われている。

無装填　一伍ノ兵ハ二人相ヒ共ニ常ニ動作ヲ同時一斉ニシ両兵一時ニ無装填ノ銃ナキ様ニシ（『英式歩操新書 七巻』15オ・15ウ。慶応三年刊）

（9）野村雅昭「否定の接頭語『無・不・未・非』の用法」（『国立国語研究所論集 ことばの研究 4』昭和四八年刊）三五ページの表1「新聞・雑誌の調査に出現した否定の接頭辞を含む語」の中で、「無」を冠する二字漢語が具体的な物の名を表すのは、あえて挙げれば、「走者」くらいである。

（10）「高尚」は、この小説で「人民の性質よりすれは随分高尚《ずいぶんこうしょう》なる意匠《いしょう》を有し美術《びじゅつ》の思想にも富めるを以て大に製造品を産出するに適することならん」（一〇九ページ）のように本来の意味でも使われる。

参考文献

泉井久之助「否定表現の原理―一つの意味論的分析―」（『国語国文 二三巻八号』昭和二九年八月。『言語の研究』所収。昭和三一年六月、有信堂刊）

米川　明彦『欧州奇事花柳春話』の漢語（『国語学 一四〇集』昭和六〇年三月）

補記　政治小説の多くは『近代日本黎明期文学書集成』（マイクロフィルム版。国立国会図書館蔵。平成元年六月製作、ナダ書房発行）に依った。

明治のリテラシー

今野真二

はじめに

「明治のリテラシー」を表題とした。ここでの「リテラシー（literacy）」は「書きことばの運用能力」をさす。

明治四十二年六月三十日、『朝日新聞』東京版・大阪版に夏目漱石の作品『それから』の一の四が掲載されている。末尾ちかくに「見《み》ると、綺麗《きれい》に掃除《さうぢ》が出來《でき》てゐる」という行りがある。この箇所については、東京版と大阪版とに違いはない。漱石は原稿には、「見ると、奇／麗に掃除《さうじ》が出来てゐる」と書いている。ちなみにいえば、明治四十三年一月一日に刊行された単行本初版『それから』には「見《み》ると、綺麗《きれい》に掃除《さうぢ》が出來《でき》てゐる」（十六頁）とあって、『朝日新聞』のかたちが踏襲されている。漱石は漢字列「掃除」に「さうじ」と振仮名を施し、『朝日新聞』と単行本初版とは、「さうぢ」と振仮名を施しているということもあるが、これについては今は措く。ここでは漢語「キレイ」にあてる漢字列が、原稿では「奇麗」で、『朝日新聞』と単行本初版とでは「綺麗」であることについて採りあげることにする。

原稿に「奇麗」とあった箇所が新聞では「綺麗」となっているのだから、新聞が印刷されるまでの間に、その「変更」がなされたことになる。その「変更」に漱石が関与しているのかいないのかということも不分明である。したがって、ここでは誰がその「変更」に責任をもっているのか、ということではなくて、「変更」されているという事実についてのみ話題とする。この「変更」が明治のリテラシーということに関わるのかどうかということである。漱石のリテラシーは「奇麗」を選択した。しかし、新聞読者のリテラシーを考慮して、新聞編集側で「綺麗」に「変更」するというようなことがあったのかどうか。そして、そうかどうかをどうやって説明、あるいは証明するか、ということになる。それはつまり、わたしたちは証明の方法をもっているのかという問いかけでもある。このことがらについて、ここで結論を出すことはしない。一つの引き合いとして明治二十四年に刊行を終えた『言海』が見出し項目「キレイ」の直下に「普通用」の漢字列として「綺麗」を挙げているということを指摘しておく。『言海』はよく練られた辞書であると考えるので、『言海』の記述を手がかりにしたいが、「綺麗」が明治二十四年頃に「キレイ」という語を書く漢字列として「普通用」であったとすれば、明治四十二年頃もそうであったとひとまずは考えることができる。そうであれば、新聞は「普通用」の書き方に「変更」したということになる。つまり、「キレイ」という語にどのような漢字列をあてるか、ということに関して、漱石と（想定されている）新聞読者との間に、この語の書き方をめぐってリテラシーの差があっただろう、ということになる。

右では、夏目漱石を採りあげた。リテラシーは「書きことばの運用能力」と定義した。「話しことば」が自然に習得できるのに対して、「書きことば」は自然に習得できない。したがって、習得のために時間を費やす必要がある。どのようにその時間を費やすかということは個人差があり、その個人差は運用能力に跳ね返ってくる。ごく一般的、常識的な推測ということになるが、夏目漱石のリテラシーを明治期のリテラシーの中に位置づけるとすれば、上方であろう。そのように高いリテラシーをもっている人物が文学作品を発表し、それが現代まで残る。あるいはそのように高いリテラシーをもっている人物が明治時代をリードする。その言行が現代まで伝えられる。いずれも当然のことといえよう。そうであれば、注意しなければ、どうしても「上方」から観察をしてしまうことになる。残されている文献からすれば、それはそれでしかたのないこととも思うが、「下方」からの観察も必要であることはいうまでもない。本稿では、「上方」ではなく、できるだけ「下方」から、そして印刷されたものではなく、手書きされたものを使って、明治のリテラシーを探ることを試みることにする。

一　「[閉校／開校] 祝詞帳」

稿者は、表紙に「明治卅一年十二月／[閉校／開校] 祝詞帳《シクジ》／久々野校生徒用／小林直造」と書かれた表紙、裏表紙を含めて四丁の仮綴じの小冊を所持している。（[　] は双行に書かれていることを示す。／は改行箇所を示す。）裏表紙には、「明治卅一年十二月廿二日／[閉校／開校] 祝詞筆記帳／久々野尋常小學校補習科／小林直造」と書かれている。「祝」字は示篇のかたちの字が、「習」字は上部が「羽」のかたちをした字が書かれている。「久々野」は現在、岐阜県高山市の「久々野（くぐの）」であろうか。そうであれば、明治三十一（一八九八）年に、岐阜県の小学生が書いたものであることになる。右に示したように、表紙、裏表紙には「[閉校／開校] 祝詞帳」とあるが、実際には「閉校ノ祝詞」のみが一丁記されているだけである。その次の一丁は白紙のまま閉じられているので、あるいはここに「開校の祝詞」を写すつもりだったのだろう。次に行番号を付けて、この祝詞を翻字しておく。1・7行目の「末」はかたちとしては「未」のかたちで実現している。10行目の「習」字はやはり上部が「羽」のかたちをした字。13・25行目の振仮名のみ、左側に施されているが、これは丁の端で、左側により余白があることによると思われる。

閉校式ノ祝詞

1　事ニ本末《マツ》アリ業ニ終始《シウシ》ア
2　ルハ自然ノ通則《ツウソク》ナリ今ヤ吾
3　ガ久々野尋常小學モ本
4　年ノ業ヲ畢《オ》ヘ茲《コヽ》ニ恭《ウヤ〳〵》シク
5　閉校ノ式ヲ擧ラル生徒

學ヲ本校ニ受《ウク》クルヲ以テ
亦此ノ席末《セキマツ》ニ列《レツ》スルヲ得
欣喜《キンキ》ノ情《ジヤウ》ニ絶《タ》ヘザルナリ
抑モ學問ノ事タル一朝
一夕《セキ》ニシテ習得《シユトク》スベキニ非ズ
必ズヤ日ヲ重ネ月ヲ閲《ケミ》シ
テ撓《タユ》マズ捲《ウ》マズ漸《ヤウ〱》ク其蘊《ウン》
奥《オウ》ヲ極《キワ》ムルヲ得《ウ》ベク然《シカ》モ亦（ここまで表）
師ノ力ヲ借ルコト鮮《スクナ》カラザ
ルナリ熟々《ツラ〱》既往《キワウ》ヲ省《カヘリ》ミルニ
余等《ヨラ》始メテ本校ニ入ル
ヤ東西ノ方向黒白《ホウコウコクハク》ノ理《リ》
ヲ辨《ベン》ズル能ハザリシ
懇篤《コントク》ナル教員諸氏《キヤウエンシユシ》ノ薫《クン》
陶《トウ》ヲ蒙《カウム》リ以テヤ、事物ノ
理ヲ知ルヲ得タリ去レバ茲
ニ閉校ノ式日《シキズツ》ニ臨《ノゾ》ミテ聊《イサヽ》ガ
祝詞ヲ述《ノ》ベテ以テ其
勞《ラウ》ヲ謝《シヤ》シ併《アハ》セテ本校

25　ノ繁盛《ハンセイ》ヲ賀《ガ》スル所以《ユエン》ナ
26　リ
27　明治卅一年

そもそもどのような目的でこのようなものが書かれたのかということを考えておかなければならない。表紙に「生徒用」とあり、裏表紙に「筆記帳」とあることからすれば、生徒各自がこのようなものを書いて所持していたと思われる。14～15行目に「師ノ力ヲ借ルコト鮮《スクナ》カラザルナリ」とあることからすれば、生徒全員が閉校式（現在の終業式か）の際に教師に対して唱える「感謝のことば」のようなものであったか。そうであれば、諳誦して式に臨んだかどうかは不分明であるが、生徒各自が唱えられるようにするために、あらかじめ教師が板書し、生徒に書き写させていたということであろう。板書と推測したことには理由がある。

5行目の「擧ラル」は「擧」字の前に「學」字がいったん書かれて、それが抹消されている。「擧」を「學」と間違えたのは、字形の類似によると考えるのが自然で、そうであれば、生徒は教師がよみあげるのをそのまま書き写したのではないことになる。また17行目では「東」と書いてから「面」と書いて、それを抹消して「西」と書いている。これは、「トウザイ」という語を書いた漢字列として「東西」をとらえているのではなく、板書された漢字を一字ずつ写そうとして、「面」と「西」との字形の類似によって写し間違えたと考えるのが自然であろう。

あるいは、12行目は「薀奧」と書いて、「奧」の字を抹消し、その「奧」字を次の行頭に書いている。これは不自然で、考えられることは、書き手である小林直造君が、板書されたとおりの字詰めで写そうとしていたということである。23行目も「其勞」と書いてから、行末の「勞」字を抹消して、次行行頭に「勞」を書いており、同様のことにみえる。したがって、この「筆記帳」は教師が板書したものを生徒が写したものと前提して考察をすすめることにする。

振仮名はどうか。(結局は推測であるが)振仮名は、生徒が板書を終えてから、教師が発音したものを生徒が聞いて施したのではないかと推測する。そうした推測をするのは、例えば6行目に「受《ウ》クル」とあって、振仮名と送り仮名とが重複している。これは「ウクル」という発音を聞いて、「受」字に思わず「ウク」と振仮名を施したようにみえる。12行目の「漸《ヤウ〳〵》ク」は「ヨウヤク」を意図していると思われる「漸ク」の「漸」字に「ヤウ〳〵」と振仮名が施されていて不整である。この不整の理由はわからないとしかいいようがないが、いずれにしても振仮名を生徒が施した可能性を感じさせる。また15行目はまずは「省《カヘリミ》ル」と書かれていて、それを「省《カヘリ》ミル」と訂正している。「省《カヘリミ》ル」も「省《カヘリ》ミル」もいずれも「カエリミル」を書いたものであることはわかるはずで、前者を後者にどうしても修正しなければならない理由は考えにくい。それがあるとすれば、やはり後者のように板書されていたということではないか。あるいは16行目の振仮名「ヨラ」は「余」字の右側に書かれており、「余」一字に施された振仮名のようにみえる。これも、教師の発音を振仮名として施す際に、「余等」全体に施すべき振仮名を「余」一字に施したのではないかと推測する。

右に述べてきたような目的によってこの文書は書かれ、右に述べてきたように、教師が板書したものを生徒が写し、その板書を教師が音声化したものを生徒が聞いて、振仮名を(各自適宜)施したと前提する。板書は著しい行草書で書かれていたとは考えにくいので、(常識的な推測ではあるが)楷書体にちかい字体で書かれていたと前提する。その前提において、次のようなことがわかると考える。

1　19行目の「教員諸氏《キヤウエンシユシ》」の「員」字は(この字のみ)草書体で書かれている。書き手は、この「員」字を書く機会が多かったことが予想されるとともに、(あるいはいうまでもないことと思うが)草書体を使うこともできた。

2　楷書体(あるいは行書体)の中に、草書体の漢字を交えることはあった。

3　13行目には「極《キワ》ムル」とあって、ここでは振仮名が「古典かなづかい」に合致しない書き方で施されている。

一方、この時期「コウムル」と発音されていたと思われる語が20行目において「蒙《カウム》リ」と書かれている。この振仮名「カウム（リ）」は「古典かなづかい」に合致している。したがって、「かなづかい」ということでいえば、この書き手は「古典かなづかい」に合致した書き方をしたり、合致しない書き方をしたりしている。このことは、明治期の小学校において、いわゆる「歴史的かなづかい」が教育されていたということを疑わせる。

4 「かなづかい」についてさらにいえば、8行目の「絶《タ》へザルナリ」においては、この時期に「タエザルナリ」と発音していた語句を「エ」と対応する仮名ではなくて「へ」で書いているという点においては、表音的ではないが、「古典かなづかい」では「絶エザルナリ」となるはずで、表音的ではないけれども、「古典かなづかい」とは一致しない「非表音的な書き方」がなされていることになる。これが「実態」であるとすれば、これまでのとらえ方は「硬直的」ではなかったか。

5 19行目の漢字列「教員」の振仮名「キヤウエン」、「諸氏」の振仮名「シユシ」、22行目の漢字列「式日」の振仮名「シキズツ」、同じく22行目の「聊《イサヽ》ガ」は岐阜という地域性を反映した語形である可能性があるいはあるか。

6 12行目の「撓《タユ》マズ捲《ウ》マズ」の「捲《ウ》マズ」の「捲」字字義は「たわめる・まげる」であって、「あきる」という字義をもつのは「倦」である。そもそも教師が「倦」字を書いた可能性がたかいが、いずれにしても、「撓」字の篇が下字に及んだと思われ、漢字字体における「順行同化」とでもいうような現象とみえる。こうした例はさまざまな文献においてみられ、そうした報告もなされており、汎時的な現象といえよう。

二　難字扣帳

ここでは表紙に「明治卅年正月／難字扣帳／豊浦郡／加藤氏」と書かれた小冊を採りあげることにする。この小冊の裏表紙には「山形縣西田川郡豊浦村／山形縣西田川郡／豊浦／大字三瀬［□□／尋常］」とある。（□□は判読が困難）表紙見返しには「手習は／坂に車を／押し如く／油断を／すれば跡に／もとるぞ」（傍点稿者）と和歌のようなものが記され、それに続いて「續皇朝史略壹」と書かれている。そして一丁目の表の冒頭の一行には「稱光天皇　既《ツキ》秉《トル》」とあり、次の一行には「雹《ハウ》［アラ／レ］　憤悒《フンユウ》［イキ／トウ／ルコト］　陽《イツハッテ》」とある。山形県西田川郡豊浦村は明治二十二年の町村制の発足に伴って発足し、現在の鶴岡市西部の羽越本線小波渡駅・三瀬駅周辺にあたる。昭和三十年に鶴岡市に編入されて廃止された。現在の方言区域でいえば、北奥羽方言（の中の庄内方言の）地域に位置している。

江戸彰考館総裁をもつとめた水戸藩士、青山延于（一七七六〜一八四三）の著わした『続皇朝史略』巻一は称光天皇の条から始まる。今ここでは便宜、架蔵する『続皇朝史略』（明治八年二月十九日版権免許／同十五年十月三版）を使用する。[1]『續皇朝史略』には、「二十年春正月朔日有食之既」「上杉氏憲秉権柄」「二十二年夏六月京師大風雨雹天寒如冬」「氏憲常懐憤悒」「氏憲陽称疾不出潜集兵士」という記事がみられ、「難字扣帳」はそれらの、傍線を附した箇所を抜き書きしたものと思われる。

『皇朝史略』『続皇朝史略』を「本書《ほんじょ》」とする字引類は複数出版されている。『マイクロフィルム版国立国会図書館所蔵明治初期辞書集成目録（Ⅰ）―字類・字解・字引類』（一九八六年、ナダ書房刊、以下明治初期辞書集成目録（Ⅰ）と略称）には明治十二年五月刊土橋壮纂輯『皇朝史略字類大全』から明治二十五年七月刊松田敏足編輯『皇朝史略字引大全』まで、十八冊の字引類が挙げられている。

例えば稿者所持の明治十二年五月刊の土橋壮纂輯『皇朝史略字類大全』（三冊）は第一冊（上）第二冊（下）が『皇朝史略字類大全』で、第三冊は『続皇朝史略字類大全』となっている。土橋壮を編者とするテキストは『明治初期辞書集成目録（Ⅰ）』においては、挙げられている十八冊の中では68の番号を与えられているもののみで、これに該当すると思われる。いずれにしても、正続『皇朝史略』を「本書」とする字引類は複数出版されているので、考察の手順としては、ここで採りあげる「難字扣帳」がそうした字引類を写したものではないことを確認する必要がある。

　右でふれた『続皇朝史略字類大全』をみると、例えば、そこでは「有食之既」が抽出され、それに「コレヲショクスルアリ　ツキタリ」と右振仮名が施され、「日ノ食ミナカ、ルナリ俗訛テ皆既《カイキ》ト云」とあって、抽出単位も異なる上に、こちらには語釈が備わっている。あるいは新井新編輯『[冠註／挿畫]正續皇朝史略字類大全』（明治十六年四月刊）では、「憤邑《フンイユウ》」に「邑ハ悒ト通スイキトホリヲフクム意」と語釈が施されており、これも「難字扣帳」とは異なる文辞になっている。また「難字扣帳」とは振仮名が異なる。楫原寶成編輯『皇朝史略字解大全』（明治十七年十二月刊）においては、「憤邑《フンイユウ》」に「イキドホリ、氣ノフサグコト、邑ハ悒ト仝ジ」とあり、これも「難字扣帳」と語釈が一致しない。佐野多氣雄編輯『正続皇朝史略字引』（明治十一年九月刊）では「憤邑《フンイウ》」に「イキドホリイタム」という語釈を与えている。今ここでは、三つのテキストに限ってのことであるが、三つの字類、字解、字引のいずれとも「難字扣帳」は一致しない。すべての字引類にあたってはいないので、現時点では、「難字扣帳」が字引類の抜き書きである可能性を完全に否定することはできていないが、字引類はそもそもハンディに作られており、そうしたものを所持していて、さらにそれの抜き書きを作る意義は一般的には考えにくいといえよう。

　右のようなことの他に、この「難字扣帳」の記述には、誤解とでもいうべき記事が含まれている。例えば、「難字扣帳」では「賈竪販失」に「コジユハンシチ」と振仮名を施している。これは、「賈竪販夫」（享徳三年・二十六丁裏一行目）の「販夫（ハンプ）」を「販失」と誤記し、その誤記に気づかずに振仮名を施したものと思われる。佐野多氣雄編輯『正続皇朝史略字引』には、「賈竪《コジュ》　アキビト」「販夫《ハンプ》　フリウリノモノ」（九十一裏一行目）とある。「難字扣帳」が印刷テキストの抜き書きであれば、（このような錯誤がまったくあり得ないとまではいえないにしても）こうした誤記はおこりにくいのではないか。あるいは「瘞埋」（十八丁表五行目）の「瘞」字をやまいだれではなく、まだれの字として書いている。こうした誤記も、テキストからの抜き書きの場合、難字であればこそ、慎重に写すとも考えられ、やはり教師の板書をさらに写したもの、という可能性もかなりあると思われる。

「難字扣帳」がどのようにして作られたかというプロセスは不分明ではある。「難字扣帳」はいかにも抜き書きといった様態を示しており、一つの可能性としては、教師から享受を受けながらのノートということが考えられる。

例えば、「義持遺人索捕幽之於林光院」（三丁表七行目）の「索捕」に「モトメコラユル事」という語釈を与えているが、これは「モトメトラユル事」の誤りであろう。とすれば、「トラユル」を「コラユル」と書いたことになり、この書き誤りには発音が介在している可能性がある。

中に書かれた文字がやや幼い印象を与えるのに対して、表紙の文字はしっかりとしているので、これはいずれかの時点で書き加えられたものである可能性がたかい。しかし、ここでは表紙に書かれた「難字扣帳」をこのテキストの名称として使い、明治三十年の時点で、山形県の尋常小学校の生徒が書いたテキストであるということを前提として以下の考察を進めることにする。したがって、この前提が成り立たなくなった場合は、以下の行論は意義をなくすことになる。

二―一　山形方言と思われる語形

称光天皇二十八年秋七月の記事に続いて「是歳飢疫餓莩相望、日載死屍棄之堆積成丘」（五丁表八行目）という行りがある。「難字扣帳」は「載死屍」を抜き書きし、「死屍」に「ス、」と振仮名を施している。山形縣西田川郡豊浦村は北奥羽方言（の中の庄内方言の）地域に位置することになるが、そこでは「シ・ス」「チ・ツ」「ジ・ズ」の母音が中舌化し、音価としては、イ寄りになることが指摘されている。したがって、「ス」が「シ」、「ツ」が「チ」にちかくなる傾向があることになる。しかしそれは発音上そうであるということであって、「シ」にちかく発音している

「ス」を仮名でどう書くか、また本来の「シ」を仮名でどう書くかは、一律ではないと思われる。[2]

この例においては、本来の「シ」を仮名「ス」で書いているが、この「難字扣帳」にはこうした例が多くみられる。「頃之帝復蘇」（七丁表七行目）の「頃之」に「スバラクアツテ」、「而今奄先朝露」（後花園天皇嘉吉元年秋七月・十八丁表四行目）の「奄」に「タツマチ」、「吾死之後裏尸」（同・同五行目）の「裏尸」に「スヲツ、ミ」、「細川勝久殺修験道士」（同宝徳二年秋七月・二十三丁表七行目）の「修験道士」に「シウゲントウス」と振仮名を施し、語釈として「ヤマブス」と書き、「義政怒成氏肆殺憲忠」（享徳三年冬十一月・二十六丁表六行目）の「肆」に「ホスイマ、」、「是歳京師盗賊蠭起白晝横行劫掠市廛」（同前・同七行目）の「市廛」に「ステン」、「飄然有廛外之操」（寛正四年・三十二丁裏三行目）の「廛外」に「スングワイ」と振仮名を施している。右では、「シ」を「ス」と書くことがほとんどで、他に「チ」を「ツ」と書いた例が一例みられた。「廛外」の字音かなづかいは「ヂングワイ」であるので、「スングワイ」は「ヂ」を「ス（ズ）」と書いた例ということになる。あるいは「両軍交綏」（応仁元年八月・巻二・六丁表五行目）の「交綏」に「コウシイ」と振仮名を施している。「交綏」は「コウスイ」であるので、ここでは「ス」を「シ」と書いていることになる。他に「シザイ（貲財）」に「スサイ」、「子玉」に「スギヨク」、「劉氏」に「リウス」、「宋師」に「ソウス」、「士峰」に「スホウ」、「尚順」に「ナヲヨス」と振仮名を施した例がある。この「難字扣帳」においては、通常、仮名「シ」を使うところに「ス」を書く傾向がつよい。ただし、その逆、すなわち通常、仮名「ス」を使うところに「シ」を書く例もみられる。そのことからすれば、表紙裏に書き付けられた「押し如く」は「押す如く」にあたるものであると思われる。

二―二　漢字音の「揺れ」

「難字扣帳」は難字を抜き出しているのだから、難字及びそうした難字で構成される語（句）の発音、字義、語釈を注していることが多い。発音に注目した場合、先にふれたような字引類が示す発音と異なる発音を注していることが少なくない。具体的な例を三十挙げておく。上に「難字扣帳」の記事、その下にまず佐野多氣雄編輯『正続皇朝史略字引』（以下の行論においては単に字引と呼ぶことがある）の記事、ついで土橋壮纂輯の『皇朝史略字類大全』（以下の行論においては単に字類と呼ぶことがある）の記事を示す。所在は『皇朝史略字類大全』のものを示した。振仮名を漢字列の下に示した。

	難字扣帳	振仮名	正続皇朝史略字引	皇朝史略字類大全	所在
1	虔恭	ケンキヤウ	ケンキヤウ	キンキヤウ	1ウ7
2	堆積	イセキ	タイセキ	タイシ	1ウ11
3	偸盜	ユトウ	タウトウ	トウタウ	2オ2
4	踶齧	テイカツ	テイケツ	テイケツ	2オ3
5	欺罔	キモ	キバウ	キバウ	2オ7
6	重鎧	ヂウガイ	チヨウカイ	チヨウガイ	3オ2
7	性順	セイジユン	なし	シヤウジユン	3ウ5
8	鹿角	カカク	ロクカク	ロクカク	3ウ6
9	嫡派	チヤクハ	テキハ	テキハ	3ウ10
10	鵜羽	テイウ	ウノハ	ウカヒ	4オ2
11	金蔵主	コンゾウス	なし	キンザウス	4オ10
12	馮道	ヒウドウ	なし	フダウ	4ウ7
13	物色	ブツシキ	ブツシヨク	ブツシヨク	4ウ9

14	譎詐	キツサ	なし	ケツサ	5オ2
15	合沫	ゴウバツ	なし	ガフマツ	5オ7
16	飄然	ヒウゼン	ヒヨウゼン	ヒャウゼン	6オ7
17	緑醽	ロクジユ	リヨクレイ	リヨクレイ（緑醽）	6オ7
18	看棚	カンハウ	カンホウ	カンバウ	6オ10
19	貪戀	フンレン	タンレン	タンレン	6ウ3
20	沈檀	チンタン	チンダン	チンダン	6ウ5
21	鹵簿	ロハク	ロボ	ロホ	6ウ5
22	熒惑	ケイワク	なし	ケイコク	7ウ4
23	頌偈	シヤウカツ	シヤウゲ	シユゲ	8オ6
24	玩愒	グワンカツ	グハンケイ	グワンケイ	8ウ1
25	静勝	セイシヤウ	セイシヤウ	シヤウセウ	8ウ7
26	蘇息	コソク	ソソク	ソソク	9オ2
27	二杉樹	ニサンジユ	ジサンジユ	ジサンジユ	9ウ1
28	贅婿	ゼイシヨ	ゼイセイ	ゼイセイ	9ウ2
29	素餐	ソザン	ソザン	ソサン	9ウ7
30	奇衺	キシヤ	キジヤ	キサ	10オ1

右においては、先にふれた方言と関わる例を挙げていない。方言以外にも字引類と異なる発音を示す振仮名が施されているものが右のようにある。ただし、右にも、例17のように、「錯誤」が含まれている可能性はあるがそれはそ

れとする。

例28では漢字列「贅婿」に「ゼイシヨ」と振仮名を施す。字引・字類の振仮名は「ゼイセイ」である。『大漢和辞典』においては、「婿」字について「「壻」に同じ」（巻三・七三三頁）と述べ、「壻」字（同・二九四頁）には「セイ」「サイ」の二つの音を認めている。『角川大字源』は「壻」を「婿」の別体として、「婿」の項目とともに掲げている。こうした扱いそのものは、現代刊行されている辞書が、それぞれの刊行目的に応じた編輯をしていることによるとまずはいえようが、中国語を離れて、ある時点での、漢字についての記述を試みた時に必ず直面することがらとみることもできる。どの字を本源とみるか、そしてその字がどのような音（あるいは訓）をもっている（あるいは、もっていた）とみるか、そうした一つ一つのことがらが、一つ一つ「判断」を必要とする。「判断」をするということは、「判断」をする主体如何によって「判断」の結果が異なることもあるということを自ずから含意している。

それは明治期においても、原理的には変わらないのだから、明治期に漢字音に「揺れ」があったのは、そうした意味合いにおいては、むしろ当然のこととみておく必要がある。(3) それを確認した上で、もう少し具体的にことがらを観察したい。

「壻」字は土篇にみえてしまうが、士部に属する字で、意符の「士」と音符の「胥」（発音ショ・セイ）とから成っている。音符「胥」を構成要素にもつ漢字は少なくないが、「壻・婿」は「セイ」、「湑・糈・醑」などは「ショ」という音をもつ。音符「胥」が「ショ」「セイ」二つの音をもっているために、漢字列「贅婿」の発音を「ゼイショ」と「類推」したのがこの振仮名「ゼイシヨ」であろう。右に挙げた「ショ」という音をもつ三つの漢字があまり使われないであろうことを考え併せると、あるいは『史記』などの登場人物である「伍子胥」、または「胥」を含む幾つかの漢語、例えば「ショリ（胥吏）」などにふれていたことからの類推であろうか。いずれにしても、類推の方向そのものは誤っていない。ただし、振仮名を施した人物（今ここでは尋常小学校の生徒を一つの候補としている）がこの

「贅婿」という漢語になじみがなかったことはいえよう。

振仮名を施した人物は生徒であろうが、その振仮名のもとになった漢語のよみ＝発音は教師によるものであった可能性もある。それをひろい意味合いで、山形県西田川郡豊浦村という地域と結びつけることはもちろんできるが、「明治期の日本語のありかた」という、より大きな枠組みの中に置くことは可能であると考える。

例25においては、「難字扣帳」と字引とが「静勝」に「セイシヤウ」と振仮名を施し、字類が「シヤウシヤウ」と振仮名を施す。この例においては、字引と字類とに異なりがみられる。『大漢和辞典』は「静」字について、「セイ」「ジヤウ」二つの音を認め、「勝」には「シヤウ」一つを認めている。『角川大字源』は「静」の「セイ」を漢音、「ジヤウ」を呉音とする。漢語「静勝」の語義を〈静閑な勝地〉と理解すれば、「ショウチ（勝地）」からみて、「セイショウ」が自然なことになる。したがって、字類の「シヤウシヤウ」には何らかの錯誤がある可能性もあるが、「静」が「ジヤウ」音をもっていることからすれば、錯誤と断言はできない。

ある漢語があって、それが「使われる」といった場合に、発音もあまりしないようなかたちで使われる場合、すなわち（純然たる、といっておくが）「書きことば」で使われる場合を考えておく必要があるのではないだろうか。右でみたように、（おそらくは、中国で成立した史書を視野に入れながら、それらの表現も意識しながら書かれたような）文献には、その文献成立時には、ほとんど使われていなかった漢語が使われる可能性がある。その文献が成立したのが明治期であれば、いうまでもなく、その文献は明治期に作られたものと認識される。そこに使われた漢語は紛れもなく明治期に使われた漢語である。しかし、それが日常的に使用する「話しことば」の対極に位置する体の「書きことば」として取り入れられていた場合、文献の書き手には、その漢語の発音も語義もわかっているとしても、文献の享受者にとっては、その漢語の発音も語義もわからないということはもちろんあり得る。

「話しことば」においてある語が使われるということは、発音されているということを前提している。しかし、「書きことば」においては、発音がわからない語を使うことはできなくはない。そう考えると、ある時期に成立した文献の中に、その時期の言語使用者が発音できない漢語が含まれている可能性もあることになる。その場合、その漢語を発音できない人物にとっては、そこにあるのは「漢字列」ということになる。つまり、「漢字列が先にある」という状況があることになる。

呉音、漢音ということを、語を単位としていえば、ある中国語が漢語として日本語に借用されるのだから、「漢音＋漢音」（＝漢音で発音する語）、「呉音＋呉音」（＝呉音で発音する語）のように、発音が雑揉していないことが自然である。ここでは、ひとまず、造語成分として、漢音語基、呉音語基が自由にふるまうようになったということを別にしておく。そうではなくて、「漢字列」に対して、手持ちの漢音、呉音が自由にわりふられるようになれば、そこには、結果としての「雑揉語」がうまれることになる。明治期において、漢字音に「揺れ」があることはこれまでも指摘されてきているが、それは右のようなことによってもうまれてきているのではないだろうか。

例23においては漢字列「頌偈」に「シヤウカツ」と振仮名を施す。字引は「シヤウゲ」、字類は「シユゲ」である。「偈」字は呉音「ゲ」、漢音「ケツ・ケイ」であると思われる。「カツ」は「曷」を構成要素としてもつ漢字の多くが音「カツ」をもつ、あるいはこの時期に目にする「曷」を構成要素としてもつ漢字によって書かれる漢語の多くが「カツ」という発音と結びついていたことからの「類推」であるかと思われる。「頌」字は「ショウ」「ジュ」いずれの音ももっているので、字引の「シヤウゲ」、字類の「シユゲ（ジュゲ）」はどちらもあり得ることにはなる。

一つの漢語が、日本語の語彙体系内で借用されているうちに、もともとの中国語の発音と離れることは充分考えられる。その語がずっと頻繁に使われ続けていれば、それほどのことはないともいえようが、そもそも漢語に関して「ずっと頻繁に使われ続け」るということが想定しにくいともいえよう。「ずっと頻繁に」は「はなしことば」内でということとちかい。『皇朝史略』のような「書きことば」において使われるような漢語の中には「ずっと頻繁に」使われていない漢語が使われることがあろう。そうであれば、右でプロセスを推測したような、「類推」がはたらいて、これまでに日本語内に蓄積された「情報」、この場合でいえば、「漢字音」がいわば「総動員」され、その結果、例えば「呉音＋漢音」「漢音＋呉音」といった組み合わせの、類推された「呉漢雑揉」（山田忠雄『近代国語辞書の歩み』二〇八頁）の発音を大量にうみだしたということも考えておく必要があるのではないだろうか。

おわりに

本稿では、明治期のリテラシーを、いわば下方から探ることを試みた。採りあげた文献は二点に過ぎず、これらの文献から窺われることがらには限界があることはいうまでもない。それでも、後者の文献の振仮名に窺われる漢字音（の変異形）は、ひろがりをもつ問題を提起していると考える。「明治期の日本語」をひろく共時的に考えることができるのであれば、そのもっともひろい「明治期の日本語」においては、空間差は捨象されていることになる。「公性」がつよく求められる文献には、変異形は使用されにくい。「公性」によって、どのような「標準語形」が求められていたかは、そのような文献の観察によってある程度つかめるであろうが、どこまでの変異語形の上に築き上げられた標準語形であるかはわからないことになる。変異形を多く「露出」させる文献の観察を併せることによって、「明治期の日本語」のあり方をより立体的に描くことができると考える。

注（1）　架蔵するテキストは序の末尾に「天保辛卯十月　水藩青山延于謹撰」とある五巻三冊の本。具体的には、『皇朝史略』十二巻四冊とセットになっている。出版人は青山勇で発行が山中市兵衛。ちなみに「辛卯」の「辛」字は「なべぶた＋羊」のかたちで実現している。

（2）山形県西田川郡豊浦村の方言に関わることがらについては、関西大学教授日高水穂氏にご教示いただいたことを明記し、学恩に感謝申し上げる。

（3）松井利彦『近代漢語辞書の成立と展開』（一九九〇年、笠間書院刊）は第五章「漢語辞書のことば」の一「明治期の漢字音」において、「同一熟字を構成する一つの漢字が、同じ意味を表わすにもかかわらず、いくつかの違った音でいわれたり読まれたりすることが多かった」（三一三頁）と述べ、『太政官日誌』を観察対象とし、「漢文訓読文においては漢音読み」（三三一頁）がなされるが、通俗文においては、そうではないと述べ、同一テキストであっても、読み手がそれを漢文訓読的と認定するか、通俗文的と認定するか、によって、漢音読みをするか、呉音読みをするかが異なっていたと主張する。それを否定するものではないが、この主張は反証ができない。読み手がある文章を漢文訓読的と認定していたか、通俗文的と認定していたかは、読み手と離れた時空においてはほとんど証明する方法がないのであって、結局漢音読みをしているか、呉音読みをしているかによって、それを判断するのであれば、論全体が循環の中にあることになる。

鉄道列車名の形成と変化

鏡味明克

一　はじめに

本稿は『近代語研究』第十二集に執筆した「鉄道駅名の形成と変化」ならびにその続編の「駅名における分割地名の構造」（第十四集）、「鉄道駅名における分割地名の構造（続）」（第十五集）、「鉄道線名の形成と変化」（第十七集）の続編として、続いて「列車名」を取り上げ、我が国の近代語における鉄道用語の、駅名・路線名・列車名という固有名詞の三つの分野の語彙の形成と変化をまとめ終わり、日本近代語における鉄道用語固有名詞の三大根幹である駅名・路線名・列車名の形成と変化をひととおりまとめあげたいとの念願で、今回は列車名の記述をまとめるものである。

まず第一には、列車名の確認を、明治の創設期から時代を追って変遷を見て行く。その事例の書きだしは、まず、列車名のうち、「急行」等の普通列車に対する高速列車の名称の記述からはじめて、次に『愛称』としての列車名の記述を後半に展開する。「電車」「気動車」等の、固有名詞でない列車名は、ここでは取り上げない。

なお、今回は、鉄道関係の固有名詞の変遷の記述のひととおりの完結と考えているので、この機会に、これまでの関連の論考、『近代語研究』に執筆した、第十二集から第十七集に至る各編の記述のうち、その後確認した事例や正誤などについて、補足資料として、論末に付記することとした。もって、一連の、鉄道関係の固有名詞の研究の総まとめとも考えている。

本論で取り上げる列車名の種類は、全国のＪＲ、第三セクター鉄道、私鉄の鉄道線などの列車に付与された「列車名」について広く取り上げるが、鉄道の範疇には入りにくい、索道線、バス路線などの車両に付与された名称については取り上げない。モノレールの路線は対象に加えている。

二　明治時代、鉄道創設期の列車名称

明治五年九月十二日（新暦では十月十四日）、新橋・横浜間に最初の鉄道が開通した時点では、通過駅のある急行運転はまだなかった。この新橋駅は汐留にあった初代の新橋駅であるが、掲載された時刻表の上では「新橋」でなく、「東京」駅であった。途中停車駅は品川、川崎、鶴見、神奈川で、横浜までの所要時間は五十三分であった。明治十五年に新橋・横浜間の途中、品川・神奈川のみ停車する「急行」が誕生、これが我が国における「急行」名称の発祥である。明治五年の新橋・横浜間の開通に続く鉄道敷設は、明治七年に関西で大阪・神戸間が開通、明治十年には京都・神戸間が全通、明治十三年には逢坂山トンネルが完成し、大津（当時の大津駅の位置は現在の膳所駅である）に延伸した。また明治十三年には新橋・横浜間が複線化されている。

この明治十三年には、北海道開拓使が建設した「官営幌内線」が小樽の手宮から札幌まで敷設され、明治十五年に幌内（現在の三笠市の炭鉱）まで全通した。この鉄道のＳＬには「愛称」が付けられ、一号機から六号機までには「義経」「弁慶」「比羅夫」「光圀（徳川光圀）」「信弘（松前信弘）」「しづか（義経の愛妾）」と歴史上の人物の名が付けられた。七号機以降は無名称であった。

私鉄では日本鉄道が明治十六年上野・熊谷間を仮開業、機関車名で「善光」という名があった。翌十七年高崎に達した。関西では明治二十一年五月、大阪の阪堺鉄道（のちの南海電鉄）が開業、十一月には山陽鉄道（現在の山陽本線）が開業、山陽鉄道は明治二十七年、長距離列車を神戸・広島間（往復）に走らせ、「急行列車」と称した。列車名愛称はまだ付けられていない。なお、この山陽鉄道の急行は日本最初の「食堂車」「寝台車」を備えたことでも特筆に値する。

官営線では、明治三十年には、それまで「上等」「中等」「下等」と呼ばれていた客車の等級を「一等」「二等」「三等」と改めた。明治三十四年には新橋・神戸間に三往復の特急を運行し、そのうち、最速の一往復を「最急行」とし、この名称が、「特急」誕生以前の最高速の名称であった。これらの明治期の高速列車は、列車番号のみの表示で、列車名の表示は行なわれていない。高速列車の愛称の命名の始まりは昭和四年であり、明治期の愛称はわずかに、機関車の愛称が一部で例があったのみである。

三　昭和初期の列車愛称の展開

大正三年に東京駅が開業した。大正四年には東京・横浜間の電車運転が始まった。大正十一年には三等のみの編成の「特急」も東京・下関間に運転された。

昭和四年、特急の『愛称』が一般公募され、その結果、第一位が「富士」、第二位が「燕」、第三位が「櫻」で、最初の列車愛称として、東京・下関間の特急「富士」「櫻」が発足し、第二位の「燕」はその飛翔速度のイメージから翌五年開業の東京・神戸間超特急「燕」にあてられた。昭和四年九月の発足に当たっては、時刻表にも正式に愛称が登載され、同年一一月の運行から、富士山、桜のテールマークが最後尾につけられた。

昭和十二年には東京・神戸間の特急に「鷗」を加えている。昭和八年には阪和電鉄と国鉄紀勢線を乗り継ぐ「黒潮」号が始まった。昭和十七年には関門トンネルが開通し、「富士」が長崎まで延長され、「櫻」は愛称なしの急行に格下げになった。

昭和十八年には特急、急行の名を廃し、特別急行を第一種急行、急行を第二種急行と改名した。戦争が激しくなり、昭和十九年には「富士」を廃止し、ネームド・トレインなしの戦時となった。

四　第二次大戦後の列車愛称

戦後のネームド・トレインの復活は、昭和二十四年九月、東京・大阪間に「へいわ」号、夜行に「銀河」が復活した。昭和二十五年には「へいわ」を「燕」と改称、この東京・大阪間にさらに「はと」を増設した。同年四国の高松桟橋から松山・須崎間に準急「せと」「南風」、東京から伊東と駿豆鉄道乗り入れ修善寺間に「あまぎ」(電車準急)、二十六年には東京・大阪間に臨時急行「さくら」、昭和二十八年、京都・博多間に特急「かもめ」がかながきで復活した。昭和三十一年には東海道本線が全線電化され、「つばめ」「はと」が復活、東京・博多間に夜行特急「あさかぜ」が発足した。このように「ひらがな化」が顕著な特色である。

五　電車特急「こだま」から新幹線「こだま」「ひかり」へ

昭和三十三年、上野から常磐線経由東北本線青森までの「はつかり」が登場、続いて東京・大阪・神戸間にはじめての「電車特急・こだま」が投入され、東京から大阪まで六時間五十分、神戸まで七時間二十分で、日帰りのできる「ビジネス特急」と呼ばれ、新幹線へのさきがけとなった。昭和三十九年の東海道新幹線発足に当たっては、国鉄は大規模な愛称公募アンケートを実施し、五十五万余通の回答を得た由であるが、その結果一位は「ひかり」で、以下、「はやぶさ」「いなづま」「はやて」「富士」等であったという。その結果、超特急には一位の「ひかり」、各停特急には第九位ながら、高速電車特急の先輩「こだま」の名が選ばれた。

その後の、新幹線関連の愛称では、平成四年東海道新幹線の最速列車名に「のぞみ」が導入されたこと、平成六年の東北・上越新幹線の「ＭＡＸ」という英語略称（Multi Amenity express　多機能空間特急）も話題を呼んだ。東北新幹線の延伸には時間がかかったが、ようやく平成十四年、八戸・青森間が開通し、東京青森直通特急は「はやて」と名付けられたが、アンケートでは、東北本線の「はつかり」の名を惜しみ継続を希望する回答が多かったそうである。平成二十三年、九州新幹線が全線開通した。列車愛称は最速の「みずほ」、「さくら」「つばめ」ですべてひらがな使用、従来特急名称で使われた名が活用された。新八代までの暫定開通時の在来線連絡特急であった「リレーつばめ」は役目を終え、新幹線としての「つばめ」の名が熊本・博多の各停新幹線にあてられた。

長野新幹線延長の北陸新幹線金沢開通（平成二十七年）では、最速には「かがやき」、各停には「はくたか」、長野・東京間には従来の「あさま」、富山・金沢間には「つるぎ」をシャトル運転の由。「かがやき」は「加賀」も掛けるか。

六　快速の「怪」

列車種別名の中には、通勤列車線などで、急行料金を要しない急行・準急・特急などの名称が往々あったが、東京の中央線と青梅線による通勤列車の「急行」から「特別快速」（略称「特快」。現在は「中央特快」と「青梅特快」）との区分（昭和四十二年から）のような、急行料金不要の区別のわかる名称が関西でも実施され、その利用を私も経験した。東海道本線では大阪三宮間の京都・大阪・神戸・元町停車の「急行」を昭和三十三年「快速」に改め、高槻・芦屋にも停車した。昭和四十五年には同じく急行券不要の「新快速」を京都・大阪・三宮・明石・西明石停車で導入した。もと阪和電鉄という私鉄であった国鉄阪和線には、急行料金不要の「特急」「急行」「超特急」があったが、昭和十九年の国有化以後も、急行料金不要の特急・急行・準急が存在していた。昭和三十三年「快速」と「直行」に改名された時は、ちょうど下宿のある北信太駅から大学のある杉本町まで普通列車で通学していたが、大阪の街なかへ出た時は、始発の天王寺駅から鳳（おおとり）までは急行に乗って、普通列車に乗り換えるか、鳳から一部は各駅停車になる準急で北信太まで直行するかであったが、当初は快速と直行のどちらが高速なのかわかりかねたものである。快速だからより早いのか、直行の方がより早いのか。要は、快速の方が停車駅は少なく和歌山に早く着ける便、直行は鳳ないし次の停車の和泉府中から東和歌山まで各停になり「乗換えずに目的駅まで直行できる」という意味であったらしい。それに対して、普通列車は途中のどこか止まりに設定されていて、終点東和歌山行きはなく、最も短い運行は杉本町止まり、最長が和泉砂川行きであった。

名古屋地区のＪＲ快速運転は平成十一年には「特別快速」「区間快速」「新快速」「快速」の四本立てとなり、まさに「快速の怪」である。大垣・豊橋間に運行されている快速は大垣から岐阜までは各駅停車、岐阜からは尾張一宮、名古屋、金山、大府、刈谷、安城、岡崎、蒲郡、豊橋の停車が全般には共通で、この通りの停車を「新快速」とする。狭義の「快速」は、共和にも停車し、時間帯によって幸田（こうだ）、三河三谷（みかわみや）にも停まるものもある。次に「特快」は共和、大府を通過するもので、この列車が一番停車駅の少ない、速い快速である。さらに「区間快速」もあって、名古屋発、金山、共和、大府に停車後、武豊線に入って各停、終点武豊まで行く。武豊線は非電化区間なので、これだけが気動車編成の快速である。「新快速」も新しい参入ということはわかっても、速さの程度はわからない。停車駅の少ない順では「特快」「新快速」「快速・区間快速」の順となるが、停車駅はとても全部は記憶できず、時間帯や平日・休日でも小異があり、快速の種別だけでは停車駅はわからず、停車駅の明示の方がより重要であろう。

岐阜・豊橋間のライバルである名古屋鉄道（名鉄）の「特急」とそれに準ずる停車駅の少ない高速運転の列車とはどうなっているだろうか。

名古屋本線（岐阜・豊橋間）の高速列車として、「特急」は、笠松、新木曽川、名鉄一宮、国府宮、名鉄名古屋、金山、神宮前、鳴海（止まらない特急もある）、知立、新安城、東岡崎、国府（こう）、豊橋と、かなり停車駅は多い。

次に「快速特急」は神宮前から知立までノンストップ、新安城を通過して東岡崎に停車し、次が終点豊橋、とこれが一番早い列車である。すなわち、「快速特急」が「特急」よりも早い便となっている。

なお、神宮前から常滑線に入って、中部国際空港に至る座席指定の「ミュースカイ号」は、神宮前から中部国際空港駅までノンストップの最速便で、ほかに神宮前から六駅停車する「特急」があり、「ミュースカイ号」の方が最速便である。「快速特急」という用語の一つの難点は、快速急行もそうであるが、「快速の中の早いもの」と「特急のさらに快速なもの」のどちらにもとれることであろう。名鉄の場合は後者なのである。

名古屋本線の豊橋行きは犬山線からの乗り入れ特急もある。新鵜沼発で、知立・新安城・東岡崎・国府停車の特急である。いずれも「特急」で、「快速特急」はない。

近鉄線の列車種別は「特急」「急行」「準急」であるが、大阪上本町発宇治山田行（途中止まりもある）の「快速急行」がある。この場合の「快速急行」は特急券の要らない、急行のうちのより早い快速である。

七　日本の列車名称に文学名・文化人名はあるか

ヨーロッパの鉄道では、その国が誇る文化人名を記念した列車名は、ネームド・トレインの中でも中核を占めると言っても過言ではなかろう。ゲーテ号、ショパン号等の列車名はまず一番に目に入る名称である。

私がヨーロッパを頻繁に旅した二十世紀末は、いわゆるTEE（Trans Europe Express）の豪華列車の旅の最末期であったが、有名な「ラインゴルト号」にミュンヘンから乗車することができた。ラインゴルトはワグナーの楽劇の名である。時代はまもなく、ビジネス利用主体の「ユーレイル」に移行して行ったが、ネームドトレインの命名法が変わったわけではない。私がたまたま出会った利用列車でも、オランダ滞在時に乗ったオランダの画家による「フランス・

ハルス号」、西ドイツＩＣ（インターシティ）の「ヘルダーリン号」（十八世紀ドイツの詩人）など、数々ある。

日本の鉄道ではそもそも人名を記念するものは余り例がなく、先に紹介した北海道開拓使による官営幌内線の機関車義経号や、小野小町の名に由来する秋田新幹線の「こまち」のような歴史的な名の使用でも稀な例といえる。

とくに文学・芸術を記念するものはあるのであろうか。昭和五十六年に公募から命名された、ＪＲから伊豆箱根鉄道と伊豆急行に乗り入れた「踊り子」号などは、文学作品名によるものとして希少な例であろう。これも「伊豆の踊子」という川端康成の作品（大正十五年）を使いながらも、「伊豆の踊子」という作品名を直接使わずに、その連想を活かしつつ、「踊り子」と抽象化していることが、文学作品名を利用してこなかった日本らしい特色かと思われる。この列車名愛称は昭和五十六年に公募から採られたもので、発足時には、「踊り子」が「踊りを踊ることを職業とする少女・ダンサー」の意味とも受け取られ、巷では、「特急にふさわしくない」「列車名として風格や品格に欠ける」といった不満の声も少なくなかったという（寺本光照氏『国鉄ＪＲ列車名大事典』中央書院　平成十三年）。ヘッドマークには『伊豆の踊子』の場面を彷彿とさせる和服姿の少女が描かれ、私はヘッドマークとしてはかなり好感と愛着を覚えた。昭和六十三年.「リゾート踊り子」として車両を刷新、平成二年には「スーパービュー踊り子」を投入、現在では「マリンエクスプレス踊り子」、高尾発の「はちおうじ踊り子」も運行されている。

その他の例では、昭和二十四年から運行された東京・大阪間の夜行列車として「銀河」があり、二十五年には神戸まで延長運転されている。この列車名そのものは、宮沢賢治の『銀河鉄道の夜』（昭和十六年刊）と直接の関係はないが、平成三年に花巻・釜石間に運行された急行「銀河ドリーム号」は、宮沢賢治の生地花巻を始発とすることから、直接宮沢賢治の連想で名づけたと推定する。残念ながらこの列車は翌平成四年に廃止という短命に終わった。

文学者個人とのつながりがうかがわれるのは、以上のわずか二つである。民話などでも「ゆうづる」（昭和四十年から平成五年まで運行。上野・青森間、常磐線経由）なども、民話「ゆうづる」によるというよりは、一連の「はつかり」

「はくつる」などの鳥の名の一環としての命名であろう。

古典に出てくる名称に典拠のある名称も多くはないと思われる。源氏物語等にも歌われた仙台市付近の萩の名所「宮城野」を用いた「みやぎの」（昭和三十四年から四十年まで）、『出雲風土記』から「やえがき」（昭和四十年から四十三年）「くにびき」（昭和六十三年、米子・益田間の特急）など。この特急は平成十三年「スーパーくにびき」と改名し、存続している。「やくも」は昭和三十四年、米子・博多間の準急として発足、昭和四十七年「まつかぜ」の一部となってからは、伯備線の山陽新幹線乗り継ぎの代表特急「やくも」（出雲市・岡山間）として今日も活躍している。

以下、ネームド・トレインを特急・急行の範囲で見てゆく。多数にわたるので、急行以下のネームド・トレインは原則として引用を省略する。

八　「鳥」と「風」の列車名

それでは、国鉄・ＪＲにおいて、どんな語種の列車名の愛称がこれまで多かったかといえば、地名や地域名が一番多いことはもちろんであるが、そのような固有名詞以外では、空を飛ぶ鳥、または風でスピード感を表わした名づけが特に多いようである。多くにわたるので、簡潔にその列車名のみを以下に列挙する。「鷲羽」（わしゅう）などは山名なので採らない。

〔鳥の名〕「うみねこ」「おおとり」「かもめ」「こまどり」「サンダーバード」「しらさぎ」「はつかり」「雷鳥」「スーパー雷鳥」「ちどり」「つばめ」「リレーつばめ」「とき」「ハイパーかもめ」「白いかもめ」「はくたか」「白鳥」「はくつる」「はと」「はやぶさ」「ひばり」「フェニックス」「やまばと」「ゆうづる」など。

〔風の名〕「あさかぜ」「いそかぜ」「さちかぜ」「しおかぜ」「そよかぜ」「南風」「はまかぜ」「ゆうなぎ」など。

風の名も多いが、鳥の名の圧勝である。

九　英語の列車名

これも年々増加しているが、国鉄・JRの範囲で、使用された英語名称を列挙する。全体を列挙してから、英語以外の外国語の例、英語使用に問題のあるものについてのコメントを付記する。

「あかしや」「アルプス」「エルム」「オーシャンアロー」「北アルプス」「銀河ドリーム」「クリスタル・エキスプレス」「サンダーバード」「サンライズ出雲」「サンライズ瀬戸」「新特急ウィークエンドあかぎ」「新特急ホームタウン高崎」「新特急ホームタウンとちぎ」「スカイライン準急」（水戸・福島。盤梯吾妻スカイラインに因む。水郡線経由）「ソニック」「タンゴエクスプローラー」「タンゴディスカバリー」（タンゴは丹後）「トワイライトエクスプレス」「成田エクスプレス」「トマムサホロエクスプレス」「ニセコエクスプレス」「ノースレインボーエクスプレス」「はこだてエクスプレス」「フェニックス」「フラノエクスプレス」「ホワイトアロー・スーパーホワイトアロー」（千歳空港・旭川）「ミッドナイトEXP」（これでミッドナイト・エクスプレスと読む）「モーニング・エクスプレス」（札幌・旭川）、「ゆうとぴあ和倉」（ユートピアを「湯」を懸けるために平仮名にしていると見られる）「ライラック」「ラベンダーエクスプレス」

そのほか「エーデル」（高貴）とドイツ語を使った「エーデル北近畿」の例がある。その他の英語以外の欧文表記では、星座名の「カシオペア」「オランダ村特急」「ハウステンボス」人名の「シーボルト」などがある。

余り例が多くなるので、快速等の英語名つきのものの例はここでは省略する。

冒頭に出た「あかしや」は昭和三十一年に、外来種の名だからというので、カタカナで「アカシヤ」と改めている。ここで一番疑問を感ずるのは北陸本線のサンダーバードである。平成三年、「雷鳥」号を「雷」（サンダー）「鳥」

（バード）により、「サンダーバード」と改めた「サンダーバード」の列車群は「雷鳥」グループの中で次第に主力となり、現在は「雷鳥」号はすべて「サンダーバード」に移行し、平成二十六年現在、日に三十一編成往復も運行されている。

ところが、雷鳥は英語ではPtarmigan（ターミガン）といい、thunderbirdではない。列車名のサンダーバードは「雷」の英語と「鳥」の英語を勝手に合わせたものである。ところが、別の正しい意味のサンダーバードもあって、アメリカ先住民の神話に出てくる雷を起こす伝説の巨大な鳥の名である。だから英語で表示されれば、この伝説の怪鳥になってしまう。その指摘があったのか、このアメリカの怪鳥のマークがサンダーバードの車両につけられるようになった。しかし、もともと、日本アルプスの雷鳥のイメージで発した列車名からは離れてしまったのであるし、この列車名を通して、雷鳥は英語でサンダーバードと言うのだという誤解を与えても困るところである。

十　私鉄の英語列車名

主なものに絞って紹介する。

会津鉄道に「アルペンライナー」、三陸鉄道「サーモン」、小田急電鉄に「スーパーはこね」「サポート（「お客を支援する」の意味らしい）」「ホームウェイ」「メトロはこね」「メトロホームウェイ」、東武電鉄に「スペイシア」「スカイツリートレイン1から8号」、京成電鉄「スカイライナー」「シティライナー」「イブニングライナー」「モーニングライナー」、京浜急行電鉄「京急ウィング」、西武鉄道「レッドアロー」「スタジアムエクスプレス」、富山地方鉄道に「アルプス・エキスプレス」「ダブルデッカー・エキスプレス」「アルペン1～4号」、名古屋鉄道「北アルプス」「ミュースカイ」、近鉄に「アーバンライナー」「伊勢志摩ライナー」「さくらライナー」「ビスタEX」「Ace」、南海電鉄「サザン」「ラピート」（「早い」のドイツ語）、阪急・能勢電鉄「日生エクスプレス」、伊豆急行「リゾート21」、智頭急行「スーパーはくと」、北近畿タンゴ鉄道「タンゴエクスプローラー」「タンゴディスカバリー」、松浦鉄道「レトロン」（レトロ調）、しなの鉄道「しなのサンライナー」、横浜市交通局（地下鉄）「ブルーライン」「グリーンライン」、沖縄都市モノレール「ゆいレール」、明知鉄道「大正ロマン号」、神戸新交通「六甲ライナー」「ポートライナー」。

十一　おわりに

さきにも、六『快速の「怪」』で、身近な愛知県のＪＲ快速と名古屋鉄道の快速特急との比較から「快速」をどうとらえるかがかなりあいまいや多義になっていることを指摘したが、このような結果から「快速」がどう多様化しているかを表解して、詳しく比較した所澤秀樹氏の『鉄道の基礎知識』（創元社　平成二十二年）所収の「主要私鉄の旅客列車種別」から一部と要点を引用する。「急行」や「快速」が★有料であるか、☆一部車両が有料であるかの区分も行なっている。表示の冒頭部分を引用する。

京成電鉄★「スカイライナー」★「モーニングライナー」★「イブニングライナー」「快特」「特急」「通勤特急」「快速」「普通」というように分類して示す。

「区間〇〇」は関西の、「通勤〇〇」は関東の、それぞれ専売特許だったが、今は双方とも敵地（？）へ進出を果たしたところ」という。「私鉄はＪＲのように料金制度を絶対的な基盤とする会社は少なく、停車駅パターンに応じて比較的自由気ままな設定をおこなってきた。」「ＪＲ各社も快速列車の種別設定は私鉄を見ならったように思われる。最も列車種別が多いのは京阪電鉄である。全部で一〇種、「深夜急行」もある。」そして、詳しい表のあとに、「種別が余りにも増えすぎると、苦し紛れの名も出てきて、はたして、どれが早くて、どれが遅いかは判断しづらくなる弊害も生まれてくる」と述べている。本当にその通りだと思う。

さて、私の結論として、このような、列車種別の統一はなかなか困難な現実があるが、利用者が間違いなく利用できるようにある程度の鉄道各社の相互理解と協力が必要だと思う。とくに今回問題としたように、とくに「快速」という語の理解が各社で違っていることに問題がある。「快速特急」といった場合に、「特急よりも快速」という意味なのか、「特急に近い快速」なのか、どちらともとれる表現になっている。あるいは、「快速」はいろんな種別で言われているので、少なくとも、「急行」以上の形容としては使用しない方が良いというルールができるならば、それも混乱の整理になるかもしれない。

このような、用語の整理は、「快速」だけの問題ではなく、各社の用語の運用の中で、種々出てくることであろう。このような用語の問題は、全国で同じレベルで起こって来て、乗り入れ、乗り継ぎなどで、他社線と常に関わる問題であるから、今後はＪＲや私鉄や第三セクターや、鉄道を経営する市電や市営地下鉄等を持つ自治体などが、ともに協議して理解し調整する用語委員会のような機構ができることが望ましい。

英語の列車名称の増加と、従来なかった語構成、表記法の多様化は、今回書き出したリストからも明白であろう。これも時代の流れではあるが、少なくとも誤用のないように使用していきたいものである。

以上をもって日本における近代の列車名称の形成と変化のまとめとする。

十二　関連論考の正誤と補説

『近代語研究』第十四集・十五集に執筆した「鉄道駅名における分割地名の構造」の正誤と補足を述べる。

〈第十四集　平成二十年刊より〉

三六三頁　一八行目　九大本線（誤）→久大本線（正）

三六四頁　一三行目　南平岸（S四六）とあるが、正しくは昭和四十六年開業の「霊園前」を平成六年「南平岸」と改名である。

三七〇頁　六行目　「分割地名の対地名を持たない「東〜」の用法」について、以下の補説を加える。

このような、「関東の」とか「東京の」に当たる「東」の類例（東京都の「東伏見」や埼玉県の「東松山」のような）類例は北海道でも「北」が分割地名ではなく『北海道の』の略称として使われた例がかなり見出されたので、いくつかの例をここに補っておく。

千歳線の「北広島駅」。もと行政区画は札幌郡広島町であったが、平成八年市制で北を冠し北広島市になったのは北海道の広島の意。駅は大正十一年の開駅から北広島で市名もこれにあわせたのであろう。

室蘭本線の北吉原（昭和四十年開業）は東海道本線の吉原との区別であるが、「吉原」の名は、白老町に静岡県吉原市に本社がある大日本製紙の工場が設置されたことにより、「北の・北海道の吉原」の意で名づけられたものである。開駅と同時に町内に「北吉原」の町名もできている。北舟岡駅も東北本線船岡との区別である。

胆振線（昭和六十一年廃止）にあった「北湯沢」（昭和十五年開駅）「北鈴川」（昭和十六年開駅）等の駅名も奥羽本線の湯沢や東海道本線の鈴川と区別して「北海道の」の名にしたものである。深名線の北母子里（きたもしり）は根室本線に同音の茂尻（もしり）駅があるので、「北」をつけたという。この場合は北母子里の方が道内でやや北にあるので、北海道の中の「北のモシリ」かもしれないが、これも同名の駅があれば北海道の「北」で区別したのかもしれない。北愛国や北美瑛等はその土地の北部をいう分割地名の「北」と『北海道駅名の起源』に説かれている。

〈第十五集　平成二十二年刊より〉

三八二頁　七行目　尻内駅が八戸駅になった「M四六」は、「S四六」（昭和四十六年）が正しい。

参考文献

日本国有鉄道北海道総局編刊『北海道駅名の起源』（昭和四年初版）昭和四十八年
原田　勝正『汽車から電車へ―社会史的考察―』日本経済新聞社　平成七年
寺本　光照『国鉄ＪＲ列車名大事典』中央書院　平成十三年
所澤　秀樹『鉄道の基礎知識』創元社　平成二十二年
原口　隆行『ドラマチック鉄道史』交通新聞社　平成二十六年

○歳児・一歳児用絵本に現れる植物・食べ物

――名の由来と特徴――

園田博文

はじめに

現在、〇歳児・一歳児用の絵本は数多く作られ出版されている。ただ、これらの絵本を資料とした研究はまだあまり見られない。本稿では、近接分野の先行研究を確認しながら、〇歳児・一歳児用絵本の資料的位置づけを明らかにする。その上で、この中で用いられる植物・食べ物に関する語彙について分析を行う。

一　先行研究

育児語という点では、友定（二〇〇五）があり、面接調査等により実態の一端が明らかにされている。発達心理学の面からは、村瀬（二〇一〇）の研究があり、育児語を「動物、乗り物、飲食物、衣類、身体、動作と状態」という六つの意味領域に分けて分析している。また「絵本における擬人化表現の日米比較」（第四章）では、「三歳未満の子どもたちに向けられた絵本」が調査対象となっている。サンプル絵本に関し、「日本の絵本は、一九の公共図書館におけるブックリストと一冊の養育者向けガイドブックを参照して抽出された」とし、一五三冊を調べたという。この章では「人間以外の動物、植物、無生物」という三つのカテゴリーに分けて分析している。

絵本に現れる日本語を分析したものとしては、以下の研究が挙げられる。

村上（二〇一三）は、語の使用の特徴と伝達内容との関連を解明しようとしている。調査資料については以下のように述べている。

「一九六〇年から二〇〇〇年までに初版本が出され重版された中からサンプルを選ぶ」「サンプル絵本は、日本語の特徴について考えるという立場から、翻訳ではない幼児や学童向けの本を、伝達内容ごとに数冊から一〇冊程度選ぶ。サンプル数は一定の傾向が観察できると思われる数を考慮した。対象読者の年齢に関しては明確な基準はないが、出版社によっては、絵本の裏表紙に便宜的に対象読者の齢年（ママ）を記載している」（村上・二〇一三）

総計三〇冊を調べているが、対象年齢の考察はなく、概ね「幼児や学童向け」である。

青柳（二〇一〇）は、非慣習的なオノマトペについて分析している。調査資料については、「今回調査対象とした資料は、絵本の中でも小学校低学年位までの年齢の子どもに比較的多く読まれていると思われる二五作品」（青柳・二〇一〇）という。

守山（二〇一二）は、中上級日本語学習者の教材として絵本を日本語教育で用いることについて考察している。「松居直が長く編集に携わった一九五六年に創刊された福音館書店発行の月刊絵本『こどものとも』と『こどものとも年中向』」（守山・二〇一二）を調査資料としている。『こどものとも年中向』は四から五歳、『こどものとも』は五から六歳が対象である。それぞれ一二冊ずつ、計二四冊について調べている。

以上をまとめると、日本語の分析としては、様々な目的から三〇冊程度の調査がなされているが、対象年齢は四から六歳あたりが想定されている。一方、発達心理学の手法では、対象年齢が三歳未満で一五三冊の調査がなされているが、日本語そのものの分析ではない。また、受け取る側の視点、つまり、読者の視点から対象年齢を三歳未満と判断しているものである。

二　本稿での調査資料

以上の先行研究を踏まえ、本稿では、対象年齢が明確なものを調査資料とした。ここでいう対象年齢は、読者の視点ではなく、編集者や作者の視点からのものである。人生で最初期の段階である〇歳児・一歳児を主な対象年齢に設定した。当然のことながら、この年齢の子どもが文字を読むのではなく、育児者が読むのである。これらの絵本に現れる日本語は、育児者に受け取られ、育児者から子どもに伝達される。このように考えて探すと、なかなか適当な資料が見当たらない。資料選定の難しさについては、すでに先行研究で指摘されている通りである。そこで、本稿では、対象年齢を明示している『こどものとも0．1．2．』、および、これをもとにした『0．1．2．えほん』に絞って調査することにした。『こどものとも0．1．2．』は福音館書店発行の月刊絵本で、出版社の冊子によると、「0．1．2．」の名の通り、〇歳（一〇ヶ月）から二歳向きとある。このシリーズに続く『こどものとも年少版』は二歳から四歳向きとなっている。二歳向きは重なっており、厳密に分けられるものでもないのだが、対象年齢の記載方法から『こどものとも0．1．2．』は〇歳児・一歳児を主な対象としていることが分かる。(1)

『0．1．2．えほん』は、福音館書店の目録（二〇一四年四月発行のもの）に以下のように紹介されている。

「赤ちゃんとのふれあいをもっと深くする月刊絵本『こどものとも0．1．2．』から、厳選した作品を上製本にしたシリーズです。動物、乗り物、食べ物など、赤ちゃんの成長と好奇心にこたえる内容。角は丸く、紙は厚く、安全性にも配慮した製本です。」

このことから、『0．1．2．えほん』は、読者の側からも一定の支持を得たものであることが言える。編集者や作者の視点に読者の視点も踏まえたという点で、今回の調査対象とするには最適のものといえよう。

以上の考察を経て、本稿では、下記の資料を調査対象とした。

（一）『0．1．2．えほん』四五冊（資料番号a1～a45）(2)

（二）『こどものとも0．1．2．』一二冊（直近一年分）（資料番号b1～b12）(3)

合わせて五七冊である。詳細は【調査資料】として末尾に示した。

三　語源研究との関わり

五七冊を調べてみて、全体的にオノマトペの使用が多いこと、そしてそのオノマトペの解釈が難解なことに気づいた。また、オノマトペと動物のように関連する興味深い点も多々あるのだが、これらは稿を改めて論じたい。(4)
数ある語彙の中で、植物・食べ物を選んだ理由は二つある。まず、これまで植物語源の研究をしてきたので、関心があったためである。もう一つは、〇歳児・一歳児にとって重要なもの、あるいは、育児者が重要であると考えているものの中で、食べ物が三番目くらいに入ることである。さきに触れた村瀬（二〇一〇）でも育児語における六つの意味領域のうちの三つ目に数えられている。『0．1．2．えほん』の紹介でも「動物、乗り物、食べ物など」と挙がっている。植物も主な用途が食用のものがあるので関連してくる。名の由来に食用であることが関わる場合もある。

園田（二〇一三a）、および、園田（二〇一三b）において、語源研究および語源辞典の在り方について考えてきた。園田（二〇一三a）は、堀井（二〇一二）のいう「語源がわかるというのは、言語使用者にどれだけ満足度を与えるかという程度にかかっている」という点をもとに具体的に示したものである。語源をどこまで遡りどの程度変化の過程や文化的背景を詳しく記せば十分であると考えるかという視点をもとにした。

これを受けて、園田（二〇一三b）では、語源の型を明らかにするために、植物語彙を調査対象とした。(5)『新明解語源辞典』(6)と『暮らしのことば新語源辞典』(7)に取り上げられている植物語彙を調べて、二種のうちいずれかで触れられている項目をすべて対象としたところ植物語彙は四一五項目であった。(8)次に、これらの項目に関し、『日本語源広辞典（増補版）』『日本語源大辞典』『語源海』『語源辞典植物編』[9]で調べ、比較対照できるようにした。

この四一五項目を各種語源辞典間で語源説が一致するかどうかという視点から、四つの型に分類した。[10]すなわち、「確定型（Ⅰ型）二二八項目（五五％）」「準確定型（Ⅱ型）四七項目（一一％）」「収束型（Ⅲ型）五二項目（一三％）」「不詳型（Ⅳ型）八八項目（二一％）」である。当然、研究の優劣は、多数決で決められるものではないので、あくまで参考にしかならない。ただ、異なる語源説が見られる場合は整理する必要がある。

日本語辞書学の問題を扱った飛田（二〇〇九）では、「用例採集の成果は見出し語として記録される。それらは、どのように日本文化を反映するのであろうか。私は、それぞれの単語の歴史を記述し、それを、その単語の誕生年代によって分類し、一覧できるようにすることだと思っている。いいかえれば各時代別の新語一覧表を作成することである」という。各時代別の新語はまさに語源研究のもととなるものである。続けて、新語を「日本人の造語」と「外国語からの借用語」に分け、表を示している。[11]

どこまで遡るかということについて、前田（二〇一二）は、「語源とは何かについては考え方がいろいろあるが、私は語の始まりを語源と考える。したがって、自国語となってからが問題であり、それ以前を考える必要がないことになる」という。

以上を踏まえて、前田（二〇一二）のいう語源を「直前の語源」と捉え、（一）日本語（日本で作られた語[12]）、（二）東洋語（外国語からの借用語）、（三）西洋語（外国語からの借用語）の三つに分けて考えることにしたい。

ちなみに、「確定型二二八項目」を分類すると以下のようになった。

（一）日本語（日本で作られた語）一三〇例（五七％）

古名の変化（八例）、地名由来（二一例）、人名由来（九例）、動物名由来（一一例）、その他（八一例）

（二）東洋語（外国語からの借用語）五八例（二五％）

中国語（五七例）、アイヌ語（一例）
（三）西洋語（外国語からの借用語）四〇例（一八％）
英語（三六例）、ポルトガル語（三例）、オランダ語（一例）

四　植物

異なりで二五語、延べ五七例見られた。右の分類で示すと以下の通りである。挙例は現れた表記そのままで示した。

（一）日本語（日本で作られた語）一〇例
いちご、いも、きゅうり・きゅうりさん、さくらんぼ、しいたけ、たんぽぽ、なす、はす、ほおずき、むぎ
（二）東洋語（外国語からの借用語）八例
中国語（いちじく、ごぼう、さんしょ、すいか、とうがん、にんじん、みかん、りんご）八例
（三）西洋語（外国語からの借用語）七例
英語（オレンジ、キャベツ、グレープフルーツ、バナナ・バナナさん、レタスさん、レモン）六例
ポルトガル語（かぼちゃ）一例

（一・一）いちご（苺・莓）（b12・一例）
【出現形】いちごさん〈育児語〉（一例）、【語源説】確定型（古名〈いちびこ〉の変化）、【直前の語源】日本語
① いちごさん、バナナさん、おはいんなさい（b12『ぱんぱん　あーん』）

（一・二）いも（芋）（a4・一例）
【出現形】おいも（一例）、【語源説】確定型（古名〈よも〉の変化）、【直前の語源】日本語
②　おいも　まけずに　へんじした「やきいも　ほこほこ　ぽわっ　ぽわっ」（a4『おーい　おーい』）
（一・三）きゅうり（胡瓜）（a3・一例、b12・一例）
【出現形】きゅうり（一例）、きゅうりさん〈育児語〉（一例）【語源説】確定型（黄色い瓜から）、【直前の語源】日本語
③　たまごさん、きゅうりさん、おはいんなさい（b12『ぱんぱん　あーん』）
（一・四）さくらんぼ（桜桃）（a28・一例、a35・一例）
【出現形】さくらんぼ（一例）、【語源説】収束型（桜ん坊から、桜の桃から）、【直前の語源】日本語
④　それから　おまけに　もうひとつ、さくらんぼの　ぱんも　かいましょう。（a35『ぱん　だいすき』）
（一・五）しいたけ（椎茸）（a3・一例）
【出現形】しいたけ（一例）、【語源説】確定型（椎などの木に生える茸の意）、【直前の語源】日本語
⑤　いちじく　にんじん　さんしょに　しいたけ　ごぼうに　むぎ　なす　はす　きゅうりに　とうがん（a3『いちじく　にんじん』）
（一・六）たんぽぽ（蒲公英）（b5・一例、b7・一例）
【出現形】たんぽぽ（一例）、【語源説】不詳型（鼓を打つ音に由来するか）、【直前の語源】日本語
⑥　ふわふわ　たんぽぽ　わたげ　ふー（b7『ふわふわ　ふー』）
（一・七）なす（茄子）（a3・一例）
【出現形】なす（一例）、【語源説】不詳型、【直前の語源】日本語
（一・八）はす（蓮）（a3・一例）

【出現形】はす（一例）、【語源説】確定型（蜂巣から）、【直前の語源】日本語

（一・九）ほおずき（酸漿）（b10・一六例）

【出現形】ほおずき（一六例）、【語源説】不詳型、【直前の語源】日本語

⑦　ほおずき　じゃんぷだ　ぽわーん　ぽわん　ほわん（b10『ほおずき　ほおずき』）

（一・一〇）むぎ（麦）（a3・一例）

【出現形】むぎ（一例）、【語源説】不詳型、【直前の語源】日本語

（二・一）いちじく（無花果）（a3・二例）

【出現形】いちじく（二例）、【語源説】確定型（漢名「映日果」の字音による）、【直前の語源】東洋語（中国語）

（二・二）ごぼう（牛蒡）（a3・一例）

【出現形】ごぼう（一例）、【語源説】確定型（漢名「牛蒡」の字音による）、【直前の語源】東洋語（中国語）

（二・三）さんしょう（山椒）（a3・一例）

【出現形】さんしょ（一例）、【語源説】収束型（漢名「山椒」の字音による、山頂を意味する中国語から）、【直前の語源】東洋語（中国語）

（二・四）すいか（西瓜）（a41・一例）

【出現形】すいか（一例）、【語源説】確定型（漢名「西瓜」の字音による）、【直前の語源】東洋語（中国語）

⑧　これ　なあに。　すいか。　どっかり　まるくて　おいしいよ。（a41『まるくて　おいしいよ』）

（二・五）とうがん（冬瓜）（a3・一例）

【出現形】とうがん（一例）、【語源説】確定型（漢名「冬瓜」の字音の変化）、【直前の語源】東洋語（中国語）

（二・六）にんじん（人参）（a３・二例）
【出現形】にんじん（二例）、【語源説】確定型（似た植物の漢名「人参」の字音による）、【直前の語源】東洋語（中国語）
（二・七）みかん（蜜柑）（a28・一例）
【出現形】みかん（一例）、【語源説】収束型（漢名「蜜柑」の字音、蜜＋柑）、【直前の語源】東洋語（中国語）
⑨　ぞうさん　みかんを　とってください（a28『とってください』）
（二・九）りんご（林檎）（a28・一例、a32・一例）
【出現形】りんご（二例）、【語源説】確定型（漢名「林檎」の字音）、【直前の語源】東洋語（中国語）
⑩　はりねずみ　かあさん　どこへいくの？　おいしいりんご　みーつけに（a32『はりねずみ　かあさん』）

（三・一）オレンジ（a41・一例）
【出現形】オレンジ（一例）、【語源説】確定型（英語名 orange による）、【直前の語源】西洋語（英語）
⑪　レモン、オレンジ、グレープフルーツ。どれも　まるくて　おいしいよ。（a41『まるくて　おいしいよ』）
（三・二）キャベツ（b12・一例）
【出現形】キャベツさん〈育児語〉（一例）、【語源説】確定型（英語名 cabbage による）、【直前の語源】西洋語（英語）
⑫　コロッケさん、キャベツさん、おはいんなさい（b12『ぱんぱん　あーん』）
（三・三）グレープフルーツ（a41・一例）
【出現形】グレープフルーツ（一例）、【語源説】確定型（英語名 grapefruit による）、【直前の語源】西洋語（英語）
（三・四）バナナ（a36・一例、b12・一例）
【出現形】バナナ（一例）、バナナさん〈育児語〉（一例）、【語源説】確定型（英語名 banana による）、【直前の語源】西

洋語（英語）

⑬　バナナも　ブー（a36『ぶぅさんのブー』）

（三・五）レタス（b12・一例）

【出現形】レタスさん〈育児語〉（一例）、【語源説】確定型（英語名 lettuce による）、【直前の語源】西洋語（英語）

⑭　ウィンナーさん、レタスさん、おはいんなさい（b12『ぱんぱん　あーん』）

（三・六）レモン（檸檬）（a41・一例）

【出現形】レモン（一例）、【語源説】確定型（英語名 lemon による）、【直前の語源】西洋語（英語）

（三・七）かぼちゃ（南瓜）（a4・一例）

【出現形】かぼちゃ（一例）、【語源説】準確定型（ポルトガル語でカンボジア国を意味する Cambodia による。カンボジア国の産物と考えられた）、【直前の語源】西洋語（ポルトガル語）

⑮　すると　かぼちゃが　へんじした「ぼちゃ　ぼちゃ　どすどす　ずずん　ずずん」（a4『おーい　おーい』）

五　食べ物

植物で挙げた例を除くと異なりで二六語、延べ六六例であった。植物は、先に記した通り、異なりで二五語、延べ五七例見られた。このうち食べ物でないものは異なりで二語（たんぽぽ、ほおずき）、延べ一八例であり、食べ物でもあるものは、異なりで二三語、延べ三九例である。よって、食べ物の総数は、異なりで四九語、延べ一〇五例となる。

五十音順に例を挙げると以下の通りである。

あんぱん（a35・一例、a40・一例）、ウィンナーさん（b12・一例）、ウィンナーサンド（b12・一例）、おしんこ（a41・一例）、クッキー（a41・一例）、くりーむ（b7・一例）、くろわっさん（a35・二例）、けーき（b7・一例）、コロッケさん（b12・一例）、コロッケサンド（b12・一例）、しょくぱん（a35・一例、a40・一例）、ゼリー（b5・一例）、ソーセージ（a41・一例）、たまご（a4・一例）、たまごさん（b12・一例）、たまごサンド（b12・一例）、たまごやき（a41・一例）、チョコレートケーキ（a41・一例）、ドーナツ（a40・一例）、なっとう（a41・一例）、のりまき（a41・二例）、ぱん（a35・一三例、a40・七例）、パン（a40・四例）、ぱんぱん（a40・五例、b12・五例）（「フランス　ぱんぱん」含む）、ビスケット（a2・一例、a41・一例）、ふらんすぱん（a35・二例）、フルーツサンド（b12・一例）、やきいも（a4・一例）、ロールパン（a40・一例）

このうち「ぱん」「パン」および育児語の「ぱんぱん」を合わせると三四例現れていることが分かる。更に、「ぱん」や「パン」を含む語に「あんぱん」「しょくぱん」「ふらんすぱん」「ロールパン」があり、これらも含めると四一例となる。[13] 麺麭は、主食となる離乳食のひとつである。ポルトガル語に由来し、喃語期から出やすい「パ」の音から始まる二拍語でもある。

パン（麺麭）（a35・一三例、a40・一六例、b12・五例）

【出現形】ぱん（二〇例）、パン（四例）、ぱんぱん〈育児語〉（一〇例）、**【語源説】**確定型（ポルトガル語 pão による）、

【直前の語源】西洋語（ポルトガル語）

⑯　ぱんぱん　しょくぱん　ぽん　ちん　ぱん[14]（a40『ぽん　ちん　ぱん』）

おわりに

〇歳児・一歳児用の絵本として対象年齢が明確な『こどものとも0．1．2．』と『0．1．2．えほん』合わせて五七冊を資料として、植物・食べ物に関する語彙を分析した。植物は、異なりで二五語、延べ五七例見られた。「直前の語源」で見ると、日本語（日本で作られた語）一〇例、中国語八例、英語六例、ポルトガル語一例であった。植物の中で、食べ物に関係しない語は「たんぽぽ」と「ほおずき」で、これを除くと、異なりで二三語、延べ三九例となる。植物を除いた食べ物は、異なりで二六語、延べ六六例であったので、食べ物の総数は、異なりで四九語、延べ一〇五例となる。食べ物の中で植物が占める割合は、異なりで四七％、延べ三七％である。更に、食べ物の中で「ぱん」の占める割合が多く、延べ三四例（三二％）現れている。「ぱん」を含む語で数えると、異なりで五語（一〇％）、延べ四一例（三九％）であった。

今後は、「かぼちゃ」からの連想で「ぼちゃ　ぼちゃ」と現れたり、「ぱん」の響きから「ぽん　ちん　ぱん」と出てきたりするオノマトペについても考察を深めたい。絵本の動物、乗り物についても詳しく見てゆきたい。

〇歳児・一歳児用の絵本に現れる日本語の分析が進めば、様々な方面での活用が考えられる。日本語を母語とする育児者は更に語源等母語の知識を深めることができるであろう。日本語を母語としない育児者にあっては、育児し言葉を教えながら、同時に自らは第二言語としての日本語を習得し鍛錬することができる。

注（1）『こどものとも0．1．2．』が二歳児を対象にしていないということではない。
（2）二〇一四年九月の調査終了時点で実際に販売されていた上製本全てを調べた。絶版となっている一冊は除外した。

(3) 二〇一四年九月の調査終了時点で入手できた最新号が二〇一四年一〇月号であったため、二〇一三年一一月号から一年分をバックナンバーとして取り寄せて調査した。読者の評価という点では『0.1.2.えほん』に及ばないかも知れないが、最新のものという点では調べる価値があると考えた。

(4) 『雅言音声考』「鳥獣虫ノ声ヲウツセル言」では「篤胤云ク、今ノ人小児ニ物イフニ、猫ヲニヤアニヤアトイヒ、雀ヲチユウチユウト云フ、古ノ鳥獣ニ名ヲ負セシサマ即是也トイヘリ」（勉誠社文庫の複製本による）と述べており参考になる。資料の詳細については古田（一九六八）参照。

(5) 植物および藻類・菌類に関連した語彙。植物の定義は時代により変遷がある。現在、藻類・菌類は植物とは別に扱われるが、かつては植物に分類されたこともある。総称や品種名、俗称等を含むものである。部位のみの名称は含めないが、部位の名称から全体の名称となったものは含める。

(6) 小松・鈴木（二〇一一）参照。

(7) 山口（二〇〇八）参照。

(8) 内訳は、植物が三九二項目で、藻類・菌類は一八項目である。古名の変化が問題になる項目が五つあり、それぞれ別項目として扱ったため、総数が五つ増え、四一五項目となった。

(9) 順に増井（二〇一二）、前田（二〇〇五）、杉本（二〇〇五）、吉田（二〇〇一）参照。

(10) 詳細は園田（二〇一三b）参照。

(11) 飛田（二〇〇九）の表は、特に「起源」の範囲について飛田（二〇〇二）を若干修正したものになっている。このため、飛田（二〇〇九）の新しい表をもとに考察を進めた。

(12) 飛田（二〇〇九）のいう「日本人の造語」を本稿では「日本で作られた語」として考える。

(13) 「くろわっさん」など「ぱん」という語を含まない麺麭の種類まで入れると例数は更に増える。

(14) 「ぽん　ちん　ぱん」の「ぱん」は、食べ物の「ぱん」とリズミカルなオノマトペの「ぱん」が掛けられたものと解釈する。

【参考文献】

青柳句（二〇一〇）「絵本に現れる非慣習的オノマトペの特徴―慣習的オノマトペと非慣習的オノマトペの形態―」（『日語

日文学研究〔日本語学・日本語教育学篇〕』第七三輯一巻、韓国日語日文学会発行）
小松寿雄（二〇一二）「語源と辞書」（『日本語学』第三一巻第七号、明治書院）
園田博文（二〇一三ａ）「語源研究と「満足度」―『日本語源広辞典（増補版）』（二〇一二年刊）等七種の比較を通して―」（『国語学研究　第五十二集』、「国語学研究」刊行会）
園田博文（二〇一三ｂ）「語源の型に関する一考察―『新明解語源辞典』『暮らしのことば新語源辞典』の植物語彙四一五項目を手掛かりに―」（『近代語研究　第十七集』、近代語学会編、武蔵野書院刊）
友定賢治（一九九七）『全国幼児語辞典』（東京堂出版）
友定賢治（二〇〇五）『育児語彙の開く世界（生活語彙の開く世界　四）』（和泉書院）
飛田良文（二〇〇二）「現代日本語の起源」（『現代日本語講座　第四巻　語彙』、飛田良文・佐藤武義編、明治書院刊）
飛田良文（二〇〇九）「日本語辞書学の課題」（『日本近代語研究　五』、近代語研究会編、ひつじ書房刊）
広島女子大学国語国文学研究室（一九八二）『農業社会の食生活語彙』（渓水社）
古田東朔（一九六八）「『言語音声考』から『雅語音声考』へ」（『国語と国文学』四五巻二号）
堀井令以知（二〇一二）「個々の語源の調査法」（『日本語学』第三一巻第七号、明治書院）
前田富祺・前田紀代子（一九九六）『幼児語彙の統合的発達の研究』（武蔵野書院）
前田富祺（二〇一二）「日本人は語源をどのように考えてきたか」（『日本語学』第三一巻第七号、明治書院）
村上康子（二〇一三）「日本語絵本における語の使用の特徴と伝達内容」（『東アジア日本語教育・日本文化研究』第一六輯、東アジア日本語教育・日本文化研究学会発行）
村瀬俊樹（二〇一〇）『社会―文化的環境における子どもの語彙獲得』（多賀出版）
守山恵子（二〇一二）「日本語学習者は絵本で何が学べるか」（『福岡女学院大学紀要　人文学部編』第二二号）
吉田金彦（二〇〇六）『日本語の語源を学ぶ人のために』（世界思想社）

【参考資料（主な語源辞典、植物図鑑）】

大槻文彦（一九五六）『新訂大言海』冨山房
沖森卓也監修（二〇一二）『写真で読み解く語源大辞典』あかね書房
小松寿雄・鈴木英夫（二〇一一）『新明解語源辞典』三省堂

佐藤武義（二〇〇三）『日本語の語源』明治書院
清水桂一（二〇一二）『たべもの語源辞典　改訂版』（『たべもの語源辞典』〈一九八〇〉の改訂版）東京堂出版
杉本つとむ（二〇〇五）『語源海』東京書籍
西谷裕子著・米川明彦監修（二〇〇九）『身近なことばの語源辞典』小学館
堀井令以知（一九八八）『語源大辞典』東京堂出版
前田富祺（二〇〇五）『日本語源大辞典』小学館
牧野富太郎（一九八九）『改訂増補牧野新日本植物図鑑』北隆館
増井金典（二〇一二）『日本語源広辞典（増補版）』ミネルヴァ書房
山口佳紀（二〇〇八）『暮らしのことば新語源辞典』講談社
吉田金彦（一九九六）『衣食住語源辞典』東京堂出版
吉田金彦（二〇〇一）『語源辞典植物編』東京堂出版

【調査資料】

（月刊誌…『こどものとも0．1．2．』、上製本…『0．1．2．えほん』、五七冊とも福音館書店発行。「ぶん」「文」「さく」など資料の表記のままとした。振り仮名は割愛した。）

a1『あめかな!』U．G．サトーさく・え、二〇〇三年七月発行（月刊誌）、二〇〇九年五月発行（上製本）
a2『ありの　あちち』つちはしとしこ　さく、一九九六年八月発行（月刊誌）、一九九八年六月発行（上製本）
a3『いちじく　にんじん』大阪YWCA千里子ども図書室　案　ごんもり　なつこ　絵、二〇〇七年一〇月発行（月刊誌）、二〇一二年九月発行（上製本）
a4『おーい　おーい』さとうわきこ　さく、一九九六年二月発行（月刊誌）、一九九八年六月発行（上製本）
a5『おおきい　ちいさい』元永定正さく、二〇〇八年一〇月発行（月刊誌）、二〇一一年一〇月発行（上製本）
a6『おーくん　おんぶ』かたやま　けん　さく、二〇〇一年一〇月発行（月刊誌）、二〇〇七年三月発行（上製本）
a7『おさんぽ　おさんぽ』ひろの　たかこ　さく、一九九九年六月発行（月刊誌）、二〇〇八年六月発行（上製本）
a8『かさ　さしてあげるね』はせがわせつこ　ぶん　にしまきかやこ　え、一九九五年七月発行（月刊誌）、一九九八年四月発行（上製本）

a9『かん　かん　かん』のむら　さやか　文　川本　幸　制作　塩田正幸　写真、二〇〇七年二月発行（月刊誌）、二〇一〇年六月発行（上製本）
a10『きたきた　うずまき』元永定正　作、二〇〇〇年一二月発行（月刊誌）、二〇〇五年五月発行（上製本）
a11『ぎったんこ　ばったんこ』柚木沙弥郎　さく、二〇〇〇年四月発行（月刊誌）、二〇〇八年一月発行（上製本）
a12『くっく　くっく』長谷川摂子　文　小川忠博　写真　矢口峰子　製靴、二〇〇〇年七月発行（月刊誌）、二〇〇五年五月発行（上製本）
a13『くりんくりん　ごーごー』佐々木マキ　さく、二〇〇四年八月発行（月刊誌）、二〇〇八年一月発行（上製本）
a14『ここよ　ここよ』かんざわとしこ　ぶん　やぶうちまさゆき　え、一九九九年四月発行（月刊誌）、二〇〇三年一月発行（上製本）
a15『こちょこちょ』福知伸夫　さく、二〇〇三年九月発行（月刊誌）、二〇一一年五月発行（上製本）
a16『ごぶごぶ　ごぼごぼ』駒形克己　さく、一九九七年七月発行（月刊誌）、一九九九年四月発行（上製本）
a17『こやぎが　めえめえ』田島征三、二〇〇四年五月発行（月刊誌）、二〇一〇年六月発行（上製本）
a18『こりゃ　まてまて』中脇初枝　ぶん　酒井駒子　え、二〇〇二年七月発行（月刊誌）、二〇〇八年五月発行（上製本）
a19『ころころ　にゃーん』長　新太　さく、二〇〇六年四月発行（月刊誌）、二〇一一年五月発行（上製本）
a20『ごろんご　ゆきだるま』たむらしげる　さく、二〇〇四年一月発行（月刊誌）、二〇〇七年一〇月発行（上製本）
a21『こんにちは　どうぶつたち』とだきょうこ　あん　さとうあきら　しゃしん、一九九六年一二月発行（月刊誌）、一九九八年六月発行（上製本）
a22『すってん　ころりん』なかのひろたか　さく、一九九六年一〇月発行（月刊誌）、一九九九年四月発行（上製本）
a23『だれかな？　だれかな？』なかや　みわ　さく、二〇〇〇年八月発行（月刊誌）、二〇〇三年三月発行（上製本）
a24『たんたん　ぼうや』かんざわとしこ　ぶん　やぎゅうげんいちろう　え、一九九五年九月発行（月刊誌）、一九九八年四月発行（上製本）
a25『ちゅっ　ちゅっ』えとぶん　ＭＡＹＡ　ＭＡＸＸ、二〇〇五年四月発行（月刊誌）、二〇〇八年五月発行（上製本）
a26『でてこい　でてこい』はやしあきこ　さく、一九九五年四月発行（月刊誌）、一九九八年四月発行（上製本）
a27『てん　てん　てん』わかやましずこ　さく、一九九六年五月発行（月刊誌）、一九九八年六月発行（上製本）
a28『とってください』福知伸夫　さく、一九九九年一〇月発行（月刊誌）、二〇〇三年三月発行（上製本）

a29『ぱか　ぱか』福知伸夫　さく、一九九七年一二月発行（月刊誌）、二〇一四年一月発行（上製本）

a30『はしるの　だいすき』わかやましずこ　さく、一九九八年四月発行（月刊誌）、二〇〇三年一月発行（上製本）

a31『はねはね　はねちゃん』なかがわりえこ　ぶん　やまわきゆりこ　え、一九九五年一二月発行（月刊誌）、一九九八年四月発行（上製本）

a32『はりねずみ　かあさん』まつやさやか　ぶん　M・ミトゥーリチ　え、一九九六年一月発行（月刊誌）、一九九九年五月発行（上製本）

a33『バルンくん』こもりまこと　さく、一九九九年二月発行（月刊誌）、二〇〇三年一月発行（上製本）

a34『バルンくんとともだち』こもりまこと　さく、二〇〇一年三月発行（月刊誌）、二〇一一年一月発行（上製本）

a35『ぱん　だいすき』征矢清　ぶん　ふくしまあきえ　え、二〇〇一年二月発行（月刊誌）、二〇〇七年六月発行（上製本）

a36『ぶぅさんのブー』100%ORANGE　及川賢治・竹内繭子　さく、二〇〇一年九月発行（月刊誌）、二〇〇五年九月発行（上製本）

a37『ぶーぶー　じどうしゃ』山本忠敬　さく、一九九五年八月発行（月刊誌）、一九九八年四月発行（上製本）

a38『ぶー　ぶー　ぶー』こかぜさち　ぶん　わきさかかつじ　え、二〇〇一年五月発行（月刊誌）、二〇〇七年四月発行（上製本）

a39『ぽぽんぴ　ぽんぽん』松竹いね子　文　ささめやゆき　絵、二〇〇七年八月発行（月刊誌）、二〇一二年二月発行（上製本）

a40『ぽん　ちん　ぱん』柿木原政広　作、二〇一〇年一一月発行（月刊誌）、二〇一四年四月発行（上製本）

a41『まるくて　おいしいよ』こにしえいこ　さく、一九九六年九月発行（月刊誌）、一九九九年五月発行（上製本）

a42『もう　おきるかな?』まつのまさこ　ぶん　やぶうちまさゆき　え、一九九六年四月発行（月刊誌）、一九九八年六月発行（上製本）

a43『もじゃらんこ』きしだえりこ　ぶん　ふるやかずほ　え、二〇〇〇年九月発行（月刊誌）、二〇一一年一月発行（上製本）

a44『よくきたね』松野正子　ぶん　鎌田暢子　え、二〇〇四年四月発行（月刊誌）、二〇〇九年六月発行（上製本）

a45『らっこちゃん』えとぶん　MAYA　MAXX、二〇〇八年五月発行（月刊誌）、二〇一三年四月発行（上製本）

b1『ならんだ　ならんだ』やすえ　りえ　ぶん　わきさか　かつじ　え、二〇一三年一一月発行（月刊誌）
b2『でんしゃごっこ』山口マオ作、二〇一三年一二月発行（月刊誌）
b3『ピリンポリン』西巻かな作、二〇一四年一月発行（月刊誌）
b4『こぶたの　おでかけ』杉田　徹　文・写真、二〇一四年二月発行（月刊誌）
b5『おひさま　いっぱい』東郷聖美　さく、二〇一四年三月発行（月刊誌）
b6『いいとこ　いくの』片山　健　作、二〇一四年四月発行（月刊誌）
b7『ふわふわ　ふー』神泉　薫　文　三溝美智子　絵、二〇一四年五月発行（月刊誌）
b8『くまさん　はい』長野ヒデ子・さく、二〇一四年六月発行（月刊誌）
b9『おかお　ない　ない』いとう　せつこ　文　島津和子　絵、二〇一四年七月発行（月刊誌）
b10『ほおずき　ほおずき』降矢洋子　さく、二〇一四年八月発行（月刊誌）
b11『やもりのモリー』田村ゆう子　さく、二〇一四年九月発行（月刊誌）
b12『ぱんぱん　あーん』すとう　あさえ　ぶん　堀川理万子　え、二〇一四年一〇月発行（月刊誌）

1、はじめに

現代においてよく耳にする用法であるが、従来から文法規則からははずれていると言われてきた用法の一つに「すごい」の用法がある。この用法について鈴木英夫氏は 1987 年の論文で次のように記している。

> 日本語を習得している成人の場合でも、誤表現はみられる。よくみられるのは、従来の規則に反して新しく使われ始めた表現であって、社会的にまだ承認されていないものである。
>
> 最近の若い人にふえてきた「すごい」の用法も、その一つである。
>
> 　今朝の電車、すごい混んでたよ。
>
> という場合、「すごく」が規範的な言い方なのであるが、「すごい面白かった」「すごい喜んじゃった」などと使う人がふえている。
>
> 前にも述べたように、言葉は社会的習慣であるから、本来は誤りであっても、一般化して社会的に承認されれば、言語体系の中に組み込まれることになる。しかし、「すごい面白かった」は、未だ社会的には承認されていない。
>
> 一方、「とても」は、本来「とてもたえられない」のように、否定を伴って使われた語であったが、大正期になって、「とても安い」のように肯定の場合にも使われるようになり、今日ではその言い方が社会的に承認されている。(「言葉の誤用―誤表現と誤解―」『国文法講座 6 ― 現代語』明治書院、78 ～ 79 頁)

このように「すごい」は「規則に反して新しく使われ始めた表現」と考えられるものであるが、「すごく」の代わりに「すごい」を用いるのは最近であっても、それによく似た例は近世から近代を通して見られるものであった。

この「形容詞終止連体形の副詞的用法」[2]は、「程度のはなはだしさ」を表す形容詞の中に見られる用法である。

現代語において「程度のはなはだしさ」を表し、連用形の形で形容詞・形容動詞などを修飾する形容詞として「えらい」、「おそろしい」、「すごい」、「すさまじい」、「すばらしい」、「ひどい」、「ものすごい」といった語が挙げられる。このうちほぼ無条件で形容詞・形容動詞などを修飾可能なものとなると「えらい」、「おそろしい」、「すごい」、「ものすごい」に限られる。「すさまじい、ひどい」はマイナス評価で多く用いられ、プラス評価では用いにくい。一方「すばらしい」はマイナス評価では用いない（用いると反語となる）制約がある。

このほか「程度のはなはだしさ」を表す形容詞としては「いちじるしい」と「はなはだしい」が考えられるが、「いちじるしい」の場合は、

○この学歴偏重社会において、義務教育しか受けていないということが著しく不利なことは明らかだ

というように「程度のはなはだしさ」よりも「状態及び状態変化の明瞭さ」を表すことに力点が置かれる[3]。

一方「はなはだしい」は、

○はなはだしく解決を困難にした

というように動詞に係る場合に多く用いられ、形容詞・形容動詞を修飾する場合には

○はなはだ心もとない

というように副詞「はなはだ」が多く用いられる[4]。

連用修飾用法において副詞の「とても、大変、大層」などと同様に用いられ、ほぼ無条件に形容詞・形容動詞などを修飾可能な形容詞としては結局「えらい」「おそろしい」「すごい」「ものすごい」といった語に限られることになる。

この中で、「えらい」と「おそろしい」の場合にイ語尾の形での副詞的用法がまとまった形で現れる[5]。

さて、近世においては、同様の用法が「きつい」という語に見られる。

その後、上方・関西においては「えらい」が「きつい」に取って代わり、明治・大正期の東京においては「きつい」に代わって「おそろしい」が、現代では「すごい」が用いられている。

さて、ここで「一つの仮説」として自分の考えを示しておく。それは「近世以降、〈形容詞終止連体形の副詞的用法〉が中央語においては一つずつ求められたが、一時代に必要とされる（された）ものは基本的には一つだけではないか」というものである。

2、江戸語における「きつい」の「終止連体形の副詞的用法」

◎近世期に広く使われていた「きつい」だが、幕末から明治初期の頃になって「きつい」は衰退していく。

この節では「きつい」の「終止連体形の副詞的用法」について考えてみたい。

形容詞の「終止連体形の副詞的用法」については、「えらい」の場合と「おそろしい」の場合のほか「きつい」についても同様の例が見られる。

この点については彦坂佳宣氏は、

①文里 おいらんさあ〜まちかねていたきついいそがしい事だの 九重 なアにマアなぜ此頃はおいてなんせんへ（「傾城買二筋道」、寛政10・1798年、『洒落本大成』17、119頁）

の例を挙げ、①の、

形容詞へ掛かるともみえる結合法も「浮世風呂」などに無いわけではないが、全体に江戸洒落本において多様である。（「洒落本の語彙」『講座日本語の語彙5』1982年、明治書院、202頁）

との記述があり、それに続く増井の記述もある[6]が、ここでは、もう一度ポイントをまとめ直す形で以下に示していく。

寛政期までの範囲（洒落本大成1～19巻）章で洒落本の用例を拾うと、「きつい」の形で形容詞を修飾していると見られる例（「きつふ、きつく」は含まない）として次のものが挙げられる（以下アンダーラインは増井による）。

まず江戸洒落本の例であるが、①の例以外に、

②ナント旦那のお隣はお慰みになりましたかと申せはイヤモウきつい面白ひ事と云て彼め花を貰ひに来たと思ひ（「初葉南志」、『洒落本大成』9、233頁）

といった例が挙げられる。

次に、被修飾語を形容詞と限定せず、用言全般と考えると、「きつい」の終止連体形の副詞的用法の例には次のようなものが挙げられる。初めに江戸洒落本の例として、

③元来が仏道から出たによつて色道も知て居ます。又きつい信心な者月の三日には。闇ひ内から大師様へ参て。（「風俗七遊談」、『洒落本大成』2、324頁）

といった例が挙げられる。

なお、「浮世風呂」「浮世床」には形容詞を修飾するような例は見られない。形容動詞を修飾する例としては、

④おらアきつい嫌《きれへ》だア。（「浮世風呂」、二の下、「日本古典文学大系」、160頁）

のような、「きついきらい（だ）」の例が挙げられる。「きついきらいだ」の例は、他に「浮世風呂」1例、「浮世床」1例が見られる。

「きついきらい（だ）」「きついすき（だ）」の例は江戸洒落本に多く、寛政までの範囲では「きついきらい（だ）」22例、「きついすき（だ）」11例が見出せる。

⑤わつちらアその通が。きつひきらひさ。（「淫女皮肉論」、『洒落本大成』7、344頁）

⑥清たき ぬしやきつい仏さんがきらひさぬしやまづなんだへ神道者かへ（「郭中掃除雑編」、『洒落本大成』7、88頁）

⑦わしはあた名を高慢と申やして上るりかきついすきてありイス（「浄瑠璃稽古風流」、『洒落本大成』7、123 頁）

ここまで、「きつい」が形容詞あるいは形容動詞を修飾しているように考えられる例を見てきた。

「浮世風呂」「浮世床」で「きつい」が広く用いられていたことは先に述べたが、天保期においても、

⑧金「ナニおれか、拙者めは今日仲間の者の付あひにて、（略）小三「道理こそ、マアきつい御機嫌。（「仮名文章娘節用」後編中、天保 2 ～ 5・1831 ～ 1834 年、『有朋堂文庫』、80 頁）

⑨仇「ヲヤ気障な。増さん、女房《おかみ》さんだとかはいそうに。ネヘ私やアもう女房はきついきらひだよ（「春色辰巳園」後編巻之六、天保 4 ～ 6 年、『日本古典文学大系』、331 頁）

のように「きつい」は広く用いられていたようである。

しかし、幕末以降「きつい」の使用は限られた範囲のものになっていく。

明治前半になると、「安愚楽鍋」（明治 4 ～ 5・1871 ～ 1872 年）、「怪談牡丹燈籠」（明治 17 年）、「雪中梅」（明治 19 年）には「きつい」の例は見えず、「当世書生気質」（明治 18 ～ 19 年）では 1 例あるのみだが、現代と同様の「厳しい」といった用法である。

⑩（須）……モウ〳〵幹事ハ願下だ。ア、、辛度《きつか》〳〵（第一回、『明治文学全集』、63 頁）

また、「浮雲」（明治 20 ～ 22 年）では会話中で次の 1 例が見られる。

⑪お政が顔を見るより饒舌《しやべ》り付けた。「今貴君《あなた》の噂《うわさ》をしてゐた所《とこ》さ。（略）きついお見限りですね。（「浮雲」第三編、『明治文学全集』、71 頁）

なお、地の文中にはの次の 2 例が見られる。

⑫針を持つ事がキツイ嫌ひ（第一編、「明治文学全集」、7 頁）

⑬「殿様風」といふ事がキツイお嫌ひ（同、26 頁）

江戸語での「きつい」の多様な用法の名残は、「浮雲」には見られたもの

の、明治期半ばの辞書を見ても、例えば『「漢英対照いろは辞典』（明治 20 年）には、

きつい［俗］（形）強、つよき；烈、はげしき　Strong ; severe

というように、現代でも使われる「きつい」の意味・用法しか挙がっていない。

ただ、『言海』（明治 22 年）には、

きつし（形）（一）甚シ。イトドシ。「暑サ―」痛ミ―」キツク似ル」
太甚（二）強シ。剛《タケ》シ。剛

と「きつく似る」という例が挙がっており、これは「たいそうよく似ている」との意と考えられるから、江戸語的な「程度がはなはだしい」といった意の用法も「きつく」の形では残っていたと考えるべきであろう。

さて、用法の片寄りの要因についてであるが、上方では「えらい」の勢力の伸びによって「きつい」の勢力が奪われたわけであるが、江戸語、東京語においては「えらい」の勢力の伸びに押されたと考えるよりも別の要因を考えた方が良いようである。具体的には、明治初期から強調の程度修飾の形容詞として広く使用が見られるようになる「おそろしい」の勢力の伸び、という要因である。

3、上方・関西での「終止連体形の副詞的用法」

◎近世期、広く使われていた「きつい」に代わって「ゑらい」が台頭、現代まで使われ続ける。

まず上方・関西の「きつい」と「えらい」の使用状況を見ていく。

上方洒落本の「きつい」の例を次に挙げる。

⑭花 さてモシお下りのあいだにきつひうつくしい子が出てゞござり舛た（略）も そいつよぼふかのウ（「睟のすじ書」、『洒落本大成』16、135 頁）

⑮脇道からかふいふとどふやら親仁くさいけれど今の娼はきつい仕にくひ

げな（「粋学問」、『洒落本大成』17、317頁）

⑯達者な物しや、帰りにお杣と鹿野に逢た、きつい時花《はなやか》じや、（「粋庖丁」、『洒落本大成』16、253頁）

⑰遊戯《なぐさみ》も沢山《たんと》有のに物好な事じやそれを興行《くはだて》た衆はキツイ骨折な事じや（「南遊記」、『洒落本大成』18、176頁）

といった例が挙げられる。この点でも用法の広がりは江戸と同様である

文政3（1820）年の洒落本「当世粋の曙」でも「きつい」は四例ほど見え、まだまだ「きつい」の勢力は大きかったように思われる。

しかし、「きつい」は天保頃になると「ゑらい」に勢力を奪われていくようになる。

「ゑらい」は上方語資料には宝暦頃から現れる語である。

⑱座をくろめて賑きやか也隣座敷て強そふナ客の咄ニ七めが此中卯月八日に爰へ来てゑらうさやしおつた（「浪華色八卦」、宝暦7・1757年、『洒落本大成』2、353頁）

⑲貴《タツトキ》は堀江に似て一段下婢たり。賤《イヤシキ》は辻君に類して又心高し。言葉《タン》ゑらふきこへて。とまつてくれなんせんかいナもかつくりとしたせりふぞかし。（「秘事真告」、宝暦7年、『洒落本大成』2、367頁）

この「ゑらい」という語が寛政頃から次のように用いられ始める。

⑳ゲモシナあみぶねといふものはぐれしてこわひものナア客ナアニゑらひすきでゲわしやいやじやわへ（「睟のすじ書」、寛政6・1794年、『洒落本大成』16、129頁）

㉑頭おまへむまがすき欤ゑらひおふけなものがすきじやナア（同、129頁）

㉒ケおいでなされトあはたゞしふすわる客ゑらいうつくしいなア（同、130頁）

㉓ソレ〳〵えらふ様子のよい嬶が来たほんにゑらいよい嬶じや（「身体山吹色」、寛政11年、『洒落本大成』18、42頁）

㉔有先日重国子《おもくに》が長卜子《てうぼく》と南の淵宗へゆかれましたが長卜子が遅咲伏見之助となり綱渡りの曲エライ勤めたものじやとの噂でござります（「昇平楽」、寛政12年、『洒落本大成』19、70頁）

連用修飾ということで、従来の規則から考えれば「ゑらう」となるのが自然なように思われるものである。㉓の例など「ゑらい」と「よい」を並列していると考えられなくもないが㉒の「ゑらいうつくしい」といった例があることを考えると「ゑらいよい」＝「ゑらふよい」として用いているのではないかと思われる。

天保 12・1841 年の「新撰大阪詞大全」には次のような記述が見える。

　ゑらいとは、すべて発語にいふことばなりゑらいとばかりいふ時はすぐれたといふこころにかなふ其余は所によりて意味大にちがふたとへはゑらいよい　ゑらいわるい　ゑらいちいさい　ゑらいおふきいなどゝいふにて心得べし（『国語学大系 方言二』）

天保頃にはかなり「ゑらいよい」といった、「ゑらう」の代わりに「ゑらい」を用いる言い方がなされていたように思われる。『上方語源辞典』（前田勇編、1965 年、東京堂出版）には、

　えらい（副）　用言を修飾し、甚だ。大層。どうも。「エライ済んまへん」「エライ帰りが遅いなア」〔語源〕ほぼ寛政期を境として従前の「えらう」「えろ」が後退し、本条の「えらい」が進出する。

との記述が見えるが、「えらう」の代わりに「えらい」の形で用言を修飾する例は寛政頃から出始め、次第に勢力を増していったということである。

幕末（元治・1864 ～ 65 年前後）での例（「穴さがし心のうちそと」）を 1 例挙げておく。

㉕娘 ナア母様《おかん》ゑらいよい嫁さんじやと聞《きい》たけれどなんにもよい事ハありやしませんがなみつちやハちよつとあるし顔立ハよいけれどはなハひくし口 が大きいかはりに目がほそふておゐどハふといが背だけハゑらいかあいらしひ嫁さんじやナア（『近代語研究 四』、468 頁）

下って昭和の初めの使用状況を見てみる。谷崎潤一郎の『卍』（昭和 3 ～ 5 年）の場合だが、「えらい」は計 77 例見えるが、「えろう」の一例以外は全て「えらい」であり、その勢力は圧倒的である（この作品では「えらかった」というような例は見えず、無活用といってよい状態になっている）。

「えろう」の例は次のようなものである。

㉖「やあ、えろう分りにくいとこやなあ」と、夫は格子のとこに立って て、(『新潮文庫』、145 頁)

一方「えらい」が用言を修飾している例は次のように挙げられる。

㉗断ったら、陰い廻ってその生徒のことえらい悪う云やはりますねんと。(同、18 頁)

㉘その晩家い帰ってみたら十時近くでしたのんで、「えらいおそかったなあ」と、夫はいつにのうけったいな顔して、(同、27 頁)

㉙あの橋のところから阪急の線まで出る路が又えらい淋しいて、(同、72 頁)

昭和の初め頃までには「えろう」の勢力は完全に後退し、ほぼ「えらい」の形でのみ用言の修飾用法が使われるようになったとまとめられる。

ところで、上方・関西の「えらい」は元来「程度がはなはだしい」意で使われ出した語で、最初から程度副詞的な意味合いを持つ語であり(「偉い」は後の用法)、元来の用法が近世から変わらず現代の関西でも使われているとまとめられる。その点、「きつい」「おそろしい」「すごい」などとは性格が異なるものである。

4、東京語での「形容詞終止連体形の副詞的用法」

◎明治期には「きつい」に変わって「おそろしい」が台頭。「おそろしい」が衰退後、「すごい」が台頭。

4－1　明治前期からの「おそろしい」の使用状況について

明治・大正期には「おそろしく」の代わりに「おそろしい」を用いて程度修飾する例が見られる。例えば次のようなものである。

㉚「あら、まあ金剛石《ダイアモンド》?」
「可感い《すばらしい》金剛石《ダイアモンド》。」

「可恐い《おそろし》光《ひか》るのね、金剛石《ダイアモンド》。」（「金色夜叉」、明治30・1897年、『日本近代文学館』前編、17頁）

㉛お前が何かしらお勝手で立ち働きながら、児島の噂をして、

「児島といふ人間は恐ろしい気の平な男だ。若いものぢやないやうだ…どうでせう、あの気の好ささうな笑ひやうは可愛い顔をするぢやありませんか。」真実《ほんとう》に可愛らしくつて堪らないやうにお前はいつた。（近松秋江「疑惑」、大正2・1913年、『現代日本文学大系』21、筑摩書房、335頁）

㉜「欣さんは中学校に居つた時分から気前の好い人間《ひと》であつたとよく繁さんが言つてゐました。恐ろしい気前の好い人間だ。」こんなこともお前は口にすることがあつた。（同、335頁。お前＝主人公の妻、児島欣次郎＝下宿人の学生）

㉝「おそろしい疲れるもんですね。」

一月ほどの練習をつんでから、初めて銀座の方へ材料の仕入に出かけて行つて、帰つてきたお島は、自転車を店頭へ引入れると、がつかりしたやうな顔をして、そこに立つてゐた。（「あらくれ」、大正4年、『日本現代文学全集　徳田秋聲集』、講談社、123頁）

㉚の例では金剛石の光る様子を、㉛と㉜では下宿人の学生の可愛いらしさ（話者である「妻」はこの後、その学生と駈け落ちする）を、㉝では疲労の程度を強調するために「おそろしい」が用いられている。これらの例での「おそろしい」は本来の「恐怖を感じる」意義から離れ、単に「程度のはなはだしさ」を強調する意で用いられていると考えられる。

さて、「おそろしい」の早い例としては、例えば、小島俊夫「江戸ことばにおけるErnest Satowの言語感覚」（『日本敬語史研究』、1998年、笠間書院、初出『日本語学』1988年8月号）及び『辞典〈新しい日本語〉』（井上史雄他編、2002年、東洋書林）では、この形容詞終止連体形で用言を修飾する用法の早い例として、「春色辰巳園」（天保4・1833年）の「おそろしい」の例を挙げている。

○フン私《わたい》かへどころか、最前《さつき》から猪口《ちよく》のやり所もねへやうに、はゞか

りながらのおそれいるのと、下から出りやアおそろしい、高《たけ》へ唄妓衆《げいしやし》だのはおりさんだのが聞《きい》てあきれらア。（『梅暦上』、古川久校訂、岩波文庫、190 頁）

しかし、当該例は強調の意の「おそろしい」とは認めがたく、当該箇所は「おそろしい」と「高い」が並列で挙げられているものととらえるべきであろうと思われる。

本来の意義である「恐怖を感じる」意ではなく、程度強調の「おそろしい」の早い例としては Ernest Satow『会話篇』（明治 6 年）での次の例が挙げられる[7]。

○ 29.Osoroshii takai mon' da.(Ⅱ .)

少し後に刊行されたチェンバレン『日本語口語入門』（第二版・大久保恵子編訳、明治 22 年、笠間書院）でも「オソロシイ　タカイ」「オソロシイ　ワルイ」の例が見られる。（初版明治 21 年には見られず）。

○ N.B. Osorosiū takō, “frightly high,” would be more grammatical. But custom has almost sanctioned such expressions as osoroshii takai, at least in familiar conversation. 「93.」

○ N.B. Just as vulgar speakers often omit the termination “ly” of English adverbs, so also , in familiar Japanese style , and not from the uneducated alone, do we hear such expessions as osoroshii warui, “dreadful(ly) bad,” where osoroshiku warui would better accord with the old traditions of the language. 「181.」

サトウの例、そしてチェンバレンの例（及び記述）を見ると、程度修飾の「おそろしい」の使用もかなり目に付くものになっていたと考えられよう。

次に、程度修飾で「おそろしい」を用いる例を「福翁自伝」（明治 31 年、角川文庫草稿復元版による）の場合で見ていく。

まず、「恐ろしく」の例（1 例）である。

㉞飲んだも飲んだか、恐ろしく飲んで（大坂修業、60 頁）

一方、「恐ろしく」の代わりに「恐ろしい」を程度修飾に用いていると考えられる例（4 例）である。

㉟絨毯はどんな物かと云ふと、先づ日本で云へば余程の贅沢者が一寸四方幾千《いくら》と云ふ金を出して買ふて、紙入にするとか莨入《たばこいれ》にするとか云ふやうなソンナ珍しい品物を、八畳も十畳も恐ろしい廣い處に敷詰めてあつて、其上を靴で歩くとは、（始めて亞米利加に渡る、110頁）

㊱狭い家だから大勢坐る虔もないやうな次第で、其時は恐ろしい暑い時節で、座敷から玄関から台所まで一杯人が詰つて、（攘夷論、146頁）

㊲寺は舊の通り焼けもせず、高さんも無事息災、今は五十一歳の老僧で隠居して居るとて写真など寄越しましたが、右の一件も私の二十一歳の時だから、計へて見ると高さんは七歳でしたらう、恐ろしい古い話です。（品行家風、258頁）

㊳左様で御在ますか、コリヤ面白い、私は今まで随分太平楽を云たとか、恐ろしい聲高に話をして居たとか云て、毎度人から嫌がられたこともありませうが、（同、259頁）

以上、「恐ろしく」1例に対し、「恐ろしく」の代わりに「恐ろしい」を程度修飾に用いていると考えられる例が4例であり、これだけを見れば「おそろしい」の程度修飾の副詞的用法はかなり見られるということになる。

しかし、「えらい」の場合と違い、「おそろしい」の形で用言を修飾する用法はその後、それほどは広がらなかった。その、広がらなかった要因を考えると次のようになるだろうか。

1・「程度のはなはだしさ」を表す形容詞として「えらい」が現れたのに対し、「おそろしい」は元来「恐怖を感じる」意を表す形容詞であったこと。

2・近世から現れた「えらい」と違い、「おそろしい」には歴史があって、本来の用法が厳然としてあり、「程度のはなはだしさ」を表す用法は副次的な用法の域を出なかったこと。

このような要因により、「おそろしい」が「おそろしく」に取って代わって用言を修飾する、ということが定着するまでには至らず、やがて衰退していったのだと考えられる。

４－２「すごい」の副詞的用法の早い例について

・『みんなの日本語事典』「石川創「すごい」と「すごく」は同じか」（2009年、明治書院）では「すごい」の早い例として宮本百合子の例（大正4・1915年）を挙げている。しかし、この例は「すごい」の副詞的用法と認めるには問題がある。

○あの「青葡萄《ぶどう》」は何となし目につく。

事実をありのまま書かれた故でも有ろう。

病気、殊《こと》に、恐ろしい「コレラ」と云うものに対しての恐怖、先生が病気の弟子を思う心、

あれは立派な心理描写である。

あれだけ鋭い神経を持って居られたのだから、勿論《もちろん》、恋愛を骨子として書かれたものでも、凄いするどいものがある。

「隣の女」の後ろの方を読んだものが、ゾーッとするのもそれである。

（「紅葉山人と一葉女史」、大正4年、『新版宮本百合子全集』33巻、413頁）

上記の「凄い」の例は「ぞっとする」といった意味での用法であり、「すごい」の強調での使用例とは認めがたいと思われる。

では、現代の、強調の意味で用いられる「すごい」の副詞的用法の例はいつ頃からだろうか。

例えば、『日本俗語大辞典』（米川明彦編、2003年、東京堂出版）、中尾比早子「形容詞〈すごい〉の程度副詞化」（2012年8月28日、国研共同研究プロジェクト共同研究発表会）中尾比早子「程度副詞〈すごい〉の使用実態」（『名古屋言語研究』8、2014年）では1975年の例を初出例として挙げている。

㊴三笠宮殿下「好きでやってたの（学科は）すごいいい点をとってたからね（『週刊朝日』11月21日号、「ヒゲの殿下大いに語る」）

㊵三笠宮殿下「漢文はすごいよくできたね」（同上）

管見での早い例は次の森村桂の使用例あたりからである。

㊶私と一緒に一週間一ぺん泊まる人ね、スゴイへんな顔なのよ、目がとびだして、肌がブツブツしてて、ダンゴっ鼻で、ソッ歯で（『青春がくる』

1968年、講談社）

大正期くらいまでは、「程度修飾の形容詞」として用いられるのは「おそろしい」くらいであり、「すごい」は昭和の時代からのものとまとめることは出来るだろうと思われる。

ところで、文化庁の『国語に関する世論調査』2012年2月（平成23年度）では、

○（1）「あの人は走るのがすごく速い」ということを、「あの人は走るのがすごい速い」と言う

という問いに対して、40代以下の男女は「ある」という回答が過半数を占めている。

現代においては「すごい」の程度修飾用法は既にほぼ定着したと言えるのではないだろうか。

5、おわりに

以上、江戸・東京での「きつい」「おそろしい」「すごい」、上方・関西での「えらい」の形で連用修飾に用いられる場合を見てきたが、ではなぜ「きつく」「おそろしく」「すごく」及び「えらう」の代わりに「きつい」「おそろしい」「すごい」及び「えらい」を用いたのだろうか。

言語変化は、より安易で単純な方向に進むとされるが、その言語変化の一環として形容詞の無活用化が見られ、その流れの中で右のような用法が出てきたとする考え方もあろう。しかし、右の終止連体形の副詞的用法は形容詞一般に見られるものではなく、「程度のはなはだしさ」を強調する場合にのみ現れることを考えると、単に、「安易で単純な方向に流れて無活用化したもの」ということで片づけるにはためらいがある。むしろ、強調効果を高めるために意図的に終止連体形を用いたものと考えたい。「きつく」「おそろしく」「すごく」及び「えらう」と活用変化させた形より、原形である「きつい」「おそろしい」「すごい」及び「えらい」の形の方が強い印象が与えられ

るという意識が働いた結果ではないかと考える。

さて、現代において用いられている「すごい」の副詞的用法は、上方における「えらい」のように完全に定着する方向に進むのか、それとも「きつい」「おそろしい」の場合のようにいずれは衰退していくのだろうか。

「すごい」は「きつい」「おそろしい」と同様、古くから用いられていた言葉であるが、「きつい」は「程度のはなはだしさ」を表す用法とは別に「窮屈だ」といった意、「おそろしい」は「恐怖を感じる」意を表す用法が第一義として厳然と存在する。しかし、「すごい」は現代では、「程度のはなはだしさ」を表す用法とは別に本来の用法が第一義としてある、とは考えにくくなっているように思われる。この点、むしろ関西における「えらい」の場合に近いものになっている、とは考えられないだろうか。このように考えると「すごく」の代わりに「すごい」が連用修飾に用いられる用法が完全に定着する可能性は、決してないとは言えないように思われる。今後注目していきたい。

さて、「はじめに」のところで「近世以降、〈形容詞終止連体形の副詞的用法〉が中央語においては一つずつ求められたが、一時代に必要とされる（された）ものは基本的には一つだけではないか」との仮説を示した。その仮説が成り立つとすると、現代において必要とされているのが「すごい」一語ということでまとめられるわけだが、将来「すごい」が飽きられ、使われなくなる場合、取って代わる語が出て来ているということになるだろう。それはどんな語だろうか。

例えば「やばい」はどうだろうか。考えてみると、これまで形容詞の語の中で、マイナスの用法からプラスの用法をも併せ持つようになったものは確かにある。しかし、まだ「やばいいい」や「やばい悪い」といった用法はなく、「やばい」自体が中立的になったとは言えない。この段階ではなんとも言えないといったところだろう。ただ、今後用法がさらに広がる可能性もあり、要注目だと思われる。

注

1　先行する論文として、増井典夫「形容詞終止連体形の副詞的用法―「えらい」「おそろしい」を中心に―」（『近世後期語・明治時代語論考』第2章、和泉書院、2012）（初出は『国語学研究』27、1987年12月）、及び同「近世後期における形容詞「きつい」の意味・用法とその勢力について」（『同書』第4章、初出は『淑徳国文』31、1989年12月）がある。

2　終止連体形に相当する形を連用修飾に用いるものであるが、そこから更に一歩進めて、連用形にイ語尾を認める考え方（菊沢季生「現代大阪方言の形容詞」『国語研究』4-1、1936年1月）もある。

3　森田良行「基礎日本語2」（1980年、角川書店、31頁）。

4　同「基礎日本語2」（33頁）。

5「児島の収二十や二十一の癖に酷《ひど》い酒の好きな奴だつた。」（近松秋江「疑惑」大正2・1913年、「現代日本文学大系」21、筑摩書房335頁）のように「えらい」と「おそろしい」以外にもこの用法が現れることはあるが、あまり数は多くないようである。

6　注1に示した文献中で記述。

7　小島俊夫「江戸ことばにおけるErnest Satowの言語感覚」で用例が示されている。なお、Satowはtohōmonai takaiという、「途方もない」で用言を修飾する例を1例挙げているが、「途方もない」が一般に使われていたかは不明。いずれにせよ「途方もない」の副詞的用法は定着しなかったわけである。

副詞「いっそ」の史的変遷

林　　　　　禔　映

1．はじめに

副詞の史的変遷を考察した従来の研究では、その意味用法上の変化について、具体的な分量や様態を表していたものが抽象的な程度を表すものへ、または“望ましいか否か、プラスかマイナスか”といった評価的意味を表すものへ、と展開していく傾向が指摘されている[1]。しかし、個々の語における変化の過程や背景については、今なお不明な点を多く残している。本稿では、副詞の史的変遷のなかでも、現代語において評価的意味を表す叙法副詞[2]類（「せっかく」「せめて」「どうせ」「なまじ」等）がどのような過程を経て現在のような意味用法を獲得するに至ったか、その変遷を明らかにする研究の一環として、副詞「いっそ」を取り上げる。

現代語において副詞「いっそ」は、『現代副詞用法辞典』（飛田・浅田1994）によれば、「あえて極端な状況を選択する様子を表す。ややマイナスイメージの語。（中略）自暴自棄的な判断の暗示がある」（p.59）とされる。また、渡辺（2001）では副詞「いっそ」が使われる文には「（自分のことであれ他人のことであれ）好ましくない、と評価されている現在の状況」（p.63）のなかで、「マイナスを一段と（場合によっては極端にまで）拡大したマイナス事態」（同上）を選ぶ、という思考の飛躍があると述べている[3]。さらに、このような意味特徴をもつ副詞「いっそ」は、次に示す（1a）「ほうがいい」、（1b）「たい」、また「う・よう（か）」「てもいい」「たらいい」「べきだ」等の適当・希望・意志・勧め・助言・当為の表現とともに用いられる（工藤1982・渡辺2001・有田2005）。このような共起特徴から、工藤（1982）では「いっそ」を「願望―当為的な叙法」の下位分類である「希望・当為など」を表す形式（以下、希望・当為表現類と呼び、用例中波線で表示）と共起する叙法副詞の一つとして分類している。

（1）a. 事実いまも、執筆の途中で、霧子のことを思い出してしまった。（中略）「こんなことで、時間をロスしてはいかん」自らを叱って机

に向かうがやはり気持が落着かない。こんなときにはいっそ、霧子の声をきいて、気持をさっぱりさせたほうがいい。

（渡辺淳一・化身（下巻）1986·p.205）

b. N君は現在もN経済新聞社に勤めているが、身体が疲れて仕様がなく、いっそ辞めたいとこぼしている。

（松本昭夫・精神病棟の二十年その後·1997·p.121）

このように、先行研究では、現代語における副詞「いっそ」の中心的な意味用法について、希望・当為表現類と共起する叙法副詞で、ある事態を好ましくないと捉え、そのような状況であるなら、それより「いっそ」に後続する事態を選ぶしかない、という話し手のマイナス評価（自暴自棄や諦め等）を表すとしている。しかし、用例のなかには（1a）のように好ましくないと思う話し手の否定的な気持ちが感じられない例も存在する。

それでは、現代語のような副詞「いっそ」の意味用法は、いつ頃から、どのように形成されてきたのだろうか。近世の例[4]に着目すると、（2）a·cは現在の（1）のように希望・当為表現類を伴って用いられているが、（2）b·dは「いっそ」の後に状態動詞や形容（動）詞等、状態性をもつ述語（以下、用例中点線で表示）が現れており、現在の（1）とは用法が異なっていることが見て取れる。

（2）a.［朋輩遊女から馴染みの徳兵衛が人々に打擲されたことを聞き］お初「あゝいやもういうて下んすな、聞けば聞くほど胸痛み私から先へ死にさうな、いつそ死んでのけたい」と、泣くよりほかのことぞなき

（〔上・浄〕曽根崎心中·1703·p.28）

b. 有ルものよりあひて立花ばなししけるが、一人いふやう、とかく立花といふものハ、のみかなづちをつかわねバならぬ、いつそ大工に似たり

（〔上・噺〕軽口へそ順礼·1746·p.101）

c.［船頭・次郎が客の旦那・如雷に深川のどの遊女屋へ向かうか訊く場面］如雷「山本にしやうか、山本は腹がちいさいから、尾花やにしやう」次郎「いつそ、亀山へ御出なんせ」（〔江・洒〕辰巳之園·1770·p.303）

d. ［呆れた倹約好きな金持ちの客に女郎が煙草を吹き付けて勧める場面］
女郎「アノぬしやァ坐鋪て、げいしや衆や若イ衆か、あれほと勉んしたに、いつそ不機嫌て、爰へお出なんしたら、なぜきげんが直りいした」客「ハテ、一ふくのたばこを、ふたりてのむから」

（〔江・噺〕そこぬけ釜・1802・p.68）

近世の「いっそ」に（2）b·dのような現在の用法と異なる例が存在することは、先行研究（小林1941、湯澤1954、彦坂1982等）において既に指摘されている。例えば、湯澤（1954）では（2）a·cは「ムシロ・カエッテの意味で現代の用い方と変りはない」（p.322）が、（2）b·dは「タイソウ・ヒドク・全クなどの意である」（同上）としている。しかし、近世の「いっそ」の意味用法については不明な点が多い。まず、現在の用法につながる（2）a·cは、「ムシロ、カエッテ」の意味を表すとされるが、実際には単にこれらの意味を表すのみならず、（1b）や（2a）のように自暴自棄や諦め等の否定的な気持ちを伴いやすく、原則として希望・当為表現類を伴う、という共起制限をもつ。その一方で、（1a）や（2c）のように話し手にとって好ましくないことだ、というマイナス評価の意味が読み取れない例もあり、現在までの使用状況を確認しておく必要があろう。

次に、現在の用法には存在しない（2）b·dについて見ると、先行研究では（2b）のような近世前期の例についての記述は見当たらない。一方、（2d）のような近世後期の江戸語に見られる「いっそ」については、程度の甚だしさを表す程度副詞とされていた（小林1941、彦坂1982）が、状態性述語の用例には、次の（3）の名詞述語や不可能（否定のナイと共起）のように、程度性をもたない状態と共起している例も見られる。

（3） a. 朋輩新造「松さん廊下鳶をしなんすなへゝ」名代新造［常連客·松さんのことをわざと知らないふりをして冗談で］「どの松さんだ」朋輩新造「首尾の枝さんの松さんサ、いつそからかいなんさアナ」

（〔江・洒〕繁千話・1790・p.262）

b. 女郎・月の戸「鳥待さんそりやァなんだへ」新造・鳥持「いたこを

書た本ざんす」月の戸「そつからちつとよんでお聞セなんしナ」
鳥持「誰が書たか、いつそよめんせんョ」　（同上・p.264）

上の（3）の「いっそ」は「まったく」の意味には解釈できるが、程度の甚だしさを表す「たいそう、ひどく」等の意味には解釈しにくい。また、先行研究では（2）a·cのような用法と（2）b·dのような用法間の関連についても十分な説明がなされていない。

以上のような現状をふまえ、本稿では、副詞的用法の確例が見られはじめる中世から近代（明治・大正期）までの「いっそ」の使用状況と意味用法の通時的変化について明らかにすることを目的とし、口語を反映していると言われる資料を中心に調査を行い、報告することとする。調査資料は稿末に示したので参照されたい。

2．時代別の使用状況と意味用法

2.1　副詞的用法の発生——中世～近世初期[5]——

「いっそ」[6]の語源[7]とされる「一双（一雙）」は漢語であり、『史記』に見られる「白璧一雙」[8]のように、本邦の中古以降の資料における「一双」も、名詞の直後、または「一双の」の形で名詞の直前に付いて「対をなす二つ」あるいは「二つ一組」という意を表す。

（4）我持白璧一雙、欲獻項王［私の持つ白璧一雙を、項王に獻じたい］

（史記・巻七・項羽本紀第七）

（5）a. 其ノ母、前ノ夜ノ夢ニ、死ニシ娘、青キ衣ヲ着テ白キ衣ヲ以テ頭ヲ裹テ、髪ノ上ニ玉ノ釵一雙ヲ差テ来タリ

（今昔物語集・巻九・第十八話・p.210）

b. 岡本関白殿、盛なる紅梅の枝に鳥一双を添へてこの枝に付けて参らすべきよし　（徒然草・六十六段・p.143）

c. 幢ノ上ニ掛タリシ一双ノ眼、三年マデ未枯シテ有ケルガ、

（太平記・巻一・p.154）

また室町時代の抄物には、『時代別国語大辞典 室町時代編』にも指摘があるように、形容動詞として連体修飾する例が見られる。(6)[9]は「礼と威とはだいたい一つの対であるもの、礼は大区分、威は小区分である」の意で、原義通りの「一つの対」の意味を表す。

(6) 礼ト威トハ大ガイ一サウナコト、礼ハ大スヂメゾ、威ハ小ワケナリ

(玉塵抄・巻七・8ウ・p.275)

次の(7)は明理と行成の二者が「明理・行成」と一括りに言われる、ということである。

(7) かゝれば、「明理・行成」と一雙にいはれたまひしかども、

(大鏡・巻三・p.145)

(7)の「一双」は意味の面では上記の(5)(6)と同様、「一双」の原義通り「一対」という名詞としての性質が強いものと見られる。しかし、本例では「一双に」の形で、後述する副詞的用法の確例(8)(9)と同様「に」を伴っており、後続の動詞述語「いはれたまふ」を修飾する副詞的用法の例に近い例として見ることも可能である。即ち、名詞的用法と副詞的用法の過渡的な段階の例とも捉えられる。

先行研究の指摘にもあるように、「いっそ」の副詞的用法の確例は中世後期から確認でき、次の(8)(9)のように、イッサウニの形で連用修飾する例である。

(8)は、原義にある「対をなす二つ」の両者だけを指す意味が薄れ、「両者を引っくるめた全て」のような意味をも読み取れる例であるが、(9)は、両者が特定でき、原義との関連がより明確に見られる例である。

(8) 五郎→十郎「小次郎うしなふべかりし物を、たすけをきてかゝる大事をもらされぬるこそやすからね。弓矢とる身は大事せうじ、心にかゝらむ事をばこらへず、一さうにすべき事なるをや。いまは叶まじ。我らがしたりとこそおぼさんずれ」

(太山寺本曽我物語・巻四・二一ウ・p.240)

(8)は「武士というものは大事でも小事でも、気にかかることを堪えず、

一度にすべきだ」のように解釈できる。この例も上の（5）～（7）と同様、「大事と小事」を一対と見なすことも可能である。ただしこの例は、単にその両者（「大事と小事」）を指しているのではなく、「両者を引っくるめた全て」のような意味であり、そこから「（何であれ）一度に」のような意味が読み取れるようになったものと考えられる。

次に（9）は、夜道で子連れの女の前に現れた鬼が親子を食おうとする場面である。（9）を「一双」のもつ原義と関連づけてみると、「思うままに事が運べない［女を妻にできない］ならば、「（親子を）まとめて二人とも食おう」のような解釈が考えられる[10]。

（9）女「なふ〳〵おそろしや〳〵、そなたのやうなおかたを、おつとにもつて何とするもので御ざあるぞ、なふおもひもよらずや」鬼「ごんご道断にくひ事をいひをる。身共がままにならずは、［生かすより］いつさうにふたりながら食はふ」　（虎明本狂言・鬼の継子・p.31）

以上、（8）（9）のイッサウニは、後続する動作動詞を修飾し、その動作を行う様態的意味（「（両者を）まとめて」「（何であれ）一度に」）を表す例と見られる。これらの意味は（10）の『日葡辞書』の記述と合致する[11]。

（10）a. Issŏ. イッサゥ（一双）副詞．全部．¶Issŏni catazzuquru.（一双に片付くる）何かある物を，それに対応する他の物に引き続いて与える．たとえば，誰かが片方の手袋を手に取ったら，もう一方の手袋を取ってやるとか，また誰かがコンタス（*cõtas* 数珠）の十字架像を手に取ったら，コンタスをもまた取ってやるとかなど．[1)]

※1）コンタスの十字架像とコンタスとの関係については未詳．

b. Issŏni. イッサゥニ（一双に）副詞．例，Issŏni catazzuquru.（一双に片付くる）Issŏ（一双）の条を見よ．　（邦訳日葡辞書・p.343）

一方、中世～近世初期の和化漢文資料では、「ニ」を伴わないイッソの副詞的用法の例[12]が確認できる。

（11）旧冬廿日・正月朔日之事中〳〵書中ニ難述事のミ御座候、いつそ面を以可申入候事

（細川忠利文書十五・三九四七・寛永十五（1638）年正月廿七日）

（11）は、「旧冬廿日・正月朔日の事は、どうしても書面では述べがたいことばかりです」という前の内容を受けて、「（書面ではなく）直接会って申し上げるべきことです」とする内容である。ここで注目すべきことは、この例には上記の（8）（9）のような様態的な意味は薄れて感じられず、「書面では述べがたい」という前文脈（P）を受け、その代わりに「直接会う」という「いっそ」の後続事態（Q）の実現を望む文脈（「Pであるなら、Qを行いたい」）で使われている点である。この（11）と上記の（8）（9）は具体的な様態を表すか否かの意味上の相違はあるものの、いずれも基本的に「Pではなく、むしろQ」のような構文環境で用いられ、現代語に通じる用法と考えられる。このような例は近世前期以降多く見られる。

なお、本調査では、上記の（8）～（11）以外の資料からは副詞的用法の確例を得られておらず、中世～近世初期における実態を十分に把握するのは難しい。そこで次節では近世初期までの「いっそ」の意味と構文環境を念頭に置き、一定数の副詞的用法の用例が得られた近世前期以降の使用状況を見ていく。

2．2　副詞的用法の分類と使用状況――近世前期～明治・大正期――

本稿で分析対象とした近世前期から近代までの「いっそ」の副詞的用法の例（総計475例[13]）について、共起特徴、意味特徴から、以下のように分類する。

A：近世初期までの例にも見られたような、「むしろ」の構文環境（「Pではなく、Q」）をもつ場合

A1：「いっそ」の後に希望・当為表現類を伴った動作や行為を表す事態が現れ、「Pであるなら、（Pではなく）Qを行いたい」のように「いっそ」に後続する事態を進んで選びたい、という肯定的な気持ちを表す場合

A2：「いっそ」の後に希望・当為表現類を伴った動作や行為を表す事態が現れ、「Pであるなら、（Pではなく）Qを行うしかない」のように「いっそ」に後続する事態を選ぶしかない、という否定的な気持ち（自暴自棄や諦め等）を表す場合

A3：「いっそ」の後に状態性をもつ事態が続くが、その事態の状態性を修飾・限定せず、「Pではなく、Qである」のように後続事態を比較選択する場合

B：近世前期以降見られはじめる、「まったく、本当に」のような意味を表す場合

B1：「いっそ」の後の状態性をもつ事態を修飾する場合

B2：「いっそ」の後の動作や行為を表す事態を修飾する場合

上記のいずれにも分類できない場合を「その他[14]」として一括しておく。以下の 2.2.1 節～ 2.2.4 節で、各時代の具体的な使用状況と特徴について見ていく。

2.2.1　近世前期上方語

＜表 1 ＞は、近世前期の上方語資料に見られる「いっそ」の使用分布を示したものである。

〈表 1〉近世前期上方資料における「いっそ」の使用分布

分類／資料	A1	A2	A3	B1	その他
浮世草子	3	5	1	0	1　—ニ(1)
世話物浄瑠璃	1	17　—ノコトニ(1)	0	2	0
噺本	1	4　—ノコト(1)	0	2　—ニ(1)	0
合計（37）	5	26	1	4	1

* 繰り返しや前話者の台詞を引用した例は 1 例と数え、合算していない。
* 形態別の出現分布を表すため、「—ニ」「—ノコト（ニ）」等と示す。「—」はイッソを意味し、これらの異形態の用例数は各用法内の右側に示してある。左側の用例数は右側の異形態の用例数を含む。これらの表示がない例は、すべてイッソ単独の例である。（以下の＜表 2 ＞と＜表 3 ＞でも同様）

＜表1＞からは、まず、形態的には、近世初期に見られたイッソの他に、イッソニとイッソノコト（ニ）[15]の形が見られる。次に、意味用法の面では、近世初期に見られた「Pであるなら、（Pではなく）Qを行いたい」という例、即ちA1は引き続き確認できる。(12) は、前文脈の「帰る」より、後続事態の「抱かれて明去ぬ」ことを望む肯定的な内容である。

(12)（用法A1）女房引留め、「是爰なお人、留主預つて去ぬるとは、どこへ」と云ふに心付「是は私不調法こなたにこそ早御帰り」と云ふに、「成程帰りますが、さぞ独寝はお淋しからん。殊に今宵の夜寒さ、いつそ抱かれて明去なん」といふ。（〔上・浮〕新色五巻書・1698・p.481）

次に、A2は近世前期上方語に最も多く使われる用法である。近世初期までの例とは異なり、「いっそ」の後続に否定的な内容が現れており、現在の中心的な用法と同様の例であるといえる。例えば（13a）は、魚を勧められたのに遠慮しすぎて、人に非難されるくらいであれば食べてはいけない魚を仕方なく食べよう、ということである（冒頭に挙げた（2a）もA2に属する）。

(13) a.（用法A2）［食べてはいけない魚を勧められたお坊さんが］あまりつよくしんしやくいたしたらバ、またじやうがこわいとて、人にそしらるゝであらふほどに、人にそしられうよりハ、いつそのことくハふといふた。（〔上・噺〕初音草噺大鑑・1698・p.150）

b.（用法A2）［放蕩な息子を勘当した徳兵衛が、他人によって葬儀を行われることを心配する場面］「子は有りながら其の甲斐なく無縁の手に掛らうより、いつそ行倒れの釈迦荷ひがましでおじやるは」（〔上・浄〕女殺油地獄・1721・p.416）

また、A3は次の1例が見られ、近世期全体を通しても非常に例が少ない（350例中5例（約1.4%））。

(14)（用法A3）元遊女「はだへみる人もなき物、いつそはだかよ」と独事に申せば、（〔上・浮〕好色一代男・1682・p.74）

次に、(15) のように感情や否定（非存在）、テイル（冒頭に挙げた（2b）の「似たり」）等、状態性述語を修飾する用法B1は、近世前期以降見られはじ

める新しい用法である。（15a）は馴染み客（大臣）に「完全に、すっかり」夢中になっている女郎が、その大臣が自分を身請けするという話を聞く、（15b）は後続事態の「悲しい事もなし」の「なし」までかかって、死ぬ覚悟ができているから「まったく」悲しいこともない、ということである。

（15）a.（用法 B1）［女郎の吉野は］にくからぬものなれば、かはゆがりてふかくあふ大臣、いつそにかゝつてうけ出す談合をきくより、女らう、このしゆびをいのり、神〳〵へきせいをかけ、

（〔上・噺〕初音草噺大鑑・1698・p.105）

b.（用法 B1）［お金を工面して今夜会う約束をした徳兵衛が結局現れず、身の上を嘆く遊女のお房は］身一つ胸を据ゑたれば、いつそ悲しい事もなしと、内へ帰れば、　（〔上・浄〕重井筒・1707・p.78）

このような状態性述語と共起するときの「いっそ」の意味は、おそらく中世後期の「両者を一対としてまとめたもの」「全部」という具体的な分量や様態を表す意味から、まずは量程度的な意味に近い「完全に、まったく」等の意味が派生した結果読み取れるようになったものと見られる。また、（15b）の非存在のナイや後掲の（19c）の名詞述語（「いっそ焼」）のように程度性をもたない語と共起できることからも、近世期における状態性述語を修飾する「いっそ」の本質的な意味は、典型的な程度副詞のように程度の度合いを表すものではなく、「完全に、まったく」や「本当に」等のように、後続する事態全体の完全なるさまや真偽（事実性）を表すものであると考えられる。それが、特に（15a）の感情動詞や後掲の（19a）の形容（動）詞等、相対的な状態性をもつ述語と共起する場合は、その程度性を強める意味や程度の甚だしさを表す意味に読み取られやすくなる[16]。用法 B は近世後期以降、多用されるようになる。

2.2.2　近世後期上方語

＜表 2 ＞は、近世後期の上方語資料に見られる「いっそ」の使用分布を示したものである。

＜表 2 ＞を見ると、主に A2 の例が頻繁に用いられるなか、近世前期に比

〈表 2〉近世後期上方語資料における「いっそ」の使用分布

資料＼分類	A1	A2	A3	B1
世話物浄瑠璃	1	4	0	0
噺本	7 —ノコト（1）	23 —ノコト(3)	0	8
洒落本	13	8	1	5
滑稽本	1	2 —ノコト（1）	0	0
合計（73）	22	37	1	13

べて全体的に A1 と B1 の例がやや増えており、特に洒落本においては A1 が A2 を上回っている点が特徴的である。以下、各用法の代表例を挙げ、注目すべき点を述べる。

A1 については、前文脈に好ましくない内容が多かった前期に比べて、P と Q の両方に肯定的な内容が現れており、「せっかくなら」「どうせなら」のような意味が読み取れる。

（16）（用法 A1）受売り「則博物志と申書物に、春夏の間とござつて、二三月比にハ海辺にハまゝある事でござります」と、受売の即答に主人ものりが来て「夫ハ面白そふな事じや。いつそ只今から見てまいろふ」（〔上・噺〕鳩潅雑話・1795・p.325）

（17）（用法 A2）客→遊女「予ゆへ笑はれるか妨嫌《いやさに》其やうにいふのなら、いつそ離《のい》て仕まふたがよい、どうでおれがやうな吹ば散るやうなものは店でも笑ふであろ」（〔上・洒〕南遊記・1800・p.175）

（18）（用法 A3）［紋日［遊里の年中行事。遊女は必ず客を取らねばならず、揚代も特に高かった日］で馴染みの遊女たちが留守中］弟子・庄八→旦那・弥吉「［遊女たちがい］ないもいつそ、気さんじか」ととりなす（〔上・洒〕短華蘂葉・1786・p.286）

一方、B の例には前期上方語のような、感情や否定（非存在）、テイル等の状態性述語が引き続き見られるなか、（19a）の形容（動）詞、（19b）の「［味噌がすり鉢に］付いた」のように変化の結果状態、（19c）の名詞述語の例も見られる。

（19）a.（用法 B1）［娘の奉公先に訊ねた親父が娘の泣き顔を見て驚き、奉公が辛いのか、故郷が恋しいのかと訊くと］娘→親父「イヽヱ、そんなこつちやござんせんけれと、此間雛助さんが死になさつたゆへ、奥さまをはじめ、わたしらもいつそかなしひ、まだお若ひのに、いとしや」

（〔上・噺〕新撰勧進話・1802・p.27）

b.（用法 B1）［大晦日、女郎・露の代わりに按摩が味噌をすり鉢で摺っている場面］按摩「サアモウようなる時分じやて」露「いつそ［味噌が］そこらぢう［すり鉢のふち全体］へついたわいな」

（〔上・洒〕滑稽粋言竊潜妻・1807・p.211）

c.（用法 B1）［二朱が小玉にお茶を汲むよう指示すると］小玉「なにを太へい楽ばかりぬかすハ」二朱「小判さま、あれ御聞なされませ、親かたにあんな口過します、ありやいつそ焼［嫉妬］でござります」

（〔上・噺〕玉尽一九噺・1808・p.236）

2.2.3　近世後期江戸語

＜表 3 ＞は、近世後期の江戸語資料に見られる「いっそ」の使用分布を示したものである。

＜表 3 ＞からは、後期上方語と同じく、A1・A2 の例が依然として多く使われていることが分かる。一方、B は全体的に増えており、噺本・洒落本・滑稽本においては A1・A2 を上回っている。特に洒落本ではほとんど B の用法であるのが特徴的である（冒頭に挙げた（2c）は A1、（2d）（3）は B1 に属する）。

〈表 3〉近世後期江戸語資料における「いっそ」の使用分布

資料＼分類	A1		A2		A3	B1	B2
噺本	8	—ノコト(1)	41	—ノコト(4)	2	41	6
洒落本	3		3	—ノヤケニ(1)	0	33	0
滑稽本	5	—ノコト(1)	14	—ノコト(10) —ノクサレニ(2)	0	20	0
人情本	11		34	—ノコトニ(2)	1	17	1
合計（240）	27		92		3	111	7

（20）（用法A1）客→遊女「イデ芝のあたごへいつてとまろうが《ママ》、大山へいかふか、最上寺にしやうか、いつそ日光へとぼうか、思ひきつてさぬきのこんぴらへ立帰らん」　（〔江・噺〕振鷺亭噺日記・1791・p.196）

（21）（用法A2）はやり風で、家内病人が多いから、百万遍をくりたひが、鉦斗で珠数がない。いつそ鉦斗でやるべいと、百万遍のやうに鉦斗たゝいて、むせうに念仏申たれバ、　（〔江・噺〕仕形噺・1773・p.293）

（22）（用法A3）尼さん→お由とお由の母「今さら嫁の詮穿も、里のしうとの気々さま〴〵、それよりいつそ子どもの気にいつたら、女郎芸者でもかまはぬ方が、当世かと思つて見ても、そうはない」

（〔江・人〕春色梅児誉美・1832～1833・p.218）

（23）a.（用法B1）［砂糖漬けを食べて］北八→弥次「ヱヽなんだ、いつそ灰だらけなものだ、ペツペ〳〵」

（〔江・滑〕東海道中膝栗毛・1802～1809・p.434）

b.（用法B2）金五郎「さうか、［息子は］俺は忘れはしねえかのう」乳母「おや、とんだ事を被仰いましな、三日や四日お出でなさらぬとて、お忘れなさるもので御座いませうか、今朝なども［坊ちゃんが］いつそお父ちゃんお父ちゃんと、貴郎の事を被仰いました」

（〔江・人〕仮名文章娘節用・1831～1834・p.375）

このなかで特にBについて見ると、噺本と滑稽本には男性による使用例（23a）も確認できるが、洒落本と人情本ではその使用者が主に女性で、しかも遊女である例が非常に多い[17]。しかし、このような位相的特徴は「いっそ」のみ見られるわけではなく、「いっそ」と同時期に多用される副詞「ほんに、本当に」（市村2014）にも共通する使用傾向であり、洒落本と人情本のように主に遊里を描くという資料の性格に起因する部分が大きいと見られる。また、上記の＜表1＞～＜表3＞からも確認できるように、B1の用法は近世前期上方語資料から見られはじめ、後期上方語にも散見されるが、否定のナイ、テイル、形容（動）詞、名詞、感情や変化の結果等、多様な状態性述語を修飾していることからも、後期江戸語に限定された特殊な用法で

あるとは言いがたい。ただし、上方語（前期・後期）に比べ、後期江戸語に特に形容（動）詞が「いっそ」に後接し多用される使用傾向は特徴的である[18]。なお、注目すべき例として（23b）は、これまでの状態性述語を修飾するB1とは異なり、「いっそ」の後に動作を表す事態が現れている例（B2）である[19]。これは、息子が旦那のことを忘れていない証拠として今朝も実際にお父ちゃんお父ちゃんと旦那のことを言っていた、という内容で、「いっそ」が「本当に」のような意味で後続事態が事実であることを強調する例と見られる。

2.2.4　近代（明治・大正期）

まず、具体例を見る前に、『和英語林集成』の「いっそ」についての記述を確認しておく。（24）のように、いずれの版においても「Better, rather」という「むしろ」のような意味はあるが、再版と3版には初版にはなかった「wholly（全部、完全に）、extremely（極端に、きわめて）」等の意味が追加されている。いずれの版にも同じ用例が挙がり、否定的な内容が現れている。ちなみに、現代語において、比較構文で用いられる程度副詞の「いっそう（一層）」の項目は、（25）のように3版から記載がある。このような記載内容は、今回調査することのできた8版（1906年）にも同様に引き継がれている。

（24）a. Isso, イツソ , 寧 ,（in comparison）. Better, rather.
Fuchiu na mono wo yashinō yori wa isso inu wo yashinau hō ga yoi
（初版・1867）

b. Isso, イツソ , 寧 , Better, rather, wholly, extree《ママ》mly.
Fuchiu na mono wo yashinō yori wa isso inu wo yashinau hō ga yoi Syn. MUSHIRO
（再版・1872、3版・1886）

（25）Issō イツソウ　一層（*hito kasa*）Twice as much; double　（3版・1886）

＜表4＞は、明治・大正期[20]の東京語に見られる「いっそ」の使用分布を示したものである。

＜表4＞から分かるように、近世期と同様、A2が最も多く用いられてい

＜表４＞　明治・大正期東京語資料における「いっそ」の使用分布

分類／資料	A1		A2		A3	その他
『三遊亭圓朝集』（1859 - 1878 年）	0		5	—ノコト（1）	0	0
『明治開化期文学集 1·2』（1870 - 1888 年）	4		14	—ノコトニ(2) —ノクサレ（3）	0	0
『坪内逍遙·二葉亭四迷集』（1887 - 1889 年）	2		6		0	0
『女学雑誌』1894 年（文語 :0 例 / 口語 :2 例）	0		2	—ノコト（1）	0	0
『太陽』1895 年（文語 :7 例※/口語 :12 例）	0		11	—ノコト（1）	0	1
『太陽』1901 年（文語 :0 例 / 口語 :12 例）	2		9	—ノコト（1）	1	0
『太陽』1909 年（文語 :0 例 / 口語 :15 例）	5	—ノコト（4）	10	—ノコト（2）	0	0
『女学世界』1909 年（文語 :0 例 / 口語 :14 例）	1		13	—ノコト（2）	0	0
『太陽』1917 年（文語 :0 例 / 口語 :14 例）	4	—ノコト（1）	10	—ノコト（1）	0	0
『太陽』1925 年（文語 :0 例 / 口語 :18 例）	6	—ノコト（1）	10	—ノコト（4）	0	2
合計（118）	24		26		1	3

＊文語体の文章での 7 例（A2 の 6 例、「その他」の 1 例）は＜表 4 ＞の用例数に計上していない。
＊『女学雑誌』1895 年と『婦人倶楽部』1925 年からは例を得られなかった。

るなか、A1 も引き続き見られる。また、A3 は近代以降も極少ないものの用例が確認できる[21]。一方、特に近世後期江戸語資料で頻繁に用いられていた B の用例は得られなかった。

（26）（用法 A1）弥次「とう〳〵二階へ来たがいつそ三階へ上ツて廻らうじやアねへか」ト又も三階をぶら〳〵しながら北多「ヤアこりやアすてきだ」
（西洋道中膝栗毛・1870・p.128）

（27）（用法 A2）下人・多助→旦那・善太郎「それから江戸へ出ても尋る人には逢へず、外に知るべも無つて請人になりてもないから、奉公する事も出来ねへで、一層身い投げべいとする所を、旦那様に助けられ…」

（鹽原多助一代記・1878・p.135）

（28）（用法 A3）［お敬の心話］何有も生計が苦しいから、それで死たいと謂ふ譯では無いけれど……否、苦しいのは寧そ樂しいわ。お母様と二人で暮した時分は、内職だ何だと謂つて、傍から見ては苦しさうだつたけれど、自分達には格別苦しいとは思はなかつたつけ。

（『太陽』1901 年 10 号・一腹一生）

この他に、「その他」に分類した例は、用法 B のように状態性述語と共起する例であるが、「まったく、本当に」等の意味ではなく、比較程度を表す「もっと」のような意味で用いられている。（29）では、箱と鍵が比較され、鍵の大事さの程度が大きいことを表している。このような例は、近代では 2 例見られるが、「いっそ」のもう一つの語源とされる「一層」との混同が窺える例として興味深い。

（29）「早くお取り此鍵を！」見ると、爺つあん は指先に小さい鍵を摘まんでいた。「箱も大事だが鍵も大事だ。鍵の方がいつそ大事だ」

（『太陽』1925 年 11 号・鼬つかひ）

なお、近世から近代における「いっそ」のほとんどは口語体の文章、しかも会話文で多用されており、現代においても話し言葉で砕けた言い方として用い続けられている（飛田・浅田 1994）。一方で、『明六雑誌』には副詞「いっそ」の例は見出せず、近世文語文で用いられていた比較程度の意味をもつ副詞「一層[22]」の 15 例（内訳：文語の 14 例、口語の 1 例）のみ見られた。

3．変遷のまとめと今後の課題

本稿では、漢語「一双」から副詞「いっそ」への史的展開に注目し、副詞的用法の発生した中世から近代までの使用状況と意味用法の変遷について考察を行った。その結果を以下にまとめる。

「いっそ」は、中世以降、副詞的用法が見られはじめ、中世資料ではイッサウニの形で後続の動作動詞を修飾し、「（両者を）まとめて」「（何であれ）

一度に」のような様態的意味で用いられた。これらの意味をもつ例からは、漢語「一双」の原義（対をなす二つ、両者）が窺えた。またその構文環境は、「Pではなく、「いっそ」Q」という「むしろ」と類似したものであったが、近世初期に確認できる例においても、原義のもつ実質的な意味が薄れているものの、同様の構文環境で使われていた。この様態的意味を表す「いっそ」の例は近世以降は用いられなくなっていったものと見られる。また、近世初期までの例においては、現代語の用法のような、ある事態について好ましくないと捉える話し手のマイナス評価を表す意味で用いられる例は見出せなかった。

近世前期資料（上方語）の用例では、近世初期の例を引き継いだ「Pであるなら、（Pではなく）「いっそ」Qを進んで選びたい」という肯定的な内容を表す例（A1）が見られるなか、「Pであるなら、（Pではなく）「いっそ」Qを選ぶしかない」という否定的な気持ちを表す例（A2）も用いられ、現在の両用法に至っている。また、用法の分布においては近世以降、引き続きA2が多用傾向にあった。一方で、A3はA1·A2と異なり「いっそ」の後に状態性述語を伴うが、意味の面では前二者に共通し、現在でも稀に例が見られる。

近世前期から状態性述語と共起する例（B1）が見られはじめたが、頻繁に用いられるようになるのは近世後期になってからであった。また僅かながら、動作や行為を表す事態を修飾し、B1と同様の意味を表す例（B2）も見られた。このようなBは「両者を一対としてまとめたもの」「全部」の意味から「完全に、まったく」、さらに「本当に、非常に」等の意味も表すようになる。このような意味の形成には具体的な分量や様態を表すものから、量程度、そして程度の甚だしさを強める意味へと抽象化する意味変化があったものと考えられる。このように、近世期における「いっそ」は大きくは二つ（AとB）、細かくは五つ（A1、A2、A3、B1、B2）の意味用法で用いられていたことが分かった。

近代以降の「いっそ」は、希望・当為表現類を伴ったA1とA2（主にマイナス評価を表すA2）の用法が主であり、現在ではBは用いられなくなった。

用法Bが近代以降衰退した背景には、「いっそ」の他にも程度の甚だしさを表す副詞類は同時代にも「えらく、とんだ、ほんに、本当に、よほど（よっぽど）」等多種多様であること、また時代ごとに別の語への入れ替わりも頻繁であることが関連していると考えられるが、詳細はなお後考を期したい。その結果、近代以降は「いっそ」独自の文末に希望・当為表現類を伴った叙法副詞的用法（A1とA2）にほぼ限定されていく、という使用傾向が見られる。

今後、近代語の資料（特に幕末明治期の洋学関連の資料等）を幅広く調査して、近世から近代への用法の流れを精査し、その上でその背景にある要因を分析するとともに、他の副詞についても「いっそ」のような評価的意味をもつ叙法副詞化の過程を考察していきたい。

注

1　濱田・井手・塚原（2003）、川瀬（2011）、鳴海（2012、2013）、市村（2014）等参照。

2　本稿で用いる「評価的意味を表す叙法副詞」は、構文的には工藤（1982）の「文の語り方」「話し手の立場からする、文の叙述内容と現実および聞き手との関係づけの文法的表現」という「叙法性」に関係する副詞に該当するもので、意味の面では工藤の「文の叙述内容に対する話し手の評価・感情的な態度」に関係する「評価副詞」（工藤1997の「評価成分」の一部）と類似している点をもつものと考えている。

3　『基礎日本語辞典』（森田1989、p.140）にも同様の記述がある。

4　用例の表記は後に掲げた現行のテキストに従ったが、漢字表記は新字体に統一し、踊り字や句読点の表記を改めた箇所がある。近世語資料に関しては、地域（上方/江戸）とジャンルの情報も加え、例えば上方語資料の浄瑠璃の場合は〔上・浄〕のように示した。また、用例において話者は□、会話部分は「」、引用者の補足は［］で示した。

5　本稿では近世期の内、1650年頃までを「近世初期」、宝暦（1751～64）頃を境にして1650年頃以降から1750年頃以前を「近世前期」、1750年頃以降～1860年頃を「近世後期」の三期に区分し分析を行った。

6　用例には「いつさうに、いつそに、いつそ」のような連用修飾用法の例の他に、「いつさうの、いつさうな」のような連体修飾用法の例も見られ、様々な形で用いられている。便宜上、「いっそ」を全用例の総称とし、個々の形態を取り上げる場合はイッサウニのように片仮名で表示する。

7 「いっそ」の語源説には、大きく「一双」から転じたとする説と、「一層」から転じたとする説がある。『時代別国語大辞典 室町時代編』(『時代別』と略称)によれば、「これ［語源］を「一層」とするのには、当時の用例は仮名書で「いつさう」とあり、「一左右・一相」［下の①と②］という宛字もまた開音の「さう」である点で一致しているので無理があるように思われる。むしろ「一双に」の展開の線上に並べて解釈していく方が理解しやすいと思われる」とある。本調査からも、中世の使用状況を見る限りでは、副詞的に用いられる仮名書きの「いつそう」の例は得られず、中世から見られる「いっそ」の副詞的用法を「一層（いつそう)」から転じたとするための合理的な根拠は乏しく、「一双」からの展開と見る方がより妥当であると見られる。①「加様之儀又は敵出来、中々他国へも一左右に乞食をいたし候はばますべしと存計候」(和田中条文書・永正十（1513）年十月十七日・新発田能敦状、『時代別』による)、②「六日ニハ勢洲へ打廻、勢洲小城三モ在之歟。可打払ト云々、長嶋ニ茶センハ被渡歟。是ヲモ一相ニ可責歟ト沙汰アリト云々」(多聞院日記・第三巻・天正十二（1584）年六月七日 ·p351)

「一層」が副詞「いっそ」の語源の一つとされることについては、既に中世後期頃には「一双」はイッサウからイッソウ（さらにイッソとなる）と音変化しており、それがイッソウという音をもつ「一層」と酷似していること、また、中世後期頃より副詞「いっそ」のもともとの語源「一双」も次第に忘れられ、近代においては両者を混同する実例が見えはじめたこと等から、今現在「いっそ」の有力な語源の一つとされているのではないかと推測する。この他に「いっそ」の語源として指摘されているものには「一掃」(『日本国語大辞典』第二版)、「云ひそ」と「一縮」(小林 1941）等がある。

8 白璧一雙ヲ以テ項羽ニ献（史記抄・巻十一・89 オ ·p.399)

9 『中庸』の「礼儀三百、威儀三千」に当たる。『新釈漢文大系 第二巻』の語釈(p.298)には、「「礼儀」は吉・凶・軍・賓・嘉などの人間関係の規範をいい、「威儀」は、人の行動の規範をいう。「三百」「三千」は巨細に規定されていることを大数をあげていったものである」とある。

10 (9）は「思い切って」の意で解釈される場合（『時代別国語大辞典 室町時代編』)もあれば、「むしろ」の意で解釈される場合（『角川古語大辞典』）もある。これらの解釈は不当ではないが、本稿では（9）を「一双」からの展開という観点から、「(親子を）まとめて」のような意味で捉えるのが適切であると考える。

11 この他に「Issô. イッソゥ（一双）屏風（Biǒbus）や徳利の対になったものを数える言い方．※ 1) Issǒ（イッサゥ）の誤り．」のように名詞用法の記述もある。

12 この他に、イッソウの形も 1 例見られる。「吾等も御方も公儀へすすみ候て出申度存、越刕へ申理候様に被思召候ヘハ、却而如何候哉、一そう越州に内証にて被申試分に候ヘハ、なお以可然かと存候」(吉川家文書之二・一三二三・

元和元（1615）年六月十二日）。なお、中世〜近世の文書の例にはイッソの形が4例確認できたが、次のように時間副詞「何時ぞ」の意味を表す例と見られ、本稿で考察対象とする副詞「いっそ」の確例ではないと判断した。「又私てまへの事ニちといきゝ御さ候まゝ、いつそちと申上たき事御さ候」（吉川家文書二・一三九五・年月日未詳）

13 本稿では副詞的用法の「いっそ」を取り上げ、連体修飾や述語用法の例は考察対象から除外する（「此様な時はいつその腐ぢや」（〔江・滑〕浮世床・初編・巻之中・p.292））。ただし、副詞的用法として働くイッソノコト、イッソノクサレ等は分析対象とした。また、用例の大部分を占める、主節に用いられた例を取り上げる。中止節の例や被修飾対象が状態性述語である従属節中の例については、主節の例と意味用法上の相違がないと見て分析対象に含めた。なお「いっそ」の後続部分が現れていない例は除外した。

14 「その他」（全475例中4例）は、解釈の難しい例で、意味用法の面でA、Bとの関連が不明な例である。

15 イッソノコト（ニ）はイッソを強調した表現（湯澤1954、飛田・浅田1994）とされる。近世後期に見られるイッソノヤケニ、イッソノクサレ（ニ）も同様に捉えられる。

16 「まったく」と「本当に」類（この他に「ほんに、ほんとに、まことに、実に」等の副詞類）は、川端（1999）では「広義程度副詞」と呼ばれる。これは、相対的な状態性の意味をもった語句を修飾して程度修飾機能をもつことがあり、一般的な「程度指定型」程度副詞とは異なり「程度強調型」程度副詞としての性格をもつとされる。他にも「程度副詞の周辺的なもの」（工藤1983）として、陳述副詞に近い面と程度副詞に近い面を合わせもつとされる（鳴海2013、市村2014等）。

17 このような使用傾向から、後期江戸語における「いっそ」は遊里語という位相をもつという指摘がある（『角川古語大辞典』、彦坂1982等）。用法Bにおける使用者の傾向（男女差）を示した次表からも、同様の傾向が確認できる（表内の「遊里関係」は、遊女や客の他に茶屋の主人、女房、下女等遊里に深く関係する人物を含む）。

用法Bにおける使用者＼時代		前期上方語	後期上方語	後期江戸語
男	一般	2	2	14
	遊里関係	0	2	8
女	一般	0	2	15
	遊里関係	1	7	76
不明（地の文）		1	0	5
合計		4	13	118（B1 ＋ B2）

18　用法Bにおける状態性述語の種類を時代別に示した次表を参照されたい。

後続要素／時代（B1の例数）	否定（非存在や不可能）	感情動詞	テイルを伴った動詞	形容（動）詞	名詞	変化の結果状態	動作や行為（B2）
前期上方語(4)	2	1	1	0	0	0	0
後期上方語(13)	2	4	2	2	2	1	0
後期江戸語(111)	7	19	7	61	6	11	7

19　(23b) の他に用法B2には「いっそ」の後に「大便に行く、血が出る、騒ぐ、鍛える」(1例ずつ) や「泣き出す」(2例) が現れた例がある。

20　20世紀初期の関西語資料（『二十世紀初頭大阪口語の実態―落語SPレコードを資料として―』(真田・金沢1991)) からは例を得られなかった。

21　現代の文学作品の370例中15例 (約4%) がA3で用いられている。昭和以降生まれの作家に絞ると、370例中7例 (約2%) になる。

22　現在の程度副詞「一層」は近世前期の文語体の資料『徂来先生答問』に副詞的用法の確例が指摘できる。「皆当座之便利を御好み被成候所より起り申候、今一層深遠之思を加へ申度事ニ存候」(徂来先生答問・1727・p.199)。他に連体修飾の例も見られるが、副詞的用法と同様、『童子問』『椿説弓張月』等の文語体の資料で用いられている。

【調査・引用資料】（紙幅の関係で書名と出版社のみ載せる）

国文学研究資料館電子資料館大系本文DBによる『日本古典文学大系』(岩波書店、『旧大系』と略称) と『噺本大系』(東京堂出版、『噺本』と略称) 所収の諸作品、台湾中央研究院の「漢籍電子文献」による漢籍、東京大学史料編纂所のDBによる文書・記録、国立国語研究所「人情本パッケージ」、国立国語研究所「現代日本語書き言葉均衡コーパス・中納言」による現代語を調査した。**≪中世～近世≫**大鏡・今昔物語集・徒然草・太平記・好色一代男・曽根崎心中・新色五巻書・童子問・徂来先生答問・女殺油地獄・重井筒・辰巳之園・椿説弓張月・東海道中膝栗毛・春色梅児誉美（『旧大系』)、『太山寺本曽我物語』汲古書院、多聞院日記（第三巻)『増補 続史料大成 第四十巻』臨川書店、中庸（『新釈漢文大系 第二巻』明治書院)、史記抄（『抄物資料集成 第一巻』清文堂出版)、玉塵抄（『新抄物資料集成 第二巻』清文堂出版)、『永正本六物図抄附解説及索引』、『句双紙抄総索引』清文堂出版、『中華若木詩抄（寛永版)』笠間書院 /『中華若木詩抄：文節索引』笠間書院、『中興禅林風月集抄総索引』清文堂出版、『長恨歌・琵琶行抄諸本の国語学的研究 翻字・校異篇 / 研究・索引篇』桜楓社、『湯山聯句抄：本文と総索引』清文堂出版、『論語抄の国語学的研究』武蔵野書院、『天草版平家物語語彙用例総索引』勉誠出版、『エソポのハブラス 本文と総索引』清文堂出

版、『コリャードさんげろく私注』臨川書店、『邦訳日葡辞書』岩波書店 / 『キリシタン版 日葡辞書 カラー影印版（オックスフォード大学ボードレイアン図書館所蔵）』勉誠出版、『天正狂言本 本文・総索引・研究』笠間書院、『大蔵虎明本狂言集の研究 本文篇（上・中・下）』表現社、『狂言六義全注』勉誠社、『狂言記の研究』勉誠社、『続狂言記の研究』勉誠社、『狂言記拾遺の研究』勉誠社、『狂言記外五十番の研究』勉誠社、初音草噺大鑑・軽口へそ順礼鳩潅雑話・新撰勧進話・玉尽一九噺・仕形噺・そこぬけ釜・福助噺（『噺本』）、穿当珍話・月花余情・陽台遺編・妣閣秘言・新月花余情・聖遊廓・郭中奇譚（異本）・風流裸人形・見脈医術虚辞先生穴賢・短華蘂葉・北華通情・睟のすじ書・十界和尚話・三睟一致うかれ草紙・南遊記・当世嘘之川・滑稽粋言竊潜妻・当世粋の曙・河東方言箱枕・色深狹睡夢・北川蜆殻・老楼志・郭中奇譚・粋町甲閨・繁千話（『洒落本大成』中央公論社）、穴さがし心の内そと（『近代語研究（第四集）』武蔵野書院）、浮世床（『日本古典文学全集』小学館）、『花暦八笑人』岩波文庫、『妙竹林話七偏人（上・下）』講談社文庫、春告鳥（『日本古典文学全集』小学館）、仮名文章娘節用・恋の若竹・花の志満台・春色恋廼染分解・春色江戸紫・花暦封じ文（人情本刊行会編）**≪近代≫**万国航海西洋道中膝栗毛・牛店雑談安愚楽鍋・河童相伝胡瓜遣・開明小説春雨文庫（『明治開化期文学集（一）』筑摩書房）、金之助の話説・高橋阿伝夜叉譚・浅尾よし江の履歴（『明治開化期文学集（二）』筑摩書房）、怪談牡丹燈篭・鹽原多助一代記・真景累ケ淵（『三遊亭圓朝集』筑摩書房）、浮雲・細君（『坪内逍遙二葉亭四迷集』新日本古典文学大系明治編 18、岩波書店）、国立国語研究所の『太陽コーパス』（2005 年公開）と『近代女性雑誌コーパス』（2006 年公開）と『明六雑誌コーパス』（2012 年公開）。関西語資料として『二十世紀初頭大阪口語の実態―落語 SP レコードを資料として―』（大阪大学文学部社会言語学講座）を調査した。**≪辞書類≫**『ヘボン著和英語林集成 初版・再版・三版対照総索引』港の人、『改正増補和英英和語林集成（8 版）』丸善株式会社書店、『角川古語大辞典』角川書店、『時代別国語大辞典 室町時代編』三省堂、『日本国語大辞典（第二版）』小学館、『新明解語源辞典』三省堂、『基礎日本語辞典』角川書店、『現代副詞用法辞典』東京堂出版

【参考文献】

安部朋世（2011）「ムシロ・ドチラカトイエバ・カエッテの分析」『千葉大学教育学部研究紀要』59

有田節子（2005）「『どうせ』『いっそ』の分布と既定性」『大阪樟蔭女子大学日本語研究センター報告』13

板坂元（1970）「いっそ・どうせ（日本語の生態 -4-）」『国文学解釈と鑑賞』35-8

市村太郎（2014）「副詞『ほんに』をめぐって―『ほん』とその周辺―」『日本語の研究』10-2

呉珠熙（2008）「『いっそ』の統語的・意味的特徴」『日本語学研究』（韓国日本語学会）22
川瀬卓（2011）「叙法副詞『なにも』の成立」『日本語の研究』7-2
川端元子（1999）「広義程度副詞の程度修飾機能─『本当に』『実に』を例に─」『日本語教育』101
工藤浩（1982）「叙法副詞の意味と機能─その記述方法をもとめて─」『国立国語研究所研究報告集』3
工藤浩（1983）「程度副詞をめぐって」渡辺実編『副用語の研究』明治書院
工藤浩（1997）「評価成分をめぐって」川端善明・仁田義雄編『日本語文法─体系と方法─』ひつじ書房
小林好日（1941）「副詞『いっそ』の語彙学的研究」『国語と国文学』18-12
佐野由紀子（1998）「比較に関わる程度副詞について」『国語学』195
田和真紀子（2014）「程度副詞体系の変遷─高程度を表す副詞を中心に─」小林賢次・小林千草編『日本語史の新視点と現代日本語』勉誠出版
鳴海伸一（2012）「程度的意味・評価的意味の発生─漢語『随分』の受容と変容を例として─」『日本語の研究』8-1
鳴海伸一（2013）「真実性をもとにした程度的意味の発生─漢語『真実』とその類義語を例に─」『訓点語と訓点資料』131
仁田義雄（2002）『副詞的表現の諸相』くろしお出版
芳賀ゆかり（1986）「副詞の位相性─山東京伝を中心として─」『日本文学論叢（茨城キリスト教短期大学）』11
濱田敦・井手至・塚原鉄雄（2003）『(増補版)国語副詞の史的研究』新典社
彦坂佳宣（1982）「洒落本の語彙」佐藤喜代治編『講座日本語の語彙5』明治書院
福島邦道(1957)「江戸語覚書」『国語』（東京文理科大学国語国文学会）5-3·4
湯澤幸吉郎（1929）『室町時代言語の研究─抄物の語法─』大岡山書店（1955年風間書房版による）
湯澤幸吉郎（1936）『徳川時代言語の研究』刀江書院（1962年風間書房版による）
湯澤幸吉郎（1954）『江戸言葉の研究』明治書院（1991年増訂3版による）
渡辺実（1990）「程度副詞の体系」『上智大学国文学論究』23
渡辺実（2001）『さすが！日本語』筑摩書房

【付記】 本稿は平成26年度近代語学会（6月21日、於白百合女子大学）での口頭発表に基づくものです。席上、種々御教示下さった方々に心より御礼申し上げます。

条件表現を由来とする勧め表現の歴史

——江戸・東京と上方・関西の対照から——

森　勇太

1　はじめに

現代語には，条件表現を由来とした勧めの表現がある。(1a) のように「いい」「どうか」などの形式と合わせて勧めを担うもの（以下“条件形”とする），あるいは，(1b) のように「～たら」「～ば」で終止する表現（以下，“条件言いさし形”とする）もある。

(1) a あそこは駅から遠いから，バスで {行けばいいよ／行ったらいいよ／行ったらどうか}。[条件形]
　　b あそこは駅から遠いから，バスで {行けば／行ったら}。[条件言いさし形]

これらの表現はいつ頃から用いられるようになったのだろうか。条件表現を由来とする勧め表現の研究としては，白川（1995），高梨（1996）等で現代語の意味記述が行われ，また，矢島（2013）にはその歴史的変化について言及があるが，行為指示表現史での位置づけという点ではさらに研究の余地があるように思われる。

本稿では，このような条件表現を由来とした勧め表現の歴史を，主に近世後期以降において，上方・関西と江戸・東京の資料の対照によって考察する。結論を先に述べれば，条件表現由来の勧め表現は，近世まではあまり用いられておらず，近代以後も関西では頻度が高くないが，近代以降の東京語では用いられる頻度が高くなったこと，また，条件言いさし形は明治期の東京語で成立したことを述べる。さらに，条件表現由来の勧め表現の取り入れの地域差は，東京語の中央語としての性格や，東京語と関西語の命令表現体系の差異によって形成されていることを述べたい。

本稿の構成は以下の通りである。2 節では，現代語の勧め表現とその歴史について概観する。3 節では条件形・条件言いさし形の運用の歴史とその東

西差について述べる。4節では条件言いさし形の成立について述べる。5節では歴史的変化の要因について考える。最後の6節はまとめである。

2　現代語の勧め表現とその歴史

2.1　形式的特徴

現代語の勧めには，(2) のような表現が用いられうる。本稿では，仮に［カッコ］内の名称で呼ぶこととする（(2) の使用には時代・世代差，地域差，個人差があり，すべての形式をすべての人が用いるということを主張しているわけではない)。

(2) a お腹が空いたなら，そこにあるみかんを食べろ。［命令形］
b お腹が空いたなら，そこにあるみかんを食べて。［テ形命令］
c お腹が空いたなら，そこにあるみかんを｛食べ（関西）／食べな｝。［連用形命令／ナ形命令（第三の命令形)］
d お腹が空いたなら，そこにあるみかんを食べなさい。［敬語命令形］
e お腹が空いたなら，そこにあるみかんを｛食べればいいよ／食べたらいいよ／食べるといいよ｝。［条件形；評価形式］
f お腹が空いたなら，そこにあるみかんを｛食べればどうか／食べたらどうか／?食べるとどうか｝。［条件形；質問形式］
g お腹が空いたなら，そこにあるみかんを｛食べれば／食べたら｝。［条件言いさし形］
h お腹が空いたなら，そこにあるみかんを｛食べたほうがいいよ／食べるのがいいよ｝。［選択形］

まずはじめに，それぞれの形式の特徴を確認しておく。(2a-d) は基本的に行為指示であると解釈される。それぞれの運用の範囲に重なりはあるが，基本的意味は異なっていると考えられる。現代語では (2a) 命令形命令は拘

束力の強い命令表現であるために用いにくいと意識されることも多く，また（2b）テ形命令も依頼と結びつきやすい。本稿では，（2c）の連用形命令とナ形命令を合わせて“第三の命令形”と呼ぶことにするが，（2a-c）の命令形相当の形式群の中では，第三の命令形が最も勧めに用いられやすいと思われる（森 2013）。

本稿で対象とするのは，条件表現を語彙的資源として形成された（2e-g）である。まず（2e, f）条件形について，この表現は聞き手が当該の動作の動作主となり，また，意志性の述語を取るときに行為指示と解釈しうる間接的な勧め表現である。

（3）a［聞き手に対して］あそこは駅から遠いから，バスで{行けばいいよ／行ったらいいよ}。［行為指示：勧め］

b［その場にいない太郎のことを話題にして］太郎は体調がよくないらしいから，バスで{行けばいいよ／行ったらいいよ}。［評価的な述べ立て］

条件形には，「のだ」「ではないか」「だろう」相当の形式が後接することもある。

（2g）条件言いさし形「～たら」「～ば」は行為指示以外の解釈が難しい点で，命令形等と同等の統語位置にあるといえるが，命令形や第三の命令形に後接する終助詞「よ」「ね」を後接することはできず，命令形と完全に等価とも認めにくいという，中間的な特徴を持つ。

（4）a あそこは駅から遠いから，バスで{行きなよ。／行きなね}。［第三の命令形］

b*あそこは駅から遠いから，バスで{行ったらよ。／行ったらね}。［条件言いさし形］

なお,「と」が関係する表現については,「〜とどうか」が勧めとしては解釈しにくく,条件言いさし形を持たないため,以下の考察からは除外する。

2.2 勧め表現の歴史

さて,(2)の勧め表現はどのようにして形成されたのだろうか。それぞれの形式の歴史を確認すると,命令形命令は古代から用いられている。テ形命令は近世前期から見られるものの,少なくとも近世までその運用範囲は依頼に限られているように見える。第三の命令形は近世以降に見られるようになる形式である。江戸語では,敬語「なさる」を語彙的資源とするナ形命令が近世後期に現れる。また,上方における連用形命令は,宝暦(1751-1764)以降の遊里に端を発する形式とされる。寛政末年頃には遊里語の枠から抜け出し一般社会でも使用されるようになった(島田 1959,村上 2003)。

(5) a〔やそ→とめ〕「モツトすだれあげな」[ナ形命令]　(郭中奇譚:④ 299)
　b〔大夫→客〕「さああたちたち」[連用形命令](郭中奇譚(異本):④ 322)

予備的に調査を行った結果,条件言いさし形は近世以前には見られず,また古代語では条件形による勧め表現は活発でなかった。次節以降では,近世後期以降の資料から,条件形・条件言いさし形の用例を調査する。

3 条件形・条件言いさし形の運用の東西差と歴史

3.1 資料

本稿では,条件形・条件言いさし形による勧め表現[1]と,現代語の勧め表現として頻度が高いと思われる第三の命令形を対照させて調査を行った。資料は(6)・(7)のものを使用した[2]。作品名の詳細は稿末に挙げている。

(6)[上方・関西語]

a　洒落本（作品年代：1756-1827 年）

b　上方落語（演者生年：1844-1894 年）

c　文学作品（明治・大正期，作者生年：1873-1891 年）

d　文学作品（昭和期，作者生年：1924-1958 年）

（7）［江戸・東京語（標準語）］

a　洒落本・滑稽本等作品（作品年代：1770-1832 年）

b　江戸落語作品（演者生年：1857-1882 年）

c　文学作品（明治期，作者生年：1864-1868 年）

d　文学作品（大正・昭和期，作者生年：1862-1949 年）

e　談話資料（収録年代：1993 年，1999-2000 年）

3.2　上方・関西語

3.2.1　条件形・条件言いさし形の用例数

上方・関西語における勧め表現の用例数を表 1 に示す。

表 1　条件形・条件言いさし形の用例数（上方・関西）

時代	資料	年代	連用形命令	条件 たら	条件 ば	条件中止 たら	条件中止 ば
近世	洒落本	1756-1827 年	70	0	1	0	0
近代	落語資料	1844-1894 年	43	10	0	0	0
	文学作品	1873-1891 年	13	13	0	0	0
	文学作品	1924-1958 年	95	15	0	1	0

近世では条件形の用例数は多くない。調査範囲では（8）の 1 例のみ見られた。

（8）［肴を勧める］〔花車→八五郎〕「なんぞおこのみればよい」

（洒落本，河東方言箱枕：㉗ 129）

ただし，矢島（2013）は，近世期の複合的評価形式による“勧め”では「～たらよかろう」「～たらいい」「～たらどう」が用いられ，「～ばよい」は対人性のない“許容”の用法で用いられているという。本稿の調査範囲では「～たらよかろう」「～たらいい」「～たらどう」による“勧め”は見られなかったものの，矢島（2013）の調査において，近世中期資料に「～たらよかろう」による“勧め”が一定数あったことには留意すべきである。評価や義務といったモダリティによって語用論的に勧めを表すことは，通言語的に起こりうることであり，近世以前も全くできなかったわけではないと思われる。

明治・大正期の資料では，(9) のような用例が見られる。関西方言では条件形式が「たら」に一本化するようになるため，勧め表現で用いられる条件形式も「たら」である。資料上は落語資料に比べて，文学作品で用例数が多く見える。

（9） a〔源さん→男〕「重たけりゃ暫く一服せい，一服せい，いいえな，一服したらええのじゃ。おれがええように勘定したるさかい心配せいでもええ。」（落語，桂春団治，壺算：71-72）

b［お文のところに封書が届いた］〔源太郎→お文〕「お前，先きい読んだらええやないか。」（艶の皮：224）

明治・大正期の文学作品について，条件形の用例数が連用形命令とほぼ同等であり，問題があるが，連用形命令の代わりに，敬語命令形が同等の人物に対しても頻繁に用いられている［→（10）］。このことから，行為指示表現全体から見たときには，条件形の運用の頻度はそれほど高くないと考えておく。

（10）〔きん助→木田〕「そないほしかったら，この娘にちょっと酒屋へいて来て貰ひなはれな。」（父親：295）

昭和期の文学作品では条件形のほか，条件言いさし形も見られる。しかし，この時代の文学作品の用例数も，連用形命令に比較すると多くない。

(11)a〔店主→鶴子〕「あ，あかん，あかん。そんなんやったら駅へ行ったらええねん。駅へ行きなはれ。」 （淀川にちかい町から：24）

b［芸妓ぽん太は喜久治に子ができたと告げる］〔喜久治→ぽん太〕「産んだらええ，そのかわり，芸者は廃めや。」 （ぼんち（山崎豊子）：215）

(12)〔美佐子（母）→康子（娘）〕「康子，最近お父ちゃんに会うた？」〔康子→美佐子〕「ううん，二月に会うたきり。いっぺん電話したんよ，お雛様のころやったかしら，会社へ。そしたら忙しいからもうちょっとあとで，言わはった。」［中略］〔康子→美佐子〕「そんなら会社へ電話してみたら。」

（おたふく：110）

このように，上方・関西の資料において，条件表現による勧め表現の頻度は高くなく，相対的に連用形命令，敬語命令形などの命令表現類の用いられる頻度が高いと考えられる。

3.2.2 条件形・条件言いさし形の機能

条件形にはいくつかのモダリティ形式が接続して勧めとして機能していることがある。表2に後接するモダリティ形式を示す。

表2 条件形に後続する形式（上方・関西）

	資料	年代	イイ Φ	ドウ Φ	イイ ダロウ	ドウ ダロウ	イイ ノダ	ドウ ノダ	イイ デハナイカ
近代	落語資料	1844-1894年	-	6	-	-	4	-	-
	文学作品	1873-1891年	4	4	-	-	-	1	4
	文学作品	1924-1958年	6	2	1	-	5	1	-

（Φには終助詞・丁寧語のみ後接している表現も含む）

上方に見られるこれらの形式は，（13）のように聞き手への利益を与える“勧め”の典型的用法と判断できるものから，（14）のように聞き手に対する拘束力の強い“命令”と判断できるものも，ともに見られる。これらの機能

は後接する形式の意味から影響を受け，例えば，「ではないか」相当の表現，「のだ」相当の表現が後接するときには命令と解釈されやすい［→（14）］。

（13）a〔番頭→旦那〕「ほな旦那さまこうなしたらどうでやす。唄聞いて病気が治んのやとおっしゃった。貴重な電話っちゅもんが出来ておま（す）。これから南一電話おかけになりまして，で電話室の中で唄歌うておもらいんなって，あんた家の電話でお聞きんなったらどうでやす。」（落語，二代目林家染丸，電話の散財：117）

b［三吉は妊娠中のたみに弁当を持ち帰る］〔三吉→たみ〕「さあ，食べや。おまえは二人分食べたらええ。」（口惜しい人：77）

（14）a［木田はきん助の家の格子を細めに開けて家に入ろうとしている］〔きん助→木田〕「もっとあけなはったらええやおまへんか」（父親：295）

b［しのぶ先生は生徒と一緒に盗まれたファミコンを捜索している］〔しのぶ→鉄平・原田〕「あんたら漫画ばっかり読んでんと，ちょっとは協力したらどうやねん。食べるだけで何もせえへんかったら食い逃げやで」（浪速少年探偵団：114）

3.3　江戸・東京語

3.3.1　勧め表現の用例数

江戸・東京語における勧め表現の用例数を表3に示す。

表3　条件形・条件言いさし形の用例数（江戸・東京）[3]

	資料	年代	ナ形命令	条件 たら	条件 ば	条件言いさし たら	条件言いさし ば
近世	洒落本・滑稽本等	1770-1832年	149	1	13	0	0
近代	落語資料	1857-1882年	51	0	0	0	0
	文学作品	1864-1868年	32	79	18	0	0
	文学作品	1862-1949年	35	91	77	12	3
現代	談話資料	1993, 1999-2000年	2	0	12	5	5

まず，近世では条件形の頻度はそれほど多くないが，（15）のような用例が見られる。

（15）a［上方のけちな商人に対して］〔番頭→けち兵衛〕「そんなに欲ばらずに昼寝でもなされればいい。」（浮世風呂：269）

b〔丹次郎→米八〕「おめへ，今朝の侭の着類だろう。しはになるぜ，ちよいと着替ればいい。」（春色辰巳園，巻8：363）

明治期・大正期の資料を確認すると，文学作品では条件形がナ形命令よりも多く用いられているのに対し，落語では条件形が全く見られない。資料性の対比から知識層の言語では，条件形を行為指示表現で用いることが一般化していたと考えておく。

（16）a〔先生→主人〕「やはり肝癪が起りますか」〔主人→先生〕「起りますとも，夢にまで肝癪を起します」〔先生→主人〕「運動でも，少しなさったらいいでしょう」（吾輩は猫である）

b「少しぞくぞくする様だ。羽織でも着よう」と先生は立ち上がる。〔小野→先生〕「寝ていらしったら好いでしょう」（虞美人草，14）

c〔哲也→小夜子〕「そう言やそれまでだけれど，だって仕方がないじゃないか。今更貴女と別れられやせずさ……」〔小夜子→哲也〕「だから御遠慮なさらずと，別れたら好いじゃ有りませんか」（其面影，64）

d〔満枝→貫一〕「さあ，私かうして抑へてをりますから，吭なり胸なり，ぐつと一突に遣つてお了ひ遊ばせ。ええ，もう貴方は何を遅々してゐらつしやるのです。［中略］これで突けば可いのです」

（金色夜叉，第8章）

現代の談話資料でも，ナ形命令より条件形・条件言いさし形の用例数が多い。現代でも条件表現由来の勧め表現の使用は一般的であるといえる。

(17) a〔男性の発話〕「だから，あのー，委員長とも確認したうえでねー，あのー，［名字（021）］さん，［名字］局長と確認してみたら。」

（男性のことば・職場編，626）

b〔女性の発話〕「顔，直してくれば。」　（男性のことば・職場編，1550）

3.3.2　条件形・条件言いさし形の機能

江戸・東京の資料において，条件形に後接する形式を表4に示す。

表4　条件形に後続する形式（江戸・東京）

	資料	年代	イイ Φ	ドウ Φ	イイ ダロウ	ドウ ダロウ	イイ ノダ	ドウ ノダ	イイ デハナイカ
近世	洒落本・滑稽本等	1770-1832年	13	-	1	-	-	-	-
近代	文学作品	1864-1868年	1	13	42	1	9	1	30
	文学作品	1862-1949年	48	37	10	6	32	-	32
現代	談話資料	1993, 1999-2000年	4	-	-	-	-	-	10

まず注目されるのは，近世期の例に「だろう」「のだ」「ではないか」等のモダリティ形式が後接する例がないことである。近世期の例には（15a）のように勧めの典型的な例と見られるものと，（15b）のように命令と見られるものの両方がある。

その後，明治期以降では，関西と同様多くの形式に後接している。東京語でも「ではないか」相当の表現［→（16c）］，「のだ」相当の表現［→（16d）］は命令や非難のニュアンスを帯びる。

3.3.3　東京語における条件形の取り入れ

矢島（2013）は，近世中期上方語の「評価的複合形式」を考察する中で，「タラ＋ヨカロウ」は“具体的な動作を念頭に置いた個別事態を表現（同：338）”するもの，「バ＋ヨイ」は“事態の特定時における成立を想定していないという意味で一般性のある表現を担う（同：338）”ものと述べる。

江戸・東京語においても，「たら」と「ば」には，上方語と同様の意味の区別があったものと思われる。「ば」の“一般性のある表現”というのは，“話し手が当該の行為をすることが一般的だ，そうすべきだと考えている”ことの表明であり，行為指示場面では，聞き手への拘束力が強い表現と解釈しやすい。近世期では「ば」の条件形が多かったが，これはあくまで「～ばよい」という評価を語用論的に行為指示として用いているところにとどまっていると考えられる。しかし，明治期の小説資料では「たら」の条件形の用例数が多い。拘束力の弱い行為指示としての勧めの機能と合致しやすい条件表現「たら」を用いて，新しい行為指示表現の一つとして条件形が高頻度で用いられるようになったと考えられる。

また，条件形使用の男女差を見ると，女性の条件形の使用は，江戸語資料では 13 例中 1 例だったのに対し明治期では 97 例中 27 例となり，割合が増加している。明治期の落語で条件形が見られなかったことを併せて考えると，条件形の使用の増加は女性や知識層の使用によって導かれたと想定される。

4　条件言いさし形の成立

4.1　明治・大正期における条件言いさし形の例

本節では条件言いさし形の成立過程について考察する。条件言いさし形がいつ頃から見られるかを捉えるため，調査範囲を広げて，現代の標準語につながる近代以降の文学作品（『CD-ROM 版 明治の文豪』全作品，『青空文庫』～1890 年生作者，『CD-ROM 版 新潮文庫の 100 冊』全作品）を対象として，条件言いさし形の例を調査した。

これらのテキストでも条件形の用例が見られ，現代語まで継続的に用いられている。

(18) a〔細君→良人〕「あとの事なんか、今云わないで……。滝が好きならその男と一緒にするようにしてやればいいじゃありませんか」

（好人物の夫婦，5）

b「あなたもひとのあとばかりついて歩かずに，たまには先に立って，ラッセルの苦労を味わって見たらいいでしょう」

（孤高の人，第2章，7）

明治の小説作品では，一見条件言いさし形に見える例があるが，(19a)「どうです」という質問部分，(19b)「よろしゅうございましょう」という評価部分が条件節に前置されているために条件表現の要素「〜たら」「〜ば」が文末にきたものである。

(19) a「猿や狐の友達も可いが，人間は矢張り人間の相手が無ければ，寂しくて堪りませんよ，私は又た伯母さんが，能く斯して孤独で居なさると不思議に思ふですよ，何です，一つ江戸住と改正なされたら」

（火の柱，24の5）

b〔五十川〕「親佐さんは堅い昔風な信仰を持った方ですから，田島さんの塾は前からきらいでね……よろしゅうございましょう，そうなされば。わたしはとにかく赤坂学院が一番だとどこまでも思っとるだけです」（或る女，前編，8）

条件言いさし形の確例，つまり明示的な評価・質問部分がない例が見られるのは，大正期以降である。調査した資料の中では，「〜たら」は1920年［→(20a)］，「〜ば」は1930年の例が見られる［→(20d)］のが最も早い。

(20) a 其処に武子は入って来て，「御病気どう」と云った。「ありがとう，もう随分よろしい」と野島は云った。「熱をお計りになったら」「ありがとう」彼は武子の親切をありがたく思った。（友情，上篇，29）

b「そんなら先生，船できたら。ぼく，まいにちむかえにいってやる。一本松ぐらい，へのかっぱじゃ。」（二十四の瞳，4）

c「よかったら家へいらっしゃいよ。雑居だけどいいじゃないの……そしてゆっくりさがせば。」（放浪記，第2部）

ただし，条件言いさし形の「〜ば」「〜たら」は，用例の表れ方が異なっている。調査した範囲では，「〜たら」は34例見られるのに対し，「〜ば」は4例であり，(19）のような評価・質問部分が前置されている例を含めても，「〜たら」は50例に対し，「〜ば」は9例と，「〜たら」のほうがよく用いられている。「〜たら」のほうが初出が早いことも併せて考えると，「〜たら」が先行して形成され，それに形態を合わせるように「〜ば」が形成されたという過程が想定できる。

4.2 条件言いさし形の成立

このように条件言いさし形の成立においても条件表現「たら」「ば」の意味が影響を与えていると考えられる。条件言いさし形「〜たら」のほうが成立が早いのは，「たら」の“具体的な動作を念頭に置いた個別事態を表現（矢島 2013：338)”するという意味が「ば」に比べて，拘束力の弱い行為指示としての勧めと結びつきやすかったからだろう。3.3節で，東京語では明治期に条件形の使用が一般的になったことを述べたが，そのように条件形が頻用されるようになったため，命令表現と形態を揃えるような形式として条件言いさし形が形成されたと考えられる。

なお，条件言いさし形が近代の関西方言で見られないのは，条件表現体系からの影響があると考えられる。矢島（2013）によれば，近世後期以降，上方の条件表現が「たら」へ一本化していく中で，勧めを担う評価的複合形式としては「〜たらよい」が用いられるようになる。この形式は「?そんなに行きたいなら行ったらもっとよい」（矢島 2013：347を改変）のように修飾語句を取りにくく一体化の度合いが高いものである。矢島（2013：348）の記述に沿えば，“タラ＋ヨイという表現と［勧め］という表現意図が一対一で対応する固定的な表現”が成立していると考えられる。

一方，江戸・東京語では，近世以降，「たら」「ば」両者の条件表現が用いられている。また，近代以降，「いい」「どう」やモダリティ形式などといった，後接する形式のバリエーションが増加する。このことから，東京語のほうが上方・関西語よりも条件言いさし形を分析しやすい環境にあったといえよう。

5　歴史的変化の要因

5.1　既存の行為指示表現に起こった待遇価値の低下

条件形・条件言いさし形が近代以降の東京でその運用の頻度を高めていったことには行為指示表現体系の変化が影響していると考えられる。

日本語の行為指示表現では，近世・近代以降，授受表現の運用が重視されるようになる（森 2010），あるいは，上方語の連用形命令，江戸語のナ形命令などといった新しい表現が形成されるようになる，という歴史がある。そのナ形命令について，近世江戸語・明治東京語ではすでに，命令形命令と同様，拘束力の強い命令を行っている例も見られる。(21) では波線部から，当該の行為指示が強い拘束力のもとで用いられていることが読み取れる。

(21) a 〔子守りの女性→子ども〕「ヲイヲイ，八百屋のお大根さん，をとなしくしなナ。何をぐちぐち言ふのだ。」　（浮世風呂，4編上：238）

b 〔甲→乙〕「ヲイヲイ，冗談ぢやアねへぜ。宜い加減にしねい，詰らねい………。」〔乙→甲〕「何にが詰らねんだ。」　（落語，粗忽長家：342）

敬語命令形も，上位者に対して一般的に用いられてはいるものの，下位者に用いられている例も見られる。

(22) a 妻君は「坊ばはあとでなさい。雪江さんの御話がすんでから」と賺かしてみる。　（吾輩は猫である）

b〔教頭→お妙〕「酒井さん。ああ云う者と交際をなさると云うと，先ず貴娘の名誉，続いては此の学校の名誉に係りますから，以来，口なんぞ利いては成りません。宜しいかね。危険だから近寄らんようになさい，何をするか分らんから，あんな奴は。」　（婦系図，50）

このように東京において，明治期にはナ形命令や敬語命令形の待遇価値の低下が見られている。そのため，勧めや今すぐ行為を実行させる必要のない時など，行為指示の拘束力を強くする必要のない場面，および知識層では，待遇価値の下がった形式の使用は避けられ，より間接的な形式として条件表現由来の形式を受け入れたと考えられる。

5.2　中央語としての江戸語

では，なぜ特に東京で運用の頻度が高まったのだろうか。これについては東京と関西のことばの性格の違いを考えたい（野村 2013，矢島 2013 等）。

東京語は近代以降中央語としての性格を強めるようになったが，経済・文化の中心である東京では，言語的背景の多様な人々が接触する機会が多く，コミュニケーション上，より軋轢を生まないような方策，つまり，間接的な行為指示表現が求められたと考えられる。条件形や条件言いさし形はナ形命令よりも間接的な形式として，東京語で積極的に取り入れられたと考えられる。

一方，政治・文化的な中央が東京に移ったことにより，関西では社会関係の流動性が低くなってきたものと思われる。そのような社会関係の中で，間接的な行為指示表現はそれほど必要とされなかったため，関西においては，条件形は幅広い機能が維持され，条件言いさし形も受け入れにくかったと考えられる。

6　まとめ

本稿では条件表現を由来とした「〜たらいい」などの条件形勧め表現，および「〜たら」「〜ば」といった条件言いさし形勧め表現の成立と用法について，上方・関西と江戸・東京の対照を通して，以下のことを述べた。

1）　上方・関西では通時的に条件形・条件言いさし形の用例は多くなく，相対的に連用形命令・敬語命令形の頻度が高い［3.2 節］。一方江戸・東京では，近世期には条件形の用例は少ないものの，明治期以降，特に知識層のことばで一般的に用いられるようになったと考えられる［3.3 節］。

2）　条件言いさし形「〜たら」「〜ば」は，大正期の東京において知識層のことばから成立したと考えられる。条件言いさし形は「〜たら」が先行して成立したと考えられるが，それは条件表現「たら」が個別事態の条件を表現し，「ば」が一般性のある条件を含意する点で，「たら」がより勧めの機能と合致しやすかったためである［4 節］。

3）　条件形・条件言いさし形の運用には地域差があるが，その原因は，条件表現が「たら」に一本化されつつあった上方・関西方言では勧めの「〜たらよい」から条件言いさし形を分析しにくかったこと，また，東京語が明治期以降中央語となり，より間接的な行為指示表現を必要としたことが挙げられる。［5 節］。

注

1　条件形の用例数には，推量形式や「のだ」・「ではないか」相当のモダリティ形式等が後接しているものも含む。ただし，「のに」相当形式を後接するものは非難の用法しか持たないため，用例数には含めていない。

2　資料の選定については，矢野（1976），木村（1981），藤本（1981），金沢（1998），矢島（2013）等を参照した。用例は会話文のみを対象として採集している。ただし，対象とするもの以外の方言の話者が会話している部分もあり，そのよう

な場面は対象から除いている。

3　ナ形命令には，「ナイ」「ナエ」などの形を含む。『男性のことば・職場編』には条件形「～たらええ」の2例があるが，一人の大阪出身の話者が発話したもので，表からは除外した。

資料

・挙例の際，読みやすさのため，表記を改めたところがある。また，調査においては，国文学研究資料館電子資料館本文データ検索システムによる『日本古典文学大系』（岩波書店）のテキストデータを使用した。

【上方・関西語】

洒落本　『穿当珍話』，『聖遊郭』，『月花余情』，『陽台遺編』，『妣閣秘言』，『新月花余情』，『郭中奇譚（異本）』，『風流裸人形』，『見脈医術虚辞先生穴賢』，『短華蘂葉』，『北華通情』，『睟のすじ書』，『十界和尚話』，『三睟一致うかれ草紙』，『南遊記』，『当世嘘の川』，『滑稽粋言竊潜妻』，『当世粋の曙』，『河東方言箱枕』，『北川蜆殻』（『洒落本大成』，中央公論社）。

上方落語　真田信治・金沢裕之（編）（1991）『二十世紀初頭大阪口語の実態—落語SPレコードを資料として—』平成1・2年度文部省科学研究費補助金（一般研究B）「幕末以降の大阪口語変遷の研究—SPレコード・速記本を主資料として—」研究成果報告書，および金沢裕之（編）（1998）『二代目桂春団治「十三夜」録音文字化資料』平成10年度文部省科学研究費補助金（基盤研究C）「明治時代の上方語におけるテンス・アスペクト型式」研究成果報告書

文学作品　高浜虚子『風流懺法』『続風流懺法』（『明治文学全集』筑摩書房），岩野泡鳴『ぼんち』，上司小剣『鱧の皮』『天満宮』，宇野浩二『長い恋仲』（以上『現代日本文学大系』筑摩書房），里見弴『父親』（『現代日本文学全集』筑摩書房）（以上，明治・大正期）山崎豊子『ぼんち』（新潮文庫），岩阪恵子『淀川にちかい町から』（講談社文庫），東野圭吾『あの頃ぼくらはアホでした』（集英社文庫），『浪速少年探偵団』（講談社文庫）

【江戸・東京語】

洒落本・滑稽本等　『東海道中膝栗毛』（5編まで），『浮世風呂』，『春色梅児誉美』その他黄表紙・洒落本作品（以上『日本古典文学大系』，岩波書店），「郭中奇譚」（『洒落本大成』，中央公論社）

江戸・東京落語　橘家円喬「鼻無し」「狸」，柳家小さん「無筆」「粗忽長屋」，禽語楼小さん「親の無筆」（以上1895年演述，『口演速記明治大正落語集成』3，講談社），三遊亭金馬「自動車の布団」，古今亭今輔「雷飛行」，柳家つばめ「ちりとてちん」，柳家小さん「猿丸大夫」「唐茄子屋」（以上1921-1924年演述，『口演速記明治大正落語集成』7，講談社）

文学作品　『CD-ROM版 明治の文豪』（3節の調査（明治期）では二葉亭四迷，

尾崎紅葉，夏目漱石，樋口一葉作品で調査)，『CD-ROM 版 新潮文庫の 100 冊』(3 節の調査（大正･昭和期）では当資料の首都圏生作者の作品で調査，以上新潮社)，『青空文庫』（野口英司（2005）『インターネット図書館青空文庫』はる書房）

談話資料　現代日本語研究会（編）(2011)『合本　女性のことば･男性のことば（職場編)』ひつじ書房

参考文献

金沢裕之（1998）『近代大阪語変遷の研究』和泉書院

木村東吉（1981）「近代文学に現れた全国方言　近畿（一)」藤原与一先生古稀御健寿祝賀論集刊行委員会（編)『藤原与一先生古稀記念論集Ⅱ—方言研究の射程—』pp.406-419，三省堂

島田勇雄（1959)「近世後期の上方語」『国語と国文学』36-10，pp.66-77，東京大学国語国文学会

白川博之（1995)「タラ形・レバ形で言いさす文」『広島大学日本語教育学科紀要』5，pp.33-41，広島大学教育学部日本語教育学科

高梨信乃（1996)「条件接続形式を用いた＜勧め＞表現—シタライイ，シタラ，シタラドウ—」『現代日本語研究』3，pp.1-15，大阪大学大学院文学研究科現代日本語学講座

野村剛史（2013)『日本語スタンダードの歴史』岩波書店

藤本千鶴子（1981)「近代文学に現れた全国方言　近畿（二)」藤原与一先生古稀御健寿祝賀論集刊行委員会（編)『藤原与一先生古稀記念論集Ⅱ—方言研究の射程—』pp.419-431，三省堂

村上謙（2003)「近世後期上方における連用形命令法の出現について」『国語学』213，pp.45-58，国語学会

森勇太（2010)「行為指示表現の歴史的変遷—尊敬語と受益表現の相互関係の観点から—」『日本語の研究』6-2，pp.78-92，日本語学会

————（2013)「近畿方言における命令表現の地域差」『国立国語研究所時空間変異研究系合同研究発表会予稿集 JLVC 2013』pp.131-140，国立国語研究所時空間変異研究系

矢島正浩（2013)『上方・大阪語における条件表現の史的展開』笠間書院

矢野準（1976)「近世後期京坂語に関する一考察」『国語学』107，pp.16-33，国語学会

付記：本研究は JSPS 科研費 25884082 の助成を受けたものである。また本稿は近代語学会（2013 年 12 月 7 日，於白百合女子大学）での研究発表に基づく。発表や本稿の執筆に際してご指導，ご教示くださいました皆様に感謝申し上げます。

ニコライ・レザノフ『日本語理解の手引き』にあるキリル文字で表記された日本語の特徴について

浅　川　哲　也

はじめに

帝政ロシア時代の実業家にして外交官であるニコライ・レザノフ[1]は、日本との通商を求めて、文化元年（1804年）に長崎の出島にロシア旗艦ナデージダ号[2]で来航したことで知られている。レザノフは、航海に同行させていた仙台石巻出身の日本人漂流民たち[3]から航海中に日本語教育を受けていたが、この教育経験に基づいて、1803年にロシア人向けの日本語教育の教科書『文字・初歩的文法規則・会話を収録した日本語を知るための手引き』[4]（以下、『日本語理解の手引き』）を執筆した。『日本語理解の手引き』の原書はB6判で246ページにわたるレザノフ自身による手書き原稿である。次いで、レザノフは1804年に『ロシア語アルファベット順に編成された日本語辞書』（以下、『露日辞書』）を完成させた[5]。

レザノフは、ナデージダ号での航海中に主に善六から日本語教育を受けていたと考えられる。『日本語理解の手引き』と『露日辞書』は、ナデージダ号の航海中に善六の協力を得て執筆されたものである[6]。善六は、仙台藩石巻に生まれた水主であり、当時の仙台石巻方言話者であったとみられる。

『日本語理解の手引き』は、仙台石巻出身の善六らの協力を得て執筆されているので、同書中のキリル文字で表記された日本語文は、江戸時代の仙台石巻方言の音韻と文法とを研究する上での重要な資料として位置づけられてきた（村山1965・田中1997・江口2008・2010・2013a・2013b）。

レザノフの日本語学書の日本語訳としては、これまでに田中（2001）があるが、これは『露日辞書』の日本語訳が主であり、『日本語理解の手引き』の日本語訳は序文と201ページ以降の「会話」に限定されており、全訳ではない[7]。『日本語理解の手引き』の本編にあたる第1章から第9章まではこれまで未訳であった。浅川・グリブ（2014）では、宮城県図書館が所蔵するレザノフ自筆原書のマイクロフィルム[8]から複写したものを底本として、『日本語理解の手引き』の本編（第1章～第9章）と「会話」の全訳を試みた。

浅川・グリブ（2014）により、レザノフの『日本語理解の手引き』の全体像が日本語訳として明らかになり、また、活字化されたことによって資料中の用例の検索が容易となった。本稿は、その翻訳作業の過程で明らかになったいくつかの点を報告するものである。

『日本語理解の手引き』からの引用は、浅川・グリブ（2014）に拠り、日本語の語・語句をキリル文字で引用した場合は、その直後にキリル文字のアルファベット表記[9]を( )内に示し、漢字や仮名を宛てて示した。原書のロシア語の箇所を浅川・グリブ（2014）が直接に日本語訳した箇所は〈 〉で示した。ロシア語の日本語訳が意訳であるために対応する日本語を示すことができない場合は〈 〉で示していない。引用文末の〔 〕内の3桁の数字は原書でのページ数を示す。図表表示と浅川の注記は【 】で示した。

1，『日本語理解の手引き』の内容と構成

『日本語理解の手引き』は、全9章の日本語教科書（表記・発音・文法）部分（以下、本編）と、全16節の「会話」（ロシア語・日本語の対訳形式）とから構成されている。本編の章立てと「会話」の梗概は以下のとおりである。

本編

第1章　日本語の表記について、第2章　名詞と形容詞ならびに格変化について、第3章　数詞について、第4章　優等・同等・劣等の表現について、第5章　代名詞について、第6章　動詞について、第7章　副詞について、第8章　前置詞について、第9章　接続詞と間投詞について

「会話」

Ⅰ.挨拶・知人の話題、Ⅱ.気候、Ⅲ.病気・怪我、Ⅳ.商談、Ⅴ.食事・海産物・嗜好品、Ⅵ.宵の話題、Ⅶ.手紙・江戸への飛脚、Ⅷ.遠足・乗馬、Ⅸ.漁業・林業、Ⅹ.守秘義務、Ⅺ.日本でのロシア人の評価・オランダ人への危惧、Ⅻ.ロシア人への日本の大名の態度・日本の公方、XIII.江戸からの便り・大名書簡の入手企図・XIV.結婚・家族の話題、

XV. 日本人のもてなし・ラクスマン[10]・大黒屋光太夫・ロシアの法律・日本の鎖国、XVI. 日本語習得・日本の図書の持ち出し禁止。

レザノフは、日本語の数詞に非常に強い関心を寄せており、数詞のみで一章を設け、自筆による日本語の数詞の漢字表記まで試みている。外国人による日本語文法書としてレザノフに先行するロドリゲスとコリャードの日本語文法書と比較すると、ロドリゲスとコリャードは品詞論において数詞を別には扱っていない[11]。これは、宣教師であり、日本での滞在目的をカソリックの布教活動としていたロドリゲスらの日本語文法書と、レザノフの日本語文法書との間で大きく異なる点の一つである。レザノフは日本語の数詞についての記述を特に重視していたものと考えられる。

また、「会話」の編纂は、レザノフが序文で「(日本人の) 同行者と頻繁に会話を交わしながら、少しだけその言語について知り、自分自身の中で文法の決まりを見出していった。」と述べるように、航海上での日本人（おそらくは主として善六）との間で交わされた実際の会話に基づくものと考えられる。従って、X. 以降の会話内容は、日本との外交交渉に臨むレザノフの不安と期待とが顕在化した深刻な内容となっている[12]。

2，表記と音韻

2－1，複数の音韻を表わす仮名

江口（2010）では、本編第1章のイロハ順の「字母表」を整理され、「字母表」では「セ」が「ce（[se]）」であり、「会話」中にある具体的音声例としての「ше（[ʃe]）」を反映していないとされている。しかし、レザノフの「字母表」では当初より「セ」を「ше（[ʃe]）」と記述しており、「字母表」は「会話」での「セ」の音韻表記と一致している。

本編と「会話」中にある平仮名・片仮名（「字母表」を含む）とそれを表わすキリル文字、およびそのアルファベット表記[13]を整理して推定音価を

示すと【表１】のとおりである。「さ゜」・「す゜」・「そ゜」の実例は「会話」中にはない。日本語の一つの仮名で複数のキリル文字の表記がなされるのは、「し・せ」・「じ・ず」・「ぢ」・「は・ほ」・「を」であり、これらはレザノフが自らの音韻によって聞き取った、仙台石巻方言話者の日本語の音韻を反映しているものと考えられる。

「し」：ши［ʃi］нишино(nishino) 西に
　　　си［si］ватакуси(vatakusi) わたくし
「じ」：джи［dʒi］анджиру(andzhiru) 案じる
　　　жи［ʒi］шиошенжиба(shioshenzhi ba) 塩煎じ場
「せ」：ше［ʃe］шебагу(shebagu) 狭く
　　　cɛ［se］cɛмба(semba) 千羽
「ず」：дзу［dzu］ɛдзу(edzu) 絵図
　　　зу［zu］мизу(mizu) 水
「ぢ」：дчи［dʒi］Шоодчи(Shoodchi) 承知
　　　ди［di］дингьи(ding'i) 仁義
「は」：фа［Φa］фафаоя(fafaoja) 母親
　　　ха［ha］ханаханда(hanahanda) 甚だ
「ほ」：фо［Φo］〈実例無し〉
　　　хо［ho］хошии(hoshii) 欲しい
「を」：о［o］онаши-котоо(onashikotoo) 同しことを
　　　во［vo］анофитово(anofitovo) あの人を

このうち、破擦音ではなく摩擦音「зу（[zu]）」となる例としては、「мизу (mizu) 水」の他に次の例がある。

мозугашику(mozugashiku) 難しく、тɛнзушъ(tenzush) 手呪師《てずし》〈案山子〉

【表1】

あ	い	う	え	お	な	に	ぬ	ね	の
а	и/ї	у	е	о	на	ни	ну	не	но
[a]	[i]	[u]	[je]	[o]	[na]	[ni]	[nu]	[ne]	[no]
か	き	く	け	こ	は	ひ	ふ	へ	ほ
ка	ки	ку	ке	ко	фа/ха	фи	фу	фе	фо/хо
[ka]	[ki]	[ku]	[ke]	[ko]	[Φa]/[ha]	[Φi]	[Φu]	[Φe]	[Φo]/[ho]
が	ぎ	ぐ	げ	ご	ば	び	ぶ	べ	ぼ
га	ги	гу	ге	го	ба	би	бу	бе	бо
[ga]	[gi]	[gu]	[ge]	[go]	[ba]	[bi]	[bu]	[be]	[bo]
か゜	き゜	く゜	け゜	こ゜	ぱ	ぴ	ぷ	ぺ	ぽ
нга	нги	нгу	нге	нго	па	пи	пу	пе	по
[ŋa]	[ŋi]	[ŋu]	[ŋe]	[ŋo]	[pa]	[pi]	[pu]	[pe]	[po]
さ	し	す	せ	そ	ま	み	む	め	も
са	ши/си	су	ше/сε	со	ма	ми	му	ме	мо
[sa]	[ʃi]/[si]	[su]	[ʃe]/[se]	[so]	[ma]	[mi]	[mu]	[me]	[mo]
ざ	じ	ず	ぜ	ぞ	や		ゆ		よ
дза	джи/жи	дзу/зу	дже	дзо	я		ю		ıô
[dza]	[dʒi]/[ʒi]	[dzu]/[zu]	[dʒe]	[dzo]	[ja]		[ju]		[jo]
さ゜		す゜		そ゜	ら	り	る	れ	ろ
ца		цу		цо	ра	ри	ру	ре	ро
[tsa]		[tsu]		[tso]	[ra]	[ri]	[ru]	[re]	[ro]
た	ち	つ	て	と	わ	ゐ		ゑ	を
та	чи	цу	те	то	ва	и		ε	о/во
[ta]	[tʃi]	[tsu]	[te]	[to]	[va]	[i]		[je]	[o]/[vo]
だ	ぢ	づ	で	ど					
да	дчи/ди	дзу	де	до					
[da]	[dʒi]/[di]	[dzu]	[de]	[do]					

2－2，複数の母音・半母音

レザノフの記述によると、日本語の平仮名・片仮名それぞれ48個のうち、o（o）に二種【「お」と「を」】、и（i）に二種【「い」と「ゐ」】、ε（e）に二種【「え」と「ゑ」】があるとされ、これらはそれぞれ同じアクセント（発音）であるかのようにみえるが、他の字と組み合わせれば、異なる音や発音になるという。

「ï」は 1918 年のロシア語表記改革以前に使用された文字である。原則としてその音声は［i］であるが、［j］となる場合もある。「i」ではなく「ï」を使用する例としては、次の例が挙げられる。

хонïями(honijami) 骨病み〈怠ける〉、кочïи(kochii) ここ〈こっちへ〉、сакïи(sakii) 先へ〈前方へ〉、уцукушïи(utsukushii) 美しい、даимïо(daimio) 大名【Даимио(Daimio) の語形もある】、Россïя(Rossija) ロッシヤ〈ロシア〉、Фïяшику(Fijashiku) 久しく〈長いこと〉【фияшику(fijashiku) の語形もある】、Ïεдо(Iedo) 江戸

また、「e」ではなく「ε」を使用する例としては次の例が挙げられる（一部）。

тεхонъ(tehon) 手本〈教訓・日課〉、тεнзушъ(tenzush) 手呪師《てずし》〈案山子〉、Камендε(Kamende) 甕で〈瓶で〉、Камεдомонде(Kamedomonde) 甕どもで〈いくつかの瓶で〉、Ганбадомондε(Ganbadomonde) 蒲《がま》どもで〈複数の葦で〉、маштεмо(mashtemo) ましても、итамε(itame) 痛め〈壊す〉、дε(de) 格助詞・助動詞「だ」連用形、ıôтарε(jotare) よたり〈四人〉、футарε(futare) ふたり〈二人〉、сεмба(semba) 千羽、кирε(kire) 切れ[14]〈銀貨〉、баммεно(bammeno) 番目の、шεбагу(shebagu) 狭く〈狭い〉、амε(ame) 雨、корεва(koreva) これは〈こちらの〉、Арεва(Areva) あれは〈それは〉、нεго(nego) 猫、тεмаи(temai) 手前〈自分〉、фунεдомо(funedomo) 舟ども〈諸船〉、дарε(dare) だれ、тарεдεмо(taredemo) たれ〈誰か〉、моттε(motte) 持って、канε(kane) 金、идεмо(idemo) いても、бунгεнъ(bungen) 分限、адε(ade) 当て〈占い〉、окεмаштεмо(okemashtemo) 起きましても〈起きる〉、мангε(mange) 曲げ、кувашε(kuvashe) 食わせ

２－３，日本語のワ行音の記述

レザノフは、「日本語は ви(vi) という音節がなく、уи(ui) と書き、発音する。」〔007〕と述べている。日本語のワ行の頭音に関してロシア語の音韻との関係を整理すると【表 2】のとおりである[15]。

従って、日本語の「を」をレザノフが次例のように「vo」と表記している

【表 2】

音素 言語	有声両唇接近音	唇歯摩擦音	両唇破裂音
	/w/	/v/	/b/
日本語	ワ行頭音	バ行子音	
ロシア語	в[v]		б[b]

箇所は、実際に日本語の音韻に［wo］が現れた箇所であると考えられる。

шиукивошимаштємо(shiukivoshimashtemo) 愁喜をしましても〈苦しめる〉、Анофитово мимасу,(Anofitovo mimasu,) あの人を見ます、токорово.(tokorovo.) ところを、шиавашиво(shiavashivo) しあわせを

日本語の合拗音［kwa］・［gwa］に相当する箇所にはロシア語では［kva］・［gva］が現われている。「月」の慣用音「グヮツ」の例が見える。

кванме(kvanme) 貫目、кванъ(kvan) 棺、ягванъ(jagvan) 薬缶、кванмонъ(kvanmon) 貫文、шооквацу(shookvatsu) 正月

また、［we］に近似した音となる「うえ(ue)」を、次例のようにレザノフは「вε([ve])」と表記している。

соноувε(sonouve) そのうえ〈少なくとも〉、соновенива(sonoveniva) そのうえには、мизуноу вео(mizuno uveo) 水の上を

善六ら日本人話者は実際に合拗音を発音するところがあったのではないかと考えられる。レザノフは、実際に耳で聞き取った日本語の合拗音の構成要素である半母音［w］をロシア語の音韻の範囲内、すなわち［v］で処理しているようである。

2－4，促音の表記

日本語の語彙として促音であると思われる箇所のキリル文字での記述は一定していない。A）促音表記は「t」・「d」または入声音「―t」が一般的であるが、B）促音としては読めない記述の箇所もあり、C）促音ではないのではないかと思われる箇所に促音表記のある例もある。レザノフは日本語の促音を完全には聞き取ることができなかったか、あるいは、日本語話者の発音

に何らかの方言的な要素があったとも考えられる。

A）адатте(adatte) あだって〈あたって〉、цукатте(tsukatte) 使って、адчини(adchini) あっちに〈そこ〉、итсоо(itsoo) 一艘、итпуку(itpuku) 一服、митька(mit'ka) 三日

B）кочïи(kochii) こちい〈ここへ〉、оканаку(okanaku) おかなく〈懸念する〉

C）нингорошиттɛмо(ningoroshittemo) ねんごろしっても、ниттɛмо(nittemo) 寝っても

3，母音の交替

日本語における母音の交替の例を以下に整理した。

[a] → [o]

омоисама(omoisama) おまえさま〈あなた方〉、фирокана(firokana) 平仮名、катокана(katokana) 片仮名、хоконо(hokono) ほかの、монготе(mongote) 馬子で〈駕籠を〉、

[o] → [a]

Оконаку(Okonaku) おかなく〈恐れ〉、Омаимасу(Omaimasu) 思います、маттамо(mattamo) もっとも〈もっと〉、фитацу(fitatsu) ひとつ、аммочи(ammochi) お餅〈パン〉、даренганадɛгодзару(darenganadegodzaru) 誰がのでござる、

[e] → [a]

сораходони(sorahodoni) それほどに〈そんな〉、сакабуıôони(sakabujooni) 叫ぶように

[i] → [u]

кусеру(kuseru) キセル[16]、судзукани(sudzukani) 静かに〈ゆっくり〉

[u] → [o]

адзои(adzoi) 暑い、мозугашику(mozugashiku) 難しく、кıôогенъ(kjoogen) 給金〈給料・俸給〉、мампоку(mampoku) 満腹、кино(kino) 絹、

хошикогодзари машенъ(hoshikogodzarimashen) 欲しくござりません、

аюбимаштɛмо(ajobimashtemo) あゆびましても〈入る〉

［o］→［u］

асундɛ(asunde) 遊んで、докоюри?(dokojuri?) どこより？、юкени(jukeni) 余計に、нıôбу(njobu) 女房、юи(jui) 良い、маюимашта(majuimashta) 迷いました

［o］→［i］

чичинъ(chichin) 提灯〈紙の提灯〉

［i］→［o］

маоритɛ(maorite) 参りて〈来て〉

［e］→［i］

уканга иру(ukanga iru) 伺える〈調べる〉、обоите(oboite) 覚えて〈確信して〉、нанди(nandi) 何で【нандɛ(nande) の語形あり】、соренди(sorendi) それで【соренде(sorende) の語形あり】、нингаимасуру(ningaimasuru) 願いまする、мампокуди(mampokudi) 満腹で、соренди(sorendi) それで〈〜のせいで〉、адчинди(adchindi) あっちで、кочïи(kochii) こっちへ、кошираӣ(koshiraj) こしらえ、кораиди(koraidi) こらえて、шинджимоно(shindzhimono) 進ぜ物〈贈り物〉、нецудиякемасуру(netsudijakemasuru) 熱で灼けまする、мɛвакуди(mevakudi) 迷惑で〈残念〉、каити(kaiti) 帰って、ниттɛмо(nittemo) 寝ても、уи(ui) 上、соносуи(sonosui) その末〈結局〉、угабимасуру (ugabimasuru) 浮かべまする〈勉強する〉、нингоро(ningoro) 懇ろしても、хонïями(honijami) 骨病み〈怠ける〉、хаи(hai) 蠅、кади(kadi) 風、кутабири(kutabiri) くたびれ〈疲れ〉、нидоонгу(nidoongu) 寝道具、шико(shiko) 世故〈慣習〉、шиаваши(shiavashi) しあわせ〈幸福〉

［i］→［e］

тенке(tenke) 天気、якунитаджɛмашенъ(jakunitadzhemashen) 役に立ちません〈効果がありません〉、кıôгенъ(kjoogen) 給金〈給料・俸給〉、окɛмаштɛмо(okemashtemo) 起きましても、макотоне мотте(makotone motte)

まことに以て〈確実に〉、Какемоно(Kakemono) 書き物〈手紙〉

標準的なロシア語では、a と o は無アクセント音節において区別されず、語頭やアクセント直前の音節では、a も o もアクセント母音 a［a］とほとんど同じように発音されるという[17]。これは現代ロシア語で観察される現象であるから、19 世紀のロシア語にそのまま適用することはできないが、レザノフが聞き取った日本語における［a］と［o］の交替については、ロシア語の音韻の影響のあることが可能性としては考えられる。ロシア語の軟母音я・и・ю・е・ё は口蓋化しており、日本語のヤ行頭音に近い。

また、［i］と［e］の交替の例が目立つ。これは仙台石巻方言の音韻を反映しているものと考えられる。

4，子音の交替

日本語における子音の交替の例を以下に整理した。その多くは仙台方言の特徴が現れているものと考えられる。

［t］→［d］

боданъ(bodan) ボタン、идεмо(idemo) いても、адεмаштεмо(ademashtemo) 当てましても〈占う〉、доден(doden) 動顛、одоши(odoshi) 落とし〈捨てる〉、адо(ado) 後〈後方へ〉、адатте(adatte) あたって、адекото(adekoto) 宛事〈期待〉、Арингадо(Aringado) ありがとう、окидε(okide) 掟〈法律〉、сорεсунгиде(soresungide) それ過ぎて、умихада(umihada) 海端

［d］→［t］

монготе(mongote) 馬子で〈駕籠を〉

［tʃ］→［dʒ］

Шоодчи(Shoodchi) 承知、якунитаджεмашенъ(jakunitadzhemashen) 役に立ちません〈効果がありません〉

［d］→［r］

Икурахоро(Ikurahoro) いくらほど

［dz］/［z］→［d］

кади(kadi) 風、шиндимашєнъ(shindimashen) 進ぜません、дингьи(ding'i) 仁義、деии(deni) 銭〈値段〉、санденъ(sanden)3,000、итчиманъсанденъ(itchiman sanden)13,000、дифини(difini) 是非に〈必要〉

［dz］/［z］→［ʃ］

юоте хашимемасу(hashimemasu) 言《ゆ》うて始めます〈喋り始めて〉

［m］→［p］

кусадомоо ацупете(kusadomoo atsupete) 草どもを集めて〈草の絵図の全集〉

［b］→［p］

Панката(Pankata) 晩方〈夕方〉

江口（2010）では、『露日辞書』の日本語表記について次の①～⑥の特徴が挙げられている。①ガ行・ダ行が語中・語尾で鼻濁音になること。②語中・語尾のガ行はすべてが鼻音であること。③語中・語尾のデ・ドは鼻音が弱化している可能性があること。④オに［o］［wo］の両様があること。⑤シ・セが口蓋化していること。⑥ハ・ホが喉音化していること。しかし、『日本語理解の手引き』では、語中・語尾のガ行子音の表記が「г」（[g]）の例と、「нг」（[ŋ]）の例との両形がある。表記上では必ずしもすべての語中・語尾のガ行子音が鼻濁音とされているわけではない。例の一部を以下に示す。

「г」

киндчагу(kindchagu) 巾着、дайгонъ(daigon) 大根、дзогинъ(dzogin) 雑巾、караганъ(karagan) 金属、кигинъ(kigin) 飢饉、кıôогенъ(kjoogen) 給金〈俸給〉、миганъ(migan) 蜜柑〈オレンジ〉、фугинъ(fugin) 布巾、хогонинъ(hogonin) 奉公人〈召し使〉、цугинъ(ʦugin) 頭巾、ягванъ(jagvan) 薬缶、фугуро(fuguro) 袋、джуго(dzhugo)15、ниджуго(nidzhugo)25、хагуджоитпа(hagudzho) 白鳥、фитогошъ(fitogosh) 一腰、амагу(amagu) 甘く

「нг」

нингори(ningori) 濁り (濁点)、кунгуримонъ(kungurimon) くぐり門〈くぐり戸〉、

дюнгобамме(djungobamme)15 番目、омаисамангата(omaisamangata) あなたがた、мангεмаштεмо(mangemashtemo) 曲げましても、ниангьишимаштεмо (niang'ishimashtemo) 荷揚げしましても、цунгьимаштεмо(tsung'imashtemo) 注ぎましても、мингери(mingeri)〈右へ〉、цунгини(tsungini) 次に、хангосугини(hangosugini)〈午後〉

5，語法

5－1，ハ行四段活用動詞連用形と形容詞連用形

ハ行四段活用動詞連用形と形容詞連用形の使用例について、【表 3・4】に示した。ハ行四段活用動詞連用形のウ音便形は、原形よりも使用例が多いが、用例自体が多くない。

ハ行四段活用動詞連用形のウ音便形

каноо(kanoo) 叶う 1 例、Сороотε(Soroote) 揃うて 5 例、нароо(naroo) 習う 1 例、кооттемо(koottemo) 買うても 1 例、юоте(juote) 言《ゆ》うて 1 例

ハ行四段活用動詞連用形の原形

ооите(ooite) 覆いて 1 例、нараитемо(naraitemo) 習いても 1 例、кайтεмо(kajtemo) 買いても 2 例

ハ行四段活用動詞連用形の促音便形

Цукатте(Tsukatte) 使って 1 例

形容詞連用形のウ音便形は使用例が少なく、固定化した「ありがとうございます」（2 例）の例を除いては、表記上で明らかなウ音便は 2 例しかない。

【表 3】

ハ行四段動詞連用形		
原形	ウ音便形	促音便形
4	9	1

【表 4】

形容詞連用形		
原形	ウ音便形	語形不明
128	2	12

形容詞連用形のウ音便形

анатасама ıôо наримасу(anatasama joo narimasu) 良うなります・

ıôо годзари масу(joo godzari masu) 良うございます

語形不明

хоши годзару(hoshi godzaru) 欲しござる〈必要な〉・

хошии годзаранъ(hoshii godzaran) 欲しいござらん〈必要ない〉・

ıôи годзаримасуру(joi godzarimasuru) 良いございまする〈良いですね〉

５－２，準体助詞「の」

準体助詞「の」の使用例が見受けられる。これらの例はロシア語の原文を邦訳してみて、日本語文にある「の」が準体助詞と判断できる例である。

анатасамадомоно(anatasamadomono) あなたさまどもの〈高貴な相手の所有物〉

Ханаханда атарашиино дɛ годзари масу.(Hanahanda atarashiino de godzari masu.) はなはだあたらしいのでございます。〈最も新鮮なものです〉

даренга надɛ годзару(darenga nade godzaru) だれがなでござる。〈誰の〉

дарɛндомонга-наде годзару(darendomonga nade godzaru) 誰どもがなでござる。〈誰らの〉

５－３，文末指定表現

日本語文における文末指定表現の使用状況は次のとおりである。日本語文に指定辞「だ」の用例が見えない。

「じゃ」1 例：нанджа?(nandzha?) 何じゃ？〈如何に？〉

「だ」0 例

「でござる」15 例・・・本編 12 例、「会話」3 例

「でございます」33 例・・本編 1 例、「会話」32 例

「нанджа?(nandzha?)」は、本編で疑問副詞の一つとして扱われているので、固定化した表現である。また、本編は規範文法的な記述が主であるのに対し、「会話」では日本語としての実際の待遇表現が必要とされ、丁寧体の「でございます」が多く使用されるので、「でござる」と「でございます」の使用頻度が、本編と「会話」とで逆転している。

5－4，ロシア語の格変化の適用

ロシア語は屈折語であり、文法的な説明としては、ラテン語文典と同様に名詞などの格変化について示す必要がある。レザノフは、ロシア語文法の形式を用いて日本語文法を説明しようとしている。以下はその一例である〔107〕。「　」内は、原書でレザノフによる日本語仮名表記となっている箇所である。レザノフ自筆の変体仮名は漢字字源で示した。

	単数
主格	Хаи(Hai), муха.〈ハエ〉
生格	Хаива(Haiva), мухи.〈ハエの〉
与格	Хаинга(Hainga), мухѣ.〈ハエに〉
対格	Хаива(Haiva), муху.〈ハエを〉
呼格	А ахаи!(Aa hai!)О муха!〈ハエよ！〉
造格	Хаини(Haini), мухою.〈ハエで〉
奪格	Хаи юри(Hai juri), отъ мухи.〈ハエから〉
題格	Хаино котоо(Haino kotoo), омухѣ.〈ハエについて〉

主「は以」　生「はいわ」　与「は以んが」　対「はいわ」　呼「あ　はい」
造「は以に」　奪「は以ゆり」　題「は以のことを」

ラテン語文典の伝統的な形式に拠っているため、その形式に併せるために不自然な日本語になっている格がある。厳密にみると、ロシア語の格と日本語訳との間にはずれがある。また、係助詞「は」が「わ」と表記されている

箇所がある。キリル文字では「Хаива(Haiva)」となっている。日本人協力者の日本語識字能力の問題なのか、レザノフが音声言語として係助詞「は」を「わ」と聞き取って記述したのかは不明である。

6，語彙

6－1，漢字語彙

『日本語理解の手引き』の日本語文にある漢字語彙の例を示すと次のとおりである。

канджоо(kandzhoo) 勘定、кингенъ(kingen) 謹厳、кякуденъ(kjakuden) 客殿、госокусаи(gosokusai) 御息災、Кончоо(Konchoo) 今朝、Конничи(Konnichi) 今日、кюмонъ(kjumon) 糺問〈祈祷〉、дооден(dooden) 動顚、Коньιô(Kon'jo) 今夜、шεцушεцу(shetsushetsu) 節節〈一時的に〉、шюши(shjushi) 宗旨、Шоодчи(Shoodchi) 承知、дιôога(djooga) 城下、тенке(tenke) 天気、дингьи(ding'i) 仁義、меваку(mevak) 迷惑、мιôнгоничи(mjongonichi) 明後日、бунгεнъ(bungen) 分限、хандаи(handai) 飯台〈机〉、юнданъ(jundan) 油断、Шоодчи(Shoodchi) 承知、хосоо(hosoo) 疱瘡、хообаи(hoobai) 朋輩〈仲間〉、мампоку(mampoku) 満腹、мехаку(mehaku) 明白

6－2，方言語彙

厳密な意味においての方言語彙であるかどうかの判断は難しいが、語彙または表現として特徴のあるものを以下に示す。

юицки(juitski) 言い付く〈依頼する〉、ммаи(mmai) むまい〈美味しい〉、мма(mma) 馬、угабимасуру(ugabimasuru) 浮かぶ〈勉強する〉、кинноо(kinnoo) きんの〈昨日〉、тайкудзу(tajkudzu) 退屈〈難しい〉、ниιô(nijo) 堆《にお》〈干し草の山〉、ганба(ganba) 蒲〈葦〉、Икиодсумашаре.(Ikiodsumashare.) 息をすましゃれ〈お休み下さい〉、ненгоро(nengoro) 懇ろ〈友だち〉、мамин(mami) 真身〈健康〉、хангитори(hangitori) 剥ぎ取り〈強盗〉、харахоши(harahoshi) 腹干し〈空き腹で〉

7，「会話」にある日本語文の語順について

「会話」には、次例に示すようなロシア語文の語順に従って逐語訳のように日本語訳されたと思われる日本語会話文が、筆者の主観で判断した結果、「会話」全 367 例のうち 171 例ほど数えられる（全体の 46%）。

Я иду к прїятелю.
私・行く・の方へ・友人
Ватакуси икимасуру ненгороно учии.
(Vatakusi ikimasuru nengorono uchii.)

Благодарю Васъ.
感謝します・あなたに
Арингадо годзари масу Омаисамао.
(Aringado godzari masu Omaisamao.)

江口（2006）では、ロシア資料『友好会話手本集』が草稿の段階でロシア語の語順に従い逐語訳された日本語があり、これに正しい日本語としての語順を数字で示した箇所があるという例を挙げ、この処置は日本語母語話者によるものと推測されている。田中（1997）では、『日本語理解の手引き』にみられるロシア語の日本語訳処理を分析して日本語通詞である善六のロシア語文法能力が低いとしている。また、田中（1997）は、「会話」における逐語訳による不自然な日本語文が現われたのは「善六の力不足ではなく、レザーノフの強い意向ではなかっただろうか」という推測もされている。それは、「会話」の編集にあたり、レザノフが「主導権を握り、自分の理論（文法教科書）に従って強引に仕事を進めた」という推測である。筆者は、田中（1997）の推測は根拠が薄弱であると考えている。

筆者は、膠着語の日本語は屈折語のロシア語ほどではないが、文中においてある程度の文節の位置の自由があり、善六は、航海途上でレザノフとの間で交わした会話文を、レザノフから日本語に翻訳するように示されたとき、言語としての正確さを優先して、日本語に置き換える際にロシア語文の語順に添って訳したのではないかと考える[18]。

日本語母語話者の善六と、ロシア人日本語学習者であるレザノフとがロシア語の日本語訳を記述するときに、善六の側に一種のフォリナートーク[19]が発生した可能性はないであろうかと筆者は推測するのである。使用言語の異なる人どうしが話すとき、使われる言語において技能的に優位に立つ側の口調が変わること、あるいは変えることがある。この口調や現象がフォリナートークであり、具体的には第二言語を学習中の外国人に対する母語話者の話し方を指す。ゆっくりとしゃべる、単語や文節で区切って話すというように、わかりやすさを重視した意図的なもののほか、無意識に相手の話し方を真似てしまうこともある。

まとめ

『日本語理解の手引き』にあるキリル文字で表記された日本語文は、ロシア語母語話者であるレザノフにより、その音韻理解の範囲で記述されている。また、善三ら仙台石巻方言話者にも方言音による日本語の語・語句の変種発生という問題があり、『日本語理解の手引き』の日本語文には、ロシア語話者のレザノフと、日本語話者（仙台石巻方言話者）の善六らとの双方の側の問題が混在しているということができる。

注

1　ニコライ・レザノフ（Николай Петрович Резанов:1764 ～ 1807 年）は、サンクトペテルスブルグの士族の家に生まれた。14 歳で砲兵学校を卒業し、近衛連隊に配属された後に 18 歳で退役し、地方裁判所陪審判事・サンクトペテルスブルグ裁判所・海軍省次官秘書官などを歴任して、1791 年に元老院の第一

官房長となった。レザノフは、1795年に毛皮商シェリホフの娘と結婚してシェリホフの事業後継者となり、アリューシャン列島からアメリカ大陸のアラスカにわたる植民事業会社である露米会社を設立した。この露米会社が1798年に皇帝パーヴェル一世によって認可され、レザノフはロシア領アラスカ・カムチャツカ半島・アリューシャン列島でのロシア植民活動と経営に携わるようになった。レザノフが鎖国下にあった日本との通商関係樹立を企図したのは、主に極東ロシア植民地の食糧問題を解決するためである。

2　帆船ナデージダ号の艦長は、イヴァン・フョードロヴィチ・クルーゼンシュテルン（Иван Фёдорович Крузенштерн:1770～1846年）である。レザノフは1803年に皇帝アレクサンドル一世（1777～1825年）の日本通商交渉の勅命と親書を得て遣日使節に任命された際に、クルーゼンシュテルンが計画していたロシア初の世界一周の就航計画に割り込み、遠征隊の隊長となることに成功した。ナデージダ号は、1803年7月にバルト海のクロンシュタット港から出航した。司令官レザノフと艦長クルーゼンシュテルンとは航海中に激しい対立関係にあった（木崎 1997）。

3　ナデージダ号には、寛政6年（1794年）にアリューシャン列島に漂着した仙台藩石巻の廻船若宮丸の漂流民13名のうちの4名（津太夫・儀兵衛・左平・太十郎）と、同じく若宮丸の水主であったがギリシャ正教の洗礼を受けロシアに帰化した日本語通詞の善六（ロシア名はピョートル・ステファノヴィチ・キセリョフ、Пётр Степанович Киселёв, 明和6年～文化13年？・1769～1816年？）が乗船して、レザノフに同行していた。若宮丸の漂流民らは、寛政6年の漂着後、ウナラスカ島・オホーツク・イルクーツクを経て、脱落者を出しつつ1803年4月にサンクトペテルスブルクに到着し、レザノフと出会った。津太夫・儀兵衛・左平・太十郎の4名は、文化2年（1805年）にレザノフが長崎からロシアへ帰国する以前に幕府側に引き渡され石巻に帰還した。4名は石巻への帰途の途中、江戸で大槻玄沢（1757～1827年・宝暦7年～文政10年）らからの聞き取りを受け、その記録は『環海異聞』（文化4年・1807年）にまとめられた。

4　原題は、"Руководство къ познанiю Японскаго языка содержащее азбуку, перьвоначальныя Грамматическiя правила и разговоры" である。

5　この二書は、現在はペテルスブルク東洋学研究所図書館が所蔵している。

6　田中（1997）による。

7　田中（2001）では、『日本語理解の手引き』の巻末にある「会話」の366例を日本語訳している。しかし、レザノフの原書には全部で367例の会話が収載されており、次の1例が田中（2001）では欠落している。

「Можно нѣкоторыя.（日本語訳：一部はできます。）」

Наримасу нанни наритомо.(Narimasu nanni naritomo.)〔244〕

8　東北放送と大島幹雄氏が、1994年にロシア科学アカデミー東洋学研究所か

ら持ち帰ったものである（大島 1996）。

9　キリル文字をアルファベット表記にする法則は、浅川・グリブ（2014）中の「キリル文字のローマ字表記法について」に拠る。

10　アダム・ラクスマン（Адам Кириллович Лаксман:1766 ～ 1803 年以前）は、科学アカデミー会員のキリル・ラクスマンの次男。伊勢の漂流民の大黒屋光太夫（1751 ～ 1828 年）らを伴って、寛政 4 年（1792 年）にエカチェリーナ号で根室に来航。幕府より信牌（長崎入港許可証）を受け取り帰国した。レザノフはその信牌を持参して文化元年（1804 年）に長崎に入港した。

11　ロドリゲスとコリャードの日本語文法書の品詞に関する章立ては以下のとおりである。

ロドリゲス『日本大文典』1604 ～ 1608 年刊（土井忠生訳、三省堂、1995 年）

日本語品詞論、綴字法に就いて、日本語の品詞に就いて、名詞に就いて、代名詞に就いて、動詞に就いて、分詞に就いて、後置詞に就いて、副詞に就いて、感動詞に就いて、接続詞に就いて、助辞に就いて、格辞に就いて、品詞の属性に就いて

ロドリゲス『日本小文典』1620 年刊（日埜博司編訳、新人物往来社 1993 年）

第一の品詞，名詞について、第二の品詞，代名詞について、第三の品詞，動詞について，第四の品詞，分詞について、第五の品詞，後置詞について、第六の品詞，副詞について、第七の品詞，感動詞について、第八の品詞，接続詞について、第九の品詞，助辞について、第十の品詞，格辞について

コリャード『日本文典』1632 年刊（大塚高信訳、風間書房、1957 年）

名詞、代名詞、関係代名詞、動詞、副詞、前置詞、連結辞・区分辞、間投詞

12　航海中に、レザノフは日本との通商交渉の成否に大きな不安を抱えており、また当時の日本と独占的な通商関係にあった長崎出島のオランダ人の動静に非常に神経質になっていることが「会話」中の例文によってうかがうことができる。

Вамъ ходить сюда хотя позволятъ, но но будутъ дѣлать притѣсненія.〈あなた方は、ここに来るのが許されても、制圧を受けるでしょう。〉

Омаисамангатани юицкимасуру фунео каıôимаштемо, сорεни цукεтεмокошираймасу аммари ıôкунаи котоо.(Omaisamangatani juitskimasuru funeo kajoimashtemo, soreni tsuketemo koshirajmasu ammari jokunai kotoo.)〔229〕

Нε опасайтесь, я знаю, что у двора вамъ успѣхъ будетъ.〈ご心配はいりません。廷内ではあなたが成功すると確信しています。〉

Оканаку омовашаруна, ватакуси шиттεоримасу Гиммино юикотооомаисамани.(Okanaku omovasharuna, vatakusi shitteorimasu Gimmino juikotooomaisamani.)〔229〕

Нε мѣшаютъ ли намъ Голландцы?〈オランダ人は、私たちの邪魔をしないでしょうか。〉Ватакусидомони джамаоиташимасу аи ка Голланскоино

фитодомова?

(Vatakusidomoni dzhamaoitashimasu ai ka Gollanskoino fitodomova?)〔228〕

13　キリル文字をアルファベットに転換する表記の方法は、浅川・グリブ（2014）中の「キリル文字のローマ字表記法について」に拠る。

14　「切れ」は、銀一分の助数詞（『日本国語大辞典第二版』による）。

15　「ゐ／うい」（[vi]）の実例は『日本語理解の手引き』中にはない。

16　「キセル（煙管）」は、カンボジア語 khsier「管」の意であるという（『日本国語大辞典　第二版』による）。

17　神山（2012）による。p.102

18　浅川・グリブ（2014）で『日本語理解の手引き』のロシア語部分の日本語訳を担当したグリブ，ディーナ氏は「会話」の訳了後に「善六はロシア語をかなり理解している。ロシア語の逐語訳としてはかなり正確だという印象を受けた。日本語の語順は日本語母語話者であれば理解できるという範囲内なのではないか。」と述べておられる（直話）。

19　フォリナートーク（foreigner talk）は、「簡略化コード」の一つである。接触場面でのディスコース管理（調整行動）の一つであり、母語話者による簡略化にはフォリナートークやティーチャートークがある。フォリナートークは接触場面における自己調整ディスコースであり、他言語の使用・外来語の使用・繰り返し・言い換え・文法の簡略化（短い文の頻用・格助詞の省略・複雑な文構造の回避・敬語の回避・丁寧体の回避・指定表現「ダ」の省略など）・聞き取りやすい発音・明確化の要求・共通語の使用などの特徴がある（宮崎 2005）。

【参考文献】

浅川哲也・グリブ，ディーナ（2014）「ニコライ・レザノフ『日本語理解の手引き』（邦訳）」『人文学報』（首都大学東京）第 488 号

浅川哲也・グリブ，ディーナ（2015）「ニコライ・レザノフ『露日辞書』（邦訳）」『人文学報』（首都大学東京）第 503 号

浅野建二編（1985）『仙台方言辞典』東京堂出版

井上史雄（2000）『東北方言の変遷』秋山書店

江口泰生（2006）『ロシア資料による日本語研究』和泉書院

江口泰生（2008）「レザノフ資料の日本語」『日本方言研究会第 87 回研究発表会発表原稿集』

江口泰生（2010）「レザノフ資料の日本語」『語文研究』（九州大学）第 108・109 号

江口泰生（2013a）「レザノフ『会話』からみた 18 世紀末石巻方言のマスとマスル」『国語国文』第 81 巻 12 号

江口泰生（2013b）「レザノフ『日本語学習の手引き』第 9 章「会話」篇からみた 18 世紀末石巻方言の敬語」『語文研究』（九州大学）第 116 号

小倉進平（1932）『仙台方言音韻考』刀江書院
大島幹雄（1996）『魯西亜から来た日本人―漂流民善六物語』廣済堂出版
大島幹雄訳（2000）『レザーノフ著　日本滞在日記― 1804－1805 ―』岩波書店
神山孝夫（2012）『ロシア語音声概説』研究社
北村一親ほか（2009）「ゴンザ，タタリノフ，レザノフ各語彙の比較研究」『アルテスリベラレス』（岩手大学人文社会科学部紀要）第 85 号
木崎良平（1991）『漂流民とロシア』中央公論社
木崎良平（1997）『仙台漂民とレザノフ』刀水書房
小林好日（1944）『東北の方言』三省堂
斎藤義七郎（1961）「宮城・山形」『方言学講座　2』東京堂出版
佐藤純一（2012）『ロシア語史入門』大学書林
佐藤武義（1982）「東北方言の語彙」『講座方言学 4』国書刊行会
佐藤亨（1982）「宮城県の方言」『講座方言学 4』国書刊行会
杉本つとむ他（1986）『環海異聞本文と研究』八坂書房
仙台税務監督局（1920）『東北方言集』東北印刷株式会社出版部
田中継根（1997）「レザーノフの露日会話帳について」『言語と文化』（東北大学言語文化部）第 7 号
田中継根（2001）『露日辞書・露日会話帳』東北アジア研究センター叢書　第 2 号（東北大学東北アジア研究センター）
土井八枝（1975）『仙台の方言』国書刊行会
北条忠雄（1982）「東北方言の概説」『講座方言学 4』国書刊行会
宮崎里司（2005）「簡略化コード」『新版日本語教育事典』大修館書店
村山七郎（1965）『漂流民の言語』吉川弘文館
村山七郎編（1985）『新スラヴ・日本語辞典　日本版』ナウカ株式会社
森下喜一（1987）『標準語引　東北地方方言辞典』桜楓社
и.п. ボンダレンコ（2000）「н.п. レザノフの『日本語辞典』における仙台方言の特徴」『東北アジア研究』第 5 号（東北大学東北アジア研究センター）
アダミ，ノルベルト・R（1993）『遠い隣人　近世日露交渉史』（市川伸二訳）平凡社

【追記】 本稿は、日本語学会 2014 年度秋季大会（北海道大学）において口頭発表した内容に加筆し、修正を加えたものである。発表の席上で御指導を下さった先生方に記して感謝申し上げる。また、本稿の執筆にあたりロシア語の日本語訳などでグリブ，ディーナ氏（首都大学東京大学院博士課程）の協力を得た。本稿は江戸時代における江戸語と方言間との音韻の差異の実態調査に関連した、科学研究費・基盤研究（C）「人情本を資料とした現代東京語成立に関する基礎的研究」（研究課題番号：23520558）に基づく研究成果の一部である。

『改正増補英和対訳袖珍辞書』と異なる『英仏単語篇注解』の訳語について（1）

櫻　井　豪　人

1．本研究の目的とこれまでの研究の経緯

本研究の目的は、開成所の英和辞典である『改正増補英和対訳袖珍辞書』（慶応二 1866 年刊、以下『改正袖珍』）の訳語と、同じく開成所の教職員が編纂・刊行した単語集『英仏単語篇注解』（慶応三 1867 年刊）の訳語とを比較し、その相違点を描き出すことにある。

江戸幕府の洋学研究教育機関である蕃書調所は、文久二（1862）年五月に洋書調所と改称して間もなく、『英和対訳袖珍辞書』初版（洋書調所、文久二年刊、以下『袖珍』初版）を刊行した。これは刊本として日本初の英和辞典であり、英華辞典類を別にすれば維新前にはこの系統の辞書以外に英和辞典が刊行されなかったので[1]、その影響力は非常に大きかったと見られる。翌文久三（1863）年八月、洋書調所はさらに開成所と改称し、『袖珍』初版を改正増補した『改正袖珍』が慶応二（1866）年に開成所から刊行された。

以上は辞書の話であるが、それとは別に、蕃書調所・洋書調所・開成所は、もっと小規模な「単語集」と呼ぶべき小冊子を教材として編纂・刊行していた。辞書が語を検索する目的で用いられるのに対し、単語集は基礎的な語を身につける目的で用いられるので、両者はおのずと異なる性格を持つ。

蕃書調所・洋書調所・開成所の英語の単語集としては、当初、*Familiar Method* がその役割を担ってきた。初版は万延元（1860）年であるが、文久二（1862）年の第 4 版まで出版され、恐らくは開成所時代の前半まで英単語集としての役割を担ってきたものと推測される。『改正袖珍』が刊行されたのと同年の慶応二（1866）年に至り、単語集も刷新され、英語に関しては『英吉利単語篇』（以下『英単』）、フランス語に関しては『法朗西単語篇』（以下『法単』）という、それまでの *Familiar Method* とは異なる収録語彙を持った単語集が刊行された。これらは、幕府が瓦解するまで開成所の教科書として用いられたのみならず、明治維新後も民間の書肆から数種の復刻本・改編本が刊行され、明治初期における西洋語対訳単語集の大きな一系統の源となった。

Familiar Method には英語のみが記されており、訳語は全く記されていなかった。その後継である『英単』と『法単』にも訳語は記されていないが、翌慶応三（1867）年に刊行された『英仏単語篇注解』（以下『注解』）には、『英単』と『法単』共通の全1490語に対して通し番号で対応させる形で訳語が記されており、これにより訳語を知ることができる。『注解』は厳密な意味での開成所刊行物ではないが、開物社という、柳河春三を中心とした一部の開成所教職員による著訳者集団が編纂し、同じく開成所の教職員である渡部一郎が蔵版者となって出版した単語集なので[2]、開成所刊行物に準ずる著作であり、そこに載せられている訳語は開成所の訳語と捉えて差し支え無い。

従来、英和辞典である『袖珍』については盛んに研究が行われ、その編纂方法や訳語の問題について様々な点が指摘されてきた。しかしその反面、単語集である『注解』については、特にその訳語に対して十分な検討が加えられているとは言えない状況であった。これは、『英単』系統の単語集が、『袖珍』や『英語箋』系統の単語集ほどには注目されず、開成所で使用された重要な学習書であるにもかかわらずほとんど研究対象として扱われてこなかったためであると考えられる。

筆者は昨年、『開成所単語集Ⅰ』と題して、初めて『英単』『法単』『注解』の影印を刊行し、対照表や索引・解説を付してこれらの資料が諸研究に用いられるよう整備した（拙著2014）。そこでの解説に、『英単』『法単』『注解』の成立については知り得る限りの情報を記したが、一方で『注解』の訳語についてはまだ不分明な点が多く残されていると感じていた。

『英単』『法単』『改正袖珍』が開成所から同じ慶応二年に刊行され、『注解』がその翌年に刊行されているのであるから、ごく一般的な予想としては、『英単』の英語を『改正袖珍』で引けば『注解』のような書物が簡単に出来上がるように思われる。その場合、『改正袖珍』と『注解』の訳語はかなり一致するはずであるが、後に詳しく見るように、確かに一致する訳語もあるものの、一致しない訳語もかなり多く存在する。そういったこと自体、これまでの研究ではほとんど報告されてこなかった。

2．先行研究

先に述べた通り、『注解』の訳語について詳細な検討を加えた研究はほとんど見られない。拙稿 1998 では『英単』『法単』の底本を新たに提示し、それが細かく意義分類のされた単語集であったため、『英単』および『法単』において前後で重複して出現する単語であっても、もとの意義分類での意味に即して訳し分けていると見られることを示した。その際、『改正袖珍』や、刊本として日本初の仏和辞典『仏語明要』（村上英俊編、元治元 1864 年刊）の訳語とも対照させたが、ごく一部の訳語についての対照に留まっていた。また、拙稿 2002 では、『英単』898 番「A marmot.」に対する『注解』の訳語の記述「土撥鼠(俗ニ云フモルモットニハ非ズ)」に着目し、これが開成所物産学出役の田中芳男による訳語であったことを明らかにしたが、これも『注解』全体にわたって訳語の検討を行った研究ではなかった。

3．調査方法

冒頭で述べた目的のために、『英単』『法単』『注解』の全語を表にしたもの（拙著 2014 に掲載した対照表の一部分）に『袖珍』初版と『改正袖珍』の欄を加え、『英単』の英語からそれぞれの辞典の見出し語を引いた上でその記述を表に入力するという方法で比較を行った。その際、『袖珍』と『改正袖珍』はインターネット上で公開されている「早稲田大学古典籍総合データベース」により同大学図書館洋学文庫 C586 と同 C589 を参照し、画像が不鮮明なものについては、秀山社影印[3]および雄松堂フィルム出版『マイクロフィルム版初期日本英学資料集成』所収本によって確認した。（なお、原文においてピリオド「.」が版木の摩滅等の理由により抜け落ちていると見られる箇所については、適宜補って引用した。）また、『英単』『法単』『注解』については拙著 2014 に収録したものを使用した[4]。

ところで、『注解』はところどころ英語に対する訳語とフランス語に対する訳語とを分けて記載している箇所があり、実際には英語とフランス語の両面から訳語の決定が行われたものと想像される。しかし、蕃書調所・洋書調所・開成所からは仏和辞典が刊行されなかったため、『改正袖珍』と比較するような方法での分析ができない。よって本研究では、訳語の大半が英語から導き出されているという前提のもとに調査を行い、フランス語からの影響を考慮しなければならない箇所についてはその都度指摘することとする。

4.『注解』が『袖珍』初版または『改正袖珍』を利用していることについて

以下に対照結果を示して行くが、その前にまず『袖珍』初版・『改正袖珍』の訳語[5]と『注解』の訳語の関係について確認しておく。

『注解』と『袖珍』の対照方法は前に述べた通りであるが、その結果、『注解』の訳語で『袖珍』所収の訳語と一致するのは、非常に大雑把に言って、全1490語のうちの約半数弱であった[6]。これを逆に言えば、『注解』の訳語の約半数近くが『袖珍』の訳語と一致するということであり、『注解』が『袖珍』初版または『改正袖珍』を利用して編纂されたことの証と言えよう。

とはいえ、一致した訳語の中にはかなり一般的な訳語（例えば「机」「紙」など）も多く含まれるので、確実に『袖珍』初版または『改正袖珍』を用いていることを示すために、特徴的な語を選んで**表1**に掲げる。なお、**表1**に掲げたものは全て、『袖珍』初版と『改正袖珍』とで異同の無い箇所である。

5.『注解』が『袖珍』初版よりも『改正袖珍』の訳語とよく一致することについて

『注解』は『改正袖珍』の翌年に刊行されているので、『袖珍』初版よりも『改正袖珍』の方によったことが予想された。対照した結果もやはり概ねその通りであったが、中には『袖珍』初版のみと一致する訳語もいくつか見られた。以下にその実例を見て行く。

表1　『袖珍』初版・『改正袖珍』・『注解』の全てで一致する訳語の例

番号	『英吉利単語篇』(1866)	『英仏単語篇注解』(1867)	『袖珍』初版(1862)・『改正袖珍』(1866)
25	Sealingwax.	封蠟《フウジラフ》	Sealing-wax, *s.* 封蠟
120	An isthmus.	地峡《チケフ》	Isthmus, *s.* 地峡
172	Shipwreck.	破船《ハセン》	Shipwreck, *s.* 破船
175	The army.	軍勢《グンゼイ》	Army, *s.* 軍勢
272	A holiday.	祭日《マツリビ》	Holiday, *s.* 祭日
294	Birth.	出生《シュツシヤウ》	Birth, *s.* 出生. 子供. 子
379	The palate.	上腭《ウハアゴ》	Palate, *s.* 上腭. 味ヒ
584	A metropolis.	首府《ミヤコ》	Metropolis, *s.* 首府
596	The custom-house.	運上所《ウンジヤウシヨ》	Custom-house, *s.* 運上所
598	The post-office.	飛脚屋《ヒキヤクヤ》	Postoffice, *s.* 飛脚屋
604	The watchhouse.	番所《バンシヨ》	Watch-house, *s.* 番所
614	A vault.	穹窿《マルテンジヤウ》	Vault, *s.* 穹窿. 洞. 窖
745	A banquet.	饗應《フルマヒ》	Banquet, *s.* 饗應. 酒宴
767	Butter.	牛酪《ギウラク》	Butter, *s.* 牛酪
768	Cheese.	乾酪《カンラク》	Cheese, *s.* 乾酪. 乳餅
833	The raspberry.	蓬藟《クサイチゴ》	Raspberry, *s.* 蓬藟《クサイチゴ》
998	Breeches.	股引《モヽヒキ》	Breeches, *s.* 股引
999	Drawers.	下股引《シタモヽヒキ》	Drawer, *s. pl.* 下股引
1046	A country-house.	別荘《ベツサウ》	Country-house, *s.* 別荘
1067	A guide.	案内者《アンナイシヤ》	Guide, *s.* 導ク人. 案内者
1239	A geometer.	測量學者《ソクリヤウガクシヤ》	Geometer,-metrician, *s.* 測量斈者
1244	A mechanician.	器械學者《キカイガクシヤ》	Mechanician, *s.* 器械斈者
1246	A musician.	樂人《ガクニン》	Musician, *s.* 楽人. 楽ニ巧者ナル人
1247	A naturalist.	窮理學者《キウリガクシヤ》	Naturalist, *s.* 窮理斈者
1252	A preacher.	説法者《セツハウシヤ》	Preacher, *s.* 説法者
1271	The creditor.	催債人《カシテ》	Creditor, *s.* 催債人
1308	A portrait.	繪像《エザウ》	Portrait, *s.* 繪像
1324	Billiards.	玉突《タマツ》キ遊《アソ》ビ	Billiards, *s. pl.* 玉突キ遊ビ
1356	A bird-catcher.	鳥《トリ》ヲ捕《ト》ル人	Bird-catcher, *s.* 鳥ヲ捕ル人

まず、『袖珍』初版とのみ一致する『注解』の訳語の全てを**表2**に示す。初版とのみ一致する箇所は**表2**に掲げた程度に留まり、他には見られなかった。

これに対し、『改正袖珍』とのみ一致する訳語の例を**表3**に示す。

紙幅の都合上、**表3**には最初から750番までに限って14箇所を掲げたが、これ以降最後までに56箇所、計70箇所を挙げることができる[7]。

よって、『注解』の編纂に際しては確実に『改正袖珍』が利用され、その訳語の取り入れられていることが確認される。もとより、『注解』の編者「開物社」の中心人物たる柳河春三も、その同人である田中芳男も、『改正袖珍』の英文序にその改訂作業の協力者として名前が挙げられていることから、『注解』の編纂に『改正袖珍』が利用されることは十分に予想されることであった。

このように、『注解』との関係においては『改正袖珍』との一致率の方が格段に高いので、これ以降の対照には『改正袖珍』のみを用いることにする。

表2　『袖珍』初版のみが『注解』と一致する訳語（全て）

番号	『英吉利単語篇』 『法朗西単語篇』	『英仏単語篇注解』 （1867）	『英和対訳袖珍辞書』（1862） 『改正増補英和対訳袖珍辞書』（1866）
69	Hail. La grêle.	霰《アラレ》	Hail, *s.* 霰 Hail, *s.* 雹
248	The seasons. Les saisons.	季候《キコウ》	Season, *s.* 季候．時節．目ヲ迷ハスコト．用意スルコト Season, *s.* 季．時．時節．味ヲ与ルモノ
408	The legs. Les jambes.	脚《アシ》	Leg, *s.* 脚．股 Leg, *s.* 脛．下肢
524	Justice. La justice.	正直《セイチヨク》	Justice, *s.* 正直ナルコト．神妙ナルコト．公事ノ捌キ　捌ク人．裁判役人 Justice, *s.* 正シサ．神妙ナルコト．公事ノ捌キ　裁判役人
689	The pan. La poêle.	鍋《ナベ》	Pan, *s.* 鍋．火皿鉄砲ノ Pan, *s.* 皿．火皿鉄砲ノ
1092	A trunk. Une malle.	櫃《ヒツ》	Trunk, *s.* 櫃．筐．幹．手足首ナドヲ切リ取タル屍．獣ノ鼻．管 Trunk, *s.* 幹樹ノ．胴動物ノ．中体．象ノ鼻．柱ノ中部．管．皮櫃．樋

表3 『改正袖珍』のみが『注解』と一致する訳語の例

番号	『英吉利単語篇』 『法朗西単語篇』	『英仏単語篇注解』 (1867)	『英和対訳袖珍辞書』(1862) 『改正増補英和対訳袖珍辞書』(1866)
34	Earth. La terre.	土《ツチ》（又地球《チキウ》）	Earth, *s*. 地. 泥 Earth, *s*. 地. 土. 地球
50	The shade. L'ombre.	陰《カゲ》	Shade, *s*. 影. 冠リ物. 幽靈 Shade, *s*. 影. 陰. 擁護. 幽靈
74	An icicle. Un glaçon.	冰柱《ツラヽ》	Icicle, *s*. 霜柱 Icicle, *s*. 氷柱
102	The current. Le courant.	流《ナガレ》	Current, *s*. 下流. 水勢. 大河. 続キ Current, *s*. 下流. 水勢. 大河. 続キ. 流レ
154	The oar. La rame.	橈《カイ》	Oar, *s*. 楫《カヒ》. 攪ル棒醸家ナドニ用ユル Oar, *s*. 橈《カイ》舟ノ
323	The sister-in-law. La belle-soeur.	姑 姨《コジウトメ》	Sister-in-law. 妻ノ姉妹 Sister-in-law. 姑 姨《コジウトメ》
382	The uvula. La luette.	懸壅《ノドヒコ》	Uvula, *s*. 喉風 Uvula, *s*. 懸壅ノドヒコ
419	The liver. Le foie.	肝 臓《カンノザウ》	Liver, *s*. 活物 Liver, *s*. 活物. 肝臓
424	The milk. Le lait.	乳汁《チヽ》	Milk, *s*. 牛乳 Milk, *s*. 乳汁
474	Virtue. La vertu.	徳《トク》	Virtue, *s*. 善. 力. 威勢. 勇シキコト Virtue, *s*. 善. 力. 威勢. 勇シキコト. 徳
533	A fit. Un accident.	發作《ハツサク》（病症ノヲコルコト） 佛 旁 症《バウシヤウ》	Fit, *s*. 時病気ノ不意ニ興ル. 襲ヒ Fit, *s*. 発作時病ノ
579	Deafness. La surdité.	聾《ツンボ》	Deafness, *s*. 聞ヘサルコト. 重聴 Deafness, *s*. 聞ヘサルコト. 聾
700	A hogshead. Un tonneau.	大桶《オホオケ》	Hogshead, *s*. 量目ノ名 Hogshead, *s*. 量目ノ名五十二半ヲ云「ガロン」. 大桶
750	Soup. La soupe.	羹《スヒモノ》 （稀《ウス》キヲ云）	Soup, *s*. 浸シタル蒸餅肉ノ煑汁或ハ乳汁ナドノ Soup, *s*. 汁. 羹

※これ以降、778番から1296番までの56語において、『改正袖珍』とのみ一致する箇所を挙げることができる。

6.『改正袖珍』と一致しない『注解』の訳語

以上見てきたのは全て、『(改正) 袖珍』と『注解』とで訳語が一致する箇所であったが、本研究で扱うのはその逆に、『改正袖珍』と一致しない『注解』の訳語である。一致しないということは、『注解』が『改正袖珍』の訳語に改変を加えたということであり、そこにこそ『注解』の訳語の独自性が見出せる。以下、その例をいくつかの特徴に分けて見て行く。

6.1. ルビは『改正袖珍』と一致するものの漢字表記が異なる訳語の例

まず最初に示すのは、『注解』の訳語のルビが『改正袖珍』の訳語とほぼ一致し、漢字表記のみが異なる例である。例えば、『改正袖珍』が「Water-closet, *s.* 雪隠」、『注解』が「圊《セツイン》」となっているような箇所において、『注解』が『改正袖珍』を利用して編纂されたことを考え合わせれば、『注解』のルビの「セツイン」は『改正袖珍』の「雪隠」から取られた上で、漢字表記のみが意図的に変更されたと考える方が自然であろう。**表4**はそのような例である。

傾向としては、例えば「瀧」を「瀑布《タキ》」、「溜息」を「長大息《タメイキ》」、「日時計」を「日晷表《ヒドケイ》」としているように、近代中国語（白話）の漢字表記に変更していると見られる箇所の多いことが指摘できる。これは、『類聚紅毛語訳』(『蛮語箋』)・『改正増補蛮語箋』・『英語箋』・『三語便覧』といった、先行する西洋語対訳単語集と同様の表記方法を取っているように見受けられ、『和蘭字彙』や『袖珍』といった辞書の訳語とは異なる特徴であると言えよう。

また、『袖珍』とは異なり、全語にルビを振っている点も『注解』の特徴の一つである。これは、漢字表記の一部に近代中国語を用いたためにそうせざるを得なくなったという見方もできるが、『注解』の凡例に「此注解ハ只僻遠《カタヰナカ》ニシテ師友ニ乏《トモ》シキ地ノ學生ニ授《サヅ》ケ且幼童《コドモ》ノ遺忘《ワスレ》ニ備《ソナ》フルノミナレバ字ノ雅俗ヲ論ゼズ諳誦《ソラン》ジ易キヲ主トス故ニ平易《ヤスラカ》ナル字ニモ假名《カナ》ヲ下《クダ》ス」とあり、遠方で独学する学生や子供が暗記しやすいように仮名を振ったと説明している。

表４　ルビは『改正袖珍』と一致するものの漢字表記が異なる訳語の例

番号	『英吉利単語篇』	『英仏単語篇注解』	『改正増補英和対訳袖珍辞書』
40	The moon.	太陰《ツキ》	Moon, *s.* 月
65	A storm.	暴風雨《アラシ》	Storm, *s.* 荒シ．騒キ．襲ヒ
107	A waterfall.	瀑布《タキ》	Waterfall, *s.* 瀧
142	The keel.	龍骨《マギリガハラ》	Keel, *s.* マギリ瓦舟ノ．船ノ名
333	The consort.	配偶《ツレアヒ》	Consort, *s.* 仲間．夫婦．連レ合．仝伴
436	A sigh.	長大息《タメイキ》	Sigh, *s.* 溜息
590	A sun-dial.	日晷表《ヒドケイ》	Sun-dial, *s.* 日時計
607	A lane.	小街《セバキマチ》	Lane, *s.* 並木ノ道．小キ道．狭キ町
628	The shutters.	窻戸《マドブタ》	Shutter, *s.* 閉ル人．窓蓋
640	The dormer-window.	上窻《アカリマド》(仏 物置キノ上窓)	Dormer-window, *s.* 屋根ニアル明リ窓
641	The water-closet.	圊《セツイン》	Water-closet, *s.* 雪隠
659	Snuffers.	剪燭《シンキリ》	Snuffers, *s. pl.* 蠟燭ノ心切リ
676	The tinder.	引火絮《ホクチ》	Tinder, *s.* ホクチ
678	The flint.	燧石《ヒウチイシ》	Flint, *s.* 火石《ヒウチイシ》
679	The matches.	引火奴《ツケギ》	Match, *s.* 火縄．付ヶ木．相手．縁組．配偶
692	The grater.	薑擦子《ワサビオロシ》	Grater, *s.* ワサビヲロシノ類
715	The groom.	厩奴《ベツタウ》	Groom, *s.* 厩ノ別當．小者
755	Veal.	犢肉《コウシノニク》	Veal, *s.* 小牛ノ肉
758	Ham.	薫肉《ラカン》	Ham, *s.* 脚膕《ヒカヾミ》．臘乾
865	The《ママ》 Ox.	騸牛《キンキリウシ》	Ox, *s. pl.* oxen. 劁牛《キンキリウシ》
869	A lamb.	羊仔《コヒツジ》	Lamb, *s.* 子羊
928	The herring.	糟白魚《ニシン》	Herring, *s.* 青魚《ニシン》
934	The salmon.	過臘魚《サケ》	Salmon, *s.* 松魚《サケ》
995	The button-holes.	鈕孔《ボタンノアナ》	Button-hole, *s.* 扣鈕ノ穴
1014	An ear-pick.	空耳子《ミヽカキ》	Ear-pick,-ker, *s.* 耳爬《ミヽカキ》
1066	The passport.	往来印章《トホリギツテ》	Passport, *s.* 往来切手
1225	An actor.	俳優《ヤクシヤ》	Actor, *s.* 仕業スル人．役者芝居ノ
1289	Brown.	褐色《トビイロ》	Brown, *adj.* 鳶色ノ .不骨ナル . 暗キ . 黒キ
1392	An official.	有士《ヤクニン》（有司《ヤクニン》）	Officer, *s.* 役人．吏．将校

6．2．ほぼ同じ意味の別語に変更している訳語の例

これに対し、**表5**に掲げた例は、同様に漢字表記を変更していながらも、ルビによるつながりが見出せない例である。すなわち、完全に別の語に変更しているという例ということになるが、変更前と変更後において、その語の指し示すものはほぼ同じものであるという性質の変更である。ただ、ルビによるつながりが見出せないというだけで、本質的には先に見た漢字表記のみの変更と何も変らない。指し示すものが変わらないのであれば『改正袖珍』の表記を用いてもよさそうなものであるが、そこを変更しているところに『注解』独自の特徴が見出せる。

例えば、『改正袖珍』の「Planet, *s.* 惑星」を『注解』は「行星《カウセイ》」と変更している。「惑星」は日本の蘭学で使われ始めた訳語と目され、『袖珍』は初版からこの語を取り入れているが、『注解』はこの訳語を取らず、中国語の「行星」を用いている。このあたりにも『注解』独自の特徴が見受けられる。

なお、ここで「行星」を用いるのは、柳河春三の考えであったと思われる。『注解』刊行の前年、柳河は『洋学便覧』初集（慶応二 1866 年、開成所刊）を著しているが、そこでも「行星」の用語を用いている。

〇行星屬レ日者　水星　金星　地星即地球　火星　小行星…（1 ウ）

柳河は、この『洋学便覧』初集の例言（慶応二年七月）の末尾に、そこで用いる用語について以下のように記している。

譯字ハ務メテ漢人洋人ノ所用ニ遵ヒ缺ル者ハ先輩ノ所充ニ就テ其穏當ナルヲ撰用ス漢譯ノ字音、初出ノ處ニ傍譯ヲ下シ後ハ之ヲ畧ス宜ク考フベシ

つまり、なるべく中国書にある訳語や音訳に従い、そこに見当たらない語は日本の先行洋学書に見られる訳語で穏当なものを用いるというのである。

勿論、この例言は『洋学便覧』に関するものであり、『注解』にそのような記述はない。実際、『注解』の全体にわたってそのような方針が取られているとは言い難い。ただ、『袖珍』の訳語そのままではなく、柳河が自らの著訳書で用いている訳語が『注解』に現れているということをここで指摘しておきたい。

表５　ほぼ同じ意味の別語に変更している訳語の例

番号	『英吉利単語篇』	『英仏単語篇注解』	『改正増補英和対訳袖珍辞書』
7	An inkstand.	墨汁壷《スミツボ》	Inkstand, *s.* 墨汁器
8	A slate.	石盤《セキバン》	Slate, *s.* 盤石 塗板ノ如ク用ユ
44	The milky way.	銀河《アマノガハ》	Milky-way, *s.* 天漢
45	A planet.	行星《カウセイ》	Planet, *s.* 惑星
121	A bay.	海湾《イリエ》	Bay, *s.* 入海．港．孔．間地．樹ノ名．難渋
160	The compass.	磁針盤《ジシヤク》	Compass, *s.* 周囲．會得．限リ．羅盤針．両脚規
173	The light-house.	燈明臺《トウミヤウダイ》（港ノ）	Light-house, *s.* 常夜燈 湊ニアル
231	The battle.	戰争《イクサ》	Battle, *s.* 野戦．戦鬥．戦隊ノ名
291	Infancy.	幼稚《ヨウチ》	Infancy, *s.* 幼少ナルコト．若年ナルコト
445	Rest.	休息《キウソク》	Rest, *s.* 休ミ．眠．休ミ所．死．静．残リ物
449	Ugliness.	醜汚《キタナサ》	Ugliness, *s.* 醜キコト．醜陋心
450	Health.	壮健《サウケン》	Health, *s.* 健康．安全
491	Suspicion.	疑惑《ギワク》	Suspicion, *s.* 疑察．疑ヒ
510	Chastity.	貞節《テイセツ》	Chastity, *s.* 貞実ナルコト．清浄ナルコト
582	An abortion.	不熟胎《ツキタラズ》	Abortion, *s.* 流産．時ナラザル出産
586	An edifice.	厦屋《タテモノ》	Edifice, *s.* 家建．建家
589	The clock-work.	自鳴鐘機《トケイジカケ》 佛自鳴鐘《トケイ》	Clock-work, *s.* 車仕掛ケ 時計ノ
595	The theatre.	劇場《シバイ》	Theatre, *s.* 戯場
597	A barrack.	兵卒《ヘイソツ》ノ止宿所《シシユクジヨ》	Barracks, *s. pl.* 兵卒ノ居ル所
608	A crossway.	十字街《ヨツツジ》	Cross-road,-way, *s.* 十字形ノ道
625	The wall.	墻壁《ヘイ》	Wall, *s.* 壁．石垣．城堡．守禦
637	The saloon.	客座敷《キヤクザシキ》	Saloon, *s.* 客殿
638	The bed-room.	臥房《ネマ》	Bed-room, *s.* 寝室
656	A candlestick.	燭臺《シヨクダイ》	Candlestick, *s.* 蠟燭立
722	A fork.	食叉《ホルク》（三股《マタ》又ハ四股ノ）	Fork, *s.* 肉叉《ニクザシ》．熊手．道ノ別レ
860	A colt, filly.	駒《コマ》	Colt, *s.* 馬ノ子．愚人 Filly, *s.* 牝子馬．淫女
952	The butterfly.	蛺蝶《テフ》	Butterfly, *s.* 蝴蝶

６．３．やや異なる意味の語に変更している訳語の例

表６は、変更前と変更後の訳語において意味がいくらか異なる例である。『改正袖珍』の訳語に問題があって変更しているところが多いが、その逆に変更後の訳語に問題のある箇所も稀に見られる。

例えば「Baby, *s.* 童児．人形」を「赤子《アカゴ》」に、「Limb, *s.* 関節．襟縁．枝」の「関節」を「四肢《テアシ》」に、「Genius, *s.* 精神．精気」を「天禀《テンピン》」に変更しているところなどは妥当と言え、より正確な訳語に変更していると言える。「Friendship, *s.* 情《ナサケ》．恵」を「友愛《ユウアイ》」、「Apoplexy, *s.* 仝上（中風）」を「卒中《ソツチウ》」、「Ague, *s.* 熱」を「瘧《オコリ》」と変更しているのも妥当であろう。「Historian, *s.* 記録者」を「歴史家《レキシカ》」、「Lawyer, *s.* 政治科ニ達シテ居ル人．裁判役人」を「律學者《リツガクシヤ》」、「School-master, *s.* 儒官」を「學校《ガクカウ》ノ師匠《シシヤウ》」とするのも改良と見て取れる。つまり、『注解』は『改正袖珍』の訳語を鵜呑みにせず、内容を吟味した上で訳語に変更を加えていると見られるのである。

その具体的方法について明らかにすることは容易でないが、このような改良が可能となった理由の一つとして、この『注解』の編纂に中心的に関わったと見られる柳河春三と渡部一郎が、この時点で相当量の英文和訳を既に行っていたことが挙げられる。『袖珍』初版が編纂・刊行された文久二（1862）年の時点ではまだ英文を十分に読みこなせる人材があまり育っていなかったが、文久二年から調所の教職員となった柳河春三と渡部一郎は[8]、文久三（1863）年から慶応二（1866）年末頃まで行われた英字新聞の翻訳による回覧筆写新聞（慶応元年からは「会訳社」による『日本新聞』『日本新聞外篇』）において中心的な役割を果たしており、その他の著訳と合わせて日常的に英文和訳を行っていたものと見られる（拙著 2014、pp.43-51 参照）。その過程で得た知識や経験がこれらの変更に活かされていることは想像に難くない。

しかしその一方で、「Apron, *s.* 前ダレ．（以下略）」を「蔽膝《ヒザカケ》」としたり、「Basket, *s.* 籠」を「笊籬《ザル》」とするところは、むしろ改悪しているようにも感じられる。ある種の文脈ではそのように訳す方が適切な場合もあるのかもしれないが、単語集の訳語としては些か違和感を覚える。

表6　やや異なる意味の語に変更している訳語の例

番号	『英吉利単語篇』	『英仏単語篇注解』	『改正増補英和対訳袖珍辞書』
15	A writing-book.	草本《シラチヤウ》	Writing-book, *s.* 手習草紙
285	A baby.	赤子《アカゴ》	Baby, *s.* 童児．人形
341	The skeleton.	骨格《ホネグミ》	Skeleton, *s.* 骸骨
342	The limbs.	四肢《テアシ》	Limb, *s.* 関節．襟縁．枝
344	The pores.	氣孔《ケアナ》	Pore, *s.* 汗孔．孔竅
482	Genius.	天禀《テンピン》	Genius, *s.* 精神．精気
483	Aptness.	會得《エトク》	Apt, *adj.* 相応シタル．適当シタル．傾キタル
518	Friendship.	友愛《ユウアイ》	Friendship, *s.* 情《ナサケ》．惠
521	Diligence.	油断《ユダン》無キコト	Diligence, *s.* 気ヲ付ルコト．出精
523	Avarice.	貪欲《ドンヨク》	Avarice, *s.* 吝嗇．我欲
527	Politeness.	禮儀《レイギ》アルコト	Politeness, *s.* 行儀ヨキコト
539	Apoplexy.	卒中《ソツチウ》	an apoplectic fit. 中風 Apoplexy, *s.* 仝上
543	The ague.	瘧《オコリ》	Ague, *s.* 熱
694	A basket.	笊籬《ザル》	Basket, *s.* 籠
706	A pitcher.	具把壜《テツキノトクリ》	Pitcher, *s.* 徳利
716	The servant.	家来《ケライ》	Servant, *s.* 奴僕．下婢
927	The sole.	鞋底魚《シタビラメ》	Sole, *s.* 馬蹄．足．魚ノ名
1001	Stockings.	莫大小足袋《メリヤスタビ》	Stocking, *s.* 莫大小《メリヤス》股引
1006	Slippers.	座敷沓《ザシキグツ》	Slipper, *s.* 上ハ履
1026	An apron.	蔽膝《ヒザカケ》	Apron, *s.* 前ダレ．厂抔ノ腹部ノ厚キ皮．火門ヲ蔽フ鉛ノ板
1114	The steersman.	案針役《アンジンヤク》	Steersman, *s.* 運用スル人
1227	An architect.	棟梁《トウリヤウ》（大工ノ）	Architect, *s.* 建築術ノ斈者
1240	A historian.	歴史家《レキシカ》	Historian, *s.* 記録者
1241	A language-master.	語學者《ゴガクシヤ》	Language-master, *s.* 言葉ノ師匠
1242	A lawyer.	律學者《リツガクシヤ》	Lawyer, *s.* 政治科ニ達シテ居ル人．裁判役人
1253	A professor.	大學士《ダイカグシ(ママ)》	Professor, *s.* 宣言スル人．大斈校ノ斈頭
1255	A school-master.	學校《ガクカウ》ノ師匠《シシヤウ》	School-master, *s.* 儒官

6.4.『英単』『法単』での意味に即して訳語を変更している例

『英単』『法単』の底本[9]はもともと意義分類体の単語集であり、見出し語の英語またはフランス語に当てる訳語は、その分類での意味に即したものでなければならない。しかし、時にはその意味の訳語が『袖珍』に挙げられていない場合もある。**表7**に掲げた例は、『袖珍』に挙げられていないにもかかわらず、そこでの意味に即した訳語を独自に与えていると見られる例である。

例えば『改正袖珍』の「Foot, *s.* 足．歩兵」は、一般的な訳語としては問題ないが、『英単』93番のThe foot. は地理に関する言葉が集められているところなので、その意味でのThe foot. に対してふさわしい「山脚《フモト》」という訳語が与えられている。

こうしたところにも辞書と単語集における訳語の性格の相違が見出せる。辞書は検索を目的としているので、一つの見出し語に対して多くの訳語が与えられる。しかし、単語集は語形と意味の暗記を目的としているので、訳語は簡潔かつ明快であることが求められる。そのため、このように意味のつながりによって語が配列されている単語集においては、その語の前後あるいはその部立ての中においてふさわしい意味を一つだけ記すことになる。『注解』の訳語には、そのたった一つの簡潔な訳語を慎重に吟味している様子が窺われ、それが『改正袖珍』の訳語との差となって現れているものと見られる。

表7の例のうち、「Vice, *s.* 不善．螺旋」を「不徳《フトク》」とする475番の例は、その前の474番にVirtue.「徳《トク》」があり（これは『改正袖珍』の「Virtue, *s.*（中略）徳」をそのまま用いたもの）、それに合わせたものと見られる。1107番のThe paddles.「水カキ板《イタ》(蒸氣船ノ車輪ニ付タル)」と1108番のThe screw.「螺旋機《ネヂジカケ》」は、底本であるBaedekerの単語集においてRailways and steamboats.（鉄道・蒸気船）の部にある語なのでこのようになっているが、この「螺旋機《ネヂジカケ》」の意味は「ゼンマイ仕掛け」の意ではなく、「スクリューで推進する装置」という意味であろう。1363番のThe accompaniment.「脇調子《ワキテウシ》」は、Baedekerの単語集でMusic.（音楽）の部にある語で、現代でいう「伴奏」の意であるが、当時はまだ「伴奏」という言葉が生まれていなかったことが察せられる。

表7　『英単』『法単』での意味に即して訳語を変更している例

番号	『英吉利単語篇』	『英仏単語篇注解』	『改正増補英和対訳袖珍辞書』
93	The foot.	山脚《フモト》	Foot, *s.* 足．歩兵
99	The source.	水源《ミナモト》	Source, *s.* 源．根源
147	The hatches.	艙口《ニゴホリノイリクチ》	Hatch, *s.* カヘシタル物鶻抔ヲ云フ．發明．半戸水門．礦穴
198	The artillery.	砲兵《ハウヘイ》	Artillery, *s.* 大礮．礮術
422	The gall.	膽《イ》	Gall, *s.* 胆汁．若キ物．怒リ．摺リ疵
431	Perspiration.	汗《アセ》	Perspiration, *s.* 蒸發
453	Bigness.	肥《コエ》	Bigness, *s.* 長大．重大．厚サ．周囲
475	Vice.	不德《フトク》	Vice, *s.* 不善．螺旋
566	A potion.	煎湯《センヤク》	Potion, *s.* 飲料
677	The steel.	火鎌《ヒウチガマ》	Steel, *s.* 鋼鉄．兵器．堅剛
688	The turnspit.	串架《クシマハシ》(片焼ノセスヨウニ廻ス道具)	Turnspit, *s.* 鉄串抔ヲ廻ス人
691	A trencher.	俎板《マナイタ》	Trencher, *s.* 鉢．飯臺
1002	Stocks.	下足袋《シタタビ》	Stock, *s.* 幹．大木ノ切レ．愚鈍ナル人．宗親．貯ハヘ兵糧ナドノ．足械．元金
1018	A ring.	指環《ユビワ》	Ring, *s.* 圜．輪．鈴．響
1037	Scents.	香具《カウグ》	Scent, *s.* 香ヒ
1107	The paddles.	水カキ板《イタ》(蒸氣船ノ車輪ニ付タル)	Paddle, *s.* 橈《カイ》小舟ノ
1108	The screw.	螺旋機《ネヂジカケ》	Screw, *s.* 螺旋《ネヂ》
1205	The nut.	牝螺《メネヂ》	Nut, *s.* 胡桃．鐵猫《ママ》ノ孔ノ處ノ飛出タル物．円ク飛出テヌ円ク窪ミタル處車輪ナドノ
1267	A clerk.	帳役《チヤウヤク》(勘定ナドスル者)	Clerk, *s.* 法師．筆記者．孝士
1276	An obligation.	證文《シヨウモン》	Obligation, *s.* 関係．務
1315	A race.	競馬《ケイバ》	Race, *s.* セリ駈ケ．走行．行キ筋．根．種属．香ヒ．強サ
1344	A beater.	獵卒《セコ》	Beater, *s.* 杵．敲ク人．敲ク具．金属ヲ打延ス人
1345	The stand.	站處《タチバ》 佛 隱處《カクレドコロ》(獵師ノ)	Stand, *s.* 止メ．止マリ．位置．見物場．居場所．臺
1363	The accompaniment.	脇調子《ワキテウシ》	Accompaniment, *s.* 同道スルコト．導クコト

7．本稿のまとめ

紙幅の都合により、本稿での指摘はこれで終わるが、今回指摘できなかったことについてはまた稿を改めて論じることにする。

本稿で指摘したことをまとめると、以下の通りである。

①『注解』は『改正袖珍』を利用して編纂されているが、『改正袖珍』の訳語と一致するのは全体の約半数弱に留まり、その他には何らかの相違がある。

②『改正袖珍』との相違がある訳語のうち、ルビのみが『改正袖珍』の訳語の読みと一致するものは特に漢字表記のみを変更したものと見られるが、その漢字表記は近代中国語（白話）に変更したものが見られ、『英語箋』等、それ以前の単語集の訳語と同様の形式にしようとしている様子が見て取れる。

③『改正袖珍』との相違がある訳語でも、ほぼ同じ意味の別語に変える場合と、やや異なる意味の別語に変える場合とがあるが、特に後者の場合は、『改正袖珍』の訳語より適切な訳語にしようとしたと見られる語や、『英単』『法単』での意味に即した訳語に変更しようとしたと見られる語がある。

注

1　例外的な存在として J.C.Hepburn の『和英語林集成』初版（1867 年刊）の末尾に付されている英和の部があるが、これは和英の部の索引という位置付けであり、なおかつ日本語はローマ字表記のみで漢字表記が無い。

2　『英仏単語篇注解』の編者について、本自体には「開物社」としか書かれていないが、明治四（1871）年刊の大史局編『新刻書目一覧』（朝倉治彦監修『日本書籍分類総目録』第 1 巻、日本図書センター 1987 年所収）には、「英佛單語篇註《ママ》解〔柳河春三／渡辺《ママ》一郎〕合譯　一冊」と書かれている（23 オ）。詳細は拙著 2014、p.43 以下を参照。

3　惣郷正明解説『英和対訳袖珍辞書』（秀山社、1973 年）。

4　拙著 2014 の影印原本は、『英単』が家蔵本 A、『法単』が東京大学近代日本法政史料センター明治新聞雑誌文庫吉野文庫蔵本、『注解』が青山学院資料センター蔵 F13-8 である。

5　本来「訳語」という用語は単語に対して用いるべきであろうが、本稿では「見出し語」に対して記述されている対訳語や句、注釈的な説明文などまで含めて広く「訳語」と呼ぶことにする。

6　勿論、その具体的な一致数・一致率は数え方の基準によって異なる。そもそも『注解』にはほとんどの語についてルビが付されているのに対し、『袖珍』ではルビが付されない語が大半を占めるので、ルビ同士を比較の対象に含めるのは現実的でない。よって、判断すべきは漢字表記（より厳密に言えばルビを除いた日本語部分）となる。約半数弱の訳語が一致するというのは、漢字表記が一致するものを一致と認め、所々見られる括弧書きの注釈を無視して数えた場合の割合である。なお、『注解』の最後の 90 語には国名や地名が列挙されているが、これらに相当する見出し語は『袖珍』初版や『改正袖珍』に存在しない。よって全 1490 語からこれらの 90 語を除いた数で一致率を見るという考え方もあるが、そのように計算してみても、多少一致率が上がるものの、「約半数弱」という一致率に変わりはない。

7　『改正袖珍』とのみ一致する訳語の残りの 56 箇所を、『英単』と『注解』の記述に限って以下に示す。778.Milk.「乳汁《ニウジウ》」・790.Oats.「燕麥《カラスムギ》」・791.Maize.「玉蜀黍《タウモロコシ》」・793.Millet.「稷《キビ》」・797.Kidney-beans.「菜豆《インゲンマメ》」・798.Beans.「蠶豆《ソラマメ》」・799.Turnips.「蕪菁《カブ》」・801.Green-peas.「豌豆《エンドウ》」・803.Cabbage.「甘藍《ハボタン》」・804.Cauliflower.「花椰菜《ハナハボタン》」・810.The melon.「甜瓜《マクハウリ》」・812.Celery.「オランダミツバ」・815.Garlic.「葫《ニンニク》」・834.The currant.「リベス（木イチゴニ似タル菓ノ名）」・835.Strawberries.「オランダイチゴ」・838.The beech.「山毛欅《ブナノキ》」・841.The ash.「秦皮《トネリコ》」・846.The willow.「水楊《カハヤナギ》」・848.The larch.「落葉松《カラマツ》」・850.The tulip.「鬱金香《ウッコンカウ》」・852.The violet.「菫菜《スミレ》」・855.The sun-flower.「向日葵《ヒマハリ》」・857.A stallion.「牡馬《ヲウマ》」・859.A mare.「牝馬《メウマ》」・872.A she-goat.「牝山羊《メヤギ》」・873.A he-goat.「牡山羊《ヲヤギ》」・879.The swan.「鵠《ハクテウ》」・882.A turkey.「百露國雞《カラクンテウ》」・896.A rabbit.「家兎《ナンキンウサギ》」・897.The hedge-hog.「蝟《ハリネヅミ》」・898.A marmot.「土撥鼠《ドバッソ》（俗ニ云フモルモットニハ非ズ）」・900.A mouse.「鼷鼠《ハツカネヅミ》」・906.A stork.「鸛《コウ》」・914.A snipe.「鷸《シギ》」・921.A parrot.「鸚哥《インコ》」・926.The skate.「鯆魚《ハリヱイ》」・929.The pilchard.「鰮魚《イワシ》」・932.The muscle.「淡菜《イノカヒ》」・938.The craw-fish.「蝲蛄《ザリガニ》」・941.The toad.「蟾蜍《ヒキガヘル》」・943.The scorpion.「蠍《ゼンカツ》」・944.The lizard.「蜥蜴《トカゲ》」・947.The caterpillar.「螟蛉《アヲムシ》」・948.The grasshopper.「蟲螽《バッタ》」・967.Zinc.「亜鉛《トタン》」・975.The garnet.「柘榴石《ザクロイシ》」・977.Marble.「大理石《ダイリセキ》」・980.Cotton.「草綿《モメン》」・997.A waist-coat.「短衣《チヨッキ》」・1038.A smelling-bottle.「香瓶《ニホヒビン》」・1048.A ruin.「墟址《クヅレアト》」・1065.A canal.「溝《ホリワリ》」・1197.The flail.「連枷《カラザヲ》」・1268.The buyer.「買人《カヒテ》」・1278.The ledger.「勘定帳《カンヂヤウチヤウ》」・1296.Scarlet.「深紅《ヒ》」。

8　渡部一郎は文久二（1862）年正月より蕃書調所英学句読教授出役となっている。天保八（1837）年六月生まれなので、このとき数えで二十六歳であった。柳河春三については多くの文献で元治元（1864）年より開成所教授と記されているが、国立公文書館内閣文庫江戸城多聞櫓文書の「教授職柳河春三明細短冊」（慶応三年作成と見られる）に「文久二戌年閏八月十三日開成所教授手傳出役被　仰付」と記されているので、このときに教職員になったことが知られる。ただし、この時点ではまだ開成所ではないので、正しくは「洋書調所」とあるべきところである。（「閏八月」とあるので、文久二年であることは間違いない。）柳河春三は天保三（1832）年二月生まれなので、文久二（1862）年に洋書調所教授手伝出役になったときには数えで三十一歳であった。

9　Baedeker, Karl : *Traveller's Manual of Conversation in Four Languages, English, French, German, Italian.* 17th (or 18th) ed. Coblenz. 1864. (or 1866.) 詳細は拙稿1998、および拙著2014、p.27以降を参照。

参考文献

櫻井豪人 1998　「『英吉利単語篇』『法朗西単語篇』の底本と『英仏単語篇注解』の訳語」『国語学』192

同 2000　「『英吉利単語篇』系統単語集の影響関係」『名古屋大学人文科学研究』29

同 2002　「開成所の訳語と田中芳男―テンジクネズミ（モルモット）の訳語を手がかりに―」『国語国文』71-4

同 2014　『開成所単語集Ⅰ―英吉利単語篇・法朗西単語篇・英仏単語篇注解・対照表・索引―』港の人

付記　国語学会平成9（1997）年度春季大会（於大阪市立大学）において、まだ大学院生であった筆者が「『英吉利単語篇』『法朗西単語篇』の底本」と題して発表した際に、古田東朔先生から、『英単』『法単』と文部省編『単語篇』（明治五1872年刊）の関係についてご質問を頂戴したことを懐かしく思い出す。その後何度か学会でお目にかかったものの、ごく簡単にご挨拶する程度で学問的なお話をする機会の無かったことが悔やまれる。本稿をこの追悼論文集に掲載できたことがささやかながら御礼になればと思いつつ、古田先生のご冥福をお祈り申し上げる次第である。

なお、本稿は平成22-25年度科学研究費補助金「開成所刊行辞書・単語集の基礎的研究とその翻訳語の研究」（若手研究（B）、課題番号22720176）の研究成果の一部である。

英文日本語文典の用語について

——活用語・構文法に関する記述を中心に——

大　久　保　　恵　子

1 初めに

近代化を急ぐ日本政府に招かれて明治初期には多くの西洋人が来日した。日本人と日本語で意思を通わせることが必要な彼らのために日本語の解説書・会話書・辞書などがいくつも著わされた。その多くは英語で書かれたものである。その目的について見ると、チェンバレンの「どうすれば日本語が話せるようになるかという問いに答えるために話し言葉の入門書を書いた」という言葉が多かれ少なかれ共通することであろう。中でただ一人、日本人の馬場辰猪[1]は、森有礼の日本語を捨てて英語を取ろうという主張に対して、日本語が知的な思考や表現にも十分耐えうる言語であり、決して英語より劣る言語ということはないということを示すため、またジョン・ロックの論に共感し、言語に対する自らの考えを示すために、話し言葉の概説として初歩の文法書を公刊したことを明らかにしている。そのため序文は8ページ余に及んでいる。

日本語には口語（話し言葉）と文語（書き言葉）という別があり、明治時代にはその隔たりが今日では考えられないほど大きかった。チェンバレンは「書記法を学ばなくても日本語を完全に話せるようにすることは可能である。（が、）本や新聞・手紙の理解には大して役に立たない」（『日本語口語入門』）とか、「書物に用ふる言葉は、通俗の話に用ふるものよりむつかしければ、此文典には特に書物上につきて示すべし」（『日本小文典』）と述べているし、アストンも「日本の口語の文法は書き言葉の表現と大きく異なっていて、新しい言語と考えてもよい程である」（*A Grammar of the Japanese Written Language*）と述べている。

英語は品詞・活用・構文法など多くの点で日本語とは大きく異なるが、英語を母語あるいは日常語とする人々に、英語を用いて、彼らは日本語についてどのように説いているだろうか。本稿では口語・文語を問わず文法書を中心に取り上げることにする。検討の対象資料は以下のとおりで、主に活用

語・構文法に関する記述を中心に見ていくことにする。なお、各資料の版にはちがいがあっても、その刊行時期はほとんどが1880年代前後で、同時期といってもよい。

2　調査対象資料（以下の文中には略称として下線部を用いる）

① B・H・Chamberlain: *A Handbook of the Colloquial Japanese Language* 2nd. edition 1889（大久保蔵本）
日本語訳：『チェンバレン「日本語口語入門」翻訳』（大久保恵子編訳）

② B・H・Chamberlain: *A Simplified Grammar of the Japanese Language*（Modern written Style）1886（Ganesha Publishing, Edition Synapse　復刻版）

③ W・G・Aston: *A Grammar of the Japanese Spoken Language* 4thedition 1888（Ganesha Publishing, Oxford University Press　復刻版）

④ W・G・Aston: *A Grammar of the Japanese Written Language* 3rd.edition 1904（Ganesha Publishing, Oxford University Press　復刻版）

⑤ Tatui Baba: *An Elementary Grammar of the Japanese Language with Easy Progressive Exercises* 1873（国会図書館蔵本）

⑥ J・C・Hepburn: *A Japanese-English and English-Japanese Dictionary* 3rd. edition 1886（講談社学術文庫）
日本語訳：『和英語林集成第三版訳語総索引』（山口豊編）

3　対象とする文法用語

これまで筆者はいくつかの英文日本語解説書の翻訳を試みたが、その際、見直しの便宜を考えて一つの英文法用語にはあえて一つの日本語を当てるようにし、主な用語は次のように現在通用の語で訳してきた。

Stem（語幹）　*Root*（語根）　*Indefinite form*（不定形）　*Gerund*（動名詞）　*Participle*（分詞）　*Infinitive*（不定詞）

しかし、同じ用語で通してよいのかという思いもないわけではなかった。どの資料においても同じ意味内容で用いられているとは思われないことがあるのだ。そこで上記の英用語が各資料でどのように用いられているかを整理分析しておきたい。

4　上記用語を中心にした資料別の概要

（ローマ字表記と区別するため、用語はイタリック体にしてある）

① <u>*Handbook*</u>（Chamberlain）

最も多く言及しているのは *stem* と *indefinite form* である。

形容詞の *stem* については、例えばタカイ、サムイ、ヨロシイのそれぞれ taka, samu, yoroshi を *stem* とし、複合語を作るのが最も一般的な機能で、自立語的な用法もあること（¶ 183）、また、*stem* にクの付いた形は動詞の *adverbial*（副詞形）or *indefinite form* にあたるもので、各節の終りで叙述を担い、かならず動詞の前に来ると述べる（¶ 180）。

動詞では、3 種の活用の例としてウル（売）、ネル（寝）、オチル（落）、ミル（見）のそれぞれ *ur* i, *n* e, *och* i, *m* i のイタリック部分を *stem* とし、全形を *indefinite form* として挙げる（¶ 225）。（しかし ¶ 236 の表には母音の付いた形で載せている。またクル（来）、スル、マスの活用表には *stem* は示されていない。）*Stem* 末尾の音で分類した表ではイウ（to say）の *stem* は i としている（¶ 236）。*Stem* は確かに完全な語ではないが「実用のためなら（*root* と同じでも *root* の長くなった形でも）根本のものとおもってかまわない。」と言い（¶ 223）、オチルの *stem* として挙げた och について「この *stem*, 実は *root* は , 能動動詞オトス to drop（一活）の場合のように実際は ot である。しかし母音 i の前では子音 t は音韻調和して ch に変わる。」と注を付けている（¶ 225）。

Root については、動詞構成成分の一つであるとして、コマリマシタを例にとり、komarimashita のうち kom が *root*、アル（to be）ar（u）がついた komar が *stem*、さらにそれに未詳の接尾辞 i が付いた komari が動詞の *indefinite form* で、これは一種の *participle*（分詞）とか *gerund* というべきも

のとして base にもなり、一定の接尾辞が付くが、この例の場合は原義 to be のマシと過去のしるしのタが付いていると説明している（¶ 221）。また、サマス・サメル・サムイ・サム（ビ）シイの sam または sab を *root* とし（¶ 222）、それが他動詞的、自動詞的な動詞に分かれる前の共通部分であるという説明もしている（¶ 321）。

Indefinite form はぴったり対応する語が西欧語にはない形で、「それだけでは時制も叙法もないが、文脈に応じてどの時制でも叙法でも表すことができる。」と言い、活用表も動詞では *indefinite form* used for all tenses という欄になっており、形容詞については *adverbial or indefinite* としている。また、書き言葉では、幾つかの節が関連し、後に続いて同じ時制や叙法を表す時には、話し手の考える時制や叙法を示す語尾になるのはこれら関連し合う節のうち最後の節の動詞あるいは形容詞だけで、それより前の節の動詞あるいは形容詞はすべて *indefinite form* になるというきまりであると例を示して詳しく説明している（¶ 278）。ただし「砕けた口語や低い階層の話し方では殆ど全く使わないということも認めなければならない。時にはこの言い方が、西欧語の場合のように、同時制の複数の文句で置き換えられることがある。が、不定形は動名詞に変わることのほうがずっと多い。」として、そのような節末の述語には *indefinite form* にテの付いた *gerund* が使われることが多いこと（¶ 280）、強調 *gerund* ではテがチャになること、否定表現では否定 base にズを付けた negative *gerund* になること（¶ 279）を説明し、*indefinite form* は名詞として使われるほか、複合語を作るのに使われることも多いこと、英語の〜 ing 型名詞に似ていることも述べている。

Infinitive についての言及は多くない。

「日本語の動詞を示すのには , 英語 , ラテン語など大抵の西欧語のような不定詞ではなく , ギリシャ語のように現在形をいうのが普通だということをちょっと言っておこう。たとえば , ウル to sell, ヨロコブ to be glad, ネル to sleep, コシラエル to prepare, オチル to fall, キル to wear と言う。しかしウルには to sell という *infinitive* の意味はない。少なくとも一

般的にはあるいは正確にはその意味はない。これはI（又はyou,theyなど）sellの意である。日本語には英語の*infinitive*の意義に厳密に対応する形は無いのである。」（¶ 226）

と言い、西欧語のような*infinitive*ではなく、ミル　コト　ガ　デキマセン、ミタ　コト　ガ　ナイのように、コトを動詞現在（過去）形に付けて代用すると述べる（¶ 277）。また、例文タットキ　ヲ　タットビ、カシコキ　ヲ　カシコミ、オソルベキ　ヲ　オソレル　ホカ　ナシで、*indefinite form*タットビ、カシコミは確定現在形オソレルと対等に用いられているので*infinitive mood*と考えなければならず、オソレルは英語の*infinitive*にあたることになると述べている（¶ 278）。

② <u>*Simplified*</u>（Chamberlain）

ここでも最も多く言及しているのは*stem*と*indefinite form*である。活用語の章の冒頭で活用の目的について次のように述べている。

「日本語形容詞（あるいは動詞）の活用の目的は、第一に：その形容詞（及び動詞）の働きが修飾か叙述か不定か断定かを示すことであり；第二に：時制と叙述態度（ムード）の区別を示すことである。」（p.39）

そして、*indefinite form*は時制も叙法も持たないのが本質的な特徴で、そのため文の最後まで行かないと時制や叙述態度が分からないことにもなるなど、どの時制にも使える一般的な形であること、形容詞では*stem*にクの付いた形が*indefinite form or adverbial form*（副詞形）であることなど（p.40）、内容はほとんど①と重なるが、形容詞の*stem*については、複合語と時には感嘆文だけに用いられること、メズラシのようにシ・ジで終る語は*stem*がそのまま終止形になることを述べ（p.41）、動詞の*stem*自体は変化せず変化語尾を付けて活用とすると述べている（p.49）。また、クル to comeの*stem*はk、ナル to beは*stem*がnar、*indefinite form*と*gerund*がニテであり、ウル（得）to getには*stem*がないとしている（p.72～74）。

*gerund*は①と同じくテの付いた形を挙げ、否定態では*indefinite form*が代りになること（p.66）、ニ又はヲと動詞からなる複合後置詞中の動詞は

gerund または *indefinite form* であるとしてニ　オイテ・ト　シテ・ヲ　モッテなどを例示する（p.35）。さらに *indefinite form* を *root* と呼ぶのは誤りで、語形変化せず、どの語尾にも接続する動詞・形容詞の部分は *stem* と呼ぶ方が適切であり、サムルの sam という *stem* のように実際の *root* と一致する場合もあるが、多くはサマスの samas のような長くなった形であると述べる（p.47）。

Infinitive については後置詞トが接続するとしてナシ　ト　オモウなどを示し（p.27）、①と同様に、日本語の動詞にはそう称すべき形はないが、コトを付けて代用すると述べる（p.66）。さらに形容詞・動詞の修飾形はコトの有無にかかわらず英語の抽象名詞、*infinitive, past participle* に相当することがあるとして、シンポスルまたはシンポスルコト progress, to progress, making progress を例に説明している（p.85）。

③ *<u>Spoken</u>*（Aston）

Stem に関する言及が多く、次いで *root* と *indefinite form* がやや多い。

Stem はカシ（to lend）　タベ（to eat）　ヨミ（to read）　ヨビ（to call）　アリ（to be）　キ（to come）　シ（to do）などを活用表に掲げる。動詞・形容詞の *stem* はさまざまな語尾を付ける base として、また名詞・形容詞・動詞とともに複合語の成分として用いられるほか、そのまま名詞として用いられることも多い（§ 46）が、その場合はノコルとノコリ、カクスとカクシ、シロイとシロのように、元の動詞・形容詞よりも具体的な意味になると述べる（§ 12）。関連し合う節のうち最後のものを除いてそれより前の節の動詞または形容詞はすべて *stem or indefinite form* になるとする点は①②と共通している。*stem or indefinite form* はチェンバレンのいう所を取入れてそれ以前の版で使っていた *root* を言い替えたもので、実際には *root* でもあるのであって、カス to lend の活用表ではカシ kashi を *root* としているが、末尾の i は語尾というわけではなく語尾は必ず母音で終わるという日本語の規則のために付け加えられたものなのだと説明している（§ 46 注）。なお、活用表には単に *stem* とだけあって *stem or indefinite*（*form*）とは記されていない。*Stem* は非常

に重要な文語の決まりであるが、口語にもよく使われると言い、

イロ　シロク、ハナ　スジ　トーリ、ヤマガ　ニ　ワ　マレ　ナ　オンナ

という例文で、形容詞の *adverbial form*（シロク）と動詞の *stem*（トーリ）が構文論的には同じ意義を与えられていると指摘しつつ、普通の会話では別の言い方をすることが多いと付け加える（§ 82）。

Indefinite form はそれ自体のムード・テンスを持たないことから付けられた呼称で、否定形の場合はズの付いた *participle* が *indefinite form* であること（§ 46）、また例えばカシ　テという形は古語動詞ツル to finish の *stem* テの付いた past *participle* であること、past *participle*・negative *participle* は時に *stem* 同様に名詞として用いられることもあり、また *indefinite form* の構文法の決まりに従うことにもなるということを述べている。さらに §47 で past *participle* という語はこの形だけではなく、現在分詞を言うこともあり、時制にかかわらず後の動詞の動作の態度を言う場合もあるのであるから、異論がないわけではないとしている。形容詞の *indefinite form* については *adverb* にテの付いた形として取り上げている。さらに、*participle* では、キテは coming, having come のように現在・過去どちらも用いられ、シッテ　ノ　トーリのように名詞として、またマッテ　オルのように *indefinite* として使われると例を示している。

Root については、先述のように *stem or indefinite form* と言い換えてあるとして索引には出てこないが、カソーの kas、マッタの mach のような形を *root* とする説明が、膠着とは別の日本語の動詞の緊密な結合を示す例として取り上げられており（§ 38）、さらに代名詞的単語の項でイカガ・イカニ・イカホドなどのイカをも *root* としている（§ 29）。

Infinitive についての言及はほとんどない。

④ *Written*（Aston）

当資料では *root* についての言及が最も多い。*Indefinite form* や *infinitive* という文言は見られず、*stem* もほとんど見られない。

緒言でまず動詞の *root* は変化しないこと、にもかかわらず母音ア・イ・ウ・エが付くのは、日本人には mat（待つ wait）・tab（食ぶ eat）のような形はまったく知らないもので、それらの母音が root と別のものとは思われないからであり、*root* とは別の助辞と区別するために付けていると述べている。さらに *root* は主要な和語の漢字表記部分に当たるとしているが、イニシへのイニをイヌルの *root* として例示するのと並べてアカツキのアカを元の語を示さずに clear, bright の意の *root* としている（p.32）ことは注目される。

Root については、形容詞の *root* にミという音を加えて作られたように見える抽象名詞は、例えば形容詞タカイ high の *root* タカを含むタカミ height が動詞タカム to be high の *root* であるように、動詞の *root* から形を変えることなく転じたものであり、古い文学ではこれらの名詞が動詞の *root* としての本来の機能を十分に保持していると見ている（p.42）。

このように、そのまま名詞として使われ、また複合語を作るのに使われるのは動詞・形容詞の *root* であるといってノリモノ・ミヅイレの例を挙げ（p.45）、活用表（p.81）の *root* 欄にカシ（lend）・タベ（eat）・ミ（see）・アリ（be）・キ（come）・シ（do）・ヨ（good）・アシ（bad）を挙げる一方、ソはソレ that の *root* であるともいう（p.57）。形容詞の *root* にシを付けると言切り形になるが、*root* がシで終わる語には付けないこと、形容詞の *root* 末の母音を e に変えて作る抽象名詞があること（アカキ→アケ、クラキ→クレなど）（p.45）、動詞の *root* にアルを付けると、現代の書き言葉ではイヘル（イヒ＋アル）to have said のように完了形になること（p.88）を指摘している。おなじ *root* からできた他動詞・自動詞のような別語があることにも言及している。

また、日本語には、一文中の関連節の活用語すべてに及ぶはずの語形変化は最後のものだけが行い、他の先行語は *adverbial form* にするという決まりがある（p.83）が、これは接続詞があまりなく、*participle* を多用するというウラルアルタイ語族共通の特徴にも通じるとも言い（p.1）、動詞では *root* と同形、形容詞ではクの付いた形になると言う。*adverbial form* にはハヤク（ハ

シル）、ハシリ（キタリ）などの例を挙げている（p.83）。

participle については次のように述べている。すなわち、to finish の意を表すツルの活用のうち、近世になると、使われるのはテだけになる。古語のテ シマフの意味は失われ、テがついている動詞の行為はその文の主動詞の前あるいは準備の行為とみなされることを表すだけになった；つまり past *participle* であるというのである（p.149）。

⑤ *Elementary*（Baba）

Root, stem, indefinite form には言及していない。また活用表という形をとっていない。特徴的なのは *infinitive mood* 不定法・*infinitive* 不定詞についての部分である。

Infinitive mood は動詞の 5 種のムードの一つとして Indicative, Potential, Subjunctive, Imperative とともに挙げ、人称や数に関係なく動作を表すと述べている（p.10）。3 種の動詞の活用表でも、単数、複数を問わずどの人称にも同じ形が使えるので一人称の例のみ挙げるとし、それぞれイク　コト、ミル　コト、クル　コトを例示する（p.14）。さらに構文法の決まりとして、動詞は他の不定法の動詞を支配するもので、能動動詞に支配されている場合や名詞として使われている場合は格の記号ガ・ワ・ヲはワタクシ ワ サケ ヲ のむこと ヲ コノミマセン I do not like to drink *sake*, or spirit of rice. のように動詞不定法の単純形に付けるが、中性動詞に支配されている場合は、ワタクシ ワ みに（又は）あそびに イキマス I go to see（something）or amuse myself. のようにそれぞれ u または uru, ru を取り除いて代りに i または ni を付けると述べる（p.23）など、一般的な日本語文法とは多少異なるとらえ方が見られる。

Infinitive については、present *infinitive* の語尾によって動詞は u, ru, uru の 3 種に分けられると述べる。それぞれスク to like・カンガエル to think・スル to make を例に挙げ（p.11）、上記 5 種のムードに従って過去・現在・未来の単・複形の例文を並べている。この場合の *infinitive* は辞書の見出しのような性格の語を言うと考えられる。

⑥ *Dictionary*（Hepburn）

Infinitive, infinitive mood については言及がない。

形容詞の *root* については、*root* に i, ki, ku, shi が付いて文中の他の語との関係や性質が示されると述べている（xv）が、活用表では yokari（肯定）、yokarazu（否定）を root ではなく *indefinite* として載せている（xvii）。

動詞については *root form* は名詞でもあり、時制は中立、すべて i または e で終ると述べ（xx）、例として kiki（to hear）, age（to raise）, mi（to see）, shi（to do）, ki（to come）を挙げる。動詞でも活用表には肯定態・否定態を示し、肯定態では *root and indefinite* の欄に、否定態では *indefinite* の欄にそれらの語形を載せてある。複合動詞についてもその第一要素は *root form* で、ヌスミ - トル、カミ - キルのように、後の語に対して副次的な意味になるという（xxvi）。

また動詞の *root form* や形容詞のキあるいはクで終わる形では文が終わることはないとし（xiv）、形容詞の *root* にクの付いた形を *adverbial or indefinite form* と呼んでいる。

なお、当資料の *root*（*form*）は「訳語総索引」では「原形」あるいは「語幹」、*root and indefinite form*・*indefinite form* は「不定形」あるいは「原形」と訳されている。

Participle についても述べている。活用表にはキキテ（hearing, having heard, by hearing）、キカデ（by not hearing, without hearing）を present *participle*（*pre.pr*）or adverb（*adv.*）として挙げて、イソイデ　ユキ - ナサイ、ミテ モ　ヨイカ？アメ　ガ　フッテ　クルなどの口語の例文を示している（xxvii）。さらに動詞の *participle* からはセメテ、サダメテ、ハジメテのような副詞や副詞句が作られるとも述べている（xxxi）。

5　各資料における用語の用例・見解および特徴など

（①②③などは資料番号を表す）

5－1

初めに活用表に挙げられている語を中心にいくつかの語形を取り上げるこ

とにする。(ローマ字書きで読める場合はカタカナで表記。×は該当する形なしの意、(　) 内は原文に挙げてある英単語)

(1) *Stem*：

①形容詞－タカ (high)・サム (cold)・ヨロシ (good) など。

動詞－ ur (to sell)・manab (to study)・shima (to finish)・yom (to read)・kog (to row) など。

②形容詞－ハヤ (early)・ナ (non…existent)・ヨロシ (good) など。

動詞－ yuk (to go)・sug (to pass)・mi (to see)・k (to come)・nar (to be)・×(得る to get) など。

③形容詞－ヒロ (wide)・ナガ (long)・ヨ (good) など。

動詞－カシ (to lend)・タベ (to eat)・キ (to clothe)・ミ (to see)・キ (to come)・シ (to do) など。

(2) *Root*：

① kom (to be in trouble, to stuff into, etc.)・sam (to cool, to fade, cold, etc.)。

② sam (to grow cool)。

③ ika (how)、kas (to lend)・mach (to wait)・ar (to be), yo (good)・waru (bad)・atsu (thick) etc.

④カシ (to lend)・タベ (to eat)・ミ (to see)・キ (to come)・シ (to do), ヨ (good)・アシ (bad)。

⑥シロ (white)・サム (cold), キキ (to hear)・アゲ (to raise)・ミ (to see)・シ (to do)・キ (to come)。

(3) *Indefinite form*：

①タカク (high)・ヨロシク (good)・サムク (cold)、ウリ (to sell)・ネ (to sleep)・オチ (to fall)・ミ (to see)。

②ハヤク (quick)・ナク (non…existent)・ヨロシク (good)、ユキ (to go)・ホメ (to raise)・スギ (to pass)・ロンジ (to discuss)・エ (to get)・ウレエ・ウレイ (to grieve)。

③ヒロク・ヒロー (wide)・ハヤク・ハヨー (quick), カシ (to lend)・タベ (to eat)。

⑥シロク（white）・ヨカリ・ヨカラズ（good）、キキ・キカズ（to hear）・ミ・ミズ（to see）。

（4）*Gerund*：

①オイテ・オカズ（to put）・タベテ（to eat）・ヒエテ（to be cold）、クラクテ（dark）・トークテ（far）。

②スギテ・スギズ（to pass）・ニテ（to be）・シテ（to do）・オイテ（to place）。

（5）*Participle*：

③（past）カシテ（to lend）・タベテ（to eat）・イッテ（to go）・シテ（to do）

④サキテ（to open）・ミテ（to see）・スギテ（to pass）。

⑥（present）キキテ・キイテ・キカデ・キカナクテ・キカナイデ（to hear）。

（6）*Infinitive*

①オク（コト）・オイタ（コト）。

②ナシ（ト オモウ）。

⑤イク（コト）・ミル（コト）。

5－2

活用表及びそれに準ずる形の欄にある分類項目：（形：形容詞に適用されているものをとりたてて示している場合を示す）

① *stem, indefinite*（形 *adverb or indefinite form*）*, gerund.*

② *stem, indefinite, gerund,*（形 *adverb or indefinite form*）*.*

③ *stem*（*stem or indefinite form*）*, past participle.*

④ *root,*（形 *adverb form*）*.*

⑤活用表　ナシ。

⑥ *root*（*root and indefinite form*）*, indefinite, present participle,*（形 *adverb or indefinite*）*,*（形 *present participle or adverb*）*.*

5－3

機能・特徴として言及されている項目：

(1) それだけでは時制も叙法もないが、文脈に応じてどの時制でも叙法でも表すことができるもの。

①②③とも *indefinite form*

(2) 幾つかの節が関連し、後に続いて同じ時制や叙法を表す時には、話し手の考える時制や叙法を示す語尾になるのはこれら関連し合う節のうち最後の節だけで、それより前の節のすべての動詞あるいは形容詞が取る形。

① *indefinite form*

② *indefinite form or adverbial form*

③ *stem or indefinite*

④ *adverbial form*

(3) 語形変化せずどの語尾にも接続する部分。

②③ *stem*

④ *root*

(4) そのまま名詞となり、また複合語の成分になる。

① *stem*

② *stem, indefinite form*

③ *stem or indefinite form*

④ *root, adverbial form*

⑥ *root form*

(5) 他動詞と自動詞という別の語に分かれる元になる。

① *root*

② *root*

③ *root*

④ *root*

5－4 まとめ[2]

以上様々な点から検討資料について見てきた。多くの資料に共通していることも少なくないが、著者による用語の違い、とらえ方の違いもかなり見られる。

Stem では Chamberlain と Aston の表示のしかたに違いが見られる。形容詞についての異同はない。しかし動詞については末尾の母音を *stem* として認めるかどうかという違いがある。Aston の口語文典にそれ以前の版の *root* を *stem or indefinite form* と言い換えることにしたと述べているが、部分的には言い換えが及んでいない場合も見られ、根本的には日本語の活用語尾に対する解釈に多少の違いがあったようである。

これは *root* に関しても見られることで、Chamberlain が多くの同根の単語を並べてそれらに共通する部分を子音までとしているのに対し、Aston は特に文語文典では動詞・形容詞とも母音部分までを *root* として取り上げている。これは Hepburn の辞典でも同じだが、こちらは動詞では *root and indefinite* と表示されている。

Indefinite (*form*) については取り上げている諸資料に異同はない。ただ、上の *root and* 〜のように他の用語と組み合わせて用いている例が見られる。①では形容詞の活用表に *adverbial or* 〜 (簡略形は *adverbial*) としており、動詞については *indefinite form of the verb* としている例も少なくない。②では形容詞について *indefinite or adverbial form* と記している。③では動詞の場合 *stem or indefinite form*, 形容詞には *adverb or indefinite form* といっている。⑥も形容詞には *adverbial or indefinite form* (簡略形は *indefinite*)、動詞肯定形には *root and indefinite form*、否定形は *indefinite* としている。このように *indefinite form* は形容詞の場合と動詞の場合で用法に違いがあるという認識が広く存在したことがうかがわれる。なお、動詞で *indefinite form* と並称されている③の *stem* と⑥の *root* についてそれぞれの項を見ると、それぞれ同じ語が挙げてあり、いずれも *indefinite form* という呼び方よりも重点はそちらにあると考えられていたのではないかと思われる。

Gerund と *participle* は動詞・形容詞＋テという同じ形が資料によって呼び方が分れる例である[3]。⑥では否定の形も例を挙げてある。③で Aston は「一つの文で二つ以上の節に同じ叙法や時制の動詞がある場合、その叙法や時制に特有の語尾になるのは最後の一つの動詞だけで、前にあるもの

はすべて *stem* あるいは、それ自体の叙法や時制を持たないことから名づけられた *indefinite form* になる。否定形の場合、*indefinite form* は、ズの付いた *participle* になる。」と述べ、past *participle* という語については、決してこの形だけに使われる語ではないのだから異論がないわけではないとしており、*participle* と *stem* あるいは *indefinite* との性格・用法の近いことを示唆している[4]。①で Chamberlain も *gerund* について past *participle* とよぶこともあると記し、また、コマリを例にとって「*root* kom に ar（u）アル to be が膠着して *stem* komar ができ、これに説明しようのない接尾辞 i がついて動詞の *indefinite form* になる。これは一種の *participle* 或いは *gerund*」だと言い、*indefinite form* の代りに *gerund* が使われることが多いとも述べている。やはりテの付いた *gerund* が *indefinite form* ときわめて近い性質であると認めている。名称は異なっても性質・用法には重なる部分が多いことを表わすと見てよいのではないか。

Infinitive に対してはどの資料もそれに対応する日本語がないと見る点で一致しており、馬場辰猪だけが動詞のムードの一つとして活用表に入れている。しかし数・人称を問わない形で示しながら、*infinitive* mood の動詞は他の動詞に支配されるといって、先述のようにアソビ　ニ　イキマスのような例を挙げている点、*gerund* あるいは *participle* とかなり近い性質と見ているように思われる。英語の *infinitive* に近いのは日本語の場合辞書の見出しのようなものではないだろうか[5]。

以上のようにまとめてみると、*stem, root, indefinite form, gerund, participle* がどれも関連しあっている形であり、活用語でありながら活用という機能を越えてかなり柔軟な用いられ方をしていると考えられていることが認められる。機能や特徴という点から見ても、資料によって *stem, root, indefinite form, adverbial form* が様々な組み合わせで取り上げられている。さらに、他動詞と自動詞に分かれる元になる形を①から④までのいずれもが *root* としていることから推測されるように、これらの用語が必ずしも限定的・確定的な用法を表わすものとはいえないことを示しているのではないか。

6　終りに

日本語と大きく異なる文法的な特徴を持つ英語から見ると、資料の著者として日本語の姿には明確な区別の付けがたいところが少なからずあるように考えられ、どの点に焦点を置くかによって用語の内わけも変わってきたのであろうと思われる。それを一定の語で機械的に置き換えることにはためらいを覚える。かといってその場に合わせて用語を変えて用いては無用の混乱を招くことになるのは明らかで、とるべきではないと言わざるを得ない。『国語学辞典』の「語幹」の項で「日本語の場合、特に用言において、その活用語尾を取り除いた不変部分（「あるく」「うつくしい」「にぎやかだ」など）を言う」と阪倉篤義氏が述べておられるように、活用語尾部分はもちろん不変部分ではないが、ローマ字で綴ると、「あるく」の例でいえばaruk までが不変部分ということもできるので、動詞については特に意見が違ってくる。Aston の文語についての「動詞の *root* は変化しないこと、にもかかわらず母音ア・イ・ウ・エが付くのは、日本人には mat（待つ wait）・tab（食ぶ eat）のような形はまったく知らないもので、それらの母音が *root* と別のものとは思われないからであり、*root* とは別の助辞と区別するために付けている」という考え方も納得できないものではない。また彼の「*root* は主要な和語の漢字表記部分に当たる」としているのは上記阪倉氏の解説中の宣命書が語幹に対する認識を示すという文言に通じる見方ということができるのではないだろうか。また、一組の自動詞と他動詞に近い対になっているものの共通部分を root という場合、母音の付かない形であることが多い。日本語の「語幹」は用言について言うことが多いようで、そこから様々な語形に展開していく元になる形とも言えると考えるが、「語根」は、国語学辞典の阪倉氏の解説のように、用言に限らず音形や意味で共通している最小の単位を取り出していうもので、そこからの展開を見ると言うより様々な語から導き出される形ということになるのではないだろうか。

「分詞」・「動名詞」については国語学辞典に「participle　形容詞の機能を持つ動詞の不定形（non-finite）をいう。不定動詞とも。名詞の機能を持つ動名詞（gerund）および不定詞（infinitive）とともに準動詞の名で総称せられる。」（大塚高信氏）という解説がある。しかしいずれも日本語文法には通常用いられない用語で、一般に通用する概念とは言えないだろう。

日本語に特有な形や用法を英語の文法用語で的確に分析し説明することが著者諸氏にとって簡単なことでなかったことは、互いの著書や論文・助言などを参考にしたと述べていることからも明らかである。言語学の専門家として来日したわけではない人々であればなおさらであろう。しかし英語の概念に対応する訳語を確定するのは困難であるとしても、日本語の文法に必ずしもなじまない考え方に基く用語・用法であることをわきまえた上で、できるだけ用語を統一しておくことができれば、日本語の研究のためにも意味があるのではないかと考えている。

注

1　日野資純「馬場辰猪の『日本文典初歩』と、それに影響を与えた英文典」（静岡大学人文論集 1971）によればアメリカの言語学者ホイットニー W.D.Whitney にあてた書簡の形でまとめられたもので、1873 年 Education in Japan: A Series of Letters. としてニューヨークで刊行された。

2　約 100 年後の解説である The Concise of Oxford Dictionary 1982 の各項目は以下のように記述されている。

Stem：Part of noun, verb, etc. ,to which case-endings etc. are added, part that appears or would originally appear unchanged throughout the cases and derivertives of a noun, persons of a tense, etc.

Root：（Philo）Ultimate un-analysable element of language, bases（whether itself surviving as a word or not）on which words are made by addition of prefixes or suffices or by other modifications.

Gerund：1 form of Latin verb（-ndum -ndi -ndo）serving as cases of infinitives used as noun, construed as noun but able to govern object etc. like the verb. 2 English verbal noun in -ING when used distinctly as part of verb.（What is the use of my scolding him?）

Indefinite：not determining the person, thing, time, etc. ,referred to;（of tense）denoting an action without specifying whether it is continuous or complete（eg.past）

Participle：verbal adjective qualifying noun but retaining some properties of verb, e.g. tense and government of object, as qualifying here（also used in compound verbs: *is going, has gone*;）

Infinitive：（verb-form）that express verbal notion without predicating it of any subject（e.g. ask, to ask）

3　root にテの付いた形について、Ernest Satow は『会話篇』第Ⅱ部ノートで、活用表は主として Aston の採った原則にならったとしながら、Aston はこの形を *root or adverb* とよんでいるが自分は *adverbial form* と呼ぶことにしたと述べ（同書の刊行 1873 年以前に出版された Asotn の「文語文典」は初版（1872）ということになる）、さらに大多数の著者がこのかたちを *gerundive* と呼んでいることにも触れている。Satow 自身は活用表の root 欄・participle 欄にそれぞれキ・キテ to come、オモイ・オモッテ to think などの形を載せている。

4　*participle* について、Satow は Aston がその名称にした理由の重要であることを述べ、past *participle* でも present *participle* でもそれを使うと英語にするのが簡単なのだから残しておく方がよいだろうと言い、彼の活用表では肯定形 *participle* はキテ、否定形 *participle* はコズ、コズニ、コズシテ、コナクテ、コナイデなどを挙げている。

5　しかし、日本語に infinitive mood 不定法に近い語法がないとは言えないように思う。例えば､｢小泉総理大臣が沖縄から戻ったのを待って 6 時 20 分から（閣議が）開かれました」（2003 年 5 月 17 日 NHK ニュース）という文に違和感を感じるとすれば､｢待って」の前に「戻った」という過去形があるせいであろう。これを「戻る」という形にするとすればこの「戻る」は不定法と言えるのではないだろうか。

参考文献

1　馬場辰猪「『日本語文典』序文」（筑摩書房明治文学全集 12）

2　三沢光博「馬場辰猪の『日本文典初歩』に就いて」（日本大学国文学会「語文」第三輯）

3　金子尚一「馬場辰猪の“日本語文法”」（共立女子短大文科紀要第 25 号）

4　ビー・エッチ・チャンブレン「日本小文典」（明治 20 年 4 月文部省編輯局）

5　*A Simplified Grammar of the Japanese Language*（Modern written Style）Revised Edition（Colonel J・G・Mcilroy（シカゴ大学出版））

6　Ernest Satow *KUAIWA HEN*（LANE, CRAWFOR & Co. 1873）

7　屋名池誠「外国人の日本語研究」（放送大学言語文化研究Ⅰ「国語国文学研究の成立」）

8　中川かず子「外国人による日本語文法教本の研究 W・G・Aston 著『日本文語文典』を中心に」（北海学園大学人文論集 2003.3）

明治中期・後期の旧制中学教科書における学術用語

――『哲学字彙』編者が執筆した専門書と教科書――

真　田　治　子

1.『哲学字彙』収載語彙の定着

明治初期の学術用語集『哲学字彙』(井上他 1881) は、哲学だけでなく学術全般に関する対訳用語集である。三版二刷まで版を重ねており、改訂増補版 (再版) (井上他 1884) の前書きには初版が短期間で売り切れたことが書かれていることから、当時の学界への影響も大きかったと考えられる。改訂増補版は奥付では東洋館が出版元になっているが、実際は東洋館、集成社、冨山房と発行元が 3 社にわたって引き継がれており[1]、それほど『哲学字彙』は当時人気のある本であったことが推測される。

特に初版は当時の若い知識人たちが、いわゆる「お雇い外国人」による外国語での教科書とする勉強の過程で、訳語選定の必要性から編集したものとされている。従って対訳は当時揺れのあった訳語から選定されたものや編者の造語が混在している。日本語学研究ではその索引 (飛田 1979, 1980) によって広く知られるようになった。この用語集に掲載されたことが訳語定着の一因になったと考える研究もある (手島 2002a, 2002b, 真田 2002a)。

これらの語はわずか 150 年ほどの間に、現代日本語の基本的部分に深く浸透していったと見られている。例えば『哲学字彙』初版に収載されている語で、1960 ～ 1990 年代の雑誌 90 種・新聞・テレビの語彙調査で高頻度だった 2 字漢語には表 1 のようなものがある。また現代の中学・高校の理科・社会の教科書との照合でも「細胞」「原子」「神経」「同盟」「人口」など、現代の中等教育に必要な語として定着していることがわかっている (真田 2005)。

表 1. 1960 ～ 1990 年代の雑誌 90 種・新聞・テレビで高頻度であった『哲学字彙』初版に収載の 2 字漢語の例 (真田 2002b)

一般	関係	教育	経験	結構	元気	現在	工業	最後	資本	事実
時間	時代	自動	自由	社会	主義	状態	人間	世界	政治	政府
絶対	選挙	程度	電気	動物	必要	不動	普通	問題	利益	

そこで本稿では、『哲学字彙』の編者が、その後、どのような語彙を用いて専門書や教科書を執筆したかということに着目した。専門書は学生や知識人に向けて書かれたものであるが、当時の知識人は旧制中学の教科書も数多く執筆していることから、このような旧制中学の教科書は、高等教育課程に進まない若い世代にも大きな影響を与えたことが推測される。従来、旧制中学の教科書の研究では、特に教育学の立場からその知識や思想の影響について研究がなされてきているが、語彙的な調査・研究は見られない。現代日本語の中学・高校の教科書の語彙調査（国立国語研究所 1983/1984, 1986/1987, 1989）のように、明治中期・後期に「どのようなことばを用いて若い世代に新しい学問の教育を行ったか」という調査は、現代日本語の語彙の形成過程の分析に必要であろうと考えた。明治中期・後期の旧制中学での新しい用語を使った教育は、その後の専門用語の一般化や社会への定着に大きく貢献したのではないかと思われる。

また『哲学字彙』の編者の一人である井上哲次郎（1856-1944）は、1884（明治 17）年のドイツ留学から、一部断続的ではあるものの、生涯にわたって日記をつけており、その中で自身が執筆した著書や教科書の検印数を詳細に記録している。この検印数は著書や教科書の発行部数を推定する目安となる可能性が高く、その影響を側面から推し量ることができるだろう。

2. 明治中期・後期の専門書における学術用語

幕末からの西欧の学問文化に対する探求の流れを受け継ぎ、明治中期以降、『哲学字彙』の中心的編者であった井上哲次郎も含め東京大学等で学んだ知識人等によって、欧文学術書の翻訳や理論を解説する論文・専門書が一層多く出版された。近代の学問の発達や西欧文化吸収の気運の高まりとともに、西洋の学問を大学や塾で系統的に教える環境が一層整ってきたこと、書籍の形態が和装本から洋装本に代わり書籍の流通の状況も一段と整備されてきたことなどの社会的背景も要因であろう。上述の『哲学字彙』はその

後の学術用語の訳語に与えた影響が大きかったと言われているが、『哲学字彙』の編者が出版した翻訳書・専門書と『哲学字彙』との直接的な訳語の継承関係に関する研究には下出（1925）、鈴木（1996）がある。下出は社会学に関連した術語を中心に、有賀長雄がスペンサーの理論を解説した『社会学』（有賀 1884）と対照し「之等（筆者注：『哲学字彙』収載の術語）の言葉の多くが、スペンサーの社会学を説くに最も多く使はれた」（下出 1925:74-75）、鈴木（1996）も『標註斯氏教育論』（有賀 1886）と『哲学字彙』の関係について「『哲学字彙』等によって新しく示された訳語については改めている」（鈴木 1996:35）としている。どちらの研究も『哲学字彙』という対訳用語集の編者が実際にその術語を用いて当時の先端の学問を解説していることを報告している。

『哲学字彙』は東京大学を卒業したばかりの 20 代の若手知識人らによって編纂されたが、この編者が後に大学などで、新しい術語を用いて学生に新しい学問を講義する立場になったことを考えると、編者が執筆した専門書における語彙の状況をより詳細に調査する必要があろう。この調査については今後の課題としたい。

3. 井上哲次郎の日記「巽軒日記」に記載された著書検印数

当時の知識人の一部は、明治中期・後期以降に旧制中学の教科書も執筆している。これは専門分野と教科の関係によっても異なるようで、例えば国立国会図書館近代デジタルライブラリーでも物理、化学、経済、法制などの教科書は数多く見られるが、心理学や哲学は少ない。現在の高校と同様、中等教育に適した分野と、大学などより上の学校での教育に適した分野があるためであろう。この旧制中学の教科書は近代の学問の基礎を一般に広める役割があったと推測されるが、教科教育や教育史の研究で扱われることが多く、日本語史研究においてまとまった規模での語彙調査は管見では見あたらない。日比（2008）は自我実現説の流布経路を大学講義、雑誌記事、単行専門

書などに求め、さらに井上の「中学修身教科書」による影響を考察するにあたって1911年の中学校生徒総数を22万人超とし「かなりの規模の層が生産されつつあった」（日比2008:137）としている。

井上哲次郎は20代でドイツ留学を果たした時から亡くなる数日前まで60年にわたって日記をつけている。留学中の日記は「懐中雑記」（2冊）、その後の日記は「巽軒日記」と呼ばれている[2]。この日記には自身の内面を綴った文章はほとんどなく、日々の事柄が数行記載されている。このため哲学・思想関係ではこの日記は研究対象とは見なされていなかったようである。しかしこの日記には『英独仏和哲学字彙』刊行準備のための見出し語選定会議「哲学字彙の会」が井上主導で繰り返し開かれたことや出版社との校正のやりとりなどが記述されており（真田2009, 2011）、辞書成立過程や術語選定過程の重要な傍証となっている。

この「巽軒日記」の中で、井上は自身の著作の奥付検印枚数を詳細に記録している。井上の著作の奥付の状況から推察すると、当時の検印は印紙のようなものではなく、奥付頁そのものに捺されていたようである。井上は他の事項と同様、冒頭に白丸印をつけ、書名、巻数、出版社を挙げ、例えば以下のように記述している。

> ○倫理教科書総説の奥附千枚を金港堂に付与す、（1903（明治36）年1月19日条）

大抵の場合、その数日前に出版社からの来訪が記録されており、製本前の大量の奥付頁が持ち込まれていたことをうかがわせる。この、出版社に「付与す」という文言は井上哲次郎の旅行中にも記載されているので、おそらくは家人が奥付頁を受け取り、検印を捺し、出版社に渡して、井上に報告していたのではないかと思われる。教科書関係の一日の引き渡し数で比較的多いのは金港堂の中等修身教科書奥付17,000枚（1905（明治38）年2月5日条）である。

中学教科書の検印の記録は1901（明治34）年から始まるが、最初に記録されているのは高山樗牛と共著で執筆した『新編倫理教科書』（洋装本）で

ある。この前年、高山樗牛は夏目漱石らと共に海外留学を命じられるが、結核のため療養生活に入り明治35年末に他界している[3]。この二人の共著の教科書は『新編倫理教科書』（和装本）が早く、1897（明治30）年に出ているが、この本の検印に関する記録は日記にはない。翌1898（明治31）年には『新編倫理教科書』（洋装本）が刊行されていることを考えると、高山樗牛の療養のため1901（明治34）年から井上が検印を引き継いだ可能性が高い。

「巽軒日記」に検印数が記載されている中学教科書は、改訂版も含め次の11種にまとめることができる。

①井上哲次郎・高山林次郎（1898).『新編倫理教科書』（洋装本）巻上・巻下・総説, 東京 : 金港堂

②井上哲次郎（1902).『新編倫理教科書』巻1～巻5, 東京 : 金港堂

③井上哲次郎・大島義修《よしなが》（1903).『中等修身教科書』巻1～巻4・倫理編, 東京 : 文学社

④井上哲次郎（1903).『女子修身教科書』巻1～巻4, 東京 : 金港堂

⑤井上哲次郎・横井時冬（1904).『商業修身教科書』巻1～巻3, 東京 : 金港堂

⑥井上哲次郎（1905).『師範学校修身教科書』巻1～巻3, 東京 : 金港堂

⑦井上哲次郎・横井時敬《ときよし》（1905).『農業修身教科書』巻1～巻3, 東京 : 金港堂

⑧井上哲次郎（1911).『実業修身教科書』巻1～巻3, 東京 : 文学社

⑨井上哲次郎（1911).『実業修身教科書』上巻・中巻・下巻, 東京 : 六盟館

⑩井上哲次郎・藤井健治郎（1912).『教育勅語述義』東京 : 晩成処（「巽軒日記」には「勅語教本」と記載）

⑪井上哲次郎・藤井健治郎（1912).『戊申詔書述義』東京 : 晩成処（「巽軒日記」には「師範修身」と記載）

検印の記録が始まる明治34年から倫理教科書の部数のピークを過ぎたと思われる大正2年までの、中学教科書の検印枚数（巻ごと）をまとめたのが表2及び図1である[4]。明治30年代後半から毎年数万部あり、この期間だけでも累積部数は約63万部に上る。同じく井上の日記に記録された専門書の検印枚数が毎年、数十～数百部単位であることを考えると、この中学教科書の影響力は看過できない。例えば1911（明治44）年の検印数は約57,000部で、生徒総数22万人超（日比2008）から考えるとおよそ生徒4人に1人は井上の教科書に接していたことになる。

表2. 井上哲次郎の中学教科書奥付検印数（巻ごと）

	①金港堂・新編倫理教科書	②金港堂・中学修身教科書	③文学社・中学修身教科書	④金港堂・女子修身教科書	その他教科書⑤～⑪	計
1901（明治34）年	1,900					1,900
1902（明治35）年	2,000					2,000
1903（明治36）年	8,500	18,800	2,300	200		29,800
1904（明治37）年	2,465	17,199	18,800	12,000		50,464
1905（明治38）年	2,400	26,300	11,800	9,500	8,663	58,663
1906（明治39）年	1,350	36,050	19,314	10,980	1,900	69,594
1907（明治40）年	600	27,283	21,299	14,990	2,000	66,172
1908（明治41）年	400	17,960	15,190	18,879	3,990	56,419
1909（明治42）年	583	38,760	14,365	19,181	3,589	76,478
1910（明治43）年	260	24,850	11,100	16,530	2,600	55,340
1911（明治44）年	200	19,950	6,557	20,190	9,859	56,756
1912（明治45年・大正元）年		32,620	4,355	14,150	7,200	58,325
1913（大正2）年		22,980	4,350	13,345	6,200	46,875
総計	20,658	282,752	129,430	149,945	46,001	628,786

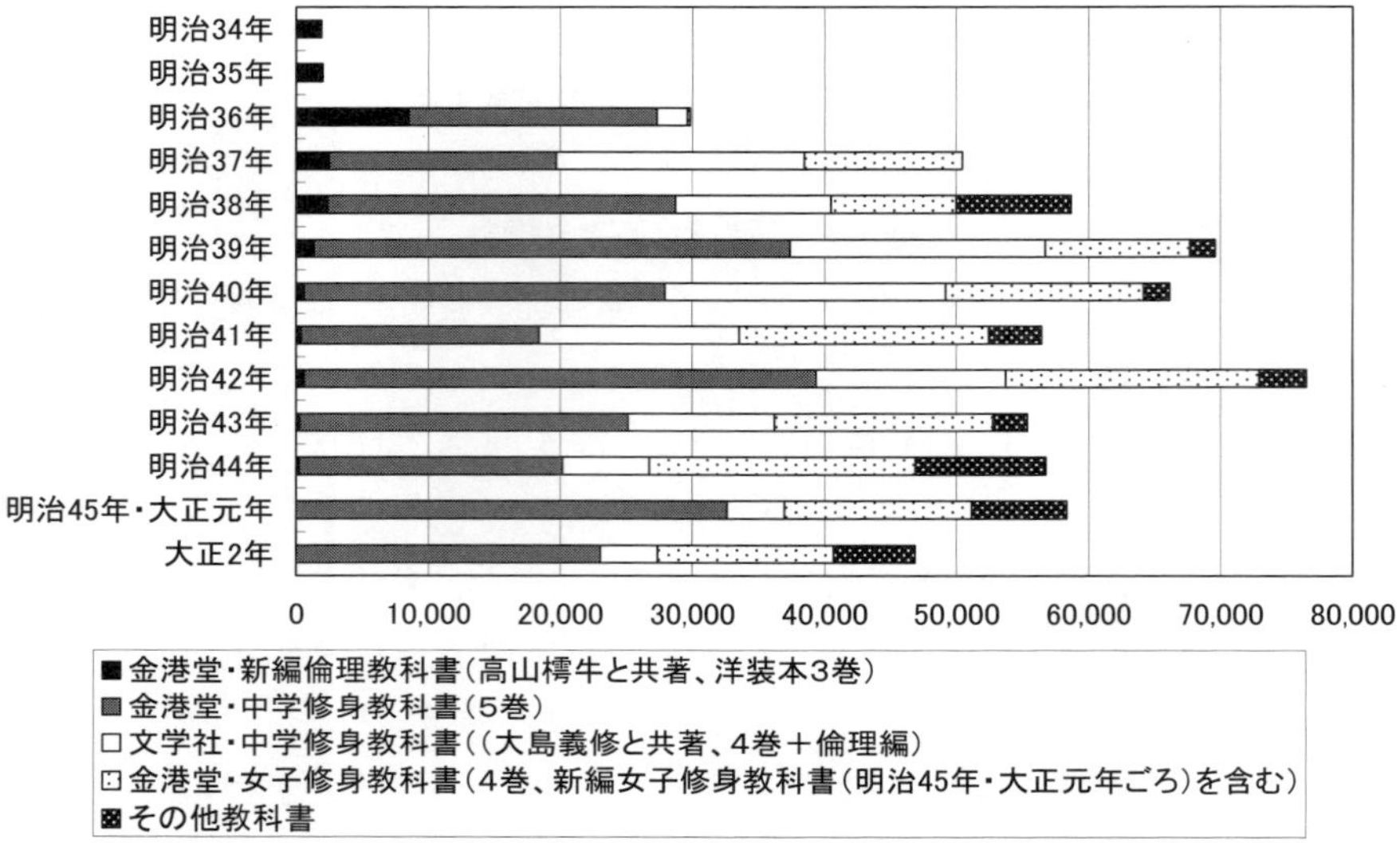

図 1. 井上哲次郎の中学教科書奥付検印数 (巻ごと)

4. 明治中期・後期の旧制中学教科書における学術用語

術語を選定した編者など当時の知識人が執筆した中学教科書でどの程度新しい術語を用いているかを調査した。今回は抽象概念を説明する学術用語の定着を観察するため、分野は、事柄や出来事を説明することの多い歴史や理科の教科書ではなく、抽象概念を説明することが多いと考えられる経済、法律、倫理、道徳を対象とした。著者は、『哲学字彙』の著者である井上哲次郎と和田垣謙三、及びその二人と同時期に東京大学で理財学を修めドイツに留学した添田寿一の 3 名が執筆した、以下の教科書 6 冊を選び、各教科書の冒頭 20 頁に出現する 2 字漢語の学術用語を、表 1 の調査と同じ条件で収集した。この 6 冊はその序文からいずれも旧制中学第 5 学年向けと思われるものである。そのため『新編倫理教科書』（井上・高山 1898）は総説の巻を、『新編倫理教科書』（井上 1902）は巻 5 を使用した。

①添田寿一（1901a).『法制教科書』東京 : 金港堂
②添田寿一（1901b).『経済教科書』東京 : 金港堂
③和田垣謙三（1902).『法制教科書』東京 : 文学社
④和田垣謙三（1901).『経済教科書』東京 : 文学社
⑤井上哲次郎・高山林次郎（1898).『新編倫理教科書』（洋装本）総説 , 東京 : 金港堂
⑥井上哲次郎（1902).『新編倫理教科書』巻 5, 東京 : 金港堂

経済、法律、倫理の各教科書に高頻度で出現した『哲学字彙』の学術用語を表 3 にまとめた。調査の結果、各教科に特有の語や教科の重要語句として教科書で示された語だけでなく、例えば「目的」「要素」「直接」「関係」「範囲」など、現在の日本語でも概念の性格や概念同士の関係性を示す語が、複数の教科で横断的に出現していることがわかった。このような語を駆使して抽象概念を説明することも、新しい学問の日本語での中等教育に役立っただろう。また、これらの語自体も複数の教科書で繰り返し使われることによって日本語への定着が促進された可能性が考えられる。

表 3. 旧制中学教科書における使用頻度が高い学術用語の例

6 冊共通	国家 法律 行為 時代 社会 国民 制度 国体 発達 必要 関係 人類 目的 倫理 人民 良心 農業 工業 作用 資本 範囲 時期 組織 意志 進歩 自然 命令
法制教科書（添田 1901a）	国家 制度 国民 時期 発達 国体 必要 人類 同一 範囲 封建 目的 利益 直接
経済教科書（添田 1901b）	時代 農業 工業 資本 発達 必要 利用 利益 方法 時期 組織 普通 主義 社会
法制教科書（和田垣 1902）	法律 国家 国体 人民 関係 命令 憲法 時代 範囲 規則 存在 集合 目的
経済教科書（和田垣 1901）	社会 人類 必要 時代 進歩 目的 組織 自然 発達 国民 人間 関係 区別 所有
新編倫理教科書 総説（井上・高山 1898）	国家 良心 社会 国体 法律 人民 国民 建国 教育 固有 関係 性質 行為 私慾
中学修身教科書巻五（井上 1902）	行為 倫理 作用 意志 良心 動機 活動 理論 法律 決意 結果 目的 要素 理想

5. 学術用語の現代日本語への定着の過程と経路

幕末・明治初期に当時の知識人が、西欧からもたらされた概念の対訳としての術語選定に腐心したことはよく知られている。このような人々は大学等で新しい学問を新しい用語で教授する傍ら、知識人や学生のために対訳用語集を編纂したり専門書を翻訳したりしている。しかし学術用語が現代日本語に定着し、その基本的な部分にまで浸透していくためには、広く一般の人々に用いられる語となるような過程と語の伝播の経路があったのではないかと考えられる。

その経路の可能性の一つとして今回の調査で見られたように、知識人らが日本語の学術用語を用いて中学教科書を記述したことで、より広い層に影響があったことが想定される。おそらく、大学で教授された知識を持って全国の学校に赴任した、弟子による授業も新しい概念や語の定着を促進させたであろう。

今日、大学での講義はほとんど日本語で行われていることからもわかるように、学術用語の伝播と定着は、近代に導入された学問分野の日本語による中等教育・高等教育を可能にし、これらの学問分野の抽象概念を日本語の用語で理解する層を広げる役割を果たしたと考えられる。

注

1 『哲学字彙』改訂増補版を出版した東洋館書店の出版物は創業者小野梓の病没（1886年）によって、東洋館書店と同じ場所（東京神田区小川町十番地）に赤坂亀次郎が設立した集成社に引き継がれたという（三田商業研究会 1909: 734）。

> 「同二十年春小野梓氏物故すると共に（筆者注・小野梓の没年は1886（明治19）年）其の経営に成る東洋館は遂に倒産せんとしかば、氏（筆者注・赤坂亀次郎をさす）は牟田口元学、藤田茂吉等の諸氏と謀り、同館の整理に任じ之を集成社と改め、自ら其社長となりて業務の拡張を図り、」（『慶応義塾出身名流列伝』）

「国文学資料館明治期出版広告データベース」（http:// base1.nijl.ac.jp/ ~meiji_pa/）には『哲学字彙』の広告が 11 件掲載されており、うち 1886（明治 19）年 3 月 21 日付東京日日新聞と 1886（明治 19）年 5 月 5 日付東京日日新聞の 2 件は集成社発兌となっている。集成社が『哲学字彙』を扱っていたことは、集成社が発行した他の出版物の巻末広告でも確認できる。1891 年以降は冨山房が改訂増補版の広告を出しており、これは東洋館書店で働いていた坂本嘉治馬創業の冨山房が『哲学字彙』の出版を集成社から引き継いだためと考えられる（真田 2009）。

2 「巽軒日記」のうち東京大学所蔵の 84 冊は、1893（明治 26）年 7 月 27 日〜 1896（明治 29）年 11 月 11 日の断続的記録 1 冊と、1900（明治 33）年 1 月 1 日〜 1944（昭和 19）年 12 月 5 日を半年ないしは 1 年ごとに 1 冊にまとめた 83 冊である。間の 1896（明治 29）年 11 月 12 日〜 1899（明治 32）年 12 月 31 日分は欠落している。文京区立ふるさと歴史館所蔵（小石川図書館より移管）の 3 冊は、半年で 1 冊ずつの形で 1922（大正 11）年 1 月 1 日〜 1923（大正 12）年 6 月 30 日のものである。欠落に関しては、明治時代末の 1 冊が現存せず、大正時代末の 2 冊と太平洋戦争中の 2 冊が戦災で焼失（酒井 1977）とされるが、「巽軒日記」1906（明治 39）年 7 月 13 日条には「明治三十二年（西暦一八九九）以来日々の事件を日記に録載す」と書かれており、本来は 1900（明治 33）年 1 月 1 日からの日記の前に 1 年分の日記が存在したと考えられる。

3 高山樗牛と井上哲次郎との関係については前田愛（2006）に言及がある。「巽軒日記」は一見、事実を淡々と記しているように見えるが、留学に同行した郷誠之助の記事が「懐中雑記」に全く記載されていないように（真田 2007）、井上哲次郎が特に関心を向けたものだけが日記に記録される傾向が見られる。高山樗牛については留学が中止になった後も高山来訪の記事が記載され、高山逝去の報も記録していることから、井上なりに高山樗牛のことを気にかけていたのではないかと考えられる。

4 検印数は、明治 39 年上半期と明治 40 年以降分については半期ごとあるいは年末に記載の合計数による。それ以外の年については日々の記載を集計し、半期ごとの合計の記述と照合した。明治 36 年 04 月 12 日条「○文学社に奥附八百枚を金港堂に五千四百枚を付与す、」の金港堂分は書名がないが、前後の数字の状況から見て新編倫理教科書ではなく中学修身教科書と推定される。

謝辞　以下の資料の調査に際して各機関のご協力を得たことを記して感謝申し上げる。「巽軒日記」「井上自筆ノート 2 冊」（東京大学史史料室蔵・文京区立文京ふるさと歴史館蔵）・「懐中雑記」（東京都立中央図書館蔵）。また本稿は日本語学会 2014 年度春季大会（於早稲田大学）70 周年記念シンポジウム「“学術日本語”の歴史と未来—大学教育国際化時代を迎えて—」における発表「明

治期の学術用語が一般化するまで」の一部に加筆・修正を加えたものである。ご意見を下さった先生方に記して感謝の意を表したい。

付記　本研究の一部は科学研究費（No.19520402・研究課題名 :『哲学字彙』にみられる近代学術用語の現代日本語への定着過程の検証、No.23520567・研究課題名 : 明治後期の学術用語の伝播・浸透と現代日本語への影響に関する研究）の助成を得た。

参考文献

有賀長雄（1884).『社会学』巻 1, 巻 2, 巻 3, 東京 : 東洋館 .
有賀長雄（1886).『標註斯氏教育論』東京 : 牧野善兵衛 .
井上哲次郎（1902).『新編倫理教科書』巻 1 ～巻 5, 東京 : 金港堂 .
井上哲次郎（1903).『女子修身教科書』巻 1 ～巻 4, 東京 : 金港堂 .
井上哲次郎（1905).『師範学校修身教科書』巻 1 ～巻 3, 東京 : 金港堂 .
井上哲次郎（1911).『実業修身教科書』巻 1 ～巻 3, 東京 : 文学社 .
井上哲次郎（1911).『実業修身教科書』上巻・中巻・下巻 , 東京 : 六盟館 .
井上哲次郎・有賀長雄（1884).『改正増補　哲学字彙』東京 : 東洋館 .
井上哲次郎・大島義修（1903).『中等修身教科書』巻 1 ～巻 4・倫理編 , 東京 : 文学社 .
井上哲次郎・高山林次郎（1897).『新編倫理教科書』（和装本）首巻・巻 1 ～巻 4, 東京 : 金港堂 .
井上哲次郎・高山林次郎（1898).『新編倫理教科書』（洋装本）巻上・巻下・総説 , 東京 : 金港堂 .
井上哲次郎・藤井健治郎（1912).『教育勅語述義』東京 : 晩成処 .
井上哲次郎・藤井健治郎（1912).『戊申詔書述義』東京 : 晩成処 .
井上哲次郎・元良勇次郎・中島力造（1912).『英独仏和　哲学字彙』東京 : 丸善 .
井上哲次郎・横井時冬（1904).『商業修身教科書』巻 1 ～巻 3, 東京 : 金港堂 .
井上哲次郎・横井時敬（1905).『農業修身教科書』巻 1 ～巻 3, 東京 : 金港堂 .
井上哲次郎・和田垣謙三・国府寺新作・有賀長雄（1881).『哲学字彙』東京 : 東京大学三学部 .
郷男爵記念会編（1943)『男爵郷誠之助君伝 : 伝記・郷誠之助』東京 : 郷男爵記念会 .（1988 年大空社刊の復刻による）
国立国語研究所（1983/1984).『高校教科書の語彙調査』1 巻 , 2 巻 東京 : 秀英出版 .
国立国語研究所（1986/1987).『中学校教科書の語彙調査』1 巻 , 2 巻 東京 : 秀英出版 .
国立国語研究所（1989).『高校・中学校教科書の語彙調査　分析編』東京 : 秀英出版 .

酒井豊（1977）.「井上哲次郎の部」東京大学百年史編集室編『東京大学史史料目録 3　加藤弘文史料目録・井上哲次郎史料目録』pp.13-20.
真田治子（2002a）.『近代日本語における学術用語の成立と定着』東京 : 絢文社 .
真田治子（2002b）.「明治期学術漢語の一般化の過程―『哲学字彙』と各種メディアの語彙表との対照―」『日本語科学』11 号 , pp.100-114.
真田治子（2005）.「現代の教科書に残る明治期学術漢語」『日本近代語研究 4』東京 : ひつじ書房 , 横 pp.85-97.
真田治子（2007）.「井上哲次郎の欧州留学と『哲学字彙』第三版の多言語表記」『埼玉学園大学紀要人間学部篇』7 号 , pp.1-14.
真田治子（2009）.「明治 24 年版『改正増補哲学字彙』の可能性」『埼玉学園大学紀要人間学部篇』9 号 , pp.1-13.
真田治子（2010）.「現代日本語に浸透した学術用語」『日本語学』29 巻 15 号 , 東京 : 明治書院 , pp.26-34.
真田治子（2011）.「「哲学字彙」稿本と『英独仏和哲学字彙』の成立」『近代語研究』第 16 集 , 東京 : 武蔵野書院 , p.49-62.
下出隼吉（1925）.「明治社会学史資料」『社会学雑誌』18 号 , pp.68-80.
鈴木直枝（1996）.「明治前期の学術書にみる翻訳態度 : 有賀長雄訳『標註斯氏教育論』をめぐって」『国語学研究』（35）, pp.33-42.
鈴木直枝（2007）.「明治前期の学術書の翻訳 : 矢野恒太郎編輯『自由教育論』について」『東北生活文化大学・東北生活文化大学短期大学部紀要』38 号 , pp.43-49.
鈴木直枝（2008）.「明治前期の学術書の翻訳 : 尺振八訳『斯氏教育論』について」『東北生活文化大学・東北生活文化大学短期大学部紀要』39 号 , pp.77-82.
添田寿一（1901a）.『法制教科書』東京 : 金港堂 .
添田寿一（1901b）.『経済教科書』東京 : 金港堂 .
手島邦夫（2002a）.「西周の新造語について―「百学連環」から「心理説ノ一斑」まで」『国語学研究』（41）, pp.1-13.
手島邦夫（2002b）.「西周の訳語の定着―『哲学字彙』から明治中期の英和辞書と中後期の国語辞書へ―」『文芸研究』154, pp.25-38.
中野実（1988）.「井上哲次郎の日記について（一）」『みすずリプリント月報 16　井上博士と基督教徒　正・続』東京 : みすず書房 , pp.1-7.
中野実（1989）.「井上哲次郎の日記について（二）」（『みすずリプリント月報 17　井上博士と基督教徒　収結編』東京 : みすず書房 , pp.1-9.
野村雅昭・石井正彦（1989）.「学術用語の量的構造」『日本語学』8 巻 4 号 , 東京 : 明治書院 , pp.52-65.
飛田良文（1979）.『哲学字彙訳語総索引』東京 : 笠間書院 .
飛田良文（1980）.「『哲学字彙』の成立と改訂について」『英独仏和哲学字彙』覆

刻版 東京 : 名著普及会 , pp.(1)-(16).
日比嘉高（2008).『＜自己表象＞の文学史―自分を書く小説の登場』増補版 , 東京 : 翰林書房 .
前田愛（2006).「井上哲次郎と高山樗牛」『幻景の明治』東京 : 岩波書店
三田商業研究会（1909).『慶応義塾出身名流列伝』東京 : 実業之世界社 .
和田垣謙三（1901).『経済教科書』東京 : 文学社 .
和田垣謙三（1902).『法制教科書』東京 : 文学社 .

参考 URL

国文学資料館明治期出版広告データベース（http:// base1.nijl.ac.jp/~meiji_pa/）

パリ万博録音資料の分析

――江戸・明治期を中心とした口語資料との比較から――

長　崎　靖　子

1. はじめに

1877年にエジソンにより発明された録音技術は、1890年代以降、言語や芸能を学術目的のために保存する役割を担うようになる。このような録音技術の発展の中、パリ人類学協会[1]は、1900年のパリ万国博覧会（以下パリ万博）において、万博に訪れた各国の人々の声を録音するという企画を行った。清水康行氏（以下敬称略）は、2002年秋に欧州各地の録音アーカイブの訪問調査を行った際、この録音資料群の中に、日本語の録音があることを発見した。そして、清水（2003a、2003b、2003c、2004、2005、2006、2007、2008）[2]等の発表や講演で、日本語の録音に関する詳細な報告を行っている。

小稿では、この日本語録音資料群の録音記録台帳番号199の前半部にあたる「男女のオシャベリ」（以下オシャベリ）を資料とし、その中の江戸生まれの女性の言葉遣いを観察する。

2. オシャベリの録音資料

パリ万博において行われた日本語の吹込みを、清水は次のように紹介している。

> 本資料群は、記録台帳によって、1900年7月20日から8月31日まで数次にわたり録音されたことが確認できる。今まで知られていた最古の日本語録音資料群は、同じく1900年パリ万博期間中の川上音二郎一座による平円盤録音で、これらは8月下旬の録音と推定されている。本資料群は、それよりも時期的に先行する録音を含む。
>
> （中略）
>
> 本資料群は個々の録音年月日（さらには使用機材の情報まで）が明記されており、録音時期が確定できる点でも、その資料性は高い。

また、この資料群の中で、特に録音記録台帳番号199に関し

本資料群中でも、最も興味深い録音は199の男女の一分ほどのオシャベリ（以下オシャベリ）であろう。東京出身女性の日常会話による談話録音資料という点で、極めて貴重である。

「1900年と1901年に欧州で録音された日本語音声資料」

『国語学会2003年度春季大会予稿集』国語学会（2003）P.191

とする。

このオシャベリの人物に関し、清水は、録音者の一人である女性は東京・新橋烏森の料亭扇芳亭のおかみ・岩間くに（安政5年　1858年生まれ　録音当時42歳）であり、男性は加藤金之助（後の落語家・五代目三升家小勝）ではないかとする[3]。

さらに、清水（2008）では、このオシャベリを「オシャベリは自然会話か」「オシャベリは東京アクセントか」「オシャベリに聴く特徴的な発音」という点から細かく観察している（このオシャベリのほとんどは女性の発言であり、清水の観察は女性の言葉遣いに関するものである。オシャベリの内容を文字化したものは次項3．に示す）。

「オシャベリは自然会話か」では、岩間くにと加藤金之助と思しき人物の会話の冒頭に見られる「どーも　しばらく」以下のやりとりや、「間の良さ」という点、また豊島正之（2003）[4]の考察を踏まえ、

このオシャベリは、全くの自然会話ではなく、一定の脚色（ある程度の打ち合わせや予行演習も行われたか）が施されたものであると考えられよう。ただし、脚本のようなものまで組まれたり、それを読み上げたりまでしている可能性は低く、それなりに自由な会話であったと考えられる。

「1900年8月パリ録音、女将のオシャベリは東京弁か」

近代語学会2008年度第1回研究発表会　レジメP.12

とする。

「オシャベリは東京アクセントか」に関しては、山田美妙の『日本大辞書』（1892～1893）の「音調」表示、並びに清水自身の内省から考察を行い、

女性（=岩間くに）は東京アクセントの持ち主で、『日本大辞書』の「音

調」は東京アクセントを反映しており、最近100年間では東京アクセントは安定している、という結論を得ることができる。

同 P.14

とする。

最後の「オシャベリに聴く特徴的な発音」では、短母音の発音や母音の無声化、語頭イ＞エのような短母音間のゆれ、アイ・アエ＞エー長音化、エイ＞エー、アウ・オウ＞オー、並びに子音の発音を調査し、「概ね、現代の東京方言と同様の発音となっている」とする。また、語法に関しては、方向・到着点（《場所》）を表す場合、「〜へ」（発音は〔イ〕）を使用しており、当時の東京方言の様相を表すとする。さらに、録音に見られる「そーシるとね」の上一段活用動詞「しる」に関しては、同じオシャベリの中に「しかめっつらァ　するやらね」とサ変の形もあるので、当時の東京方言では、基本的にはサ変を保っていたのではないかと推測している。

以上が清水（2008）で観察された内容であり、本発表で清水は、オシャベリのアクセントや発音の観察から、岩間くにの言葉遣いは当時の東京方言を反映している可能性が高いと結論付けている。

小稿では、この岩間くにの言葉遣いを、江戸・明治期の口語資料に見る女性の言葉遣いと比較し、くにの中にある江戸語の名残を観察する。

3. オシャベリの内容と比較する調査資料について

清水は、「オシャベリ」の内容を以下のように文字化している[5]（太字、下線は筆者による）。

おはよー　ございます。｛え　おはよー　ござ・・・。｝どーも　しばらく。｛ごきげん　よろしい・・・で。｝よく　おいでなさいましたね。｛えー　ど　いたしまして。｝さくじつねー　｛はー｝　うちの　おたまさんとねー　｛へー｝　おえーさんがね　｛ふーん｝　パノラマから　**ずーっと**ねはくらんかいの　けんぶつに　でかけたんで。｛へー｝　そーした　とこ

ろがねー｛ふーふん｝やりつけない　よーふくで　いったってもんでさ。｛あれ｝そーシるとね｛ふーん｝あしィ　まめェ　こしらイちまったん。｛へー｝かイりにわ　どーも　びっこお　ひくやら　しかめっつらァするやらね｛なーるほど｝どーも　たいへん。｛へー｝えー。｛ふーん｝それから　おくみやさんとねー｛ふん｝おーばやしさんでねー｛ふーふん｝なんのことわ　ない。ひきずってきたよーな　ものさ。｛やっかいだね。｝あー。じつに　おめに　かけたかったんですよ。｛へー｝えー。｛ふーん｝あんまり　やりつけないこと　やってねー。｛ふーん｝そーえばって　あるいたりなんか　したんでさー。｛ふーん｝いたきゃ　いたいよーに　ずるずると　びっこでも　ひいて　あるけば　いいんだ。｛くつ　ぬいで　はだしで　あるけば　いい。｝そー。それ　おまえさんねー｛ふーん｝そんな　つもりで　なく　やらかしたんですよ。｛ふーん｝**ずーっと**　みえ　いって　パリっこだろって　ふーで　やったん**ですよ**。｛なるほどー。｝そりゃ　どーも　**よほど**　みょーでしたね。｛はー。｝うちィ　かイってくると　なきっつらさ。｛ふーん｝それからけさわ　まめの　みず　だしてやるの。｛たいへんですねー。｝**よほど**おもしろー　ございましたよ。アハハハハ。｛・・・ワハハハ。｝

「1900 年 8 月パリ録音、女将のオシャベリは東京弁か」

近代語学会 2008 年度第 1 回研究発表会　レジメ P.10 ～ 11

本稿では、上記のオシャベリに見られる終助詞「さ」と「よ」、助動詞「です」と「だ」の使用を、『浮雲』のお政、『くれの廿八日』のお吉、『道草』のお夏（いずれも江戸語の名残のある人物）の言葉遣いと比較する。また同時にオシャベリに見られる副詞「ずっと（ずーっと）」「よほど」の意味を観察し、くにの言葉遣いと小説中の登場人物（江戸語の名残のある女性）との類似性を捉えることとする。

先に挙げた資料の他、江戸語の資料として『浮世風呂』『春色梅児誉美』『春色辰巳園』『春色恋廼染分解』『会話篇』、その他明治以降の資料として『沖縄対話』『金色夜叉』『草枕』『腕くらべ』『人間万事塞翁が丙午』も参考として扱う[6]。

4. オシャベリに見る文末表現の観察

4-1 終助詞の観察

まず、岩間くにの言葉遣いの中の終助詞「さ」と「よ」を観察する。終助詞「さ」と「よ」に関しては拙著 (2012) で、江戸語から東京語における通時的変化や使用者の変化について述べているので、それをもとに考察を行う。

4-1-1 江戸語から東京語に至る終助詞「さ」

拙著 (2012) の調査では、終助詞「さ」は江戸語においては主に断定辞として機能していたこと、男女の使用を比較すると、江戸語では女性の使用の方が多いことを明らかにした[7]。また、幕末から明治にかけ徐々に女性の「さ」の使用は減少し、また、断定辞の機能から「軽くあっさりと言いはなす」という終助詞本来の情意を示す機能へ移行していく、という変化が見られることを述べた。

明治から大正にかけての断定辞としての終助詞「さ」の用例は、女性では『浮雲』のお政、『くれの廿八日』のお吉、『道草』のお夏等、江戸語の名残のある人物の言葉遣いに使用されるものがほとんどとなる。

01 彼様《あん》な者《もん》でも子だと思えば、有りもしねえ悪名《あくみやう》つけられて、ひよッと縁遠くでもなると、厭なものさ。(お政→文三)

『浮雲』

02 元來《もと〳〵》高橋さんが大丈夫だ大丈夫だツて保證《うけあ》うもんだからツイ迂濶《うつか》り口に乗つたのが矢張《やつぱり》此方《こつち》が馬鹿なのサ (お吉→お銀)

『くれの廿八日』

03 もう御婆《おばあ》さんさ。取《と》つて一《いち》だもの御前《おまへ》さん (お夏→健三)

『道草』

一方明治期の新しい教育を受けた女性である『浮雲』のお勢、『くれの廿八日』の静江、『道草』の健三の細君の言葉づかいの中では、終助詞「さ」の用例はお勢の 8 例のみにとどまる。

4-1-2 江戸語から東京語に至る終助詞「よ」

終助詞「よ」は、用言に続く用法に関しては、江戸語から現代語まで男女ともに使用され、また丁寧な言葉遣いにもぞんざいな言葉遣いにも見られる。しかし断定辞としての「よ」は、江戸語においてはぞんざいな会話のみにしか使用は見られず、男女を比較すると男性の使用の方が多い。女性が使用する例は、以下のようにかなり乱暴な言葉遣いの中で使用されている[8]。

04 サア、行燈《あんどん》がひつくる返《けへ》ると、おべそがわア〜〜と吼《ほえ》る。コレエ明《あか》りをつけやアがれといひなら、杓《しやく》の水《みづ》を打《ぶつ》かけにかゝると、其拍子《そのひやうり》に薬鑵《やかん》がぶつくる返《けへ》つたから、茶釜《ちやまが》も火吹竹《へいふきだけ》も灰《へゑ》だらけヨ（お舌→お鳶）

『浮世風呂』

05 そうよ、まんざら他人《たにん》でもねへ中《なか》だから、香奠《かうでん》までにも気《き》がつくの（米八→仇吉）

『春色辰巳園』

しかし、終助詞「さ」の変化に伴い、明治以降、断定辞としての終助詞「よ」は、新しく女性語としての地位を築いていく[9]。

06 彼様《あん》な事を云ツて嘘言《うそ》ですよ、慈母《おつか》さんが小遣《(こづか)》ひを遣《(や)》りたがるのよ、オホヽヽヽ（お勢→本田昇）

『浮雲』

07 お銀さんのいふ通りよ。妻を遇《あつか》ふには弱き器のごとくしツて事があるワ（静江→純之助）

『くれの廿八日』

これらの用例から、明治後期には新しい教育を受けた女性の言葉遣いの中では、断定辞としては「さ」より「よ」が一般的になっており、断定辞としての「よ」は、女性語という地位を獲得していたことが知られる。

4-1-3 岩間くにの終助詞「さ」「よ」の用法

この結論を踏まえ、岩間くにの言葉遣いに見る終助詞「さ」と「よ」の使用を観察する。オシャベリの中で終助詞「さ」が使用されるのは、次の2例である（用例の記述では男性の合いの手は省略している。「でさ」の用例は「で

す」+「わ」の融合形と考えられるため、「です」の部分で扱う)。

08 それから　おくみやさんとねー　おーばやしさんでねー　なんのことわない。ひきずってきたよーな　ものさ

09 うちィ　かイってくると　なきっつらさ

08、09とも断定辞としての「さ」の使用である。

一方、終助詞「よ」は次の4例で、すべて用言に続く用法である。

10 じつに　おめに　かけたかったんですよ

11 そんな　つもりで　なく　やらかしたんですよ。

12 ずーっと　みえ　いって　パリっこだろって　ふーで　やったんですよ。

13 よほど　おもしろー　ございましたよ。

岩間くにの終助詞「さ」と「よ」の使用は、「さ」を断定辞として使用しており、「よ」にはその用法は見られない。また、断定辞として使用されている「さ」は、「です」「ます」の丁寧な言葉遣いとともに使用されており、江戸語の流れを引いていることがわかる。この点から、くにの終助詞「さ」「よ」の使用は、お政、お吉、お夏のような江戸語の名残のある女性の言葉遣いに近いといえる。

4-2 助動詞の観察

次に助動詞「だ」と「です」を観察する。助動詞「だ」「です」に関しても拙著 (2012) での調査結果をもとに、分析を進める。

4-2-1 「んだ」の用法

岩間くにのオシャベリの中で、助動詞「だ」は「ん」に続く「んだ」の形で1例見られる。

14 いたきゃ　いたいよーに　ずるずると　びっこでも　ひいて　あるけばいいんだ。

拙著 (2012) では、江戸後期の黄表紙、洒落本、滑稽本、人情本の「んだ」の用例調査を行い、調査資料において「んだ」の使用が見られるのは『浮世風呂』からであることを示した[10]。また「のだ」と比較すると、「んだ」は

心情を吐露する場面に使用されており、主観性の強い表現になることを述べた。『浮世風呂』以降「んだ」の用例数は増して行くが、その中で、14の用例のように終助詞等を伴わない言い切りの「んだ」は、男性の方が多く見られる。女性の用例では、『浮雲』のお政、『くれの廿八日』のお吉、『金色夜叉』のお静に、次のような用例が見られる。

15 そんな了簡方《れうけんかた》だから課長さんにも睨《ねめ》られたんだ。(お政→文三)

『浮雲』

16 奉公人にまで馬鹿にされて……矢張《やつぱり》妾《あたし》が意氣地がないンだ。

『くれの廿八日』

17「當然《あたりまへ》さ！　貴方《あなた》は一體水臭《いつたいみづくさ》いんだ！！」(お静→狭山)

『續續金色夜叉』

15は、役人を免職になった文三を非難する会話の中で使用される。16は、静江と夫純之助の仲を嫉妬するお吉が独白的に嘆く言葉遣いの中にある。17は、富山唯継に身請けされそうになったお静を救った狭山とお静の会話で、自分との仲を「悪縁」という狭山に対し、お静が感情をあらわに発した言葉である。いずれも、非難や嘆き、怒りといった感情を吐露する場面に使用されるものである。14のくにの用例も、見栄を張った二人の女性の行為に非難を込め、突き放すように述べたものであり、お政、お吉、お静の用例と類似点が見られる。

4-2-2「です」＋「わ」の融合形「でさ」

助動詞「です」は、明治以降一般に普及が広がった丁寧な文末表現であり、明治38年の尋常小学読本に採用されてから、さらに一般化が進んだ。岩間くにの会話にも、「じつに　おめに　かけたかったんですよ」「そんな　つもりで　なく　やらかしたんですよ」「みえ　いって　パリっこだろって　ふーで　やったんですよ」「そりゃ　どーも　よほど　みょーでしたね」等、文末の丁寧表現としてごく自然に使われており、時代を反映した使用ということができよう。

この「です」とともに、くにの言葉遣いには「です」＋「わ」の融合形と

考えられる「でさ」の用例が見られる。

18 そーした　ところがねー　やりつけない　よーふくで　いったっても　んでさ。

19 あんまり　やりつけないこと　やってねー、そー　えばって　あるいたりなんか　したんでさー。

この「です」＋「わ」の融合形「でさ」は、明治以降小説の中では江戸訛りのある人物を表す言葉遣いとして使用される（間投助詞的に使用される「〜でさ、」とは異なる)。

20 親方《おやかた》ぢやねえ、職人《しよくにん》さ。え？所《ところ》かね。所《ところ》は神田松永町《かんだまつながちやう》でさあ。(床屋→画家)

『草枕』

21 地體《(ぢたい)》死んだ親爺がわるいんですよ。江戸ツ児の面汚《(つらよご)》しでさ。(瀬川→倉山)

『腕くらべ』

22 何《なに》しろ故《もと》の通《とほ》りあの地面《ぢめん》と家作《かさく》を有《も》つてるんだから、さう困《こま》つてゐない事《こと》は慥《たしか》でさあ。(比田→健三)

『道草』

23 見てのとおりでさあ、出陣する夫に操を立て、自慢の黒髪をバッサリ落して尼になっちまおうってわけで…（清さん→ハツ）

『人間万事塞翁が丙午』

20は神田生まれの「江戸ッ子」と称する床屋の言葉である。床屋の言葉遣いは、「あすこに竜閑橋てへ橋が」「もう少しだ我慢おしなせえ」「全體（ぜんてい)」など、現在でいう下町の職人言葉である。また21の『腕くらべ』は、若い役者瀬川が、古手の小説家倉山と話す場面である。瀬川は倉山と話すときには「一體女ツてえものは」など江戸訛りの言葉遣いが見られる。22は健三の異母姉の夫比田の言葉である。比田の言葉の中にも「何《なん》と云《い》つても、坐《すわ》り込んで動《いご》かない」等の江戸訛りが見られる。23の清さんは弁当屋弁菊に昔から出入りする何でも屋で、やはり「そうそう、縮れっけの方がい

いってえから」といった江戸訛りの言葉遣いを観察できる[11]。

以上、終助詞「さ」「よ」、助動詞「だ」「です」の観察から、岩間くにの言葉遣いには、文末表現に江戸語の名残を確認することができる。

5. オシャベリにみる副詞の観察

次に岩間くにの言葉遣いを、副詞「ずっと（ずーっと）」「よほど」から観察する。

5-1「ずっと」

「ずっと」は、『日本国語大辞典』（2001）には次のように記される（用例は略す）。

①物事をためらわないで、または一層おしすすめて行うさまを表す語。また、その事態が、ある範囲のすべてに及ぶさまを表す語。ずうっと。

②性質・距離・時間などについて、これとあれとの間に、大きな隔たりや差があるさま、はなはだしい開きがあるさまを表す語。ずうっと。

③ある状態が長い間続くさまを表わす語。始めから終わりまで。その間じゅう。ずうっと。

『日本国語大辞典』（2001）P.977

①は「勢いよく何かを進める」という擬態語としての使用である。山口仲美編『暮らしのことば　擬音・擬態語辞典』（2003）では「ずっと」は「ずっ」の項目で次のように記されている（用例は略す）。

①ある状態が長く続く様子。また一列に並ぶ様子。時間的な長さや距離の長さをさす。

②近寄る様子やにじり寄る様子。

③勢いよく、ものごとを進めていく様子。

『日本国語大辞典』に記述されていない用法として②の「近寄る様子やにじり寄る様子」が見られるが、これも動作の様子を示す擬態語の用法である。

現代ではこのような擬態語としての用法はほとんど使用されることがないが、江戸語の中では一般的である。

24 引違へて六十ちかきばあさま小桶を二ツ両手で**ずつと**押ながら來り

『浮世風呂』

25 ハイはゞかりト取《と》つて**ずつと**立《たつ》て、椽側《えんがは》へやうじをつかひに出《で》る。

『春色辰巳園』

26 私もなんだか氣がむしやくしやしていけないから遊びに來たハと**ずつと**うへへあがりて

『春色恋廼染分解』

27Nan' da, katakkurushii. Oira no uchi e' kitara **zutto** o tôri nasaina. Sonna ni aratamatte', taningamashii.

『会話篇』

また、以下のように明治以降の用例にも見られる。

28 近頃ハ、ズツト、高クナリマシタ上、一體此地デハ、冬衣ガ、格別イリマセヌカラ、持下リマシテモ、合ヒマセヌ

『沖縄対話』

29 暫時争ッて居ると、椽側に足音がする、それを聞くと、昇は我からお勢の手を放《はなし》て大笑に笑い出した。**ずッと**お政が入ッて来た。

『浮雲』

28 の『沖縄対話』の用例は、『日本国語大辞典』の②の意味と捉えることもできるが、価格が勢いよく変動する様子を表すと考えれば、擬態語としても捉えられよう。

擬態語の用例は『暮らしのことば　擬音・擬態語辞典』の②の用法の中で「まあ、こっちへずっと寄ってお酌をしてください」（太宰治『親友交歓』）の用例も紹介されており、昭和前半までは擬態語としても用いられていたものと思われる[12]。

オシャベリの中で「ずっと」の用例は、「ずーっと」という発音を伸ばした形で見られる。

30 パノラマから　えーずーっとね　はくらんかいの　けんぶつに　でかけたんで。

31 ずーっと　みえ　いって　パリっこだろって　ふーで　やったんですよ。

『暮らしのことば　擬音・擬態語辞典』には「ずっ」の類義語としての「ずーっ」の形で意味が記されている。

「ずーっ」は①の類義語。「ずっ」は単に時間や空間の隔たりを表わすのに対し、「ずーっ」は表現する人の感覚が実際より長く感じるときに使う。

P.253

上記の用例は「おたまさん」と「おえーさん」[13]が洋服を着て（靴を履いて）、万博見物に出かけて行った様子を語った内容である。30 の例は、一見すると『日本国語大辞典』の③や『暮らしのことば　擬音・擬態語辞典』の①の時間的、空間的な長さを表す用例と捉えられよう。しかし 31 は「ずーっと」のあとに「みえ　いって　パリっこだろって　ふーで　やったんですよ。」と続き、二人が威勢よくパリジェンヌを気取り、見栄を押しとうそうとした様子がうかがわれる。このように考えれば、30 の例も二人が勢いよく出かけていくという擬態語の用法とも捉えられるのではないだろうか。とすれば、くにの言葉遣いに見られる「ずーっと」は、古い用法を残した表現ということができよう。

5-2「よほど」

副詞「よほど」に関しては、『日本国語大辞典』に次のように記されている。

①よい程度に。ほどよく。頃合に。

②かなり。相当。ずいぶん。たいそう。非常に。

P.680

「よほど」に関しては、渡辺実（1987）、山口堯二（2006）、杉浦滋子（2014）などの先行研究がある。渡辺（1987）では、現代語の「よほど」の使用に関し、

「よほど」は、「もっと」と同じく比較の副詞に属する。もう少し具体的

に言うと、「よほど」は計量構文（仮称）には現れず、比較構文のみに現れ、その点で、程度副詞を計量副詞と比較副詞に分けた場合の、後者に属するということである。

×　この本はよほど面白い。（計量構文）

○　この本の方があの本よりよほど面白い。（比較構文）

P.40

そして、「計量構文の右のような言い方は、もう少し古い日本語には存した言い方だが、現代語では非文法と断じてよいであろう」とする。山口（2006）は「よほど（よっぽど）」の現代的な意味の成立を通時的に扱った論考である。山口は「よほど」の副詞の用法の広がりについて、次のように述べている。

江戸時代以降、副詞の用法には、種々の広がりが認められる。用法によってその出現にはかなりの時代差が見受けられる。江戸時代前期頃までは、たいてい既定の状態に用いられているが、江戸時代後期には他と比較した相対的な程度差の表示や、推量・推定・仮定の表現、意志の持続の事後表現など、総じて志向性のめだつ表現にも用途が広がっている。

P.154

「他と比較した相対的な程度差の表示」（渡辺のいう比較構文）で用いられる例は、山口の調査資料の中では江戸後期以降に現れるとする。つまり「既定の状態に用いられている（渡辺のいう「計量構文」）での使用の方が先行するということになる。杉浦（2014）では、現代語の「よほど」をさらに細かく分析し、「よほど」は「現代語では比較の用法を除いて未実現自体にしか用いられなくなっている」と結論付けている。これらの先行研究から「よほど」の「計量構文」の使用は、現在では制限があることが知られる。

上記の先行研究を踏まえ、岩間くにの「よほど」の用例を観察する。「よほど」の用例はオシャベリの中に2例見られる。

32 そりゃ　どーも　よほど　みょーでしたね。

33 それから　けさわ　まめの　みず　だしてやるの。　よほど　おもし

ろー　ございましたよ。

ここで使用される「よほど」には比較の意味合いはなく、単なる計量的な副詞として使用されている。この用法は、明治、大正期の「よほど」の用例の中にもまだ見られる。

34 先刻《さつき》の方は余程《よつぽど》別嬪でしたネー（お勢→昇）

『浮雲』

35 旦那様からして氣乗がしないツてのは餘程《よつぽど》變だと思ふネ。

『くれの廿八日』

36 貴方も餘程《よつぽど》不思議《ふしぎ》な物《もの》をお好み遊《あそ》ばすでは御座《ござ》いませんか。（満江→寛一）

『續金色夜叉』

37 御縫《おぬひ》さんて人はよつぽど容色《きりやう》が好《い》いんですか」（細君→健三）

『道草』

但し、山口（2006）で観察されているように、明治以降「よほど」の副詞的用法は、程度比較の表示を中心に広がりを見せており、『道草』では37のような例は珍しくなっている。

このように、同時代の用例を観察すると、岩間くにの「よほど」の使用は、江戸語的要素が残された古い用法ということができ、「よほど」の使用にも江戸語の名残を見ることができる。

ただ一つ、岩間くにの使用する「よほど」に関しては、気になる点がある。調査を行った明治、大正期の会話文の用法が「よっぽど」の形であるのに対し、くにの言葉遣いには「よほど」が用いられている点である。このあたりに清水が提示した「このオシャベリは、全くの自然会話ではなく、一定の脚色（ある程度の打ち合わせや予行演習も行われたか）が施されたものである」という、作られた状況での使用が見え隠れしているのではないかと思われる。

6. おわりに

以上、オシャベリに見る文末表現と副詞の観察から、岩間くにの言葉遣

いに残る江戸語的要素を観察した。くにの言葉遣いは明治・大正期の小説に見るお政、お吉、お夏のような江戸訛りを残す人物と類似点が多く見られる[14]。翻っていえば、くにの言葉遣いは、江戸に生まれ明治を生きた女性（江戸訛りを残す人物）の一つの典型であり、くにと類似する言葉遣いを描き出している『浮雲』『くれの二十八日』『道草』をはじめとする明治・大正期の小説の口語資料としての価値は、この録音資料により一層高く評価されるものといえよう。

これまで、明治、大正期の口語を調べるすべは、談話体の新聞や洋学会話書、速記本、小説等、文字に記された資料にとどまっており、当時の人々の自然な会話を耳で確かめることはできなかった。しかし、このパリ万博の録音声資料の発見により、実際の発音のみならず、文法や語の意味も含め、当時の人々の生活言語が生き生きと語られる様子を確認することが可能となった。さらに、小説中の言葉遣いがかなり信頼できるものと判断できる基準を与えてくれた点で、このパリ万博におけるオシャベリの録音資料は、高い評価を与えられるべきものであろう。今後、さらに同質の録音資料の発見のため、まだ埋もれている可能性のある録音資料の発掘がなされるよう、継続的な調査が必要と考える。

注

1　医学者ポール・ブロカ（Paul Broca）を中心に1859年設立。1876年にはパリ人類学学校を開設し、ヨーロッパにおける人類学研究の中心的役割を果たす。

2　本録録音資料に関する清水康行氏の口頭発表や配布資料等による報告は参考文献に記す。

3　清水の調査によると、岩間くには東京・品川にある荏原神社の神官本多正国の娘､荏原神社は､東京品川区北品川二丁目（荏原郡南品川宿）にあったという。

4　豊島正之（2003）の中では

Edwards § 121は､「くだけた会話」（le langage courant）の中での「短縮化」（élision）の一つとして、ソレカラ→ セーカラ、ケレドモ→ ケードを記録している。

パリ録音の「男女会話」（199a）には、この「それ」が3度現われる（全て女性発話）が、全て「ソレ」のまま保たれており「セーカラ」「セーオ」

　　等となる事は無い。

としている。

5　オシャベリの内容は清水（2003a）で既に文字化されているが、最新の資料を引用として使うことにした。

6『会話篇』は明治6年（1873）刊であるが、幕末の江戸語の資料として扱う。調査資料の底本は以下の通りである。

　　「浮世風呂」『日本古典文学大系　63』（1959）（但し「浮世風呂」の前編は『新日本古典文学大系　86』（1989）を使用）、天理大学図書館版本にて用例部分確認。「春色梅児誉美」「春色辰巳園」『日本古典文学大系　64』（1962）、国会図書館版本にて用例部分を確認、「春色恋廼染分解」浅川哲也編著『春色恋廼染分解』（2012）おうふう　東京大学総合図書館（青洲文庫旧蔵）の版本で用例部分確認、『会話篇』（1967　東洋文庫複製）、『沖縄対話』（1975　国書刊行会複製）、「浮雲」『日本近代文学大系　4』（1971）、「くれの廿八日」『明治文學全集　24』（1978）、「金色夜叉」『明治文學全集　18』（1965）、「草枕」『日本近代文学大系　25』（1969）、「腕くらべ」『日本近代文学大系29』（1970）、「道草」『日本近代文学大系　27』（1974）、『人間万事塞翁が丙馬』（1981）新潮社。

7　拙著（2012）「第二部　第一章」参照。

8　拙著（2012）「第二部　第六章」参照。

9　拙著（2012）「第二部　第七章」参照。

10　拙著（2012）「第二部　第五章」参照。

11　今回女性の用例を入れていないが、夏目漱石の『明暗』の中に、主人公津田の会社の上司の妻吉川夫人の次の用例が見られる。
　　「貴方《あなた》の未練を晴《はら》す丈でさあね。分《わか》り切《き》つてるぢやありませんか」

これは清子に対する未練を抱く津田に発した言葉である。

12　但し太宰治は東京人ではない。

13　清水（2003a）によると、「おたまさん」は鈴木たま（東京・平民　当時17歳）、「おえいさん」は前田ゑい（東京・平民　31歳）、いずれも岩間くに率いる芸妓一行の一員である。

14　今回観察できなかったが、くにの言葉遣いにある「みえ　いって」も、現在であれば「見栄を張る」が一般的と考えられる。『遊子方言』（1770）には「見へをいろ〳〵いふたりして」の例があり、これも古い言い回しではないかと思われる。

参考文献

清水康行（2003a）「1900年と1901年に欧州で録音された日本語音声資料」（国語学会2003年度春季大会、大阪女子大学）［口頭発表、『予稿集』］

清水康行（2003b）「1900 年パリ、1901 年ウィーンで録音された日本語音声資料」（公開イベント『100 年前の日本語を聴く』、江戸東京博物館）［口頭発表、配布資料］
清水康行（2003c）「1900-1901 年に録音された日本語音声―録音の狙いと吹込者の特定―」（第 209 回近代語研究会、長野県松本市勤労者福祉センター）［口頭発表、配布資料］
清水康行（2004）「1900、1901 年の多言語録音プロジェクト―含む、最古の日本語音声録音―」（多言語社会研究会第 25 回研究発表会、2004 年 1 月、日仏会館）［口頭発表、配布資料］
清水康行（2005）「1900-1901 年に欧州で録音された日本語音声資料群」「現存最古 1900 年パリ吹込み日本語録音の全てを聴く」（日本女子大学文学部・大学院文学研究科学術交流企画『百年前の音を探し、甦らせ、聴く』、日本女子大学）［口頭発表、配布資料］
清水康行・伊福部達・吉良芳恵（2006）『蝋管等の古記録媒体の音声表現に関する非接触的手法の開発と活用に関する研究』［科研費成果報告書］
清水康行（2007）「100 年前の日本語音声を探して」（『日本バーチャルリアリティ学会学会誌』12-1）
清水康行（2008）「1900 年 8 月パリ録音、女将のオシャベリは東京弁か」（近代語学会 2008 年度第 1 回研究発表会、昭和女子大学）［口頭発表、配布資料］）
杉浦滋子（2014）「「よほど」の意味と用法」言語と文明：論集 12
豊島正之（2003）「1900-1901 年に録音された日本語音声― Edward 記述との対比―」（第 209 回近代語研究会、長野県松本市勤労者福祉センター）［発表要旨］
長崎靖子（2012）『断定表現の通時的研究―江戸語から東京語へ―』武蔵野書院
山口堯二（2006）「副詞「よつぽど」の形成」京都語文 13
渡辺　実（1987）「比較副詞「よほど」について―副用語の意義・用法の記述の試み（二）」上智大学国文学科紀要 4
山口仲美編（2003）『暮らしのことば　擬音擬態語辞典』講談社
日本国語大辞典第二版編集委員会編（2001）『日本国語大辞典』小学館

付記　本稿は科学研究費補助金「蝋管等初期録音資料群の音源保存、音声復元、内容分析、情報共有に関する横断的研究」（研究代表者：清水康行、課題番号 25244020、基盤研究（A）、H25-28 年度予定）の研究成果の一部である。本稿を執筆するにあたり、貴重な音源資料を使用させていただきましたことを厚く御礼申し上げます。

近代以降の謙譲表現における受影性配慮について

——「お／ご〜申す」「お／ご〜する」「させていただく」——

伊　藤　博　美

1. はじめに

現代語の謙譲表現[1]のなかで、様々な語を形式内に取り込むことのできる生産的な形式「お／ご〜する」は明治30年頃までに成立し、それ以降、それまでの中心的形式であった「お／ご〜申す」の使用は、次第に減少していったとされている（以下、それぞれ「お〜する」、「お〜申す」とする）。だが、「お〜申す」と「お〜する」では、形式内に入る語の性格は同じものとは言えない。拙稿（2013a）[2]では、この点について、聞き手配慮の点から考察を加えたが、本稿では、その内実について詳細に検討するとともに、この違い・消長には、補語の受影性[3]という観点からの説明が有効であることを述べる。また、同じくこの時期に勢力を伸ばしてきた「させていただく」表現[4]に着目し、それが補語の受影性配慮の面から伸張してきたものであることを指摘し、近代以降の謙譲表現における受影性配慮という大きな流れについて検討・確認する。

本稿の構成であるが、2、3節で前述の拙稿をふまえ、「お〜申す」と「お〜する」の違いと消長について確認し、それが補語の受影性の観点から説明可能であることを述べる。4節では、「させていただく」の用法拡大の実態について報告するとともに、補語の受影性に配慮した表現形式として伸張してきたものであることを指摘する。最後の5節では、補語の間接的受影性配慮の表現として「お持ちする」などの「お〜する」と「させていただく」が発達したことを確認してまとめるものとする。

2.「お〜申す」と「お〜する」の相違と受影性配慮

現代の敬語に対し、例えば中古の敬語は、身分・地位・社会階層等に対応した必然的・義務的使用といった性格が強いことは殊に指摘される。それゆえ、いわゆる謙譲語においても、行為の内実に関わりなく上位待遇者として

の補語に何らかの形で関わる場合であれば、広く使用されていた。

こうした点は、江戸期に謙譲語の主流となったとされる「お～申す」にも引き継がれ、明治・大正期まで残存していたことが拙稿（2013a）で確認されている。そこで挙げた例をいくつか再掲する（成立年もあわせて示す）。

（1） a. 貴僧、さぞお疲労、直に**お休ませ申し**ましょうか。（高野聖・明治 33）

b. その時も私の方から、**御褒め申せ**ば、もう何よりの御機嫌で、（旧主人・明治 35）

c. 小夜が悪堅くて飛だ恥を**お掻かせ申し**たのに、旦那様は飽までもお心広くて格別御立腹の御様子もなく、その翌晩もまたお召し。（其面影・明治 39）

d. まあ、世の中には妙なことが有るもので、あの家内の奴が好く貴方を**御知り申し**て居るのです。（破戒・明治 39）

e. 私は始めて先生を**御見上げ申し**た時に、先生の心はそういう点で、普通の人以上に整のっていらっしゃるように思いました。（硝子戸の中・大正 4）

このように、「お～申す」では、明治後半から大正期にかけても、補語に対する強制的な行為や（一方的）評価、望ましくない事態をもたらす行為、具体的働きかけとは言い難いもの、働きかけそのものの表現とは言えないもの[5]などでも容易に謙譲語形を取ることができた。他方、これらの「お～する」形は現代はもとよりその成立期においても見つからない[6]。拙稿（2013a）では、こうした事実から「お～申す」から「お～する」への移行は、単純な形式移行ではないことを指摘した。

そして、現代語の敬語使用では、聞き手に対して失礼にならない、という点が使用の大前提となっていることをふまえ、使用場面の多くを占める話し手が主語、かつ聞き手が補語である状況において、必然的に「補語への行為の内実」が問われるものとなったこと、それゆえ、従来「お～申す」形を取っていた上記のものは、「お～する」形には引き継がれなかったと考察した。

それらをふまえ、ここで「お～申す」形を取るが「お～する」形には引き継がれなかったものを整理してみると、以下のようになる。

○タイプ1…補語の容認が想定されない加害性や強制性等[7]を持つもの

1-a…補語への加害性を持つ行為

例）（恥を）かかせる、恨む

1-b…補語への強制的または一方的行為

例）訴える、歩かせる、強いる、休ませる、喜ばせる

1-c…補語への（一方的）評価にあたるもの

例）褒める

○タイプ2…補語への直接的働きかけとは言えないもの[8]

例）知る、あやかる、似合う

○タイプ3…補語への働きかけそのものの表現とは言えないもの

例）見上げる、打ち明ける

本稿ではこうした事実をふまえつつ、「行為の内実」配慮についてさらなる検討を行うが、そこに「補語の受影性」という観点を導入する。容認しがたい行為によって補語が何らかの害を被る、あるいは行為による直接的影響が認められない場合などには「お～する」形を取らないが、これは、「補語の受影性の内実に配慮した結果」であるとみることもできる。そして、そこから、「補語の受影性の内実に配慮した上で謙譲語使用を決定する」という形に使用原理の変更が行われたという見方が可能になるだろう。

つまり、「お～申す」には、上記タイプ1～3が残存しつつも、新形式である「お～する」へは、「受影性の内実配慮」の点から引き継がれなかったのではないかと思われるのである。このように、両者の違いは、敬語そのものの大きな変化をふまえたものであると捉えることができるのではあるまいか。

以下、こうした観点を軸に、「お～する」の内実を詳細に検討していく。

3.「お～する」における表現形の拡張

このように、「お～申す」から「お～する」への移行過程において、「補語の受影性の内実に配慮した上で謙譲語使用を決定する」ように使用原理が変更されたことが示唆されるが、一つ問題が生じる。

それは、現在「お～する」形として用いられる「お持ちする」「お調べする」などの、補語が格助詞で表示されず、補語の労力軽減・代行的行為として「補語のために」する行為の表現（このタイプをここでは仮にⅡ型とし、それ以外をⅠ型とする[9]）については、受影性に配慮した表現とは認められにくいのではないか、という点である。

例を挙げる。

(2) a.（重い荷物を持つ先生を見て）私が**お持ちし**ます。

b.（目が不自由な先生に代わって）私が**お調べし**ます。

こうしたⅡ型の場合、「～に代わって」「～ために」で補語が示されるように、補語と述語動詞との意味関係はⅠ型に比して間接的であり、直接的な受影性が存在しないように思われるのである[10]。

ちなみに、明治期の「お～申す」にはⅡ型についても一定の使用がみられる。明治期の例を挙げる。

(3) a. これ、早う（お客のために）御味噌汁を**お易へ申し**て来ないか。

（金色夜叉・明治 30）

b. こりゃ貴僧には足駄では無理でございましたかしら、宜しくば（貴僧のために）草履と**お取交え申し**ましょう。（高野聖・明治 33）

こうして見ると、Ⅱ型は「お～申す」から「お～する」にもそのまま受け継がれているように思われるが、補語の直接的受影性に関する表現とは言い難いⅡ型の存在は疑問視されよう。

そこで、成立期からの「お～する」のⅡ型を調査したところ、昭和初期以降には一定の使用が認められたのに対して、明治・大正期では使用例が見

つからなかった[11]。現代の「お～する」の使用基準からすると、「お～する」形の使用が一般的と思われる場合にも、「お～する」形は使われていないのである。例を挙げる。

(4) a.「叔父さん、いずれすこし落着きましたら露西亜のお茶でも**入れ**ますから、私共へもいらしって頂きましょう」（新生・大正7）

b.「博士、例の通り狭っこい所ですが、甲板ではゆっくりも出来ませんで、あそこでお茶でも**入れ**ましょう。早月さんあなたも如何です」（或る女・大正8）

c.「旦那さん、お肴屋さんがまいりました。旦那さんの分だけ何か**取り**ましょうか。次郎ちゃん達はライス・カレエがいいそうですよ」（嵐・大正15）

これらは、現代の常識的感覚からすれば、「お～する」の使用が一般的とされるケースとも思われる。しかし、「お～する」は用いられていない。そして、昭和期になり、少しずつⅡ型の例が見つかる。伊藤（2013a）での例を挙げる。

(5) a.「では、この御洋服は箱に**お入れし**て、出口のお買上引渡所へお廻し致して置きますから、…」（池谷信三郎・橋・昭和2）

b.「お弁当を**お入れし**ましょうか」（宮本百合子・日記・昭和10）

こうして見ると、補語の直接的な受影性が認められず「お～する」形を取らなかったものが、次第に用法を拡張する形でⅡ型を獲得してきたことが示唆されるのである。したがって、「お～申す」のⅡ型から「お～する」のそれへは、そのまま引き継がれたものとは言えず、以下のように言うことができまいか。

○補語の労力軽減・代行的行為として「補語のために」する行為の表現について、「お～申す」では、主語以外の上位待遇者について言及するものとして広く用いられたが、補語の直接的な受影性に関する表現である「お～する」では、後にその用法を拡張する形で成立した。

実際、Ⅰ型とⅡ型では現在においても、以下の場合などに違いがある。一つは補語の格表示に関わる点である。Ⅱ型は、補語「のために」「に代わって」と言える場合であったが、格助詞を用いて補語が表示可能と思われる場合も多い（補語の格助詞の部分に波線を付す）。

(6) a. ? 太郎にその本を読んだ。
b. 先生（のため）にその本を**お読みし**た。
c. ?? 太郎に時刻表を調べた。
d. 先生（のため）に時刻表を**お調べし**た。

に見られるように、「お～する」内の動詞が要求する格助詞とは異なる形で補語が示されるか、あるいは「～のために」として示されるものであり、その点で言えば、「お～する」形式が独自に要求する補語であるとも言える。

さらに、

(7) a. 小山先輩が、大山先生に**お聞きし**た。 （Ⅰ型）
b. 小山先輩が、大山先生の荷物を**お持ちし**た。 （Ⅱ型）

のように、Ⅰ型、Ⅱ型とも不在の第三者についての敬意の表現が可能[12]なのに対して、尊敬語あるいは他の謙譲語と併用した（二方面敬語の）場合（以下、順にⅠ型、Ⅱ型）、

(8) a. 小山先輩が大山先生に**お聞きし**てくださった。 （Ⅰ型）
b. ? 小山先輩が大山先生の荷物を**お持ちし**てくださった。（Ⅱ型）
c. 私が（小山先輩のために）大山先生に**お聞きし**てさしあげましょう。 （Ⅰ型）
d. ? 私が（小山先輩のために）大山先生の荷物を**お持ちし**てさしあげましょう。 （Ⅱ型）
e. 小山先輩から大山先生に**お聞きし**ていただいたので助かりました。 （Ⅰ型）
f. ? 小山先輩に大山先生のお荷物を**お持ちし**ていただいたので助かりました。 （Ⅱ型）

のように、Ⅱ型では不自然になることが確認できる。この不自然さは、a・b

を例に取ると、

①小山先輩を話し手側の人物と捉え、補語である大山先生を上位に待遇するため、話し手側に属する小山先輩は上位に待遇することが難しくなる。

②受益者が「お持ちする」で大山先生、「〜てくださる」で「わたし」となるなど、受益者が一文内での二重構造になっている（二方面敬語に起因する問題）。

などが、考えられようが、例えばⅠ型の例、

(9)　小山先輩が、大山先生に本を**お貸しし**てくださった。

では、大山先生も受益者となるもののさほど不自然ではないことから、②の理由は成立しにくいだろう。よって、Ⅱ型は、①のように主語と話し手とが同一側であることを強く発動する言い方であるとみることができよう。

このように見ると、Ⅱ型は「お〜する」形に含まれるとはいうものの、独自の補語を要求するとともに、主に話し手と主語を同一側として、補語への行為を申し出る際の表現に用いられるという点で、Ⅰ型とは異なっている。このことからも、Ⅱ型がⅠ型に対して遅れて発生しつつ、特に対話場面における補語の間接的受影性に関する表現として発達してきたことが示唆されよう。

「お〜申す」から「お〜する」への移行過程において、直接的受影性の表現として成立した「お〜する」であるが、次第に、間接的受影性、なかでも受益に関する表現としてⅡ型が独自に発達していったということが指摘できるのである。

しかし、そこでも一つ疑問点が生じる。間接的受影性の受益の場合を「お〜する」のⅡ型が担うことになると、受益以外の間接的受影性はどういう形式が担うことになるのか、という点である。

例えば、「買う」などを例に取ると、「買う」行為は、商取引として相手の「売る」行為が前提となって成立するが、「買う」ことによって、取引相手には「売る」（もしくは「買われる」）という受影性があることになる。または、

「買う」行為が、間接的に売り手以外の第三者（他に欲しがっている人など）に影響を与える場合もあろう。だが、「お〜する」が受影性に関して独自に発達したとは言え、「お買いする」という表現は現代は勿論、成立期にも見つからない。

ならば、どういう表現が可能か。こうした場合、現代では「買わせていただく」の形が想起されよう。いわゆる「させていただく」については、謙譲語Bへの拡張など、使用実態に関する調査報告を中心に多くの論考で取り上げられているが、成立時期や事情に関する考察は不十分である。それは次節で触れるとして、「お〜する」が一般化した明治30年頃に次のような例が見つかる。

⑽ 実はこの間から、お正月に致しまする帯の片側を、買ひたい買ひたいと思ふてゐましたを、寝言にまで申して。奥様のお笑ひ受けた程の品。成らふ事なら失礼して、今晩**買はせて戴き**ましたい。お二方様のお見立を、願ひました事ならば、それで私も大安心。

（清水紫琴・したゆく水・明治31）

このように見ると、広く間接的受影性に配慮した表現として「させていただく」の使用を見ることが可能ではあるまいか。以下、「させていただく」について検討する。

4.「させていただく」の成立と展開

4.1　先行研究

前述のように、「させていただく」形については、使用例の分析を中心として多くの論考がある。形式的には使役表現と授受補助動詞の敬語形が結びついたもので、主語を被使役者かつ受益者に位置づける。主な先行研究を挙げる。

菊地（1994）では、「Yは（が）Xに…（さ）せていただく」形について、「〈Xを高め、受益者Yを相対的に低める〉という〈機能〉があるのに加え

て、〈相手方の許可（恩恵）を得て……することを許してもらう〉と捉える表現」であるとし、「とくにYを話手自身、Xを聞手として述べる場合に、かなり敬度の高い表現」となり、「これ全体で、話手自身の行為を相手に対して辞を低くして述べる一種の複合的な謙譲語として使われる傾向がある」としている。そして、同（1997）では、現代の〈恩恵／許可の与え手〉という本義が希薄化した用法について取り上げ、「単に聞手に対して自分側の行為を辞を低くして述べるだけのもの（謙譲語B）」に転じている使用例についても言及している。なお、日高（1995）でもこうした謙譲語B化について、「機能的には〜イタス類と同様の振舞を見せる場合がある」としている。

他方、山田（2001ab）は、まずその非敬語形「させてもらう」を取り上げ、「使役の意味」と「使役者顕在」「話者の意志」の観点から3タイプに分類している。また、構造上、直接構造と間接構造を認めている。例を挙げる。

⑾ a. こちらから資料を送らせていただきます。（直接構造）
b. お送りいただいた資料は、早速、弊社支局にも送らせていただきます。（間接構造）

構造上の使役者が「資料を送る」という動作の広い意味での対象者となっている⑾aに対し、⑾bでは、使役者と「送る」対象者が異なるとして、そこに両者の違いを見る。そして、直接構造の場合は「お〜する」に置換可能だが、間接構造の場合には不可能であることを指摘しつつ、和語動詞（ここでは「送る」）の場合には「送りいたす」という丁重語が存在しないことをふまえ、それを埋める迂言形式が「〜させてもらう」であるとしている。

また、姫野（2004）では、与益・使役者が動作対象と一致する場合とそれが異なる場合、動作対象がない場合との三タイプに分け、さらに動作対象が聞き手と一致するかどうか、という観点から細分化して詳細な記述を試みている[13]。そこでは、「『〜させていただく』は、基本的に補語を高めるA類の謙譲語であるが、高められる補語には、動作対象と与益・使役者の2種が区別できた。この2者は一致する場合もあれば、一致しない場合もある。」とし、「与益・使役者が聞き手以外である場合には不自然になりやすい。」と

述べている。姫野（2004）の論考は、「させていただく」の敬意対象について詳細に分析した点で有益なものである[14]。

以上が、先行研究の概観であるが、「させていただく」を「使役・許可（または与益）者」（以下、使役・許可者とする）を高める表現と考えると、使役・許可者と想定することが可能な全ての人間を補語にすることが可能な表現ということになるだろう。その点で言えば、「お～する」のように動詞の項または「～ために」「～に代わって」で表される行為の影響の及ぶ方面に補語が限定されることはない。それゆえ、結果的に「させていただく」の成立条件は、使役・許可者の想定が可能かどうかにかかっていることになるのであるが、それが全く不可能な場合での使用に限り、話し手側を低める謙譲語Bとして機能しているとみることができるのである。このように見ると、「させていただく」は基本的には謙譲語Aであるものの、使役・許可者が不在、想定不可能の場合に謙譲語Bとして使用されつつある、というべきであろう。

ちなみに、「させていただく」が広まった理由として、和語動詞の場合に「いたす」が使えないことの指摘は多くの論者によってなされており、「させていただく」が広まった主要因ともされている。

4.2 「させていただく」の成立と展開

このように、先行研究はほとんどが現代の「させていただく」についてのものであり、その成立期についての指摘はほとんど見あたらない。

だが、「させてもらう」とその敬語形「させていただく」の本来的用法が、使役・許可者を想定したものと言える以上、それは、行為による使役・許可者の受影性に配慮した表現とも言える。「させていただく」形の使用は、行為遂行の際に何らかの形で使役・許可者を巻き込むことの表明になるからである。

まず、非敬語形「させてもらう」形式がいつごろから見られるのか。この形式自体は明治期にも見られる。

⑿　a. お房は洗濯した単衣に着更え**させて貰っ**て、やがて復たぷいと駈出して行った。（旧主人・明治 35）

b. その頃御城下には湯屋なんぞはない。内で湯を使わ**せてもらっ**ても、親類の家に泊って、余所の人に湯を使わ**せてもらっ**ても、自分だけが裸にせられて、使わせてくれる人は着物を着ている。

（ヰタ・セクスアリス・明治 42）

c. こう独語のように言って、丑松も見送りながら随いて行った。せめてもの心尽し、手荷物の鞄は提げ**させて貰う**。そんなことが丑松の身に取っては、嬉しくも、名残惜しくも思われたので。（破戒・明治 39）

これらは、皆、実際に使役・許可者が存在し、かつ行為の権限も有していると解釈可能である。また、その敬語形「させていただく」についても同様である。

⒀　a. 母親はほたほたとして茶を進めながら、亥之は今しがた夜学に出て行ました、あれもお前お蔭さまでこの間は昇給**させて頂い**たし、課長様が可愛がつて下さるのでどれ位心丈夫であらう、

（十三夜・明治 28）

b.「…それでも実際もう辛抱が仕切れなくなったから願って見るのですが、如何でしょう、もう一人女中を使わ**せて戴く**訳には参りますまいか？」（其面影・明治 39）

c. やがて郡視学の方へ向いて、「私から伺います。まあ、風間さんのように退職となった場合には、恩給を受け**さして頂く**訳に参りませんものでしょうか」（破戒・明治 39）

これらも同様に、使役・許可者が存在し、かつ行為の権限も有しているものと解釈できよう。

このように、明治 20 年代から 30 年代頃までは、行為遂行上の権限を有する使役・許可者が実際に存在し、その存在を意識した表現であったと言える。他方で、使役・許可者の存在を前提とした表現でありつつも、明治 30 年代半ば頃から、以下のようなものも散見されるようになる。

⒁ a.「それぢや旦那は間抜なのぢや御座いませんか。そんな解らない事が有るものですか」「間抜にも大間抜よ。宿帳を御覧、東京間抜一人と附けて在る」「その傍に小く、下女塩原間抜一人と、ぢや附け**させて戴き**ませう」　（金色夜叉5・明治35）

b.「ま、どうなと貴方の好いように為すって下さいまし。どうせ私なんぞが何と思ったからって、追付くんじゃないンだから」「そんなら、そう為**せて戴き**ます」と哲也にも似ず思切り好く、決然言って…　（其面影・明治39）

c. 蓮太郎は丑松の留守に尋ねて来たのであった。「もう追付け帰って参じやしょう」を言われて、折角来たものを、ともかくもそれでは御邪魔して、暫時休ま**せて頂こ**う、ということに極め、やがて叔母に導かれながら、草葺の軒を潜って入った。（破戒・明治39）

d.「叔母さん、どんなに私は是方へ参るのが楽みだか知れませんでしたよ。お近う御座いますから、復たこれから度々寄**せて頂き**ます」こう豊世は優しく言って、心忙わしそうに帰って行った。（家・明治43）

e.「もう君ちゃん達も学校から帰って来る時でしょうか。それじゃ、今少し御邪魔**させて頂い**て」と言って話頭を変えようとする輝子を前に置いて、岸本は満洲の方に居る輝子の夫の噂や台湾から上京するという民助兄の噂などに返った。　（新生・大正7）

すなわち、使役・許可者が存在しつつも、他方で、行為に対する話し手の意志や宣言、強い働きかけが表現されている形式が見られてくるのである。⒁の「させていただく」は現在では一般的な用法であるが、この時期になって現れる。そして、大正半ば以降になると、以下のものも出現する。

⒂ a.「……私には心底をお打明け申しました所、どちら様にも義理が立ちませんから、薄情でも今日かぎりこのお話には手をひか**せていただき**ます。……どうか悪くお取りになりませんようにね……」　（或る女・大正8）

b.「絵島丸では色々お世話様になって有難う存じました。あのう……

報正新報も拝見させていただきました。(夫人の顔色が葉子の言葉一つ毎に変るのを葉子は珍らしいものでも見るようにまじまじと眺めながら)大層面白う御座いました事。……」　(或る女・大正8)

c.「ええ。一日位暇を作ってくれてもいいでしょう。そんな暇は無くって」「そうですねえ。そんな事をやっちゃいられない大事の場合だけれど、お伴させて貰うとしようか」私はもうすぐに落城して了った。　(学生時代・大正7)

d.「どうぞ、御隠居さん、ゆっくり召上って下さいまし。今日はわたしにお給仕させていただきますよ」と言いながら、お力は過ぐる七年の長い奉公を思い出し顔に、造り身を盛った深皿なぞを順にそこへ運んで来た。　(嵐・大正15)

⒂a・dは、補語が、実質的な権限を有する使役・許可者とは言えない状況での一方的宣言とも言えるものであり、bの補語は実質的権限を有する存在と言えず、かつ一方的行為の事後承諾的なもの、cは「させてもらう」形だが、補語が許可者ではなく依頼者であり、補語からの事前の依頼に対して「させてもらう」形を用いたものである。

こうした⒂になると、補語はもはや、実質的許可や許容を行う存在、すなわち事態成立に関与する存在ではなく、単なる行為の受影者としての存在に変化してしまっていると言えよう。補語は一切の許可・許容的行為を行っておらず、意味的には「ていただく(てもらう)」の受益性のみが残された表現となっている。

そして、これを補語の受影性の面から見た場合、単に、主語の行為による補語の受影性配慮の表現になってしまっているとも言えまいか。

こうした使用の拡大状況について、「明治の文豪」「大正の文豪」「太陽コーパス」「近代女性雑誌コーパス」について調査した結果が次頁表1である。

表1より、明治30年頃までの、実質的な権限を有する使役・許可者の存在を前提にした使用から、⒂のように使役・許可者を見立てた表現、さらに

表1　明治・大正期の「させていただく（させてもらう）」の使用状況

年代＼タイプ	明治・大正の文豪				太陽コーパス				女性雑誌コーパス			
	計	許可あり	許可みたて	言い切り・意志	計	許可あり	許可みたて	言い切り・意志	計	許可あり	許可みたて	言い切り・意志
明治元年～明治30年	1	1										
明治31年～明治40年	8	8		4	3	3						
明治41年～大正5年	24	21	3	2	8	4	4	5	5	4	1	1
大正6年～大正15年	12	4	8	8	25	13	12	15	6	5	1	1

※「許可あり」は、使役・許可者が実質的な権限を有していることを前提とした使用であり、「許可みたて」とは、「新聞を拝見させていただきました」「食費を納めさせていただく」など、使役・許可者が実質的な権限を有していると判断できない場合である。また、「計」は両者の合計である。

※「言い切り・意志」とは、「させてもらいます、させていただきます」などの行為の宣言と判断できる形や、「させていただきましょう」などの、使役・許可の形式を取りつつ、主語の意志を全面に表出する形式を指す。

は、補語の受影性に配慮した表現へと、次第に使用の条件が拡大していることが確認できる。つまり、意志的行為による受影性に配慮した表現として用法の範囲を広げていったことが確認できるのである。

そして、このことは、第2節で見たような「お～する」が勢力を伸ばしていく過程と軌を一にしており、両者がともに、補語の受影性配慮の形式として用法を拡大していったと思われるのである。

5. まとめと考察

まず、2、3節から、行為の内実に関わりなく上位待遇者としての補語に何らかの形で関わる場合の表現として使用された「お～申す」に変わって、補語の受影性の内実に配慮した表現として「お～する」が成立したことが確認された。すなわち、補語の容認が想定されない加害性や強制性等を持つ

ものは「お～する」形を取らず、それ以外の直接的な受影性の表現のみが、「お～する」形を取るようになったのである。そして、次第に間接的受影性の表現へと用法を拡大し、「お持ちする」「お調べする」などの受益表現に関する用法へと使用範囲を広めていったことが見てとれた。

他方で、「お～する」が成立した明治30年頃から次第に使用数を増大させていった「させていただく」は、実質的な使役・許可者が存在した当初の用法から、使役・許可者を見立てた用法として、すなわち、使役・許可者と見立て可能な補語の受影性に対する配慮の表現として広く使用されるようになっていった。「買わせていただく」「行かせていただく」など、半ば一方的行為による補語への間接的受影性に配慮した表現としても使用範囲を広げていったのである。つまり、「受影性配慮」という新たな要請こそが、「させていただく」を実質的な許可表現から、許可されたという形を用いた広い配慮表現として発展させたと思われるのである。

さて、ここまでを図示すると以下のようになる。

図1　明治以降の「お～申す」「お～する」「させてもらう」の展開

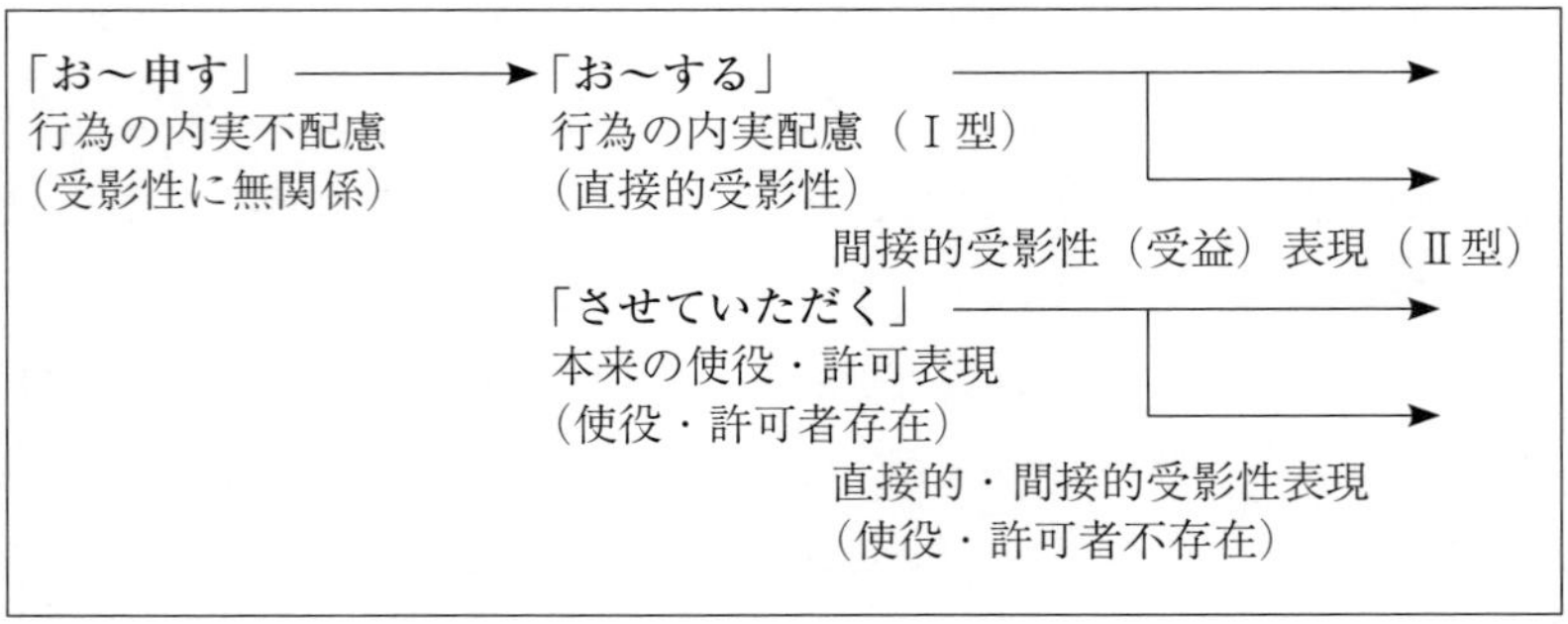

図1からわかるように、「させていただく」は受影性配慮の汎用的表現でもあるため、例えばⅠ型の「お聞きする」Ⅱ型の「お持ちする」と同時に「聞かせていただく」「持たせていただく」なども使用される。後者はより冗長的な表現形式であると考えられ、それゆえ特に対話場面において、過剰な

へりくだり表現と感じられるのであろう。

また、それと同時に、伊藤（2013b）で整理して示したような、補語が格助詞で表示されず、かつⅡ群のような授益性も持たない表現、例えば

⒃？「（先生の部屋に）お入りしてもいいですか」

などは、「（先生の部屋に）入らせていただいてもいいですか」とすると適切な表現になる。このように見ると、「させていただく」は、「お～する」では表現することが不可能な、ニュートラルな間接的受影性に対する表現としても機能していることがわかる。「お～する」に比して、「させていただく」の補語の範囲の広さが可能にしているとみることができよう。

そして、その後の「させていただく」の展開については、前述のように、補語が事態に一切関与しない、すなわち間接的受影性すら存在しない謙譲語Bへと拡張していくことになるのである。

なお、「お～申す」「お～する」について、近代以降、「上位者が受益者である時は、利益について指定しないオ型謙譲語の用法が拡張して用いられるようになった[15]」という見解もあるが、「お～申す」と「お～する」では、形式内に入る語に違いがあること、また、受益と思われる形、例えば「お褒めする」「お喜ばせする」などは存在しないこと、さらに「お入れする」などの受益表現は、成立当初は見られないこと、等を考えると、単純に「オ型謙譲語」が受益表現を引き受けたという判断は難しいのではあるまいか。受益についてはもう少し子細に検討する必要があると言えるだろう。「お褒めする」「お喜ばせする」などは、内容的には受益であるが、一方的な評価・行為でもあり、受影性の面からは不適切になる。これまでの検討から明らかなように、補語の受影性という観点の方が、より有効であると思われるのである。

以上のように、「お～する」が成立した明治30年頃から、こうした謙譲語の表現は行為の内実、言いかえると、「補語の受影性の内実」に配慮した上で使用されるものとして展開されるようになったと言えよう。

注

1 本稿では菊地（1994）に従い、謙譲語を謙譲語A（「お／ご～する」「伺う」「申し上げる」など）、謙譲語B（「いたす」「まいる」「申す」など）、謙譲語AB（「お／ご～いたす」など）の3タイプに考え、敬語上の主語（は、に、が、には、などで表現される）を主語として、また、主語でないある種の文成分、目的語などを補語（を、に、から、と、ために、等をとる）として扱う。主語と補語はともに人間である。

2 「お～する」が成立期と現在ではほとんど違いがないことを確認しつつ、形式内に入る語の違いと使用状況の分析により、「お～申す」と「お～する」の相違点を明確にした。

3 主語の行為から補語が受ける直接的・間接的影響を「受影性」とする（いわゆる他動詞の受影性とは全同ではない）。後述するが、「お持ちする」などのモノを媒介にした働きかけなどは、補語の人格領域に直接的に働きかけないという点から、間接的受影性としている。

4 形式的には「～（さ）せる」という「使役・許可」表現に、「～ていただく」という授受補助動詞が組み合わされたものであるが、使役・許可者の関与が（擬似的にも）不可能な場合等にまで用法を拡張していることで話題になることの多い表現である。

5 例えば「見上げる」は、補語に対する存在認知の表現「見かける」などと比較して、動作のあり方に主眼が置かれていると言える。「打ち明ける」なども「お話する」などと比べると同様のものと言えるだろう。

6 ただし、「強いる」「恨む」について「強いる」が小松（1967）で1例挙げられ、「恨む」も1例見つかったが、話し手が不自然さを意識しつつ、わざと使用していると解釈できた。

7 非意図的であり、補語の許しが想定可能と判断できる場合に「お～する」形を取るものがある。「お待たせする」「（軽微な迷惑を）おかけする」など。

8 知る、あやかる、似合うなどは、結果的な影響力は想定できても、補語への直接的働きかけがあるとは言い難いだろう。

9 なお、伊藤（2013ab）ではこのタイプに入る動詞をB群としている。

10 この場合の「～のために」などは、補語の受益をもたらすことを目的とする意味で、複合格助詞と扱うことが可能であろうが、補語は述語動詞が要求する項とは言えず、補語と述語との意味関係はその点でも間接的である。

11 「明治の文豪」「大正の文豪」「太陽コーパス」「近代女性雑誌コーパス」の他、参考として「青空文庫」の多くの作品も調査した。また精査が必要だが、「お／ご～申し上げる」「お／ご～いたす」に入る動詞も「お～する」と同様であり、Ⅱ型に該当するものも見つからなかった。

12 ただしⅡ型には若干の不自然さが感じられるとも言える。

13　姫野（2004）では、前二者についてはそれぞれ「与益・使役者が聞き手である場合」「与益･使役者が聞き手でない場合」に分け、「動作対象がない場合」については、「与益・使役者が聞き手である場合」と「自己完結型」とに分けている。

14　ただし、この2者は実際には対等ではないという事実には注意する必要がある。敬意対象が動作対象であり、かつ与益・使役者以外といった場合には不自然なものになるからである。

15　森（2012）では､「お～申す」「お～する」を「オ型謙譲語」と一括して扱い、聞き手となる上位者への利益になることを申し出る表現（例：コーヒーを入れてあげます）は丁寧ではない、つまり『聞き手に対する利益を示してはならない』という語用論的制約から、与益表現を上位者に使うことはできず、そのため、オ型謙譲語に受益者を高める用法（例：コーヒーをお入れします）が生まれた、と説明する。

【参考文献】

穐田　定樹（1976）『中古中世の敬語の研究』清文堂出版
伊藤　博美（2013a）「「お／ご～申す」と「お／ご～する」―働きかけのあり方とその消長―」『近代語研究』第17集　武蔵野書院
伊藤　博美（2013b）「働きかけの諸相からみた「お／ご～する」の条件」『国語と国文学』第90巻第1号　東京大学国語国文学会
蒲谷　　宏（1992）「「お・ご～する」に関する一考察」『辻村敏樹教授古稀記念日本語史の諸問題』明治書院
菊地　康人（1994）『敬語』角川書店
菊地　康人（1997）「変わりゆく「させていただく」」『言語』第26巻第6号　大修館書店
小松　寿雄（1967）「「お…する」の成立」『国語と国文学』第44巻第4号　東京大学国語国文学会
小松　寿雄（1968）「「お…する」「お…いたす」「お…申しあげる」の用法」『近代語研究』第2集　武蔵野書院
辻村　敏樹（1966）『敬語の史的研究』東京堂出版
辻村　敏樹（1974）「明治大正時代の敬語概観」『敬語講座⑤明治大正時代の敬語』明治書院
日高　水穂（1995）「オ・ゴ～スル類と～イタス類と～サセテイタダク―謙譲表現―」宮島達夫・仁田義雄編『日本語類義表現の文法（下）』くろしお出版
姫野　伴子（2004）「「～させていただく」文の与益・使役者と動作対象について」『留学生教育』6　埼玉大学留学生センター
森山由紀子（2002）「尊者定位重視の敬語から自己定位重視の敬語へ」『同志社

女子大学学術研究年報』第 53 巻第 1 号　同志社女子大学
森　　勇太（2012）「オ型謙譲語の用法の歴史—受益者を高める用法をめぐって—」『語文』98　大阪大学国語国文学会
山田　敏弘（2001a）「日本語におけるベネファクティブの記述的研究　第 12 回～させてもらう（1）」『日本語学』第 20 巻 10 号　明治書院
山田　敏弘（2001b）「日本語におけるベネファクティブの記述的研究　第 13 回～させてもらう（2）」『日本語学』第 20 巻 12 号　明治書院

【調査・用例出典】

英國孝子之傳・眞景累ヶ淵・名人長二『三遊亭円朝集』明治文学全集 10（筑摩書房）、『二人女房』（岩波文庫）、『当世書生気質』（東京大学総合図書館蔵）、『CD-ROM 版明治の文豪』『CD-ROM 版大正の文豪』（新潮社）全作品（ただし、文体の特殊性から前時代的な表現の多い、芥川の『白』以外の作品、菊池寛『藤十郎の恋』、鷗外の歴史、 翻訳物等は除いた。）以上が、「お～する」と「お～申す」の調査で用いたものである。その他のものとして、『太陽コーパス』『近代女性雑誌コーパス』、宮本百合子『日記』宮本百合子全集第 17 巻（新日本出版社）、池谷信三郎『橋』現代日本文学全集 86（筑摩書房）、『明治女流文學集㈠』明治文學全集（筑摩書房）を用いた。なお、『青空文庫』も参考として調査している。

【参考資料】

『CD-ROM 版新潮文庫の 100 冊』（新潮社）

東京語の大正時代

田　中　章　夫

1. 教科書言葉の定着

永井荷風は、大正の中ごろ、身辺の雑事を取り上げた短編『申譯』(1919年・大正7)の中で、お民という「カッフェーの給仕女」の言葉について、

○お民は父母のことを呼ぶのに、当世の娘のやうに「おとうさん」「おかあさん」とは言はず「おつかさん」「おとッつァん」と言ふ。僕の見る所では、これは東京在来の町言葉で、「おとうさん」と云ひ、「おかアさん」と云ひ、或は略して「とうさん、かアさん」と云ふのは田舎言葉から転化して今は一般の通用語となったものである。

(『荷風全集』第4巻、岩波書店、368ページ)

と述べている。

明治期の国語教科書の親族呼称については、古田東朔氏のくわしい研究[1]があるが、父母の呼称としての「オトウサン・オカアサン」は、1904年(明治37)から使われた、最初の国定教科書『尋常小学読本(イエスシ本)』に採用されたものである(図-1)。

1987年(明治20)の文部省著作教科書『尋常小学読本』では「ヂヂ・ババ・トトサマ・ハハサマ・アニサン…」となっていたものが、1904年(明治37)の国定教科書では、「オジイサン・オバアサン・オトウサン・オカアサン・ニイサン…」と、現在の呼称になっている。

東京の「オトッツァン・オッカサン」を始め、「チャン・オッカア」など各地各様の呼称が行われていたところに、突然、教科書言葉・学校言葉として「オトウサン・オカアサン」が登場してきたわけである。森銑三氏は、当時を回想して、

○文部省でオトウサン、オカアサンと呼ばせるようにしたのは、明治三十七年からのことだったと思うが、このオトウサン、オカアサンには、私などは、なじまれなかった。

(『明治東京逸聞史・1』平凡社、1969年、306ページ・下)

塚原苔園	新体読方書（明19）	ヂヂ（サマ）	ババ（サマ）	オトツサン	オツカサン		
文部省	尋常小学読本（明20）	ヂヂ（サマ?）	ババ（サマ?）	トトサマ	ハハサマ	アニサン	姉サン
西邨貞	幼学読本（明20）			オトツサン	オツカサン		アネサン
坪内逍遙	国語読本 尋常小学校用（明33）	ヂヂ（サマ?）	ババ（サマ?）			アニサン	アネサマ
	小学国語読本（明33）	ヂヂ（サマ?）	ババ（サマ?）		母サマ	兄サマ オアニサマ アニサン	オアネサマ
文部省	尋常小学読本（明36）	オヂイサン	オバアサン	オトウサン	オカアサン	ニイサン	ネエサン

図-1　明治期・国語読本の親族呼称
（古田東朔『小学読本便覧・第六巻―解説』による）

と、その違和感を述べている。

教科書言葉として生まれた「オトウサン・オカアサン」は、東京に限らず、各地で在来の呼称と競合し、こうした違和感・抵抗感をもって迎えられた。

しかし、さきの『申譯』にもあるように、東京の都市部の家庭には、「オトウサン・オカアサン」は、意外に早く浸透し、少なくとも大正期には普及していた。1912年（大正6）刊行の志賀直哉の『和解』の主人公は「お父さん」と「和解」し、1920年（大正9）刊行の芥川龍之介の『杜子春』は、最後に「お母さん」の一声を叫んでいる。

学校言葉の「オトウサン・オカアサン」が、東京の都市部の家庭に、比較的スムーズに受け入れられた、一つの理由は、江戸の武家言葉系のものとして「トトサマ・カカサマ」や「オトウサマ・オカアサマ」が、一部の家庭で用いられてきていたことが、あげられる。さきに紹介した、森銑三氏によれば、1896年（明治30）8月21日発行の『東京経済雑誌』に、

◯近頃は下等社会にも、チャン、オッカアという子供がなくなった。これは学校教育の効能だろう。江戸ではオトッサン、オッカサンと呼ぶのが通例だったが、今は乙に気取って、オトウサマ、オカアサマなどといわせる紳士が多い[2]。

という記事があるという（江戸言葉以来の「オトッツァン」は、「おとっさん」

「おとっさ゜ん」などと表記されることが多い)。

大正期に見られる、教科書言葉・学校言葉の定着の一例である。

2. 山の手言葉・下町言葉の対立

松村明氏は、東京語の大正期を「山の手言葉と下町言葉のそれぞれが、だいたいにおいて山の手地域と下町地域という地域的な対応をみせて、それぞれに安定を得ている」時期として、東京語の「完成期」と見立てている。そして、その前の「明治後期」を「確立期」、後の「昭和前期」を「第一転成期」としている[3]。

1949年(昭和24)に、国立国語研究所が実施した、東京方言の実態調査[4]では、山の手言葉と下町言葉の「地域的な差違」として、「(誰も)コヤシナイ/キヤシナイ」「(行っ)チャッタ/チマッタ」の対立や、「サカ/サカ」「アサヒ/アサヒ」のアクセントの違い、「人(ヒト/シト)」「(オヒサマ/オシサマ)」といった「ヒとシの混乱」などが、調査項目として取り上げられている。

発音・アクセントは別として、語法上の対立として、「コヤシナイ」と「キヤシナイ」、「〜チャッタ」と「〜チマッタ」を考えてみることにする。

「(誰も)コヤシナイ/キヤシナイ」の対立については、永田吉太郎氏が、1935年(昭和10)発表の「旧市域の音韻語法」の中で、

○コヤシナイはコナイの類推であろうが、若い人には普通に用いられる。老人はあるいはキヤシナイを専用するかも知れないが、この方は大正以後に生まれた人たちの頭の中には全く存しない形であろう。

(斎藤秀一・編『東京方言集』図書刊行会・1976年、59ページ)

と述べている。

さきの、国立国語研究所の東京方言の実態調査では、永田氏の、この論文を引用した上で、「コヤシナイ(山の手)」「キヤシナイ(下町)」として、調査項目に採用している(昭和24年度『国立国語研究所年報』1、59ページ)。

この調査の担当者は、東京語研究の権威・中村通夫氏をはじめ、全員が大正育ちの所員であり、大正期の東京語の実態を踏まえての判定と見て間違いないと思われる。

つぎに「(行っ) チャッタ／チマッタ」の対立だが、東京の落語家には、下町のおかみさんの言葉では「困まっチマッタ」、山の手の奥さんの時には「困まっチャッタ」と、使い分けをする心得がある。

「〜チマッタ」も「〜チャッタ」も、関東一円に広く分布する語形[5]であり、「〜チマッタ」の方は、すでに幕末の江戸語に

○[八]「ぼうふらが涌きやアしねへか」[吉]「モウ蚊になつちまつ(仕舞)たかエ」

(括弧内は本文の左ルビ、式亭三馬『風流《ふうりう》・稽古三弦《けいこさみせん》』1926年・文政9)

などの例がある。しかし、幕末から明治初期までは、きわめて稀である。

明治の20年ごろから、「〜チマッタ」も「〜チャッタ」も、主に、山の手の若い人達の間で使われるようになり、次第に一般化していく。李徳培氏は、この時期の「〜チャッタ」の用例として巌谷小波の『五月鯉(1888年・明治21)』から、つぎの例をあげている[6]。

○「アノ私がもうねちやつたあとで」

(明治文学全集20『川上眉山・巌谷小波集』196ページ・上)

したがって、幕末期の江戸語に「〜チマッタ」の形が、周囲の言葉から、まず入り、明治になってから「〜チャッタ」が東京語に入ってきたものと見られる[7]。

興味深いのは、田村俊子の『あきらめ(1919年・明治44)』に出て来る女学生が、一続きの発話の中で、

○「姉さんと二人つ切り、何処かへ行つちまつたら何うするでせう。(略)眠くなつちやつたわ」(二十節)

と、「〜チマッタ」と「〜チャッタ」の両方を用いていることである。したがって、明治期は、どちらも、主に山の手言葉で用いられるものだったようである。

大正時代に入ると、さきに述べたような、山の手は「〜チャッタ」、下町は「〜チマッタ」という分化が進んでくる。

まず、大正期の山の手言葉の例として、漱石の分身とされる『道草』の主人公「健三」とその妻の会話を紹介する。

○健三は机の上の紙入を取り上げて細君の鼻の先へ出した。「おい少し金を入れてくれ」（略）「這入つてる筈ですよ」（略）「あれはもう遣つちやつたんだ。紙入は疾《と》うから空つぽうになつてゐるんだよ」

（夏目漱石『道草』五十三、1915年・大正4）

下町の例としては、築地界隈の情緒を描く、荷風の『雪解』から、築地住まいの父親と、御徒町住まいの娘の会話を引いておく。

○「ムッつりした妙な男だ。（略）」「何だか御亭主さん見たやうぢやないわね。わたし気の毒になつちまつたわ」

（永井荷風『雪解』1922年・大正11）

このような“山の手の「〜チャッタ」vs. 下町の「〜チマッタ」”の対立も、関東大震災で壊滅的な被害を受けた下町社会の変貌とともに、「〜チマッタ」の衰退がもたらされ、次第に薄れていく。したがって、この対立と、その衰退は、まさに大正期の東京語を象徴するものと云える。

3. 東京語的表現形の定着

さきの、永井荷風の『雪解』（1922年・大正11）からの引用文には、「何だか御亭主さん見たやうぢやないわね」と、「〜ミタヨウジャナイ」という言い方が出て来る。江戸言葉以来の比況の「〜ミタヨウダ」である[8]。上方語の「〜ミタヨウナ／〜ミタヨウニ」に由来するものだが、明治期を通じて、

○[伴]「恵比須講の商ひみたやうに大した事をいふな。しづかにしろ」

（三遊亭圓朝『怪談牡丹燈籠』1884年・明治17速記）

○此野だは、（略）赤シャツのうちへ朝夕出入して、どこへでも随行して行く。丸で（略）主従見た様だ。

（夏目漱石『坊つちやん』五、1906年・明治39）

など多くの用例を見る。

しかし、大正期に入ると、この比況の「～ミタヨウダ」は次第に衰え、『雪解』の例などが、終末期のものと云える。「～ミタヨウダ」に代わって同じ比況の言い方に、明治の中頃から、「～ミタイダ」の形が、見られるようになる[9]。

○そりやどうせ中洲の彼人見たいにやア行かないのさ。

（川上眉山『大盃』1895年・明治28）

○「私みたいにのんきだといいんですけど---」

（田山花袋『田舎教師』1909年・明治42）

しかし、明治期の例は少ない。

この「～ミタイダ」は、いかにも東京語的な感じのする言い方であり、

○「少《すこ》しや断食《だんじき》でもした方《はう》が可《い》いんでせう。叔父さんみたいに肥《ふと》つて生《い》きてるのは、誰《だれ》だつて苦痛に違《ちがひ》ないから」

（夏目漱石『明暗』六十、1916年・大正5）

など、大正期に入って急に一般化していく。

有島武郎の『或る女』は「～ミタヨウダ」から「～ミタイダ」への移り変わりを示すものとして興味深い。この作品は、明治44年1月から大正2年2月まで雑誌『白樺』に連載した『ある女のグリンプス』を改作して『或る女・前編』として、大正8年3月に叢文社から刊行されている。この『前編』には、つぎのように、「～ミタヨウダ」が出て来る。

○事務長がこの部屋に來ると、部屋が小さく見えるほどだつた。（略）この大きな子供見たやうな暴君の頭から足の先きまでを見やつてゐた。

（前編・二一）

しかし、大正8年6月に刊行された『或る女・後編』では、

○こんな事がかう手近にあらうとは本當に思ひもよらなかつた。わたし見たいな馬鹿はない。（後編・二六）

など、すべて「～ミタイダ」になっている。

大正期における「～ミタイダ」の定着は、東京語的表現形の確立を象徴するものと云える。しかし、「あした行くみたいなことを云っていた」のよう

な、名詞以外に付く用法は、大正期には、まだ見られない。

また、「千円しかない」を「千円キリない」という言い方、これも、大正期に東京語で一般化したもので、

○多少なり自信を持ち得るやうな仕事が出来てゐなかつた、その事が私供の自惚をいふのに幅のない聲きり出させなかつたのである。

（志賀直哉『大津順吉』十二、1912年・大正1）

○今回の震災は（略）實に想像以外と云ふきりない。

（大曲齣村『東京灰燼記』1923年・大正12）

などの例がある[10]。

この種の、打消を伴って限定を著す「〜キリ〜ナイ」の形が、東京の都市部で用いられるようになったのは、明治の終わり頃のようで、

○事實の餘りに大きかつた事が反つて夢のやうな漠然とした印象きり残さなかつたのかしら、とも疑つて見たのです。

（志賀直哉『濁つた頭』九、1910年・明治43）

などが早い時期の用例である。

いうまでもなく、この言い方の標準形は「（千円）シカない」で、「〜シカ〜ナイ」の形は全国に広く分布しているが、関西には「〜ヨリ〜ナイ」が、関東から東北にかけては「〜キリ〜ナイ」が分布している（図-2）。したがって、「千円キリナイ」といった言い方は、明治期に周辺の言葉から、東京語に入ってきたものと考えられる。

1985年に「たった二つしかない」という場合に「フタツッキリを使うか？」を調べた、『東京都言語地図（東京都教育委員会、1986年・昭和61）』の「文法12図・老人層」では「フタツッキリを使う」地点は、都内全域に及んでおり、東京語法としての定着をうかがわせている。

原因・理由を表す、「熱があるノデ休む」といった接続の「〜ノデ」も、東京語で一般化して定着したのは、やはり大正期に入ってからのようである。この種の「〜ノデ／〜デ」は、東海地方から中部地方にかけて広く見られ（図-3）、徳川武士団の入府以来、三河・駿河などと縁の深い江戸の言葉

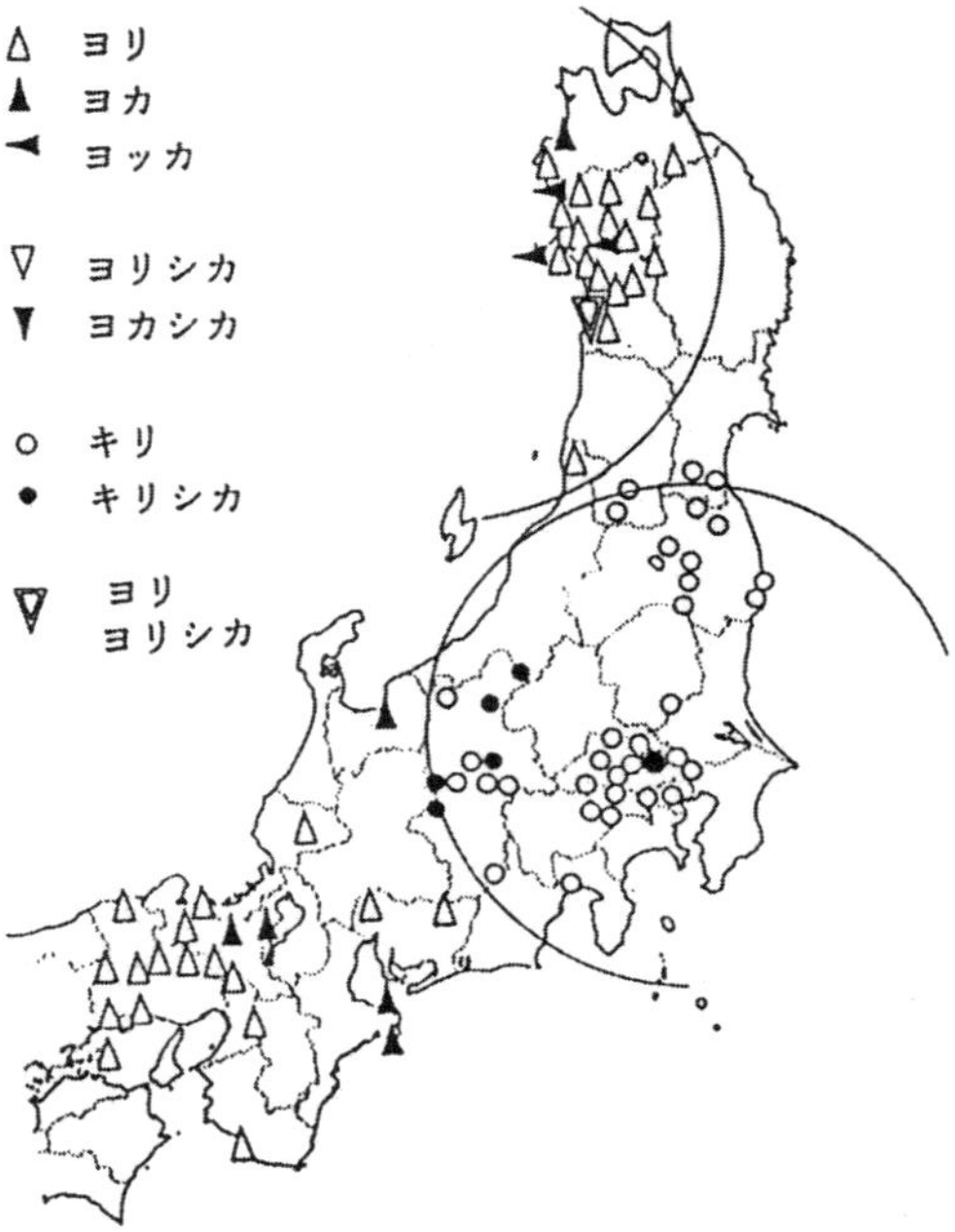

図 -2 「百円しかない」を、どう云うか。------「～キリ」と「～ヨリ」の分布
（『方言文法全国地図』51 図に基づく、宮地朝子の作図による）

にも、早くから移入されたようである。

しかし、その用例は少なく、武家や上層の人々の言葉や、お客相手の言葉に見られる、いわゆる「品のいい言葉」で、多くは敬語とともに使われるものであった[11]。

○（人がらよきかみさま）「娘《むすめ》をお屋敷へ上《あげ》ますので、何《なに》か世話〳〵しうございまして、存《ぞんじ》ながら御《ご》ぶ沙《さ》汰《た》いたしました」

（式亭三馬『浮世風呂』三編上、1812 年・文化 9）

○（御大名《おだいめう》御髭《おひげ》を剃《す》らせ給ふ時分《とき》）「おれが髭《ひげ》を剃《す》る時、舌をまいてふくらませるで、剃《そり》よくはないか」　（『鹿の巻筆』1772 年・安永 1）

明治期に入って、「～デ」は方言や卑俗な言葉の描写に限られるようになって、東京の言葉としては衰退してしまうが、「～ノデ」の方は、明治の

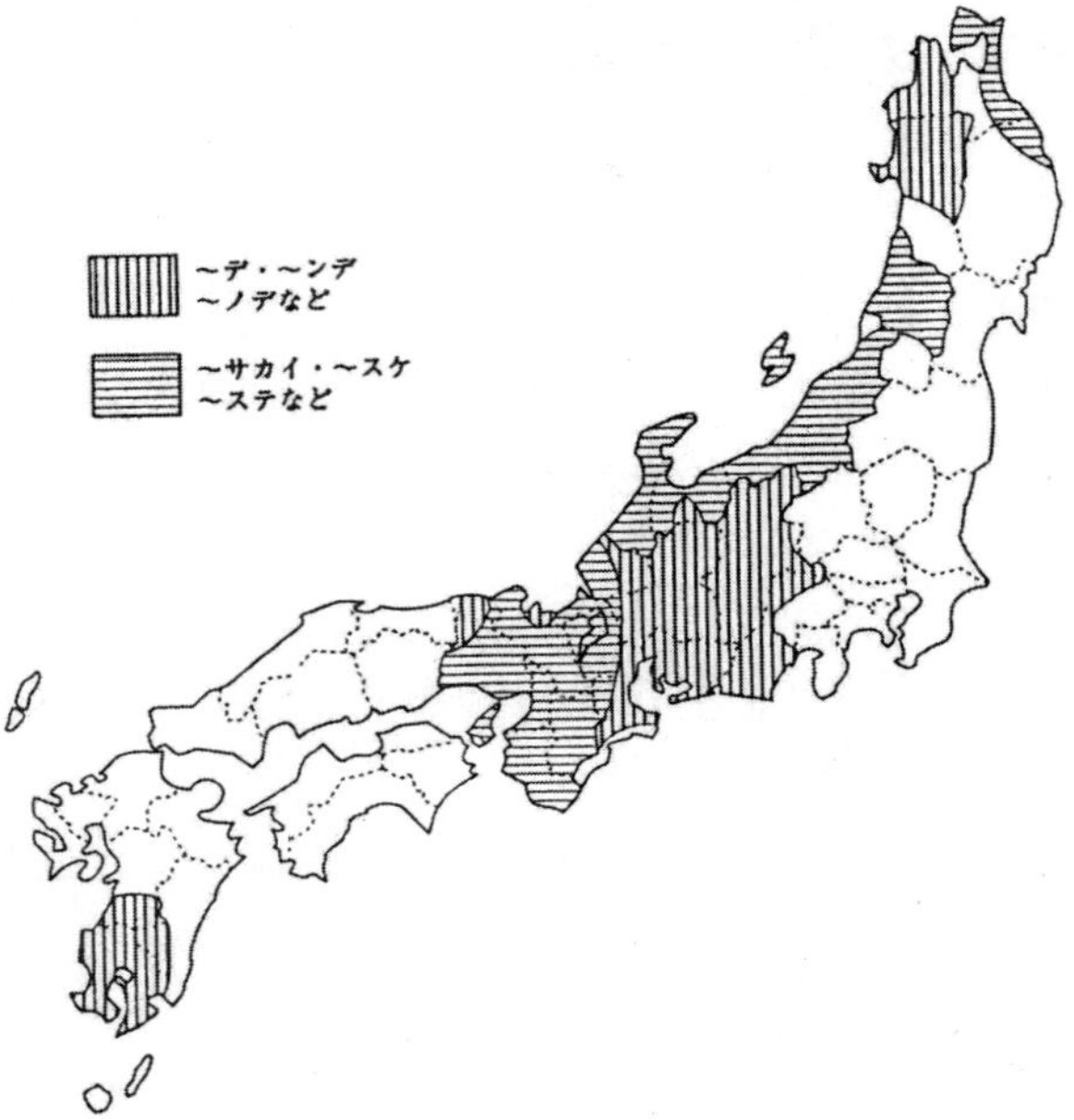

図 -3　原因理由の「～ノデ」と「～サカイ」の分布「（雨が降る）から」をどう云うか、
（国立国語研究所報告 97『方言文法全国地図・1』33 図により作図）

中頃から、次第に勢力を伸ばし[12]、最初の国定教科書にも、

○用吉《よーきち》は、よく、わからなかったので、「（略）いつ、うちに、お帰りになるのですか。」とたづねた。　　　（『尋常小學讀本』七、1903 年・明治 36）

などの用例が見られ、大正期に一般化してくる。

○ぜひ來いといふ端書《はがき》を受取たので、多少の金を工面《くめん》して出掛ける事にした。　　　（夏目漱石『こゝろ』上「先生と私」一、1914 年・大正 3）

「～ノデ」は、「～カラ」に比べると、話し言葉的な柔らかみのある語感を持つ。そのため、「～ノデ」に導かれる主文は、命令・禁止のような主観的な云いおさめになりにくいとする、いわゆる「カラとノデの使い分け[13]」が認められるわけだが、これも、江戸言葉以来「品のいい言葉」として用いられてきた、東京語の「～ノデ」の性格によるものと考えられる。

4.“書生言葉”の醇化

「熱海の海岸、散歩する／寛一お宮の、二人連～」で始まる、演歌『金色夜叉』は、宮島郁芳・後藤紫雲の作詞・作曲によって、1918年（大正7）に発表されたものだが、この歌、バイオリンを手にして町々を巡る演歌師によって、東京で大いに流行したという。その第二節は「僕が学校、終るまで／何故に宮さん、待たなんだ／夫に不足が、出来たのか／さもなきゃ、お金が欲しいのか」となっている。ここに出て来る「待たなんだ」の「～ナンダ」だが、明治初期の東京語資料には散見されるが、大正期のものとしては、かなり珍しい。

中村通夫氏らの研究によって、よく知られているように、江戸言葉で活躍していた、打消・過去の「～ナンダ」は、幕末に使われ始めた「～ナカッタ」と、明治期に競合し、次第に衰退に向かったとされている[14]。柏崎育ちの宮島郁芳が、お国言葉を持ちこんだのかもしれないが、東京言葉としては、やや古めかしい「～ナンダ」によって明治の雰囲気を描いたものとも見られる。

言葉の標準化を目指して編纂された、明治以来の国定教科書も、1904年（明治37）から使われた、第一期国定教科書『尋常小学読本』には、「～ナカッタ」とともに、

○草ハダンダン、ノボッテ行ッタガ、（略）ドノクサモチョージョーマデハ、ノボルコトガデキナンダ。（六、第一七　草木のカケクラベ、73ページ）

と「～ナンダ」も出てくるが、1910年（明治43）から使われた第二期国定教科書では、すでに姿を消してしまっている[15]。

また、打消・過去の敬体としては、「～マシナンダ」「～マセナンダ」ではなく、国定教科書は、当初から「～マセンデシタ」を採用している。

○糸がもつれていて、なかなか、ほどけませんでした。

（第一期『尋常小学読本』四、だい十　そーじ、34ページ）

したがって、明治の後半期には、すでに「～マセンデシタ」の方が、「～

マシナンダ」よりも、望ましい形と意識されていたものと見られる。

打消・過去の敬体として、明治期には、「(行き) マセンデシタ」とともに、「(行か) ナカッタデス」の形が見られる。

○「死ぬなどとは夢にも思はなかったです」

(田山花袋『田舎教師』十二、1909年・明治42)

○「つい、お見それ申してすみませんでした」「いえ、私も何處かでお見かけ申したやうだと思ひながら矢張鳥渡思ひ出せなかつたです」

(芥川龍之介『冷笑』八、1910年・明治43)

明治の末の『冷笑』に、「〜マセンデシタ」と「〜ナカッタデス」が並んで出てきているのが興味深い。

ところが、この「(行か) ナカッタデス」の形は、大正期から昭和期にいたるまで、国定教科書に採用されることはなかった。

「〜ナカッタデス」のような、過去・完了の「〜タ」に「〜デス」のついた形について、三尾砂氏は、「私は變だから直ぐ下りて來たですがね (田山花袋『蒲団』)」の例をあげて、

○過去形に「です」をつけるのは、書生言葉とよばれ、漫談家などよくこの種の「です」を用ひますが、標準語にはかういふ言ひかたはありません。「來たです」は、「來ました」(略) を用ひるべきものです。

(『話言葉の文法』1942年・昭和17、229〜230ページ)

と、「書生言葉 (学生言葉)」と評している。「(来) タデス」「(行か) ナカッタデス」などの言い方は、上京してきた学生ばかりでなく、東京語の「(来) マシタ」「(行き) マセンデシタ」になじめなかった人々の間に生まれた言い方だったのではなかろうか。

三尾砂氏は、また、同じ『話言葉の文法』の中で、「(行か) ナイデシタ」の形を取り上げて、

○推量の打消は「ませんでせう」よりも「ないでせう」の方が「です體」としてはふつうですから、それとの釣合ひからいへば、「(知ら) ないでした」の方が用ひられさうです。がそれはまだ書生言葉の語感を遺して

をり、一般的には「(知り) ませんでした」がふつうです。(244ページ)
と、ここでも「書生言葉の語感を遺してをり〜」と述べている。東京の言葉としては、やはり、違和感のあるものだったのであろう。

この形は、1888年(明治21)刊行の『滑稽和合人(滝澤舎鶩、1888年・明治21)』に登場する、神奈川宿の旅籠の女中の言葉に、

○「アレまア張《はり》さん被在《いらし》つたのをお見それ申して済《すま》ないでしたねへ」

(五編・上)

と、出て来る。あるいは、東京周辺で行われていたものかもしれないが、東京語としては、きわめて珍しい例である。

さきの「〜ナカッタデス」も、この「〜ナイデシタ」も、標準形として「〜マセンデシタ」の形が、普及して、確立しつつある過程で、この形になじみにくかった人々、たとえば地方出身の学生などの間で使われ始めた言い方ではなかったかと考えられる。

というのは、東京一極集中で東京近郊・近県に大団地が生まれた、昭和60年代あたりから、近県・近郊で「団地言葉」とか「新・山の手言葉」「首都圏言葉」などと称される、在来の東京語とは異質の言葉が注目されるようになった。そのころ、都心部と近郊・近県の高校生・大学生を対象に、言葉の調査を実施したことがある。その時の調査項目には「(行か) ナカッタデス)」も、この「(行か) ナイデシタ」も採用されていて、どちらも、各地から移り住んできた人々の多い近県・近郊での使用が目立っていた[16]。

したがって、明治期に、これらの形が見られるのも、東京の「(行き) マセンデシタ」になじみにくい人々の間に、使いやすい形として生まれたものの、大正・昭和期を通じて標準的なものとして扱われることのなかっ東京弁と見ることができる。

また、上方くだりの「〜ナンダ」「〜マセナンダ」に対して、幕末の江戸言葉に「〜ナカッタ」「〜マセンデシタ」が生じ、明治・大正期の東京語で、次第に標準的な表現として育っていったプロセスは、野村剛史氏のいう「言語の自然史的過程で形成されるスタンダード[17]」の典型的な一例と云えよう。

5. 放送用語と東京語

NHKの古屋和雄アナウンサーは、その著『心を結ぶ日本語』（講談社・1992年・平成3）の中で、放送用語としての「～デアリマス」「～デス」について、

○今でこそあまり使わないようですが、私が二十年前アナウンサーになったころ、野球中継でしきりに（略）「デアリマス」を連呼しました。「ワンストライク、ツーボールであります」「九回の裏の攻撃であります」調子がとれて便利なのですが、今思えばかなり古いことばを使っていたことになります。しかし明治の先輩たちにとっては、「デス」は軽薄で慎しむべきことばでした。　（128ページ）

と述べている。

「(雨) デショう・デシた・デス」と活用のある「～デス」は、幕末の江戸の町人言葉の中に生まれ、明治期に一般化したものだが、「軽薄」というよりも、江戸の武家や、明治の教養層の人々には、抵抗感のある、卑俗な言葉として迎えられていた。

江戸の仙台藩邸で生まれ、武家社会で育った、明治の国語学界の泰斗・大槻文彦なども、上野女学校での講話で、

○「です」に就て注意《ちうい》しようと思ふ事がある。此の「です」といふ言葉は、明治維新《めいぢいしん》前までは江戸で侍は勿論《もちろん》町人でも遣《つか》はなかつた卑しい言葉《ことば》であつた。（略）此事に就て拙者《せつしや》は逢ふ人毎に話してかやうな軽薄《けいはく》な言葉は世《よ》の中《なか》にやめさせたいと思《おも》つて居るが、最早《もはや》致し方が無からう。斯《か》く申す拙者《せつしや》なども巻き込まれて気がつかずに遣《つか》ふ。はゝゝゝ。

（上野女学校での講話、『風俗画報』1905年・明治38・6月10日）

と語る「デス嫌い」の一人であった。

大正14年3月22日のラジオ放送開始に当たって、放送による標準語の確立と普及を標榜していた放送関係者は、こうした「～デス」を避けて、放送

用語の基調としては「～デアリマス」を採用した。東京・芝浦の仮放送所から送られた、日本のラジオ放送第一声は、

○ JOAK、JOAK、こちらは東京放送局であります。

—海軍軍楽隊のクラリネット独奏・ホルン独奏—

ただいまより、東京放送局の仮放送を開始いたします。

（日本放送協会『放送五十年史』1977 年・昭和 52）

だったという。

大正末以来、永く「～デアリマス」を基調としてきた NHK の放送用語が「～デス」に変わったのは、1960 年代になってからで、1961 年（昭和 36）12 月の放送用語委員会で、

○放送においては「です・ます」によるのを原則とする。

という「決定」が下されている。

「～デアリマス」については、長州弁が陸軍に入って広がったものだとか、吉原の遊女語に由来するといった俗説があるが、すでに江戸の町人言葉に

○どろ「どうなされましたとサ。能《よう》言《ことば》咎《とがめ》めをする。すかねへヨウ」

した「（略）ばからしゆざいます。きざであります」

（式亭三馬『浮世風呂』二編巻之下、1810 年・文化 7）

○由「お蝶ぼう、すやく（菓子ヲ買イニ）行てお出でよ」蝶「アイ今まゐる所でありますよ」（為永春水『春色梅児誉美』三編巻之八、1833 年・天保 4）

というように用いられていた。また、幕末から明治初期まで刊行された、忠臣蔵の物語『伊呂波文庫』では、武家の人々の言葉にも見られる[18]。

○「急《きふ》に武士《さむらひ》が嫌《いや》になり、其處《そこ》で赤保《あかほ》を出國《しゆつこく》爲《し》た譯《わけ》でありますが、～」

（巻之五十）

「～デアリマス」は、その後、次第に公的な場面での用語となり、放送に採用された大正末のころには、かなり固い男性的な語感を持っていたものと思われる。そうした「～デアリマス」を、あえて採用したのは、東京語系の「～デス」に対立する、関西系の「～ドス／～ヤス／～ダス」などを用いる人々の違和感・抵抗感に配慮したものであろう。

ラジオ放送の開始とともに、「天気予報」も始まったが、「天気予報」には、早くから、「雨が降りマショウ」「午後から晴れマショウ」のような、「推量」の「〜マショウ」が使われていた。

大正・昭和期の東京の言葉では、「〜マショウ」は、主として「いっしょに行きマショウ」「そろそろ寝マショウ」のような「勧誘」に使われ、「〜マショウ」による「推量」の表現は、「間もなくお着きになりマショウ」「来週にはサクラの蕾もふくらみマショウ」など、かなり改まった場合や、手紙などに限られていたといってよい。

多分「晴れるデショウ・降るデショウ」に対する、関西地方の人々などの抵抗感に配慮したものであろうが、東京あたりの子供たちには「さあさ、皆さん、晴れましょう、降りましょう」などとからかわれた。

天気予報特有の、やや不自然な言い方と感じられ、近年でも、

○ NHK 的に言うと、「答えはいつかわかりましょう」ですかね。

（CLUB NEWS SITE MAP へ）

と、わざわざ NHK を引き合いに出したブログの書き込みがあった[19]。

「推量」を表す「〜マショウ」「〜デショウ」は、どちらも、早くから用いられ、江戸言葉にも、

○ハイ寺参《てらまゐ》りに往《いく》と云《いつ》て出《で》ました。モウ今《いま》に帰《かへ》りませう。

（松亭金水『閑情末摘花』三編・巻之上、1839 年・天保 10）

○飼馬町《かいばてう》か中橋《なかばし》あたりからも往《ゆく》でせう。

（朧月亭有人『春色恋の廼染分解』二編・巻之下、1860 年・万延 1）

などの用例がある。

明治から大正にかけて、「〜デショウ」が次第に勢力をのばし、「〜マショウ」は、主に「勧誘」の場合に用いられるものとなっていった。その結果、「降りマショウ・晴れマショウ」が、東京語の勧誘の表現としては、古くさい不自然な言い方と感じられるようになってきたわけである。

塩田雄大氏によると、NHK の天気予報の「降りマショウ・晴れマショウ」が「降るデショウ・晴れるデショウ」に変わったのは、昭和三十年代も終わ

りの1963年（昭和38）12月12日の放送用語委員会の「決定」によるという。翌年二月発行の『文研月報』（NHK放送文化研究所）には、この「決定」の理由を、

○天気予報を聞いている人たちの間で抵抗感を持つ人がかなりいると考えられるので、（「晴れマショウ」の言い方を）使わない方がよいと思われる。

と述べている。

なお、天気予報の「晴れマショウ、降りマショウ」については、当時の中央気象台からの通報が、この形だったからとも云われている。はっきりしたことは、わからないが、新野直哉氏に提供していただいた資料の中に、このことを示唆する個所がある。それは、『文藝春秋』1936年（昭和11）6月号の、市川三喜・金田一京助・神保格・辰野隆らによる「語學者ばかりの座談會」での発言の中の、

○辰野　天氣はぐづつきますなどゝいふのは餘りいゝ日本語とは思ひませんね。（略）ぐづつくといふのは品がよくないね。

神保　問題になりますね―（略）あれは氣象臺からあゝいふ電報が來るのださうです。

という個所である。

1　古田東朔『小学読本便覧・第六巻―解説』武蔵野書院（1983年・昭和58）

2　森銑三『明治東京逸聞史・1』平凡社（1969年・昭和44、306ページ・上）

3　松村明「東京語の成立と発展」（東京堂出版『増補・江戸語東京語の研究』1998年・平成10）

4　国立国語研究所「東京方言および各地方言の調査研究」（『昭和24年度・国立国語研究所年報』1、1949年・昭和24）

5　大橋勝男『関東地方域方言事象分布地図・2』MAP82・MAP83（1974年・昭和49）

6　李徳培『ちまう・ちゃう考』韓国・J&K（2003年・平成15）／飛田良文『東京語成立史の研究』東京堂出版（1992年・平成4、593ページ）

7　田中章夫「近代語法に見られる方言語法の影響」（近代語学会『近代語研究』第十六集、2012年・平成24）

8　湯沢幸吉郎『増訂・江戸言葉の研究』明治書院（1957年・昭和32、511ペー

ジ）／鶴橋俊宏『近世語推量表現の研究』ひつじ書房（2013 年・平成 25、233 ページ）

9　松村明『近代の国語』桜楓社（1977 年・昭和 52、160 ページ）／原口裕「『みたようだ』から『みたいだ』へ」（『静岡女子大学研究紀要』7、1973 年・昭和 48）

10　宮地朝子『日本語助動詞シカに関わる構文構造史的研究』ひつじ書房（2007 年・平成 9）／田中章夫『近代日本語の語彙と語法』東京堂出版（2002 年・平成 14、442 ページ）

11　吉井量人「近代東京語因果関係表現の通時的考察」（国語学会『国語学』110 集、1977 年・昭和 52）／田中章夫「因果関係を示す『デ』『ノデ』の位相」（近代語学会『近代語研究』第九集 、1993 年・平成 5）

12　原口裕「『ノデ』の定着」（『静岡女子大学研究紀要』5、1971 年・昭和 46）

13　永野賢「『から』と『ので』とはどう違うか」（桜楓社『伝達論にもとづく日本語文法研究』1976 年・昭和 51）

14　中村通夫「『なんだ』と『なかった』」（川田書房『東京語の性格』、1948 年・昭和 23）

15　前出 : 古田東朔『小学読本便覧・第六巻―解説』

16　田中章夫「（行き）マセンデシタ」から「（行か）ナカッタデス」へ」（『言語学林』1996 年・平成 8）／「新しい標準語―首都圏ことば」（東京堂出版『近代東京語の語彙と語法』第五章、2002 年・平成 14）

17　野村剛史『日本語スタンダードの歴史』岩波書店（2013 年・平成 25、169 ページ）

18　中村通夫「であります言葉」（前出『東京語の性格』）／田中章夫「デアル・デアリマス・デス」（明治書院『語源探求』3、1991 年・平成 3）

19　田中章夫「ことばは時代とともに」（田中章夫『日本語雑記帳』（岩波書店、2012 年・平成 24、179 ページ）

〔付記〕　鶴橋俊宏・新野直哉・塩田雄大の三氏には、資料のご提供をいただき、お世話になりました。感謝の意を表します。

宮沢賢治の童話における程度副詞

——程度の大きさを表す表現について——

小　島　聡　子

はじめに

宮沢賢治の童話をはじめとする作品は、今もよく読まれている。それは、現代の子供にも特に注釈などを必要とせずに理解できるような言葉で書かれているからでもあろう。しかし、細かく見ると、宮沢賢治の童話に見られる言葉使いには、現在では違和感を覚える部分も少なくない。

例えば、よく指摘されるのはオノマトペの多さで、しかも、あまりなじみがない変わったオノマトペが少なくないことである。しかし、川越（2008）は宮沢賢治の変わったオノマトペが方言に由来するものである可能性があるという。あるいは、そもそも東北地方の人々はオノマトペを多用する傾向があるという指摘[1]もあり、オノマトペの多さも方言の影響である可能性がある。

また、宮沢賢治の作品が書かれた大正から昭和初期の言葉と現在の言葉とでは細かい点で違いがあるため、この違いが違和感をもたらしている可能性もある。しかしながら、先行研究では、「まるで」の使い方[2]や、助詞の使い方などについて[3]も、方言の影響が見られることが指摘されている。

さらに、前稿（小島 2012）では、実質的意味のない間投詞的な使われ方をした副詞「もう」などが多用されることなどから、宮沢賢治の言葉使いが、書き言葉でありながら話し言葉的な傾向があることを示唆した。

そこで、本稿ではさらに、話し言葉的な要素が関係しやすく、また方言ごとに多様な表現があると思われる、程度の大きさを表す表現を中心に、宮沢賢治の文体・語法の特徴について考察する。

1　資料について

現在宮沢賢治の作品は数多く出版されているが、それらは、一部を除いて殆どが生前未発表のまま原稿の形で残されていたものである。原稿には書き込みも多く、また、一部散逸していたりするものもあり、本文の取り扱いは

難しい。そこで、本稿では生前に出版された童話集『童話《イーハトヴ》注文の多い料理店』（1924、以下、『注文の多い料理店』または『注文』と略称）のみを取り扱う。また、対照する資料として、浜田広介『ひろすけ童話　椋鳥の夢』（1921、以下『椋鳥の夢』または『椋鳥』と略称）と佐々木喜善『東奥異聞』（1926、以下『東奥』と略称）を用いる[4]。

底本として、『注文の多い料理店』[5]と『椋鳥の夢』は初版の復刻本を、『東奥異聞』については初版本を用い、それぞれを電子化した上で、「全文検索システム『ひまわり』」[6]で検索できるようにした簡易コーパスを作成した。また、UniDic[7]を利用した形態素解析も試み、Chaki.NET[8]を用いて検索等を行った。それによれば、それぞれの資料の規模は概数[9]で以下の通りである。

・『注文の多い料理店』　約 51000 字 : 約 33000 語
・『椋鳥の夢』　約 67000 字 : 約 45000 語
・『東奥異聞』　約 60000 字 : 約 42000 語

『注文の多い料理店』は宮沢賢治の童話集としては生前に出版された唯一のものである。全体として、デス・マスを使った敬体で書かれており、会話部分には方言が使用されていることも特徴である。宮沢賢治は 1896 年、岩手県花巻町（現・花巻市）生まれで、盛岡中学から盛岡高等農林（現・岩手大学農学部）へ進学した。旅行や妹の看病等のため何度か上京しているが、滞在は最長でも 8 ヶ月程度で、それ以外は生涯の殆どを岩手県内で過ごしている。そのため東京の言葉との接触が少ないところが、他の多くの作家と異なる点である。

『椋鳥の夢』は浜田広介の数ある童話集の中の最初のものである。やはり全体として、敬体で書かれているが、会話に方言が使われることはない。浜田広介は 1893 年、山形県高畠町生まれ、宮沢賢治とほぼ同年代の童話作家である。山形と岩手では方言は同じとは言えないが、大きく区分するとどちらも東北方言で、宮沢賢治と共通点がある。しかし、浜田広介は大学進学に際して上京して以降東京で暮らしており、東京の言葉との接触という観点で

宮沢賢治とは異なる。

『東奥異聞』は、佐々木喜善が地元に伝わるものを中心に口碑伝説を集め、考察を加えたものである。文体は、一部敬体も交じるが、基本的には常体で書かれており、その点では他の2作品と異なっている。佐々木喜善は、1886年、岩手県土淵村（現・遠野市土淵町）生まれ、柳田國男の『遠野物語』の語り部として知られる人物である。宮沢賢治より10年ほど年長で同世代とは言えないが、晩年二人には交流があったことが知られている。遠野と花巻は比較的近く、岩手県内の方言の区分でも同じ地域に属しており、言葉は宮沢賢治に近かったと推測される。ただし、佐々木喜善は上京して哲学館（現・東洋大学）・早稲田大学へ通っており、その点では宮沢賢治とは異なっている。東京の言葉との接触状況が書き言葉へ方言の影響が出るかどうかを見る上で、宮沢賢治と母方言が同じで東京の言葉との接触状況の異なる佐々木喜善は、比較対象として適当な人物と言える。

なお、これらに加えて、当時の全体の状況を知るため『太陽コーパス』（国立国語研究所 2005）とも比較した。

2 『注文の多い料理店』における程度の大きさを表す語

2.1 語の種類と頻度

まず、『注文の多い料理店』をUniDicにより解析し、副詞及び形状詞に分類される語のうち、形容詞等の状態性・程度性を持つ語にかかって程度の大きさを表していると判断される例を持つ語を抽出した。また、工藤（1983）において、程度副詞の「周辺的・過渡的なもの」として挙げられている語を参考に、程度の大きさを表している表現を取り上げた。さらに、マルデは小松（1996、1997）で宮沢賢治の作品で程度の大きさを表す用法があることが指摘されているので、マルデも含めた。その結果、『注文の多い料理店』では次の18語が取り出せた。それぞれについて、頻度と例を示す。ただし、同じ語であっても、明らかに否定と呼応した陳述副詞など程度の大きさを表

していないとは言えない例は頻度からは除いてある。なお、挙例に際し、仮名遣いは原文に従うが、漢字については新字体を用いることとする。

・アマリ（9）[10]…みんなはあまり嬉しくて大人までがはね歩きました。（狼森）

・アンマリ（21）…あんまりひどいわ。（鳥の）

・ウント（4）…こんどはメタルのうんといゝやつを出すぞ。（かし）

・ゴク（1）…これでごく弱いほうだよ。（月夜）

・シゴク（1）…しごく結構でござらう。（かし）

・ジツニ（11）…どんぐりはぴかぴかしてじつにきれいでした。（どん）

・ズイブン（9）…注文はずゐぶん多いでせうがどうか一々こらえて下さい。（注文）

・ステキニ（1）…じぶんで口をすてきに大きくして横の方へまげて（かし）

・ダイブ（4）…だいぶ山奥の、木の葉のかさかさしたとこを（注文）

・タイヘン（4）…みちは大へん急な坂になりました（どん）

・トテモ（1）…その秋のとりいれのみんなの悦びは、とても大へんなものでした。（狼森）

・ヒジョウニ（1）…外がひじやうに寒いだらう。（注文）

・ヒドク（12）…地味もひどくよくはないが、またひどく悪くもないな。（狼森）

・ホントウニ（11）…あのいぼのある赤い脚のまがりぐあひは、ほんたうにりつぱだ。（山男）

・マルデ（9）…字はまるでへたで（どん）

・ムヤミニ（3）…靴をはいた無暗にせいの高い眼のするどい画かきが（かし）

・ヨッポド（1）…たしかによつぽどえらいひとなんだ。（注文）

・ヨホド（8）…よほど年老《としよ》りらしいのでした。（かし）

上記のうち、アマリとアンマリは、同じ語としてまとめる場合もあろう

が、須賀（1992）によればこの2語では単文での使用の許容度に差があるなど、異なる振る舞いをするので、別に扱う。また、ヨホドとヨッポドは頻度に偏りがあるので、こちらも別に扱った。ただし、他の語で表記の違い（漢字か仮名か等）や仮名遣いの違いがある場合は考慮せず同じ語として扱っている。

『注文の多い料理店』においては、アマリ・アンマリが合わせて30例あるが、ほかは10例前後の語が6語、1例のみの語も多く、広く浅く多様な語が用いられていると言えよう。

2.2 『椋鳥の夢』・『東奥異聞』との比較

さて、これらの語について、他の2作品から同様の手続きで取り出した語と比較する。（表参照）

なお、表で網掛けをした部分は、『注文の多い料理店』にはないが他の作品に用いられている語である。次のような例である。

・タイソウ…実は大そうおいしくありました。（『椋鳥』三日）

・ホントニ…何とまあ、夜の長いこと！—ほんとに長い！（『椋鳥』ユダ）

・ハナハダ…或ひは甚だ面白い俗信に出会すことかもしれぬ。（『東奥』千曳）

・マコトニ…而して誠に八ケ間敷一師相続の伝統で（『東奥』・飛ん）

まず、特徴的なのは、『注文の多い料理店』は他の2作品に比べて、程度の大きさを表す語が、用例数・語の種類、ともに豊富だということである。

表　3作品の程度の大きさを表す語の頻度

	アマリ	アンマリ	ウント	ゴク	シゴク	ジツニ	ズイブン	ステキニ	ダイブ	タイヘン	トテモ	ヒジョウニ	ヒドク	ホントウニ	マルデ	ムヤミニ	ヨッポド	ヨホド	タイソウ	ホントニ	ハナハダ	マコトニ
注文	9	21	4	1	1	11	9	1	4	4	1	1	12	11	9	3	1	8	0	0	0	0
椋鳥	2	8	0	0	0	0	2	0	1	16	0	1	0	9	0	0	3	0	17	19	0	1
東奥	13	2	0	10	0	7	2	0	1	0	0	14	16	0	0	0	0	1	1	0	5	10

語の種類は、『注文の多い料理店』では 18 種類だが、『椋鳥の夢』は 11 種類、『東奥異聞』は 12 種類である。作品の規模としては、『注文の多い料理店』は他の 2 作品に比べて小さいので、種類が多いことは明らかと言えよう。

また、今回取り上げた各語の度数を合計した全体の頻度は、『注文の多い料理店』は 111、『椋鳥の夢』は 80、『東奥異聞』は 77 である。これについてそれぞれの度数を比較して χ^2 の独立性検定を行うと、『椋鳥の夢』に対しても『東奥異聞』に対しても『注文の多い料理店』は 0.1% 水準で有意差が認められ、『注文の多い料理店』の方が頻度が高い。つまり、『注文の多い料理店』は、程度の大きさを表す語がよく用いられているということである。

また、3 作品に共通して頻度が高い語はなく、好んで用いられる表現が、それぞれの作品ごとに異なっていることもわかる。

『注文の多い料理店』では、先述の通りアマリ・アンマリが突出して多い。他 2 作品でもアマリ・アンマリは少なくはなく、強いて言えば 3 作品ともによく用いられると言える唯一の語だが、他の作品では一番頻度が高いわけではない。これについては後述する。また、必ずしも頻度は高くないものの、マルデ・ステキニ・ウント・ムヤミニなど、他の 2 つでは全く用いられない表現が多いのも特徴的である。他には、ズイブン・ダイブなどの頻度が他の 2 作品に比べて高くなっている。

『椋鳥の夢』では、ホントニ・ホントウニが最も多く、またタイソウ・タイヘンも多い。特にホントニの形は、他の 2 作品には見られず、『椋鳥の夢』の特徴的な語と言える。

なお、『椋鳥の夢』では、アンマリ・ホントニ・ヨッポドなど、省略や表情音を含む形の方が好んで用いられる傾向があるようである。一方『注文の多い料理店』では、アンマリ以外は逆にそうでない方が頻度が高い。

また、『東奥異聞』でよく用いられるのは、ゴク・ヒジョウニ・ヒドク・マコトニなどである。さらに、頻度は高くないがハナハダは『東奥異聞』のみに見られる語である。ハナハダ・ヒジョウニ・マコトニという語はいず

れも、現代でもやや硬い文体で用いられる印象がある語である。『東奥異聞』は童話ではなく、常体であることも含め他の2つに比べると比較的文体が硬い。そのことが、これらの語の頻度の高さに関係していると考えられる。

しかし一方で、『注文の多い料理店』と『東奥異聞』は、ヒドク・ジツニの頻度が高いという点では傾向が似ているとも言える。このことに、宮沢賢治と佐々木喜善の岩手方言が関与していると言えるのかどうかまでは、未検討である。今後の課題としたい。

また、童話2作品ではホントニ・ホントウニが多く、一方『東奥異聞』ではマコトニが多い。ホントウニとマコトニは意味は似ているが、文体的にはマコトニの方がより硬く、少なくとも子供が使う言葉というイメージではない。この3作品の間では、ホントウニとマコトニは相補的に分布しているように見えるが、これは童話か否かという文体の違いを反映していると考えられる。

3 『注文の多い料理店』の特徴的な語

本章では、『注文の多い料理店』に特徴的に見られる語について、個別に検討する。

3.1 トテモについて

トテモは現代語では、否定と呼応する陳述副詞と、程度のはなはだしいさまを表す程度副詞として用いられている。しかし、先行研究でも明らかにされている通り、トテモの程度副詞的な用法は比較的新しく、大正期ごろから用いられるようになったと考えられている。本稿で扱う3作品はいずれも大正期に発表されていて[11]、ちょうどトテモの用法が拡大する時期と重なっているが、トテモの用法に関しては『注文の多い料理店』だけが他の2作品とは少し異なる様相を見せる。

まず、『注文の多い料理店』の用例は先に挙げた1例のみである。

（1）その秋のとりいれのみんなの悦びは、とても大へんなものでした。

この例ではトテモの後に打消しの語はない。また、かかり先は「大へん」だが、否定的な意味ではなく、むしろ「悦び」の大きさをいう肯定的な語である。従って、このトテモは程度副詞と考えてよい。

宮沢賢治はそもそもトテモはあまり用いないにもかかわらず、当時としてはむしろ新しい表現である程度副詞の用法をしているということになる。

一方、『椋鳥の夢』では5例、『東奥異聞』でも4例、トテモが使用されているが、いずれも、打消しと呼応していて、程度副詞的な用法のものは1例も見当たらない。また、いずれの例でもトテモを受ける語は可能の表現である。

『椋鳥』

（2）とても見あけてゐられさうもありませんでした。（晝の）

（3）クックウはとても蛙になれないや（青い）

（4）とてものぼれさうもない高い樹の上にゐて（青い）

（5）とてもあの水は飲めません。（二つ）

（6）とてもこらへきれなくなつて、（二つ）

『東奥』

（7）小便臭くてとても喰はれぬと笑ふ。（ひよ）

（8）其赤子がだんだんと重くなつて、迚も抱いて居切れずになり、（赤子）

（9）もう迚も力及ばずと思つた刹那に（赤子）

（10）とても今日の私たちからは想像だにも出来ぬものでありませう。（赤子）

ところで、中尾（2005）は、『太陽コーパス』を利用して、明治末から大正期にかけてのこの時期のトテモの用法の変化を詳細にたどっている。それによれば、『太陽コーパス』で、程度副詞のトテモは1895年ではトテモ全体の8.3%に過ぎないが、1901年には19.4%に増え、1909年、1917年は14%台に落ち着くものの、1925年には25.0%に至るという。また、陳述副詞として使用されている例のうち、47.7%は可能表現にかかる例であるとの指摘もある。この『太陽コーパス』での傾向に照らすなら、『椋鳥の夢』と『東奥異聞』に程度副詞の用法が1例もないのはやや古いとも言えるが、2作品

とも陳述副詞の用法が多く、かつ、可能表現にかかるというのは、当時のトテモの使用傾向によく合致するものと言ってよい。

さらに、中尾（2005）では程度副詞のかかり先の意味が肯定的かどうかも調査しているが、それによれば、かかり先が肯定的意味の語である例は1917年に1例現れ、1925年では14例に一気に増加するという。

ところで、宮沢賢治は1921年に上京し半年ほど滞在しているが、これはちょうどトテモが肯定的意味の語にかかる程度副詞として使われるようになった時期と重なる。そして『注文の多い料理店』は上京後に出版されている。従って、『注文の多い料理店』のトテモは、当時耳についた表現を（新しいと知っていたかどうかは不明だが）使ったということになろう。一方、佐々木喜善は1911年に帰郷したので、トテモが新しい使われ方をするようになる時期には既に東京にはいなかった。そのことが程度副詞のトテモを用いないことと関係している可能性もある。一方、浜田広介はその時期にも東京にいた。しかし、『椋鳥の夢』は出版が1921年で、収録作品は、それぞれの末尾に記載されている執筆時期によれば、多くはそれより2～5年以上前に書かれている。従って時期が少しトテモの新しい用法がはやり出すより早く、そのために用例がないのではないかとも考えられる。

3.2 アマリ・アンマリについて

現代語では、否定と呼応しないアマリは主文には用いにくいなど、生起する条件がある程度決まっているように見える。例えば、服部（1993）では、アマリを「弱否定型」と「過度型」に分類[12]、「過度型」のアマリが生起しても不自然でない条件について、次のような類型に整理している。

Ⅰアマリが条件節に含まれていて、後件が

-A 望ましくない事柄である

-B 前件の過度性によって不可避的に生じた通常と異なる事柄である

Ⅱアマリが理由や原因を表す節に含まれていて、後件が

-A 望ましくない事柄である

-B 前件の過度性によって不可避的に生じた事柄である

-C 前件の過度性によって生じた主体の特別な反応である

Ⅲアマリが禁止や否定的な勧告・当為の判断の文に含まれる

Ⅳアマリを含む命題やアマリによって限定される名詞句に対する否定的な評価を表す

Ⅴ主文のアマリは通常不自然だが、次の場合は多少許容される

-A 述語が不都合さを明確に表す

-B 文脈上、別な文の根拠を表すと解される

-C 非難・驚き、認識要求を表す否定疑問文

また、Ⅴに関連してアマリは望ましくない事柄に限られるが、アマリニ・アマリニモは望ましくない事柄でなくとも使用可能であることが指摘されている。

さて、『注文の多い料理店』のアマリは10例あるが、1例は打消しと呼応する「弱否定型」で、「過度型」は9例である。「過度型」のうち1例アマリニモの例を除いた8例を服部（1993）の類型に従って分類しつつ示す。

・Ⅱ -A

（11）これはきつと注文があまり多くて支度が手間取るけれどもごめん下さいと斯ういふことだ。（注文）

・Ⅱ -B

（12）こつちの声があまり高いために、何をうたつてゐるのか聞きとることができませんでした。（月夜）

・Ⅱ -C

（13）みんなはあまり嬉しくて大人までがはね歩きました。（狼森）

（14）陳はちやうど丸薬を水薬といつしよにのむところでしたが、あまりびつくりして、水薬はこぼして丸薬だけのみました。（山男）

（15）あまり恭一が青くなつてがたがたふるえてゐるのを見て、気の毒になつたらしく、少ししづかに斯う云ひました。（月夜）

・Ⅴ -A

（16）声あまり高い。しづかにするよろしい。（山男）

（17）それ、あまり同情ない。わたし商売たたない。わたしおまんまたべない。（山男）

（18）わたし往生する、それ、あまり同情ない。（山男）

なお、（17）（18）の例は「ない」にかかっているが、非情であると責めている発話であり、「弱否定型」ではなく「同情ない」程度の大きさを表している「過度型」である。

上記のとおり、『注文の多い料理店』のアマリは、殆どが理由・原因を表す節の中で用いられていて、後件も服部（1993）の類型にあてはまっており、ほぼ現代の用法と同じと考えられる。同様に、『注文の多い料理店』のアンマリについて分類すると、24 例中「過度型」が 21 例、そのうちⅠ-A=1 例、Ⅱ -A=6 例、Ⅱ -B=3 例、Ⅱ -C=5 例、Ⅲ =2 例、Ⅳ =1 例、Ⅴ -A=3 例となっている。アマリより用例数が多い分、用途は広がるものの、類型から外れる例はない。

ただ、主文に生起した例がアマリで 3 例、アンマリで 3 例あるのは少々頻度が高く、特徴的であるとも言える。試みに『太陽コーパス』で仮名書き[13]の「あまり」及び「あんまり」を検索すると 494 例あるが、うち主文に生起した「過度型」と判断できる例は 23 例で 4.7% である。一方、『注文の多い料理店』では「弱否定型」も含めたアマリ・アンマリ全体 34 例中の 6 例で 17.6% となり、『太陽コーパス』の 3.7 倍頻度が高い。これについて、『太陽コーパス』を理論分布とした χ^2 の適合度検定を行うと、有意水準 0.1% で適合仮説は棄却される。つまり『注文の多い料理店』の方が統計的有意に頻度が高い。

ちなみに、アンマリの例は、次のように一つの発話に連続して現れる。

（19）「あら、どうしませう。まあ、大へんだわ。あんまりひどいわ、あんまりひどいわ。それではあたし、あんまりひどいわ、かあお、かあお、かあお、かあお」（鳥の）

いずれも「ひどい」という明確に不都合を表す述語で、またアマリでなくア

ンマリであることもあって、比較的許容度が高いと思われる。

一方、（16）～（18）は一応Ⅴ-Aに分類できるとはいえ、違和感は残る。しかし、これらの例は、特異な例として考えるべきである。（16）～（18）は、いずれも「山男の四月」に登場する「支那人」の発話の中の例だが、この「支那人」の発話は、引用した部分以外でも、全体として所謂「横浜ピジン」[14]のような言葉使いとなっているからである。「横浜ピジン」は助詞を用いないことが特徴の一つ（カイザー 1998）とされるが、この「支那人」の発話も基本的に殆ど助詞を用いない形で書かれている。当該の例について、助詞を補って「声［が］あまり［に］高い」「あまり［に］同情［が］ない」などとすれば、違和感はない。従ってこれらの例は「支那人」らしさを出すために、意図的に不自然な表現で書かれたものである可能性がある。

なお、『東奥異聞』では、主文に生起するアマリ・アンマリはない。

一方、『椋鳥の夢』では、さらに様相が異なり、先の類型にはまらない例が多い。アマリは3例、アンマリは8例あるが、アマリの1例以外は全て「過度型」と見える。そのうち、Ⅰ-Aが1例、Ⅱ-Aが3例、Ⅱ-Cが1例あるが、次に挙げる5例は類型に当てはまらない。

（20）さういふ時には、あんまり思ひやりも、親しみもない人たちを怨みました。（一つ）

（21）何だか、あんまり早く夜が明けたやうな気がしましたが、もう窓が白んで、外は明るくなつてゐました。（ゐな）

（22）せつかく命を助けていたゞきながら、かう申しましては、あまりわがまゝでございますが、それでは、これからお暇をいたゞくことに致しませう。（ほろ）

（23）ほんとに冬は、あんまり長いや、早く春が来るといゝがなあ。（燕と）

（24）怖い気がするからといつて、今さらそれを止さうとするのは、あまり臆病なことのやうに思はれてきました。（ある）

（20）は「ない」と呼応した「弱否定型」と見ることも可能に見えるが、文脈に照らすと「自分にやさしい言葉をかけてくれないことを怨めしく思う」

ということで「思ひやり」や「親しみ」がなさすぎるという「過度型」とも取れそうである。(21) と (22) はともに逆接の節に含まれており、前件の過度性は後件の成立に関与しない。従って、単に程度の大きさを表す表現と見える。(24) は「のやうに思われる」の中に埋め込まれた形で、主文に準じて考えられる。

(23) も含め、この 5 例はいずれも望ましくはない事柄である点は共通するが、類型からは外れている。また、アマリ・アンマリ全体の中でこの種の用法は 45.5% をしめ、『太陽コーパス』に比べて 9.7 倍多い。統計的にも 0.1% 水準で有意差が認められる。

このことについては、浜田広介自身の母語の方言の影響が考えられる。『日本国語大辞典 第二版』のアマリの方言の項に、山形県及び米沢市で「非常に、たいそう」という単に程度の大きさを表す副詞として用いられることが指摘されている。浜田広介の出身地の高畠町は米沢市に隣接し、方言の区分では同じ置賜方言に入っている。つまり、浜田広介にとってアマリは単純に程度の大きさを表す副詞として用いる語であったと思われる。また、アマリは元来「過度型」で否定と呼応せずに主文に用いられていた語[15]でもあり、現在は主文に用いると不自然ではあるが、さほど制約が厳しいわけでもない。しかも程度の大きさを表すこと自体は共通しており、違いは微妙である。従って、アマリの単なる程度の大きさを表す用法が方言であるという認識は持ちにくかったと推察される。そのため、「標準語」で書かれている作品でも、他の人よりも高頻度に単なる程度の大きさを表す用法で用いることになったのではないかと考えられるのである。

アマリ・アンマリについて、宮沢賢治・浜田広介ともにやや違和感のある用法をしているが、方言の影響が考えられるのは浜田広介の方だけで、宮沢賢治の用法については、方言の影響はあまり見られないと言ってよい。

3.3 その他の語について

まず、ステキニについて取り上げる。『注文の多い料理店』の例を再掲する。

（25）うす気味のわるい声を出して清作をおどさうとしました。

ところが清作は却つてじぶんで口をすてきに大きくして横の方へまげて「へらへらへら清作、へらへらへら、ばばあ」とどなりつけましたので、柏の木はみんな度ぎもをぬかれてしいんとなつてしまひました。（かし）

ここでステキニは単に大きさを強調しているだけで、現代のような肯定的な評価の意味合いはない。

ステキは『日本国語大辞典 第二版』では、「【一】〔形動〕（1）程度がはなはだしいさま。度はずれたさま。滅法。 （2）非常にすぐれているさま。すばらしい。 【二】〔名〕以下略」とあり、語誌によれば、本来【一】（1）の意味で19世紀初頭に江戸で俗語として用いられはじめた語で、明治期に【一】（2）に限定されてきたという。

これに従えば、（25）の例は【一】（1）の意味で用いられており、少々古い用法ということになる。

『太陽コーパス』ではステキニは8例確認できるが、うち4例は「いい」「うまい」などにかかって、（1）の意か（2）の意か判別しがたい。また1例は「永く続く」にかかり、こちらも肯定的評価である。3例は「大きい」にかかるが、うち2例は全く同一の表現を言い直した例である。「大きい」にかかる例は必ずしも肯定的な評価ではない。ちなみに3例の年代は1909年と1917年である。『太陽コーパス』で3例というのは非常に頻度が低く、珍しい表現ということであり、確かに明治以降あまり使われなくなってきた用法であることがわかる。また、ステキ自体、明治期に意味変化したとはいえ俗語的であることに変わりはなく、それが全体の頻度の低さに関係していると考えられる。

3.1で触れたトテモは新しい用法であったが、ステキニは古い用法である。ただ、いずれにせよ、少々俗っぽい点は共通している。『注文の多い料理店』は他の2作品に比べるとこのような俗っぽい語が用いられる点が特徴的と言える。

最後に、ダイブ・ズイブンの語形について指摘する。次のような例である。

(26) からすの大監督は、もうずゐぶんの年《とし》老《よ》りです。(烏の)

(27) それはだいぶの山奥でした。(注文)

このようにダイブやズイブンが名詞に係るときに「の」をつけることは、全くないわけではないが頻度は高くない。例えば『太陽コーパス』では仮名・漢字合わせてズイブンは888例確認できたが、「の」をつけるのは7例、うち3例は「随分の額」のように量を表す例で、程度を表す例は4例である。また、ダイブ（ダイブンを含む）は345例、うち「の」をつけるのは4例である。いずれも用例数が少ないので検定には向かないが、少なくとも『太陽コーパス』では非常に珍しい用法と言える。

『注文の多い料理店』でも「の」が付いてゐるのは1例ずつではあるが、全体の規模を考えると、「の」が付く頻度が高く、特徴的な形と言ってよい。

以前、「くらい」という限定を表す表現に関連して「の」の付き方が特異な例があることを指摘した（小島2008）が、ここでも、少々変わったところに「の」が出てきている。宮沢賢治の「の」の用法として検討すべきことかもしれない。

4 まとめ

『注文の多い料理店』の程度の大きさを表す表現について見てきたが、他の資料に比べて、用いられる語の種類が豊富で、頻度も高いこと、また、用法・形の面で同時代の例と比べて少々特異に見えるものが含まれることを指摘した。

近代以降の口語体は、書き言葉を話し言葉に近づけようという言文一致運動を通して形作られてきた「書き言葉」である。また、同じ時期に企図された「標準語」は、特に書き言葉と限定しているわけではないが、くだけた日常の言葉というよりは、フォーマルな言葉で、どちらかと言えば書き言葉に近い。所謂文語文を用いなくなった現在でも話し言葉と書き言葉は異なって

いて、特に公的な場面ではない日常の会話の言葉においては、東京であっても書き言葉との隔たりは大きい。まして「標準語」がさほど浸透していなかった当時の地方では、「標準語」は、日常の話し言葉とするにはかなり堅苦しく感じられるものであったろうと想像される。

一方、童話のように日常をやさしく子供向けに描こうとしたときに、地の文であっても、子供に話しかけるような文体を用いていることは、「敬体」を用いているところからもわかる。ここで「話しかけるような」ということは、つまり、話し言葉的な言葉使いということになろう。しかしそうなると、地方出身で生涯の殆どを地方で過ごしていた宮沢賢治にとって、書き言葉ほどフォーマルな感じではなく、しかし、所謂日常のおしゃべりの言葉のように俗でもない「標準語」的な話し言葉というのは、あまり使い慣れない文体であったことは想像に難くない。そもそも、《「標準語」的ではあるが、平易で子供にも分かるような、俗っぽすぎない、話し言葉に近い、書き言葉》というような文体は、宮沢賢治に限らず、当時は未成熟な整備途上のものだったとも言える。特に地方の言葉が母語で、東京の言葉と接触が少ない宮沢賢治のような場合、平易な言葉で話すように書こうとすると、方言的な表現が混じるとともに、意図している以上に口頭語的な要素、例えばフィラー的な語や過度な強調表現などが表れてしまうことになるとも考えられる。そのことが、程度の大きさを表す表現の多さや、前稿で取り上げた「もう」のような間投詞的な副詞の多用につながると考えられる。また、当時の規範的な用法からは外れる、少々俗っぽい表現が用いられたのもそのためであると考えられる。

なお、今回は、比較の対象として取り上げた浜田広介については方言の関わりを見たが、宮沢賢治や佐々木喜善については方言との関わりについて探究できなかった。今後の課題としたい。

注

1　三井・井上（2007）、小林・澤村（2014）など。

2　小松（1996)、小松（1997)。
3　小島（2006)、小島（2013）など。
4　それぞれの資料に収録されている作品は以下の通り。なお挙例に際しては題名の冒頭2文字を略称として使用する。
・『注文の多い料理店』…「どんぐりと山猫」「狼森と笊森、盗森」「注文の多い料理店」「烏の北斗七星」「水仙月の四日」「山男の四月」「かしはばやしの夜」「月夜のでんしんばしら」「鹿踊のはじまり」
・『椋鳥の夢』…「椋鳥の夢」「ひかり星」「ほろほろ鳥」「雨と風」「呼子鳥」「蜻蛉の小太郎」「一つの願ひ」「燕と野鼠の子」「子鴉の手紙」「黄金の稲束」「三日目の椎の実」「花びらの旅」「昼の花夜の花」「青い蛙む」「お日さまと娘」「お月様と鯉の子」「ある夜のキューピー」「ゐない母さん」「寝台の子と星」「お糸小糸」「二つの泉」「ユダヤの娘」
・『東奥異聞』…「不思議な縁女の話」「黄金の牛の話」「飛んだ神の話」「磐司磐三郎の話」「ひよつとこの話」「嫁子鼠の話」「巨樹の翁の話」「木の精と夫婦になった女の話」「千曳石の話」「赤子抱きの話」「千把萱の話」「偽汽車の話」「昔話の聚集と研究」
5　ただし『注文の多い料理店』については、「上田信道の児童文学ホームページ」（http://nob.internet.ne.jp/authors/kenji/kenji.html）によるデータを活用した。
6　国立国語研究所の開発した言語研究用全文検索ソフトウェア。
（http://www2.ninjal.ac.jp/lrc/ よりダウンロード可能）
7　伝康晴・山田篤・小椋秀樹・小磯花絵・小木曽智信により作成された形態素解析用辞書。本稿で用いたのは UniDic version1.3.12。
（http://www2.ninjal.ac.jp/Irc/index.php?Unidic）
8　奈良先端科学技術大学院大学によって開発されたコーパス管理ツール。本稿では Chaki.NET2.4Revision449 を利用。
（http://sourceforge.jp/projects/chaki/releases/ よりダウンロード可能）
9　現状では語数の 3% ～ 5% 程度（既修正分から算出）誤解析があるので、語数は概数とする。
10　「アマリニモ」1例を含む。
11　それぞれ『椋鳥の夢』が大正10年、『注文の多い料理店』が大正12年、『東奥異聞』が大正15年の出版である。
12　基本的に否定と共起するのは「弱否定型」だが「過度型」にも否定と共起するものがあることも指摘されている。本稿で扱うのは「過度型」である。
13　漢字表記の例も多数あるが、今回は仮名表記の例の範囲で検討した。
14　「横浜言葉」「横浜ダイアレクト」とも。「山男の四月」の「支那人」は他にも「たいさん」など「横浜ピジン」の特徴的な言葉を用いている（金水（2014)）。
15　須賀（1992）等。

【参考文献】

カイザー シュテファン（1998）「Yokohama Dialect ―日本語ベースのピジン―」『東京大学国語研究室創立百周年記念国語研究論集』汲古書院
川越めぐみ（2008）「特集…おのまとぺ　東北方言的宮沢賢治オノマトペ考察」『国文学　解釈と教材の研究』第 53 巻 14 号
金水敏（2014）「宮沢賢治は「支那人」を見たか」『コレモ日本語アルカ？―異人のことばが生まれるとき―』第一章　岩波書店
工藤浩（1983）「程度副詞をめぐって」渡辺実編『副用語の研究』明治書院
国立国語研究所（2005）『太陽コーパス : 雑誌『太陽』日本語データベース』博文館新社
小島聡子（2006）「『注文の多い料理店』の言葉について」『アルテス リベラレス（岩手大学人文社会科学部紀要）』第 78 号
小島聡子（2008）「宮沢賢治の童話の語法について―副助詞「くらい」の用法を中心に―」松林城弘編『言語と文化・文学の諸相』（岡田仁教授・笹尾道子教授退任記念論文集）
小島聡子（2012）「宮沢賢治の童話における「標準語」の語法―方言からの影響について―」近代語学会編『近代語研究第十六集』武蔵野書院
小島聡子（2013）「宮沢賢治と浜田広介の語法に見る方言からの影響」『国立国語研究所論集』5
小林隆・澤村美幸（2014）「間接的に言うか直接的に言うか」『ものの言いかた西東』第 4 章　岩波新書 1496
小松聡子（1996）「賢治童話の表現研究―副詞「まるで」を手がかりとして―」『国際児童文学館紀要』11
小松聡子（1997）「特集 : 宮沢賢治の作品と表現 「ことば」から賢治を読む」『日本語学』第 16 巻 10 号
小学館国語辞典編集部（2000）『日本国語大辞典 第二版』
須賀一好（1992）「副詞「あまり」の意味する程度評価」『山形大学紀要（人文科学）』第 12 巻第 3 号
中尾比早子（2005）「副詞「とても」について―陳述副詞から程度副詞への変遷―」国立国語研究所編『雑誌『太陽』による確立期現代語の研究―『太陽コーパス』研究論文集―』
服部匡（1993）「副詞「あまり（あんまり）」について―弱否定および過度を表す用法の分析―」『同志社女子大学学術研究年報』44-4
三井はるみ・井上文子（2007）「方言データベースの作成と利用」小林隆編『シリーズ方言学 4　方言学の技法』岩波書店

付記　本稿は科学研究費補助金（課題番号 23520542）による研究成果の一部である。

近世語研究の学史的展開

——戦前における「対立」の思想を中心に——

村　上　　　謙

1　近世語研究の開始　――戦後における学史的回顧から――

いわゆる言語学的手法を用いた近世語[1]研究は、1902（明治35）年に組織された国語調査委員会（1902（明治35）～1913（大正2））とその成果『口語法別記』（1917（大正6））に端を発する、と言われる。例えば吉田澄夫は1965年、『近代語研究第一集』の巻頭論文「近代語研究の現段階」において、それまでの近代語研究[2]の流れについて次のように振り返っている。

> 現代国語学上の諸問題ないしその研究が、明治の後半、大正はじめに文部省に設置されていた国語調査委員会を一つの大きな母胎とすることは、何人も認めるところであるが、近代語の研究もまたここを出発とするものであった。近代語研究は、どのような径路をたどって現在に至ったかを説明するには、まずここからはじめなければならない。近代語研究の古典的述作といわれる「口語法別記」は、本会の主任委員大槻文彦博士によって立案起草され、大正六年に刊行されたものであった。
>
> （吉田澄夫（1965）p.4）

近世語研究の出発点に国語調査委員会が大きく関与しているという事実は、そこに当時の政治的イデオロギーが避けがたく介在し、反映されたことをも意味する。実際、戦後7年を経た1952年、「近代語はどのように研究されて来たか」（国語学10、特輯：国語史研究の回顧）で同様の学史的回顧を行った中村通夫は、その政治的側面を明確に意識した記述を残した[3]。

> 国語問題の基礎を研究する必要からも近代語の研究はある程度手がけられた。現代の言語が問題をはらみ、それが十字路に立っているとき、人々はその近い過去としての近代語を研究することに気付く。そして史的系列の光の中に現代語を位置づけようとする。保科孝一・湯沢幸吉郎・吉田澄夫・古川久・真下三郎・松村明の諸氏にわたくしをも加えて、近代語研究に志すこれらの人々が文部省における国語問題・国語政策を担当する局課にかって久しく勤務していたものであることは偶然で

はない。古くは上田万年・新村出・安藤正次・東條操の諸先生も何等かの形で文部省の国語調査事業に関係され、それぞれ近代語についての業蹟を重ねられている。（中村通夫（1952）p.33）

この指摘は様々な点で示唆に富んでいる。まず、ここで述べられる「国語問題」とは、明治以降長らくの懸案であった標準語制定に係る政策上の諸課題を指すが[4]、中村によれば、「現代語」の問題、ここでは標準語をどのように把握し位置づけるかという問題、に直面した時に、標準語を史的系列の光の中に位置づけること、つまり、国語史上に組み込むこと、によって、解決の糸口を見つけようとした。そして、その史的系列を形作るために直近の時代語の研究、すなわち近世語研究、が始められた、と言うのである。

この流れを別の角度から捉えなおせば、標準語研究の必要性という、当時においては極めて政治的な動機によって、しかも、時代の「遡上」というベクトルでもって[5]、近世語が研究対象とされた、ということになる。加えて、戦後の近世語学界を牽引することになるメンバーがほぼ全員、国語政策と密接に関わっていた、という指摘は、戦前の政治的イデオロギーとそれに基づいた研究動向が、何らかの形で戦後に引き継がれた可能性を示唆する。

また、これらの指摘は、近世語に関するいくつかの「定説」の源流や研究動向を明らかにする上でも重要である。例えば、標準語という規範的話しことばを保証する、という目的が前面に打ち出された結果、自ずと口語体研究が推進され、口語体資料ではない漢詩文や文語文は主たる研究対象の外に置かれることになった。また、口語体研究においても、現在我々が無条件に受け入れている上方語と江戸語の関係を規定することにもつながった。いわゆる「（二元）対立」の発想であるが、次節では、それについて振り返る。

2 「対立」の思想

2.1 標準語を保証するものとしての近世語研究

この問題を考えるに先だって、まず、近世語研究と標準語研究との学史的

関係をあらためて明確にしておかねばならない。

明治中期以降、全国の話しことばの規範形態として位置づけられた標準語には、当然のことながら、その規範たるべき資格が求められることになった。そのため、標準語の土台と見なされた東京語にも、規範形態としての資格を有するかどうか、という視点が常に付きまとうことになった。つまり、東京語は標準語の資格を有しないのではないかという疑念が付きまとい、いかにしてその資格を付与するか、という問題が避けがたく生じたのである。その問題との格闘のすがたは、例えば、標準語研究の理論的出発点のひとつである上田万年の「標準語に就きて」(1895)(『国語のため』所収)からすでにうかがえる。

> かくの如く標準語につき陳述し来りし後、願はくは予をして新に発達すべき日本の標準語につき、一言せしめたまへ。予は此点に就ては、現今の東京語が他日其名誉を享有すべき資格を供ふる者なりと確信す。
>
> (上田万年(1895)p.62)

さらに上田はこの後、東京語といっても、「教育ある東京人の話すことば」であって、ベランメー調の東京語を想定しているわけではないこと、また、今少し彫琢が必要であること、などとして「現今の東京語」に各種の限定を加えつつも、なんとかして東京語に標準語の資格を付与しようとするのであった。

また、別の手立てとして、中村通夫(1952)が述べたように、標準語を東京語、江戸語と遡らせ、国語史上に位置づけることで、その理論的保証が試みられることになった[6]。それが『口語法別記』における近世語資料の参照の意義であり[7]、近世語研究の側から見ればその出発点になったのであるが、ここにも大きな問題が立ちはだかっていた。すなわち、標準語の土台である東京語ないし江戸語が18世紀中葉以前にはほとんど遡れない、という問題である。要するに江戸語は、有史以来の日本語の史的系列の光の中にすんなりとは位置づけられず、それ単独では標準語を史的に保証することが難しいのであるが、そこで案出されたのが上方語と接続させることで

あった。その結果、標準語は古代からの長い歴史を持つものとして描けることになったが、近世語研究の側から見れば、近世前期は上方語を研究し、後期は江戸語を研究する、という、ちぐはぐな研究手法がその後広く用いられることになったのである。

ただし、この手法によって江戸語の研究はもちろん、18 世紀前半の上方語の研究も充実することになったと筆者は見ている。両者をうまく接続させるには両方の接点がしっかりとしていなければならないからである。しかし、その一方で、18 世紀後半以降の上方語が自ずと研究の中心から外されることになったことも明記しておきたい。近世語研究が標準語の史的保証を出発点とする以上、標準語の源流とされる江戸語の資料がある期間については江戸語研究が重点的に行われなければならなかったのである。実際、後期上方語の研究が前期上方語や後期江戸語の研究に比して極度に停滞したことはよく知られるところである。

2.2 「威信」付与願望と「対立」観

次に、江戸語と上方語の接続のあり方をどう設定するかが課題になるのであるが、それについては「威信言語の交代」という論点を軸として議論が進められることになった。その際、政治的ないし文化的中心地（特に前者）の言語が標準語の資格を有する、という前提[8]を江戸時代の実態に即した形に作り直し、さらに言語の「威信」に価値意識を濃密に絡めた、後に「（二元）対立」と呼ばれる視点が導入された。

最近ではあまり用いられないようであるが、この「（二元）対立」という術語は安藤正次（1878 生～ 1952 没）によるものであり（安藤正次『国語史序説』（1936）など）、主に、江戸語と上方語を対立的に捉える視点を指す。戦前戦後を通じて近世語研究の各種の概説書によく登場した述語である。安藤正次（1936）から引用しよう。

国語の二元・対立の時代は江戸幕府の創始にはじまる。何故に二元といふ。この時代は、国民が文語・口語の二重生活をしなければならなかつ

た時代であつたからである。何をか対立といふ。この時代においては、江戸語と京阪語との対立が、方言の対立が、階級的の言語の対立が、特に顕著であつたからである。（安藤正次（1936）p.65）

安藤にとって、江戸語と上方語のこの対立は価値の問題に直結するものであり[9]、安藤はそのことを感情的なことばづかいで直接的に表現する。

江戸の文化は、江戸言葉を権威あるものたらしめるには、実に開府以来百六十年を費さざるを得なかつた。これより先、開府以来百年にして、文運の東遷を見、江戸言葉の成立を見るに至つたけれども、文学上に江戸言葉が勢力を得るやうになつたのは、実に宝暦以後の事に属する。しかして、宝暦以後の時代にあつては、江戸言葉は、江戸ツ子にとつての無上の言葉であつたのみならず、また実に、口語においては、天下晴れての標準的のものと考へられるやうになつたのである。

（安藤正次（1936）p.79）

（なお、引用文中の傍点は全て村上による。以下同様。）

「無上の言葉」とか、「天下晴れて」とかいった、価値意識を直接表現する修飾語がちらついていることに注意したい。現在の我々の目からは、こうした露骨なもの言いが研究書に登場することに大きな違和感を感じるが、当時、植民地政策に付随する国語使用問題に直面していた安藤にとってはむしろこうした表現が必要であったと見られる[10]。そして、標準語の理論的保証としての史的遡上という研究スタンスをとる以上、その価値意識は以下のような、江戸語に言語の「威信」を付与したいという願望（以下、これを「「威信」付与願望」と記す）となって現れることになった。

以上、わたくしは、あまりに江戸言葉の考察に執し過ぎたやうである。しかしながら、国語史上において、東国語が主役として登場するのは、この享保前後における江戸言葉を以て、その嚆矢とするのであり、しかもまた、東国語と西国語との言葉争ひにおいて、やがて勇ましい凱歌をあげたのがこの江戸言葉であることを思へば、いきほひ、これに愛着の念の傾けられるのもやむを得ない仕儀であらう。（安藤正次（1936）p.78）

近世当時、上方語と江戸語との間に対立関係が存在したと捉えた上で、最終的に江戸語が威信言語としての地位を勝ち取るというこの図式は、断片的には新村出（1876 生～ 1967 没）の「国語に於ける東国方言の位置」（1905）にも見え、吉澤義則（1876 生～ 1954 没）の『国語史概説』（1931a）（立命館出版部版）などでも強調されるもので、学史上、かなり早い段階で用意されていた[11]。

吉澤の場合を見てみると、さらに激しい記述が散見される。『国語史概説』（1931a）中の「東西二大方言の競争」と題する章では、江戸語（関東方言）への「威信」付与願望をあらわにしつつ、その裏返しとしての上方語に対する敵愾心がしっかりと表現される。

> 徳川家康が江戸に幕府を開いて、政権は江戸に移つた。江戸の繁栄、そこには江戸言葉が発達して、関東方言の大中心となつた。しかし文学の中心は依然として上方にあつたので、文学にあらはれた関東方言は、相かはらずみじめな地位におかれてゐる。　（吉澤義則（1931a）p.217）
>
> 然し上方文学にも凋落の時が来た。（中略）次第に江戸の文学が展開した結果は、遂に文学の中心が江戸に移り、江戸の出版、特に創作物の出版が上方を壓するやうになつた。茲にいたつて京都語は往年の関東方言と同じやうな待遇を、文学に於ても受けるやうになつたのである。
>
> （吉澤義則（1931a）p.218）
>
> 思へば関東方言は、文学の上では長い間虐げられたものであった。今やうやく時を得はじめたのである。　（吉澤義則（1931a）p.223）

吉澤は同年、『国語説鈴』（1931b）を出版するが、そこでは江戸時代後半、江戸語（関東方言）が上方語に勝ったことをいっそう露骨に記す。その章は「東西両京の言葉戦ひ」と題するものであった[12]。

> 文学の中心は漸くにして江戸に遷つていつた。（中略）我が国文芸あつて千有余年来屈辱を重ねてゐた東言葉は、こゝに至つて始めて文学上の主たる国語として檜舞台に立つ事が出来たのである。
>
> （吉澤義則（1931b）p.241）

かうして、江戸時代に於ける東西両京の言葉戦ひは、明かに京方言上方方言の退敗を以て幕は閉ぢられた。　　　（吉澤義則（1931b）p.243）

このように、戦前の近世語研究の一部においては、上方語と江戸語をあたかも言語戦争の如き対立関係にあるものとして捉え、江戸語への「威信」付与願望が積極的に語られたのであるが、こうした認識と論法はかなり後まで残ることになる。例えば、徳川宗賢は1977年、一般向けの啓蒙書『日本語の歴史』の中で、「東西のことば争い」というタイトルの論文を執筆しており、論法も、ほぼ吉澤の現代版といった趣を持っている。

もちろん、戦後、こうした「暴力的」な対立が表立って述べられることは少なくなる。例えば、松村明（1959）「近世語の性格―近世語研究の問題点に関連して―」（国語と国文学36・10）は近世語を概観した論考として広く知られ、その後多くの研究者が参照することになったものだが、そこには暴力性はほとんど感じられない。厳格な実証主義者の松村が関心を持つのは、言語学的見地による上方語・江戸語間の対立の具体的なすがたである。しかし、それと同時に、かつての「二元対立」の思想が戦後に相応しい形となって根付いていることも読み取らねばなるまい。つまるところ、戦後も対立を前提として議論が進められたのである。

この時代の国語の性格を具体的につかむためには、口語と文語の二つの言語体系のかかわり方、上方語と江戸語との対立の具体的なすがた、階級による言語の差違のあり方などをもつと多面的に見ていくことが必要であることは言うまでもない。　　　（松村明（1959））

2.3 「威信」の交代時期と根拠など

さて、こうした対立的把握に伴って、「威信」の交代時期に関する議論、吉澤流に言えばいつ江戸語が勝ったのかという議論、も頻繁に行われることになった。例えば、安藤は宝暦（1751～63）ごろをもって江戸語が「標準的のもの」になったとする（安藤正次（1936）p.79（前掲）[13]）。この交代時期については江戸語研究者を中心に議論が繰り返されることになるが（吉田澄

夫（1935）、小田切良知（1943）など）、宝暦近辺を画期としている点ではいずれもほぼ一致している。この「宝暦ごろ」とは具体的には江戸における洒落本の出現を指すが、洒落本の登場をもって交代時期と認定してしまう彼らの主張の裏にもやはり濃厚な「威信」付与願望が読み取れるだろう。というのも、冷静に考えれば、江戸における洒落本の出現は江戸語の一端を明らかにするだけのものであって、江戸語が全国の方言を席巻するような「威信」を有したことを示すものではないからである。要するに、「宝暦ごろ」ではあまりにも早すぎるのであるが、安藤らには江戸語を威信言語と見なしたいという願望があるために、江戸語資料が出現した段階で、いち早く江戸語に「威信」を与えてしまうのである。

加えて彼らが江戸の地に文芸が開花したこと、いわゆる「文運（の）東漸（遷）」[14]をもって、江戸語が「威信」を獲得した、と説明する点にも注意したい[15]。文運東漸とは本来「文運」、すなわち文芸について述べたものであって[16]、それによって江戸の地に文学が生じたことは確かであるとしても、そのことと、江戸語が威信言語となることとは本来、無関係のはずであった。つまり、文運東漸は、18世紀後半の江戸語の威信言語化を十分に説明する根拠にはならないのであるが[17]、それでもなお先学たちが文運東漸を画期とすることにこだわったのには、洒落本の場合と同様、江戸語への「威信」付与願望が大きく影響していたと見てよいだろう。

ちなみに、江戸語研究においてしばしば進歩史観的に「江戸語が完成した」という表現が用いられてきたことも、こうした経緯と無関係ではない。例えば、吉田澄夫は1935年、「江戸語の時代区分」（方言5・1）で次のように述べる。

> 江戸語資料を中心としてみれば、江戸語を使用した文学は凡そ宝暦頃より現れてゐるのであるから、この頃を以て江戸語成立期とすべきものと思ふ。（中略）江戸語の発達を実証的にみようとする時、宝暦前後を以てその成立期とすべきものと思ふ。そこでそれ以前を前期江戸語となし、それ以降を後期江戸語となすのである。前期は未完成の時代であ

り、後期は完成の時代であるが、（吉田澄夫（1935））

われ等は洒落本の会話体の文章に接して、始めて江戸語の完成した姿を知ることが出来るのである。それは関西方言と関東方言の融合した姿である。（吉田澄夫（1935））

言語史学の基本原理である、言語は常に変化する、という視点で見れば、その「完成」は決してあり得ない。それでもなお「完成形」を見ようとする研究姿勢は、近世語研究の出発点を考えれば容易に理解されるだろう。未完成なものには、言語の「威信」や標準語としての資格、規範性は与えようがないのである[18]。

さて、吉澤が江戸語と上方語の対立の徴証として挙げたのが、先の文運東漸とともに、式亭三馬の滑稽本などにおける記述であった。引用は省略するが、吉澤義則（1931a）には『浮世風呂』の例の上方者と江戸者の喧嘩の場面が引用されている。この場面は現在に至るまで各種の概説書に引用され続け、学史上、もっとも有名な引用箇所のひとつとなっている。しかし、それも冷静になって読み返せば、三馬が描いたのはあくまでも喧嘩する上方語話者と江戸語話者のすがたであって、江戸語と上方語が「威信」をめぐって対立していたことを示すものではない。また、滑稽本のワンシーン、一趣向をもって江戸語の勢力拡大と上方語の相対的地位の低下の徴証とするのは、いささか冗談を真に受けたような感じもするのであるが、このような記述を持ちだして根拠としようとしたのも、江戸語への「威信」付与願望のあらわれであった[19]。

また、近時、真田信治が、当時流行した方言対照表の記述方法として江戸語で言い換えるかどうか、という視点で江戸語の威信言語化を論じている（真田信治（1991）『標準語はいかに成立したか』p.62,63）[20]。真田は、1767（明和4）年に庄内方言を江戸語に訳した『庄内浜荻』あたりを画期と見るようであるが、しかし、これもそれらの資料の性格をよく考えてみればかなり危うい議論であった。そもそも、著者が江戸人ないし江戸に関係の深い人物であれば、他地域の方言は当然江戸語に翻訳されねばならないだけのことで

あって、そのことをもって、江戸語が威信言語になっていた、とは結論付けられないはずであった。これらの資料からは、地域間の人的、物的、文化的交流の結果、方言に対する関心が全国的に高まっていたことがわかるだけである。もちろん、真田は安藤たちのように江戸語への「威信」付与願望を見せることはない。しかし、18 世紀中葉に威信言語が江戸語に交代したはずだ、という前提はしっかりと持っているのである。

3 「連結」の思想

こうした江戸語と上方語をめぐる対立の思想は当初、吉澤や安藤といった、現在から見れば近世語研究のプロパーではない人々によって喧伝された一面があった。では、近世語研究の第一人者であり泰斗である湯澤幸吉郎（1887 生～ 1963 没）は当時どのような立場をとっていたのであろうか。湯澤は長らく文部省で国語政策に携わっており、標準語研究の一翼を担ってきた経歴を持つ[21]。したがって、その研究も当然、当時の政治的イデオロギーを色濃く反映していたと考えられるが[22]、その反映のしかたは先の二人とは全く異なるものであった。湯澤は『国語史近世篇』（1937）の中で近世語について論じているが、江戸語と上方語の分節的把握は行うものの、安藤たちのような感情込みの「対立」論とは一線を画している。

以上に述べた上方の口語といひ、江戸言葉といひ、所詮は方言である。けれども何れの時代においても、あらゆる方言のうち、特別の条件を具備したものが択ばれて、その時代の代表的国語（標準語）と見なさるべき筈のものである。その条件として普通、「政権の所在地の言語」たることを挙げるが、これに従へば、近世の初期から江戸に行はれた口語を、標準語と見なければならぬ。けれども既に述べた通り、前期には文化の中心が上方にあつて、江戸は何等独特のものを有せず、言語も在来の関東言葉と他地方から入来つた雑多の方言とが、雑然として混在して、全体として纏まつたものが未だ生じなかつた筈である。かゝる状態

にある言語を、代表的国語と認め得ないのは当然である。即ち近世前期においては、上方言葉がわが標準語である。けれども後期に入ると、形勢が一変する。即ち文運が東遷して、江戸に独特の文学が発達し、言語の上にも、いはゆる江戸言葉が確立して、これが国語の中心となるのである。

本書は右の如き見解に基づいて、近世の口語を考察しようとするものである。（湯澤幸吉郎（1937）p.12、13）

湯澤の研究の前提には、どの時代においてもその「代表的国語」「標準語」を調査分析の対象とすべき、という考えが存在する。つまり、湯澤にとっては、そのときどきの「標準語」を分析できればよいのであって、先の二人のような江戸語への「威信」付与願望は不要であった。加えて、湯澤には、「政権の所在地の言語」こそが「標準語」であるべき、という前提があったから、ひとたび政権の所在地である江戸に文化が興隆した時点で、江戸語を「標準語」として認めてしまって構わないのである。当然、そこに感情的対立を込める必要はないし、江戸語と上方語の本来埋めがたい地理的懸隔も、湯澤には、「代表的国語」とか、「標準語」というキーワードさえあれば簡単に埋められてしまう。「けれども後期に入ると、形勢が一変する。」という、変遷の意識をほとんど感じさせない記述で済ませてあるのも、そう考えて初めて理解される。湯澤は、上方語と江戸語とを対立させることなく、「標準語」という接着剤でつなぎあわせる、言わば「連結」の思想の持ち主であった[23]。

こうした湯澤の態度はある意味、「威信」の交代の様相に対して無関心であり、また時局性にも乏しい姿勢であったと言える。しかし、近世語の個別具体的な内実を実証的に解明しようとする場合、論者としての感情を露出する必要性はほとんどない。実証主義的研究においては基本的には用例を収集し、分析することだけが求められるからである。そして、それは淡々と用例を列挙する湯澤の研究スタイルでもあった。

ちなみに、同書の凡例には、当時の湯澤の姿勢を端的に示す一文が存在する。

本書は、近世の前半期では京阪地方に語られた言語、後半期では江戸の市中で話された言語を、時代の標準的口語と認むべきであるとの見地に

立つて、これが観察を続けた。随つて全期を通じての上方言葉・江戸言葉の各々に就いて、その沿革・変遷を述べたものではない。

（湯澤幸吉郎（1937）凡例）

上方語や江戸語それ自体の沿革変遷を述べるつもりはない、と言い切る湯澤の行き方は、上方語と江戸語をそれぞれ博捜してまとめあげた彼の業績を知る我々の眼には奇異に映る。我々はどうしても、「あの湯澤なら上方語や江戸語それ自体の沿革や変遷を論じるはずだ」と考えてしまうのだが、湯澤はここでは明確に、「そうではない」と述べる。これは当時、湯澤が、上方語と江戸語の相違を捨象した上で、近世における、「標準語」の実態解明に重きを置いていたことを示すものであった。こうしたあり方は、近世語研究それのみとして見ると奇妙であるが、明治以来の標準語研究の系譜に位置づけてみれば、容易に理解されるのである。

4　最後に

本稿では、言語学的手法を用いた近世語研究が標準語の史的保証に淵源することと、それに端を発する「（二元）対立」の思想や「連結」の思想、戦後まで続く研究動向の一端などを読み直してきた。今回主に取り上げた安藤正次、吉澤義則、湯澤幸吉郎の各著作は、戦前戦後を通じて近世語を扱う代表的概説書として各種の参考文献表に挙げられ続けたものであり、後学の徒に与えた影響は専門性、個別性の高い研究論文よりもむしろ大であったと言ってよい。実際、現在の近世語研究者も、その大半が、江戸語と上方語の関係性については「対立」と「連結」のいずれか（あるいはその折衷）にその軸足を置いているのである。

なお、本稿で述べた近世語研究の学史的展開は、近年野村剛史を中心として議論が活発化している「スタンダード」研究と、その受容のあり方にも関わってくると筆者は考えている。それについては別の機会に論じる予定であることを記して筆を擱く。

注

1　本稿では「近世語」を、江戸時代に用いられた言語、とする。なお、江戸語は江戸時代に江戸地方で用いられたことばづかいを指し、上方地方のそれは上方語として区別する。

2　吉田澄夫（1965）は室町時代末以降を近代語の時代と見ており、本稿で述べる近世語を包摂すると考えてよい。

3　中村通夫（1952）は近代語を、「政治史的には江戸時代または徳川時代といっている時代の国語を予想している。」（p.31）としているので、本稿の近世語と一致する。

4「国語問題の基礎」と述べる点から見て、旧植民地における日本語普及の問題を直接的には指さないと思われるが、仮にそれを含めたとしても論旨に支障はない。

5　これに対して、吉田澄夫（1965）は「下降」によるものと見るようであるが、本稿で後述するように、それでは戦前から戦後に至る近世語研究の動向を的確に把握できないため、ここでは採らない。

> 当時委員会（＝国語調査委員会（村上注））に関係された諸先生の研究の方向が、時代の下降を目指したものであったということが想察されるのである。　（吉田澄夫（1965）p.4）

6　やや後の例であるが、江戸語の研究に標準語の成立を明らかにする目的が課されていたことがうかがえるものとして、江戸語研究最初期の成果である山田正紀著『江戸言葉の研究』（1936）の記述を以下に挙げておく。

> 浮世風呂・浮世床にあらはれる言語はほとんど全部所謂江戸言葉であるから、この研究は江戸末期において江戸に行はれた言語をその研究の対象としてゐることになり、従つて現今の標準語の基礎をなすべき東京言葉の成立を明かにする作業の一つともなるのである。　（山田正紀（1936）凡例）

7　ただし、『口語法別記』で大槻文彦が用いた近世語資料は、「引用書目」として一覧の形で掲出されているが、そこには現在の近世語研究で多く用いられる口語体資料の大部分が抜けていることを指摘しておく。つまり、近松や歌舞伎、また後期のいわゆる戯作文学が抜けている（ただし、大槻が近松等を参照した形跡はある）。当時、資料選択の段階で暗中模索の状態であったことが推測される。

8　この前提は上田万年（1895）「標準語に就きて」にすでに見える。

> 此一大帝国の首府の言語（＝東京語を指す（村上注））、殊に其中の教育をうけし者の言語は社交上にも学問上にも、軍術上にも商工上にも其他文学となく宗教となく、凡ての点に於て皆非常の伝播力を有するものなれば、此実力は即ち何にも勝る資格なりといふべきなり。（上田万年（1895）p.63）

9　先の引用箇所を厳密に読めば、安藤の言う「対立」とは、各地の方言や階級

間の対立をも意味するはずである。しかし、安藤がこれ以降主に論じるのは江戸語対上方語についてであり、また、安藤以降の研究者も両地域間の直接的な対立を指すものとしてこの「対立」を理解していた。

10　あるいはまた、19世紀のヨーロッパ各国における熾烈な言語戦争の影響も大いにあったと思われる。ちなみに、安藤は当時、台北帝国大学に勤務しており、台湾における国語使用を積極的に推進する立場にあった。

11　明治初期、上方語と江戸語がともに全国で広く通じていたことは確かで、J.C.Hepburnは『和英語林集成』第2版（1872）でそうした状況を指摘する。しかし、ここでは両者を対立的にではなく、むしろ並列的に捉えている、と読むのが自然である。当然、言語戦争などを想定した様子もない。

> The language of Kiyoto, the capital of the country, the residence of the Imperial court and of literary men, is considered the standard, and of highest authority;
> （中略）one conversant with the Yedo dialect will have no difficulty in being understood in any part of the country, amongst the educated classes.
>
> （INTRODUCTION p.14,15）

『和英語林集成』第3版（1886）における改訂ではやや対立的とも読める記述になっているが、そうであったとしてもそれはあくまで1886年当時の言語状況についてであって、安藤らが想定するような、18世紀における状況についてではない。

12　この一文の初出は「黒潮」昭和2年1月号であり、もともとは一般読者向けであったとも言えるが、吉澤はその後も同種の見解を初学者向けに主張し続ける。例えば1946年、吉澤は『国語史概説』（立命館出版部版）と『国語説鈴』をまとめ直した『国語史概説』を雄山閣から出版するが、そこにも同様の記述を残す。そうしたあり方を勘案すれば、吉澤の学問的見解として捉えるべきであろう。

13　ただし、安藤は「江戸言葉が上方言葉よりも優位を占めるものであるとして、江戸ツ子の自慢の種となつたのは、おそらく化政頃からであらう。」（安藤正次（1936）p.66）とも述べており、見解が一定しない。

14　文運東漸については山本卓（2000）など参照のこと。なお、術語の性格上、ある程度の時間的スパンを持たせざるを得ず、その期間は論者ごとに異なる。ただ、いずれも享保〜明和末の間に時期を設定し、多くの場合、画期を宝暦頃とする。

15　こうした説明方法は当時の定石であり、例えば、金田一京助（1941）や今泉忠義（1939）などにも見られる。

16　最初の提唱者とされる内藤湖南まで厳密に遡れば「文物」である。

17　その言語（方言）で書かれた文学が存在するかどうかがその言語（方言）の「威信」獲得に不可欠であるとする視点は上田万年（1895）の段階で見られるもの

である。しかし、文学の有無それのみをもって言語の「威信」交代を論じることはできない。上方においては古くから上方語文学が存在し、江戸語文学の出現以降も上方語文学は続くのである。

18　上方語研究で「近世前期をもって完成した」などと言われてこなかったことと対照的である。規範性の構築は、標準語—東京語—江戸語の系譜の上で求められたのである。したがって、東京語の研究においても「完成期」が設定される。戦後の例であるが、松村明は「東京語の成立と発展—現代の国語—」(1954)において、明治初年から昭和29年当時までを5期に分け、それぞれを、明治前期〔形成期〕、明治後期〔確立期〕、大正期〔完成期〕、昭和前期〔第一転成期〕、昭和後期〔第二転成期〕とし、「完成期」を設定する。

19　こうした江戸語への「威信」付与とそれに伴う価値意識は当時の「常識」であった。例えば、金田一京助は一般読者向けの『国語の変遷』(1941)の中で、安藤らのような「対立」的視点は強調しないものの、下記のように「尊い」ものとして把握するのである。

> かくて江戸文化の爛熟と共に、江戸文学の誕生を見るに至る。
> 今まで文学といつたら、都の言葉で綴られるだけであつたのに、茲に至り、『東《あづま》なまり』『関東べい』が始めて、文学語として登場したわけで、三馬・一九などいふ人々によつて、国語史上に、江戸ことばが、画期的な一生面を打開したのである。これが、即ち今日の東京語をかくあらしめるに至る尊い先蹤であつた。　(金田一京助(1941) p.68)

20　なお、この論の原型は吉田澄夫(1957)などにすでに見える。

21　湯澤の経歴については、吉田澄夫(1963)などに詳しい。

22　実際、湯澤の主著『徳川時代言語の研究』(1936)における記述態度は『口語法別記』のそれを忠実に踏まえたものであったし、当時からもその関連性が認められていた。例えば、福井久蔵著『国語学史』(1942)にも次のような記述が見える。

> 江戸時代の言葉を文法的系統に従ひて一々例を引いて説いたのは、刀江書院の言語史叢刊の一篇として出した湯澤幸吉郎氏の徳川時代言語の研究である。(中略)国語調査会《(ママ)》の口語法別記と共にこの時代の研究に根本史料を摘出された労を多しとすべきである。　(福井久蔵(1942)p.455,456)

23　今泉忠義(1939)もほぼこのような立場である。

引用文献

安藤正次(1936)『国語史序説』(引用は『安藤正次著作集』第2巻(1974)による。)

今泉忠義(1939)『国語発達史大要』

上田万年(1895)「標準語に就きて」(『国語のため』所収)

小田切良知（1943）「明和期江戸語について（一）（二）（三）」（国語と国文学 20・8,9,11）
金田一京助（1941）『国語の変遷』
国語調査委員会（1917）『口語法別記』
真田信治（1991）『標準語はいかに成立したか』
新村出（1905）「国語に於ける東国方言の位置」（教育学術界（『新村出全集』第1巻（1971）に再録））
徳川宗賢（1977）「東西のことば争い」（阪倉篤義編『日本語の歴史』所収）
中村通夫（1952）「近代語はどのように研究されて来たか」（国語学 10、特輯：国語史研究の回顧）
福井久蔵（1942）『国語学史』
松村明（1954）「東京語の成立と発展―現代の国語―」（解釈と鑑賞 19・10（引用は『増補江戸語東京語の研究』（1998）による））
松村明（1959）「近世語の性格―近世語研究の問題点に関連して―」（国語と国文学 36・10）
山田正紀（1936）『江戸言葉の研究』
山本卓（2000）「文運東漸と大坂書肆小攷」（文学 1・5）
湯澤幸吉郎（1937）『国語史近世篇』
吉澤義則（1931a）『国語史概説』（立命館出版部版）
吉澤義則（1931b）『国語説鈴』
吉澤義則（1946）『国語史概説』（雄山閣版）
吉田澄夫（1935）「江戸語の時代区分」（方言 5・1）
吉田澄夫（1957）「江戸時代の国語」（土井忠生編『日本語の歴史』所収）
吉田澄夫（1963）「湯澤幸吉郎博士の人と業績」（国語学 54）
吉田澄夫（1965）「近代語研究の現段階」（『近代語研究第一集』）

（付記）本稿は、国立国語研究所共同研究プロジェクト「通時コーパスの設計」および科研費補助金（「近世口語文を対象とした形態素解析辞書の開発」（研究代表者：小木曽智信（基盤研究（C）平成 24-26 年度））、「「標準語」の影響下における明治大正期関西弁の実態」（研究代表者：村上謙（若手研究（B）平成 24-27 年度））による研究成果である。

形容詞終止連体形の副詞的用法[1]

増　井　典　夫

執筆者略歴

山田　潔（昭和18年6月生）
東京学芸大学大学院修士課程修了（昭和45年）
昭和女子大学特任教授
著書　邦訳日葡辞書逆引索引（笠間書院、平成10年）、玉塵抄の語法（清文堂、平成13年）、中世文法史論考（清文堂、平成20年）、日本文法学の系譜（昭和女子大学近代文化研究所、平成24年）、抄物語彙語法論考（清文堂、平成26年）
論文　和語としての「こふ（甲）」（『国語国文』平成21年2月）、抄物における「動詞連用形＋ゴト」構文の諸相（『国語国文』平成22年9月）

田和　真紀子（昭和51年6月生）
東京都立大学大学院博士課程修了
宇都宮大学准教授
論文「程度副詞体系の変遷―高程度を表す副詞を中心に―」（小林賢次・小林千草編『日本語史の新視点と現代日本語』勉誠出版、平成26年）

小林　千草（昭和21年生）
東京教育大学大学院修士課程修了（昭和47年）
東海大学特任教授
著書　中世文献の表現論的研究（武蔵野書院、平成13年）、ことばから迫る能（謡曲）論―理論と鑑賞の新視点―（武蔵野書院、平成18年）、女ことばはどこへ消えたか？（光文社新書、平成19年）、『明暗』夫婦の言語力学（東海教育研究所、平成24年）
論文『謡抄』における重複抄文の文体・用語と注釈者（龍大本巻四～巻六より）（東海大学日本文学会『湘南文学』45、平成23年）、天草版『平家物語』成立考―巻構成・章段構成・分量という観点から―（『東海大学紀要文学部』98、平成25年）

佐藤　貴裕（昭和35年10月生）
東北大学大学院博士後期課程修了要件単位修得退学（昭和62年）
岐阜大学教授
著書　近世語研究のパースペクティブ（笠間書院、共著、平成23年）、
論文　寿閑本節用集の意義（『日本語の研究』4-1、平成20年）、近世節用集の典型形成期（国語語彙史の研究30、平成23年）、易林本『節用集』平井版研究の基本課題（月本雅幸ほか編『古典語研究の焦点』武蔵野書院、平成22年）、近世節用集刊行年表稿（『書物・出版と社会変容』6、「書物・出版と社会変容」研究会、平成21年）

岩下　裕一（昭和23年1月生）
國學院大學大學院（昭和50年）
和洋女子大学教授
著書「意味」の国語学（おうふう、平成15年）
論文　文法論と意味論―その相関性（『日本語日本文学の新たな視座』おうふう、平成18年）

米田　達郎（昭和46年12月生）
大阪大学大学院博士後期課程修了（平成15年）
大阪工業大学工学部准教授
論文　江戸時代の狂言台本詞章における一人称詞オレについて（『語文』94輯、平成22年6月）、江戸時代中後期狂言詞章の終助詞トモについて―鷺流狂言詞章保教本を中心に―（『国語と国文学』90巻10号、平成25年10月）

齋藤　文俊（昭和36年6月生）
東京大学大学院人文科学研究科国語国文学専攻修士課程修了
名古屋大学大学院文学研究科教授
著書　漢文訓読と近代日本語の形成（勉誠出版、平成23年）
論文　明治初期における翻訳小説の文体の相違と可能表現（『国語と国文学』第90巻第11号、平成25年11月）、漢文訓読の遺産（『文学』第12巻第3号、平成23年5月）

肥爪　周二（昭和41年9月生）
東京大学大学院人文科学研究科博士課程中退
東京大学大学院人文社会系研究科准教授
著書　日本語史概説（共著、朝倉書店、平成22年）
論文　日本悉曇学と『韻鏡』（釘貫亨・宮地朝子編『ことばに向かう日本の学知』ひつじ書房、平成23年）、Φ音便について（『訓点語と訓点資料』第一三二輯、平成26年）

中野　伸彦（昭和36年8月生）
東京大学大学院博士課程中退（平成元年）
山口大学教授
論文　江戸語における終助詞の男女差―女性による「な」の使用について―（『国語と国文学』68・4、平成3年）、「ね」の必須性（『山口大学教育学部研究論叢』61、平成24年）

小松　寿雄（昭和7年12月生）
東京大学大学院博士課程中退（昭和36年）
埼玉大学名誉教授
著書　江戸時代の国語　江戸語―その形成と階層―（東京堂出版、昭和60年）
共編　新明解語源辞典（三省堂、平成23年）
論文　人情本の待遇表現（『国語と国文学』昭和36年）、東京語における男女差の形成―終助詞を中心として―（『国語と国文学』65-11、昭和63年）、江戸東京語の敬語形式オ～ダ（『国語語彙史の研究』24、平成17年）

坂詰　力治（昭和15年10月生）
東洋大学大学院修士課程修了（昭和43年）
東洋大学名誉教授
著書　論語抄の国語学的研究（影印篇、研究・索引篇）（武蔵野書院、昭和59年、昭和62年）、国語史の中世論攷（笠間書院、平成11年）、中世日本語論攷（笠間書院、平成23年）
論文　説話における〝時〟を表す助動詞のテンス・アスペクト表現についての考察―特に、『沙石集』における名詞「とき（時）」「ほ

ど（程）」を中心に―（『武蔵野学院大学大学院研究紀要』第七輯、平成26年3月）

矢野　準（昭和26年10月生）
九州大学大学院文学研究科国文学専攻博士課程中退
福岡女子大学国際文理学部
論文　「ゆへ」から「ゆゑ」に（『国語語彙史の研究21』平成14年3月）、藍庭晋瓶（晋米）浄書　草双紙類の仮名遣いの実態（『筑紫語学論叢Ⅱ』平成18年5月）など

土屋　信一（昭和14年1月生）
東京教育大学大学院修士課程修了（昭和38年）
元共立女子大学教授
著書　高校教科書の語彙調査（『国語研報告76』、共著、秀英出版、昭和58年）、明治期漢語辞書大系（共編、大空社、平成9年）、江戸・東京語研究―共通語への道―（勉誠出版、平成21年）
論文　公的な場面と私的な場面―「場面」の観点の導入―（坂詰力治編『言語変化の分析と理論』、おうふう、平成23年）

坂梨　隆三（昭和16年6月生）
東京大学大学院（昭和44年）
東京大学名誉教授
著書　近世の語彙表記（武蔵野書院、平成16年）、近世語法研究（武蔵野書院、平成18年）

鈴木丹士郎（昭和13年2月生）
東北大学大学院博士課程修了（昭和40年）
専修大学名誉教授
著書　大辞泉（共編、小学館、平成7年）、近世文語の研究（東京堂出版、平成15年）、江戸の声（教育出版、平成17年）
論文　馬琴読本文体の輪郭（『江戸文学』37、平成19年）、近世における口語・文語の交錯と関係性（『文学』8-6、平成19年）、『西国立志編』の逆字順二字漢語（『国語学研究』50、平成23年）、「平産」から「安産」へ（『専修大学人文科学年報』43、平成25年）

進藤　咲子（大正13年11月生）
東京女子大学国語専攻部卒（昭和20年）
東京女子大学名誉教授
著書　明治時代語の研究―語彙と文章―（明治書院、昭和56年）、學問ノススメ　本文と索引（編、笠間書院、平成4年）、『文明論之概略』草稿の考察（福沢諭吉協会、平成12年）

松井　利彦（昭和11年8月生）
京都大学大学院博士課程単位取得満期退学（昭和43年）
京都府立大学名誉教授
著書　近代漢語辞書の成立と展開（笠間書院、平成2年）、女中ことば集の研究―女性語の制度化と展開―（武蔵野書院、平成26年）
論文　「簡単」「明確」の周辺（『国語国文』563、昭和56年）、文体要素としての漢字音（『国語と国文学』948、平成14年）

今野　真二（昭和33年8月生）
早稲田大学大学院博士課程（昭和60年）
清泉女子大学教授
著書　辞書をよむ（平凡社、平成26年）、辞書からみた日本語の歴史（筑摩書房、平成26年）、仮名の歴史（清文堂出版、平成26年）、「言海」を読む―ことばの海と明治の日本語（角川学芸出版、平成26年）、日本語の考古学（岩波書店、平成26年）、日本語のミッシング・リンク―江戸と明治の連続・不連続（新潮社、平成26年）

鏡味　明克（昭和11年7月生）
東京都立大学大学院博士課程単位取得満期退学（昭和41年）
三重大学名誉教授
著書　地名学入門（大修館書店、昭和59年）、地名が語る日本語（南雲堂、昭和60年）
論文　鉄道駅名の形成と変化（『近代語研究』12、平成16年）、駅名における分割地名の構造（『近代語研究』14、平成20年）、鉄道駅名における分割地名の構造（続）（『近代語研究』15、平成22年）、鉄道線名の形成と変化（『近代語研究』17、平成25年）

園田　博文（昭和42年1月生）
東北大学大学院博士後期課程単位取得満期退学（平成12年）
山形大学准教授
著書　新明解語源辞典（小松寿雄・鈴木英夫編、執筆者、三省堂、平成23年）
論文　『日清会話』と『日韓会話』（参謀本部編明治二七年八月刊）―日本語資料としての位置付け―（『近代語研究』15、武蔵野書院、平成22年）、明治28年刊台湾語会話書の植物語彙に関する一考察―『台湾語集』『台湾言語集』『台湾会話編』『台湾語』を中心に―（『近代語研究』16、武蔵野書院、平成24年）

村上　謙（昭和50年3月生）
東京大学大学院博士課程修了（平成14年）
博士（文学）
論文　近世上方における尊敬語化形式「テ＋指定辞」の変遷について（『日本語の研究』5―1、平成21年1月）

小島　聡子（昭和43年9月生）
東京大学大学院博士課程中退（平成10年）
岩手大学准教授
論文　複合動詞後項「行く」の変遷（『国語と国文学』76―4、平成11年1月）、『注文の多い料理店』の言葉について（『アルテスリベラレス　岩手大学人文社会科学部紀要』78、平成18年6月）

田中　章夫（昭和7年3月生）
東京教育大学大学院修了（昭和32年）
元・学習院大学教授
著書　国語語彙論（明治書院、昭和53年）、東京語―その成立と展開―（明治書院、昭和58年）、日本語の位相と位相差（明治書院、平成11年）、近代日本語の文法と表現（明治書院、平成13年）、近代日本語の語彙と語法（東京堂出版、平成14年）、揺れ動くニホン語（東京堂出版、平成19年）、日本語雑記帳（岩波書店、平成24年）、日本語スケッチ帳（岩波書店、平成26年）

伊藤　博美（昭和40年4月生）

東京大学大学院博士課程単位取得満期退学（平成23年）

秋田県立秋田北高等学校教諭

著書　詳説古典文法（共著、筑摩書房、平成24年）

論文　働きかけの諸相からみた「お／ご～する」の条件（『国語と国文学』90-1、平成25年）、「お／ご～申す」と「お／ご～する」―働きかけのあり方とその消長―（『近代語研究』17、武蔵野書院、平成25年）

長崎　靖子（昭和34年1月生）

日本女子大学大学院博士課程後期修了　博士（文学）

川村学園女子大学教授

著書　断定表現の通時的研究―江戸語から東京語へ―（武蔵野書院、平成24年9月）

論文　『式亭雑記』諸本に関して―八種の抄録写本の調査から―（『近代語研究』17、平成25年10月）、慶應義塾図書館所蔵『式亭雑記』―翻刻と解説―（『川村学園女子大学研究紀要』25-1、平成26年3月）

真田　治子（昭和37年6月生）

学習院大学大学院人文科学研究科　博士（日本語日本文学）

立正大学教授

論文　現代日本語に浸透した学術用語（『日本語学』29巻15号、明治書院、平成22年）、中国へ伝播した二十世紀初頭の日本の哲学用語―『哲学大辞書』と中国の宣教師が編纂した術語集の比較―（近代語学会編『近代語研究』17、武蔵野書院、平成25年）

大久保恵子（昭和14年2月生）

お茶の水女子大学大学院博士課程単位取得満期退学

著書　チェンバレン『日本語口語入門』第二版翻訳　付索引（笠間書院、平成11年）、瀧澤路女日記（上・下）（共編、中央公論新社、平成24年・25年）

論文　明治初年におけるAdjective考―E・サトウ『会話篇』を中心として（『お茶の水女子大学人間文化研究年報』12号、平成元年）、どこか違和感を覚える文―チェンバレン、アストンの文法論から見て―（『都留文科大学研究紀要』61、平成17年）

櫻井　豪人（昭和47年8月生）

名古屋大学大学院文学研究科博士後期課程修了（平成12年）

茨城大学人文学部准教授

著書　三語便覧　初版本影印・索引・解説（港の人、平成21年）、開成所単語集Ｉ（港の人、平成26年）

論文　『和蘭字彙』に見られない『英和対訳袖珍辞書』初版の訳語―その2：Medhurst英華字典の訳語に改変を加えている訳語―（『国語語彙史の研究』33、和泉書院、平成26年）

浅川　哲也（昭和39年12月生）

國學院大學大学院博士課程後期修了（平成14年）

首都大学東京准教授

著書　春色恋廼染分解　翻刻と総索引（おうふう、平成24年3月）、歴史的変化から理解する現代日本語文法（共著、おうふう、平成26年10月）

論文　口語文法における「口語」とは何か―日本語文体史と口語文

法との関係—（『新国学』復刊第4号、平成24年10月）、日本文法史における品詞名の変遷について—大槻文彦と橋本進吉の間にあるもの—（『国語研究』第76号、平成25年2月）、江戸時代末期人情本の活字化資料にみられる諸問題—「あるのです」は「あるです」—（『日本語研究』第34号，平成26年7月）

森　勇太（昭和60年2月生）

大阪大学文学研究科博士後期課程修了（平成24年）
関西大学文学部准教授
論文　近世上方における連用形命令の成立—敬語から第三の命令形へ—（『日本語の研究』9-3、日本語学会、平成25年）、申し出表現の歴史的変遷—授受表現の運用史として—（金水敏・高田博行・椎名美智（編）『歴史語用論の世界』、ひつじ書房、平成25年）

林《イム》　禔映《ジョン》（昭和56年4月生）

東京大学大学院修士課程修了（平成22年）
東京大学大学院人文社会系研究科博士課程在学中
論文　副詞「せいぜい」の意味変化—近代語を中心に—（『日本語学論集』第九号、平成25年）、近現代語における副詞「どうせ」の意味・用法（『日本語学論集』第十号、平成26年）

増井　典夫（昭和35年7月生）

東北大学大学院修士課程修了（昭和62年）
愛知淑徳大学教授
著書　近世後期語・明治時代語論考（和泉書院、平成24年10月）
論文　明治期口語研究の新展開に向けて—標準語と保科孝一、そして「トル・ヨル」—（『国語論究9　現代の位相研究』明治書院、平成14年1月）、近世後期上方語におけるテルをめぐって（『愛知淑徳大学論集—文学部・文学研究科篇—34号』、平成21年3月）

平成二十七年二月　十五日　印刷
平成二十七年二月二十五日　発行

著者の検印省略

近代語研究　第十八集
古田東朔教授追悼論文集

定価：本体一八〇〇〇円＋税

編者　近代語学会

東京都千代田区神田錦町三丁目十一番地
発行者　前田智彦
東京都新宿区東五軒町三丁目十九番地
印刷者　森元勝夫

東京都千代田区神田錦町三丁目十一番地
発行所　合名会社　武蔵野書院
電話　(〇三)　三二九一－四八五九　(代)
振替口座　〇〇一九〇－三－六七二四六
郵便番号　一〇一－〇〇五四

モリモト印刷
ISBN978-4-8386-0280-3　C3381